CW01206904

*Y Llyfr Gweddi Gyffredin i'w arfer yn
yr Eglwys yng Nghymru*

*The Book of Common Prayer for use in
the Church in Wales*

GWEDDI DDYDDIOL

DAILY PRAYER

2009

*Y Llyfr Gweddi Gyffredin i'w arfer yn
yr Eglwys yng Nghymru*

GWEDDI DDYDDIOL

*yn cynnwys
Trefn Gwasanaethau Ychwanegol o dan y teitl*
Boreol a Hwyrol Weddi 2009
*a awdurdodwyd gan
Gorff Llywodraethol
yr Eglwys yng Nghymru*

The Book of Common Prayer for use in the Church in Wales

DAILY PRAYER

comprising

Additional Orders of Service entitled

Morning and Evening Prayer 2009

authorized by

the Governing Body of

the Church in Wales

CANTERBURY
PRESS
Norwich

Hawlfraint Ⓗ Gwasg yr Eglwys yng Nghymru a
Chorff Cynrychiolwyr yr Eglwys yng Nghymru 2010

Cyhoeddwyd gan Canterbury Press Norwich
13–17 Long Lane, Llundain EC1A 9PN

Y ma Canterbury Press yn rhan o Hymns Ancient and Modern Limited
(elusen gofrestredig)
St Mary's Works, St Mary's Plain, Norwich, Norfolk, NR3 3BH

www.scm-canterburypress.co.uk

Cedwir pob hawl. Am wybodaeth bellach ynglŷn â hawlfraint gweler tudalen 652.

Cyhoeddwyd gyntaf ym mis Medi 2010

Mae cofnod catalog o'r llyfr hwn ar gael yn y Llyfrgell Brydeinig

ISBN 978 1 85311 934 7

Cynlluniwyd a chysodwyd mewn Perpetua
gan Simon Kershaw yn crucix www.crucix.com

Cynllun y clawr gan Leigh Hurlock

Argraffwyd a rhwymwyd ym Mhrydain Fawr gan
CPI William Clowes, Beccles, Suffolk

Copyright © Church in Wales Publications and the
Representative Body of the Church in Wales 2010

Published by the Canterbury Press Norwich
13–17 Long Lane, London EC1A 9PN

Canterbury Press is an imprint of Hymns Ancient and Modern Limited
(a registered charity)
St Mary's Works, St Mary's Plain, Norwich, Norfolk, NR3 3BH

www.scm-canterburypress.co.uk

All rights reserved. For further copyright information see page 653.

First published September 2010

A catalogue record for this book is available from the British Library

ISBN 978 1 85311 934 7

Designed and typeset in Perpetua
by Simon Kershaw at crucix www.crucix.com

Cover design by Leigh Hurlock

Printed and bound in Great Britain by CPI William Clowes, Beccles, Suffolk

CYNNWYS

Rhagair	8
Boreol a Hwyrol Weddi	
Strwythur	12
Nodiadau	14
Boreol Weddi	18
Hwyrol Weddi	44
Atodiad i	72
Atodiad ii	76
Atodiad iii	138
Atodiad iv	214
Atodiad v	214
Atodiad vi	234
Gweddi'r Dydd	
Strwythur	246
Nodiadau	246
Gweddi'r Dydd	254
Atodiad vii	268
Gweddi'r Nos	
Strwythur	288
Nodiadau	290
Gweddi'r Nos	292
Y Salmau	302
Cydnabyddiaethau	652

CONTENTS

Preface	9
Morning and Evening Prayer	
Structure	13
Notes	15
Morning Prayer	19
Evening Prayer	45
Appendix I	73
Appendix II	77
Appendix III	139
Appendix IV	215
Appendix V	215
Appendix VI	235
Prayer During the Day	
Structure	247
Notes	247
Prayer During the Day	255
Appendix VII	269
Night Prayer	
Structure	289
Notes	291
Night Prayer	293
The Psalms	303
Acknowledgements	653

RHAGAIR

Hyd at y 1950au *Llyfr Gweddi Gyffredin* 1662 (1664 yn Gymraeg) a ddefnyddid yn gyffredin mewn gwasanaethau cyhoeddus yn yr Eglwys yng Nghymru. Yn y 1950au, ynghyd â Thaleithiau eraill y Cymundeb Anglicanaidd, dechreuodd yr Eglwys yng Nghymru adolygu ei litwrgi, a'r canlyniad oedd *Llyfr Boreol a Hwyrol Weddi* 1984.

Fodd bynnag, gyda'r newid cymdeithasol a deallusol cyflym a fu yn yr eglwys a'r gymdeithas, ynghyd â darganfyddiadau litwrgaidd newydd, tyfodd y galw am litwrgi sydd hyd yn oed yn fwy cyfoes. Y canlyniad yw'r gyfrol newydd hon o *Weddi Ddyddiol* sy'n cynnwys, fel yr awgryma'i theitl, nid yn unig wasanaethau bore a hwyr ond deunydd hefyd at addoli ganol dydd ac yn hwyr y nos a chyfoeth o ddeunydd tymhorol. Dangosodd ein gwasanaethau Cymun diwygiedig a gyhoeddwyd yn 2004 y gallwn addoli mewn ffurfiau ac arddulliau newydd ac nad yw undod yn golygu unffurfiaeth trefn. Yn yr un ysbryd y cynigir y llyfr ychwanegol hwn o *Weddi Ddyddiol*. Rhaid i eglwys sy'n cymryd ei chenhadaeth o ddifrif sicrhau bod ei litwrgi yn hygyrch i bawb. Dangosodd ein gwasanaethau Cymun newydd y gall arddulliau cyfoes fynegi synnwyr o'r dwyfol.

Llunir Cristnogion gan eu dull o weddïo a mynega eu dull o weddïo pwy ydynt. Ond fel y dywedodd un awdur, "nid yw geiriau ond dechrau addoliad. Byrhoedlog ac amherffaith ydynt. Ceisiant lunio ffydd a chynnau defosiwn, heb hawlio eu bod yn llwyr ddigonol at y gwaith. Dim ond gras Duw a all gwblhau yr hyn sy'n ddiffygiol yn ein geiriau petrus ni."

Ni all yr un llyfr gweddi fod y gair olaf mewn addoliad, oherwydd y mae litwrgi yn fwy na geiriau. Ni all y gwasanaethau hyn ond darparu fframwaith i annog addoli. Yr hyn sy'n bwysig yw'r ysbryd y defnyddir y geiriau ynddo. Cynlluniwyd y llyfr i ateb anghenion cyfoes ac fe'i cynigir i'r eglwys yn y gobaith y bydd yn gyfrwng gweddi a moliant i Dduw, oherwydd "y mae'r eglwys yn bod i gynnig ar ran y byd y moliant yr anghofiodd y byd ei fynegi."

✠Barry Cambrensis

PREFACE

Up until the 1950s, the 1662 *Book of Common Prayer* (1664 in Welsh) was the norm for public worship in the Church in Wales. In the 1950s, along with other Provinces in the Anglican Communion, the Church in Wales embarked on revising its liturgy, resulting eventually in the 1984 *Morning and Evening Prayer Book*.

However, in a world of rapid social and intellectual change in both church and society, and with new liturgical discoveries, the demand for an even more contemporary liturgy has grown. The result is this new volume of *Daily Prayer* which contains, as its title suggests, not only morning and evening offices but also material for midday and late evening worship, with a wealth of seasonal material. Our revised Eucharistic services of 2004 have shown that we can express worship in new forms and styles and that unity does not entail uniformity of practice. This additional book of *Daily Prayer* is offered in the same spirit. A church that takes mission seriously needs to ensure that its liturgy is accessible to all. Our new Eucharistic services have also shown that contemporary styles and a sense of the numinous can go together.

Christians are formed by the way they pray, and the way they pray expresses who they are. But as one writer put it, 'words are only the beginning of worship. They are transient and imperfect. They try to shape faith and kindle devotion, without claiming that they are fully adequate to the task. Only the grace of God can make up what is lacking in our faltering words.'

No prayer book can be the final word in worship, because liturgy is more than words. These services can only provide a framework to encourage worship but the important thing is the spirit in which the words are used. This book is designed to meet current needs and it is offered to the church in the hope that it might be a vehicle for offering prayer and praise to God, for 'the church exists to offer on behalf of the world, the praise that the world has forgotten to express.'

✛Barry Cambrensis

BOREOL A
HWYROL WEDDI

MORNING AND EVENING PRAYER

STRWYTHUR Y FOREOL A'R HWYROL WEDDI

Gellir hepgor yr eitemau a nodwyd â *.
Cyfeirir at yr Atodiadau perthnasol.
Y mae yn Atodiad 11 amrywiaethau addas ar gyfer tymhorau, achlysuron a themâu penodol.
Cyfeirier at y Nodiadau am gyfarwyddyd manylach.

1 **Y RHAGARWEINIAD**
   Darperir y ffurfiau a ganlyn:

   A Gweddïau o Edifeirwch   *Atodiad I*

   Boreol Weddi   *Hwyrol Weddi*
   B Gwersiglau ac Ymatebion   D Gwersiglau ac Ymatebion
       Agoriadol, etc   Agoriadol, etc
   C Moliant Boreol i Grist   DD Bendithio'r Goleuni
   CH Rhagarweiniad Syml   E Adnodau o Salm 141
                                         F Rhagarweiniad Syml

2 **GWEINIDOGAETH Y GAIR**
   Naill ai Patrwm 1 (gyda dau ddarlleniad)
      Salm(au)
      Darlleniad o'r Hen Destament
      Cantigl o'r Efengyl: *Benedictus* (bore) neu *Magnificat* (hwyr)
      Darlleniad o'r Testament Newydd
      *Cantigl   *Atodiad III*
      Credo   *Atodiad IV*

   Neu Batrwm 2 (gydag un darlleniad)
      Salm(au)
      *Cantigl   *Atodiad III*
      Darlleniad o'r Beibl
      Cantigl o'r Efengyl: *Benedictus* (bore) neu *Magnificat* (hwyr)
      Credo   *Atodiad IV*

3 **Y GWEDDÏAU**
      Ymbiliau   *Atodiad V*
      Gweddi'r Arglwydd
      Colect y Dydd
      *Yr Ail a/neu y Trydydd Colect

4 **Y DIWEDDGLO**
      Anfon Allan neu Ddiweddglo Arall

STRUCTURE OF MORNING AND EVENING PRAYER

Items marked * are optional.
Reference is made to the relevant Appendices.
Appendix 11 contains variants suitable for particular seasons,
occasions and themes.
Refer to the Notes for more detailed guidance.

1 THE INTRODUCTION

The following forms are provided:

    A Prayers of Penitence   *Appendix I*

Morning Prayer   *Evening Prayer*

- B Opening Versicles and Responses, etc
- C Morning Acclamation of Christ
- D A Simple Introduction

- E Opening Versicles and Responses, etc
- F Evening Blessing of the Light
- G Verses from Psalm 141
- H A Simple Introduction

2 THE MINISTRY OF THE WORD

Either Pattern 1 (with two readings)
    Psalmody
    Old Testament Reading
    Gospel Canticle: *Benedictus* (morning) or *Magnificat* (evening)
    New Testament Reading
    *Canticle   *Appendix III*
    Creed   *Appendix IV*

Or Pattern 2 (with one reading)
    Psalmody
    *Canticle   *Appendix III*
    Biblical Reading
    Gospel Canticle: *Benedictus* (morning) or *Magnificat* (evening)
    Creed   *Appendix IV*

3 THE PRAYERS

    Intercessions   *Appendix V*
    The Lord's Prayer
    The Collect of the Day
    *The Second and/or Third Collects

4 THE CONCLUSION

    Dismissal or Other Ending

NODIADAU

1. Y mae i'r Foreol a'r Hwyrol Weddi le arbennig o bwysig yn addoliad beunyddiol yr Eglwys. Oherwydd hynny, mae'n ddyletswydd ar bob clerig i ddweud y ddau wasanaeth hyn bob dydd, a hynny, o ddewis, yn yr eglwys ar ôl canu'r gloch.

2. Gellir canu emynau, caneuon neu anthemau, fel y dangosir cyn neu yn ystod Y Rhagarweiniad (1) neu'n union ar ei ôl, a chyn Y Gweddïau ac ar eu hôl (3).

3. Y mae brawddegau, cytganau a deunydd arall addas ar gyfer tymhorau a gwyliau penodol, neu'n seiliedig ar themâu arbennig, i'w cael yn Atodiad II.

4. Gellir canu'r salmau a'r cantiglau mewn fersiynau mydryddol neu gydag ymatebion neu mewn fersiynau gwahanol ar gyfer eu siantio, a gellir defnyddio testunau mewn iaith draddodiadol.

5. Cyflwynir y darlleniadau trwy enwi'r Llyfr, y Bennod a'r Adnod (onid yw honno yr adnod gyntaf).

6. Argymhellir cadw distawrwydd o flaen y gyffes (1), ar ôl pob darlleniad (2), ar ôl y bregeth ac yn ystod Y Gweddïau (3).

7. Pan fo'r Foreol neu'r Hwyrol Weddi yn brif wasanaeth y Sul,
   - dylid bob amser ddefnyddio Rhagarweiniad A (Gweddïau o Edifeirwch), ac yna naill ai y Gwersiglau a'r Ymatebion Agoriadol (B a D) neu, yn y Foreol Weddi, y Moliant Boreol i Grist (C) neu, yn yr Hwyrol Weddi, Fendithio'r Goleuni (DD) a/neu Adnodau o Salm 141 (E).
   - dylai Gweinidogaeth y Gair (2) ddilyn Patrwm 1 (gyda dau ddarlleniad) a dylid pregethu ar ôl yr ail ddarlleniad, ar ôl y Credo neu ar ôl Y Gweddïau (3).

8. Mae'r Rhagarweiniadau Syml (CH ac F) yn addas i'w defnyddio ar ddyddiau cyffredin yr wythnos.

9. Pan fo Gweinidogaeth y Gair (2) yn dilyn Patrwm 2 (gydag un darlleniad), dylid dewis un o'r darlleniadau a benodwyd yn yr Almanac. Gellir defnyddio'r darlleniad arall a benodwyd yng Ngweddi'r Dydd neu Weddi'r Nos (os dywedir y gwasanaethau hyn), neu gellir ei hepgor.

NOTES

1. Morning and Evening Prayer occupy a place of special importance in the daily worship of the Church. For this reason, it is the duty of the clergy to say these two offices each day, preferably in church after tolling the bell.

2. Hymns, songs or anthems may be sung before, during or immediately after The Introduction (1), as indicated, and before and after The Prayers (3).

3. Sentences, refrains and other material suitable for particular seasons and festivals, or based on particular themes, can be found in Appendix II.

4. Psalms and canticles may be sung in metrical, responsorial or alternative chanted versions, and traditional language texts may be substituted.

5. The readings are introduced with the opening reference: Book, Chapter, Verse (if not verse one).

6. The use of silence is recommended before the confession (1), after each reading (2), after the sermon and during The Prayers (3).

7. When Morning or Evening Prayer is the main service on a Sunday,
   - Introduction A (Prayers of Penitence) should always be used, followed by either the Opening Versicles and Responses (B and E) or, at Morning Prayer, the Morning Acclamation of Christ (C) or, at Evening Prayer, the Evening Blessing of the Light (F) and/or Verses from Psalm 141 (G).
   - The Ministry of the Word (2) should follow Pattern 1 (with two readings) and a sermon should be preached after the second reading, after the Creed or after The Prayers (3).

8. The Simple Introductions (D and H) are suitable for use on ordinary weekdays.

9. When The Ministry of the Word (2) follows Pattern 2 (with one reading), one of the passages appointed in the Almanac should be chosen. The other passage may be used at Prayer During the Day or at Night Prayer (if these offices are being said), or it may be omitted.

10 Yn y detholiad o ddarlleniadau dyddiol ar gyfer Patrwm 2, dylid cadw, cyn belled ag y mae hynny'n bosibl, at yr egwyddor o ddarllen yr Ysgrythur Lân mewn trefn.

11 Yn ôl traddodiad, defnyddir y gantigl *Te Deum Laudamus* yn y Foreol Weddi ar y Suliau, ac eithrio Suliau'r Garawys, ac ar y Gwyliau a restrir yn Grwpiau i a ii yn *Y Calendr Newydd (2003)*; a defnyddir y gantigl *Nunc Dimittis* yn yr Hwyrol Weddi, ac eithrio pan fo Gweddi'r Nos i'w defnyddio yn hwyrach y noson honno.

12 Pan ddefnyddir Y Litani (Atodiad vi) yn y Foreol neu'r Hwyrol Weddi, fe gymer le'r Gweddïau (3). Bydd yn diweddu â Gweddi'r Arglwydd, y Colect a'r Diweddglo (4).

13 Pan gymer y Foreol neu'r Hwyrol Weddi le'r Paratoad a'i chyfuno â Chyhoeddi'r Gair yn y Cymun Bendigaid, dylai ddechrau gyda Rhagarweiniad A (Gweddïau o Edifeirwch) ac yna un o'r Rhagarweiniadau eraill, a dylid defnyddio Patrwm 2 (gydag un darlleniad). Dylid dweud y Colect ar ddiwedd y salm, yn union cyn y darlleniad. Ni ddylid dewis darlleniad o'r efengyl. Ar ôl y darlleniad a'r gantigl o'r efengyl, dylid darllen y darn o'r efengyl a benodwyd ar gyfer y Cymun Bendigaid. Ar ôl y darlleniad o'r efengyl, â'r Cymun Bendigaid rhagddo yn ôl y drefn arferol. Ni ddylid mabwysiadu'r drefn hon ar y Suliau.

14 Ar unrhyw achlysur pan ddaw'r Foreol neu'r Hwyrol Weddi yn union o flaen y Cymun Bendigaid neu ar ei ôl, argymhellir yn gryf ddefnyddio Rhagarweiniadau CH ac F. Ni ddylid defnyddio Rhagarweiniad A. Os defnyddir Patrwm 1 ar gyfer Gweinidogaeth y Gair (2), dywedir y Colect(au) a'r Diweddglo (4) yn union ar ôl y darlleniad o'r Testament Newydd (neu, os dymunir, ar ôl yr ail gantigl). Os defnyddir Patrwm 2 ar gyfer Gweinidogaeth y Gair (2), dywedir y Colect(au) a'r Diweddglo (4) yn union ar ôl y Gantigl o'r Efengyl.

15 Rhydd y testun gyfarwyddyd sylfaenol ynglŷn ag osgo corff. Gellir amrywio'r awgrymiadau hyn i gyfateb i anghenion neu arfer lleol: fodd bynnag, dylai pawb sefyll ar gyfer y Gantigl o'r Efengyl a'r Credo.

16 Gellir darllen cyhoeddiadau a gostegion priodas ar ddechrau'r gwasanaeth, cyn Y Gweddïau (3) neu'n union cyn Y Diweddglo (4).

10   In the selection of daily readings for Pattern 2, care should be taken to observe, as far as possible, the principle of reading Holy Scripture in course.

11   The canticle *Te Deum Laudamus* is traditionally used at Morning Prayer on Sundays and the Holy Days listed in Groups I and II in *The New Calendar (2003)*, except on Sundays in Lent. The canticle *Nunc Dimittis* is traditionally used at Evening Prayer, except when Night Prayer is to be said later on the same evening.

12   When The Litany (Appendix VI) is used at Morning or Evening Prayer, it replaces The Prayers (3). It ends with the Lord's Prayer, the Collect and The Conclusion (4).

13   When Morning or Evening Prayer replaces The Preparation and is combined with The Proclamation of the Word at the Holy Eucharist, it should begin with Introduction A (Prayers of Penitence) followed by one of the other Introductions, and Pattern 2 (with one reading) should be used. The Collect should be said at the end of the psalmody, immediately before the reading. The reading selected should not be a gospel passage. After the reading and gospel canticle, the gospel appointed for the Holy Eucharist is read. The Eucharist proceeds in the normal manner after the gospel reading. This arrangement should not be adopted on Sundays.

14   On any occasion when Morning or Evening Prayer immediately precedes or follows the Holy Eucharist, the use of Introductions D and H is particularly recommended. Introduction A should not be used. If Pattern 1 is used for The Ministry of the Word (2), the Collect(s) and The Conclusion (4) are said immediately after the New Testament reading (or second canticle, if desired). If Pattern 2 is used for The Ministry of the Word (2), the Collect(s) and The Conclusion (4) are said immediately after the Gospel Canticle.

15   Basic guidance regarding posture is given in the text. These suggestions may be altered to suit local needs and practice: all should stand, however, for the Gospel Canticle and the Creed.

16   Notices and banns of marriage may be read at the beginning of the service, before The Prayers (3) or immediately before The Conclusion (4).

TREFN AMGEN AR GYFER Y FOREOL WEDDI

1 Y RHAGARWEINIAD

(A) Gweddïau o Edifeirwch [Sefyll]

Y mae'r gweinidog yn darllen un o'r canlynol, neu frawddeg addas arall o'r Ysgrythur Lân.

> Ar y dydd cyntaf o'r wythnos, yn fore, tra oedd hi eto'n dywyll, dyma Mair Magdalen yn dod at y bedd, ac yn gweld bod y maen wedi ei dynnu oddi wrth y bedd.
> *Ioan 20:1*

> Ysbryd yw Duw, a rhaid i'w addolwyr ef addoli mewn ysbryd a gwirionedd.
> *Ioan 4:24*

> Gras a thangnefedd i chwi oddi wrth Dduw ein Tad a'r Arglwydd Iesu Grist.
> *Rhufeiniaid 1:7*

> A dywedodd Duw, "Bydded goleuni." A bu goleuni. Gwelodd Duw fod y goleuni yn dda; a gwahanodd Duw y goleuni oddi wrth y tywyllwch. A bu hwyr a bu bore, y dydd cyntaf.
> *Genesis 1:3–5*

> Dyma'r dydd y gweithredodd yr Arglwydd; gorfoleddwn a llawenhawn ynddo.
> *Salm 118:24*

Dywed y gweinidog

> Daethom ynghyd yn deulu Duw ym mhresenoldeb ein Tad, i roddi iddo foliant a diolch, i glywed a derbyn ei air, i gyflwyno iddo anghenion yr holl fyd ac i geisio ei ras, fel y gallwn, trwy ei Fab, Iesu Grist, ein rhoi ein hunain i'w wasanaeth.

> Dywedodd Iesu: "Y gorchymyn cyntaf yw, 'Gwrando, O Israel, yr Arglwydd ein Duw yw'r unig Arglwydd, a châr yr Arglwydd dy Dduw â'th holl galon ac â'th holl enaid ac â'th holl feddwl ac â'th holl nerth.' Yr ail yw hwn, 'Câr dy gymydog fel ti dy hun.' Nid oes gorchymyn arall mwy na'r rhain."

Distawrwydd. [Penlinio]

AN ALTERNATIVE ORDER FOR MORNING PRAYER (MATTINS)

1

THE INTRODUCTION

(A) Prayers of Penitence *[Stand]*

The minister reads one of the following, or another appropriate sentence of Holy Scripture.

> It was very early in the morning on the first day of the week and still dark, when Mary of Magdala came to the tomb. She saw that the stone had been moved away from the tomb. *John 20:1*

> God is Spirit and those who worship him must worship in Spirit and in truth. *John 4:24*

> Grace to you and peace from God our Father and the Lord Jesus Christ. *Romans 1:7*

> God said, 'Let there be light', and there was light, and God saw the light was good, and he separated light from darkness. So evening came, and morning came; it was the first day. *Genesis 1:3–5*

> This is the day which the Lord has made; let us rejoice and be glad in it. *Psalm 118:24*

The minister says

> We have come together as the family of God in our Father's presence, to offer him praise and thanksgiving, to hear and receive his word, to bring before him the needs of the world and to seek his grace, that, through his Son, Jesus Christ, we may give ourselves to his service.

> Jesus said: 'The first commandment is: "Listen Israel! the Lord our God is the only Lord. Love the Lord your God with all your heart, with all your soul, with all your mind and with all your strength." The second is this: "Love your neighbour as yourself." There is no other commandment greater than these.'

Silence. *[Kneel]*

Cyffeswn ein pechodau wrth y Tad a cheisio ei faddeuant a'i dangnefedd.

Hollalluog a thrugarog Dduw,
yr ydym wedi pechu yn dy erbyn
   ar feddwl, gair a gweithred.
Nid ydym wedi dy garu â'n holl galon;
nac wedi caru eraill fel y mae Crist yn ein caru ni.
Y mae'n wir ddrwg gennym.
Yn dy drugaredd, maddau inni.
Cynorthwya ni i ddiwygio ein bywydau;
fel y byddwn yn ymhyfrydu yn dy ewyllys
   ac yn rhodio yn dy ffyrdd,
er gogoniant i'th enw. Amen.

Bydded i Dduw hollalluog,
sy'n maddau i bawb sy'n wir edifeiriol,
drugarhau wrthych a'ch rhyddhau o bechod,
eich cadarnhau mewn daioni
a'ch cadw yn y bywyd tragwyddol;
trwy Iesu Grist ein Harglwydd. **Amen.**

Yn lle rhoi'r gollyngdod, dywed diacon neu weinidog lleyg
Bydded i Dduw ein Tad,
a gymododd y byd ag ef ei hun
trwy ein Harglwydd Iesu Grist,
ac sy'n maddau pechodau pawb sy'n wir edifeiriol,
faddau i ni a'n gwared oddi wrth ein holl bechodau,
a rhoddi inni ras a nerth yr Ysbryd Glân. **Amen.**

(B) Gwersiglau ac Ymatebion Agoriadol a Gwahoddgan
[Sefyll]

Arglwydd, agor ein gwefusau,
A'n genau a fynega dy foliant.

Canwn i ti, O Arglwydd, a bendithiwn dy enw,
A dywedwn am dy iachawdwriaeth o ddydd i ddydd.

Gogoniant i'r Tad, ac i'r Mab, ac i'r Ysbryd Glân;
fel yr oedd yn y dechrau y mae yn awr,
ac y bydd yn wastad, yn oes oesoedd. Amen.

Addolwch yr Arglwydd.
I'w enw ef y bo'r mawl.

(Yn Nhymor y Pasg, ychwanegir
Halelwia! Atgyfododd Crist.
Atgyfododd yn wir. Halelwia!*)*

Boreol Weddi

Let us confess our sins to the Father and seek his pardon
and peace.

**Almighty and merciful God,
we have sinned against you
   in thought, word and deed.
We have not loved you with all our heart;
and we have not loved others as Christ loves us.
We are truly sorry.
In your mercy, forgive us.
Help us to amend our lives;
that we may delight in your will
   and walk in your ways,
to the glory of your name. Amen.**

Almighty God, who forgives all who truly repent,
have mercy on you and set you free from sin,
strengthen you in goodness and keep you in eternal life;
through Jesus Christ our Lord. **Amen.**

In place of the absolution, a deacon or lay minister says
May God our Father,
who by our Lord Jesus Christ
has reconciled the world to himself
and forgives the sins of all who truly repent,
pardon and deliver us from all our sins,
and grant us the grace and power of the Holy Spirit.
Amen.

(B) *Opening Versicles and Responses and Invitatory Canticle*

[Stand]

O Lord, open our lips,
And our mouth shall proclaim your praise.

We sing to you, O Lord, and bless your name,
And tell of your salvation from day to day.

**Glory to the Father, and to the Son,
and to the Holy Spirit;
as it was in the beginning, is now,
and shall be for ever. Amen.**

Worship the Lord.
All praise to his name.

(The following is added in Eastertide
Alleluia! Christ is risen.
He is risen indeed. Alleluia!*)*

Bydd gwahoddgan (y Venite, y Jubilate neu Anthemau'r Pasg) yn dilyn.
Gellir defnyddio antiffon (cytgan), er enghraifft
> Gwawried Crist y seren ddydd yn ein calonnau,
> a gorchfygu cysgodion y nos.

Neu
> Bwried Crist, y gwir a'r unig oleuni,
> bob tywyllwch o'n calonnau a'n meddyliau.

Neu
> Dewch, addolwn ac ymgrymwn,
> plygwn ein gliniau gerbron yr Arglwydd a'n gwnaeth.

Gellir canu emyn yn union ar ôl y wahoddgan. Mae'r gwasanaeth yn parhau gyda Gweinidogaeth y Gair (Tudalen 26, Patrwm 1, neu Dudalen 32, Patrwm 2).

(C) Moliant Boreol i Grist [Sefyll]

> Arglwydd, agor ein gwefusau,
> **A'n genau a fynega dy foliant.**

Bydd y Venite, y Jubilate, Anthemau'r Pasg neu gantigl arall neu emyn yn dilyn.
Gellir defnyddio antiffon (cytgan), er enghraifft
> Gwawried Crist y seren ddydd yn ein calonnau,
> a gorchfygu cysgodion y nos.

Neu
> Bwried Crist, y gwir a'r unig oleuni,
> bob tywyllwch o'n calonnau a'n meddyliau.

Neu
> Dewch, addolwn ac ymgrymwn,
> plygwn ein gliniau gerbron yr Arglwydd a'n gwnaeth.

Dywedir un o'r canlynol, neu fendith agoriadol dymhorol.

Ar Suliau
> Dduw tragwyddol,
> molwn di a diolchwn iti
> am y dydd pan greaist oleuni
> a gweld ei fod yn dda;
> y dydd pan ddarganfu'r disgyblion
> y bedd gwag
> a chyfarfod â'r Crist atgyfodedig.
> Dyma'r dydd a wnaethost ti;
> gorfoleddwn a llawenhawn ynddo.
> **Bendigedig fyddo Duw am byth.**

The invitatory canticle (Venite, Jubilate or the Easter Anthems) follows.
An antiphon (refrain) may be used, for instance
> May Christ the daystar dawn in our hearts,
> and triumph over the shades of night.

Or
> May Christ, the true, the only light,
> banish all darkness from our hearts and minds.

Or
> Come, let us worship and bow down,
> and kneel before the Lord our Maker.

A hymn may be sung immediately after the invitatory. The office continues with The Ministry of the Word (Page 27, Pattern 1, or Page 33, Pattern 2).

(C) Morning Acclamation of Christ [Stand]

> O Lord, open our lips,
> **And our mouth shall proclaim your praise.**

The Venite, the Jubilate, the Easter Anthems or another canticle or hymn are said or sung.
An antiphon (refrain) may be used, for instance
> May Christ the daystar dawn in our hearts,
> and triumph over the shades of night.

Or
> May Christ, the true, the only light,
> banish all darkness from our hearts and minds.

Or
> Come, let us worship and bow down,
> And kneel before the Lord our Maker.

One of the following, or a seasonal opening prayer of blessing, is said.

On Sundays
> Eternal God,
> we praise and thank you for the day
> on which you created light
> and saw that it was good;
> the day on which the disciples
> discovered the empty tomb
> and met the risen Christ.
> This is the day that you have made;
> we rejoice and are glad in it.
> **Blessed be God for ever.**

Neu, ar ddyddiau gwaith

>Bendigedig wyt ti, Dduw goruchaf, creawdwr pob peth,
>i ti y bo gogoniant a moliant am byth.
>Sefydlaist y byd yn y dechreuad
>a gwaith dy ddwylo yw'r nefoedd.
>Gwnaethost ni ar dy ddelw dy hun
>ac yn y dyddiau olaf hyn lleferaist wrthym
>yn dy Fab Iesu Grist, y Gair a wnaethpwyd yn gnawd.
>Llewyrched goleuni dy gariad bob amser yn ein calonnau,
>adnewydded dy Ysbryd bob amser ein bywydau
>a bydded dy foliant bob amser ar ein gwefusau,
>Dad, Mab ac Ysbryd Glân.
>**Bendigedig fyddo Duw am byth.**

Neu

>Bendigedig wyt ti, greawdwr pob peth,
>i ti y bo gogoniant a moliant am byth.
>Wrth i'th wawr adnewyddu wyneb y ddaear
>a dwyn goleuni a bywyd i'r gteadigaeth gyfan,
>bydded inni lawenhau yn y dydd hwn a wnaethost;
>wrth inni ddeffro o ddyfnderoedd
>>cwsg wedi ein hadnewyddu,
>agor ein llygaid i ganfod dy bresenoldeb
>a nertha ein dwylo i wneud dy ewyllys,
>fel y llawenycho'r byd a'th foliannu di.
>**Bendigedig fyddo Duw am byth.**

Mae'r gwasanaeth yn parhau gyda Gweinidogaeth y Gair (Tudalen 26, Patrwm 1, neu Dudalen 32, Patrwm 2).

(CH) Rhagarweiniad Syml i'r Foreol Weddi [Sefyll]

>Arglwydd, agor ein gwefusau,
>**A'n genau a fynega dy foliant.**
>
>**Gogoniant i'r Tad, ac i'r Mab,
>ac i'r Ysbryd Glân;
>fel yr oedd yn y dechrau y mae yn awr,
>ac y bydd yn wastad, yn oes oesoedd. Amen.**

Gweddi ddistaw / myfyrdod ar y dydd sydd i ddod.

>Yn gynnar yn y bore
>daw fy ngweddi atat.
>Arglwydd, trugarha.
>**Arglwydd, trugarha.**

Or, on weekdays

> Blessed are you, sovereign God, creator of all,
> to you be glory and praise for ever.
> You founded the earth in the beginning
> and the heavens are the work of your hands.
> You have made us in your image
> and in these last days you have spoken to us
> in your Son Jesus Christ, the Word made flesh.
> Let the light of your love always shine in our hearts,
> your Spirit ever renew our lives
> and your praise ever be on our lips,
> Father, Son and Holy Spirit.
> **Blessed be God for ever.**

Or

> Blessed are you, creator of all,
> to you be praise and glory for ever.
> As your dawn renews the face of the earth
> bringing light and life to all creation,
> may we rejoice in this day you have made;
> as we wake refreshed from the depths of sleep,
> open our eyes to behold your presence
> and strengthen our hands to do your will,
> that the world may rejoice and give you praise.
> **Blessed be God for ever.**

The office continues with The Ministry of the Word (Page 27, Pattern 1, or Page 33, Pattern 2).

(D) A Simple Introduction to Morning Prayer [Stand]

> O Lord, open our lips,
> **And our mouth shall proclaim your praise.**
>
> **Glory to the Father, and to the Son,
> and to the Holy Spirit;
> as it was in the beginning, is now,
> and shall be for ever. Amen.**

Silent prayer / reflection on the coming day.

> Early in the morning
> my prayer comes before you.
> Lord, have mercy.
> **Lord, have mercy.**

Yr wyt yn llefaru yn fy nghalon ac yn dweud
    "Ceisia fy wyneb";
am hynny ceisiaf dy wyneb, O Arglwydd.
Crist, trugarha.
Crist, trugarha.

Bydded geiriau fy ngenau'n dderbyniol gennyt,
a myfyrdod fy nghalon yn gymeradwy i ti,
O Arglwydd, fy nghraig a'm prynwr.
Arglwydd, trugarha.
Arglwydd, trugarha.

Mae'r gwasanaeth yn parhau gyda Gweinidogaeth y Gair (isod, Patrwm 1, neu Dudalen 32, Patrwm 2).

2 *GWEINIDOGAETH Y GAIR*

Patrwm 1, gyda dau ddarlleniad

Salm(au)   [*Sefyll/Eistedd*]

Bydd pob salm a benodwyd am y dydd yn diweddu gyda

**Gogoniant i'r Tad / ac i'r / Mab :
ac / i'r – / Ysbryd / Glân;
fel yr oedd yn y dechrau,** •
    **y mae yn awr ac y / bydd yn / wastad :
yn oes / oesoedd. / A–/men.**

Y darlleniad o'r Hen Destament   [*Eistedd*]

Cyn y darlleniad
    Darlleniad o ...

Ar ôl y darlleniad
    Dyma air yr Arglwydd.
    I Dduw y bo'r diolch.

Neu
    Gwrandewch ar yr hyn y mae'r Ysbryd
    yn ei ddweud wrth yr Eglwys.
    I Dduw y bo'r diolch.

Neu
    Dyma ddiwedd y darlleniad o'r Hen Destament.

Distawrwydd.

You speak in my heart and say
> 'Seek my face';
your face, Lord, will I seek.
Christ, have mercy.
Christ, have mercy.

Let the words of my mouth and the meditation of my heart
be acceptable in your sight, O Lord,
my strength and my redeemer.
Lord, have mercy.
Lord, have mercy.

The office continues with The Ministry of the Word (below, Pattern 1, or Page 33, Pattern 2).

THE MINISTRY OF THE WORD

Pattern 1, with two readings

Psalmody *[Stand/Sit]*

Each of the psalms appointed for the day ends with

> **Glory to the Father, and / to the / Son :**
> **and / to the / Holy / Spirit;**
> **as it was in the be/ginning, is / now :**
> **and shall be for / ever. / A–/men.**

The Old Testament reading *[Sit]*

Before the reading
> A reading from …

After the reading
> This is the word of the Lord.
> **Thanks be to God.**

Or
> Hear what the Spirit is saying to the Church.
> **Thanks be to God.**

Or
> Here ends the Old Testament reading.

Silence.

Cantigl o'r Efengyl: *Benedictus Dominus Deus Israel*   [*Sefyll*]

Gellir defnyddio antiffon (cytgan), er enghraifft
> Dyro i'th bobl wybodaeth am waredigaeth, O Arglwydd,
> trwy faddeuant eu holl bechodau.

Neu
> Yn nhrugaredd dy galon, O Dduw,
> fe dyr arnom y wawr oddi uchod.

Neu
> Codaist waredigaeth gadarn i ni,
> wedi ei eni o dŷ Dafydd.

1   Bendigedig fyddo / Arglwydd • Dduw / Israel :
     am iddo ymweld â'i / bobl a'u / prynu • i / ryddid;

2   Cododd waredigaeth / gadarn • i / ni :
     yn / nhŷ – / Dafydd • ei / was –

3   Fel y llefarodd trwy enau ei bro/ffwydi / sanctaidd :
     yn yr / oesoedd / a – / fu –

4   Gwaredigaeth / rhag • ein ge/lynion :
     ac o afael / pawb • sydd yn / ein ca/sáu;

5   Fel hyn y cymerodd drugaredd / ar ein • hyn/afiaid :
     a / chofio • ei gy/famod / sanctaidd,

6   Y llw a dyngodd wrth / Abraham • ein / tad :
     y rhoddai inni gael ein / hachub • o / afael • ge/lynion,

7   A'i addoli yn ddi-ofn mewn sancteiddrwydd / a chyf/iawnder :
     ger ei fron ef / holl – / ddyddiau • ein / bywyd.

8   A thithau, fy mhlentyn, gelwir di yn / broffwyd • y Go/ruchaf :
     oherwydd byddi'n cerdded o flaen yr Arglwydd
         i / bara/toi ei / lwybrau,

9   I roi i'w bobl wybodaeth am / ware/digaeth :
     trwy fa/ddeuant / eu pe/chodau.

10   Hyn yw trugaredd / calon • ein / Duw :
     fe ddaw â'r wawrddydd / oddi / uchod • i'n / plith,

11   I lewyrchu ar y rhai sy'n eistedd yn nhywyllwch
         / cysgod / angau :
     a chyfeirio ein / traed i / ffordd tang/nefedd.

Gogoniant i'r Tad / ac i'r / Mab :
ac / i'r – / Ysbryd / Glân;
fel yr oedd yn y dechrau, •
     y mae yn awr ac y / bydd yn / wastad :
yn oes / oesoedd. / A–/men.

Boreol Weddi

The Gospel Canticle: *Benedictus Dominus Deus Israel*   [Stand]

An antiphon (refrain) may be used, for instance
> Give your people knowledge of salvation, Lord,
> by the forgiveness of all their sins.

Or
> In your tender compassion, O God,
> the dawn from on high shall break upon us.

Or
> You have raised up for us a mighty Saviour,
> born of the house of David.

1. Blessed be the Lord the / God of / Israel :
for he has come to his / people and / set them / free.

2. The Lord has raised up for us a / mighty / Saviour :
born of the / house of his / servant / David.

3. Through his holy prophets God promised of old •
    to save us / from our / enemies :
from the / hands of / all who / hate us.

4. To show mercy / to our / forebears :
and to re/member his / holy / covenant.

5. This was the oath God swore to our / father / Abraham :
to set us free from the / hands / of our / enemies,

6. Free to worship him / without / fear :
holy and righteous before him / all the / days of our / life.

7. And you, child, shall be called
    the prophet of the / Most / High :
for you will go before the / Lord • to pre/pare his / way,

8. To give his people knowledge / of sal/vation :
by the for/giveness / of their / sins.

9. In the tender compassion / of our / God :
the dawn from on / high shall / break up/on us,

10. To shine on those who dwell in darkness •
    and the / shadow of / death :
and to guide our feet / into the / way of / peace.

Glory to the Father, and / to the / Son :
and / to the / Holy / Spirit;
as it was in the be/ginning, is / now :
and shall be for / ever. / A–/men.

Morning Prayer

Y darlleniad o'r Testament Newydd [Eistedd]

Cyn y darlleniad
    Darlleniad o …

Ar ôl y darlleniad
    Dyma air yr Arglwydd.
    I Dduw y bo'r diolch.

Neu

    Gwrandewch ar yr hyn y mae'r Ysbryd
    yn ei ddweud wrth yr Eglwys.
    I Dduw y bo'r diolch.

Neu

    Dyma ddiwedd y darlleniad o'r Testament Newydd.

Distawrwydd.

Ar ôl y darlleniad o'r Testament Newydd gellir dweud neu ganu cantigl.
[Sefyll / Eistedd]

Datgan y Ffydd

Dywedir y Credo ar y Suliau, ac ar y Gwyliau a restrir yn Grwpiau I a II yn Y Calendr Newydd (2003). Ar ddyddiau eraill, gall y gwasanaeth barhau gyda'r Gweddïau (Tudalen 36).

Credo'r Apostolion [Sefyll]

Credaf yn Nuw, Dad hollgyfoethog,
creawdwr nefoedd a daear.
Credaf yn Iesu Grist, unig Fab Duw, ein Harglwydd ni,
a genhedlwyd o'r Ysbryd Glân,
a aned o Fair Forwyn,
a ddioddefodd dan Pontius Pilat,
a groeshoeliwyd, a fu farw ac a gladdwyd;
disgynnodd i blith y meirw.
Ar y trydydd dydd fe atgyfododd;
esgynnodd i'r nefoedd,
ac y mae'n eistedd ar ddeheulaw'r Tad,
ac fe ddaw i farnu'r byw a'r meirw.
Credaf yn yr Ysbryd Glân,
yr Eglwys lân gatholig,
cymun y saint,
maddeuant pechodau,
atgyfodiad y corff,
a'r bywyd tragwyddol. Amen.

Gellir defnyddio Credo'r Bedydd yn lle Credo'r Apostolion. (Gweler Atodiad IV.) Mae'r gwasanaeth yn parhau gyda'r Gweddïau (Tudalen 36).

The New Testament reading [Sit]

Before the reading
   A reading from …

After the reading
   This is the word of the Lord.
   Thanks be to God

Or

   Hear what the Spirit is saying to the Church.
   Thanks be to God.

Or

   Here ends the New Testament reading.

Silence.

A canticle may be said or sung after the New Testament reading.
[Stand/Sit]

An Affirmation of the Faith
The Creed is said on Sundays and the Holy Days listed in Groups I and II in The New Calendar (2003). *On other days, the office may continue immediately with* The Prayers (Page 37).

The Apostles' Creed [Stand]
**I believe in God, the Father almighty,
creator of heaven and earth.
I believe in Jesus Christ, God's only Son, our Lord,
who was conceived by the Holy Spirit,
born of the Virgin Mary,
suffered under Pontius Pilate,
was crucified, died and was buried;
he descended to the dead.
On the third day he rose again;
he ascended into heaven,
and is seated at the right hand of the Father,
and he will come to judge the living and the dead.
I believe in the Holy Spirit,
the holy catholic Church,
the communion of saints,
the forgiveness of sins,
the resurrection of the body,
and the life everlasting. Amen.**

The Baptismal Creed may be used in place of the Apostles' Creed. (See Appendix IV.) The office continues with The Prayers (Page 37).

Patrwm 2, gydag un darlleniad

Salm(au) [Sefyll/Eistedd]

Bydd pob salm a benodwyd am y dydd yn diweddu gyda

> **Gogoniant i'r Tad / ac i'r / Mab :
> ac / i'r – / Ysbryd / Glân;
> fel yr oedd yn y dechrau, •
>   y mae yn awr ac y / bydd yn / wastad :
> yn oes / oesoedd. / A–/men.**

Gellir ychwanegu cantigl ar derfyn y salm(au) a benodwyd.

Y darlleniad o'r Beibl [Eistedd]

Cyn y darlleniad
> Darlleniad o ...

Ar ôl y darlleniad
> Dyma air yr Arglwydd.
> **I Dduw y bo'r diolch.**

Neu

> Gwrandewch ar yr hyn y mae'r Ysbryd
> yn ei ddweud wrth yr Eglwys.
> **I Dduw y bo'r diolch.**

Neu

> Dyma ddiwedd y darlleniad.

Distawrwydd.

Cantigl o'r Efengyl: *Benedictus Dominus Deus Israel* [Sefyll]

Gellir defnyddio antiffon (cytgan), er enghraifft
> Dyro i'th bobl wybodaeth am waredigaeth, O Arglwydd,
> trwy faddeuant eu holl bechodau.

Neu

> Yn nhrugaredd dy galon, O Dduw,
> fe dyr arnom y wawr oddi uchod.

Neu

> Codaist waredigaeth gadarn i ni, wedi ei eni o dŷ Dafydd.

1 Bendigedig fyddo / Arglwydd • Dduw / Israel :
   am iddo ymweld â'i / bobl a'u / prynu • i / ryddid;

2 Cododd waredigaeth / gadarn • i / ni :
   yn / nhŷ – / Dafydd • ei / was –

Boreol Weddi

Pattern 2, with one reading

Psalmody   *[Stand/Sit]*

Each of the psalms appointed for the day ends with

> **Glory to the Father, and / to the / Son :
> and / to the / Holy / Spirit;
> as it was in the be/ginning, is / now :
> and shall be for / ever. / A–/men.**

A canticle may be added at the end of the appointed psalm(s).

The Biblical reading   *[Sit]*

Before the reading
> A reading from …

After the reading
> This is the word of the Lord.
> **Thanks be to God.**

Or
> Hear what the Spirit is saying to the Church.
> **Thanks be to God.**

Or
> Here ends the reading.

Silence.

The Gospel Canticle: *Benedictus Dominus Deus Israel* *[Stand]*

An antiphon (refrain) may be used, for instance
> Give your people knowledge of salvation, Lord,
> by the forgiveness of all their sins.

Or
> In your tender compassion, O God,
> the dawn from on high shall break upon us.

Or
> You have raised up for us a mighty Saviour,
> born of the house of David.

1   Blessed be the Lord the / God of / Israel :
    for he has come to his / people and / set them / free.

2   The Lord has raised up for us a / mighty / Saviour :
    born of the / house of his / servant / David.

Morning Prayer

3 Fel y llefarodd trwy enau ei bro/ffwydi / sanctaidd :
   yn yr / oesoedd / a – / fu –

4 Gwaredigaeth / rhag • ein ge/lynion :
   ac o afael / pawb • sydd yn / ein ca/sáu;

5 Fel hyn y cymerodd drugaredd / ar ein • hyn/afiaid :
   a / chofio • ei gy/famod / sanctaidd,

6 Y llw a dyngodd wrth / Abraham • ein / tad :
   y rhoddai inni gael ein / hachub • o / afael • ge/lynion,

7 A'i addoli yn ddi-ofn mewn sancteiddrwydd / a chyf/iawnder :
   ger ei fron ef / holl – / ddyddiau • ein / bywyd.

8 A thithau, fy mhlentyn, gelwir di yn / broffwyd • y Go/ruchaf :
   oherwydd byddi'n cerdded o flaen yr Arglwydd
       i / bara/toi ei / lwybrau,

9 I roi i'w bobl wybodaeth am / ware/digaeth :
   trwy fa/ddeuant / eu pe/chodau.

10 Hyn yw trugaredd / calon • ein / Duw :
   fe ddaw â'r wawrddydd / oddi / uchod • i'n / plith,

11 I lewyrchu ar y rhai sy'n eistedd yn nhywyllwch
       / cysgod / angau :
   a chyfeirio ein / traed i / ffordd tang/nefedd.

   Gogoniant i'r Tad / ac i'r / Mab :
   ac / i'r – / Ysbryd / Glân;
   fel yr oedd yn y dechrau, •
       y mae yn awr ac y / bydd yn / wastad :
   yn oes / oesoedd. / A–/men.

Datgan y Ffydd
*Dywedir y Credo ar y Suliau, ac ar y Gwyliau a restrir yn Grwpiau
I a II yn Y Calendr Newydd (2003). Ar ddyddiau eraill, gall y
gwasanaeth barhau gyda'r Gweddïau (Tudalen 36).*

Credo'r Apostolion   [*Sefyll*]
   Credaf yn Nuw, Dad hollgyfoethog,
   creawdwr nefoedd a daear.
   Credaf yn Iesu Grist, unig Fab Duw, ein Harglwydd ni,
   a genhedlwyd o'r Ysbryd Glân,
   a aned o Fair Forwyn,
   a ddioddefodd dan Pontius Pilat,
   a groeshoeliwyd, a fu farw ac a gladdwyd;
   disgynnodd i blith y meirw.
   Ar y trydydd dydd fe atgyfododd;

3 Through his holy prophets God promised of old •
       to save us / from our / enemies :
   from the / hands of / all who / hate us.

4 To show mercy / to our / forebears :
   and to re/member his / holy / covenant.

5 This was the oath God swore to our / father / Abraham :
   to set us free from the / hands / of our / enemies,

6 Free to worship him / without / fear :
   holy and righteous before him / all the / days of our / life.

7 And you, child, shall be called
       the prophet of the / Most / High :
   for you will go before the / Lord • to pre/pare his / way,

8 To give his people knowledge / of sal/vation :
   by the for/giveness / of their / sins.

9 In the tender compassion / of our / God :
   the dawn from on / high shall / break up/on us,

10 To shine on those who dwell in darkness •
       and the / shadow of / death :
   and to guide our feet / into the / way of / peace.

   Glory to the Father, and / to the / Son :
   and / to the / Holy / Spirit;
   as it was in the be/ginning, is / now :
   and shall be for / ever. / A–/men.

An Affirmation of the Faith
The Creed is said on Sundays and the Holy Days listed in Groups I and II in The New Calendar (2003). *On other days, the office may continue immediately with* The Prayers (Page 37).

The Apostles' Creed   *[Stand]*
   I believe in God, the Father almighty,
   creator of heaven and earth.
   I believe in Jesus Christ, God's only Son, our Lord,
   who was conceived by the Holy Spirit,
   born of the Virgin Mary,
   suffered under Pontius Pilate,
   was crucified, died and was buried;
   he descended to the dead.
   On the third day he rose again;

esgynnodd i'r nefoedd,
ac y mae'n eistedd ar ddeheulaw'r Tad,
ac fe ddaw i farnu'r byw a'r meirw.
**Credaf yn yr Ysbryd Glân,
yr Eglwys lân gatholig,
cymun y saint,
maddeuant pechodau,
atgyfodiad y corff,
a'r bywyd tragwyddol. Amen.**

Gellir defnyddio Credo'r Bedydd yn lle Credo'r Apostolion. (Gweler Atodiad IV.)

3 Y GWEDDÏAU

[Sefyll / Eistedd]

Yn y Foreol Weddi, offrymir gweddïau dros y dydd a'i orchwylion, dros y byd a'i anghenion a thros yr Eglwys a'i bywyd.
Defnyddir y gweddïau yn Atodiad V, y Litani (Atodiad VI), neu weddïau addas eraill.

Gellir defnyddio ymatebion addas, er enghraifft
Arglwydd, yn dy drugaredd,
gwrando ein gweddi.

Arglwydd, clyw ni.
Yn rasol, clyw ni, O Arglwydd.

Arnat ti, Arglwydd, y gweddïwn.
Arglwydd, trugarha.

Clyw ni, O Arglwydd,
oherwydd mawr yw dy drugaredd.

Gweddïwn mewn ffydd.
Gweddïwn arnat ti, O Dduw.

Arglwydd, trugarha.
Clyw ni, Arglwydd da.

Dywedir Gweddi'r Arglwydd. Gellir ei chyflwyno fel a ganlyn, neu â geiriau addas eraill.

Gweddïwn yn hyderus ar y Tad:
Ein Tad yn y nefoedd …

Neu

Fel y dysgodd ein Hiachawdwr ni, gweddïwn yn eofn:
Ein Tad, yr hwn wyt yn y nefoedd …

    he ascended into heaven,
    and is seated at the right hand of the Father,
    and he will come to judge the living and the dead.
    I believe in the Holy Spirit,
    the holy catholic Church,
    the communion of saints,
    the forgiveness of sins,
    the resurrection of the body,
    and the life everlasting. Amen.

The Baptismal Creed may be used in place of the Apostles' Creed. (See Appendix IV.)

THE PRAYERS

[Stand / Kneel]

At Morning Prayer, prayers are offered for the day and its tasks, for the world and its needs and for the Church and its life.
The prayers in Appendix V, the Litany (Appendix VI), or other suitable prayers, are used.

Appropriate responses may be used, for example
    Lord, in your mercy,
    hear our prayer.

    Lord, hear us.
    Lord, graciously hear us.

    We pray to you, O Lord.
    Lord, have mercy.

    Hear us, O Lord,
    for your mercy is great.

    In faith we pray.
    We pray to you, O God.

    Lord, have mercy.
    Hear us, good Lord.

The Lord's Prayer is said. It may be introduced as follows, or with other suitable words.

    Let us pray with confidence to the Father:
    Our Father in heaven …

Or

    As our Saviour taught us, we boldly pray:
    Our Father, who art in heaven …

Ar y Suliau, ac ar y Gwyliau a restrir yn Grwpiau I a II yn Y Calendr Newydd (2003), *dywedir Colect y Dydd. Gellir wedyn ddweud yr ail a'r trydydd colect.*
Ar ddyddiau eraill dywedir un o'r canlynol, neu'r ddau.

Yr ail golect, am dangnefedd.

    O Dduw, awdur tangnefedd a charwr cytundeb,
    y mae dy adnabod di yn fywyd tragwyddol,
    a'th wasanaethu yn rhyddid perffaith:
    amddiffyn ni rhag holl ymosodiadau ein gelynion,
    fel, a ninnau'n llwyr ymddiried yn dy nodded,
    nad ofnwn allu neb o'n gwrthwynebwyr;
    trwy Iesu Grist ein Harglwydd. **Amen.**

Y trydydd colect, am ras.

    O Arglwydd a nefol Dad, Dduw hollalluog a thragwyddol,
    diolchwn iti am ein dwyn yn ddiogel
        i ddechrau'r dydd newydd hwn:
    amddiffyn ni â'th gadarn allu
    fel y'n cedwir ni yn rhydd rhag pob pechod
    ac yn ddiogel rhag pob perygl;
    a galluoga ni ym mhob peth
    i wneud yn unig yr hyn sydd iawn yn dy olwg di;
    trwy Iesu Grist ein Harglwydd. **Amen.**

Neu

    Dragwyddol Dduw a Thad,
    y crewyd ni trwy dy allu
    a'n prynu trwy dy gariad,
    tywys a nertha ni â'th Ysbryd,
    fel y gallwn ein rhoi ein hunain i ti
    trwy garu a gwasanaethu'n gilydd;
    yn Iesu Grist ein Harglwydd. **Amen.**

4   Y DIWEDDGLO

Gellir defnyddio un o'r canlynol, neu anfon allan tymhorol (Atodiad II) neu eiriau addas eraill.

    Gras ein Harglwydd Iesu Grist,
    a chariad Duw,
    a chymdeithas yr Ysbryd Glân
    fyddo gyda ni oll byth bythoedd. **Amen.**

    Bendithied yr Arglwydd ni, cadwed ni rhag drwg
    a'n dwyn i fywyd tragwyddol. **Amen.**

On Sundays and the Holy Days listed in Groups I and II of The New Calendar (2003), *the Collect of the Day is said. It may be followed by the second and third collects.*
On other days, one or both of the following is said.

The second collect, for peace.
> O God, the author of peace and lover of concord,
> to know you is eternal life,
> to serve you is perfect freedom:
> defend us in all assaults of our enemies,
> that we, surely trusting in your protection,
> may not fear the power of any adversaries;
> through Jesus Christ our Lord. **Amen.**

The third collect, for grace.
> O Lord and heavenly Father, almighty and everlasting God,
> we thank you for bringing us safely
>   to the beginning of this new day:
> defend us by your mighty power
> that we may be kept free from all sin
> and safe from every danger;
> and enable us in everything
> to do only what is right in your eyes;
> through Jesus Christ our Lord. **Amen.**

Or
> Eternal God and Father,
> by your power we are created
> and by your love we are redeemed:
> guide and strengthen us by your Spirit,
> that we may give ourselves to you
> in love and service of one another;
> through Jesus Christ our Lord. **Amen.**

4 THE CONCLUSION

One of the following, a seasonal dismissal (Appendix II), or other appropriate words, may be used.

> The grace of our Lord Jesus Christ,
> the love of God,
> and the fellowship of the Holy Spirit
> be with us all, evermore. **Amen.**

> The Lord bless us and protect us from evil
> and keep us in eternal life. **Amen.**

Morning Prayer

Iddo ef, sydd â'r gallu ganddo i wneud yn anhraethol well na dim y gallwn ni ei ddeisyfu na'i ddychmygu, trwy'r gallu sydd ar waith ynom ni, iddo ef y bo'r gogoniant yn yr eglwys ac yng Nghrist Iesu, o genhedlaeth i genhedlaeth, byth bythoedd. **Amen.**

I Frenin tragwyddoldeb, yr anfarwol a'r anweledig a'r unig Dduw, y byddo'r anrhydedd a'r gogoniant byth bythoedd. **Amen.**

Iddo ef, sydd â'r gallu ganddo i'ch cadw rhag syrthio, a'ch gosod yn ddi-fai a gorfoleddus gerbron ei ogoniant, iddo ef, yr unig Dduw, ein Gwaredwr, trwy Iesu Grist ein Harglwydd, y byddo gogoniant a mawrhydi, gallu ac awdurdod, cyn yr oesoedd, ac yn awr, a byth bythoedd. **Amen.**

I'r hwn sydd yn ein caru ni ac a'n rhyddhaodd ni oddi wrth ein pechodau â'i waed, ac a'n gwnaeth yn urdd frenhinol, yn offeiriaid i Dduw ei Dad, iddo ef y bo'r gogoniant a'r gallu byth bythoedd. **Amen.**

I'r Drindod sanctaidd a gogoneddus, Tad, Mab ac Ysbryd Glân, y bo'r fendith a'r anrhydedd, y diolch a'r moliant, yn awr a hyd byth. **Amen.**

I Dduw'r Tad, a'n carodd ni,
    a'n gwneud yn gymeradwy yn yr Anwylyd;
i Dduw'r Mab, a'n carodd ni,
    a'n golchi oddi wrth ein pechodau trwy ei waed ei hun;
i Dduw'r Ysbryd Glân,
    sy'n tywallt cariad Duw ar led yn ein calonnau;
i'r un gwir Dduw
    y bo'r holl gariad a'r holl ogoniant
    dros amser a thros dragwyddoldeb. **Amen.**

Naill ai
    Yr Arglwydd a fo gyda chwi.
    A hefyd gyda thi.

    Bendithiwn yr Arglwydd.
    I Dduw y bo'r diolch.

Neu
    Yr Arglwydd a fo gyda chwi.
    A hefyd gyda thi.

    Ewch yn nhangnefedd Crist.
    I Dduw y bo'r diolch.

Now to him who is able through the power which is at work among us to do immeasurably more than we can ask or conceive, to him be glory in the church and in Christ Jesus from generation to generation for ever. **Amen.**

To the King eternal, immortal, invisible, the only God, be honour and glory for ever. **Amen.**

Now to him who can keep us from falling and set us in the presence of his glory, jubilant and above reproach, to the only God our Saviour, be glory and majesty, power and authority, through Jesus Christ our Lord, before all time, now and for ever. **Amen.**

To him who loves us and has set us free from our sins with his blood, who has made us a royal house, to serve as the priests of his God and Father: to him be glory and dominion for ever. **Amen.**

To the holy and glorious Trinity, Father, Son, and Holy Spirit, be blessing and honour, thanksgiving and praise, now and for ever. **Amen.**

To God the Father, who first loved us,
    and made us accepted in the Beloved;
to God the Son, who loved us,
    and washed us from our sins by his own blood;
to God the Holy Spirit,
    who sheds the love of God abroad in our hearts;
to the one true God
    be all love and all glory,
    for time and for eternity. **Amen.**

Either
    The Lord be with you.
    And also with you.

    Let us bless the Lord.
    Thanks be to God.

Or
    The Lord be with you.
    And also with you.

    Go in the peace of Christ.
    Thanks be to God.

Gellir defnyddio'r canlynol, gyda'r fendith neu hebddi, naill ai ar eu pen eu hunain neu yn union cyn Bendithiwn yr Arglwydd *ac* Ewch yn nhangnefedd Crist *yn y ddau gyfarchiad terfynol olaf uchod.*

1. Bydded i dangnefedd Duw sydd uwchlaw pob deall gadw eich calonnau yng ngwybodaeth a chariad Duw a'i Fab Iesu Grist …

2. Bydded i'r Arglwydd eich bendithio a'ch cadw; bydded i'r Arglwydd lewyrchu ei wyneb arnoch a bod yn drugarog wrthych; bydded i'r Arglwydd edrych arnoch yn gariadus a rhoi i chwi dangnefedd …

3. Bydded i Dduw pob gras, a'ch galwodd i'w ogoniant tragwyddol yng Nghrist, eich adfer, eich cadarnhau a'ch nerthu yn y Ffydd …

4. Bydded i Dduw, a'ch dygodd o farwolaeth pechod i fywyd newydd yng Nghrist, eich cadw rhag syrthio a'ch gosod ym mhresenoldeb ei ogoniant â llawenydd mawr …

5. Bydded i Grist, sydd yn eich maethu ag ef ei hun, y bara bywiol a'r wir winwydden, eich gwneud yn un mewn mawl a gwasanaeth, a'ch atgyfodi ar y dydd diwethaf …

6. Bydded i Dduw, ffynhonnell gobaith, eich llenwi â phob llawenydd a thangnefedd wrth ichwi arfer eich ffydd, nes eich bod, trwy nerth yr Ysbryd Glân, yn gorlifo â gobaith …

7. Bydded i gariad yr Arglwydd Iesu eich tynnu ato'i hun; i nerth yr Arglwydd Iesu eich cryfhau yn ei wasanaeth; ac i lawenydd yr Arglwydd Iesu lenwi eich calonnau …

8. Cadwch eich golwg ar Iesu a glwyfwyd am ein pechodau, fel y bo i chwi amlygu yn eich bywydau y cariad, y llawenydd a'r tangnefedd sy'n amlygu Iesu yn ei ddisgyblion …

The following dismissals may be used, with or without a blessing, either on their own or immediately before Let us bless the Lord *and* Go in the peace of Christ *respectively in the above two sets of final greetings.*

1. The peace of God which is beyond all understanding guard your hearts in the knowledge and love of God and of his Son Jesus Christ …

2. The Lord bless you and keep watch over you; the Lord's face shine on you and be gracious to you; the Lord look lovingly on you and give you peace …

3. The God of all grace who called you to his eternal glory in Christ, restore, establish and strengthen you in the Faith …

4. God, who from the death of sin raised you to new life in Christ, keep you from falling and set you in the presence of his glory with great joy …

5. Christ, who nourishes you with himself, the living bread and the true vine, make you one in praise and service, and raise you up at the last day …

6. The God of hope fill you with all joy and peace in believing, that by the power of the Holy Spirit you may be filled with hope …

7. The love of the Lord Jesus draw you to himself; the power of the Lord Jesus strengthen you in his service; the joy of the Lord Jesus fill your hearts …

8. Keep your eyes fixed on Jesus who was wounded for our sins, that you may bear in your life the love and joy and peace which are the marks of Jesus in his disciples …

TREFN AMGEN AR GYFER YR HWYROL WEDDI

1 Y RHAGARWEINIAD

(A) Gweddïau o Edifeirwch *[Sefyll]*
Y mae'r gweinidog yn darllen un o'r canlynol, neu frawddeg addas arall o'r Ysgrythur Lân.

> Hon yw'r genadwri yr ydym wedi ei chlywed ganddo ef, ac yr ydym yn ei chyhoeddi i chwi: goleuni yw Duw, ac nid oes ynddo ef ddim tywyllwch. *1 Ioan 1:5*

> Ysbryd yw Duw, a rhaid i'w addolwyr ef addoli mewn ysbryd a gwirionedd. *Ioan 4:24*

> Gras a thangnefedd i chwi oddi wrth Dduw ein Tad a'r Arglwydd Iesu Grist. *Rhufeiniaid 1:7*

> A dywedodd Duw, "Bydded goleuni." A bu goleuni. Gwelodd Duw fod y goleuni yn dda; a gwahanodd Duw y goleuni oddi wrth y tywyllwch. A bu hwyr a bu bore, y dydd cyntaf. *Genesis 1:3–5*

> Dyma'r dydd y gweithredodd yr Arglwydd; gorfoleddwn a llawenhawn ynddo. *Salm 118:24*

Dywed y gweinidog

> Daethom ynghyd yn deulu Duw ym mhresenoldeb ein Tad, i roddi iddo foliant a diolch, i glywed a derbyn ei air, i gyflwyno iddo anghenion yr holl fyd ac i geisio ei ras, fel y gallwn, trwy ei Fab, Iesu Grist, ein rhoi ein hunain i'w wasanaeth.

> Dywedodd Iesu: "Y gorchymyn cyntaf yw, 'Gwrando, O Israel, yr Arglwydd ein Duw yw'r unig Arglwydd, a châr yr Arglwydd dy Dduw â'th holl galon ac â'th holl enaid ac â'th holl feddwl ac â'th holl nerth.' Yr ail yw hwn, 'Câr dy gymydog fel ti dy hun.' Nid oes gorchymyn arall mwy na'r rhain."

Distawrwydd. *[Penlinio]*

AN ALTERNATIVE ORDER FOR EVENING PRAYER (EVENSONG)

1 THE INTRODUCTION

(A) Prayers of Penitence [Stand]

The minister reads one of the following, or another appropriate sentence of Holy Scripture.

> This is what we have heard from him, and the message we are announcing to you: God is light; there is no darkness in him at all. *1 John 1:5*

> God is Spirit and those who worship him must worship in Spirit and in truth. *John 4:24*

> Grace to you and peace from God our Father and the Lord Jesus Christ. *Romans 1:7*

> God said, 'Let there be light', and there was light; and God saw the light was good, and he separated light from darkness. So evening came, and morning came; it was the first day. *Genesis 1:3–5*

> This is the day which the Lord has made; let us rejoice and be glad in it. *Psalm 118:24*

The minister says

> We have come together as the family of God in our Father's presence, to offer him praise and thanksgiving, to hear and receive his word, to bring before him the needs of the world and to seek his grace, that, through his Son, Jesus Christ, we may give ourselves to his service.

> Jesus said: 'The first commandment is: "Listen Israel! the Lord our God is the only Lord. Love the Lord your God with all your heart, with all your soul, with all your mind and with all your strength." The second is this: "Love your neighbour as yourself." There is no other commandment greater than these.'

Silence. [Kneel]

Evening Prayer

Cyffeswn ein pechodau wrth y Tad a cheisio ei faddeuant
a'i dangnefedd.

Hollalluog a thrugarog Dduw,
yr ydym wedi pechu yn dy erbyn
  ar feddwl, gair a gweithred.
Nid ydym wedi dy garu â'n holl galon;
nac wedi caru eraill fel y mae Crist yn ein caru ni.
Y mae'n wir ddrwg gennym.
Yn dy drugaredd, maddau inni.
Cynorthwya ni i ddiwygio ein bywydau;
fel y byddwn yn ymhyfrydu yn dy ewyllys
  ac yn rhodio yn dy ffyrdd,
er gogoniant i'th enw. Amen.

Bydded i Dduw hollalluog,
  sy'n maddau i bawb sy'n wir edifeiriol,
drugarhau wrthych a'ch rhyddhau o bechod,
eich cadarnhau mewn daioni
  a'ch cadw yn y bywyd tragwyddol;
trwy Iesu Grist ein Harglwydd. **Amen.**

Yn lle rhoi'r gollyngdod, dywed diacon neu weinidog lleyg
Bydded i Dduw ein Tad,
a gymododd y byd ag ef ei hun
trwy ein Harglwydd Iesu Grist,
ac sy'n maddau pechodau pawb sy'n wir edifeiriol,
faddau i ni a'n gwared oddi wrth ein holl bechodau,
a rhoddi inni ras a nerth yr Ysbryd Glân. **Amen.**

(D) Gwersiglau ac Ymatebion Agoriadol [*Sefyll*]

Arglwydd, agor ein gwefusau,
A'n genau a fynega dy foliant.

Duw, brysia i'n cynorthwyo.
Arglwydd, prysura i'n cymorth.

Gogoniant i'r Tad, ac i'r Mab, ac i'r Ysbryd Glân;
fel yr oedd yn y dechrau y mae yn awr,
ac y bydd yn wastad, yn oes oesoedd. Amen.

Addolwch yr Arglwydd.
I'w enw ef y bo'r mawl.

(Yn Nhymor y Pasg, ychwanegir
Halelwia! Atgyfododd Crist.
Atgyfododd yn wir. Halelwia!*)*

Let us confess our sins to the Father and seek his pardon
and peace.

**Almighty and merciful God,
we have sinned against you
    in thought, word and deed.
We have not loved you with all our heart;
and we have not loved others as Christ loves us.
We are truly sorry.
In your mercy, forgive us.
Help us to amend our lives;
that we may delight in your will
    and walk in your ways,
to the glory of your name. Amen.**

Almighty God, who forgives all who truly repent,
have mercy on you and set you free from sin,
strengthen you in goodness and keep you in eternal life;
through Jesus Christ our Lord. **Amen.**

In place of the absolution, a deacon or lay minister says
May God our Father,
who by our Lord Jesus Christ
has reconciled the world to himself
and forgives the sins of all who truly repent,
pardon and deliver us from all our sins,
and grant us the grace and power of the Holy Spirit.
Amen.

(E) Opening Versicles and Responses   *[Stand]*

O Lord, open our lips,
And our mouth shall proclaim your praise.

O God, make speed to save us.
O Lord, make haste to help us.

**Glory to the Father, and to the Son,
and to the Holy Spirit;
as it was in the beginning, is now,
and shall be for ever. Amen**

Worship the Lord.
All praise to his name.

(The following is added in Eastertide
Alleluia! Christ is risen.
He is risen indeed. Alleluia!*)*

Evening Prayer

Gellir canu'r canlynol, neu emyn hwyrol arall, neu emyn addas i'r tymor.

Phos Hilaron

1 O rasol oleuni •
     llewyrch pur y Tad bythfywiol / yn y / nefoedd :
     O sanctaidd a ben/digaid / Iesu / Grist!

2 Yn awr, a ninnau'n nesáu at / fachlud / haul :
     a'n llygaid yn / gweld go/leuni'r / hwyr,

3 Canwn dy / fawl, O / Dduw :
     Tad / Mab ac / Ysbryd / Glân.

4 O Fab Duw, Rhoddwr bywyd •
     teilwng wyt ti bob amser o foliant / lleisiau / llawen :
     ac i'th ogo/neddu • drwy'r / bydoedd / oll.

Mae'r gwasanaeth yn parhau gyda Gweinidogaeth y Gair (Tudalen 54, Patrwm 1, neu Dudalen 58, Patrwm 2).

(DD) Bendithio'r Goleuni [Sefyll]

Gellir cynnau cannwyll.

> Yr Arglwydd yw fy ngoleuni a'm gwaredigaeth:
> **rhag pwy yr ofnaf?**

> Yr Arglwydd yw cadernid fy mywyd:
> **rhag pwy y dychrynaf?**

Dywedir y canlynol, neu fendith agoriadol dymhorol.

Ar Suliau
> Hollalluog Dduw,
> diolchwn i ti am dy Fab Iesu Grist.
> Wedi iddo orchfygu galluoedd y tywyllwch,
> fe gyfododd o'r bedd i baratoi i ni
> le yn y Jerwsalem newydd.
> Dwg ni, sy'n llawenhau yn ei fywyd atgyfodedig,
> i'th foliannu di yn y ddinas dragwyddol honno
> y mae ef iddi yn oleuni tragwyddol.
> **Bendigedig fyddo Duw am byth.**

The following, or another evening hymn, or a hymn appropriate to the season, may be sung.

Phos Hilaron
1. O gracious light,
    pure brightness of the everliving / Father in / heaven :
    O Jesus / Christ / holy and / blessed!

2. Now, as we come to the / setting • of the / sun :
    and our eyes be/hold the / evening / light,

3. We sing your / praises, O / God :
    Father / Son and /Holy / Spirit.

4. You are worthy at all times to be praised by happy voices •
    O Son of God, O / Giver • of / life :
    and to be / glorified through / all • the / worlds.

The office continues with The Ministry of the Word (Page 55, Pattern 1, or Page 59, Pattern 2).

(F) Evening Blessing of the Light [Stand]

A lamp or candle may be lit.

> The Lord is my light and my salvation:
> **whom then shall I fear?**

> The Lord is the strength of my life:
> **of whom then shall I be afraid?**

One of the following, or a seasonal opening prayer of blessing, is said.

On Sundays
> Almighty God,
> we give you thanks for your Son, Jesus Christ.
> Triumphing over the powers of darkness,
> he rose from the grave to prepare for us
> a place in the new Jerusalem.
> Bring us, who rejoice in his risen life,
> to praise you in that eternal city
> of which he is the everlasting light.
> **Blessed be God for ever.**

Neu, ar ddyddiau gwaith
>Bendigedig wyt ti, Arglwydd Dduw, creawdwr dydd a nos:
>>i ti y bo'r gogoniant a'r moliant am byth.
>
>Wrth i'r tywyllwch ddisgyn
>>yr wyt yn adnewyddu dy addewid
>
>i ddatguddio yn ein plith oleuni dy bresenoldeb.
>Trwy oleuni Crist, dy Air bywiol,
>ymlid o'n calonnau bob tywyllwch
>fel y rhodiom yn blant y goleuni
>a chanu dy foliant ledled y byd.
>**Bendigedig fyddo Duw am byth.**

Cenir Phos Hilaron *(Atodiad III, Cantigl 49), neu emyn neu gantigl addas arall. Gellir cynnau rhagor o ganhwyllau. Oni ddefnyddir yn y fan hon yr adnodau a ganlyn allan o Salm 141, bydd y gwasanaeth yn parhau gyda Gweinidogaeth y Gair (Tudalen 54, Patrwm 1, neu Dudalen 58, Patrwm 2).*

(E) Adnodau o Salm 141 [*Sefyll*]

Gellir defnyddio'r adnodau hyn yn union ar ôl Bendithio'r Goleuni, neu fel Rhagarweiniad ar wahân. Gellir arogldarthu tra dywedir hwy.

Bydded fy ngweddi fel a/rogldarth • o'th / flaen :
ac estyniad fy / nwylo • fel / offrwm / hwyrol.

O Arglwydd, gwaeddaf arnat / brysia / ataf :
gwrando ar fy / llef pan / alwaf / arnat.
O Arglwydd, gosod warchod / ar fy / ngenau :
gwylia dros / ddrws — / fy ngwe/fusau.

Bydded fy ngweddi fel a/rogldarth • o'th / flaen :
ac estyniad fy / nwylo • fel / offrwm / hwyrol.

Paid â throi fy nghalon at / bethau / drwg :
i fod yn brysur / wrth weith/redoedd • dryg/ionus.
Y mae fy llygaid arnat ti, O / Arglwydd / Dduw :
ynot ti y llochesaf • paid â'm / gadael / heb am/ddiffyn.

Bydded fy ngweddi fel a/rogldarth • o'th / flaen :
ac estyniad fy / nwylo • fel / offrwm / hwyrol.

Or, on weekdays
> Blessed are you, Lord God, creator of day and night:
> to you be glory and praise for ever.
> As darkness falls you renew your promise
> to reveal among us the light of your presence.
> By the light of Christ, your living Word,
> drive out all darkness from our hearts
> that we may walk as children of light
> and sing your praise throughout the world.
> **Blessed be God for ever.**

Phos Hilaron (Appendix III, Canticle 49), or another suitable hymn or canticle, is sung. Other candles may be lit.
Unless the following verses from Psalm 141 are used at this point, the office continues with The Ministry of the Word (Page 55, Pattern 1, or Page 59, Pattern 2).

(G) Verses from Psalm 141 [Stand]

These verses may be used immediately after the Evening Blessing of the Light, or as a separate Introduction. Incense may be burned while they are being recited.

> **Let my prayer rise be/fore you as / incense :**
> **the lifting up of my hands / as the / evening / sacrifice.**

> O Lord, I call to you; / come to me / quickly :
> hear my voice / when I / cry to / you.
> Set a watch before my / mouth, O / Lord :
> and / guard the / door of my / lips.

> **Let my prayer rise be/fore you as / incense :**
> **the lifting up of my hands / as the / evening / sacrifice.**

> Let not my heart incline to any / evil / thing :
> let me not be occupied in / wickedness with / evil/doers.
> But my eyes are turned to / you, Lord / God :
> in you I take refuge; / do not / leave me de/fenceless.

> **Let my prayer rise be/fore you as / incense :**
> **the lifting up of my hands / as the / evening / sacrifice.**

Evening Prayer

Gellir dweud y weddi agoriadol hon

> Ar i'r noson hon fod yn sanctaidd a thangnefeddus a da,
> gweddïwn ar yr Arglwydd.

Cedwir distawrwydd.

> Wrth i'n hwyrol weddi esgyn o'th flaen, O Dduw,
> disgynned felly dy drugaredd arnom
> i lanhau ein calonnau
> a'n rhyddhau i ganu dy fawl
> yn awr ac am byth. **Amen.**

Mae'r gwasanaeth yn parhau gyda Gweinidogaeth y Gair (Tudalen 54, Patrwm 1, neu Dudalen 58, Patrwm 2).

(F) Rhagarweiniad Syml i'r Hwyrol Weddi [Sefyll]

> Duw, brysia i'n cynorthwyo.
> **Arglwydd, prysura i'n cymorth.**
>
> **Gogoniant i'r Tad, ac i'r Mab,
> ac i'r Ysbryd Glân;
> fel yr oedd yn y dechrau y mae yn awr,
> ac y bydd yn wastad, yn oes oesoedd. Amen.**

Gweddi ddistaw / myfyrdod ar y diwrnod a fu.

> Bydded fy ngweddi fel arogldarth o'th flaen,
> ac estyniad fy nwylo fel offrwm hwyrol.
>
> Arglwydd, trugarha.
> **Arglwydd, trugarha.**
>
> Yr Arglwydd yw fy mugail,
> ni bydd eisiau arnaf.
>
> Crist, trugarha.
> **Crist, trugarha.**
>
> Dysg i mi, Arglwydd, ffordd dy ddeddfau,
> ac fe'i cadwaf hi i'r diwedd.
>
> Arglwydd, trugarha.
> **Arglwydd, trugarha.**

Mae'r gwasanaeth yn parhau gyda Gweinidogaeth y Gair (Tudalen 54, Patrwm 1, neu Dudalen 58, Patrwm 2).

This opening prayer may be said
> That this evening may be holy, good and peaceful, let us pray to the Lord.

Silence is kept.

> As our evening prayer rises before you, O God,
> so may your mercy come down upon us
> to cleanse our hearts
> and set us free to sing your praise
> now and for ever. **Amen.**

The office continues with The Ministry of the Word (Page 55, Pattern 1, or Page 59, Pattern 2).

(H) A Simple Introduction to Evening Prayer   [Stand]

> O God, make speed to save us.
> **O Lord, make haste to help us.**
>
> **Glory to the Father, and to the Son,**
> **and to the Holy Spirit;**
> **as it was in the beginning, is now,**
> **and shall be for ever. Amen.**

Silent prayer / reflection on the past day.

> Let my prayer rise before you as incense,
> the lifting up of my hands as the evening sacrifice.
>
> Lord, have mercy.
> **Lord, have mercy.**
>
> The Lord is my shepherd,
> I shall not be in want.
>
> Christ, have mercy.
> **Christ, have mercy.**
>
> Teach me, Lord, the way of your statutes,
> and I shall keep it to the end.
>
> Lord, have mercy.
> **Lord, have mercy.**

The office continues with The Ministry of the Word (Page 55, Pattern 1, or Page 59, Pattern 2).

2 GWEINIDOGAETH Y GAIR

Patrwm 1, gyda dau ddarlleniad

Salm(au) [Sefyll/Eistedd]

Bydd pob salm a benodwyd am y dydd yn diweddu gyda

**Gogoniant i'r Tad / ac i'r / Mab :
ac / i'r – / Ysbryd / Glân;
fel yr oedd yn y dechrau,** •
 **y mae yn awr ac y / bydd yn / wastad :
yn oes / oesoedd. / A–/men.**

Y darlleniad o'r Hen Destament [Eistedd]

Cyn y darlleniad
 Darlleniad o ...

Ar ôl y darlleniad
 Dyma air yr Arglwydd.
 I Dduw y bo'r diolch.

Neu

 Gwrandewch ar yr hyn y mae'r Ysbryd
 yn ei ddweud wrth yr Eglwys.
 I Dduw y bo'r diolch.

Neu

 Dyma ddiwedd y darlleniad o'r Hen Destament.

Distawrwydd.

Cantigl o'r Efengyl: *Magnificat anima mea Dominum* [Sefyll]

Gellir defnyddio antiffon (cytgan), er enghraifft
 Gwnaethost bethau mawr, O Dduw, a sanctaidd yw dy enw.

Neu

 Y mae fy ysbryd yn llawenhau ynot ti, O Dduw,
 y mae fy enaid yn cyhoeddi dy fawredd.

Neu

 Y mae dy drugaredd ar y rhai sy'n dy ofni ym mhob cenhedlaeth.

1 Y mae fy enaid yn maw/rygu. yr / Arglwydd :
 a gorfoleddodd fy / ysbryd • yn / Nuw fy • Ngwa/redwr,

2 Am / iddo • ys/tyried :
 di/stadledd / ei law/forwyn.

THE MINISTRY OF THE WORD

Pattern 1, with two readings

Psalmody [Stand/Sit]

Each of the psalms appointed for the day ends with

> **Glory to the Father, and / to the / Son :
> and / to the / Holy / Spirit;
> as it was in the be/ginning, is / now :
> and shall be for / ever. / A–/men.**

The Old Testament reading [Sit]

Before the reading
> A reading from …

After the reading
> This is the word of the Lord.
> **Thanks be to God.**

Or
> Hear what the Spirit is saying to the Church.
> **Thanks be to God.**

Or
> Here ends the Old Testament reading.

Silence.

The Gospel Canticle: *Magnificat anima mea Dominum* [Stand]

An antiphon (refrain) may be used, for instance
> You have done great things, O God, and holy is your name.

Or
> My spirit rejoices in you, O God,
> my soul proclaims your greatness.

Or
> You have mercy on those who fear you, in every generation.

1   My soul proclaims the / greatness • of the / Lord :
    my spirit re/joices in / God my / Saviour;

2   Who has looked with favour on his / lowly / servant :
    from this day all gener/ations • will / call me / blessed;

Evening Prayer

3 Oherwydd wele / o hyn / allan :
   fe'm gelwir yn wynfydedig / gan yr / holl • gened/laethau,

4 Oherwydd gwnaeth yr hwn sydd nerthol bethau / mawr i / mi :
   a sanctaidd / yw ei / enw / ef;

5 Y mae ei drugaredd o genhedlaeth / i gen/hedlaeth :
   i'r rhai sydd / yn ei / ofni / ef.

6 Gwnaeth ry/muster • â'i / fraich :
   gwasgaraodd / y rhai / balch eu / calon;

7 Tynnodd dywysogion oddi ar / eu gor/seddau :
   a dyr/chafodd / y rhai / distadl;

8 Llwythodd y ne/wynog • â / rhoddion :
   ac anfonodd y cyfoe/thogion / ymaith • yn / waglaw.

9 Cynorthwyodd ef / Israel • ei / was :
   gan / ddwyn i'w / gof • ei dru/garedd –

10 Fel y llefarodd / wrth ein • hyn/afiaid :
    ei drugaredd wrth Abraham a'i / had – / yn dra/gywydd.

Gogoniant i'r Tad / ac i'r / Mab :
ac / i'r – / Ysbryd / Glân;
fel yr oedd yn y dechrau, •
   y mae yn awr ac y / bydd yn / wastad :
yn oes / oesoedd. / A–/men.

Y darlleniad o'r Testament Newydd   [Eistedd]

Cyn y darlleniad
   Darlleniad o …

Ar ôl y darlleniad
   Dyma air yr Arglwydd.
   I Dduw y bo'r diolch.

Neu
   Gwrandewch ar yr hyn y mae'r Ysbryd
   yn ei ddweud wrth yr Eglwys.
   I Dduw y bo'r diolch.

Neu
   Dyma ddiwedd y darlleniad o'r Hen Destament.

Distawrwydd.

Ar ôl y darlleniad o'r Testament Newydd gellir dweud neu ganu cantigl.
                                              [Sefyll / Eistedd]

3 The Almighty has done / great things / for me :
and / holy / is his / name.

4 God has mercy on / those who / fear him :
from gener/ation to / gener/ation.

5 The Lord has shown / strength with • his / arm :
and scattered the / proud in / their con/ceit,

6 Casting down the mighty / from their / thrones :
and / lifting / up the / lowly.

7 God has filled the hungry with / good / things :
and has / sent the / rich • away / empty.

8 He has come to the aid of his / servant / Israel :
to re/member his / promise • of / mercy,

‡9 The promise / made • to our / forebears :
to Abraham / and his / children for / ever.

**Glory to the Father, and / to the / Son :
and / to the / Holy / Spirit;
as it was in the be/ginning, is / now :
and shall be for / ever. / A–/men.**

The New Testament reading [Sit]

Before the reading
A reading from …

After the reading
This is the word of the Lord.
Thanks be to God.

Or
Hear what the Spirit is saying to the Church.
Thanks be to God.

Or
Here ends the Old Testament reading.

Silence.

A canticle may be said or sung after the New Testament reading.
[Stand/Sit]

Evening Prayer

Datgan y Ffydd

Dywedir y Credo ar y Suliau, ac ar y Gwyliau a restrir yn Grwpiau I a II yn Y Calendr Newydd *(2003). Ar ddyddiau eraill, gall y gwasanaeth barhau gyda'r Gweddïau (Tudalen 64).*

Credo'r Apostolion [Sefyll]

**Credaf yn Nuw, Dad hollgyfoethog,
creawdwr nefoedd a daear.
Credaf yn Iesu Grist, unig Fab Duw, ein Harglwydd ni,
a genhedlwyd o'r Ysbryd Glân,
a aned o Fair Forwyn,
a ddioddefodd dan Pontius Pilat,
a groeshoeliwyd, a fu farw ac a gladdwyd;
disgynnodd i blith y meirw.
Ar y trydydd dydd fe atgyfododd;
esgynnodd i'r nefoedd,
ac y mae'n eistedd ar ddeheulaw'r Tad,
ac fe ddaw i farnu'r byw a'r meirw.
Credaf yn yr Ysbryd Glân,
yr Eglwys lân gatholig,
cymun y saint,
maddeuant pechodau,
atgyfodiad y corff,
a'r bywyd tragwyddol. Amen.**

Gellir defnyddio Credo'r Bedydd yn lle Credo'r Apostolion. (Gweler Atodiad IV.)

Mae'r gwasanaeth yn parhau gyda'r Gweddïau (Tudalen 64).

Patrwm 2, gydag un darlleniad

Salm(au) [Sefyll/Eistedd]

Bydd pob salm a benodwyd am y dydd yn diweddu gyda

**Gogoniant i'r Tad / ac i'r / Mab :
ac / i'r – / Ysbryd / Glân;
fel yr oedd yn y dechrau, •
    y mae yn awr ac y / bydd yn / wastad :
yn oes / oesoedd. / A–/men.**

Gellir ychwanegu cantigl ar derfyn y salm(au) a benodwyd.

An Affirmation of the Faith
The Creed is said on Sundays and Holy Days listed in Groups I and II in The New Calendar (2003). *On other days, the office may continue immediately with* The Prayers *(Page 65).*

The Apostles' Creed [Stand]

    I believe in God, the Father almighty,
    creator of heaven and earth.
    I believe in Jesus Christ, God's only Son, our Lord.
    who was conceived by the Holy Spirit,
    born of the Virgin Mary,
    suffered under Pontius Pilate,
    was crucified, died and was buried;
    he descended to the dead.
    On the third day he rose again;
    he ascended into heaven,
    and is seated at the right hand of the Father,
    and he will come to judge the living and the dead.
    I believe in the Holy Spirit,
    the holy catholic Church,
    the communion of saints,
    the forgiveness of sins,
    the resurrection of the body,
    and the life everlasting. Amen.

The Baptismal Creed may be used in place of the Apostles' Creed. (See Appendix IV.)

The office continues with The Prayers *(Page 65).*

Pattern 2, with one reading

Psalmody [Stand/Sit]

Each of the psalms appointed for the day ends with

    Glory to the Father, and / to the / Son :
    and / to the / Holy / Spirit;
    as it was in the be/ginning, is / now :
    and shall be for / ever. / A–/men.

A canticle may be added at the end of the appointed psalm(s).

Y darlleniad o'r Beibl [Eistedd]

Cyn y darlleniad
    Darlleniad o ...

Ar ôl y darlleniad
    Dyma air yr Arglwydd.
    I Dduw y bo'r diolch.

Neu
    Gwrandewch ar yr hyn y mae'r Ysbryd
    yn ei ddweud wrth yr Eglwys.
    I Dduw y bo'r diolch.

Neu
    Dyma ddiwedd y darlleniad o'r Hen Destament.

Distawrwydd.

Cantigl o'r Efengyl: *Magnificat anima mea Dominum*   [Sefyll]

Gellir defnyddio antiffon (cytgan), er enghraifft
    Gwnaethost bethau mawr, O Dduw, a sanctaidd yw dy enw.

Neu
    Y mae fy ysbryd yn llawenhau ynot ti, O Dduw,
    y mae fy enaid yn cyhoeddi dy fawredd.

Neu
    Y mae dy drugaredd ar y rhai sy'n dy ofni ym mhob cenhedlaeth.

1 Y mae fy enaid yn maw/rygu. yr / Arglwydd :
   a gorfoleddodd fy / ysbryd • yn / Nuw fy • Ngwa/redwr,

2 Am / iddo • ys/tyried :
   di/stadledd / ei law/forwyn.

3 Oherwydd wele / o hyn / allan :
   fe'm gelwir yn wynfydedig / gan yr / holl • gened/laethau,

4 Oherwydd gwnaeth yr hwn sydd nerthol bethau / mawr i / mi :
   a sanctaidd / yw ei / enw / ef;

5 Y mae ei drugaredd o genhedlaeth / i gen/hedlaeth :
   i'r rhai sydd / yn ei / ofni / ef.

6 Gwnaeth ry/muster • â'i / fraich :
   gwasgaraodd / y rhai / balch eu / calon;

7 Tynnodd dywysogion oddi ar / eu gor/seddau :
   a dyr/chafodd / y rhai / distadl;

The Biblical reading [Sit]

Before the reading
   A reading from …

After the reading
   This is the word of the Lord.
   Thanks be to God.

Or
   Hear what the Spirit is saying to the Church.
   Thanks be to God.

Or
   Here ends the Old Testament reading.

Silence.

The Gospel Canticle: *Magnificat anima mea Dominum* [Stand]

An antiphon (refrain) may be used, for instance
   You have done great things, O God, and holy is your name.

Or
   My spirit rejoices in you, O God,
   my soul proclaims your greatness.

Or
   You have mercy on those who fear you, in every generation.

1   My soul proclaims the / greatness • of the / Lord :
    my spirit re/joices in / God my / Saviour;

2   Who has looked with favour on his / lowly / servant :
    from this day all gener/ations • will / call me / blessed;

3   The Almighty has done / great things / for me :
    and / holy / is his / name.

4   God has mercy on / those who / fear him :
    from gener/ation to / gener/ation.

5   The Lord has shown / strength with • his / arm :
    and scattered the / proud in / their con/ceit,

6   Casting down the mighty / from their / thrones :
    and / lifting / up the / lowly.

7   God has filled the hungry with / good / things :
    and has / sent the / rich • away / empty.

Evening Prayer

8 Llwythodd y ne/wynog • â / rhoddion :
ac anfonodd y cyfoe/thogion / ymaith • yn / waglaw.

9 Cynorthwyodd ef / Israel • ei / was :
gan / ddwyn i'w / gof • ei dru/garedd –

10 Fel y llefarodd / wrth ein • hyn/afiaid :
ei drugaredd wrth Abraham a'i / had – / yn dra/gywydd.

> **Gogoniant i'r Tad / ac i'r / Mab :**
> **ac / i'r – / Ysbryd / Glân;**
> **fel yr oedd yn y dechrau, •**
> > **y mae yn awr ac y / bydd yn / wastad :**
> **yn oes / oesoedd. / A–/men.**

Datgan y Ffydd
Dywedir y Credo ar y Suliau, ac ar y Gwyliau a restrir yn Grwpiau I a II yn Y Calendr Newydd *(2003). Ar ddyddiau eraill, gall y gwasanaeth barhau gyda'r Gweddïau (Adran 3).*

Credo'r Apostolion [Sefyll]
> **Credaf yn Nuw, Dad hollgyfoethog,**
> **creawdwr nefoedd a daear.**
> **Credaf yn Iesu Grist, unig Fab Duw, ein Harglwydd ni,**
> **a genhedlwyd o'r Ysbryd Glân,**
> **a aned o Fair Forwyn,**
> **a ddioddefodd dan Pontius Pilat,**
> **a groeshoeliwyd, a fu farw ac a gladdwyd;**
> **disgynnodd i blith y meirw.**
> **Ar y trydydd dydd fe atgyfododd;**
> **esgynnodd i'r nefoedd,**
> **ac y mae'n eistedd ar ddeheulaw'r Tad,**
> **ac fe ddaw i farnu'r byw a'r meirw.**
> **Credaf yn yr Ysbryd Glân,**
> **yr Eglwys lân gatholig,**
> **cymun y saint,**
> **maddeuant pechodau,**
> **atgyfodiad y corff,**
> **a'r bywyd tragwyddol. Amen.**

Gellir defnyddio Credo'r Bedydd yn lle Credo'r Apostolion. (Gweler Atodiad IV.)

8 He has come to the aid of his / servant / Israel :
   to re/member his / promise • of / mercy,

‡9 The promise / made • to our / forebears :
   to Abraham / and his / children for / ever.

   Glory to the Father, and / to the / Son :
   and / to the / Holy / Spirit;
   as it was in the be/ginning, is / now :
   and shall be for / ever. / A–/men.

An Affirmation of the Faith
*The Creed is said on Sundays and Holy Days listed in Groups I
and II in* The New Calendar (2003). *On other days, the office may
continue immediately with* The Prayers *(Section 3).*

The Apostles' Creed [Stand]
   I believe in God, the Father almighty,
   creator of heaven and earth.
   I believe in Jesus Christ, God's only Son, our Lord.
   who was conceived by the Holy Spirit,
   born of the Virgin Mary,
   suffered under Pontius Pilate,
   was crucified, died and was buried;
   he descended to the dead.
   On the third day he rose again;
   he ascended into heaven,
   and is seated at the right hand of the Father,
   and he will come to judge the living and the dead.
   I believe in the Holy Spirit,
   the holy catholic Church,
   the communion of saints,
   the forgiveness of sins,
   the resurrection of the body,
   and the life everlasting. Amen.

*The Baptismal Creed may be used in place of the Apostles' Creed. (See
Appendix IV.)*

Evening Prayer

3 Y GWEDDÏAU

[Penlinio / Sefyll]

Yn yr Hwyrol Weddi, offrymir gweddïau am dangnefedd a thros unigolion yn eu hanghenion, a gellir rhoi diolch am y dydd. Defnyddir y gweddïau yn Atodiad V, y Litani (Atodiad VI), neu weddïau addas eraill.

Gellir defnyddio ymatebion addas, er enghraifft
Arglwydd, yn dy drugaredd,
Gwrando ein gweddi.

Arglwydd, clyw ni.
Yn rasol, clyw ni, O Arglwydd.

Arnat ti, Arglwydd, y gweddïwn.
Arglwydd, trugarha.

Clyw ni, O Arglwydd,
oherwydd mawr yw dy drugaredd.

Gweddïwn mewn ffydd.
Gweddïwn arnat ti, O Dduw.

Arglwydd, trugarha.
Clyw ni, Arglwydd da.

Dywedir Gweddi'r Arglwydd. Gellir ei chyflwyno fel a ganlyn, neu â geiriau addas eraill.

Gweddïwn yn hyderus ar y Tad:
Ein Tad yn y nefoedd …

Neu

Fel y dysgodd ein Hiachawdwr ni, gweddïwn yn eofn:
Ein Tad, yr hwn wyt yn y nefoedd …

Ar y Suliau, ac ar y Gwyliau a restrir yn Grwpiau I a II yn Y Calendr Newydd (2003), dywedir Colect y Dydd. Gellir wedyn ddweud yr ail a'r trydydd colect.
Ar ddyddiau eraill dywedir un o'r canlynol, neu'r ddau.

Yr ail golect, am dangnefedd.
Dragwyddol Dduw, ffynhonnell pob dyhead sanctaidd,
pob cyngor da a phob gweithred gyfiawn,
dyro i'th wasanaethyddion y tangnefedd hwnnw na all y byd ei roddi,
fel y bo inni o'n gwirfodd ufuddhau i'th orchmynion,
ac, wedi ein rhyddhau rhag ofn ein gelynion,
dreulio ein hamser mewn heddwch a thangnefedd;
trwy Iesu Grist ein Harglwydd. **Amen.**

THE PRAYERS

[Kneel / Stand]

At Evening Prayer, prayers are offered for peace and for individuals and their needs, and thanksgiving may be made for the day.
The prayers in Appendix V, the Litany (Appendix VI), or other suitable prayers, are used.

Appropriate responses may be used, for example
> Lord, in your mercy,
> **hear our prayer.**

> Lord, hear us.
> **Lord, graciously hear us.**

> We pray to you, O Lord.
> **Lord, have mercy.**

> Hear us, O Lord,
> **for your mercy is great.**

> In faith we pray.
> **We pray to you, O God.**

> Lord, have mercy.
> **Hear us, good Lord.**

The Lord's Prayer is said. It may be introduced as follows, or with other suitable words.

> Let us pray with confidence to the Father:
> **Our Father in heaven …**

Or

> As our Saviour taught us, we boldly pray:
> **Our Father, who art in heaven …**

On Sundays and the Holy Days listed in Groups I and II of The New Calendar (2003), *the Collect of the Day is said. It may be followed by the second and third collects.*
On other days, one or both of the following is said.

The second collect, for peace.
> Eternal God, source of all holy desires,
> all good counsels and all just works:
> give your servants that peace which the world cannot give,
> that we may willingly obey your commandments,
> and that, free from the fear of our enemies,
> we may pass our time in rest and quietness;
> through Jesus Christ our Lord. **Amen.**

Y trydydd colect.

Goleua ein tywyllwch, gweddïwn arnat, O Arglwydd,
ac yn dy fawr drugaredd
amddiffyn ni rhag pob perygl ac enbydrwydd y nos hon;
trwy gariad dy unig Fab,
ein Gwaredwr Iesu Grist. **Amen.**

Neu

Greawdwr y bydysawd, gwylia drosom
a chadw ni yng ngoleuni dy bresenoldeb.
Bydded ein moliant mewn cynghanedd gyson
â moliant y cread cyfan,
a dwg ni, ynghyd â phawb yr ydym yn gweddïo drostynt,
i'r llawenydd tragwyddol yr wyt yn ei addo inni yn dy gariad;
trwy Iesu Grist ein Gwaredwr. **Amen.**

4 Y DIWEDDGLO

*Gellir defnyddio un o'r canlynol, neu anfon allan tymhorol (Atodiad II)
neu eiriau addas eraill.*

Gras ein Harglwydd Iesu Grist,
a chariad Duw,
a chymdeithas yr Ysbryd Glân
fyddo gyda ni oll byth bythoedd. **Amen.**

Bendithied yr Arglwydd ni, cadwed ni rhag drwg
a'n dwyn i fywyd tragwyddol. **Amen.**

Iddo ef, sydd â'r gallu ganddo i wneud yn anhraethol well
na dim y gallwn ni ei ddeisyfu na'i ddychmygu, trwy'r
gallu sydd ar waith ynom ni, iddo ef y bo'r gogoniant yn yr
eglwys ac yng Nghrist Iesu, o genhedlaeth i genhedlaeth,
byth bythoedd. **Amen.**

I Frenin tragwyddoldeb, yr anfarwol a'r anweledig a'r unig
Dduw, y byddo'r anrhydedd a'r gogoniant byth bythoedd.
Amen.

Iddo ef, sydd â'r gallu ganddo i'ch cadw rhag syrthio, a'ch
gosod yn ddi-fai a gorfoleddus gerbron ei ogoniant, iddo ef,
yr unig Dduw, ein Gwaredwr, trwy Iesu Grist ein Harglwydd,
y byddo gogoniant a mawrhydi, gallu ac awdurdod, cyn yr
oesoedd, ac yn awr, a byth bythoedd. **Amen.**

The third collect.
>   Lighten our darkness, Lord, we pray,
>   and by your great mercy
>   defend us from all perils and dangers of this night;
>   for the love of your only Son,
>   our Saviour Jesus Christ. **Amen.**

Or
>   Creator of the universe, watch over us
>   and keep us in the light of your presence.
>   Let our praise continually blend with that of all creation,
>   and bring us, with all for whom we pray,
>   to the eternal joys which you promise in your love;
>   through Jesus Christ our Saviour. **Amen.**

THE CONCLUSION

One of the following, a seasonal dismissal (Appendix II), or other appropriate words, may be used.

>   The grace of our Lord Jesus Christ,
>   the love of God,
>   and the fellowship of the Holy Spirit
>   be with us all, evermore. **Amen.**

>   The Lord bless us and protect us from evil
>   and keep us in eternal life. **Amen.**

>   Now to him who is able through the power which is at work among us to do immeasurably more than we can ask or conceive, to him be glory in the church and in Christ Jesus from generation to generation for ever. **Amen.**

>   To the King eternal, immortal, invisible, the only God, be honour and glory for ever. **Amen.**

>   Now to him who can keep us from falling and set us in the presence of his glory, jubilant and above reproach, to the only God our Saviour, be glory and majesty, power and authority, through Jesus Christ our Lord, before all time, now and for ever. **Amen.**

I'r hwn sydd yn ein caru ni ac a'n rhyddhaodd ni oddi wrth ein pechodau â'i waed, ac a'n gwnaeth yn urdd frenhinol, yn offeiriaid i Dduw ei Dad, iddo ef y bo'r gogoniant a'r gallu byth bythoedd. **Amen.**

I'r Drindod sanctaidd a gogoneddus, Tad, Mab ac Ysbryd Glân, y bo'r fendith a'r anrhydedd, y diolch a'r moliant, yn awr a hyd byth. **Amen.**

I Dduw'r Tad, a'n carodd ni,
    a'n gwneud yn gymeradwy yn yr Anwylyd;
i Dduw'r Mab, a'n carodd ni,
    a'n golchi oddi wrth ein pechodau trwy ei waed ei hun;
i Dduw'r Ysbryd Glân,
    sy'n tywallt cariad Duw ar led yn ein calonnau;
i'r un gwir Dduw
    y bo'r holl gariad a'r holl ogoniant
    dros amser a thros dragwyddoldeb. **Amen.**

Naill ai
    Yr Arglwydd a fo gyda chwi.
    A hefyd gyda thi.

    Bendithiwn yr Arglwydd.
    I Dduw y bo'r diolch.

Neu
    Yr Arglwydd a fo gyda chwi.
    A hefyd gyda thi.

    Ewch yn nhangnefedd Crist.
    I Dduw y bo'r diolch.

Gellir defnyddio'r canlynol, gyda'r fendith neu hebddi, naill ai ar eu pen eu hunain neu yn union cyn Bendithiwn yr Arglwydd *ac* Ewch ymaith yn nhangnefedd Crist *yn y ddau gyfarchiad terfynol olaf uchod.*

1   Bydded i dangnefedd Duw sydd uwchlaw pob deall gadw eich calonnau yng ngwybodaeth a chariad Duw a'i Fab Iesu Grist …

2   Bydded i'r Arglwydd eich bendithio a'ch cadw; bydded i'r Arglwydd lewyrchu ei wyneb arnoch a bod yn drugarog wrthych; bydded i'r Arglwydd edrych arnoch yn gariadus a rhoi i chwi dangnefedd …

To him who loves us and has set us free from our sins with his blood, who has made of us a royal house to serve as the priests of his God and Father: to him be glory and dominion for ever. **Amen.**

To the holy and glorious Trinity, Father, Son, and Holy Spirit, be blessing and honour, thanksgiving and praise, now and for ever. **Amen.**

To God the Father, who first loved us,
    and made us accepted in the Beloved;
to God the Son, who loved us,
    and washed us from our sins by his own blood;
to God the Holy Spirit,
    who sheds the love of God abroad in our hearts;
to the one true God
    be all love and all glory,
    for time and for eternity. **Amen.**

Either
> The Lord be with you.
> **And also with you.**
>
> Let us bless the Lord.
> **Thanks be to God.**

Or
> The Lord be with you.
> **And also with you.**
>
> Go in the peace of Christ.
> **Thanks be to God.**

The following dismissals may be used, with or without a blessing, either on their own or immediately before Let us bless the Lord *and* Go in the peace of Christ *respectively in the above two sets of final greetings.*

1   The peace of God which is beyond all understanding guard your hearts in the knowledge and love of God and of his Son Jesus Christ …

2   The Lord bless you and keep watch over you; the Lord's face shine on you and be gracious to you; the Lord look lovingly on you and give you peace …

Evening Prayer

3   Bydded i Dduw pob gras, a'ch galwodd i'w ogoniant tragwyddol yng Nghrist, eich adfer, eich cadarnhau a'ch nerthu yn y Ffydd …

4   Bydded i Dduw, a'ch dygodd o farwolaeth pechod i fywyd newydd yng Nghrist, eich cadw rhag syrthio a'ch gosod ym mhresenoldeb ei ogoniant â llawenydd mawr …

5   Bydded i Grist, sydd yn eich maethu ag ef ei hun, y bara bywiol a'r wir winwydden, eich gwneud yn un mewn mawl a gwasanaeth, a'ch atgyfodi ar y dydd diwethaf …

6   Bydded i Dduw, ffynhonnell gobaith, eich llenwi â phob llawenydd a thangnefedd wrth ichwi arfer eich ffydd, nes eich bod, trwy nerth yr Ysbryd Glân, yn gorlifo â gobaith …

7   Bydded i gariad yr Arglwydd Iesu eich tynnu ato'i hun; i nerth yr Arglwydd Iesu eich cryfhau yn ei wasanaeth; ac i lawenydd yr Arglwydd Iesu lenwi eich calonnau …

8   Cadwch eich golwg ar Iesu a glwyfwyd am ein pechodau, fel y bo i chwi amlygu yn eich bywydau y cariad, y llawenydd a'r tangnefedd sy'n amlygu Iesu yn ei ddisgyblion …

3   The God of all grace who called you to his eternal glory in Christ, restore, establish and strengthen you in the Faith …

4   God, who from the death of sin raised you to new life in Christ, keep you from falling and set you in the presence of his glory with great joy …

5   Christ, who nourishes you with himself, the living bread and the true vine, make you one in praise and service, and raise you up at the last day …

6   The God of hope fill you with all joy and peace in believing, that by the power of the Holy Spirit you may be filled with hope …

7   The love of the Lord Jesus draw you to himself; the power of the Lord Jesus strengthen you in his service; the joy of the Lord Jesus fill your hearts …

8   Keep your eyes fixed on Jesus who was wounded for our sins, that you may bear in your life the love and joy and peace which are the marks of Jesus in his disciples …

ATODIADAU

i FFURFIAU ERAILL AR Y GWEDDÏAU O EDIFEIRWCH AR DDECHRAU'R FOREOL NEU'R HWYROL WEDDI

1   Ceisiwch yr Arglwydd tra gellir ei gael;
    galwch arno tra bydd yn agos.

   Gadawed y drygionus eu ffyrdd
   a'r anghyfiawn eu meddyliau.

   Dychwelwch at yr Arglwydd, a fydd yn trugarhau;
   at ein Duw, a fydd yn maddau yn helaeth.

Distawrwydd.

**Arglwydd Dduw,
yr ydym wedi pechu yn dy erbyn;
yr ydym wedi gwneud yr hyn sydd ddrwg yn dy olwg.
Y mae'n ddrwg gennym ac yr ydym yn edifarhau.
Yn dy gariad, trugarha wrthym;
glanha ni o'n pechod,
adnewydda ysbryd uniawn o'n mewn
a dyro inni lawenydd dy iachawdwriaeth,
trwy Iesu Grist ein Harglwydd. Amen.**

Bydded i Dad pob trugaredd
eich glanhau o'ch pechodau
a'ch adnewyddu ar ei ddelw ei hun
er mawl a gogoniant i'w enw,
trwy Iesu Grist ein Harglwydd. **Amen.**

2   Dywedodd ein Harglwydd Iesu Grist: "Y gorchymyn cyntaf yw, 'Gwrando, O Israel, yr Arglwydd ein Duw yw'r unig Arglwydd, a châr yr Arglwydd dy Dduw â'th holl galon ac â'th holl enaid ac â'th holl feddwl ac â'th holl nerth.' Yr ail yw hwn, 'Câr dy gymydog fel ti dy hun.' Nid oes gorchymyn arall mwy na'r rhain."
    Amen. Arglwydd, trugarha.

Distawrwydd.

APPENDICES

i *ALTERNATIVE FORMS OF THE PRAYERS OF PENITENCE AT THE BEGINNING OF MORNING OR EVENING PRAYER*

1 Seek the Lord while he may be found;
call upon him while he is near.

Let the wicked abandon their ways
and the unrighteous their thoughts.

Turn back to the Lord, who will have mercy;
to our God who will richly pardon.

Silence.

**Lord God,
we have sinned against you;
we have done what is wrong in your sight.
We are sorry and repent.
In your love, have mercy on us;
cleanse us from our sin,
renew a right spirit within us
and grant us the joy of your salvation,
through Jesus Christ our Lord. Amen.**

May the Father of all mercies
cleanse you from your sins
and restore you in his image
to the praise and glory of his name,
through Jesus Christ our Lord. **Amen.**

2 Our Lord Jesus Christ said: 'The first commandment is: "Listen Israel! The Lord our God is the only Lord. Love the Lord your God with all your heart, with all your soul, with all your mind and with all your strength." The second is this: "Love your neighbour as yourself." There is no other commandment greater than these.'
Amen. Lord have mercy.

Silence.

Cyffeswn yn ostyngedig ein pechodau wrth yr hollalluog Dduw.

Arglwydd ein Duw,
yn ein pechod yr ydym wedi osgoi dy alwad.
Y mae ein cariad atat fel cwmwl y bore,
fel y gwlith a gilia'n gynnar.
Trugarha wrthym;
gwared ni rhag barn;
rhwyma ein clwyfau ac adfywia ni
yn Iesu Grist ein Harglwydd. Amen.

Rhodded yr Arglwydd i chwi faddeuant
a rhyddhad o'ch pechodau,
amser i wella eich bywyd
a gras a chysur yr Ysbryd Glân. **Amen.**

3 *Gellir hefyd ddefnyddio'r ffurf o edifeirwch ar ddechrau Gweddi'r Nos.*

Let us humbly confess our sins to almighty God.

**Lord our God,
in our sin we have avoided your call.
Our love for you is like a morning cloud,
like the dew that goes away early.
Have mercy on us;
deliver us from judgement;
bind up our wounds and revive us
in Jesus Christ our Lord. Amen.**

May the Lord grant you
pardon and remission of all your sins,
time for amendment of life
and the grace and comfort of the Holy Spirit. **Amen.**

3 *The form of penitence at the beginning of Night Prayer may also be used.*

ii TESTUNAU ADDAS I'W DEFNYDDIO YN Y FOREOL A'R HWYROL WEDDI YN YSTOD TYMHORAU ARBENNIG NEU AR THEMÂU ARBENNIG

Awgrymiadau yn unig sydd yn y detholiad hwn. Nis bwriedir i fod yn ddetholiad cyflawn.

ADFENT

Brawddegau

Paratowch yn yr anialwch ffordd yr Arglwydd, unionwch yn y diffeithwch briffordd i'n Duw ni. *Eseia 40:3*

O Immanuel, ein Brenin a'n Deddfroddwr,
Gobaith y cenhedloedd a'u Gwaredwr:
tyrd, ac achub ni, O Arglwydd ein Duw.

Edifarhewch, oherwydd y mae teyrnas nefoedd wedi dod yn agos. *Mathew 3:2*

Bendith Agoriadol

Bendigedig wyt ti, Dduw Goruchaf, Arglwydd pob peth!
O'th dyner drugaredd
y tyr arnom y wawrddydd oddi uchod,
i chwalu gweddillion cysgodion y nos.
A ninnau'n disgwyl dy ddyfod i'n plith,
agor ein llygaid i ganfod dy bresenoldeb
a chryfha ein dwylo i wneud dy ewyllys,
fel y gall y byd dy feliannu'n llawen.
Bendigedig fyddo Duw am byth.

Antiffonau i'r Cantiglau

Llawenyched yr anial a'r sychdir,
gorfoledded y diffeithwch, a blodeuo.
Neu
Fe wêl holl gyrrau'r ddaear
iachawdwriaeth ein Duw ni.
Neu
Gwyn eu byd y rhai sydd wedi eu gwahodd
i wledd briodas yr Oen.
Neu
Dywed yr Arglwydd, "Yn wir, yr wyf yn dod yn fuan."
Amen. Tyrd, Arglwydd Iesu.

SUGGESTED TEXTS
FOR USE AT MORNING AND EVENING PRAYER
DURING PARTICULAR SEASONS
AND ON PARTICULAR THEMES

The selection given contains suggestions only and is not intended to be exhaustive.

ADVENT

Sentences

In the wilderness prepare the way of the Lord; make straight in the desert a highway for our God.   *Isaiah 40:3*

O Emmanuel, our King and Lawgiver,
Hope of the nations and their Saviour:
come and save us, O Lord our God.

Repent, for the Kingdom of heaven is at hand.   *Matthew 3:2*

Opening Prayer of Blessing

You are blessed, Sovereign God, Lord of all!
In your tender compassion
the dawn from on high breaks upon us,
to dispel the lingering shadows of night.
As we look for your coming among us,
open our eyes to behold your presence
and strengthen our hands to do your will,
that the world may rejoice to give you praise.
Blessed be God for ever.

Canticle Antiphons

The wilderness and the dry land shall rejoice,
the desert shall blossom and burst into song.

Or

All the ends of the earth
shall see the salvation of our God.

Or

Happy are those who are invited
to the wedding banquet of the Lamb.

Or

The Lord says, 'Surely I am coming soon.'
Amen. Come, Lord Jesus.

Neu
Yr Antiffonau "O" Mawr (i'w defnyddio o 17 i 23 Rhagfyr)

17 Rhagfyr: O Sapientia
    O Ddoethineb, sy'n dyfod o enau'r Goruchaf
ac yn estyn o un eithaf y ddaear i'r llall,
gan osod popeth mewn trefn â llaw gref a thyner:
Tyrd a dysg inni lwybr barn gywir.

18 Rhagfyr: O Adonai
    O Adonai, Tywysog tŷ Israel,
a ymddangosaist i Foses mewn fflam dân yn y berth,
a rhoi iddo'r gyfraith ar Sinai:
Tyrd, â braich estynedig, i'n hachub.

19 Rhagfyr: O Radix Jesse
    O Wreiddyn Jesse,
sy'n sefyll megis baner o flaen y cenhedloedd,
ac y mae brenhinoedd yn tewi ger dy fron
a'r holl bobloedd yn canu dy fawl:
Tyrd i'n rhyddhau, nac oeda.

20 Rhagfyr: O Clavis David
    O Allwedd Dafydd, Teyrnwialen tŷ Israel,
yr hyn a gaei, nis egyr neb:
a'r hyn a agori, nis caea neb:
Tyrd, a dwg o'r carchar
y rhai sy'n gorwedd mewn cadwynau
a'r rhai sy'n trigo mewn tywyllwch a chysgod angau.

21 Rhagfyr: O Oriens
    O Seren y Bore,
Llewyrch y goleuni tragwyddol a haul cyfiawnder:
Tyrd a thaena dy oleuni
ar y rhai sy'n trigo mewn tywyllwch a chysgod angau.

22 Rhagfyr: O Rex gentium
    O Frenin y cenhedloedd, yr Arglwydd yr hiraethant amdano,
Y conglfaen sy'n uno Iddew a Chenedl-ddyn:
Tyrd ac achub ddynolryw,
achub y gwŷr a'r gwragedd a luniaist ti o'r pridd.

Or
Great 'O' Antiphons (for use from 17 to 23 December)

17 December: O Sapientia
O Wisdom, coming forth from the mouth of the Most High,
and stretching from end to end of creation,
setting all things in order with strong and gentle hand:
Come and teach us the path of true judgement.

18 December: O Adonai
O Adonai, O Prince of the house of Israel,
who appeared to Moses in the burning bush,
and delivered to him the law on Sinai:
Come and deliver us with outstretched arm.

19 December: O Radix Jesse
O Root of Jesse,
standing like a banner before the nations,
in whose presence kings fall silent,
whose praise all peoples shall sing:
Come and set us free, do not delay.

20 December: O Clavis David
O Key of David, Sceptre of the house of Israel,
what you close none shall open,
what you open none shall close:
Come and lead forth from prison those who lie in chains,
who dwell in darkness and the shadow of death.

21 December: O Oriens
O Morning Star,
O radiance of the everlasting light, O sun of righteousness:
Come and shed your light
on those who dwell in darkness and the shadow of death.

22 December: O Rex gentium
O King of the nations, Lord for whom they long,
O cornerstone that binds in one Jew and Gentile:
Come and save mankind,
save the men and women you have moulded from the earth.

23 Rhagfyr: O Immanuel
> O Immanuel,
> ein brenin a'n deddfroddwr,
>> y mae'r cenhedloedd yn disgwyl amdano,
> O Waredwr yr holl bobloedd:
> Tyrd, Arglwydd ein Duw, a gwared ni.

Cantiglau
> 15 Cân am yr Anialwch *(Eseia 35:1, 2b–4a, 4c–6, 10)*
> 18 Cân am Ddychweliad yr Arglwydd *(Eseia 52:7–10)*
> 36 Llawenhewch yn yr Arglwydd *(Philipiaid 4:4–7)*
> 44 Cân am yr Oen *(Datguddiad 19:1b, 5b, 6b, 7, 9b)*

Anfon Allan
> Llewyrched Crist, Haul Cyfiawnder, arnoch,
> a chwalu'r tywyllwch o'ch blaen …

Neu
> Bydded i Dduw Dad,
> a garodd y byd gymaint nes iddo anfon ei unig Fab,
> roddi i chwi ras i baratoi at fywyd tragwyddol. **Amen.**

> Bydded i Dduw Fab,
> sy'n dod atom yn Waredwr ac yn Farnwr,
> ddangos i chwi'r llwybr o dywyllwch i oleuni. **Amen.**

> Bydded i Dduw Ysbryd Glân,
> trwy'r hwn y beichiogodd y Forwyn Fair ar Grist,
> eich cynorthwyo i ddwyn ffrwythau sancteiddrwydd. **Amen.**

> A bendith …

23 December: O Emmanuel
O Emmanuel,
our king and lawgiver, for whom the nations wait,
O Saviour of all people:
Come, Lord our God, and save us.

Canticles
    15 A Song of the Wilderness *(Isaiah 35:1, 2b–4a, 4c–6, 10)*
    18 A Song of the Lord's Return *(Isaiah 52:7–10)*
    36 Rejoice in the Lord *(Philippians 4:4–7)*
    44 A Song of the Lamb *(Revelation 19:1b, 5b, 6b, 7, 9b)*

Dismissals
Christ the Sun of Righteousness shine upon you, scatter the darkness from before you …

Or

May God the Father
who loved the world so much he sent his only Son,
give you grace to prepare for eternal life. **Amen.**

May God the Son,
who comes to us as Redeemer and Judge,
show you the path from darkness to light. **Amen.**

May God the Holy Spirit,
by whom the Virgin Mary conceived the Christ,
help you to bear the fruits of holiness. **Amen.**

And the blessing …

NADOLIG

Brawddegau

Wele, yr wyf yn cyhoeddi i chwi y newydd da am lawenydd mawr a ddaw i'r holl bobl: ganwyd i chwi heddiw yn nhref Dafydd, Waredwr, yr hwn yw'r Meseia, yr Arglwydd.
Luc 2:10–11

Wele, y mae preswylfa Duw gyda'r ddynoliaeth; bydd ef yn preswylio gyda hwy, byddant hwy yn bobloedd iddo ef, a bydd Duw ei hun gyda hwy, yn Dduw iddynt. *Datguddiad 21:3*

A daeth y Gair yn gnawd a phreswylio yn ein plith, yn llawn gras a gwirionedd; gwelsom ei ogoniant ef, ei ogoniant fel unig Fab yn dod oddi wrth y Tad. *Ioan 1:14*

I'w defnyddio ar Noswyl Nadolig
"Wele, bydd y wyryf yn beichiogi, ac yn esgor ar fab, a gelwir ef Immanuel", hynny yw, o'i gyfieithu,
"Y mae Duw gyda ni". *Mathew 1:23*

Bendith Agoriadol

Gogoniant i Dduw yn nef y nefoedd,
a thangnefedd ar y ddaear y daeth ef iddi.
Fel y bugeiliaid, ar anogaeth angylion,
bydded inni dy geisio a'th ganfod,
wedi dy eni o Fair ym Methlehem orlawn,
a'th ogoneddu a'th foliannu
am y cwbl a glywsom ac a welsom.
Bendigedig fyddo Duw am byth.

Antiffonau i'r Cantiglau

Bachgen a aned i ni, mab a roed i ni,
ac fe'i gelwir "Tywysog Heddychlon".

Neu

Cyfod, llewyrcha, oherwydd daeth dy oleuni,
cyfododd gogoniant yr Arglwydd arnat.

Neu

Gogoniant yn y goruchaf i Dduw,
a thangnefedd i'w bobl ar y ddaear.

Neu

Y bobl oedd yn rhodio mewn tywyllwch
a welodd oleuni mawr.

CHRISTMAS

Sentences

I bring you news of great joy, a joy to be shared by the whole people. Today in the town of David a Saviour has been born to you; he is Christ the Lord. *Luke 2:10–11*

Here God lives among men. He will make his home among them; they shall be his people, and he will be their God; his name is God-with-them. *Revelation 21:3*

The word became flesh; he made his home among us, and we saw his glory, such glory as befits the Father's only Son, full of grace and truth. *John 1:14*

For use on Christmas Eve
'A virgin will conceive and bear a son, and he shall be called Emmanuel', a name which means 'God is with us'.
 Matthew 1:23

Opening Prayer of Blessing

Glory to God in highest heaven,
and peace on the earth to which he came.
Like the shepherds, encouraged by angels,
may we still seek and find you,
born of Mary in crowded Bethlehem,
and glorify and praise you
for all we have heard and seen.
Blessed be God for ever.

Canticle Antiphons

A child is born to us, a son is given to us,
and his name will be called 'Prince of Peace'.

Or

Arise, shine, for your light has come,
the glory of the Lord has risen upon you.

Or

Glory to God in highest heaven,
and peace to his people on earth.

Or

The people who walked in darkness
has seen a great light.

Neu, ar 24 Rhagfyr
> O Wyryf y gwyryfon, sut y gall hyn fod?
> Ferched Jerwsalem, na ryfeddwch ataf fi,
> oherwydd dirgelwch dwyfoi
> yw'r hyn a welwch chwi.

Cantiglau
> 12 Cân am y Meseia *(Eseia 9:2–4b, 6–7)*
> 13 Cân am Un Dewisedig yr Arglwydd *(Eseia 11:1–4a, 6, 9)*
> 52 Cantigl Blygain *(Y Brawd Madog ap Gwallter)*

Anfon Allan
> Bydded i Grist, a gasglodd yn un bopeth daearol a nefol,
> trwy gymryd ein cnawd ni, eich llenwi â'i lawenydd a'i
> dangnefedd …

Neu
> Bydded i Grist Fab Duw, a aned o Fair, eich llenwi â'i ras
> fel yr ymddiriedoch yn ei addewidion ac ufuddhau i'w
> ewyllys …

Neu
> Bydded i Dduw Dad,
> sy'n teyrnasu yn nef y nefoedd,
> ddwyn i chwi ras a gwirionedd y Gair a wnaed yn gnawd. **Amen.**

> Bydded i Grist Fab Duw, a aned o Fair,
> eich llenwi â'i ras
> i ymddiried yn ei addewidion ac i ufuddhau i'w ewyllys. **Amen.**

> Bydded i Dduw Ysbryd Glân,
> y beichiogodd Mair trwy ei ras,
> breswylio yn eich calonnau mewn cariad. **Amen.**

> A bendith …

Or, on 24 December
> O Virgin of virgins, how may this be?
> Daughters of Jerusalem, marvel not at me,
> for that which you behold
> is a divine mystery.

Canticles
> 12   A Song of the Messiah *(Isaiah 9:2–4b, 6–7)*
> 13   A Song of God's Chosen One *(Isaiah 11:1–4a, 6, 9)*

Dismissals
> Christ, who by taking our flesh, gathered into one all things earthly and heavenly, fill you with his joy and peace …

Or

> Christ the Son of God, born of Mary, fill you with his grace to trust his promises and obey his will …

Or

> God the Father,
> who reigns in highest heaven,
> bring you the grace and truth of the Word made flesh. **Amen.**
>
> Christ the Son of God, born of Mary,
> fill you with his grace
> to trust his promises and obey his will. **Amen.**
>
> God the Holy Spirit,
> by whose power Mary conceived,
> dwell in your hearts in love. **Amen.**
>
> And the blessing …

YSTWYLL

Brawddegau
Fe'th wnaf di yn oleuni i'r cenhedloedd, i'm
hiachawdwriaeth gyrraedd hyd eithaf y ddaear. *Eseia 49:6*

Ond yn awr, yng Nghrist Iesu, yr ydych chwi, a fu
unwaith ymhell, wedi eich dwyn yn agos trwy waed Crist.
Oherwydd ef yw ein heddwch ni. *Effesiaid 2:13–14*

Syrthiasant i lawr a'i addoli, ac wedi agor eu trysorau
offrymasant iddo anrhegion, aur a thus a myrr. *Mathew 2:11*

Bendith Agoriadol
Dduw gogoneddus,
yr wyt yn dy ddatguddio dy hun i'r byd
ac yn ein galw ni i fod yn offeiriadaeth frenhinol,
i foliannu Crist
a'n galwodd ni o dywyllwch
i'w ryfeddol oleuni ef.
Bydded inni ein hoffrymu ein hunain yn aberth byw,
sanctaidd a derbyniol i ti,
Frenin breninoedd, ac Arglwydd arglwyddi.
Bendigedig fyddo Duw am byth.

Antiffonau i'r Cantiglau
Addolwch yr Arglwydd mewn prydferthwch sancteiddrwydd,
ofned yr holl ddaear ger ei fron ef.
Neu
Fe ddaw'r cenhedloedd at dy oleuni,
a brenhinoedd at ddisgleirdeb dy wawr.
Neu
Tywys ni, O Dduw, mewn llawenydd,
i rodio yng ngoleuni dy ogoniant.
Neu
Bydded fy ngweddi fel arogldarth o'th flaen,
ac estyniad fy nwylo fel offrwm hwyrol.
Neu, ar 6 Ionawr
Ar y dydd sanctaidd hwn cofir tri dirgelwch:
y mae'r seren heddiw yn arwain y Seryddion at y baban Iesu;
y mae'r dŵr heddiw yn troi yn win i'r wledd briodas;
y mae Crist heddiw yn ewyllysio cael ei fedyddio
    gan Ioan yn afon Iorddonen
i ddwyn ni i iachawdwriaeth i ni.

EPIPHANY

Sentences
I shall appoint you a light to the nations so that my
salvation may reach earth's farthest bounds.　　*Isaiah 49:6*

Once you were far off, but now you have been brought
near through the shedding of Christ's blood. For he is
himself our peace.　　*Ephesians 2:13–14*

They opened their treasure chests and presented gifts to
him: gold, frankincense and myrrh.　　*Matthew 2:11*

Opening Prayer of Blessing
Glorious God,
you reveal yourself to the world
and call us to be a royal priesthood,
to show forth the praises of Christ
who has called us out of darkness
into his marvellous light.
May we present ourselves as a living sacrifice,
holy and acceptable to you,
King of all kings and Lord of all lords.
Blessed be God for ever.

Canticle Antiphons
Worship the Lord in the beauty of holiness,
let the whole earth stand in awe of him.

Or

Nations will stream to your light,
and kings to your dawning brightness.

Or

Lead us, God, with joy,
to walk in the light of your glory.

Or

Let my prayer rise before you as incense,
the lifting up of my hands as the evening sacrifice.

Or, on 6 January

Three mysteries mark this holy day:
today the star leads the Magi to the infant Christ;
today water is changed into wine for the wedding feast;
today Christ wills to be baptized by John in the river Jordan
to bring us salvation.

Cantiglau
17 Cân am y Cyfamod *(Eseia 42:5–8a)*
20 Daeth dy Oleuni *(Eseia 60:1–3, 11, 18–19)*
43 Cân y Rhai a Brynwyd *(Datguddiad 4:8b, 11; 5:9–10; 15:3–4)*

Anfon Allan
Bydded i Grist Fab Duw
lonni eich calonnau â newyddion da ei Deyrnas …

Neu

Bydded i Dduw Dad,
a arweiniodd y doethion â seren ddisglair
i ddod o hyd i'r Crist, llewyrch o lewyrch,
eich arwain chwithau yn eich pererindod
    i ddod o hyd i'r Arglwydd. **Amen.**

Bydded i Dduw Fab,
a droes y dŵr yn win yn y wledd briodas yng Nghana,
drawsffurfio eich bywydau a llonni eich calonnau. **Amen.**

Bydded i Dduw Ysbryd Glân,
a ddisgynnodd megis colomen ar ei Fab, yr Anwylyd,
yn afon Iorddonen,
dywallt ei roddion arnoch chwi
a olchwyd yn nyfroedd yr ailenedigaeth. **Amen.**

A bendith …

GARAWYS

Brawddegau
Ceisiwch yr Arglwydd tra gellir ei gael, galwch arno tra bydd
yn agos. Gadawed y drygionus ei ffordd, a'r un ofer ei fwriadau,
a dychwelyd at yr Arglwydd, iddo drugarhau wrtho, ac at ein
Duw ni, oherwydd fe faddau'n helaeth.   *Eseia 55:6–7*

Dywedodd Iesu: "Ewch i mewn trwy'r porth cyfyng;
oherwydd llydan yw'r porth ac eang yw'r ffordd sy'n
arwain i ddistryw, a llawer yw'r rhai sy'n mynd ar hyd-ddi.
Ond cyfyng yw'r porth a chul yw'r ffordd sy'n arwain i
fywyd, ac ychydig yw'r rhai sy'n ei chael." *Mathew 7:13–14*

Ond prawf Duw o'r cariad sydd ganddo tuag atom ni yw bod
Crist wedi marw drosom pan oeddem yn dal yn bechaduriaid.
   Rhufeiniaid 5:8

Canticles
   17   A Song of the Covenant *(Isaiah 42:5–8a)*
   20   Your Light has come *(Isaiah 60: 1–3, 11, 18–19)*
   43   A Song of the Redeemed *(Revelation 4:8b, 11; 5:9–10; 15:3–4)*

Dismissals
Christ the Son of God
gladden your hearts with the good news of his Kingdom …

Or

May God the Father,
who led the wise men by the shining of a star
to find the Christ, the light from light,
lead you also in your pilgrimage to find the Lord. **Amen.**

May God the Son,
who turned water into wine at the wedding feast at Cana,
transform your lives and make glad your hearts. **Amen.**

May God the Holy Spirit,
who, at the river Jordan,
descended upon the Beloved Son, in the likeness of a dove,
pour out his gifts on you
who have been washed in the waters of new birth. **Amen.**

And the blessing …

LENT

Sentences
Seek the Lord while he may be found, call upon him while he is near. Let the wicked forsake their way and the unrighteous their thoughts: let them return to the Lord, that he may have mercy on them, and to our God, for he will abundantly pardon. *Isaiah 55:6–7*

Jesus said: 'Enter through the narrow gate; for the gate is wide and the road is easy that leads to destruction, and there are many who take it. For the gate is narrow and the road is hard that leads to life and there are few who find it.' *Matthew 7:13–14*

God proves his love for us in that while we were still sinners Christ died for us. *Romans 5:8*

Bendith Agoriadol
Hollalluog Dduw,
porthaist dy bobl yn yr anialwch,
a'u tywys â chwmwl a thân,
a rhoi gorchmynion i osod trefn ar eu bywydau.
Dyro inni lygaid i ganfod dy fwriad,
dyfalbarhad i ddilyn lle yr arweini di,
a dewrder i adnabod y gwirionedd sy'n ein rhyddhau;
fel y bendithir ein bywydau
ac y gwneler dy ewyllys.
Bendigedig fyddo Duw am byth.

Antiffonau i'r Cantiglau
Daw cyfiawnder Duw atom fel y cawodydd,
fel glaw y gwanwyn yn dyfrhau y ddaear.

Neu

Crea galon lân ynof, O Dduw,
ac adnewydda ysbryd uniawn o'm mewn.

Neu

Yn y tywyllwch fe gyfyd Crist, eich goleuni,
ac fe ffrydia eich iachâd fel y wawr.

Neu

Paid â mynd i farn â'th was,
oherwydd nid oes neb byw yn gyfiawn o'th flaen di.

Cantiglau
    19 Cân am Air yr Arglwydd *(Eseia 55:6–11)*
    26 Y Gwynfydau *(Mathew 5:3–12)*
    50 Salvator Mundi

Opening Prayer of Blessing
>Almighty God,
>you fed your people in the wilderness,
>and guided them by cloud and fire,
>giving commandments to order their lives.
>Give us eyes to see your purpose,
>perseverance to follow where you lead,
>and courage to know the truth that sets us free;
>that our lives may be blessed
>and your will may be done.
>**Blessed be God for ever.**

Canticle Antiphons
>God's justice will come to us like the showers,
>like the spring rains that water the earth.

Or
>Create in me a clean heart, O God,
>and renew a right spirit within me.

Or
>Christ your light shall rise in the darkness,
>and your healing shall spring up like the dawn.

Or
>Enter not into judgement with your servant,
>for in your sight shall no-one living be justified.

Canticles
>19 A Song of the Word of the Lord *(Isaiah 55:6–11)*
>26 The Beatitudes *(Matthew 5:3–12)*
>50 *Salvator Mundi*

Anfon Allan
>Rhodded Crist ras i chwi i gynyddu mewn sancteiddrwydd, i ymwadu â chwi eich hunain, ac i godi eich croes a'i ddilyn ef ...

Neu
>Boed i Dduw'r trugaredd eich trawsffurfio trwy ei ras a rhoi i chwi'r nerth i orchfygu temtasiwn ...

Neu
>Bydded i Dduw Dad,
>nad yw'n casáu ysbryd drylliedig,
>roddi i chwi galon edifeiriol. **Amen.**
>
>Bydded i Grist,
>a ddug ein pechodau ni yn ei gorff ar y pren,
>eich rhyddhau i farw i bechod ac i fyw i gyfiawnder. **Amen.**
>
>Bydded i'r Ysbryd Glân,
>sy'n ein harwain i bob gwirionedd,
>lefaru wrthych eiriau maddeuant a thangnefedd. **Amen.**
>
>A bendith ...

TYMOR Y DIODDEFAINT

Brawddegau
>Dywedwch wrth ferch Seion, "Wele dy frenin yn dod atat, yn ostyngedig ac yn marchogaeth ar asyn, ac ar ebol, llwdn anifail gwaith." *Mathew 21:5 (Sul y Blodau)*
>
>"Gwyliwch, a gweddïwch na ddewch i gael eich profi. Y mae'r ysbryd yn barod ond y cnawd yn wan." *Mathew 26:41*
>
>O'i gael ar ddull dyn, darostyngodd Crist ei hun, gan fod yn ufudd hyd angau, ie, angau ar groes. Am hynny tra-dyrchafodd Duw ef, a rhoi iddo'r enw sydd goruwch pob enw.
> *Philipiaid 2:8–9*

Dismissals

Christ give you grace to grow in holiness, to deny yourselves, take up your cross and follow him …

Or

The God of mercy transform you by his grace and give you strength to overcome temptation …

Or

May God the Father,
who does not despise the broken spirit,
give to you a contrite heart. **Amen.**

May Christ,
who bore our sins in his body on the tree,
set you free to die to sin and live in righteousness. **Amen.**

May the Holy Spirit,
who leads us into all truth,
speak to you words of pardon and peace. **Amen.**

And the blessing …

PASSIONTIDE

Sentences

Tell the daughter of Zion, 'Here is your king, who comes to you in gentleness, riding on a donkey, on the foal of a beast of burden.' *Matthew 21:5 (Palm Sunday)*

'Stay awake, and pray that you may be spared the test. The spirit is willing but the flesh is weak.' *Matthew 26:41*

Christ became obedient to the point of death, even death on the Cross; therefore God also highly exalted him and gave him the name that is above every name.
Philippians 2:8–9

Bendith Agoriadol
Dduw sanctaidd, sanctaidd a chryf, sanctaidd ac anfarwol!
Trwy ei Groes a'i Ddioddefaint
cyhoeddodd ein Gwaredwr Crist dy gariad,
maddeuodd i'w lofruddion,
ac addo i'r lleidr edifeiriol
le y dydd hwnnw gydag ef ym Mharadwys.
I'th ddwylo di y cyflwynwn ein hysbryd.
Cyflawna dy ewyllys yn ein byd,
lle y mae llawer yn sychedu,
llawer yn teimlo'n wrthodedig;
a dwg i'n plith y cymod a'r gofal brawdol
a ddangoswyd ac a gynigiwyd inni gan dy Fab,
ein Gwaredwr Iesu Grist.
Bendigedig fyddo Duw am byth.

Antiffonau i'r Cantiglau
Addolwn di, O Grist, a bendithiwn di,
am i ti, trwy dy Groes sanctaidd, brynu'r byd.
Neu
Dug Crist ein pechodau yn ei gorff ar y pren,
fel y byddem farw i bechod a byw i gyfiawnder.
Neu
Trwy aberthu dy fywyd ar y Groes, fe ryddheaist dy bobl,
arnat ti y dibynnwn i'n hachub a'n cynorthwyo.
Neu, ar Sul y Blodau
Hosanna i Fab Dafydd;
bendigedig yw'r un sy'n dyfod yn enw'r Arglwydd.

Cantiglau
21 Galarnad *(Galarnad 1:12, 16; 3:19, 22–28, 31–33)*
41 Cân am Grist y Gwas *(1 Pedr 2:21–25)*
51 Duw'r Gwaredwr *(Llyfr Du Caerfyrddin)*

Opening Prayer of Blessing
   Holy God, holy and strong, holy and immortal!
   By his Cross and Passion,
   our Saviour Christ declared your love,
   forgave his killers,
   and promised to the penitent thief
   a place that day with him in Paradise.
   Into your hands we commit our spirit.
   Accomplish your will in our world,
   where many thirst, many feel forsaken;
   and bring reconciliation and the brotherly care
   shown and offered to us by your Son,
   our Saviour Jesus Christ.
   Blessed be God for ever.

Canticle Antiphons
   We adore you, O Christ, and we bless you,
   because by your holy Cross you have redeemed the world.
Or
   Christ himself bore our sins in his body on the tree,
   that we might die to sin and live to righteousness.
Or
   By your life laid down on the Cross, you set your people free;
   we look to you to save and help us.
Or, on Palm Sunday
   Hosanna to the Son of David;
   blessed is he who comes in the name of the Lord.

Canticles
   21 A Song of Lamentation *(Lamentations 1:12, 16; 3:19, 22–28, 31–33)*
   41 A Song of Christ the Servant *(1 Peter 2:21–25)*
   51 God the Saviour *(Black Book of Carmarthen)*

Anfon Allan

Bydded i'r Crist croeshoeliedig eich tynnu ato ef ei hun,
sy'n sylfaen ddiogel ffydd,
yn gynhaliwr cadarn gobaith
ac yn sicrwydd maddeuant pechodau …

Neu

Bydded i Dduw,
a alwodd yr holl fyd i gydnabod a moliannu ei fawrhydi
trwy Ddioddefaint achubol ei Fab,
ddangos i chwi rym rhyfeddol y Groes,
y datguddir ynddi farnedigaeth y byd,
a llewyrch gogoniant y Croeshoeliedig …

Neu

Bydded i Dduw Dad,
y cyflwynodd ein Harglwydd ei ysbryd i'w ddwylo,
roddi i chwi ras i ymddiried ynddo mewn bywyd a
marwolaeth. **Amen.**

Bydded i Grist,
a faddeuodd ar y Groes i'r lleidr edifeiriol,
eich iacháu trwy ei glwyfau. **Amen.**

Bydded i'r Ysbryd Glân,
sy'n gweddïo o'n mewn ag ocheneidiau y tu hwnt i eiriau,
eich cynnal a'ch nerthu
wrth i chwi ddilyn ffordd y Groes. **Amen.**

A bendith …

Dismissals

    Christ crucified draw you to himself;
    the sure ground of faith,
    the firm support for hope
    and the assurance of sins forgiven ...

Or

    God,
    who, through the saving Passion of his Son,
    has called the whole world
        to acknowledge and praise his majesty,
    show to you the wondrous power of the Cross,
    in which the judgement of this world is revealed
    and the glory of the Crucified shines forth ...

Or

    May God the Father,
    into whose hands our Lord committed his spirit,
    give you grace to trust him in life and death. **Amen.**

    May Christ,
    who on the Cross forgave the penitent thief,
    heal you by his wounds. **Amen.**

    May the Holy Spirit,
    who prays within us with sighs too deep for words,
    support and strengthen you
    as you follow the way of the Cross. **Amen.**

    And the blessing ...

Y PASG

Brawddegau
Y mae'r Arglwydd yn wir wedi ei gyfodi. Halelwia! *Luc 24:34*

Y gwir yw fod Crist wedi ei gyfodi oddi wrth y meirw, yn flaenffrwyth y rhai sydd wedi huno. Oherwydd fel y mae pawb yn marw yn Adda, felly hefyd y gwneir pawb yn fyw yng Nghrist. *1 Corinthiaid 15:20, 22*

Llefarodd yr angel wrth y gwragedd: "Peidiwch chwi ag ofni," meddai. "Gwn mai ceisio Iesu, a groeshoeliwyd, yr ydych. Nid yw ef yma, oherwydd y mae wedi ei gyfodi, fel y dywedodd y byddai." *Mathew 28:5–6*

Bendith Agoriadol
Ardderchocaf Arglwydd bywyd,
y gorchfygodd dy Fab Iesu Grist angau
a chyfodi'n fuddugoliaethus o'r bedd:
bydded inni rodio yn ei gwmni,
clywed dirgelwch yr Ysgrythur yn cael ei ddehongli inni,
ac, â'n calonnau'n llosgi o'n mewn, adnabod ei bresenoldeb ef ar doriad y bara,
oherwydd ein Gwaredwr a gyfododd yn wir – Halelwia!
Bendigedig fyddo Duw am byth.

Antiffonau i'r Cantiglau
Halelwia! Cyfododd yr Arglwydd
yn ôl ei addewid i chwi. Halelwia!

Neu

Cyfododd Duw Grist Iesu oddi wrth y meirw,
fel y gallwn ninnau fod â gobaith sicr ynddo.

Neu

Parodd Duw ein geni ni o'r newydd i obaith bywiol
trwy atgyfodiad Iesu Grist oddi wrth y meirw.

Neu

Yr Arglwydd yw fy nerth a'm cân,
a daeth yn iachawdwriaeth i mi.

Cantiglau
 10 Cân Moses a Miriam *(Exodus 15:1b–3, 6, 8a, 10b, 13, 17)*
 14 Cân am Achubiaeth *(Eseia 12:2–6)*
 32 Anthemau'r Pasg
 39 Cân o Ffydd *(1 Pedr 1:3–5, 18–21)*

EASTER

Sentences

The Lord has risen indeed. Alleluia! *Luke 24:34*

The truth is Christ was raised to life – the firstfruits of the harvest of the dead. As in Adam all die, so in Christ all will be brought to life. *1 Corinthians 15:20, 22*

The angel said to the women: 'Do not be afraid. I know that you are looking for Jesus who was crucified. He is not here; for he has been raised, as he promised.'
Matthew 28:5–6 altd

Opening Prayer of Blessing

Most glorious Lord of life,
whose Son Jesus Christ conquered death
and rose victorious from the grave:
may we walk in his company,
hear the mystery of the Scriptures unfold to us,
and, with burning hearts, know his presence
in the breaking of the bread,
for our Saviour is risen indeed – Alleluia!
Blessed be God for ever.

Canticle Antiphons

Alleluia! The Lord is risen,
as he promised to you. Alleluia!

Or

God has raised Christ Jesus from the dead,
so that we have a sure hope in him.

Or

God has given us new birth into a living hope
by the resurrection of Jesus Christ from the dead.

Or

The Lord is my strength and my song,
and has become my salvation.

Canticles

10 The Song of Moses and Miriam
    (Exodus 15:1b–3, 6, 8a, 10b, 13, 17)
14 A Song of Deliverance *(Isaiah 12:2–6)*
32 The Easter Anthems
39 A Song of Faith *(1 Peter 1:3–5, 18–21)*

Anfon Allan

Bydded i Dduw tangnefedd, a ddug yn ôl oddi wrth y meirw ein Harglwydd Iesu, Bugail mawr y defaid, trwy waed y cyfamod tragwyddol, eich cymhwyso â phob daioni, er mwyn ichwi wneud ei ewyllys ef, a bydded iddo lunio ynom yr hyn sy'n gymeradwy ganddo, trwy Iesu Grist, y byddo'r gogoniant iddo byth bythoedd …

Neu

Bydded i'r Hollalluog Dduw, a roddodd inni'r fuddugoliaeth trwy atgyfodiad ein Harglwydd Iesu Grist, roi i chwi lawenydd a thangnefedd wrth gredu …

Neu

Bydded i Dduw'r Tad, y cyfodwyd Crist oddi wrth y meirw trwy ei ogoniant, eich cryfhau i rodio gydag ef yn ei fywyd atgyfodedig …

Neu

Bydded i Dduw Dad,
y cyfodwyd, trwy ei ogoniant, Grist oddi wrth y meirw,
eich deffro i fywyd newydd. **Amen.**

Bydded i Grist,
a gerddodd gyda'i ddisgyblion ar y ffordd i Emaus,
gynnau ynoch dân ei gariad
a'ch nerthu i gydgerdded ag ef yn ei fywyd atgyfodedig.
Amen.

Bydded i'r Ysbryd Glân, a anadlodd yr Arglwydd ar ei ddisgyblion, eich anfon allan i ddwyn ei fywyd newydd i'r byd. **Amen.**

A bendith …

Dismissals

The God of peace who brought back from the dead our Lord Jesus, the great Shepherd of the sheep, through the blood of the eternal covenant, make you perfect in every good deed to do his will, creating in you that which is pleasing to him, through Jesus Christ, to whom be glory for ever …

Or

Almighty God, who through the resurrection of our Lord Jesus Christ has given us the victory, give you joy and peace in believing …

Or

God the Father, by whose glory Christ was raised from the dead, strengthen you to walk with him in his risen life …

Or

May God the Father,
by whose glory Christ was raised from the dead,
awaken you to new life. **Amen.**

May Christ
who walked with the disciples on the road to Emmaus,
kindle in you the fire of his love
and strengthen you to walk with him in his risen life. **Amen.**

May the Holy Spirit,
whom the risen Lord breathed into his disciples,
send you out to bring his new life to the world. **Amen.**

And the blessing …

TYMOR Y DYRCHAFAEL

Brawddegau
Dywedodd yr angel: "Wŷr Galilea, pam yr ydych yn sefyll yn edrych tua'r nef? Bydd yr Iesu hwn, sydd wedi ei gymryd i fyny oddi wrthych i'r nef, yn dod yn yr un modd ag y gwelsoch ef yn mynd i'r nef." *Actau 1:11*

Esgynnodd Duw gyda bloedd, yr Arglwydd gyda sain utgorn. *Salm 47:5*

Gan fod gennym, felly, archoffeiriad mawr sydd wedi mynd drwy'r nefoedd, sef Iesu, Mab Duw, gadewch inni lynu wrth ein cyffes. *Hebreaid 4:14*

Bendith Agoriadol
Frenin brenhinoedd ac Arglwydd arglwyddi,
a gyfododd ac a esgynnodd ac a ogoneddwyd:
gadewaist inni orchymyn parhaus i fynd allan,
gwneud disgyblion o bob cenedl,
bedyddio, dysgu a byw i'th ogoniant.
Bydded inni ganfod dy bresenoldeb gyda ni bob amser,
hyd ddiwedd amser. Halelwia!
Bendigedig fyddo Duw am byth.

Antiffonau i'r Cantiglau
Codwch eich pennau, O byrth;
ymddyrchefwch, ddrysau tragwyddol,
i frenin y gogoniant ddod i mewn.
Neu
Ewch, a dywedwch wrth fy mrodyr
fy mod yn esgyn at fy Nhad i, a'ch Tad chwithau,
at fy Nuw i, a'ch Duw chwithau.
Neu
Duw biau llywodraethwyr y ddaear,
a dyrchafedig yw ef.

Cantiglau
  2 Cân am Fuddugoliaeth Duw *(Salm 47)*
 28 Benedictus
 35 Cân am Ogoniant Crist *(Philipiaid 2:6–11)*
 53 Gogoneddus Arglwydd *(Llyfr Du Caerfyrddin)*

ASCENSIONTIDE

Sentences

The angel said: 'Men of Galilee, why do you stand looking up towards heaven? This Jesus, who has been taken up from you into heaven, will come in the same way as you saw him go into heaven.' *Acts 1:11*

God is gone up with a shout of joy: and the Lord with the sound of the trumpet. *Psalm 47:5*

Since we have a great high priest who has passed through the heavens, Jesus the Son of God, let us hold fast to the faith we profess. *Hebrews 4:14*

Opening Prayer of Blessing

King of kings and Lord of lords,
risen, ascended, glorified:
you have left us a lasting command to go out,
make disciples of all nations,
baptise, teach and live to your glory.
May we perceive your presence with us always,
even to the end of time. Alleluia!
Blessed be God for ever.

Canticle Antiphons

Lift up your heads, O gates;
lift them high, everlasting doors,
and the king of glory shall come in.

Or

Go and tell my brothers:
I am ascending to my Father and your Father,
to my God and your God.

Or

The rulers of the earth belong to God,
and he is highly exalted.

Canticles

  2 A Song of God's Triumph *(Psalm 47)*
 28 Benedictus
 35 The Song of Christ's Glory *(Philippians 2:5b–11)*
 53 Glorious Lord *(Black Book of Carmarthen)*

Anfon Allan
Bydded i Grist, ein Brenin dyrchafedig,
dywallt arnoch ei roddion helaeth
fel y gwasanaethoch ef
a theyrnasu gydag ef mewn gogoniant. **Amen.**

Neu

Rhodded Crist i chwi ras
i fynd, mewn ufudd-dod i'w orchymyn,
a gwneud disgyblion o'r holl genhedloedd,
ac i wybod y bydd ef gyda chwi hyd ddiwedd amser ...

Neu

Bydded i Dduw Dad,
a roes i'w Fab yr enw sydd goruwch pob enw,
ddyrchafu eich calonnau
i'w addoli mewn ysbryd a gwirionedd. **Amen.**

Bydded i Grist, ein Brenin dyrchafedig,
dywallt arnoch ei roddion helaeth
fel y gwasanaethoch ef
a theyrnasu gydag ef mewn gogoniant. **Amen.**

Bydded i'r Ysbryd Glân
eich tynnu yn y diwedd i'ch cartref nefol,
lle yr aeth Crist i baratoi lle i chwi. **Amen.**

A bendith ...

Dismissals

    Christ our exalted King
    pour on you his abundant gifts
    that you may serve him
    and reign with him in glory. **Amen.**

Or

    Christ give you grace
    to go in obedience to his command,
    to make disciples of all the nations,
    and to know he is with you to the end of the age …

Or

    May God the Father,
    who has given his Son the name above every name,
    lift up your hearts
    to worship in spirit and in truth. **Amen.**

    May Christ, our exalted King,
    pour upon you his abundant gifts
    that you may serve him
    and reign with him in glory. **Amen.**

    May the Holy Spirit
    draw you at the last to your heavenly home,
    where Christ has gone to prepare a place for you. **Amen.**

    And the blessing …

PENTECOST

Brawddegau
Dywedodd Iesu: "Os ydych yn fy ngharu i, fe gadwch fy ngorchmynion i. Ac fe ofynnaf finnau i'm Tad, ac fe rydd ef i chwi Eiriolwr arall i fod gyda chwi am byth, Ysbryd y Gwirionedd." *Ioan 14:15–17a*

Yn y dechreuad creodd Duw y nefoedd a'r ddaear. Yr oedd y ddaear yn afluniaidd a gwag, ac yr oedd tywyllwch ar wyneb y dyfnder, ac ysbryd Duw yn ymsymud ar wyneb y dyfroedd. A dywedodd Duw, "Bydded goleuni." A bu goleuni. *Genesis 1:1–3*

Ar ôl hyn tywalltaf fy ysbryd ar bawb; bydd eich meibion a'ch merched yn proffwydo, bydd eich hynafgwyr yn gweld breuddwydion, a'ch gwŷr ifainc yn cael gweledigaethau. *Joel 2:28*

Bendith Agoriadol
Dduw pob ysbrydoliaeth,
yn y dechreuad yr oedd dy Lân Ysbryd
yn ymsymud ar wyneb y dyfroedd
a daeth yr holl greadigaeth yn fyw.
Anfon arnom dy anadl fywiol,
fel, wrth ein hail-greu ni,
y bydd iti adnewyddu wyneb y ddaear
mewn cariad a llawenydd a thangnefedd. Halelwia!
Bendigedig fyddo Duw am byth.

Antiffonau i'r Cantiglau
Rhoddaf i chwi galon newydd, medd yr Arglwydd,
ac ysbryd newydd o'ch mewn.
Neu
Ffrwyth yr Ysbryd yw:
cariad, llawenydd, tangnefedd,
amynedd, caredigrwydd, haelioni,
ffyddlondeb, addfwynder, hunan-reolaeth.
Neu
Os ydym yn byw yn yr Ysbryd
bydded inni rodio yn yr Ysbryd.
Neu
Y mae cariad Duw wedi ei dywallt yn ein calonnau
trwy'r Ysbryd Glân a roddodd ef inni.

PENTECOST

Sentences
Jesus said: 'If you love me you will keep my commandments; and I will ask the Father, and he will give you another Advocate, to be with you for ever – the Spirit of truth.' *John 14:15–17a*

In the beginning God created the heaven and the earth. And the earth was without form, and void; and darkness was upon the face of the deep. And the Spirit of God moved upon the face of the waters. And God said, 'Let there be light,' and there was light. *Genesis 1:1–3*

And afterwards I will pour out my spirit upon all flesh: your sons and your daughters shall prophesy, your old men shall dream dreams, and your young men shall see visions. *Joel 2:28*

Opening Prayer of Blessing
Inspiring God,
in the beginning your Holy Spirit
hovered over the surface of the waters
and all creation came alive.
Send on us your life-giving breath,
that, as we are recreated,
you may renew the face of the earth
in love, in joy and in peace. Alleluia!
Blessed be God for ever.

Canticle Antiphons
A new heart I will give you, says the Lord,
and put a new spirit within you.

Or

This is the fruit of the Spirit:
love, joy, peace,
patience, kindness, generosity,
faithfulness, gentleness and self-control.

Or

If we live by the Spirit
let us walk by the Spirit.

Or

The love of God has been poured into our hearts
through the Holy Spirit which has been given to us.

Cantiglau
7 Cân am Fawredd Duw *(Salm 104:1–2, 30–34)*
28 Benedicitus
47 Cân am yr Ysbryd *(Datguddiad 22:12–14, 16–17, 20)*

Anfon Allan
Bydded i Ysbryd y gwirionedd eich tywys i bob gwirionedd,
a rhoi gras i chwi i dystiolaethu fod Iesu Grist yn Arglwydd,
ac i gyhoeddi mawrion weithredoedd Duw …

Neu

Bydded i Dduw ddeffro ynoch ddoniau ei Ysbryd,
fel y gallwch dystiolaethu i Grist yr Arglwydd
a chyhoeddi llawenydd yr Efengyl dragwyddol …

Neu

Bydded i'r Ysbryd,
a fu'n ymsymud dros wyneb y dyfroedd ar adeg y creu,
anadlu i mewn i chwi y bywyd a rydd ef. **Amen.**

Bydded i'r Ysbryd,
a gysgodod dros Fair Forwyn
pan ddaeth ein Harglwydd Iesu Grist i'n plith,
roddi i chwi lawenydd wrth wasanaethu'r Arglwydd. **Amen.**

Bydded i'r Ysbryd,
a ddisgynnodd ar y disgyblion adeg y Pentecost
fel gwynt a thân,
eich cynorthwyo i adfywio'r byd
â chariad y Crist atgyfodedig. **Amen.**

A bendith …

Y DRINDOD

Brawddegau
Sanct, Sanct, Sanct yw Arglwydd y Lluoedd; y mae'r holl
ddaear yn llawn o'i ogoniant.   *Eseia 6:3*

Sanct, Sanct, Sanct yw'r Arglwydd Dduw hollalluog, yr hwn
oedd a'r hwn sydd a'r hwn sydd i ddod!   *Datguddiad 4:8*

Gras ein Harglwydd Iesu Grist, a chariad Duw, a
chymdeithas yr Ysbryd Glân a fyddo gyda chwi oll.
2 Corinthiaid 13:13

Canticles
    7 A Song of God's Greatness *(Psalm 104:1–2, 32–36)*
  28 *Benedicitus*
  47 A Song of the Spirit *(Revelation 22:12–14, 17, 20)*

Dismissals

The Spirit of truth lead you into all truth,
give you grace to confess that Jesus Christ is Lord
and to proclaim the mighty works of God ...

Or

God stir up in you the gifts of his Spirit,
that you may witness to Christ the Lord
and proclaim the joy of the eternal Gospel ...

Or

May the Spirit,
who moved over the face of the waters at creation,
breathe into you the life he gives. **Amen.**

May the Spirit,
who overshadowed the Virgin Mary
when our Lord Jesus Christ came among us,
make you joyful in the service of the Lord. **Amen.**

May the Spirit
who, like wind and flame,
came upon the disciples at Pentecost,
help you in bringing the world alive
with the love of the risen Christ. **Amen.**

And the blessing ...

TRINITY

Sentences

Holy, holy, holy is the Lord of hosts; the whole earth is full of his glory.   *Isaiah 6:3*

Holy, holy, holy is the Lord God Almighty, who was and is and is to come!   *Revelation 4:8*

The grace of our Lord Jesus Christ, and the love of God, and fellowship in the Holy Spirit, be with you all.
   2 Corinthians 13:13

Bendith Agoriadol

Sanct, Sanct, Sanct,
Arglwydd Dduw hollalluog,
sy'n byw ac yn teyrnasu
yn undod cariad perffaith:
dwg ni felly i'th adnabod,
i'th garu ac i'th ddilyn,
fel y caffom ynot ti y cyflawnder bywyd hwnnw
na ŵyr na dechrau na diwedd
yn y Tad a'r Mab a'r Ysbryd Glân.
Bendigedig fyddo Duw am byth.

Antiffonau i'r Cantiglau

Bendithiwch y Tad, y Mab a'r Ysbryd Glân,
sy'n deilwng i'w foli a'i ddyrchafu byth bythoedd.

Neu

I'r hwn sy'n eistedd ar yr orsedd ac i'r Oen
y bo'r mawl a'r anrhydedd a'r gogoniant a'r nerth
byth bythoedd!

Neu

Sanctaidd, fendigaid a gogoneddus Drindod:
tri pherson ac un Duw,
trugarha wrthym.

Cantiglau

24 Cân y Tri Llanc *(Cân y Tri Llanc 29–34)*
34 Cân am Ras Duw *(Effesiaid 1:3–10)*
42 Cân am Gariad Duw *(1 Ioan 4:7–11, 12b)*

Opening Prayer of Blessing
>Holy, holy, holy,
>Lord God almighty,
>living and reigning
>in the unity of perfect love:
>draw us so to know you,
>to love and follow you,
>that in you we may find the fullness of life
>which knows no beginning nor end
>in Father, Son and Holy Spirit.
>**Blessed be God for ever.**

Canticle Antiphons
>Bless the Father, the Son and the Holy Spirit,
>worthy to be praised and exalted for ever.

Or
>To the one who sits on the throne and to the Lamb
>be blessing and honour and glory and might
>for ever and ever.

Or
>Holy, blessed and glorious Trinity:
>three persons and one God,
>have mercy on us.

Canticles
>24 The Song of the Three *(Song of the Three 29–34)*
>34 A Song of God's Grace *(Ephesians 1:3–10)*
>42 A Song of God's Love *(1 John 4:7–11, 12b)*

Anfon Allan
>Bydded i Dduw y Drindod Sanctaidd
>eich cryfhau mewn ffydd a chariad,
>a'ch arwain mewn gwirionedd a thangnefedd ...

Neu
>Bydded i gariad y Tad eich cofleidio,
>i ddoethineb y Mab eich goleuo
>ac i dân yr Ysbryd Glân gynnau eich calonnau'n fflam ...

Neu
>Bydded i Dduw Dad,
>a'n carodd ni yn gyntaf
>a'n gwneud yn gymeradwy yn yr Anwylyd,
>ein llenwi â'i gariad. **Amen.**
>
>Bydded i Dduw Fab,
>a'n carodd ni,
>a'n golchi oddi wrth ein pechodau yn ei waed ei hun,
>roi i ni ei dangnefedd. **Amen.**
>
>Bydded i Dduw Ysbryd Glân,
>sy'n taenu cariad Duw ar led yn ein calonnau,
>ein hysbrydoli i offrymu iddo ef bob cariad a phob gogoniant,
>yn awr a hyd byth. **Amen.**
>
>A bendith ...

Y DEYRNAS

Brawddegau
>Codwch eich pennau, O byrth! Ymddyrchefwch,
>O ddrysau tragwyddol! i frenin y gogoniant ddod i mewn.
>*Salm 24:7*

>Cyfiawnder a heddwch a llawenydd yn yr Ysbryd Glân yw teyrnas Dduw. *Rhufeiniaid 14:17*

>Y mae teyrnas nefoedd yn debyg i drysor wedi ei guddio mewn maes; pan ddaeth rhywun o hyd iddo, fe'i cuddiodd, ac yn ei lawenydd y mae'n mynd ac yn gwerthu'r cwbl sydd ganddo, ac yn prynu'r maes hwnnw. *Mathew 13:44*

>Aeth brenhiniaeth y byd yn eiddo ein Harglwydd ni a'i Grist ef, a bydd yn teyrnasu byth bythoedd.
>*Datguddiad 11:15*

Dismissals

> God the Holy Trinity
> make you strong in faith and love,
> and guide you in truth and peace ...

Or

> May the love of the Father enfold you,
> the wisdom of the Son enlighten you
> and the fire of the Holy Spirit set your hearts ablaze ...

Or

> May God the Father,
> who first loved us
> and made us accepted in the Beloved,
> fill us with his love. **Amen.**
>
> May God the Son,
> who loved us,
> and washed us from our sins in his own blood,
> give us his peace. **Amen.**
>
> May God the Holy Spirit,
> who sheds the love of God abroad in our hearts,
> inspire us to offer him all love and all glory,
> for time and for eternity. **Amen.**
>
> And the blessing ...

KINGDOM

Sentences

> Lift up your heads, O gates, and be lifted up, O everlasting doors, and the king of glory shall come in.   *Psalm 24:7*
>
> The Kingdom of God is righteousness, peace and joy in the Holy Spirit.   *Romans 14:17*
>
> The Kingdom of heaven is like treasure hidden in a field, which someone found and hid; then in his joy he goes and sells all that he has and buys that field.   *Matthew 13:44*
>
> The kingdom of the world has become the kingdom of our Lord and of his Christ, and he will reign for ever and ever.
>   *Revelation 11:15*

Bendith Agoriadol

Frenin y gogoniant,
a goronwyd unwaith â drain:
ysbrydoler gweision dy Deyrnas,
a elwi di yn gyfeillion iti,
i newynu a sychedu
am weld cyfiawnder yn llwyddo,
dy deyrnas yn dod
a chyflawni dy ewyllys
ar y ddaear fel yn y nef.
Bendigedig fyddo Duw am byth.

Antiffonau i'r Cantiglau

Y mae'r Arglwydd yn frenin
ac wedi ymwisgo mewn dillad gogoneddus;
gwisgodd yr Arglwydd ei ogoniant ac ymrwegysu â nerth.

Neu

Iesu, cofia fi
pan ddeui i'th deyrnas.

Neu

Ceisiwch yn gyntaf deyrnas Dduw
a'i gyfiawnder ef.

Neu

Wrth enw Iesu
fe blyg pob glin.

Cantiglau

 1 Cân am Ogoniant y Brenin *(Salm 24)*
37 Cân am Brynedigaeth *(Colosiaid 1:13–18a, 19–20)*
38 Cân am Ymddangosiad Crist *(1 Timotheus 3:16; 6:15–16)*

Opening Prayer of Blessing
>King of glory,
>once crowned with thorns:
>may the servants of your Kingdom,
>whom you call your friends,
>be inspired to hunger and thirst
>to see right prevail,
>for your kingdom to come
>and your will to be done
>on earth as it is in heaven.
>**Blessed be God for ever.**

Canticle Antiphons
>The Lord is king and has put on glorious apparel;
>the Lord has put on his glory
>and girded himself with strength.

Or
>Jesus, remember me
>when you come into your kingdom.

Or
>Seek first the kingdom of God
>and his righteousness.

Or
>At the name of Jesus
>every knee shall bow.

Canticles
- 1 A Song of the King's Glory *(Psalm 24)*
- 37 A Song of Redemption *(Colossians 1:13–18a, 19–20)*
- 38 A Song of Christ's Appearing *(1 Timothy 3:16; 6:15–16)*

Anfon Allan
>Bydded i Grist y Brenin
>eich gwneud yn ffyddlon a chryf i gyflawni ei ewyllys
>a'ch dwyn i deyrnasu gydag ef yn ei ogoniant ...

Neu
>Bydded i Grist, Haul cyfiawnder,
>lonni eich calonnau â newyddion da ei deyrnas ...

Neu
>Bydded i Grist y Brenin deyrnasu yn eich calonnau
>fel y dygoch ffrwyth sancteiddrwydd. **Amen.**
>
>Bydded i Grist y Brenin ddatguddio i chwi ei fawrhydi,
>fel y bo i chwi nesáu ato ef mewn parchedig ofn. **Amen.**
>
>Bydded i Grist y Brenin eich cryfhau mewn ffydd a chariad,
>fel y teyrnasoch gydag ef mewn gogoniant. **Amen.**
>
>A bendith ...

MAIR FORWYN FENDIGAID

Brawddegau
>Pwy bynnag sy'n gwneud ewyllys Duw, y mae hwnnw'n
>frawd i mi, ac yn chwaer, ac yn fam.   *Marc 3:35*
>
>Ond pan ddaeth cyflawniad yr amser, anfonodd Duw ei
>Fab, wedi ei eni o wraig, wedi ei eni dan y Gyfraith, i
>brynu rhyddid i'r rhai oedd dan y Gyfraith, er mwyn i ni
>gael braint mabwysiad.   *Galatiaid 4:4–5*

Bendith Agoriadol
>Bendith a moliant,
>anrhydedd a diolch,
>a fo i ti, Dduw ein Gwaredwr.
>Mewn doethineb a thrugaredd,
>dewisaist Fair, y wyryf ddistadl o Nasareth,
>i fod yn fam dy Fab.
>Gyda hi, mawrygwn dy enw sanctaidd,
>llawenhawn yn dy gariad, a diolchwn
>dy fod ti yn dyrchafu'r rhai gostyngedig ac addfwyn,
>ac yn llenwi'r newynog â phethau da.
>**Bendigedig fyddo Duw am byth.**

Dismissals
> Christ the King
> make you faithful and strong to do his will,
> and bring you to reign with him in glory …

Or
> Christ, the Sun of righteousness,
> gladden your hearts with the good news of his kingdom …

Or
> Christ the King rule in your hearts
> that you may bear the fruits of holiness. **Amen.**
>
> Christ the King reveal to you his majesty,
> that you may draw near to him with awe and reverence. **Amen.**
>
> Christ the King make you strong in faith and love,
> that you may reign with him in glory. **Amen.**
>
> And the blessing …

THE BLESSED VIRGIN MARY

Sentences
> Whoever does the will of God is my brother and sister and mother. *Mark 3:35*
>
> When the fullness of time had come, God sent his Son, born of a woman, born under the law, in order to redeem those who were under the law, so that we might receive adoption as children. *Galatians 4:4–5*

Opening Prayer of Blessing
> Blessing and praise,
> honour and thanksgiving,
> to you, God our Saviour.
> In wisdom and mercy,
> you chose Mary, the lowly virgin of Nazareth,
> to be the mother of your Son.
> With her, we magnify your holy name,
> we rejoice in your love, and we give thanks
> that you exalt the humble and meek,
> filling the hungry with good things.
> **Blessed be God for ever.**

Antiffonau i'r Cantiglau
> Bendigedig wyt ti, Fair,
> oherwydd credaist y cyflawnid yr hyn a lefarodd
> yr Arglwydd wrthyt.

Neu
> Esgorodd Mair ar Air Duw;
> hi yw Mam fythol-fendigaid Crist ein Gwaredwr.

Neu
> O Grist, yng nghroth Mair cefaist breswylfa ar y ddaear:
> aros yn ein calonnau am byth.

Cantiglau
> 11   Cân Hanna *(1 Samuel 2:1–2, 3b–5, 7–8)*
> 42   Cân am Gariad Duw *(1 Ioan 4:7–11, 12b)*
> 45   Cân am y Ddinas Sanctaidd *(Datguddiad 21:1–5a)*

Anfon Allan
> Bydded i Grist, a wnaeth yn un,
> trwy gymryd ein cnawd ni, bob peth daearol a nefol,
> eich llenwi â'i lawenydd a'i dangnefedd ...

Neu
> Bydded i Grist Mab Duw, a aned o Fair, eich llenwi â'i ras i ymddiried yn ei addewidion ac i ufuddhau i'w ewyllys ...

Neu
> Bydded i Dduw Dad,
> sy'n teyrnasu yn nef y nefoedd,
> roddi i chwi ras a gwirionedd
> y Gair a wnaethpwyd yn gnawd. **Amen.**

> Bydded i Grist Mab Duw, a aned o Fair,
> eich llenwi â'i ras
> i ymddiried yn ei addewidion ac i ufuddhau i'w ewyllys. **Amen.**

> Bydded i Dduw Ysbryd Glân,
> y beichiogodd Mair trwy ei nerth,
> breswylio yn eich calonnau mewn cariad. **Amen.**

> A bendith ...

Canticle Antiphons

Blessed are you, Mary,
for you believed that what was said to you by the Lord
would be fulfilled.

Or

Mary gave birth to the Word of God;
she is the ever-blessed Mother of Christ our Saviour.

Or

In the womb of Mary,
you found a dwelling place on earth, O Christ;
remain for ever in our hearts.

Canticles

11   A Song of Hannah *(1 Samuel 2:1–2, 3b–5, 7–8)*
42   A Song of God's Love *(1 John 4:7–11, 12b)*
45   A Song of the Holy City *(Revelation 21:1–5a)*

Dismissals

Christ, who by taking our flesh,
gathered into one all things earthly and heavenly,
fill you with his joy and peace …

Or

Christ the Son of God, born of Mary, fill you with his
grace to trust his promises and obey his will …

Or

God the Father,
who reigns in highest heaven,
bring you the grace and truth of the Word made flesh.
Amen.

Christ the Son of God, born of Mary,
fill you with his grace
to trust his promises and obey his will. **Amen.**

God the Holy Spirit,
by whose power Mary conceived,
dwell in your hearts in love. **Amen.**

And the blessing …

SEINTIAU

Brawddegau
Yr ydym yn gyd-ddinasyddion â'r saint ac yn aelodau o deulu Duw, trwy Iesu Grist, ein Harglwydd, a ddaeth, a phregethu heddwch i chwi y rhai pell, a heddwch hefyd i'r rhai agos. *Effesiaid 2:19, 17*

At Fynydd Seion yr ydych chwi wedi dod, ac i ddinas y Duw byw ... ac at Dduw, Barnwr pawb, ac at ysbrydoedd y rhai cyfiawn sydd wedi eu perffeithio, ac at Iesu, cyfryngwr y cyfamod newydd. *Hebreaid 12:22–23*

Gan fod cymaint torf o dystion o'n cwmpas, gadewch i ninnau fwrw ymaith bob rhwystr, a'r pechod sy'n ein maglu mor rhwydd, a rhedeg yr yrfa sydd o'n blaen heb ddiffygio. *Hebreaid 12:1*

Bendith Agoriadol
Dduw Goruchaf, llywodraethwr a barnwr pob peth,
i ti y bo gogoniant a moliant!
A ninnau'n llawenhau gyda'th saint
– y cwmwl mawr hwnnw o dystion –
boed inni redeg gyda dyfalbarhad
yr yrfa a osodaist o'n blaen,
gan gadw ein golwg ar Iesu Grist,
awdur a pherffeithydd ein ffydd.
Bendigedig fyddo Duw am byth.

Antiffonau i'r Cantiglau
Gwyn eu byd y rhai pur o galon,
oherwydd cânt hwy weld Duw.

Neu

Halelwia!
Gorchfygodd y saint trwy waed yr Oen,
oherwydd ni lynasant at fywyd hyd yn oed yn wyneb angau.
Halelwia!

Neu

Bydd y cyfiawn yn disgleirio fel yr haul
yn nheyrnas eu Tad.

Cantiglau
23 Justorum animae *(Doethineb 3:1–2a, 3b–9)*
36 Llawenhewch yn yr Arglwydd *(Philipiaid 4:4–7)*
43 Cân y Rhai a Brynwyd *(Datguddiad 4:8b, 11; 5:9–10; 15:3–4)*

SAINTS

Sentences
We are all citizens with the saints and belong to the family of God, through Jesus Christ our Lord, who came and preached peace to those who were far away and to those who were near. *Ephesians 2:19, 17*

You have come to Mount Zion and to the city of the living God, ... and to God the judge of all, and to the spirits of the righteous made perfect, and to Jesus the mediator of a new covenant. *Hebrews 12:22–23*

Since we are surrounded by so great a cloud of witnesses, let us lay aside every weight and the sin that clings so closely, and let us run with perseverance the race that is set before us. *Hebrews 12:1 altd*

Opening Prayer of Blessing
Sovereign God, ruler and judge of all,
to you be glory and praise!
As we rejoice with your saints
— that great cloud of witnesses —
may we run with perseverance
the race you set before us,
looking to Jesus Christ,
the pioneer and perfecter of our faith.
Blessed be God for ever.

Canticle Antiphons
Blessed are the pure in heart,
for they shall see God.

Or

Alleluia!
The saints have conquered by the blood of the Lamb,
for they did not cling to life even in the face of death.
Alleluia!

Or

The righteous will shine like the sun
in the kingdom of their Father.

Canticles
23 *Justorum animae (Wisdom 3:1–2a, 3b–9)*
36 *Rejoice in the Lord (Philippians 4:4–7)*
43 *A Song of the Redeemed (Revelation 4:8b, 11; 5:9–10; 15:3–4)*

Anfon Allan

Rhodded Duw ras i chwi i ddilyn ei saint mewn ffydd, gobaith a chariad …

Neu

Rhodded Duw ras i chwi i rannu etifeddiaeth ei saint mewn gogoniant …

Neu

Bydded i Dduw, Tad ein Harglwydd Iesu Grist, roddi i chwi ysbryd doethineb a datguddiad i adnabod y gobaith y galwyd chwi iddo. **Amen.**

Bydded i Dduw, a gyneuodd dân ei gariad yng nghalonnau'r saint, roddi i chwi gyfran yn llawenydd eu cymdeithas. **Amen.**

Bydded i Dduw, a roes i chwi, ym mywydau'r saint, batrwm o fyw yn sanctaidd ac o farw'n sanctaidd, eich dwyn i rannu eu hetifeddiaeth. **Amen.**

A bendith …

CYSEGRU

Brawddegau

Ai gwir yw y preswylia Duw ar y ddaear gyda meidrolion? Wele, ni all y nefoedd na nef y nefoedd dy gynnwys; pa faint llai y tŷ hwn a godais! *2 Cronicl 6:18*

Pan ddeffrôdd Jacob o'i gwsg, dywedodd, "Y mae'n sicr fod yr Arglwydd yn y lle hwn, ac ni wyddwn i." A daeth arno ofn, ac meddai, "Mor ofnadwy yw'r lle hwn! Nid yw'n ddim amgen na thŷ i Dduw, a dyma borth y nefoedd." *Genesis 28:16–17*

Fel hyn y dywed yr Arglwydd Dduw: Gelwir fy nhŷ yn dŷ gweddi i'r holl bobloedd. *Eseia 56:7*

Dismissals

God give you grace to follow his saints in faith and hope
and love ...

Or

God give you grace to share the inheritance of his saints in
glory ...

Or

God, the Father of our Lord Jesus Christ,
give you the spirit of wisdom and revelation
to know the hope to which you have been called. **Amen.**

God, who has kindled the fire of his love
in the hearts of the saints,
give you a share in the joy of their fellowship. **Amen.**

God, who, in the lives of the saints,
has shown you a pattern of holy living and holy dying,
bring you to share in their inheritance. **Amen.**

And the blessing ...

DEDICATION

Sentences

Will God indeed reside with mortals on earth? Even heaven and the highest heaven cannot contain you, how much less this house that I have built! *2 Chronicles 6:18*

Jacob awoke from his sleep and said, 'Surely the Lord is in this place – and I did not know it!' And he was afraid and said, 'How awesome is this place! This is none other than the house of God and this is the gateway of heaven.'
Genesis 28:16–17

My house shall be called a house of prayer for all peoples. Thus says the Lord God. *Isaiah 56:7*

Bendith Agoriadol

Dduw Goruchaf,
yn dy Fab Iesu Grist
daeth y garreg a wrthododd yr adeiladwyr
yn ben-conglfaen.
Wrth inni adeiladu dy Eglwys ar y conglfaen hwn,
clyw weddïau dy bobl ffyddlon
ac adeilada ni, feini bywiol,
yn deml sanctaidd er moliant i ti.
Bendigedig fyddo Duw am byth.

Antiffonau i'r Cantiglau

Arglwydd, hoffais drigfan dy dŷ
a phreswylfa dy ogoniant.

Neu

Y mae fy enaid yn blysio ac yn hiraethu
am gynteddau yr Arglwydd.

Neu

Y maen a wrthododd yr adeiladwyr,
hwn a ddaeth yn faen y gongl.

Neu

"Bydd fy nhŷ i yn dŷ gweddi
i'r holl genhedloedd," medd yr Arglwydd.

Cantiglau

5 Cân am Ysblander Duw *(Salm 96:1–3, 6–10a, 13b)*
40 Meini Bywiol *(1 Pedr 2:4–10)*
46 Cân am y Ddinas Nefol
   (Datguddiad 21:22–26; 22:1, 2b, 2d, 3b–4)

Opening Prayer of Blessing
> Sovereign God,
> in your Son Jesus Christ
> the very stone which the builders rejected
> has become the head of the corner.
> As we build your Church on this corner-stone,
> hear the prayers of your faithful people
> and build us, living stones,
> into a holy temple to your praise.
> **Blessed be God for ever.**

Canticle Antiphons
> Lord, I love the habitation of your house
> and the place where your glory dwells.

Or
> My soul has a desire and longing
> to enter the courts of the Lord.

Or
> The stone that the builders rejected
> has become the very head of the corner.

Or
> 'My house shall be a house of prayer
> for all nations,' says the Lord.

Canticles
> 5 A Song of God's Splendour *(Psalm 96:1–3, 6–10a, 13b)*
> 40 Living Stones *(1 Peter 2:4–10)*
> 46 A Song of the Heavenly City
>   *(Revelation 21:22–26; 22:1, 2b, 2d, 3b–4)*

Anfon Allan
> Bydded i Grist, y mae ei ogoniant yn llenwi nefoedd a daear,
> dywynnu yn eich calonnau wrth i chwi addoli yn y lle hwn …

Neu
> Bydded i Dduw Dad,
> na all nef y nefoedd ei gynnwys,
> eich dwyn i adnabyddiaeth o'i ogoniant. **Amen.**
>
> Bydded i Dduw Fab,
> a'n dysgodd i weddïo ar y Tad,
> lenwi eich addoliad ac ysbrydoli eich mawl. **Amen.**
>
> Bydded i Dduw Ysbryd Glân,
> y llywodraethir ac y sancteiddir trwyddo holl gorff yr Eglwys,
> eich adeiladu, megis meini bywiol, yn deml ysbrydol. **Amen.**
>
> A bendith …

BEDYDD

Brawddegau
> Trwy'r bedydd hwn i farwolaeth fe'n claddwyd gyda Christ,
> fel, megis y cyfodwyd Crist oddi wrth y meirw mewn
> amlygiad o ogoniant y Tad, y byddai i ninnau gael byw ar
> wastad bywyd newydd. *Rhufeiniaid 6:4*
>
> Oherwydd y mae pob un ohonoch sydd wedi ei fedyddio i
> Grist wedi gwisgo Crist amdano. *Galatiaid 3:27*
>
> Dywedodd Iesu: Paid â rhyfeddu imi ddweud wrthyt, "Y
> mae'n rhaid eich geni chwi o'r newydd." *Ioan 3:7*

Bendith Agoriadol
> Dduw trugaredd a chariad,
> ynot ti yr ydym yn byw, yn symud ac yn bod:
> yn nyfroedd y bedydd
> yr ydym yn marw ac yn cyfodi gydag Iesu Grist.
> Wedi ein hatgyfnerthu gan dy Ysbryd,
> bydded inni fod yn gorff iddo ef yn y byd
> ac yn etifeddion bywyd tragwyddol.
> **Bendigedig fyddo Duw am byth.**

Dismissals
    Christ, whose glory fills heaven and earth,
    shine in your hearts as you worship in this place …

Or

    God the Father,
    whom the heaven of heavens cannot contain,
    bring you the knowledge of his glory. **Amen.**

    God the Son,
    who taught us to pray to the Father,
    fill your worship and inspire your praise. **Amen.**

    God the Holy Spirit,
    by whom the whole body of the Church
        is governed and sanctified,
    build you, like living stones, into a spiritual temple. **Amen.**

    And the blessing …

BAPTISM

Sentences
    We have been buried with Christ by baptism into death,
    so that, as he was raised from the dead by the glory of the
    Father, we too might walk in newness of life.
    Romans 6:4

    As many of you as were baptized into Christ have clothed
    yourselves with Christ.   *Galatians 3:27*

    Jesus said: Do not be astonished that I said to you, 'You
    must be born from above.'   *John 3:7*

Opening Prayer of Blessing
    God of mercy and love,
    in you we live and move and have our being:
    in the waters of baptism
    we die and rise with Jesus Christ.
    Strengthened by your Spirit,
    may we be his body in the world,
    and inheritors of eternal life.
    Blessed be God for ever.

Antiffonau i'r Cantiglau
> Mewn llawenydd fe dynnwch ddŵr
> o ffynhonnau iachawdwriaeth.

Neu
> Y mae afon dŵr y bywyd
> yn llifo o orsedd Duw a'r Oen.

Neu
> Gan inni farw gyda Christ,
> yr ydym yn credu y cawn fyw gydag ef hefyd.

Neu
> Halelwia!
> Ewch, gan hynny, a gwnewch ddisgyblion o'r holl genhedloedd,
> gan eu bedyddio hwy yn enw'r Tad a'r Mab a'r Ysbryd Glân.
> Halelwia!

Cantiglau

   30 Rhaid eich geni chwi o'r newydd *(Ioan 3:5–6, 8)*
   31 Marw a Chyfodi gyda Christ *(Rhufeiniaid 6:3–5, 8–11)*
   33 Cân am y Cariad Dwyfol *(1 Corinthiaid 13:4–13)*

Anfon Allan

> Bydded i Dduw pob gras,
> a'ch galwodd i'w ogoniant tragwyddol yng Nghrist,
> eich sefydlu a'ch cryfhau yn y ffydd ...

Neu

> Bydded i'r Arglwydd o'i fawr drugaredd eich bendithio
> a pheri i chwi ddeall ei ddoethineb a'i ras. **Amen.**

> Bydded iddo eich maethu â goludoedd y ffydd gatholig
> a'ch cynorthwyo i ddyfalbarhau ym mhob gweithred dda.
> **Amen.**

> Bydded iddo gadw eich camre rhag cyfeiliorni
> a'ch tywys i lwybrau cariad a thangnefedd. **Amen.**

> A bendith ...

Canticle Antiphons
>With joy you will draw water
>from the wells of salvation.

Or

>The river of the water of life
>flows from the throne of God and of the Lamb.

Or

>Since we have died with Christ
>we believe we shall also live with him.

Or

>Alleluia!
>Go, therefore, and make disciples of all nations,
>baptizing them in the name of the Father and of the Son
>and of the Holy Spirit. Alleluia!

Canticles
>30 You must be born from above *(John 3:5–6, 8)*
>31 Dying and rising with Christ *(Romans 6:3–5, 8–11)*
>33 A Song of Divine Love *(1 Corinthians 13:4–13)*

Dismissals
>The God of all grace,
>who called you to his eternal glory in Christ,
>establish and strengthen you in the faith …

Or

>May the Lord of his great mercy bless you,
>and give you understanding of his wisdom and grace. **Amen.**
>
>May he nourish you with the riches of the catholic faith,
>and help you to persevere in all good works. **Amen.**
>
>May he keep your steps from wandering
>and direct you into the paths of love and peace. **Amen.**
>
>And the blessing …

Neu

Yn y bedydd fe'n cleddir gyda Christ
a'n cyfodi i fywyd newydd gydag ef.
Bydded i chwi ddod i adnabod ei lawenydd
mewn bywyd o wasanaeth a moliant. **Amen.**

Yn y bedydd fe'n hadnewyddir gan ras iachaol yr Ysbryd Glân.
Bydded i ffrwyth yr Ysbryd dyfu a chynyddu
yn eich gweithredoedd o dosturi a chariad. **Amen.**

Yn y bedydd fe'n hachubir a'n hiacháu;
fe'n hadnewyddir a maddeuir inni.
Bydded ichwi gyhoeddi ar air ac esiampl
y newyddion da am gariad Duw yng Nghrist. **Amen.**

A bendith …

DIOLCH AM HOLL RODDION DUW

Brawddegau

Tra pery'r ddaear, ni pheidia pryd hau a medi, oerni a gwres, haf a gaeaf, dydd a nos.   *Genesis 8:22*

Gwelodd Duw y cwbl a wnaeth, ac yr oedd yn dda iawn.
Genesis 1:31

Bydd yr hwn sydd yn rhoi had i'r heuwr a bara iddo'n ymborth yn rhoi had i chwithau ac yn ei amlhau; bydd yn peri i ffrwyth eich haelioni gynyddu.   *2 Corinthiaid 9:10*

Aeth rhai i'r môr mewn llongau, a gwneud eu gorchwylion ar ddyfroedd mawr; gwelsant hwy weithredoedd yr Arglwydd, a'i ryfeddodau yn y dyfnder.   *Salm 107:23–24*

Bendith Agoriadol

Dduw pob bywyd a chynnydd a chynhaeaf,
y mae dy Fab, y Bugail Da,
    yn adnabod ei ddefaid wrth eu henwau,
a'i ddefaid yn ei adnabod ef.
Fel yr wyt ti, trwy weithredoedd natur,
yn ein dwyn i ddyfnach dealltwriaeth o'th gariad,
bydded inni ofalu am bopeth a greaist
ac, â chalonnau diolchgar,
lawenhau yn rhyfeddod y ddaear.
Bendigedig fyddo Duw am byth.

Or

> In baptism we are buried with Christ
> and raised to new life with him.
> May you know his joy in lives of service and praise. **Amen.**
>
> In baptism we are renewed
> by the healing grace of the Holy Spirit.
> May the fruits of the Spirit grow and flourish
> in your works of compassion and love. **Amen.**
>
> In baptism we are ransomed, healed, restored, forgiven.
> May you proclaim by word and example
> the good news of God's love in Christ. **Amen.**
>
> And the blessing …

THANKSGIVING FOR ALL GOD'S GIFTS

Sentences

> As long as the earth endures, seedtime and harvest, cold and heat, summer and winter, day and night, shall not cease. *Genesis 8:22*
>
> God saw everything that he had made, and indeed, it was very good. *Genesis 1:31*
>
> He who supplies seed to the sower and bread for food will supply and multiply your seed for sowing and increase the harvest of your righteousness. *2 Corinthians 9:10*
>
> Some went down to the sea in ships, doing business on the mighty waters; they saw the deeds of the Lord, his wondrous works in the deep. *Psalm 107:23–24*

Opening Prayer of Blessing

> God of life and growth and harvest,
> your Son, the Good Shepherd,
>   knows his sheep by name,
> and his sheep know him.
> As, through the works of nature,
> you bring us to a deeper understanding of your love,
> may we care for all you have created
> and, with thankful hearts,
> rejoice in the wonder of the earth.
> **Blessed be God for ever.**

Antiffonau i'r Cantiglau
 Ffrwyth yr Ysbryd yw:
 cariad, llawenydd, tangnefedd,
 amynedd, caredigrwydd, haelioni,
 ffyddlondeb, addfwynder, hunan-reolaeth.

Neu
 Yr wyt yn coroni'r flwyddyn â'th ddaioni
 ac y mae dy lwybrau'n gorlifo â digonedd.

Neu
 Diolchaf i'r Arglwydd bob amser,
 bydd ei foliant yn wastad yn fy ngenau.

Neu
 A heuo'n brin a fed yn brin,
 a heuo'n hael a fed yn hael.

Cantiglau
 3 Cân am Fendith Duw *(Salm 67)*
 9 *Oculi omnium (Salm 145:15–19, 21)*
 54 Cân y Brawd Haul *(Gweddi Sant Ffransis)*

Anfon Allan
 Bydded i Dduw ein Creawdwr,
 sy'n dilladu'r lili ac yn porthi adar yr awyr,
 ofalu amdanoch
 a chynyddu cynhaeaf eich cyfiawnder …

Neu
 Bydded i Dduw Dad, a greodd y byd,
 roddi i chwi ras
  i fod yn oruchwylwyr doeth ar ei greadigaeth. **Amen.**

 Bydded i Dduw Fab, a brynodd y byd,
 eich ysbrydoli i fynd allan i lafurio yn ei gynhaeaf. **Amen.**

 Bydded i Dduw Ysbryd Glân,
  y mae ei anadl yn llenwi'r holl greadigaeth,
 eich cynorthwyo i ddwyn ei ffrwyth,
 sef cariad a llawenydd a thangnefedd. **Amen.**

 A bendith …

Canticle Antiphons

    This is the fruit of the Spirit:
    love, joy, peace,
    patience, kindness, generosity,
    faithfulness, gentleness and self-control.

Or

    You crown the year with your goodness
    and your paths overflow with plenty.

Or

    I will always give thanks to the Lord,
    his praise shall ever be in my mouth.

Or

    The one who sows sparingly will also reap sparingly,
    the one who sows bountifully will also reap bountifully.

Canticles

    3 A Song of God's Blessing *(Psalm 67)*
    9 *Oculi omnium (Psalm 145:16–20, 22)*
  54 The Canticle of Brother Sun *(Prayer of Saint Francis)*

Dismissals

    May God our Creator,
    who clothes the lilies and feeds the birds of the sky,
    bestow upon you his care
    and increase the harvest of your righteousness …

Or

    God the Father, who created the world,
    give you grace to be wise stewards of his creation. **Amen.**

    God the Son, who redeemed the world,
    inspire you to go out as labourers into his harvest. **Amen.**

    God the Holy Spirit,
        whose breath fills the whole of creation,
    help you to bear his fruit
        of love, joy and peace. **Amen.**

    And the blessing …

UNDEB

Brawddegau
Un corff sydd, ac un Ysbryd, yn union fel mai un yw'r gobaith sy'n ymhlyg yn eich galwad; un Arglwydd, un ffydd, un bedydd, un Duw a Thad i bawb, yr hwn sydd goruwch pawb, a thrwy bawb, ac ym mhawb. *Effesiaid 4:4–6*

Gras fyddo gyda phawb sy'n caru ein Harglwydd Iesu Grist â chariad anfarwol! *Effesiaid 6:24*

Dywedodd Iesu: "Carwch eich gilydd. Fel y cerais i chwi, felly yr ydych chwithau i garu'ch gilydd. Os bydd gennych gariad tuag at eich gilydd, wrth hynny bydd pawb yn gwybod mai disgyblion i mi ydych." *Ioan 13:34–35*

Bendith Agoriadol
Rhodder pob gogoniant a moliant i ti,
Dduw a Thad tragwyddol.
Yn dy gariad mawr,
anfonaist dy Fab
i gasglu yn un dy blant gwasgaredig.
Ennyn yn ein calonnau gariad tuag atat
a dwg ni'n nes at ein gilydd
wrth inni fendithio dy enw sanctaidd.
Bendigedig fyddo Duw am byth.

Antiffonau i'r Cantiglau
Mor dda ac mor ddymunol yw
i bobl fyw'n gytûn.

Neu

Byddwch yn eiddgar i gynnal undod yr ysbryd
yn rhwymyn tangnefedd.

Neu

Buom farw gyda Christ,
cyfodwn yn un ag ef.

Cantiglau
  8 Cân am Undeb *(Salm 133)*
16 Cân Rhagredegydd Duw *(Eseia 40:9–11)*
42 Cân am Gariad Duw *(1 Ioan 4:7–11, 12b)*

UNITY

Sentences
There is one body and one Spirit, just as you were called to the one hope of your calling, one Lord, one faith, one baptism, one God and Father of all, who is above all and through all and in all. *Ephesians 4:4–6*

Grace be with all who have an undying love for our Lord Jesus Christ. *Ephesians 6:24*

Jesus said: 'Just as I have loved you, you also should love one another. By this everyone will know that you are my disciples, if you have love for one another.' *John 13:34–35*

Opening Prayer of Blessing
All glory and praise to you,
eternal God and Father.
In your great mercy,
you sent your Son
to gather all your scattered children into one.
Inflame our hearts with love for you
and draw us closer to one another
as we bless your holy name.
Blessed be God for ever.

Canticle Antiphons
Behold how good and lovely a thing it is
when brothers live together in unity.

Or

Be eager to maintain the unity of the spirit
in the bond of peace.

Or

We have died together with Christ,
we rise united with him.

Canticles
  8 A Song of Unity *(Psalm 133)*
16 A Song of a Herald *(Isaiah 40:9–11)*
42 A Song of God's Love *(1 John 4:7–11, 12b)*

Anfon Allan

>Bydded i Grist y Bugail da, a roddodd ei fywyd dros y defaid, ein dwyn ni a phawb sy'n gwrando ar ei lais ynghyd i un gorlan ...

Neu

>Bydded i Dduw, sy'n rhoi amynedd ac anogaeth, roddi i chwi ysbryd undeb wrth i chwi ddilyn yr un Arglwydd Iesu Grist ...

Neu

>Bydded i Dduw Dad,
>y gall ei rym ar waith ynom
>wneud yn anfeidrol fwy
>>na dim y gallwn ni ei ddeisyfu na'i ddychnygu,
>
>eich cryfhau ar bererindod eich ffydd. **Amen.**
>
>Bydded i Dduw Fab,
>a ddyrchafwyd oddi ar y ddaear
>fel y tynnai bawb ato ef ei hun,
>eich cymodi â'ch gilydd ac â Duw. **Amen.**
>
>Bydded i Dduw Ysbryd Glân,
>sy'n ein tywys i bob gwirionedd,
>eich tynnu ynghyd i garu a moli Duw. **Amen.**
>
>A bendith ...

Dismissals

> Christ the good Shepherd, who laid down his life for the sheep, bring us and all who hear his voice into one fold …

Or

> May God, who gives patience and encouragement,
> give you a spirit of unity
> as you follow the one Lord Jesus Christ …

Or

> God the Father,
> whose power at work within us
> can do infinitely more than all we can ask or conceive,
> strengthen you on your pilgrimage of faith. **Amen.**
>
> God the Son,
> who was lifted up from the earth
> that he might draw all people to him,
> reconcile you to one another and to God. **Amen.**
>
> God the Holy Spirit,
> who leads us into all truth,
> draw you together in the love and praise of God. **Amen.**
>
> And the blessing …

III CANTIGLAU

Rhestrir y Cantiglau o'r Salmau, yr Hen Destament a'r Apocryffa a'r Testament Newydd yn ôl eu trefn yn y Beibl.
Gellir hepgor yr adnodau mewn bachau petryal yn rhai o'r cantiglau.
Gellir defnyddio geiriau addas eraill yn lle'r antiffonau (cytganau) sydd mewn bachau petryal, neu gellir hepgor yr antiffon.

Ac eithrio lle y nodir, diwedda pob cantigl â'r fawlgan:
    Gogoniant i'r Tad / ac i'r / Mab :
    ac / i'r – / Ysbryd / Glân;
    fel yr oedd yn y dechrau, • y mae yn awr
        ac y / bydd yn / wastad :
    yn oes / oesoedd. / A–/men.

CANTIGLAU O'R SALMAU

1 Cân am Ogoniant y Brenin (Salm 24)

[*Antiffon:*   Arglwydd y Lluoedd, ef yw brenin y gogoniant.]

1   Eiddo'r Arglwydd yw'r / ddaear • a'i / llawnder :
     y byd a'r / rhai sy'n / byw — / ynddo;

2   Oherwydd ef a'i sylfaenodd / ar y / moroedd :
     a'i se/fydlu / ar yr • a/fonydd.

3   Pwy a esgyn i / fynydd • yr / Arglwydd :
     a phwy a / saif • yn ei / le — / sanctaidd?

4   Y glân ei ddwylo a'r / pur o / galon :
     yr un sydd heb osod ei feddwl ar dwyll •
       a / heb – / dyngu'n • gel/wyddog.

5   Fe dderbyn fendith / gan yr / Arglwydd :
     a chyfiawnder gan / Dduw ei / iachaw/dwriaeth.

6   Dyma'r genhedlaeth / sy'n ei / geisio :
     sy'n / ceisio / wyneb • Duw / Jacob.

7   Codwch eich pennau, O byrth •
     ymddyrchefwch, O / ddrysau • tra/gwyddol :
     i frenin y go/goniant / ddod i / mewn.

8   Pwy yw'r brenin go/goniant / hwn? :
     Yr Arglwydd, cryf a chadarn •
       yr / Arglwydd / cadarn • mewn / rhyfel.

CANTICLES

Canticles from the Psalms, the Old Testament and Apocrypha and New Testament are given in biblical order.
Verses indicated by square brackets in certain canticles may be omitted.
The antiphons (refrains) given in square brackets may be replaced by other appropriate words, or no antiphon may be used.

Except in the cases indicated, each canticle ends with the doxology
    Glory to the Father, and / to the / Son :
    and / to the / Holy / Spirit;
    as it was in the be/ginning, is / now :
    and shall be for / ever. / A–/men.

PSALM CANTICLES

1   A Song of the King's Glory (Psalm 24)

[*Antiphon:* The Lord of hosts, he is the King of glory.]

1   The earth is the Lord's and / all that / fills it :
    the compass of the world and / all who / dwell there/in.

2   For he has founded it up/on the / seas :
    and set it firm upon the / rivers / of the / deep.

3   'Who shall ascend the / hill of the / Lord :
    or who can rise / up • in his / holy / place?'

4   'Those who have clean hands and a/ pure / heart :
    who have not lifted up their soul to an idol, •
        nor / sworn an / oath • to a / lie;

5   'They shall receive a blessing / from the / Lord :
    a just reward from the / God of / their sal/vation.'

6   Such is the company of / those who / seek him :
    of those who seek your / face, O / God of / Jacob.

7   Lift up your heads, O gates;
        be lifted up, you ever/lasting / doors :
    and the King of / glory / shall come / in.

8   'Who is the / King of / glory?' :
    'The Lord, strong and mighty, •
        the / Lord • who is / mighty in / battle.'

9   Codwch eich pennau, O byrth •
        ymddyrchefwch, O / ddrysau • tra/gwyddol :
    i frenin y go/goniant / ddod i / mewn.

10 Pwy yw'r brenin go/goniant / hwn? :
    Arglwydd y Lluoedd• ef / yw / brenin • y go/goniant.

2   Cân am Fuddugoliaeth Duw (Salm 47)

[*Antiffon:*   Canwch fawl i Dduw, canwch fawl.]

1   Curwch ddwylo, yr / holl — / bobloedd :
    rhowch wrogaeth i / Dduw • â cha/neuon • gor/foledd.

2   Oherwydd y mae'r Arglwydd, y Goruchaf / yn of/nadwy :
    yn frenin mawr / dros yr / holl — / ddaear.

3   Fe ddarostwng / bobloedd • o/danom :
    a chen/hedloedd • o / dan ein / traed.

4   Dewisodd ein heti/feddiaeth • i / ni :
    balchder / Jacob • yr / hwn a / garodd.

5   Esgynnodd Duw / gyda / bloedd :
    yr Arglwydd / gyda / sain — / utgorn.

6   Canwch fawl i Dduw / canwch / fawl :
    canwch fawl i'n / brenin / canwch / fawl.

7   Y mae Duw yn frenin ar yr / holl — / ddaear :
    canwch / fawl — / yn — / gelfydd.

8   Y mae Duw yn frenin / ar y • cen/hedloedd :
    y mae'n eistedd / ar ei / orsedd / sanctaidd.

9a Y mae tywysogion y bobl / wedi • ym/gynnull :
    gyda / phobl / Duw — / Abraham;

9b Oherwydd eiddo Duw yw / mawrion • y / ddaear :
    fe'i dyr/chafwyd • yn / uchel / iawn.

9   Lift up your heads, O gates; •
        be lifted up, you ever/lasting / doors :
        and the King of / glory / shall come / in.

10 'Who is this / King of / glory?' :
        'The Lord of hosts / he • is the / King of / glory.'

2   *A Song of God's Triumph (Psalm 47)*

[*Antiphon:* O sing praises to God, sing praises.]

1   Clap your hands together / all you / peoples :
        O sing to / God with / shouts of / joy.

2   For the Lord Most High / is to be / feared :
        he is the great / King • over / all the / earth.

3   He subdued the / peoples / under us :
        and the / nations / under our / feet.

4   He has chosen our / heritage / for us :
        the pride of / Jacob / whom he / loves.

5   God has gone up with a / merry / noise :
        the / Lord • with the / sound of the / trumpet.

6   O sing praises to / God, sing / praises :
        sing / praises • to our / King, sing / praises.

7   For God is the King of / all the / earth :
        sing / praises with / all your / skill.

8   God reigns / over the / nations :
        God has taken his seat up/on his / holy / throne.

9   The nobles of the peoples are / gathered to/gether :
        with the / people • of the / God of / Abraham.

10 For the powers of the earth be/long to / God :
        and he is / very / highly ex/alted.

Appendix III: Canticle 2

3   Cân am Fendith Duw (Salm 67)

Siant sengl

1   Bydded Duw yn drugarog wrthym / a'n ben/dithio :
     bydded / llewyrch • ei / wyneb / arnom,

2   Er mwyn i'w ffyrdd fod yn wybyddus / ar y / ddaear :
     a'i waredigaeth y/mysg yr / holl gen/hedloedd.

3   *Bydded i'r bobloedd dy / foli • O / Dduw :*
     bydded i'r holl / bobloedd • dy / foli / di.

4   Bydded i'r cenhedloedd lawenhau a / gorfo/leddu :
     oherwydd yr wyt ti'n barnu pobloedd yn gywir •
         ac yn arwain cen/hedloedd / ar y / ddaear.

5   *Bydded i'r bobloedd dy / foli • O / Dduw :*
     bydded i'r holl / bobloedd • dy / foli / di.

6   Rhoes y / ddaear • ei / chnwd :
     Duw, ein / Duw ni / a'n ben/dithiodd.

7   Bendithiodd / Duw — / ni :
     bydded holl gyrrau'r / ddaear / yn ei / ofni.

4   *Venite exultemus Domino (Salm 95)*

[*Antiffon*:   Dewch, addolwn ac ymgrymwn.]

1   Dewch, canwn yn / llawen • i'r / Arglwydd :
     rhown floedd o orfoledd i / graig ein / hiachaw/dwriaeth.

2   Down i'w brese/noldeb • â / diolch :
     gorfoleddwn ynddo / â chan/euon / mawl.

3   Oherwydd Duw / mawr yw'r / Arglwydd :
     a brenin mawr go/ruwch yr / holl — / dduwiau.

4   Yn ei law ef y mae dyfn/derau'r / ddaear :
     ac eiddo ef yw / uchel/derau'r • my/nyddoedd.

5   Eiddo ef yw'r môr, ac / ef a'i / gwnaeth :
     ei ddwylo / ef a / greodd y / sychdir.

6   Dewch, addolwn / ac ym/grymwn :
     plygwn ein gliniau ger/bron yr / Arglwydd • a'n / gwnaeth.

7a   Oherwydd ef / yw ein / Duw :
     a ninnau'n bobl / iddo • a / defaid • ei / borfa;

3   A Song of God's Blessing (Psalm 67)

1   God be gracious to / us and / bless us :
    and make his / face to / shine up/on us,

2   That your way may be / known upon / earth :
    your saving / power a/mong all / nations.

3   *Let the peoples / praise you, O / God :*
    let / all the / peoples / praise you.

4   O let the nations re/joice and be / glad :
    for you will judge the peoples righteously
           and / govern the / nations • upon / earth.

5   *Let the peoples / praise you, O / God :*
    let / all the / peoples / praise you.

6   Then shall the earth bring / forth her / increase :
    and God, our / own / God, will / bless us.

7   God / will / bless us :
    and all the / ends of the / earth shall / fear him.

4   *Venite exultemus Domino (Psalm 95)*

[*Antiphon:* Come, let us worship and bow down.]

1   O come, let us / sing to the / Lord :
    let us heartily rejoice in the / rock of / our sal/vation.

2   Let us come into his / presence with / thanksgiving :
    and be / glad in / him with / psalms.

3   For the Lord is a / great / God :
    and a great / king a/bove all / gods.

4   In his hand are the / depths of the / earth :
    and the heights of the / mountains are / his / also.

5   The sea is his / for he / made it :
    and his hands have / moulded the / dry / land.

6   Come, let us worship / and bow / down :
    and kneel be/fore the / Lord our / Maker.

7   For / he is our / God :
    we are the people of his pasture / and the / sheep of his / hand.

[7b Heddiw cewch / wybod ei / rym :
   os gwran/dewch / ar ei / lais.

8 Peidiwch â cha/ledu'ch • ca/lonnau :
   fel yn Meriba • fel ar ddiwrnod / Massa / yn • yr an/ialwch,

9 Pan fu i'ch hynafiaid fy / herio • a'm / profi :
   er / iddynt / weld fy / ngwaith.

10 Am ddeugain mlynedd y ffieiddiais y gen/hedlaeth / honno :
   a dweud, "Pobl â'u calonnau'n cyfeiliorni ydynt, •
      ac nid / ydynt • yn / gwybod • fy / ffyrdd."

11 Felly tyngais / yn fy / nig :
   na chaent / ddyfod / i'm gor/ffwysfa.]

5   Cân am Ysblander Duw (Salm 96:1–3, 6–10a, 13b)

[*Antiffon*: Ymgrymwch i'r Arglwydd
              yn ysblander ei sancteiddrwydd.]

1 Canwch i'r Arglwydd / gân – / newydd :
   canwch i'r / Arglwydd / yr holl / ddaear.

2 Canwch i'r Arglwydd, ben/dithiwch • ei / enw :
   cyhoeddwch ei iachaw/dwriaeth • o / ddydd i / ddydd.

3 Dywedwch am ei ogoniant y/mysg y / bobloedd :
   ac am ei ryfeddodau y/mysg yr / holl gen/hedloedd.

4 Y mae anrhydedd a / mawredd • o'i / flaen :
   nerth a go/goniant / yn ei / gysegr.

5 Rhowch i'r Arglwydd, dyl/wythau'r • cen/hedloedd :
   rhowch i'r / Arglwydd • an/rhydedd • a / nerth;

6 Rhowch i'r Arglwydd an/rhydedd • ei / enw :
   dygwch / offrwm • a / dewch • i'w gyn/teddoedd.

‡7 Ymgrymwch i'r Arglwydd
      yn ysblander / ei sanc/teiddrwydd :
   crynwch o'i / flaen, yr / holl – / ddaear.

8 Dywedwch ymh/lith • y cen/hedloedd :
   "Y mae'r / Ar–/glwydd yn / frenin";

9 Bydd yn barnu'r byd / â chy/fiawnder :
   a'r / bobloedd / â'i wir/ionedd.

144   *Atodiad III: Cantigl 5*

[8 O that today you would listen / to his / voice :
'Harden not your hearts as at Meribah,
    on that day at / Massah / in the / wilderness,

9 When your forebears tested me, and put me / to the / proof :
though / they had / seen my / works.

10 Forty years long I detested that gene/ration and / said :
"This people are wayward in their hearts;
    they / do not / know my / ways."

11 So I / swore in my / wrath :
"They shall not / enter / into my / rest."']

5 A Song of God's Splendour (Psalm 96:1–3, 6–10a, 13b)

[*Antiphon:* O worship the Lord in the beauty of holiness.]

1 Sing to the Lord a / new / song :
sing to the / Lord / all the / earth.

2 Sing to the Lord and / bless his / name :
tell out his sal/vation from / day to / day.

3 Declare his glory a/mong the / nations :
and his / wonders a/mong all / peoples.

4 Honour and majesty / are be/fore him :
power and / splendour are / in his / sanctuary.

5 Ascribe to the Lord, you families / of the / peoples :
ascribe to the / Lord / honour and / strength.

6 Ascribe to the Lord the honour / due to his / name :
bring offerings and / come in/to his / courts.

7 O worship the Lord in the / beauty of / holiness :
let the / whole earth / tremble be/fore him.

8 Tell it out among the nations that the / Lord is / king :
with righteousness he will judge the world
    and the / peoples / with his / truth.

6   Jubilate Deo (Salm 100)

[*Antiffon*:   Da yw'r Arglwydd, y mae ei gariad hyd byth.]

Siant sengl

1/2 Bloeddiwch mewn gorfoledd i'r Arglwydd, yr / holl – / ddaear :
     addolwch yr Arglwydd mewn llawenydd •
          / dewch o'i / flaen â / chân.

3   Gwybyddwch mai'r Arglwydd sydd Dduw •
          ef a'n gwnaeth, a'i / eiddo • ef / ydym :
     ei / bobl • a / defaid • ei / borfa.

4   Dewch i mewn i'w byrth â diolch • ac i'w gyn/teddau • â / mawl :
     diolchwch / iddo • ben/dithiwch • ei / enw.

5   Oherwydd da yw'r Arglwydd • y mae ei / gariad • hyd / byth :
     a'i ffyddlondeb hyd gen/hedlaeth / a chen/hedlaeth.

7   Cân am Fawredd Duw (Salm 104:1–2, 24, 30–34)

[*Antiffon*:   Canaf i'r Arglwydd tra byddaf byw.]

1   Fy enaid, ben/dithia'r / Arglwydd :
     O Arglwydd fy Nuw, mawr iawn wyt ti •
          yr wyt wedi dy wisgo ag ys/blander / ac an/rhydedd,

2   A'th orchuddio â go/leuni • fel / mantell :
     yr wyt yn / taenu'r / nefoedd • fel / pabell,

3   Mor niferus yw dy weith/redoedd • O / Arglwydd :
     gwnaethost y cyfan mewn doethineb •
          y mae'r ddaear yn / llawn o'th / grea/duriaid.

4   Pan anfoni dy anadl / cânt eu / creu :
     ac yr wyt yn adne/wyddu / wyneb • y / ddaear.

5   Bydded gogoniant yr / Arglwydd • dros / byth :
     a bydded iddo lawen/hau yn / ei weith/redoedd.

6   Pan yw'n edrych ar y ddaear / y mae'n / crynu :
     pan yw'n cyffwrdd â'r my/nyddoedd • y / maent yn / mygu.

7   Canaf i'r Arglwydd tra/byddaf / byw :
     rhof • foliant • i / Dduw tra / byddaf.

8   Bydded fy myfyrdod yn gymer/adwy / ganddo :
     yr wyf yn llawen/hau – / yn yr / Arglwydd.

6 *Jubilate Deo (Psalm 100)*

[*Antiphon:* The Lord is gracious, his steadfast love is everlasting.]

1. O be joyful in the Lord / all the / earth :
   serve the Lord with gladness
       and come before his / presence / with a / song.

2. Know that the / Lord is / God :
   it is he that has made us and we are his;
       we are his people / and the / sheep of his / pasture.

3. Enter his gates with thanksgiving
       and his / courts with / praise :
   give thanks to / him and / bless his / name.

4. For the Lord is gracious; his steadfast love is / ever/lasting :
   and his faithfulness endures from gene/ration to / gene/ration.

7 *A Song of God's Greatness (Psalm 104:1–2, 26, 32–36)*

[*Antiphon:* I will sing to the Lord as long as I live.]

1. Bless the Lord / O my / soul :
   O Lord my God, how / excellent / is your / greatness!

2. You are clothed with / majesty and / honour :
   wrapped in / light as / in a / garment.

3. O Lord, how manifold / are your / works! :
   In wisdom you have made them all;
       the / earth is / full of your / creatures.

4. When you send forth your spirit, they / are cre/ated :
   and you re/new the / face • of the / earth.

5. May the glory of the Lord en/dure for / ever :
   may the / Lord re/joice • in his / works;

6. He looks on the / earth • and it / trembles :
   he touches the / mountains / and they / smoke.

7. I will sing to the Lord as / long as I / live :
   I will make music to my God / while I / have my / being.

8. So shall my / song / please him :
   while I re/joice / in the / Lord.

8   Cân am Undeb (Salm 133)

[*Antiffon*: Bydd cariad a gwirionedd yn cyfarfod,
a chyfiawnder a heddwch yn cusanu ei gilydd.]

Siant sengl

1   Mor dda ac mor ddy/munol / yw :
    i / bobl – / fyw'n gy/tûn.

2a Y mae fel olew gwerthfawr / ar y / pen :
    yn / llifo • i / lawr • dros y / farf,

2b Dros / farf – / Aaron :
    yn llifo i / lawr dros / goler • ei / wisgoedd.

3   Y mae fel gwlith Hermon •
    yn disgyn i lawr ar / fryniau / Seion :
    oherwydd yno y gorchmynnodd yr Arglwydd
    ei / fendith / bywyd • hyd / byth.

9   Oculi omnium (Salm 145:15–19, 21)

[*Antiffon*: Mawr yw'r Arglwydd a theilwng iawn o fawl.]

1   Try llygaid pawb mewn gobaith / atat / ti :
    ac fe roi iddynt eu / bwyd / yn ei / bryd;

2   Y mae dy law / yn a/gored :
    ac yr wyt yn diwallu popeth / byw yn / ôl d'e/wyllys.

3   Y mae'r Arglwydd yn gyfiawn / yn ei • holl / ffyrdd :
    ac yn ffyddlon / yn ei / holl weith/redoedd.

4   Y mae'r Arglwydd yn agos at bawb sy'n / galw / arno :
    at bawb sy'n galw / arno / mewn gwir/ionedd.

5   Gwna ddymuniad y rhai / sy'n ei / ofni :
    gwrendy ar eu / cri • a gwa/reda / hwy.

6   Llefara fy ngenau / foliant • yr / Arglwydd :
    a bydd pob creadur yn bendithio'i enw / sanctaidd
    / byth – / bythoedd.

8   *A Song of Unity (Psalm 133)*

[*Antiphon:* Mercy and truth are met together,
             righteousness and peace have kissed each other.]

1   Behold how good and / pleasant it / is :
    to / dwell to/gether in / unity.

2   It is like the precious oil up/on the / head :
    running / down up/on the / beard,

3   Even on / Aaron's / beard :
    running down upon the / collar / of his / clothing.

4   It is like the/ dew of / Hermon :
    running / down up • on the / hills of / Zion.

5   For there the Lord has / promised his / blessing :
    even / life for / ever/more.

9   *Oculi omnium (Psalm 145:16–20, 22)*

[*Antiphon:* Great is the Lord, and highly to be praised.]

1   The eyes of all wait upon / you, O / Lord :
    and you give them their / food in / due / season.

2   You open / wide your / hand :
    and fill / all things / living with / plenty.

3   The Lord is righteous in / all his / ways :
    and / loving in / all his / works.

4   The Lord is near to those who / call up/on him :
    to all who / call up/on him / faithfully.

5   He fulfils the desire of / those who / fear him :
    he / hears their / cry and / saves them.

6   My mouth shall speak the / praise of the / Lord :
    and let all flesh bless his holy / name for / ever and / ever.

Appendix III: Canticle 8

CANTIGLAU O'R HEN DESTAMENT A'R APOCRYFFA

10 Cân Moses a Miriam *(Exodus 15:1b–3, 6, 8a, 10b, 13, 17)*

[*Antiffon:* Yn dy drugaredd, arweini'r bobl a waredaist.]

1 Canaf i'r Arglwydd am iddo weithredu'n / fuddu•gol/iaethus :
   bwriodd y / ceffyl • a'i / farchog • i'r / môr.

2 Yr Arglwydd yw fy / nerth a'm / cân :
   ac / ef yw'r / un • a'm ha/chubodd;

‡3 Ef yw fy Nuw, ac fe'i / gogo/neddaf :
   Duw fy / nhad, ac / fe'i dyr/chafaf.

4 Y mae'r Arglwydd / yn rhy/felwr :
   yr / Arglwydd / yw ei / enw.

5 Y mae nerth dy ddeheulaw, O Arglwydd, yn / ogo/neddus :
   dy ddeheulaw, O / Arglwydd • a / ddryllia'r / gelyn.

6 Trwy chwythiad dy ffroenau casglwyd y / dyfroedd • yng/hyd :
   safodd y ffrydiau yn bentwr •
      a cheulodd y dyfn/deroedd • yng / nghanol / y / môr.

7 Yn dy drugaredd, arweini'r / bobl • a wa/redaist :
   a thrwy dy nerth eu / tywys • i'th / drigfan / sanctaidd.

8 Fe'u dygi i mewn a'u plannu ar y mynydd sy'n / eiddo • i / ti :
   y man, O Arglwydd, a wnei yn / drigfan • i / ti dy / hun,

9 Y / cysegr, • O / Arglwydd :
   a / godi / â'th — / ddwylo.

11 Cân Hanna *(1 Samuel 2:1, 2, 3b–5, 7–8)*

[*Antiffon:* Gwyn eu byd y rhai sy'n credu,
      oherwydd cyflawnir yr hyn a addawodd Duw.]

1 Gorfoleddodd fy nghalon / yn yr / Arglwydd :
   dyr/chafwyd • fy / mhen • yn yr / Arglwydd.

2 Codaf fy llais yn erbyn / fy nge / lynion :
   oherwydd rwy'n llawenhau / yn dy / iachaw/dwriaeth.

3 Nid oes sanct / fel yr / Arglwydd :
   yn wir nid oes neb heblaw tydi •
      ac / nid oes / craig • fel ein / Duw ni.

150 Atodiad III: Cantigl 10

CANTICLES FROM THE OLD TESTAMENT AND APOCRYPHA

10 **The Song of Moses and Miriam**
    (Exodus 15:1b–3, 6, 8a, 10b, 13, 17)

[*Antiphon:* In your unfailing love, O Lord,
         you lead the people whom you have redeemed.]

1 I will sing to the Lord, who has / triumphed / gloriously :
   the horse and his rider he has / thrown in / to the / sea.

2 The Lord is my strength / and my / song :
   and has be/come / my sal/vation.

3 This is my God, whom / I will / praise :
   the God of my / forebears whom / I • will e/xalt.

4 The Lord / is a / warrior :
   the / Lord / is his / name.

5 Your right hand, O Lord, is / glorious in / power :
   your right hand, O / Lord / shatters the / enemy.

6 At the blast of your nostrils, the sea / covered / them :
   they sank as / lead • in the / mighty / waters.

7 In your unfailing / love, O / Lord :
   you lead the people / whom you / have re/deemed.

8 And by your in/vincible / strength :
   you will guide them / to your / holy / dwelling.

‡9 You will bring them in and / plant them, O / Lord :
    in the sanctuary / which your / hands • have es/tablished.

11 **A Song of Hannah (1 Samuel 2:1, 2, 3b–5, 7–8)**

[*Antiphon:* Blessed are those who believe,
         for what God has promised will be fulfilled.]

1 My heart exults / in the / Lord :
   my strength is ex/alted / in my / God.

2 My mouth de/rides my / enemies :
   because I re/joice in / your sal/vation.

3 There is no Holy One like / you, O / Lord :
   nor any / Rock like / you, our / God.

Appendix III: Canticle 10

4 Canys Duw sy'n / gwybod • yw'r / Arglwydd :
ac / ef sy'n / pwyso • gweith/redoedd.

5 Dryllir / bwâu • y / cedyrn :
ond gwre/gysir • y / gwan â / nerth.

6 Bydd y porthiannus yn gweithio / am eu / bara :
ond y newynog / yn gor/ffwyso / bellach.

7 Planta'r / ddi-blant / seithwaith :
ond dihoeni / a wna'r / aml ei / phlant.

8 Yr Arglwydd sy'n tlodi ac yn / cyfoe/thogi :
yn darostwng a / hefyd / yn dyr/chafu.

9 Y mae'n codi'r / gwan o'r / llwch :
ac yn dyr/chafu'r • ang/henus • o'r / domen,

10 I'w osod i eistedd gyda / phende/figion :
ac i eti/feddu / cadair • an/rhydedd;

‡11 Canys eiddo'r Arglwydd go/lofnau'r / ddaear :
ac ef a o/sododd • y / byd – / arnynt.

12 **Cân am y Meseia (Eseia 9:2–4b, 6–7)**

[*Antiffon:* Bachgen a aned i ni, mab a roed i ni.]

1 Y bobl oedd yn rhodio mewn tywyllwch
    a welodd o/leuni / mawr :
y rhai a fu'n byw mewn gwlad o gaddug dudew
    a / gafodd / lewyrch / golau.

2 Amlheaist orfoledd iddynt • chwa/negaist • la/wenydd :
llawenhânt o'th flaen fel yn / adeg / y cyn/haeaf.

3 Oherwydd drylliaist yr iau oedd yn / faich – / iddynt :
a'r / croesfar • oedd / ar eu / hysgwydd.

4 Canys bachgen a aned i ni • mab a / roed i / ni :
a bydd yr aw/durdod / ar ei / ysgwydd.

‡5 Fe'i gelwir, "Cynghorwr rhyfeddol / Duw – / cadarn :
Tad / bythol • Ty/wysog • he/ddychlon".

6 Ni bydd diwedd ar gynnydd / ei ly/wodraeth :
nac ar ei heddwch i orsedd / Dafydd / a'i fren/hiniaeth,

4   For you are a / God of / knowledge :
    and by / you our / actions are / weighed.

5   The bows of the / mighty are / broken :
    but the / feeble / gird on / strength.

6   Those who were full now hire themselves / out for / bread :
    but those who were / hungry / are well / fed.

7   The barren woman has borne / seven/fold :
    but she who has many / children / is for/lorn.

8   Both the poor and the rich are / of your / making :
    you bring / low • and you / also e/xalt.

9   You raise up the poor / from the / dust :
    and lift the / needy / from the / ash heap.

10 You make them sit / with the / rulers :
    and in/herit • a / place of / honour.

‡11 For the pillars of the / earth are / yours :
    and on them / you have / set the / world.

12 A Song of the Messiah (Isaiah 9:2–4b, 6–7)

[*Antiphon*: To us a child is born, to us a son is given.]

1   The people that walked in darkness
        have / seen a great / light :
    those who dwelt in a land of deep darkness •
        upon / them the / light has / dawned.

2   You have increased their joy
        and given / them great / gladness :
    they rejoiced before you / as with / joy • at the / harvest.

3   For you have shattered the yoke that / burdened / them :
    the collar that lay / heavy / on their / shoulders.

4   For to us a child is born and to us a / son is / given :
    and the government will / be up/on his / shoulder.

5   And his name will be called: Wonderful Counsellor •
        the / Mighty / God :
    the Everlasting / Father, the / Prince of / Peace.

6   Of the increase of his government / and of / peace :
    there / will be / no / end,

Appendix III: Canticle 12

7   I'w sefydlu'n gadarn â barn a chyfiawnder,
      o / hyn a • hyd / byth :
    bydd sêl Arglwydd y / Lluoedd • yn / gwneud – / hyn.

13 *Cân am Un Dewisedig yr Arglwydd (Eseia 11:1–4a, 6, 9)*

[*Antiffon*: Bydd y ddaear yn llawn o wybodaeth yr Arglwydd.]

1   O'r cyff a adewir i Jesse fe / ddaw bla/guryn:,
    ac fe dyf / cangen • o'i / wraidd – / ef;

2   Bydd ysbryd yr Arglwydd yn / gorffwys / arno :
    yn / ysbryd • doe/thineb • a / deall,

3   Yn ysbryd / cyngor • a / grym :
    yn ysbryd gwy/bodaeth • ac / ofn yr / Arglwydd;

4   Nid wrth yr hyn a / wêl y / barna :
    ac nid wrth yr / hyn a / glyw • y dy/farna,

5   Ond fe farna'r / tlawd yn / gyfiawn :
    a dyfarnu'n uniawn i / rai ang/henus • y / ddaear.

6   Fe drig y blaidd / gyda'r / oen :
    fe orwedd y / llewpard / gyda'r / myn;

7   Bydd y llo a'r / llew • yn cyd/bori :
    a bachgen / bychan / yn eu / harwain.

8   Ni wnânt / ddrwg na / difrod :
    yn fy / holl – / fynydd / sanctaidd,

‡9   Canys fel y lleinw'r dyfroedd y / môr • i'w y/mylon :
    felly y llenwir y ddaear / â gwy/bodaeth • yr / Arglwydd.

14 *Cân am Achubiaeth (Eseia 12:2–6)*

[*Antiffon*: Bloeddiwch, llefwch yn llawen;
          canys y mae Sanct Israel yn fawr yn eich plith.]

1   "Wele, Duw yw fy / iachaw/dwriaeth :
    rwy'n hy/derus / ac nid / ofnaf;

2   Canys yr Arglwydd Dduw yw fy / nerth a'm / cân :
    ac / ef yw / fy ia/chawdwr."

7 Upon the throne of David and / over his / kingdom :
to establish and uphold it with / justice and / righteous/ness.

8 From this time forth and for / ever/more :
the zeal of the / Lord of / Hosts will / do this.

13 A Song of God's Chosen One (Isaiah 11:1–4a, 6, 9)

[*Antiphon:* The earth shall be full
of the knowledge of the Lord.]

1 There shall come forth a shoot from the / stock of / Jesse :
and a / branch • shall grow / out of his / roots.

2 And the spirit of the Lord shall / rest up/on him :
the spirit of / wisdom and / under/standing,

3 The spirit of / counsel and / might :
the spirit of knowledge and the / fear / of the / Lord.

4 He shall not judge by what his / eyes / see :
or decide by / what his / ears / hear,

5 But with righteousness he shall / judge the / poor :
and decide with equity / for the / meek • of the / earth.

6 The wolf shall dwell / with the / lamb :
and the leopard shall / lie down / with the / kid.

7 The calf, the lion and the / fatling to/gether :
with a / little / child to / lead them.

8 They shall not hurt or destroy in all my / holy / mountain :
for the land shall be full of the knowledge of the Lord •
as the / waters / cover the / sea.

14 A Song of Deliverance (Isaiah 12:2–6)

[*Antiphon:* Shout and sing for joy,
for great in your midst is the Holy One.]

1 'Behold, God is / my sal/vation :
I will trust • and / will not / be a/fraid;

2 For the Lord is my / strength and my / song :
and / has be/come • my sal/vation.'

3 Mewn llawenydd fe / dynnwch / ddŵr :
  o ffyn/honnau / iachaw/dwriaeth.

4 Yn y dydd hwnnw / fe ddy/wedi :
  "Diolchwch i'r Arglwydd / galwch / ar ei / enw;

5 Hysbyswch ei weithredoedd ymhlith / y cen/hedloedd :
  cyhoeddwch / fod ei / enw'n or/uchaf.

6 Canwch salmau i'r Arglwydd •
     canys enillodd / fuddu/goliaeth :
  hysbyser hyn / yn yr / holl – / dir.

‡7 Bloeddia, llefa'n llawen • ti sy'n pre/swylio • yn / Seion :
   canys y mae Sanct / Israel • yn / fawr • yn eich / plith."

15 Cân am yr Anialwch (Eseia 35:1, 2b–4a, 4c–6, 10)

[*Antiffon*:   Cod dy lais yn gryf, ti sy'n cyhoeddi newyddion da.]

1 Llawenyched yr / anial • a'r / sychdir :
  gorfoledded y di/ffeithwch / a blo/deuo.

2 Cânt weld go/goniant • yr / Arglwydd :
  a mawr/hydi / ein – / Duw ni.

3 Cadarnhewch y / dwylo / llesg :
  cryf/hewch y / gliniau / gwan;

4 Dywedwch / wrth y • pry/derus :
  "Ymgryf/hewch / nac – / ofnwch.

‡5 Wele, daw eich Duw / chwi â / dial :
   â thal of/nadwy • fe / ddaw • i'ch gwa/redu."

6 Yna fe agorir llygaid y deillion a / chlustiau'r • by/ddariaid :
  fe lama'r cloff fel hydd • fe / gân – / tafod • y / mudan;

7 Tyr dyfroedd allan / yn yr • an/ialwch :
  ac a/fonydd / yn y • di/ffeithwch;

8 A gwaredigion yr Arglwydd fydd yn dych/welyd • dan / ganu :
  bob un gyda lla/wenydd / tra–/gwyddol;

9 Hebryngir hwy gan lawenydd / a gor/foledd :
  a bydd gofid a / griddfan • yn / ffoi – / ymaith.

3 With joy you / will draw / water :
   from the / wells / of sal/vation.

4 On that day / you will / say :
   'Give thanks to the Lord / call u/pon his / name;

5 Make known his deeds a/mong the / nations :
   pro/claim • that his / name is e/xalted.

6 Sing God's praises, who has / triumphed / gloriously :
   let this be / known in / all the / world.

‡7 Shout and sing for joy, you that / dwell in / Zion :
   for great in your midst is the / Holy / One of / Israel.'

15   A Song of the Wilderness (Isaiah 35:1, 2b–4a, 4c–6, 10)

[*Antiphon:* Lift up your voice with strength,
         O herald of good tidings.]

1 The wilderness and the dry land / shall re/joice :
   the desert shall / blossom and / burst • into / song.

2 They will see the glory / of the / Lord :
   the / majesty / of our / God.

3 Strengthen the weary hands • make firm the / feeble / knees :
   say to the / anxious, 'Be / strong, fear / not!

4 Your God is / coming with / judgement :
   coming with / judge/ment to / save you.'

5 Then shall the eyes of the / blind be / opened :
   and the / ears • of the / deaf un/stopped;

6 Then shall the lame / leap • like a / hart :
   and the tongue of the / dumb / sing for / joy.

‡7 For waters shall break forth / in the / wilderness :
   and / streams / in the / desert.

8 The ransomed of the Lord shall re/turn with / singing :
   with everlasting / joy u/pon their / heads.

9 Joy and gladness / shall be / theirs :
   and sorrow and / sighing shall / flee a/way.

Appendix III: Canticle 15   157

16 Cân Rhagredegydd Duw (Eseia 40:9–11)

[*Antiffon*: Mae Duw'n porthi ei braidd fel bugail,
 ac â'i fraich yn eu casglu ynghyd.]

1 Dring i / fynydd / uchel :
   ti, Seion, sy'n cy/hoeddi • ne/wyddion / da,

2 Cod dy / lais yn / gryf :
   ti, Jerwsalem, sy'n cy/hoeddi • ne/wyddion da.

3 Gwaedda / paid ag / ofni :
   dywed wrth ddinasoedd Jwda
     / "Dyma • eich / Duw — / chwi."

4 Wele'r Arglwydd Dduw yn dod mewn nerth,
     yn rhe/oli â'i / fraich :
   wele, y mae ei wobr ganddo, a'i / dâl — / gydag / ef.

5 Y mae'n porthi ei / braidd fel / bugail :
   ac â'i fraich / yn eu / casglu • yng/hyd;

6 Y mae'n cludo'r ŵyn / yn ei / gôl :
   ac / yn co/leddu'r • ma/mogiaid.

17 Cân am y Cyfamod (Eseia 42:5–8a)

[*Antiffon*: Lluniais di yn oleuni cenhedloedd,
 a gelwais di mewn cyfiawnder.]

1 Fel hyn y dywed Duw, yr Arglwydd •
     a greodd y nefoedd a'i / thaenu / allan:
   a / luniodd y / ddaear • a'i / chynnyrch,

2 A roddodd anadl i'r / bobl sydd / arni :
   ac ysbryd i'r / rhai sy'n / rhodio / ynddi:

3 "Myfi yw'r Arglwydd • gelwais di / mewn cy/fiawnder :
   a / gafael / yn dy / law;

4 Lluniais di a'th osod yn gy/famod / pobl :
   yn o/leu — /ni cen/hedloedd;

5 I agor llygaid y deillion • i arwain caethion
     / allan • o'r / carchar :
   a'r rhai sy'n byw mewn ty/wyllwch / o'u — / cell.

6 Myfi yw'r Arglwydd / dyna fy / enw :
   ni roddaf fy ngo/goniant / i neb / arall."

16 A Song of God's Herald (Isaiah 40:9–11)

[*Antiphon:* God will feed his flock like a shepherd,
       and gather the lambs in his arms.]

1 Go up to a / high / mountain :
   herald of / good / tidings to / Zion :

2 Lift up your / voice with / strength :
   herald of good / tidings / to Je/rusalem.

‡3 Lift up your / voice, fear / not :
   say to the cities of / Judah, 'Be/hold your / God!'

4 See, the Lord God / comes with / might :
   and his / arm / rules / for him.

5 Behold, his re/ward is / with him :
   and his / recom/pense be/fore him.

6 God will feed his flock / like a / shepherd :
   and / gather the / lambs • in his / arms;

7 He will carry them / in his / breast :
   and gently lead / those that / are with / young.

17 A Song of the Covenant (Isaiah 42:5–8a)

[*Antiphon:* I have given you as a light to the nations,
       and I have called you in righteousness.]

1 Thus says God, who cre/ated the / heavens :
   who fashioned the earth and / all that / dwells / in it;

2 Who gives breath to the / people u/pon it :
   and spirit to / those who / walk / in it,

3 'I am the Lord and I have called / you in / righteousness :
   I have taken you / by the / hand and / kept you;

4 I have given you as a covenant / to the / people :
   a light to the nations •
       to / open the / eyes • that are / blind,

‡5 To bring out the captives / from the / dungeon :
   from the prison / those who / sit in / darkness.

6 I am the Lord, that / is my / name :
   my / glory I / give • to no / other.'

18 Cân am Ddychweliad yr Arglwydd (Eseia 52:7–10)

[*Antiffon*:   Bloeddiwch, cydganwch,
              oherwydd tosturiodd yr Arglwydd wrth ei bobl.]

1 Mor weddaidd / ar • y my/nyddoedd :
   yw traed y negesydd / sy'n cy/hoeddi / heddwch,

2 Yn datgan daioni • yn cyhoeddi / iachaw/dwriaeth :
   sy'n dweud wrth Seion • "Dy / Dduw – / sy'n teyr/nasu."

3 Clyw, y mae dy wylwyr yn / codi • eu / llais :
   ac yn bloeddio'n / llawen / gyda'i / gilydd;

4 Â'u llygaid eu / hunain • y / gwelant :
   yr Arglwydd yn dych/we–/lyd i / Seion.

5 Bloeddiwch, cydganwch, chwi ad/feilion • Je/rwsalem :
   oherwydd tosturiodd yr / Arglwydd / wrth ei / bobl.

6 Dinoethodd yr Arglwydd ei / fraich – / sanctaidd :
   yng / ngŵydd yr / holl gen/hedloedd,

‡7 Ac fe wêl holl / gyrrau'r / ddaear :
    iachaw/dwriaeth / ein – / Duw ni.

19 Cân am Air yr Arglwydd (Eseia 55:6–11)

[*Antiffon*:   Dychwelwch at yr Arglwydd,
              oherwydd fe faddau'n helaeth.]

1 Ceisiwch yr Arglwydd tra / gellir • ei / gael :
   galwch / arno • tra / bydd yn / agos.

2 Gadawed y dryg/ionus • ei / ffordd :
   a'r un / ofer / ei fwr/iadau,

3 A dychwelyd / at yr / Arglwydd :
   iddo / drugar/hau – / wrtho,

4 Ac / at ein / Duw ni :
   o/herwydd • fe / faddau'n / helaeth.

5 "Oherwydd nid fy meddyliau i yw eich me/ddyliau / chwi :
   ac nid eich ffyrdd chwi yw fy / ffyrdd i,"
       / medd yr / Arglwydd.

18 A Song of the Lord's Return (Isaiah 52:7–10)

[*Antiphon:* Break forth into singing,
    for the Lord has comforted his people.]

1 How lovely / on the / mountains :
   are the feet of / those who / bring good / news.

2 Who announce peace, who pro/claim sal/vation :
   who say to / Zion / 'Your God / reigns.'

3 Listen! Your watchmen lift / up their / voices :
   to/gether they / shout for / joy;

4 For with their own / eyes they / see :
   the re/turn • of the / Lord to / Zion.

‡5 Break forth together into singing
       you / ruins of Je/rusalem :
   for the Lord has / comfor/ted his / people.

6 The Lord has bared his / holy / arm :
   before the / eyes of / all the / nations;

7 and all the ends of the / earth shall / see :
   the sal/vation / of our / God.

19 A Song of the Word of the Lord (Isaiah 55:6–11)

[*Antiphon:* Return to the Lord, who will have mercy,
    to our God, who will richly pardon.]

1 Seek the Lord while he / may be / found :
   call u/pon him / while • he is / near.

2 Let the wicked a/bandon their / ways :
   and the un/righteous / their / thoughts;

‡3 Return to the Lord, who / will have / mercy :
    to our God / who will / richly / pardon.

4 'For my thoughts / are not / your thoughts :
   neither are your ways / my ways,' / says the / Lord.

5 For as the heavens are higher / than the / earth :
   so are my ways higher than your ways •
       and / my / thoughts than / your thoughts.

Appendix III: Canticle 18

6 Fel y mae'r nefoedd yn uwch na'r ddaear •
      y mae fy ffyrdd i yn uwch / na'ch ffyrdd / chwi :
   a'm meddyliau / i • na'ch me/ddyliau / chwi.

7 Fel y mae'r glaw a'r eira yn / disgyn • o'r / nefoedd :
   a heb ddychwelyd yno / nes dyfr/hau'r – / ddaear,

8 A gwneud iddi darddu / a ffrwyth/loni :
   a rhoi had i'w / hau a / bara • i'w / fwyta,

‡9 Felly y mae fy ngair sy'n dod o'm genau•ni ddychwel
      / ataf • yn / ofer :
   ond fe wna'r hyn a ddymunaf, a / llwyddo / â'm – / neges."

20 Daeth dy Oleuni (Eseia 60:1–3, 11, 18–19)

[*Antiffon*: Yr Arglwydd fydd yn oleuni di-baid i ti,
             a'th Dduw fydd iti'n ddisgleirdeb.]

1 Cyfod, llewyrcha, oherwydd / daeth • dy o/leuni :
   cyfododd go/goniant • yr / Arglwydd / arnat.

2 Er bod tywyllwch yn gor/chuddio'r / ddaear :
   a'r / fagddu / dros y / bobloedd,

‡3 Bydd yr Arglwydd yn llewyrchu / arnat / ti :
   a gwelir / ei o/goniant / arnat.

4 Fe ddaw'r cenhedloedd at / dy o/leuni :
   a brenhinoedd / at ddis/gleirdeb • dy / wawr.

5 Bydd dy byrth yn a/gored • bob / amser :
   heb eu / cau – / ddydd na / nos.

6 Ni chlywir mwyach am / drais • yn dy / wlad :
   nac am ddistryw na / dinistr • o / fewn • dy der/fynau,

7 Ond gelwi dy fagwyrydd yn / Iachaw/dwriaeth :
   a'th / byrth – / yn – / Foliant.

8 Nid yr haul fydd mwyach yn goleuo i ti / yn y / dydd :
   ac nid y lleuad fydd yn llewyrchu / i ti / yn y / nos;

9 Ond yr Arglwydd fydd yn oleuni / di-baid / i ti :
   a'th / Dduw fydd / iti'n • ddis/gleirdeb.

6 As the rain and the snow come down / from a/bove :
and return not a/gain but / water the / earth,

7 Bringing forth life and / giving / growth :
seed for / sowing and / bread to / eat,

8 So is my word that goes forth / from my / mouth :
it will / not re/turn • to me / fruitless,

9 But it will accomplish that / which I / purpose :
and su/cceed • in the / task I / gave it.'

20 *Your Light has Come (Isaiah 60: 1–3, 11, 18–19)*

[*Antiphon:* The Lord will be your everlasting light,
  your God will be your glory.]

1 Arise, shine, for your / light has / come :
the glory of the / Lord has / risen u/pon you.

2 Though night still / covers the / earth :
and / darkness / covers the / nations,

‡3 Over you will the / Lord a/rise :
over / you • will his / glory a/ppear.

4 Nations will / stream • to your / light :
and / kings • to your / dawning / brightness.

5 Your gates will / always • be / open :
day and / night • they will / never be / shut.

6 Violence will no more be / heard • in your / land :
ruin or des/truction with/in your / borders.

7 You will name your / walls Sal/vation :
you will / call your / gates / Praise.

8 No longer will the sun be your / light by / day :
no longer the / moon • give you / light by / night.

9 The Lord will be your e/ternal / light :
your / God will / be your / glory.

Appendix III: Canticle 20

21 Galarnad (Galarnad 1:12, 16; 3:19, 22–28, 31–33)

[*Antiffon:* Mawr yw dy ffyddlondeb, O Arglwydd.]

1 Onid yw hyn o bwys i chwi / sy'n mynd / heibio? :
 Edrychwch a gwelwch •
  a oes gofid fel y gofid a o/sodwyd • yn / drwm – / arnaf,

2 Ac a ddygodd yr / Arglwydd / arnaf :
 yn / nydd ei / lid a/ngerddol?

3 O achos hyn yr wyf yn wylo •
  ac y mae fy llygad yn / llifo • gan / ddagrau :
  oherwydd pellhaodd yr un sy'n fy nghy/suro
   / ac yn • fy / nghynnal.

4 Cofia fy / nhrallod • a'm / crwydro :
 y / wer–/mod a'r / bustl.

5 Nid oes terfyn ar / gariad • yr / Arglwydd :
 ac yn sicr ni / phalla • ei / dostur/iaethau.

6 Y maent yn / newydd • bob / bore :
 a / mawr yw / dy ffydd/londeb.

7 Dywedais, "Yr Arglwydd / yw fy / rhan :
 am / hynny • dis/gwyliaf / wrtho."

8 Da yw'r Arglwydd i'r rhai sy'n go/beithio / ynddo :
 i'r / rhai – / sy'n ei / geisio.

‡9 Y mae'n dda / disgwyl • yn / dawel :
 am / iachaw/dwriaeth • yr / Arglwydd.

10 Da yw bod un yn cymryd yr / iau – / arno :
 yng / nghyfnod / ei ieu/enctid.

11 Boed iddo eistedd ar ei / ben ei / hun :
 a bod yn / dawel • pan / roddir • hi / arno;

12 Oherwydd nid yw'r Arglwydd yn / gwrthod • am / byth :
 er iddo gystuddio / bydd yn / trugar/hau

13 Yn ôl ei do/sturi / mawr :
 gan nad o'i fodd y mae'n dwyn gofid ac / yn cy/studdio / pobl.

21 A Song of Lamentation
(Lamentations 1:12, 16; 3:19, 22–28, 31–33)

[*Antiphon:* Great is your faithfulness, O Lord.]

1 Is it nothing to you, all you / who pass / by? :
   Look and see if there is any / sorrow / like my / sorrow,

2 Which was / brought u/pon me :
   which the Lord inflicted
       on the / day • of his / fierce / anger.

3 For these things I weep •
       my eyes / flow with / tears :
   for a comforter is far from me
       / one • to re/vive my / courage;

4 Remember my affliction / and my / bitterness :
   the / wormwood / and the / gall!

5 The steadfast love of the Lord / never / ceases :
   his mercies / never / come • to an / end;

6 They are new / every / morning :
   great / is your / faithful/ness.

7 'The Lord is my portion' / says my / soul :
   'therefore / I will / hope in / him.'

8 The Lord is good to / those who / wait for him :
   to the / soul that / seeks / him.

9 It is good that we / should wait / quietly :
   for the sal/vation / of the / Lord.

10 It is good to bear the yoke / in our / youth :
   to sit alone in silence / when he / has im/posed it.

11 For the Lord will not re/ject for / ever :
   though he causes grief / he will / have com/passion,

12 according to the abundance of his / steadfast / love :
   for he does not willingly a/fflict or / grieve / anyone.

Appendix III: Canticle 21

22 Cân o'r eiddo Eseciel (Eseciel 36:24–28)

[*Antiffon:* Y mae Ysbryd Duw yn llenwi'r holl fyd.]

1 Byddaf yn eich cymryd o / blith • y cen/hedloedd :
   yn eich casglu o'r holl wledydd •
       ac yn dod â / chwi i'ch / gwlad eich / hunain.

2 Taenellaf ddŵr glân drosoch / i'ch glan/hau :
   a byddwch yn lân o'ch holl aflendid / ac o'ch / holl ei/lunod.

3 Rhof i chwi / galon / newydd :
   a bydd / ysbryd / newydd / ynoch;

4 Tynnaf allan ohonoch y / galon / garreg :
   a / rhof • i chwi / galon / gig.

5 Rhof fy ysbryd ynoch •
       a gwneud ichwi / ddilyn • fy / neddfau :
   a gofalu / cadw / fy ngorch/mynion.

6 Byddwch yn byw yn y tir a roddais / i'ch hyn/afiaid :
   byddwch yn bobl i mi, a / minnau'n / Dduw i / chwi.

23 *Justorum Animae* (Doethineb 3:1–2a, 3b–9)

[*Antiffon:* Y maent yn llaw Duw; y maent mewn hedd.]

1 Y mae eneidiau'r cyfiawn / yn llaw / Duw :
   ac ni ddaw poene/digaeth / byth i'w / rhan.

2 Yn llygaid y rhai ynfyd, y maent fel pe baent / wedi / marw :
   ond y / maent — / mewn — / hedd.

3 Oherwydd er i gosb ddod arnynt yng / ngolwg / dynion :
   digoll yw eu / gobaith • am / anfar/woldeb;

4 Ac er eu disgyblu ychydig, mawr / fydd eu / hennill :
   am fod Duw wedi eu profi •
       a'u cael yn deilwng o/hono / ef ei / hun.

5 Fel aur mewn tawddlestr y / profodd / hwy :
   ac fel poethoffrwm yr aberth / y der/byniodd / hwy.

6 Pan ddaw Duw i ymweld â hwy cy/neuant • yn / wenfflam :
   fel gwreichion mewn / sofl fe / redant • drwy'r / byd.

7 Cânt lywodraethu ar genhedloedd a rhe/oli • ar / bobloedd :
   a'r Arglwydd / fydd eu / brenin • am / byth.

22 A Song of Ezekiel (Ezekiel 36:24–28)

[*Antiphon:* The Spirit of God fills the whole world.]

1 I will take you from the nations •
        and gather you from / every / land :
    and / bring you / to your / homeland.

2 I shall sprinkle clean / water u/pon you :
    and you will be purified
        from / everything / that de/files you.

3 A new heart / I will / give you :
    and put a / new / spirit with/in you;

4 I shall remove from your body the / heart of / stone :
    and / give you a / heart of / flesh.

‡5 You shall dwell in the land I gave / to your / fathers :
    you will be my people, and / I shall / be your / God.

23 Justorum Animae (Wisdom 3:1–2a, 3b–9)

[*Antiphon:* They are in the hand of God; they are at peace.]

1 The souls of the righteous are in the / hand of /God :
    and no / torment will / ever / touch them.

2 In the eyes of the foolish, they seem / to have / died :
    but / they / are at / peace.

3 For though, in the sight of others / they were / punished :
    their hope is / full of / immor/tality.

4 Having been disciplined a little, they will re/ceive great / good :
    because God tested / them and / found them / worthy.

‡5 Like gold in the furnace / God / tried them :
    and, like a sacrificial burnt / offering, a/ccepted / them.

6 In the time of their visitation, they will / shine / forth :
    and will / run like / sparks • through the / stubble.

7 They will govern nations and / rule • over / peoples :
    and God will / reign • over / them for / ever.

Appendix III: Canticle 22   167

8 Bydd y rhai sy'n ymddiried ynddo ef yn / deall • y / gwir :
   a'r ffyddloniaid yn / gweini / arno • mewn / cariad,

‡9 Oherwydd / gras • a thru/garedd :
   yw / rhan ei / etho•le/digion.

24 Cân y Tri Llanc (Cân y Tri Llanc 29–34)

1 Bendithiwch yr Arglwydd / Duw ein / tadau :
   molwch a mawr/hewch ef / yn dra/gywydd.

2 Bendithiwch ei enw gogo/neddus • a / sanctaidd :
   molwch a mawr/hewch ef / yn dra/gywydd.

3 Bendithiwch ef yn ei deml sanctaidd a / gogo/neddus :
   molwch a mawr/hewch ef / yn dra/gywydd.

4 Bendithiwch ef sy'n / gwylio'r • dyfn/deroedd :
   molwch a mawr/hewch ef / yn dra/gywydd.

5 Bendithiwch ef sydd yn eistedd uwch/ben • y cer/wbiaid :
   molwch a mawr/hewch ef / yn dra/gywydd.

6 Bendithiwch ef ar orsedd / ei fren/hiniaeth :
   molwch a mawr/hewch ef / yn dra/gywydd.

7 Bendithiwch ef yn ffur/fafen • y / nefoedd :
   molwch a mawr/hewch ef / yn dra/gywydd.

   Bendithiwch y Tad a'r Mab a'r / Ysbryd / Glân :
   molwch a mawr/hewch ef / yn dra/gywydd.

25 *Benedicite, Omnia Opera Domini, Domino*

1 Bendithiwch yr Arglwydd,
      chwi holl / weithredoedd • yr / Arglwydd :
   molwch a mawr/hewch ef / yn dra/gywydd.

2 Bendithiwch yr / Arglwydd • chwi / nefoedd :
   molwch a mawr/hewch ef / yn dra/gywydd.

3 Bendithiwch yr Arglwydd, chwi an/gylion • yr / Arglwydd :
   bendithiwch yr Arglwydd / chwi ei / holl • luoedd / ef;

4 Bendithiwch yr Arglwydd,
      chwi ddyfroedd sydd uwch/law'r ffur/fafen :
   molwch a mawr/hewch ef / yn dra/gywydd.

5 Bendithiwch yr Arglwydd, chwi / haul a / lleuad :
   bendithiwch yr / Arglwydd • chwi / sêr y / nefoedd;

8 Those who have put their trust in him
       will understand that / he is / true :
   and the faithful will at/tend u/pon him in / love;

9 They / are his / chosen :
   and grace and / mercy / will be / theirs.

24 *The Song of the Three (Song of the Three 29–34)*

1 Bless the Lord, the / God • of our / forebears :
   sing his / praise • and e/xalt • him for / ever.

2 Bless his holy and / glorious / name :
   sing his / praise • and e/xalt • him for / ever.

3 Bless him in his holy and / glorious / temple :
   sing his / praise • and e/xalt • him for / ever.

4 Bless him who be/holds the / depths :
   sing his / praise • and e/xalt • him for / ever.

5 Bless him who sits bet/ween the / cherubim :
   sing his / praise • and e/xalt • him for / ever.

6 Bless him on the / throne • of his / kingdom :
   sing his / praise • and e/xalt • him for / ever.

7 Bless him in the / heights of / heaven :
   sing his / praise • and e/xalt • him for / ever.

   Bless the Father, the Son and the / Holy / Spirit :
   sing his / praise • and e/xalt • him for / ever.

25 *Benedicite, Omnia Opera Domini, Domino*

1 Bless the Lord all you / works of the / Lord :
   sing his / praise • and e/xalt • him for / ever.

2 Bless the / Lord you / heavens :
   sing his / praise • and e/xalt • him for / ever.

3 Bless the Lord you / angels of the / Lord :
   bless the / Lord all / you his / hosts;

   bless the Lord you waters a/bove the / heavens :
   sing his / praise • and e/xalt • him for / ever.

4 Bless the Lord / sun and / moon :
   bless the / Lord you / stars of / heaven;

6 Bendithiwch yr Arglwydd, chwi'r / glaw a'r / gwlith :
молwch a mawr/hewch ef / yn dra/gywydd.

7 Bendithiwch yr Arglwydd, chwi / wyntoedd • a / chwŷth :
bendithiwch yr / Arglwydd • chwi / dân a / gwres;

8 Bendithiwch yr Arglwydd,
chwi'r gwynt deifiol a'r / oerfel / enbyd :
molwch a mawr/hewch ef / yn dra/gywydd.

9 Bendithiwch yr Arglwydd, chwi / wlithoedd • ac / eira :
bendithiwch yr / Arglwydd • chwi / nosau a / dyddiau;

10 Bendithiwch yr Arglwydd, chwi oleuni / a thy/wyllwch :
molwch a mawr/hewch ef / yn dra/gywydd.

11 Bendithiwch yr Arglwydd, chwi / rew ac / oerfel :
bendithiwch yr / Arglwydd • chwi / iâ ac / eira;

12 Bendithiwch yr Arglwydd, chwi / fellt a • chy/mylau :
molwch a mawr/hewch ef / yn dra/gywydd.

13 Bendithied y / ddaear • yr / Arglwydd :
bendithiwch yr Arglwydd / chwi fy/nyddoedd • a / bryniau;

14 Bendithiwch yr Arglwydd, bob peth a / dyf • yn y / ddaear :
molwch a mawr/hewch ef / yn dra/gywydd.

15 Bendithiwch yr Arglwydd / chwi ffyn/honnau :
bendithiwch yr / Arglwydd • chwi / foroedd • ac a/fonydd;

16 Bendithiwch yr Arglwydd,
chwi forfilod a phopeth sy'n nofio / yn y / dyfroedd :
molwch a mawr/hewch ef / yn dra/gywydd.

17 Bendithiwch yr Arglwydd, chwi holl / adar • y / nefoedd :
bendithiwch yr Arglwydd, chwi fwyst/filod / ac • ani/feiliaid;

18 Bendithiwch yr Arglwydd, chwi holl / bobloedd • y / ddaear :
molwch a mawr/hewch ef / yn dra/gywydd.

19 O bobl Dduw, ben/dithiwch • yr / Arglwydd :
bendithiwch yr Arglwydd / chwi o/ffeiriaid • yr / Arglwydd;

20 Bendithiwch yr Arglwydd, chwi / weision • yr / Arglwydd :
molwch a mawr/hewch ef / yn dra/gywydd.

21 Bendithiwch yr Arglwydd, chwi'r / uniawn • eich / ysbryd :
bendithiwch yr Arglwydd,
chwi sy'n sanctaidd a / gostyn/gedig • o / galon.

**Bendithiwch y Tad a'r Mab a'r / Ysbryd / Glân :
molwch a mawr/hewch ef / yn dra/gywydd.**

  bless the Lord all / rain and / dew :
  sing his / praise • and e/xalt • him for / ever.

5 Bless the Lord all / winds that / blow :
  bless the / Lord you / fire and / heat;

  bless the Lord scorching wind and / bitter / cold :
  sing his / praise • and e/xalt • him for / ever.

6 Bless the Lord dews and / falling / snows :
  bless the / Lord you / nights and / days;

  bless the Lord / light and / darkness :
  sing his / praise • and e/xalt • him for / ever.

7 Bless the Lord / frost and / cold :
  bless the / Lord you / ice and / snow;

  bless the Lord / lightnings and / clouds :
  sing his / praise • and e/xalt • him for / ever.

8 O let the earth / bless the / Lord :
  bless the / Lord you / mountains and / hills;

  bless the Lord all that / grows • in the / ground :
  sing his / praise • and e/xalt • him for / ever.

9 Bless the / Lord you / springs :
  bless the / Lord you / seas and / rivers;

  bless the Lord you whales
    and all that / swim in the / waters :
  sing his / praise • and e/xalt • him for / ever.

10 Bless the Lord all / birds of the / air :
  bless the / Lord you / beasts and / cattle;

  bless the Lord all / people on / earth :
  sing his / praise • and e/xalt • him for / ever.

11 O people of God / bless the / Lord :
  bless the / Lord you / priests • of the / Lord;

  bless the Lord you / servants • of the / Lord :
  sing his / praise • and e/xalt • him for / ever.

12 Bless the Lord all you of / upright / spirit :
  bless the Lord you that are / holy and / humble in / heart.

  Bless the Father, the Son and the / Holy / Spirit :
  sing his / praise • and e/xalt • him for / ever.

Appendix III: Canticle 25

CANTIGLAU O'R TESTAMENT NEWYDD

26 Y Gwynfydau (Mathew 5:3–12)

[*Antiffon*: Llawenhewch a gorfoleddwch,
              oherwydd y mae eich gwobr yn fawr yn y nefoedd.]

1 Gwyn eu byd y rhai sy'n dlodion / yn yr / ysbryd :
   oherwydd eiddynt / hwy yw / teyrnas / nefoedd.

2 Gwyn eu byd y rhai / sy'n ga/laru :
   oherwydd / cânt hwy / eu cy/suro.

3 Gwyn eu byd / y rhai / addfwyn :
   oherwydd cânt hwy / eti/feddu'r ddaear.

4 Gwyn eu byd y rhai sy'n newynu a sychedu / am gyf/iawnder :
   oherwydd / cânt – / hwy eu / digon.

5 Gwyn eu byd y / rhai tru/garog :
   oherwydd / cânt hwy / dderbyn • tru/garedd.

6 Gwyn eu byd y rhai / pur eu / calon :
   oherwydd / cânt hwy / weld – / Duw.

7 Gwyn eu byd y / tangne/feddwyr :
   oherwydd cânt hwy eu / galw'n / blant i / Dduw.

8 Gwyn eu byd y rhai a erlidiwyd yn / achos • cyf/iawnder :
   oherwydd eiddynt / hwy yw / teyrnas / nefoedd.

9 Gwyn eich byd pan fydd pobl yn eich
         gwara/dwyddo • a'ch / erlid :
   ac yn dweud pob math o ddrygair celwyddog
         yn eich / erbyn • o'm / hachos / i.

10 Llawenhewch a / gorfo/leddwch :
   oherwydd y mae eich / gwobr yn / fawr • yn y / nefoedd.

27 Cân Mair (*Magnificat Anima Mea Dominum*)

1 Y mae fy enaid yn maw/rygu. yr / Arglwydd :
   a gorfoleddodd fy / ysbryd • yn / Nuw fy • Ngwa/redwr,

2 Am / iddo • ys/tyried :
   di/stadledd / ei law/forwyn.

3 Oherwydd wele / o hyn / allan :
   fe'm gelwir yn wynfydedig / gan yr / holl • gened/laethau,

Atodiad III: *Cantigl* 26

CANTICLES FROM THE NEW TESTAMENT

26 The Beatitudes (Matthew 5:3–12)

[*Antiphon:* Rejoice and be glad,
　　　　for your reward is great in heaven.]

1 Blessed are the / poor in / spirit :
　　for / theirs • is the / kingdom of / heaven.

2 Blessed are / those who / mourn :
　　for / they / shall be / comforted.

3 Blessed / are the / gentle :
　　for / they shall in/herit the / earth.

4 Blessed are those who hunger and thirst for / what is / right :
　　for / they / shall be / satisfied.

5 Blessed / are the / merciful :
　　for mercy / shall be / shown to / them.

6 Blessed are the / pure in / heart :
　　for / they shall / see / God.

7 Blessed / are the / peacemakers :
　　for they shall be / called / children of / God.

8 Blessed are those who are persecuted in the / cause of / right :
　　for / theirs • is the / kingdom of / heaven.

9 Blessed are you, when others revile you
　　　　and / persecute / you :
　　and utter all kinds of evil against you / falsely
　　　　/ for my / sake;

10 Rejoice / and be / glad :
　　for your re/ward is / great in / heaven.

27 The Song of Mary (Magnificat Anima Mea Dominum)

1 My soul proclaims the / greatness • of the / Lord :
　　my spirit re/joices in / God my / Saviour;

2 Who has looked with favour on his / lowly / servant :
　　from this day all gener/ations • will / call me / blessed;

3 The Almighty has done / great things / for me :
　　and / holy / is his / name.

4 Oherwydd gwnaeth yr hwn sydd nerthol bethau / mawr i / mi :
  a sanctaidd / yw ei / enw / ef;

5 Y mae ei drugaredd o genhedlaeth / i gen/hedlaeth :
  i'r rhai sydd / yn ei / ofni / ef.

6 Gwnaeth ry/muster • â'i / fraich :
  gwasgaraodd / y rhai / balch eu / calon;

7 Tynnodd dywysogion oddi ar / eu gor/seddau :
  a dyr/chafodd / y rhai / distadl;

8 Llwythodd y ne/wynog • â / rhoddion :
  ac anfonodd y cyfoe/thogion / ymaith • yn / waglaw.

9 Cynorthwyodd ef / Israel • ei / was :
  gan / ddwyn i'w / gof • ei dru/garedd –

10 Fel y llefarodd / wrth ein • hyn/afiaid :
   ei drugaredd wrth Abraham a'i / had – / yn dra/gywydd.

28 Cân Sachareias (Benedictus Dominus Deus Israel)

1 Bendigedig fyddo / Arglwydd • Dduw / Israel :
  am iddo ymweld â'i / bobl a'u / prynu i / ryddid;

2 Cododd waredigaeth / gadarn • i / ni :
  yn / nhŷ – / Dafydd • ei / was –

3 Fel y llefarodd trwy enau ei bro/ffwydi / sanctaidd :
  yn yr / oesoedd / a – / fu –

4 Gwaredigaeth / rhag • ein ge/lynion :
  ac o afael / pawb • sydd yn / ein ca/sáu;

5 Fel hyn y cymerodd drugaredd / ar ein • hyn/afiaid :
  a / chofio • ei gy/famod / sanctaidd,

6 Y llw a dyngodd wrth / Abraham • ein / tad :
  y rhoddai inni gael ein / hachub • o / afael • ge/lynion,

‡7 A'i addoli yn ddi-ofn mewn sancteiddrwydd
      / a chyf/iawnder :
  ger ei fron ef / holl – / ddyddiau • ein / bywyd.

8 A thithau, fy mhlentyn, gelwir di yn / broffwyd • y Go/ruchaf :
  oherwydd byddi'n cerdded o flaen y Arglwydd
       i / bara/toi ei / lwybrau,

4 God has mercy on / those who / fear him :
   from gener/ation to / gener/ation.

5 The Lord has shown / strength with • his / arm :
   and scattered the / proud in / their con/ceit,

6 Casting down the mighty / from their / thrones :
   and / lifting / up the / lowly.

7 God has filled the hungry with / good / things :
   and has / sent the / rich • away / empty.

8 He has come to the aid of his / servant / Israel :
   to re/member his / promise • of / mercy,

‡9 The promise / made • to our / forebears :
   to Abraham / and his / children for / ever.

28 The Song of Zechariah (Benedictus Dominus Deus Israel)

1 Blessed be the Lord the / God of / Israel :
   for he has come to his / people and / set them / free.

2 The Lord has raised up for us a / mighty / Saviour :
   born of the / house of his / servant / David.

3 Through his holy prophets God promised of old •
       to save us / from our / enemies :
   from the / hands of / all who / hate us.

4 To show mercy / to our / forebears :
   and to re/member his / holy / covenant.

5 This was the oath God swore to our / father / Abraham :
   to set us free from the / hands / of our / enemies,

6 Free to worship him / without / fear :
   holy and righteous before him / all the / days of our / life.

7 And you, child, shall be called
       the prophet of the / Most / High :
   for you will go before the / Lord • to pre/pare his / way,

8 To give his people knowledge / of sal/vation :
   by the for/giveness / of their / sins.

9 I roi i'w bobl wybodaeth am / ware/digaeth :
   trwy fa/ddeuant / eu pe/chodau.

10 Hyn yw trugaredd / calon • ein / Duw :
   fe ddaw â'r wawrddydd / oddi / uchod • i'n / plith,

11 I lewyrchu ar y rhai sy'n eistedd yn nhywyllwch
        / cysgod / angau :
   a chyfeirio ein / traed i / ffordd tang/nefedd.

29 Cân Simeon (Nunc Dimittis)

1 Yn awr yr wyt yn gollwng dy was yn / rhydd, O / Arglwydd :
  mewn tang/nefedd • yn / unol • â'th / air;

2 Oherwydd y mae fy llygaid wedi gweld dy / iachaw/dwriaeth :
  a ddarperaist yng / ngŵydd yr / holl — / bobloedd:

3 Goleuni i fod yn ddatguddiad / i'r Cen/hedloedd :
  ac yn o/goniant i'th / bobl / Israel.

30 Rhaid eich geni chwi o'r newydd (Ioan 3:5–6, 8)

[*Antiffon:* Lle y mae Ysbryd yr Arglwydd, y mae rhyddid.]

1 Oni chaiff rhywun ei eni o / ddŵr a'r / Ysbryd :
  ni all fynd i / mewn i / deyrnas / Dduw.

2 Yr hyn sydd wedi ei eni o'r cnawd / cnawd — / yw :
  a'r hyn sydd wedi ei eni o'r / Ysbryd / ysbryd / yw.

3 Y mae'r gwynt yn chwythu / lle y / myn :
  ac yr / wyt yn / clywed • ei / sŵn,

4 Ond ni wyddost o ble y mae'n dod nac i ble / y mae'n / mynd :
  felly y mae gyda phob un sydd / wedi • ei / eni • o'r / Ysbryd.

31 Marw a Chyfodi gyda Christ (Rhufeiniaid 6:3–5, 8–11)

[*Antiffon:* Cyfrifwch eich hunain fel rhai sy'n farw i bechod,
            ond sy'n fyw i Dduw, yng Nghrist Iesu.]

1 A ydych heb ddeall fod pawb ohonom a fedyddiwyd
        / i Grist / Iesu :
  wedi ein be/dyddio / i'w far/wolaeth?

9   In the tender compassion / of our / God :
the dawn from on / high shall / break up/on us,

10   To shine on those who dwell in darkness •
     and the / shadow of / death :
and to guide our feet / into the / way of / peace.

29 *The Song of Simeon (Nunc Dimittis)*

1   Lord, now you have set your / servant / free :
to go in / peace as / you have / promised.

2   For these eyes of mine have / seen • your sal/vation :
which you have prepared for / all the / world to / see;

3   A light to re/veal you • to the / nations :
and to give / glory • to your / people / Israel.

30 *You must be born from above (John 3:5–6, 8)*

[*Antiphon:* Where the Spirit of the Lord is, there is freedom.]

1   No one can enter the / kingdom of / God :
without being / born from / water and / Spirit.

2   Flesh can give birth / only to / flesh :
it is / Spirit that gives / birth to / spirit.

3   The wind blows where it wills •
     you / hear the / sound of it :
but you do not know where it comes from or where it is going. •
     So it is with everyone / who is / born • from the / Spirit.

31 *Dying and rising with Christ (Romans 6:3–5, 8–11)*

[*Antiphon:* See yourselves as dead to sin and alive to God,
       in Jesus Christ our Lord.]

1   When we were baptized into union / with Christ / Jesus :
we were bap/tized in/to his / death.

2 Trwy'r bedydd hwn / i far/wolaeth :
   fe'n / claddwyd / gydag / ef,

3 Fel, megis y cyfodwyd Crist oddi wrth y meirw
      mewn amlygiad o o/goniant • y / Tad :
   y byddai i ninnau gael byw ar / wastad / bywyd / newydd.

4 Oherwydd os daethom ni yn un ag ef trwy farwolaeth
      ar lun ei far/wolaeth / ef :
   fe'n ceir hefyd yn un ag ef trwy atgyfodiad
      ar lun ei / atgy/fodiad / ef.

5 Ac os buom ni farw / gyda / Christ :
   yr ydym yn credu y / cawn fyw / gydag • ef / hefyd,

6 A ninnau'n gwybod na fydd Crist •
      sydd wedi ei gyfodi oddi wrth y meirw,
      yn / marw / mwyach :
   collodd marwolaeth ei har/glwyddiaeth / arno / ef.

7 Yn gymaint ag iddo farw •
      i bechod y bu farw, un / waith am / byth :
   yn gymaint â'i fod yn fyw • i / Dduw – / y mae'n / byw.

8 Felly, yr ydych chwithau i'ch cyfrif eich hunain fel rhai
      sy'n / farw • i / bechod :
   ond sy'n fyw i / Dduw yng / Nghrist – / Iesu.

32 Anthemau'r Pasg

[*Antiffon:* Atgyfodwyd Crist oddi wrth y meirw,
         yn flaenffrwyth y rhai sy'n huno.]

1 Y mae Crist, ein Pasg ni, wedi ei aberthu / drosom / ni :
   am / hynny / cadwn / ŵyl,

2 Nid â hen lefain malais / a dryg/ioni :
   ond â bara croyw / purdeb / a gwir/ionedd.

3 Nid yw Crist a gyfodwyd oddi wrth y meirw •
      yn / marw / mwyach :
   nid yw marwolaeth yn arglwydd/iaethu / arno / mwyach.

4 Wrth farw, bu farw / unwaith • i / bechod :
   wrth fyw, y / mae'n – / byw i / Dduw.

5 Cyfrifwch chwithau eich hunain, felly,
      yn / feirw • i / bechod :
   ac yn fyw i Dduw yng / Nghrist – / Iesu ein / Harglwydd.

2   By baptism / into his / death :
    we were / buried / with / him,

3   In order that, as Christ was raised from the dead
            by the glorious / power of the / Father :
    so also we might set / out • on a / new / life.

4   For if we have become identified with him / in his / death :
    we shall also be identified with him
            / in his / resur/rection.

5   But if we thus / died with / Christ :
    we believe that we shall / also / live with / him,

6   For we know that Christ, once raised from the dead
            / dies no / more :
    death has no / more do/minion / over him.

7   In dying, he died to sin / once for / all :
    in / living, he / lives to / God.

‡8 See yourselves, therefore, as / dead to / sin :
    and alive to God in / Jesus / Christ our / Lord.

32 The Easter Anthems

[*Antiphon:* Christ has been raised from the dead,
            the firstfruits of those who sleep.]

1   Christ our Passover has been / sacrificed / for us :
    so let us / cele/brate the / feast,

2   Not with the old leaven of cor/ruption and / wickedness :
    but with the unleavened / bread of sin/cerity and / truth.

3   Christ once raised from the dead / dies no / more :
    death has no / more do/minion / over him.

4   In dying he died to sin / once for / all :
    in / living he / lives to /God.

5   See yourselves therefore as / dead to / sin :
    and alive to God in / Jesus / Christ our / Lord.

6 Cyfodwyd Crist oddi / wrth y / meirw :
yn / flaenffrwyth • y / rhai sy'n / huno.

7 Oherwydd gan i farwolaeth / ddod trwy / ddyn :
trwy ddyn hefyd y daeth / atgy/fodiad • y / meirw.

8 Oherwydd fel y mae pawb yn / marw • yn / Adda :
felly hefyd y gwneir / pawb yn / fyw yng / Nghrist.

33 *Cân am y Cariad Dwyfol (1 Corinthiaid 13:4–13)*

[*Antiffon*:   Y mae cariad yn goddef i'r eithaf,
ac ni dderfydd byth.]

1 Y mae cariad yn / amy/neddgar :
y mae / cariad • yn / gymwy/nasgar;

2 Nid yw cariad yn / cenfi/gennu :
nid yw'n ym/ffrostio • nid / yw'n ym/chwyddo.

3 Nid yw'n gwneud dim / sy'n an/weddus :
nid yw'n / ceisio • ei ddi/benion • ei / hun,

4 Nid / yw'n – / gwylltio :
nid yw'n / cadw / cyfrif • o / gam;

5 Nid yw'n cael llawenydd mewn / anghyf/iawnder :
ond y mae'n cyd/lawen/hau • â'r gwir/ionedd.

6 Y mae'n goddef i'r eithaf • yn / credu i'r / eithaf :
yn gobeithio i'r eithaf • yn dal / ati / i'r – / eithaf.

7 Nid yw cariad yn / darfod / byth :
ond proffwydoliaethau / fe'u di/ddymir / hwy;

8 A thafodau, bydd taw / arnynt / hwy :
a gwybodaeth / fe'i di/ddymir / hithau.

9 Oherwydd anghyflawn yw ein / gwybod / ni :
ac anghyflawn / ein pro/ffwydo / ni.

10 Ond pan ddaw'r / hyn sy'n / gyflawn :
fe ddi/ddymir • yr / hyn • sy'n ang/hyflawn.

11 Pan / oeddwn • yn / blentyn :
fel plentyn yr / oeddwn / yn lle/faru,

12 Fel plentyn yr / oeddwn • yn / meddwl :
fel plentyn yr / oeddwn / yn rhe/symu.

13 Ond wedi / dod yn / ddyn :
yr wyf wedi rhoi / heibio / bethau'r / plentyn.

6 Christ has been / raised • from the / dead :
 the / first fruits of / those who / sleep.

7 For as by / man came / death :
 by man has come also the resur/rection / of the / dead.

8 For as in / Adam all / die :
 even so in Christ shall / all be / made a/live.

33 *A Song of Divine Love (1 Corinthians 13:4–13)*

[*Antiphon:* Love bears all things,
 and will never come to an end.]

1 Love is / patient and / kind :
 love is not jealous or boastful •
  it is not / arro/gant or / rude.

2 Love does not insist on its / own / way :
 it is not / angry / or re/sentful.

3 It does not rejoice / in wrong/doing :
 but re/joices / in the / truth.

4 Love bears all things and be/lieves all / things :
 love hopes all things / and en/dures all / things.

5 Love will never / come • to an / end :
 but prophecy will vanish, tongues cease
  and / knowledge / pass a/way.

6 Now we know / only in / part :
 and we / prophesy / only in / part,

7 But when the / perfect / comes :
 the / partial shall / pass a/way.

8 When I was a child, I spoke / like a / child :
 I thought like a child, I / reasoned / like a / child.

9 But when I be/came ma/ture :
 I put an / end to / childish / ways.

10 For now we see only puzzling reflections / in a / mirror :
 but then we / will see / face to / face.

11 Now I know / only in / part :
 then I shall know fully,
  even as / I have been / fully / known.

Appendix III: Canticle 33

14 Yn awr, gweld mewn drych yr ydym, a / hynny'n • an/eglur :
   ond yna / cawn weld / wyneb • yn / wyneb.

15 Yn awr, anghyflawn / yw fy / ngwybod :
   ond yna, caf adnabod fel y / cefais / innau • fy ad/nabod.

16 Mewn gair, y mae ffydd, gobaith, cariad, y tri / hyn yn / aros :
   a'r / mwyaf • o'r / rhain yw / cariad.

34 Cân am Ras Duw (Effesiaid 1:3–10)

[*Antiffon*: Rhoddwyd gras gogoneddus Duw
            yn rhad rodd i ni yn yr Anwylyd.]

1 Bendigedig fyddo Duw a Thad ein Harglwydd / Iesu / Grist :
  y mae wedi'n bendithio ni yng Nghrist •
     â phob bendith ysbrydol / yn y • ne/folion / leoedd.

2 Cyn seilio'r byd, fe'n de/wisodd • yng / Nghrist :
  i fod yn sanctaidd ac yn ddi-fai / ger ei / fron mewn / cariad.

3 O wirfodd ei ewyllys fe'n rhagordeiniodd •
     i gael ein mabwysiadu yn blant iddo'i hun
     trwy / Iesu / Grist :
  er clod i'w ras gogoneddus •
     ei rad rodd / i ni / yn • yr An/wylyd.

4 Ynddo ef y mae i ni brynedigaeth / trwy ei / waed :
  sef ma/ddeuant / ein cam/weddau;

‡5 Dyma fesur cyfoeth y gras a roddodd mor / hael i / ni :
   ynghyd â phob doe/thineb / a dir/nadaeth.

6 Hysbysodd i ni ddirgelwch / ei e/wyllys :
  yn unol â'r bwriad a arfaethodd yng Nghrist •
     yng nghynllun cy/flawniad / yr am/seroedd,

7 Sef dwyn yr holl greadigaeth i / undod • yng / Nghrist :
  gan gynnwys pob peth yn y / nefoedd • ac / ar y / ddaear.

12   There are three things that last for ever •
        faith / hope and / love :
   but the / greatest of / these is / love.

34 *A Song of God's Grace (Ephesians 1:3–10)*

[*Antiphon:* The glorious grace of God
        is freely bestowed on us in the Beloved.]

1   Blessed be the God and Father of our Lord / Jesus / Christ :
   who has conferred on us in Christ •
   every spiritual blessing / in the / heavenly / realms.

2   Before the foundation / of the / world :
   he chose us in Christ to be his people •
       to be without blemish in his / sight •
       to be / full of / love;

3   He predestined us to be adopted as his children
       through / Jesus / Christ :
   this / was his / will and / pleasure;

4   In order that the glory of his gracious gift •
       so graciously conferred on us in / his Be/loved :
   might re/dound / to his / praise.

5   In Christ our release is secured and our / sins for/given :
   through the / shedding / of his / blood.

6   In the richness / of his / grace :
   God has lavished on / us all / wisdom and / insight.

7   He has made known to us his / secret / purpose :
   in accordance with the plan
       which he determined beforehand in Christ •
       to be put into effect / when the / time was / ripe :

8   That the universe, everything in / heaven • and on / earth :
   might be brought into a / uni/ty in / Christ.

35 Cân am Ogoniant Crist (Philipiaid 2:6–11)

[*Antiffon*:   Wrth enw Iesu, fe blyg pob glin.]

1 Er bod Crist Iesu / ar ffurf / Duw :
   ni chyfrifodd fod cydraddoldeb â / Duw yn / beth i'w / gipio,

2 Ond fe'i gwacaodd ei hun • gan / gymryd • ffurf / caethwas :
   a / dyfod • ar / wedd – / ddynol.

3 O'i gael ar ddull dyn • fe'i daro/styngodd • ei / hun :
   gan fod yn ufudd hyd angau • ie / angau / ar — / groes.

4 Am hynny tra-dyrchafodd / Duw – / ef :
   a rhoi iddo'r enw / sydd go/ruwch pob / enw,

5 Fel wrth enw Iesu y / plygai • pob / glin :
   yn y nef ac ar y / ddaear • a / than y / ddaear,

6 Ac y cyffesai pob tafod fod Iesu / Grist yn / Arglwydd :
   er go/goniant / Duw – / Dad.

36 Llawenhewch yn yr Arglwydd (Philipiaid 4:4–7)

[*Antiffon*:   A bydd tangnefedd Duw
             yn gwarchod dros eich calonnau a'ch meddyliau.]

1 Llawenhewch yn yr / Arglwydd • bob / amser :
   fe'i dywedaf / eto / llawen/hewch.

2 Bydded eich hynawsedd yn hysbys / i bob / dyn :
   y mae'r Arglwydd yn agos •
       / peidiwch • â phry/deru • am / ddim,

3 Ond ym mhob peth gwneler eich deisyfiadau yn
       / hysbys • i / Dduw :
   trwy weddi ac ymbil, yng/hyd â / diolch/garwch.

4 A bydd tangnefedd Duw, sydd go/ruwch pob / deall :
   yn gwarchod dros eich calonnau a'ch me/ddyliau
       / yng Nghrist / Iesu.

35 The Song of Christ's Glory *(Philippians 2:5b–11)*

[*Antiphon:* At the name of Jesus, every knee shall bow.]

1 Christ Jesus was in the / form of / God :
   yet he did not cling to e/quali/ty with / God.

2 He emptied himself, taking the / form of a / slave :
   and was / born in our / human / likeness.

3 Being found in human form, he / humbled him/self :
   and became obedient unto death / even / death • on a / cross.

4 Therefore God highly e/xalted / him :
   and bestowed on him the / name a/bove all / names,

5 That at the name of Jesus every / knee should / bow :
   in heaven, on / earth, and / in the / depths;

6 And every tongue confess, 'Jesus / Christ is / Lord' :
   to the / glory of / God the / Father.

36 Rejoice in the Lord *(Philippians 4:4–7)*

[*Antiphon:* The peace of God will keep your hearts and minds.]

1 Rejoice in the / Lord al/ways :
   a/gain I / say: re/joice.

2 Be known to / every/one :
   for your con/sider/ation of / others.

3 The / Lord is / near :
   do / not / be / anxious,

4 But in everything make your requests / known to / God :
   in prayer and pe/tition / with thanks/giving.

‡5 Then the peace of God, which passes all / under/standing :
   will keep your hearts and minds
      / through Christ / Jesus our / Lord.

37 Cân am Brynedigaeth (Colosiaid 1:13–18a, 19–20)

[*Antiffon*: Crist yw delw'r Duw anweledig,
             cyntafanedig yr holl greadigaeth.]

1 Gwaredodd y Tad ni o a/fael • y ty/wyllwch :
   a'n trosglwyddo i / deyrnas • ei / annwyl / Fab,

2 Yn yr hwn y mae inni / bryne/digaeth :
   sef ma/ddeuant / ein pe/chodau.

3 Hwn yw delw'r Duw / anwe/ledig :
   cyntafanedig yr / holl – / grea/digaeth;

4 Oherwydd ynddo ef y crewyd pob peth
       yn y nefoedd ac / ar y / ddaear :
   pethau gweledig a / phethau / anwe/ledig.

5 Trwyddo ef ac er ei fwyn ef y mae pob peth / wedi • ei / greu :
   y mae ef yn bod cyn pob peth •
       ac ynddo ef y mae / pob peth / yn cyd/sefyll.

6 Ef hefyd yw pen y corff / sef yr / eglwys :
   ef yw'r dechrau, y cyntafa/nedig • o / blith y / meirw.

7 Oherwydd gwelodd / Duw yn / dda :
   i'w holl gyflawnder bre/swylio / ynddo / ef,

8 A thrwyddo ef, ar ôl gwneud heddwch trwy ei waed
       / ar y / groes :
   i gymodi pob peth ag ef ei hun •
       y pethau sydd ar y ddaear a'r
       / pethau • sydd / yn y / nefoedd.

38 Cân am Ymddangosiad Crist (1 Timotheus 3:16; 6:15–16)

[*Antiffon*: Credwyd yng Nghrist drwy'r byd,
             a'i ddyrchafu mewn gogoniant.]

1 Amlygwyd Crist / Iesu • mewn / cnawd :
   a'i / gyfiawn/hau • yn yr / ysbryd.

2 Fe'i gwelwyd / gan an/gylion :
   a'i bre/gethu / i'r Cen/hedloedd,

3 Ei / gredu • drwy'r / byd :
   a'i ddyr/chafu / mewn go/goniant.

37 A Song of Redemption (Colossians 1:13–18a, 19–20)

[*Antiphon:* Christ is the image of the invisible God,
         the firstborn of all creation.]

1   The Father has delivered us
         from the do/minion of / darkness :
      and transferred us to the kingdom of / his be/loved / Son,

2   In whom we / have re/demption :
      the for/giveness / of our / sins.

3   He is the image of the in/visible / God :
      the / firstborn of / all cre/ation.

4   For in him all things / were cre/ated :
      in heaven and on earth / visible / and in/visible.

5   All things were created / through him and / for him :
      he is before all things and in him
         / all things / hold to/gether.

6   He is the head of the / body, the / church :
      he is the beginning, the / firstborn / from the / dead.

7   In him all the fullness of God was / pleased to / dwell :
      and through him to reconcile / all things / to him/self,

8   Making peace through the shedding of his / blood •
         on the / cross :
      all things / whether on / earth • or in / heaven.

38 A Song of Christ's Appearing (1 Timothy 3:16; 6:15–16)

[*Antiphon:* Christ was believed in throughout the world,
         and taken up in glory.]

1   Christ Jesus was revealed / in the / flesh :
      and / vindicated / in the / spirit.

2   He was / seen by / angels :
      and pro/claimed a/mong the / nations.

3   Believed in through/out the / world :
      he was / taken / up in / glory.

Appendix III: Canticle 37

4 Amlygir hyn yn ei / amser / addas :
   gan yr unig / Bennaeth / bendi/gedig.

5 Ganddo ef yn unig y mae / anfar/woldeb :
   ac mewn goleuni an/hygyrch • y / mae'n pre/swylio.

6 I Frenin y brenhinoedd ac Arglwydd / yr arg/lwyddi :
   y byddo anrhydedd a / gallu • tra/gwyddol. • A/men.

39 Cân o Ffydd (1 Pedr 1:3–5, 18–21)

[*Antiffon*:   Cyfododd Duw o feirw yr Oen di-fai, di-nam.]

1 Bendigedig / fyddo / Duw :
   a Thad ein / Harglwydd / Iesu / Grist!

2 O'i fawr drugaredd •
       fe barodd ef ein geni ni o'r newydd i / obaith / bywiol :
   trwy atgyfodiad Iesu Grist / oddi / wrth y / meirw,

‡3 I etifeddiaeth na ellir na'i difrodi, na'i di/fwyno • na'i / difa :
   saif hon ynghadw / yn y / nefoedd • i / chwi,

4 Chwi sydd trwy ffydd dan warchod / gallu / Duw :
   hyd nes y / daw – / iachaw/dwriaeth,

5 Yr ia/chaw/dwriaeth :
   sydd yn barod i'w datguddio / yn yr / amser • di/wethaf.

6 Gwyddoch nad â phethau llygradwy •
       arian neu aur, y prynwyd / ichwi / ryddid :
   oddi wrth yr ymarweddiad ofer / a • eti/feddwyd / gennych,

7 Ond â gwaed / gwerthfawr / Un :
   oedd fel oen / di-fai • a / di-nam • sef / Crist.

8 Yr oedd Duw wedi ei ddewis cyn / seilio'r / byd :
   ac amlygwyd ef yn niwedd yr amserau / er eich / mwyn / chwi

9 Sydd drwyddo ef yn / credu • yn / Nuw :
   yr hwn a'i cyfododd ef / oddi / wrth y / meirw

10 Ac a roes / iddo • o/goniant :
   fel y byddai eich ffydd a'ch / gobaith / chwi yn / Nuw.

4   This will be made manifest at the / proper / time :
    by the / blessed and / only / Sovereign,

5   Who alone has / immor/tality :
    and dwells in / unap/proachable / light.

6   To the King of kings and / Lord of / lords :
    be honour and eternal / dominion. / A—/men.

39 *A Song of Faith (1 Peter 1:3–5, 18–21)*

[*Antiphon:* God raised Christ from the dead,
            the Lamb without spot or stain.]

1   Blessed be the / God and / Father :
    of / our Lord / Jesus / Christ!

2   By his great mercy we have been born anew
            to a / living / hope :
    through the resurrection of / Jesus / Christ • from the / dead,

3   Into an inheritance that is imperishable,
            unde/filed and un/fading :
    kept in / heaven / for / you,

4   Who are being protected by the / power / of God :
    through faith, for a salvation •
            ready to be re/vealed • in the / last / time.

5   You were ransomed from the futile / ways
            of your / ancestors :
    not with perishable / things like / silver or / gold

6   But with the precious / blood of / Christ :
    like that of a / lamb without / spot or / stain.

‡7 Through him you have confidence in God •
            who raised him from the dead and / gave him / glory :
    so that your faith and / hope are / set on / God.

Appendix III: Canticle 39

40 Meini Bywiol (1 Pedr 2:4–10)

[*Antiffon*: Y maen a wrthododd yr adeiladwyr,
            hwn a ddaeth yn faen y gongl.]

1 Wrth ddod ato ef, y / maen / bywiol/ :
   gwrthodedig gan bobl
         ond etholedig a / chlodfawr / gan — / Dduw,

2 Yr ydych chwithau hefyd, fel / meini / bywiol/ :
   yn cael eich adei/ladu • yn / dŷ ys/brydol,

‡3 I fod yn offeiriadaeth sanctaidd •
         er mwyn offrymu a/berthau • ys/brydol :
   cymeradwy gan / Dduw trwy / Iesu / Grist.

4 Oherwydd y mae'n sefyll / yn yr Ys/grythur :
   "Wele fi'n / gosod / maen yn / Seion,

5 "Conglfaen etho/ledig • a / chlodfawr :
   a'r hwn sy'n credu ynddo, ni chywi/lyddir / byth mo/hono."

6 Y mae ei / glod, gan / hynny :
   yn / eiddoch / chwi • y cre/dinwyr;

7 Ond i'r anghredinwyr •
         "Y maen a wrthododd yr / adei/ladwyr :
   hwn a / ddaeth yn / faen y / gongl",

‡8 A hefyd, "Maen tramgwydd / a chraig / rhwystr" :
   y maent yn tramgwyddo wrth anufuddhau i'r gair •
         dyma'r / dynged • a o/sodwyd / iddynt.

9 Ond yr ydych chwi yn hil / etho/ledig :
   yn o/ffeiri/adaeth • fren/hinol,

10 Yn / genedl / sanctaidd :
   yn bobl o'r / eiddo / Duw ei / hun,

‡11 I hysbysu gweith/redoedd • ar/dderchog :
    yr Un a'ch galwodd chwi allan o dywyllwch i'w
         ry/feddol • o/leuni / ef:

12 A chwi gynt heb / fod yn / bobl :
   yr ydych yn / awr yn / bobl / Dduw;

13 A chwi gynt heb / dderbyn • tru/garedd :
   yr ydych yn awr yn / rhai • a dder/byniodd • dru/garedd.

40 Living Stones (1 Peter 2:4–10)

[*Antiphon:* The stone which the builders rejected
 has become the corner-stone.]

1 Come to him, the living stone re/jected by / men :
 but chosen by / God and / precious / to him.

2 As living stones, be built into a / spiritual / temple :
 and form a holy priesthood to offer spiritual sacrifices •
  acceptable to / God through / Jesus / Christ.

3 For you will find in scripture •
  I am laying in Zion
  a chosen corner/stone of great / worth :
 Whoever has faith in it will / not be / put to / shame.

4 So for you who have faith it / has great / worth :
 but for those who have no faith •
  'the stone which the builders rejected
  has be/come the / corner/stone',

5 And also 'a stone to trip over,
  a rock to / stumble a/gainst' :
 they trip because they refuse to believe the word •
  this is the / fate ap/pointed / for them.

6 But you are a chosen race, a / royal / priesthood :
 a dedicated nation •
  a people / claimed by / God • for his / own,

7 To proclaim the / glorious / deeds :
 of him who has called you out of darkness
  / into his / marvellous / light.

8 Once you were not a people at all •
  but now you / are God's / people :
 outside his mercy once •
  you have / now re/ceived / mercy.

41 Cân am Grist y Gwas *(1 Pedr 2:21–25)*

[*Antiffon:* Ni wnaeth Crist bechod, ni chafwyd twyll yn ei enau.]

Siant sengl

1 Dioddefodd Crist er eich / mwyn / chwi :
    gan adael ichwi esiampl • ichwi ganlyn yn / ôl ei / draed – / ef.

2 Ni wnaeth ef bechod • ac ni chafwyd twyll / yn ei / enau :
    pan fyddai'n cael ei ddifenwi • ni / fyddai'n • di/fenwi'n / ôl;

3 Pan fyddai'n dioddef, ni / fyddai'n / bygwth :
    ond yn ei gyflwyno'i hun i'r / Un sy'n / barnu'n / gyfiawn.

4 Ef ei hun a ddygodd ein pechodau yn ei
        / gorff • ar y / croesbren :
    er mwyn i ni ddarfod â'n pe/chodau • a / byw • i gyf/iawnder.

5 Trwy ei archoll ef y cawsoch iachâd •
        oherwydd yr oeddech fel defaid / ar ddis/berod:
    ond yn awr troesoch at Fugail a Gwar/chodwr
        / eich e/neidiau.

42 Cân am Gariad Duw *(1 Ioan 4:7–11, 12b)*

[*Antiffon:* Anfonodd Duw ei unig Fab i'r byd,
              er mwyn i ni gael byw drwyddo ef.]

1 Gy/feillion / annwyl :
    gadewch i ni / garu / ein – / gilydd,

2 Oherwydd o Dduw / y mae / cariad :
    ac y mae pob un sy'n caru wedi ei eni o Dduw •
        ac / yn ad/nabod / Duw.

3 Y sawl nad yw'n caru, nid yw'n ad/nabod / Duw :
    o/herwydd / cariad • yw / Duw.

4 Yn hyn y dangoswyd cariad Duw tuag atom •
        bod Duw wedi anfon ei unig / Fab i'r / byd :
    er mwyn i / ni gael / byw • drwyddo / ef.

5 Yn / hyn • y mae / cariad :
    nid ein / bod ni'n / caru / Duw,

6 Ond ei fod ef wedi ein / caru / ni :
    ac wedi anfon ei Fab i fod yn aberth
        / cymod / dros • ein pe/chodau.

41 A Song of Christ the Servant (1 Peter 2:21–25)

[*Antiphon:* Christ committed no sin,
      no guile was found on his lips.]

1 Christ suffered for you, leaving you / an e/xample :
   that you should / follow / in his / steps.

2 He committed no sin, no guile was found / on his / lips :
   when he was reviled, he did / not re/vile in / turn.

3 When he suffered, he / did not / threaten :
   but he trusted himself to / God who / judges / justly.

4 Christ himself bore our sins in his body / on the / tree :
   that we might die to / sin and / live to / righteousness.

5 By his wounds, you / have been / healed :
   for / you were / straying like / sheep,

6 But have / now re/turned :
   to the shepherd and / guardian / of your / souls.

42 A Song of God's Love (1 John 4:7–11, 12b)

[*Antiphon:* God sent his Son into the world,
      so that we might live through him.]

1 Beloved, let us love one another • for love / is of / God :
   everyone who loves is / born of / God
      and / knows God.

2 Whoever does not love does / not know / God :
   for / God / is / love.

3 In this the love of God was revealed among us •
      that God sent his only Son / into the / world :
   so that / we might / live through / him.

4 In this is love • not that we loved God, but that / he loved / us :
   and sent his Son to be the expi/ation / for our / sins.

5 Beloved, since God loved / us so / much :
   we ought / also to / love one a/nother.

6 For if we love one another, God / abides in / us :
   and God's love will / be per/fected / in us.

7 Gyfeillion annwyl • os yw Duw wedi ein caru / ni fel / hyn:
fe ddylem ninnau / hefyd / garu • ein / gilydd.

8 Os ydym yn caru ein gilydd • y mae Duw yn / aros / ynom :
ac y mae ei gariad ef wedi ei ber/ffeithio / ynom / ni.

43 Cân y Rhai a Brynwyd
(Datguddiad 4:8b, 11; 5:9–10; 15:3–4)

[*Antiffon*: Teilwng wyt ti, ein Harglwydd a'n Duw,
i dderbyn y gogoniant a'r anrhydedd a'r gallu.]

1 Sanct / Sanct – / Sanct :
yw'r Arglwydd / Dduw – / holla/lluog,

2 Yr hwn oedd / a'r hwn / sydd :
a'r / hwn – / sydd i / ddod!

3 Teilwng wyt ti, ein / Harglwydd • a'n / Duw :
i dderbyn y gogoniant / a'r an/rhydedd • a'r / gallu;

4 Oherwydd tydi a / greodd • bob / peth :
a thrwy dy ewyllys y daethant i / fod • ac y / crewyd / hwy.

5 Teilwng yw'r / Oen a / laddwyd :
i dderbyn an/rhydedd • go/goniant • a / mawl.

6 Oherwydd ti a laddwyd • ac a brynaist i / Dduw â'th / waed :
rai o bob llwyth ac / iaith a / phobl a / chenedl,

7 A gwnaethost hwy yn urdd frenhinol •
ac yn offeiriaid i'n / Duw – / ni :
ac fe deyr/nasant / hwy • ar y / ddaear.

8 Mawr a rhyfeddol yw / dy weith/redoedd :
O / Arglwydd / Dduw • holla/lluog;

9 Cyfiawn a gwir / yw dy / ffyrdd :
O / Frenin / y cen/hedloedd.

10 Pwy nid ofna, Arglwydd, a gogo/neddu • dy / enw? :
oherwydd ty/di yn / unig • sydd / sanctaidd.

11 Daw'r holl genhedloedd ac addoli / ger dy / fron :
oherwydd y mae dy farnedigaethau
/ cyfiawn / wedi • eu ham/lygu.

**Iddo ef sy'n eistedd ar yr orsedd / ac i'r / Oen :
y byddo'r moliant a'r gogoniant a'r gallu •
byth / bythoedd. / A–/men.**

43 A Song of the Redeemed
(Revelation 4:8b, 11; 5:9–10; 15:3–4)

[*Antiphon:* You are worthy, O Lord our God,
       to receive glory and honour and power.]

1 Holy, holy, holy is God •
     the sovereign / Lord of / all :
  who was, and / is, and / is to / come.

2 You are worthy, O / Lord our / God :
  to receive / glory and / honour and / power;

3 for you cre/ated / all things :
  and by your / will they / have their / being.

4 Worthy is the Lamb / who was / slain :
  to receive / glory and / honour and / praise;

5 For by your blood you / bought for / God :
  people of every tribe and / language / nation and / race.

6 You have made them a / kingdom of / priests :
  to stand and / serve be/fore our / God.

7 Great and wonderful are your deeds •
     Lord God / sovereign of / all :
  just and true are your / ways / King of the / ages.

8 Who shall not / fear you / Lord :
  and do homage to your name? •
     For / you a/lone are / holy.

9 All nations shall come and / worship be/fore you :
  for your just / dealings have / been re/vealed.

† **To him who sits on the throne and / to the / Lamb :**
‡ **be praise and honour, glory and might •**
     for ever and / ever. / A–/men.

44 Cân am yr Oen (Datguddiad 19:1b, 5b, 6b, 7, 9b)

[*Antiffon*: Llawenhawn a gorfoleddwn
 a rhown ogoniant a gwrogaeth i'n Duw.]

1 Eiddo ein Duw ni y waredigaeth a'r go/goniant • a'r / gallu :
 oherwydd gwir a chyfiawn / yw ei / farne•di/gaethau.

2 Molwch ein Duw ni, chwi ei holl / weision / ef :
 a'r rhai sy'n ei ofni / ef, yn / fach a / mawr.

‡3 Oherwydd y mae'r Arglwydd ein Duw, yr Hollalluog,
  wedi / dechrau • teyr/nasu :
 llawenhawn a gorfoleddwn •
  a / rhown — / iddo'r go/goniant,

4 Oherwydd daeth dydd pri/odas yr / Oen :
 ac ymbara/tôdd • ei bri/odferch / ef.

5 Gwyn eu byd y rhai sydd / wedi • eu / gwahodd :
 i / wledd bri/odas • yr / Oen.

 **Iddo ef sy'n eistedd ar yr orsedd / ac i'r / Oen :
 y byddo'r moliant a'r gogoniant a'r gallu •
  byth / bythoedd. / A–/men.**

45 Cân am y Ddinas Sanctaidd (Datguddiad 21:1–5a)

[*Antiffon*: Gwelais y ddinas sanctaidd
 yn disgyn o'r nef oddi wrth Dduw.]

1 Yna gwelais nef newydd a daear newydd :
 oherwydd yr oedd y nef gyntaf a'r ddaear gyntaf
  / wedi • mynd / heibio ac / nid oedd / môr — / mwyach.

2 A gwelais y ddinas sanctaidd, Jerwsalem newydd •
  yn disgyn o'r nef / oddi • wrth / Dduw :
 wedi ei pharatoi fel priodferch wedi / ei the/cáu i'w / gŵr.

3 Clywais lais uchel o'r / orsedd • yn / dweud :
 "Wele, y mae preswylfa / Duw — / gyda'r ddy/noliaeth;

4 Bydd ef yn preswylio gyda hwy •
  byddant hwy yn bobloedd / iddo / ef :
 a bydd Duw ei hun gyda / hwy, yn / Dduw — / iddynt.

44 A Song of the Lamb *(Revelation 19:1b, 5b, 6b, 7, 9b)*

[*Antiphon:* Let us rejoice and exult
 and give glory and homage to our God.]

1   Salvation and glory and power be/long to our /God :
    whose / judgements are / true and / just.

2   Praise our God, all / you his / servants :
    all who / fear him, both / small and / great.

3   The Lord our God, the Al/mighty / reigns :
    let us rejoice and e/xult and / give him the / glory.

4   For the marriage of the / Lamb has / come :
    and his / bride has / made herself / ready.

5   Blessed are those / who are in/vited :
    to the wedding / banquet / of the / Lamb.

**To him who sits on the throne and / to the / Lamb :
be praise and honour, glory and might •
    for ever and / ever. / A–/men.**

45 A Song of the Holy City *(Revelation 21:1–5a)*

[*Antiphon:* I saw the holy city, coming down out of heaven from God.]

1   I saw a new heaven and a / new / earth :
    for the first heaven and the first earth had passed away
        and the / sea – / was no / more.

2   And I saw the holy city, new Jerusalem •
        coming down out of / heaven from / God :
    prepared as a / bride a/dorned for her / husband.

3   And I heard a great voice from the / throne / saying :
    'Behold, the dwelling of / God is a/mong / mortals.

4   He will dwell with them
        and they shall / be his / peoples :
    and / God him/self • will be / with them.

5   He will wipe every tear / from their / eyes :
    and / death shall / be no / more.

5 Fe sych bob deigryn o'u / llygaid / hwy :
ac ni / bydd mar/wolaeth / mwyach,

6 Na galar na / llefain • na / phoen :
Y mae'r pethau / cyntaf / wedi • mynd / heibio."

7 Yna dywedodd yr hwn oedd yn eistedd / ar yr / orsedd :
"Wele, yr wyf yn / gwneud pob / peth yn / newydd."

**Iddo ef sy'n eistedd ar yr orsedd / ac i'r / Oen :
y byddo'r moliant a'r gogoniant a'r gallu •
byth / bythoedd. / A–/men.**

46 Cân am y Ddinas Nefol
(Datguddiad 21:22–26; 22:1, 2b, 2d, 3b–4)

[*Antiffon:* Wrth yr afon yr oedd pren y bywyd,
er iachâd y cenhedloedd.]

1 A theml ni welais / yn y / ddinas :
oherwydd ei theml hi yw'r Arglwydd Dduw,
yr / Holla/lluog • a'r / Oen.

2 Nid oes ar y ddinas angen na'r haul
na'r lleuad i dy/wynnu / arni :
oherwydd gogoniant Duw sy'n ei goleuo,
a'i / lamp – / hi yw'r / Oen.

‡3 A bydd y cenhedloedd yn rhodio yn ei go/leuni / hi :
a brenhinoedd y ddaear yn dwyn eu go/goniant •
i / mewn – / iddi.

4 Byth ni chaeir ei phyrth y dydd •
ac / ni bydd • nos / yno :
a byddant yn dwyn i mewn iddi
ogoniant ac an/rhydedd / y cen/hedloedd.

5 Dangoswyd imi afon dŵr y bywyd,
yn / ddisglair • fel / grisial :
yn llifo allan o / orsedd / Duw a'r / Oen.

6 Ar ddwy lan yr afon yr oedd / pren y / bywyd :
yn / dwyn / deuddeg / cnwd,

7 Gan roi pob cnwd / yn ei / fis :
ac yr oedd dail y pren / er ia/châd • y cen/hedloedd.

8 Yn y ddinas bydd gorsedd / Duw a'r / Oen :
a'i weision / yn ei / wasa/naethu;

6 Neither shall there be mourning,
    nor crying, nor / pain • any / more :
  for the former / things have / passed a/way.'

7 And the One who sat upon the / throne / said :
  'Behold / I make / all things / new.'

  To him who sits on the throne and / to the / Lamb :
  be praise and honour, glory and might •
      for ever and / ever. / A–/men.

46 A Song of the Heavenly City
(Revelation 21:22–26; 22:1, 2b, 2d, 3b–4)

[*Antiphon:* By the river stood the tree of life,
          with healing for all the nations.]

1 I saw no / temple • in the / city :
  for its temple is the Lord God the Al/mighty
      / and the / Lamb.

2 And the city has no need
      of sun or moon to / shine u/pon it :
  for the glory of God is its light •
      and its / lamp / is the / Lamb.

3 By its light the / nations shall / walk :
  and the rulers of the earth
      shall / bring their / glory / into it.

4 Its gates shall never be shut by day,
      nor shall there be / any / night :
  they shall bring into it
      the glory and / honour / of the / nations.

5 I saw the river of the water of life
      / bright as / crystal :
  flowing from the throne of / God
      and / of the / Lamb.

6 And either side of the river stood the tree of life •
      yielding its / fruit each / month :
  and the leaves of the tree
      were for the / healing / of the / nations.

Appendix III: Canticle 46

9 Cânt / weld ei / wyneb :
   a bydd ei / enw / ar eu • tal/cennau.

‡ **Iddo ef sy'n eistedd ar yr orsedd / ac i'r / Oen :**
   y byddo'r moliant a'r gogoniant a'r gallu •
   byth / bythoedd. / A–/men.

47 Cân am yr Ysbryd (Datguddiad 22:12–14, 16–17, 20)

[*Antiffon*: "Yn wir, yr wyf yn dod yn fuan."
           Amen. Tyrd, Arglwydd Iesu!]

1 "Wele, yr wyf yn dod yn fuan," medd yr Arglwydd •
   "a'm gwobr / gyda / mi :
   i'w rhoi i bob / un yn / ôl • ei weith/redoedd.

2 Myfi yw Alffa ac Omega, y / cyntaf • a'r / olaf :
   y / dechrau / a'r — / diwedd."

3 Gwyn eu byd y rhai sy'n / golchi • eu / mentyll :
   er mwyn iddynt gael hawl ar bren y bywyd •
   a my/nediad • trwy'r / pyrth i'r / ddinas.

4 "Yr wyf fi, Iesu, wedi / anfon • fy / angel :
   i dystiolaethu am y pethau hyn i chwi ar / gyfer / yr egl/wysi.

5 Myfi yw Gwreiddyn a Hil/iogaeth / Dafydd :
   seren / ddis–/glair y / bore."

6 Y mae'r Ysbryd a'r briodferch / yn dweud / "Tyrd" :
   a'r sawl sy'n clywed dy/weded / yntau / "Tyrd."

7 A'r sawl sy'n sychedig / deued • ym/laen :
   a'r sawl sydd yn ei ddymuno •
   derbynied / ddŵr y / bywyd • yn / rhodd.

8 "Yn wir, yr wyf yn / dod yn / fuan" :
   Amen. / Tyrd — / Arglwydd / Iesu!

‡7 The throne of God and of the Lamb / shall be / there :
and his servants shall worship him •
and they shall see his face
and his / name • shall be / on their / foreheads.

**To him who sits on the throne and / to the / Lamb :
be blessing and honour, glory and might •
for ever and / ever. / A–/men.**

47 A Song of the Spirit (Revelation 22:12–14, 17, 20)

[*Antiphon:* 'Surely, I am coming soon.'
         Amen. Come, Lord, Jesus!]

1 'Behold I am coming soon' / says the / Lord :
   'and bringing my reward with me •
      to give to everyone ac/cording / to their / deeds.

2 I am the Alpha and the Omega, the / first and the / last :
   the be/ginning / and the / end.'

3 Blessed are those who do God's commandments •
      that they may have the right to the / tree of / life :
   and may enter into the / city / through the / gates.

4 'I, Jesus, have sent my / angel / to you :
   with this / testimony for / all the / churches.

5 I am the root and the / offspring of / David :
   I am the / bright / morning / star.'

6 'Come!' say the / Spirit • and the / bride :
   'Come!' / let each / hearer re/ply.

7 Come forward, you / who are / thirsty :
   let those who desire take the / water of / life • as a / gift.

8 'Surely I am / coming / soon' :
   Amen. / Come – / Lord – / Jesus!

Appendix III: Canticle 47   201

CANTIGLAU ERAILL

48 Te Deum Laudamus

1 Molwn / di, O / Dduw :
   cydna/byddwn / di yn / Arglwydd;

2 Y mae'r holl greadigaeth yn d'a/ddoli / di :
   y / Tad – / tra–/gwyddol.

3 I ti y cân yr holl angylion a holl / rymoedd • y / nef :
   y cerwbiaid a'r se/raffiaid • mewn / mawl di / derfyn,

4 Sanctaidd, sanctaidd, sanctaidd Arglwydd •
       Dduw / gallu • a / nerth :
   y mae'r nefoedd a'r / ddaear • yn / llawn • o'th o/goniant.

5 Y mae gogoneddus gwmpeini'r apostolion / yn dy / foli :
   y mae cymdeithas ardderchog y pro/ffwydi / yn dy / foli,

6 Y mae / byddin • y mer/thyron :
   yn eu gwisgoedd / gwynion / yn dy / foli.

7 Y mae'r Eglwys lân drwy'r holl fyd / yn dy / foli :
   y / Tad • o an/feidrol / fawredd;

8 Dy wir ac unig Fab, sy'n deilwng / o bob / moliant :
   a'r Ysbryd Glân, eir/iolwr • ac ar/weinydd.

9 Ti Grist yw / Brenin • y go/goniant :
   ti yw tra/gwyddol / Fab y / Tad.

10 Pan gymeraist gnawd / i'n rhydd/hau ni :
    dewisaist yn / wylaidd / groth y / Wyryf.

11 Gorchfygaist / golyn / angau :
    ac agor teyrnas / nef i / bawb sy'n / credu.

12 Yr wyt yn eistedd ar ddeheulaw / Duw • mewn go/goniant :
    yr ydym yn credu y / deui / di i'n / barnu.

13 Tyrd, felly, O Arglwydd, a chynorth/wya dy / bobl :
    a / brynwyd • â'th / waed dy / hun;

14 A dwg ni / gyda'th / saint :
    i'r go/gon–/iant trag/wyddol.

[15 Arglwydd, achub dy bobl • a bendithia dy / eti/feddiaeth :
    llywodraetha hwy a'u / cynnal • yn / awr a • phob / amser.

16 Ddydd ar ôl dydd ben/dithiwn / di :
    a / molwn • dy / enw / byth.

OTHER CANTICLES

48 Te Deum Laudamus

1 We praise you, O God, • we acclaim you / as the / Lord :
   all creation worships you • the /Father / ever/lasting.

2 To you all angels, all the / powers of / heaven :
   the cherubim and seraphim / sing in / endless / praise,

3 Holy, holy, holy Lord • God of / power and / might :
   heaven and / earth are / full of your / glory.

4 The glorious company of a/postles / praise you :
   the noble fellowship of prophets praise you •
       the white-robed / army of / martyrs / praise you.

5 Throughout the world the holy / Church ac/claims you :
   Father of / majes/ty un/bounded;

6 Your true and only Son, worthy / of all / praise :
   the Holy Spirit / advo/cate and / guide.

7 You Christ are the / King of / glory :
   the et/ernal / Son of the / Father.

8 When you took our flesh to / set us / free :
   you humbly / chose the / Virgin's / womb.

9 You overcame the / sting of / death :
   and opened the kingdom of / heaven to / all be/lievers.

10 You are seated at God's right / hand in / glory :
    we believe that you will / come and / be our / judge.

11 Come then, Lord, and / help your / people :
    bought with the / price of / your own / blood;

12 And bring us / with your / saints :
    to / glory / ever/lasting.

[14 Save your people, Lord, and / bless your in/heritance :
    govern and up/hold them / now and / always.

15 Day by / day we / bless you :
    we / praise your / name for / ever.

16 Keep us today, Lord / from all / sin :
    have mercy / on us / Lord, have / mercy.

17 Cadw ni heddiw, O Arglwydd / yn ddi/bechod :
Arglwydd, trugarha / wrthym / trugar•ha / wrthym.

18 Arglwydd, dangos inni dy gariad / a'th dru/garedd :
oherwydd yr ydym / yn ym/ddiried / ynot.

‡19 Ynot ti, O Arglwydd, y / mae ein / gobaith :
na chywil/yddier • mo/honom / byth.]

[Dim Mawlgan]

49 Phos Hilaron

1 O rasol oleuni •
    llewyrch pur y Tad bythfywiol / yn y / nefoedd :
O sanctaidd a ben/digaid / Iesu / Grist!

2 Yn awr, a ninnau'n nesáu at / fachlud / haul :
a'n llygaid yn / gweld go/leuni'r / hwyr,

3 Canwn dy / fawl, O / Dduw :
Tad / Mab ac / Ysbryd / Glân.

4 O Fab Duw, Rhoddwr bywyd •
    teilwng wyt ti bob amser o foliant / lleisiau / llawen :
ac i'th ogo/neddu • drwy'r / bydoedd / oll.

[Dim Mawlgan]

50 Salvator Mundi

1 Iesu, Iachawdwr y byd, •
    tyrd atom yn / dy dru/garedd :
wrthyt ti y disgwyliwn am / ware/digaeth • a / chymorth.

2 Trwy dy fywyd a aberthaist ar y Groes •
    rhydd/heaist • dy / bobl :
wrthyt ti y disgwyliwn am / ware/digaeth • a / chymorth.

3 Pan oeddynt ar drengi, •
    gwaredaist / dy ddis/gyblion :
wrthyt / ti • y dis/gwyliwn • am / gymorth.

4 O'th fawr drugaredd •
    rhyddha ni / o'n cad/wynau :
O / maddau • be/chodau • dy holl / bobl.

17 Lord show us your / love and / mercy :
    for we have / put our / trust in / you.

18 In you, Lord / is our / hope :
    let us / never be / put to / shame.]

[No Doxology]

49 Phos Hilaron

1 O gracious light,
       pure brightness of the everliving / Father in / heaven :
   O Jesus / Christ / holy and / blessed!

2 Now, as we come to the / setting • of the / sun :
   and our eyes be/hold the / evening / light,

3 We sing your / praises, O / God :
   Father / Son and /Holy / Spirit.

4 You are worthy at all times to be praised by happy voices •
       O Son of God, O / Giver • of / life :
   and to be / glorified through / all • the / worlds.

[No Doxology]

50 Salvator Mundi

1 Jesus, Saviour of the world •
       come to us / in your / mercy :
   we look to / you to / save and / help us.

2 By your life laid down on the Cross •
       you set your / people / free :
   we look to / you to / save and / help us.

3 When they were ready to perish •
       you / saved your dis/ciples :
   we look to / you to / come to our / help.

4 In the greatness of your mercy •
       loose us / from our / chains :
   forgive the / sins of / all your / people.

5 Amlyga dy hun inni yn Iachawdwr •
 a Gwa/redwr / nerthol :
 gwared a chymorth ni / fel • y mo/liannwn / di.

6 A phan ddeui yn dy ogoniant, •
 gwna ni'n / un â / thi :
 ac yn gyf/rannog • o / fywyd • dy / deyrnas.

51 Duw'r Gwaredwr
(Llyfr Du Caerfyrddin, y drydedd ganrif ar ddeg, addasiad)

Yn enw ein Duw ni,
Fy rhan yw ei foli,
Mawr ei foliant:

Molaf fi Dduw, a'i drugaredd ar gynnydd.
Bugail cadarn yw Crist, ei anrhydedd ni dderfydd.

Duw a'n creodd,
Duw a'n hamddiffynnodd,
Duw a'n gwaredodd:

Molaf fi Dduw, a'i drugaredd ar gynnydd.
Bugail cadarn yw Crist, ei anrhydedd ni dderfydd.

Duw yw ein gobaith;
Mae'n deilwng a pherffaith,
A theg ei fendith:

Molaf fi Dduw, a'i drugaredd ar gynnydd.
Bugail cadarn yw Crist, ei anrhydedd ni dderfydd.

Duw sydd uchod, Brenin y Drindod.
Daeth inni'n ymborth yn ein trallod,
Daeth i'w garcharu'i hun mewn dibristod :

Molaf fi Dduw, a'i drugaredd ar gynnydd.
Bugail cadarn yw Crist, ei anrhydedd ni dderfydd.

Fendigaid Arglwydd, gwna ni'n rhydd cyn Dydd y Farn,
A'n croesawu, er mwyn dy allu, i gydrannu
Gwledd Paradwys, lle cawn orffwys heb bwys pechod :

Molaf fi Dduw, a'i drugaredd ar gynnydd.
Bugail cadarn yw Crist, ei anrhydedd ni dderfydd.

5 Make yourself known as our Saviour •
    and / mighty de/liverer :
  save and / help us • that / we may / praise you.

6 And when you come in your glory •
    make us to be / one with / you :
  and to / share the / life • of your / kingdom.

51 God the Saviour
(Black Book of Carmarthen, thirteenth century)

In the name of God,
Who should be praised,
Whose praise is great :

We praise God's ever-increasing mercy –
Christ is a strong shepherd, honoured for ever.

God created us,
God defended us,
God has rescued us :

We praise God's ever-increasing mercy –
Christ is a strong shepherd, honoured for ever.

God is our hope,
Worthy and perfect,
His blessing beautiful :

We praise God's ever-increasing mercy –
Christ is a strong shepherd, honoured for ever.

We owe our king, the Trinity, everything.
In our suffering God was our help;
Enslaving himself for us in humility :

We praise God's ever-increasing mercy –
Christ is a strong shepherd, honoured for ever.

May the blessed Lord free us by Judgement Day,
Through his gentle purity bring us to feast
In Paradise, welcome and free of sin's burden :

We praise God's ever-increasing mercy –
Christ is a strong shepherd, honoured for ever.

Trwy ei ddirfawr friw fe'n hachubodd Duw
    pan gymerth gnawd.
Pe bai Crist heb ein prynu, byddem wedi'n collfarnu.
O'r grog waedlyd y gwaredwyd y bydysawd :

Molaf fi Dduw, a'i drugaredd ar gynnydd.
Bugail cadarn yw Crist, ei anrhydedd ni dderfydd.

[Dim Mawlgan]

52 Cantigl Blygain
(Y Brawd Madog ap Gwallter c. 1250, addasiad)

Mab a roddwyd i ni.

Mab gogoned, Mab i'n gwared, y Mab gorau,
Mab i Forwyn, grefydd addfwyn, aeddfed eiriau,
Heb gnawdol dad, hwn yw'r Mab rhad, rhoddwr rhadau.

Mab a roddwyd i ni.

Doeth ystyriwn a rhyfeddwn at ryfeddodau!
Ni bydd bellach ddim rhyfeddach a draetha genau.
Daeth Duw ei hun, a'r Duw yn ddyn, o'r un doniau.

Mab a roddwyd i ni.

Cawr mawr bychan, cadarn, gwan, gwyn ei ruddiau,
Cyfoethog, tlawd, ein Tad a'n Brawd, awdur barnau,
Isel, uchel, Immanuel, mêl meddyliau.

Mab a roddwyd i ni.

Arglwydd purdeb, yn y preseb, mewn cadachau,
A sopen wair yn lle cadair i'n Llyw cadau;
Yn lle pali o gylch ei wely gwelid carpiau.

Mab a roddwyd i ni.

Ganed Arglwydd yn nhref Dafydd yn ddiamau,
A chlyw dynion sŵn angylion – diolchiadau:
"I Dduw gloria, pax in terra, i'n terfynau."

Mab a roddwyd i ni.

[Dim Mawlgan]

When God became man he was tortured for us.
Christ's flawless deed was our redemption;
The universe was saved by a bloodstained cross :

We praise God's ever-increasing mercy —
Christ is a strong shepherd, honoured for ever.

[No Doxology]

53 Gogoneddus Arglwydd
(Llyfr Du Caerfyrddin, y drydedd ganrif ar ddeg, addasiad)

Gogoneddus Arglwydd, Henffych Well!

Molianned eglwys a changell di;
Molianned cangell ac eglwys di;
Molianned mynydd a dyffryn di;
Molianned coedlan a pherllan di.

Gogoneddus Arglwydd, Henffych Well!

Moliannodd Abraham, y cyntaf o'r ffyddloniaid, di;
Molianned y bywyd tragwyddol di;
Molianned adar a phryfed di;
Molianned gwelltglas a sofl di;
Moliannodd Aaron a Moses di.

Gogoneddus Arglwydd, Henffych Well!

Molianned gwryw a benyw di;
Molianned planedau a sêr di;
Molianned pysgod y dyfroedd di;
Molianned popeth da a greaist di.
Molwn ninnau di, ogoneddus Arglwydd.

Gogoneddus Arglwydd, Henffych Well!

[Dim Mawlgan]

54 Cân y Brawd Haul (Gweddi Sant Ffransis)

1   Arglwydd dyrchafedig, holla/lluog • a / da :
    i ti y bo'r mawl a'r gogoniant • yr an/rhydedd / a'r – / fendith.

2   I ti, y Goruchaf, yn unig / y per/thynant :
    ac nid oes neb teilwng i / alw / ar dy / enw.

3   Boed / mawl • i ti / Arglwydd :
    gyda'th / holl – / grea/duriaid,

4   Yn enwedig y / brawd – / haul :
    yr wyt yn goleuo / trwyddo • y / dydd i / ni.

‡5 Y mae'n hardd a thanbaid yn ei / fawr ys/blander :
    yn arwydd o/honot / ti • y Go/ruchaf.

6   Boed / mawl • i ti / Arglwydd :
    am y chwaer / lleuad / a'r – / sêr;

53 *Glorious Lord*
(Black Book of Carmarthen, thirteenth century)

Welcome Glorious Lord!

May church and chancel praise you;
May chancel and church praise you;
May hill and valley praise you;
May woods and orchards praise you.

Welcome Glorious Lord!

Abraham, first of the faithful, praised you;
May life eternal praise you;
May birds and insects praise you;
May green grass and stubble praise you;
Aaron and Moses praised you.

Welcome Glorious Lord!

May male and female praise you;
May planets and stars praise you;
May fish in flowing waters praise you;
May all good things created praise you.
We praise you, Lord of glory.

Welcome Glorious Lord!

[No Doxology]

54 *The Canticle of Brother Sun (Prayer of Saint Francis)*

1 Most High, all / powerful • good / Lord, :
   to you be praise, glory / honour / and all / blessing.

2 Only to you, Most High, do / they be/long :
   and no one is worthy to / call up/on your / name.

3 May you be / praised, my Lord :
   with / all – / your – / creatures,

4 Especially / brother / sun :
   through whom you / lighten • the / day – / for us.

‡5 He is beautiful and radiant / with great / splendour :
    he signifies / you – / O Most / High.

6 Be / praised, my / Lord :
   for / sister / moon • and the / stars;

Appendix III: Canticle 53

7 Clir a drud/fawr • a / hyfryd :
y ffurfiwyd / hwy yn / y ffur/fafen.

8 Boed / mawl • i ti / Arglwydd :
am / y – / brawd – / gwynt

9 Ac am awyr a chwmwl ac / wybren / glir :
a phob tywydd yr wyt ti trwyddynt
yn / cynnal • dy / grea/duriaid.

10 Boed / mawl • i ti / Arglwydd :
am / y – / chwaer – / dŵr,

11 Sy'n ddef/nyddiol • a / gwylaidd :
yn / werth–/fawr a / phur.

12 Boed / mawl • i ti / Arglwydd :
am / y – / brawd – / tân

13 Y goleuir trwyddo y / nos i / ni :
y mae'n hardd ac yn llawen,
yn / llawn – / cryfder • a / nerth.

14 Boed / mawl • i ti / Arglwydd :
am ein / chaer – / y fam / ddaear.

15 Sy'n ein cynnal / a'n rhe/oli :
ac yn cynhyrchu ffrwythau amrywiol
a / blodau / lliwgar • a / glaswellt.

16 Boed / mawl • i ti / Arglwydd :
gan bawb sy'n maddau am eu bod yn dy garu di •
A chan bawb sy'n di/oddef / gwendid • a / thrallod.

17 Gwyn fyd y sawl a ddwg y pethau hyn,
er dy fwyn / mewn tang/nefedd :
cânt goron / gennyt / ti • y Go/ruchaf.

18 Boed / mawl • i ti / Arglwydd :
am ein / chwaer mar/wolaeth • y / corff,

19 Na all neb byw / ddianc / rhagddi :
gwae'r sawl sydd yn / marw • mewn / pechod / marwol.

20 Gwyn fyd y sawl a geir yn gwneud dy ewyllys / sanctaidd / di :
oherwydd nis niweidir / gan yr / ail far/wolaeth.

21 Molwch a bendithiwch yr Arglwydd • di/olchwch / iddo :
a gwasanaethwch ef mewn / gosty/ngeiddrwydd / mawr.

[Dim Mawlgan]

7   Clear and / precious • and / lovely :
    they are / formed – / in – / heaven.

8   Be / praised, my / Lord :
    for / bro–/ther – / wind;

9   And for air and clouds • clear / skies and • all / weathers :
    by which you give / suste•nance / to your / creatures.

10 Be / praised, my / Lord :
    for / sis–/ter – / water,

11 Who is very / useful • and / humble :
    and / pre–/cious and / pure.

12 Be / praised, my / Lord :
    for / bro–/ther – / fire,

13 By whom the night is i/llumined / for us :
    he is beautiful and cheerful / full of / power and / strength.

14 Be / praised, my / Lord :
    for / our sister / mother / earth,

15 Who su/stains and / governs us :
    and produces diverse fruits and / coloured / flowers and / grass.

16 Be / praised, my / Lord :
    by all those who for/give for / love of / you,

17 And who bear weakness and / tribu/lation :
    Blessed are those who bear them in peace •
        for you, Most / High, they / will be / crowned.

18 Be / praised, my / Lord :
    for our / sister • the / death • of the / body,

19 From which no one living is / able • to / flee :
    woe to those who are / dying • in / mortal / sin.

20 Blessed are those who are found doing your most / holy / will :
    for the second / death will / do them • no / harm.

21 Praise and bless my Lord and / give him / thanks :
    and / serve him • with / great hu/mility.

[No Doxology]

Appendix III: Canticle 54   213

iv CREDO'R BEDYDD

Gellir defnyddio'r canlynol yn lle Credo'r Apostolion.

**Yr wyf yn credu ac yn ymddiried yn Nuw Dad,
ffynhonnell pob bod a bywyd,
yr un yr ydym yn bod er ei fwyn.**

**Yr wyf yn credu ac yn ymddiried yn Nuw Fab,
a gymerodd ein natur ddynol ni,
a fu farw drosom ac a atgyfododd.**

**Yr wyf yn credu ac yn ymddiried yn Nuw Ysbryd Glân,
sy'n rhoi bywyd i bobl Dduw
ac yn amlygu Crist yn y byd.**

**Dyma ffydd yr Eglwys.
Dyma ein ffydd ni.
Yr ydym yn credu ac yn ymddiried yn un Duw,
Tad, Mab ac Ysbryd Glân. Amen.**

v GWEDDÏAU

Pan fo'r Gweddïau yn weddïau o ddeisyfiad, neu pan ddefnyddir unrhyw un o'r Litanïau Byrion (3)–(10), dylid ychwanegu gweddïau byrion o ymateb ar ôl pob deisyfiad, er enghraifft

Arglwydd, yn dy drugaredd,
gwrando ein gweddi.

Arglwydd, clyw ni.
Yn rasol, clyw ni, O Arglwydd.

Arnat ti, Arglwydd, y gweddïwn.
Arglwydd, trugarha.

Clyw ni, O Arglwydd,
oherwydd mawr yw dy drugaredd.

Mewn ffydd y gweddïwn.
Gweddïwn arnat ti, O Dduw.

Arglwydd, trugarha.
Clyw ni, Arglwydd da.

Nid yw'r diweddiadau rhwng cromfachau i'r Litanïau Byrion (5)–(10) yn orfodol, a gellir eu cyfnewid â'i gilydd. Gellir hefyd eu defnyddio, os dymunir, ar ddiwedd unrhyw un o'r Litanïau Byrion (1)–(4).

A BAPTISMAL CREED

The following may be used instead of the Apostles' Creed.

> **I believe and trust in God the Father,
> source of all being and life,
> the one for whom we exist.**
>
> **I believe and trust in God the Son,
> who took our human nature,
> died for us and rose again.**
>
> **I believe and trust in God the Holy Spirit,
> who gives life to the people of God
> and makes Christ known in the world.**
>
> **This is the faith of the Church.
> This is our faith.
> We believe and trust in one God,
> Father, Son and Holy Spirit. Amen.**

PRAYERS

When the Prayers take the form of biddings, or when any of the Short Litanies (3)–(10) is used, brief responsorial prayers should be inserted after each bidding or petition, for example

> Lord, in your mercy,
> **hear our prayer.**
>
> Lord, hear us.
> **Lord, graciously hear us.**
>
> We pray to you, O Lord.
> **Lord, have mercy.**
>
> Hear us, O Lord,
> **for your mercy is great.**
>
> In faith we pray.
> **We pray to you, O God.**
>
> Lord, have mercy.
> **Hear us, good Lord.**

The bracketed endings to Short Litanies (5)–(10) are optional and interchangeable. In addition, any of them may be used, if desired, at the end of any of the Short Litanies (1)–(4).

Appendix IV   215

CYLCH YMBILIAU

Os dymunir gweddïo dros wahanol faterion dros gyfnod o wythnos neu mewn gwahanol dymhorau, gall y Gweddïau gynnwys y materion a ganlyn.

Adeg Amser Cyffredin

Bob dydd
Yn y bore: y diwrnod a'i orchwylion; y byd a'i anghenion; yr Eglwys a'i bywyd.
Gyda'r hwyr: tangnefedd, unigolion a'u hanghenion.

Dydd Sul
Yr Eglwys fyd-eang
Esgobion, synodau a phawb sy'n arwain yr Eglwys
Arweinwyr y cenhedloedd
Byd natur ac adnoddau'r ddaear
Pawb ym mhob math o angen

Dydd Llun
Y cyfryngau a'r celfyddydau
Amaethwyr a physgotwyr
Byd busnes a diwydiant
Y rhai hynny nad yw eu gwaith yn eu boddhau,
  neu y mae eu gwaith yn feichus neu'n beryglus
Pawb sy'n ddi-waith

Dydd Mawrth
Y rhai sy'n glaf o gorff, meddwl neu ysbryd
Y rhai sy'n dioddef oherwydd newyn neu drychineb
Y rhai sy'n dioddef trais a cham-driniaeth,
  rhagfarn ac anoddefgarwch
Y rhai sydd mewn galar
Aelodau o'r proffesiynau meddygol ac iachaol

Dydd Mercher
Y gwasanaethau cymdeithasol
Dioddefwyr a chyflawnwyr troseddau
Y rhai sy'n gweithio yn y drefn cyfiawnder troseddol
Asiantaethau cymorth ledled y byd
Y rhai sy'n byw mewn tlodi neu dan orthrwm

Dydd Iau
Llywodraeth leol, arweinwyr cymunedol
Pawb sy'n darparu gwasanaethau lleol
Y rhai sy'n gweithio gyda phobl ifainc neu hen bobl
Ysgolion, colegau a phrifysgolion
Mudiadau argyfwng a mudiadau achub

A CYCLE OF INTERCESSION

Prayers may include the following concerns if it is desired to pray for different topics in the course of the week or through the seasons.

In Ordinary Time

Every day
> *In the morning:* the day and its tasks; the world and its needs; the Church and her life.
> *In the evening:* peace; individuals and their needs.

Sunday
> The universal Church
> Bishops, synods and all who lead the Church
> The leaders of the nations
> The natural world and the resources of the earth
> All in any kind of need

Monday
> The media and the arts
> Farming and fishing
> Commerce and industry
> Those whose work is unfulfilling, stressful or dangerous
> All who are unemployed

Tuesday
> Those who are sick in body, mind or spirit
> Victims of famine or disaster
> Victims of violence and abuse, prejudice and intolerance
> The bereaved
> Members of the medical and healing professions

Wednesday
> The social services
> Victims and perpetrators of crime
> Those who work in the criminal justice system
> Aid agencies throughout the world
> Those living in poverty or under oppression

Thursday
> Local government, community leaders
> All who provide local services
> Those who work with young or elderly people
> Schools, colleges and universities
> Emergency and rescue organizations

Dydd Gwener
    Y *Frenhines*
    Aelodau Seneddol ac Aelodau Cynulliad Cymru
    Y lluoedd arfog
    Heddwch a chyfiawnder
    Y rhai sy'n gweithio dros gymod
    Y rhai sy'n dioddef oherwydd rhyfel neu anghydfod sifil
    Carcharorion, ffoaduriaid a phobl ddigartref

Dydd Sadwrn
    Ein cartrefi, ein teuluoedd, ein cyfeillion a phawb a garwn
    Y rhai sy'n treulio'u hamser yn gofalu am eraill
    Y rhai sy'n agos at farw
    Y rhai a gollodd obaith
    Addoliad yr Eglwys.

Yn ystod y Tymhorau

Bob dydd
    Yn y bore: y diwrnod a'i orchwylion; y byd a'i anghenion; yr Eglwys a'i bywyd.
    Gyda'r hwyr: tangnefedd, unigolion a'u hanghenion.

Adfent
    Yr Eglwys, ar iddi fod yn barod at ddyfodiad Crist
    Arweinwyr yr Eglwys
    Y cenhedloedd, ar iddynt fod yn ddarostyngedig i lywodraeth Duw
    Y rhai sy'n gweithio dros gyfiawnder yn y byd
    Y rhai briwedig, ar iddynt brofi iachâd Duw

Nadolig
    Yr Eglwys, yn arbennig mewn lleoedd lle y mae gwrthdaro
    Y Wlad Sanctaidd, am heddwch gyda chyfiawnder, ac am gymod
    Ffoaduriaid a cheiswyr lloches
    Pobl ddigartref
    Plant ifainc a'u teuluoedd

Ystwyll
    Undod Cristnogol
    Heddwch y byd
    Iacháu'r claf
    Datguddio Crist i bawb y cuddiwyd ei ogoniant rhagddynt
    Pawb sy'n teithio

Friday
    The *Queen*
    Members of Parliament and the National Assembly for Wales
    The armed forces
    Peace and justice
    Those who work for reconciliation
    Victims of war and civil strife
    Prisoners, refugees and homeless people

Saturday
    Our homes, families, friends and all whom we love
    Those whose time is spent caring for others
    Those who are close to death
    Those who have lost hope
    The worship of the Church.

During the Seasons

Every day
    In the morning: the day and its tasks; the world and its
        needs; the Church and her life.
    In the evening: peace; individuals and their needs.

Advent
    The Church, that she may be ready for the coming of Christ
    The Church's leaders
    The nations, that they may be subject to the rule of God
    Those who are working for justice in the world
    The broken, that they may find God's healing

Christmas
    The Church, especially in places of conflict
    The Holy Land, for peace with justice, and reconciliation
    Refugees and asylum seekers
    Homeless people
    Young children and their families

Epiphany
    Christian unity
    The peace of the world
    The healing of the sick
    The revelation of Christ to all from who his glory is hidden
    All who travel

Garawys
Y rhai sy'n paratoi at fedydd a bedydd esgob
Y rhai sy'n gwasanaethu trwy arwain
Y rhai sy'n ceisio maddeuant
Y rhai a gamarweinir gan dduwiau gau yr oes bresennol
Y newynog

Tymor y Dioddefaint
Cristnogion a erlidir
Y gorthrymedig
Yr unig
Pawb sy'n agos at farw
Pawb sy'n wynebu colled

Y Pasg
Pobl Dduw, ar iddynt gyhoeddi'r Arglwydd atgyfodedig
Creadigaeth Duw, ar i bobloedd y ddaear wynebu eu cyfrifoldeb i ofalu amdani
Y rhai sydd mewn anobaith a thywyllwch, ar iddynt ddod o hyd i obaith a goleuni Crist
Y rhai sy'n ofni marw
Carcharorion a'r rhai sydd mewn caethiwed

Y Dyrchafael hyd at y Pentecost
Offeiriadaeth frenhinol Duw, ar iddi gael ei nerthu gan yr Ysbryd
Y rhai sy'n disgwyl wrth Dduw, ar iddynt dderbyn adnewyddiad
Yr holl bobl, ar iddynt gydnabod arglwyddiaeth y Crist esgynedig
Y ddaear, ar iddi fod yn gynhyrchiol a dwyn cynaeafau ffrwythlon
Pawb sy'n ymgodymu â pherthynas ddrylliedig

Y Deyrnas
Cristnogion, ar iddynt fyw fel dinasyddion y nefoedd
Yr holl bobl, ar iddynt glywed a chredu gair Duw
Pawb sy'n ofni misoedd y gaeaf
Llywiawdwyr ac arweinwyr y cenhedloedd, ar iddynt efelychu llywodraeth gyfiawn Crist
Pawb sy'n galaru neu sy'n gwylio dros y rhai sy'n marw

Lent
- Those preparing for baptism and confirmation
- Those serving through leadership
- Those seeking forgiveness
- Those misled by the false gods of this present age
- The hungry

Passiontide
- Persecuted Christians
- The oppressed
- The lonely
- All who are near to death
- All who are facing loss

Easter
- The people of God, that they may proclaim the risen Lord
- God's creation, that the peoples of the earth may meet their responsibility to care
- Those in despair and darkness, that they may find the hope and light of Christ
- Those in fear of death
- Prisoners and captives

Ascension to Pentecost
- God's royal priesthood, for empowerment by the Spirit
- Those who wait on God, that they may find renewal
- All people, that they may acknowledge the lordship of the ascended Christ
- The earth, for productivity and fruitful harvests
- All who are struggling with broken relationships

Kingdom
- Christian people, that they may live as citizens of heaven
- All people, that they may hear and believe the word of God
- All who fear the winter months
- All sovereigns and leaders of the nations, that they imitate the righteous rule of Christ
- All who grieve or who wait with the dying

LITANÏAU BYRION

1 Dangos inni dy drugaredd, O Arglwydd:
fel yr adwaenom dy gariad achubol.

Gwisged dy weinidogion gyfiawnder:
a chaned dy weision mewn llawenydd.

O Arglwydd, hysbyser dy ffyrdd ar y ddaear:
dy iachawdwriaeth ymhlith yr holl genhedloedd.

Arglwydd, dyro ras i'r *Frenhines*:
a thywys ei *ch*ynghorwyr mewn doethineb.

Dyro i'th bobl fendith tangnefedd:
ac amddiffyn ni am byth.

Pura ein calonnau, O Dduw:
ac adnewydda ni â'th Ysbryd Glân

Gellir gwahodd y bobl i rannu eu hymbiliau'n gyhoeddus neu i weddïo'n dawel.

2 Dyrchafer di, O Arglwydd, uwch y nefoedd:
bydded dy ogoniant dros yr holl ddaear.

Adnewydda dy Eglwys mewn sancteiddrwydd:
a dyro i'th bobl fendith tangnefedd.

Cadw ein cenedl dan dy ofal:
a thywys ni ar lwybr cyfiawnder a gwirionedd.

Hysbyser dy ffyrdd ar y ddaear:
dy nerth achubol ymhlith yr holl genhedloedd.

Paid â gadail inni anghofio'r anghenus, O Dduw:
na diddymu gobaith y tlawd.

Arglwydd, clyw ein gweddi:
oherwydd ynot ti yr ydym yn ymddiried.

Gellir gwahodd y bobl i rannu eu hymbiliau'n gyhoeddus neu i weddïo'n dawel.

3 Ar i'r Eglwys fod yn un wrth dystio i'r Efengyl a'i chyhoeddi …

Am heddwch a sefydlogrwydd i'r holl bobloedd, a thros arweinwyr y cenhedloedd …

SHORT LITANIES

1. Show us your mercy, O Lord:
    that we may know your saving love.

    Let your ministers be clothed with righteousness:
    and let your servants sing for joy.

    O Lord, make your ways known on earth:
    your saving power among all nations.

    O Lord, give grace to the *Queen*:
    and guide *her* counsellors in wisdom.

    Give your people the blessing of peace:
    and for ever defend us.

    Purify our hearts, O God:
    and renew us by your Holy Spirit.

    The people may be invited to share their petitions aloud or to pray silently.

2. Be exalted, Lord, above the heavens:
    may your glory cover the earth.

    Renew your Church in holiness:
    and give your people the blessing of peace.

    Keep our nation under your care:
    and guide us in justice and truth.

    Let your way be known on earth:
    your saving power among all nations.

    Do not let the needy, O God, be forgotten:
    nor the hope of the poor be taken away.

    Lord, hear our prayer:
    for we put our trust in you.

    The people may be invited to share their petitions aloud or to pray silently.

3. For the unity of the Church in witness and proclamation of the Gospel …

    For the peace and stability of all peoples, and for the leaders of the nations …

Dros leoedd gwaith, lleoedd addysgu a lleoedd hamdden …

Am fendith ar ein cartrefi; dros ein perthnasau a'n cyfeillion a phawb a garwn …

Dros y claf a'r sawl sy'n dioddef, a phawb sy'n gweini ar eu hanghenion …

Cyflwynwn ein hunain, a phawb y gweddïwn drostynt, i drugaredd a nodded Duw.

Gellir gwahodd y bobl i rannu eu hymbiliau'n gyhoeddus neu i weddïo'n dawel.

4 Gweddïwn ar Dduw Dad, a gymododd ag ef ei hun bob peth yng Nghrist:

Am heddwch ymhlith y cenhedloedd, ar i Dduw waredu'r byd o drais a chaniatáu i'r bobloedd gynyddu mewn cyfiawnder a chytgord …

Dros y rhai sy'n gwasanaethu mewn swyddi cyhoeddus, ar iddynt weithio er lles pawb …

Dros Gristnogion ym mhobman, ar inni gyhoeddi'n llawen ein ffydd yn Iesu Grist, a'i byw …

Dros bawb sy'n dioddef newyn, afiechyd neu unigrwydd, ar i bresenoldeb Crist eu dwyn i iechyd a chyfanrwydd …

Cyflwynwn ein hunain, a phawb y gweddïwn drostynt, i drugaredd a nodded Duw.

Gellir gwahodd y bobl i rannu eu hymbiliau'n gyhoeddus neu i weddïo'n dawel.

5 Gweddïwn dros Eglwys Dduw yng Nghrist Iesu, a thros bawb yn ôl eu hangen.

O Dduw, creawdwr a chynhaliwr pawb, gweddïwn dros bobloedd o bob hil ac ym mhob math o angen: hysbysa dy ffyrdd ar y ddaear, dy allu achubol ymhlith yr holl genhedloedd …

Gweddïwn dros dy Eglwys ledled y byd: llywia ac arwain ni trwy dy Ysbryd Glân, fel y tywysir pob Cristion i ffordd y gwirionedd a chynnal y Ffydd mewn undeb ysbryd, rhwymyn tangnefedd, ac uniondeb buchedd …

For places of work, education and leisure …

For a blessing on our homes; for our relations and friends and all whom we love …

For the sick and suffering, and all who minister to their needs …

Let us commend ourselves, and all for whom we pray, to the mercy and protection of God.

The people may be invited to share their petitions aloud or to pray silently.

4 Let us pray to God the Father, who has reconciled to himself all things in Christ:

For peace among the nations, that God may rid the world of violence and let peoples grow in justice and harmony …

For those who serve in public office, that they may work for the common good …

For Christian people everywhere, that we may joyfully proclaim and live our faith in Jesus Christ …

For those who suffer from hunger, sickness or loneliness, that the presence of Christ may bring them health and wholeness …

Let us commend ourselves, and all for whom we pray, to the mercy and protection of God,

The people may be invited to share their petitions aloud or to pray silently.

5 Let us pray for the Church of God in Christ Jesus, and for all people according to their needs.

O God, the creator and preserver of all, we pray for people of every race and in every kind of need: make your ways known on earth, your saving power among all nations …

We pray for your Church throughout the world; guide and govern us by your Holy Spirit, that all Christian people may be led into the way of truth, and hold the Faith in unity of spirit, in the bond of peace, and in righteousness of life …

Cyflwynwn i'th dadol ymgeledd y rhai hynny sydd mewn pryder neu argyfwng corff, meddwl neu ysbryd; cysura a chynorthwya hwy yn eu hangen; dyro iddynt amynedd yn eu dioddefiadau, a dwg ddaioni o'u helbulon …

Ymddiriedwn i'th ofal grasol bawb a fu farw yn ffydd Crist; caniatâ i ni gyda hwy ran yn dy deyrnas …

Gellir gwahodd y bobl i rannu eu hymbiliau'n gyhoeddus neu i weddïo'n dawel.

[Dad trugarog,
**derbyn y gweddïau hyn
er mwyn dy Fab,
ein Gwaredwr Iesu Grist. Amen.**]

6 Mewn tangnefedd gweddïwn ar yr Arglwydd.

Dros bawb yn eu gwaith a'u bywyd beunyddiol, dros ein teuluoedd, ein ffrindiau a'n cymdogion, a thros bawb sydd ar eu pen eu hunain …

Dros y gymuned hon, ein cenedl a'i llywodraeth a'r *Frenhines*; dros bawb sy'n gweithio o blaid cyfiawnder, rhyddid a heddwch …

Dros iawn ddefnydd o'th greadigaeth; dros y rhai sy'n dioddef newyn, ofn, anghyfiawnder neu orthrwm …

Dros bawb sydd mewn perygl, galar neu unrhyw fath o drallod; dros y claf, y digyfaill a'r anghenus a thros bawb sy'n gweini arnynt …

Dros heddwch, cenhadaeth ac undod yr Eglwys; dros bawb sy'n cyhoeddi'r efengyl a phawb sy'n chwilio am y gwirionedd …

Dros *E* ein hesgob a'r holl weinidogion; dros holl aelodau'r Eglwys …

Gellir gwahodd y bobl i rannu eu hymbiliau'n gyhoeddus neu i weddïo'n dawel.

[Hollalluog Dduw, addawodd dy Fab pan fyddwn yn dod ynghyd yn ei enw ac yn gweddïo yn ôl ei ewyllys y bydd ef yn ein plith ac yn clywed ein gweddi. Yn dy gariad a'th drugaredd cyflawna ein deisyfiadau, a dyro inni dy rodd bennaf, sef dod i'th adnabod di, yr unig wir Dduw, a'th Fab Iesu Grist ein Harglwydd. **Amen.**]

We commend to your fatherly goodness all who are anxious or distressed in mind, body or spirit; comfort and relieve them in their need; give them patience in their sufferings, and bring good out of their troubles ...

We entrust to your gracious keeping all who have died in the faith of Christ: grant us with them a share in your kingdom ...

The people may be invited to share their petitions aloud or to pray silently.

[Merciful Father,
**accept these prayers
for the sake of your Son,
our Saviour Jesus Christ. Amen.**]

6   In peace let us pray to the Lord.

For all people in their daily life and work, for our families friends and neighbours, and for those who are alone ...

For this community, for our nation and its government, for the *Queen*; for all who work for justice, freedom and peace ...

For the right use of your creation; for the victims of hunger, fear, injustice or oppression ...

For all in danger, sorrow or any kind of trouble; for those who are sick, lonely or in need and for those who serve and care for them ...

For the peace, mission and unity of the Church; for all who proclaim the gospel and all who search for truth ...

For *N* our bishop and all ministers; for all the members of your Church ...

The people may be invited to share their petitions aloud or to pray silently.

[Almighty God, your Son has promised that, when we meet in his name and pray according to his mind, he will be among us and hear our prayer. In your love and mercy, fulfil our desires and give us your greatest gift, which is to know you, the only true God, and your Son, Jesus Christ our Lord. **Amen.**]

Appendix V

7   Gweddïwn dros yr Eglwys a thros y byd.

Caniatâ, Arglwydd Dduw, ar i bawb sy'n cyffesu dy enw gael eu huno yn dy wirionedd, byw ynghyd yn dy gariad a datguddio dy ogoniant ar y ddaear …

Tywys bobl y wlad hon, a'r holl genhedloedd, yn ffyrdd cyfiawnder a heddwch; fel yr anrhydeddwn ein gilydd a chydweithio er lles pawb …

Dysg ni i barchu'r ddaear fel dy greadigaeth di, fel y gallwn ddefnyddio ei hadnoddau'n ddoeth er gogoniant i ti ac er lles pawb …

Bendithia bawb y mae eu bywydau ynghlwm wrth ein bywydau ni. Bydded inni wasanaethu Crist ynddynt, a charu ein gilydd fel y mae ef yn ein caru ni …

Cysura ac iachâ bawb sy'n dioddef mewn corff, meddwl neu ysbryd; dyro iddynt ddewrder a gobaith yn eu treialon, a thywys hwy i lawenydd dy iachawdwriaeth …

Gwrando arnom wrth i ni gofio'r rhai hynny a fu farw yn nhangnefedd Crist. Rhodded y Gwaredwr atgyfodedig iddynt ran yn ei lawenydd …

Gellir gwahodd y bobl i rannu eu hymbiliau'n gyhoeddus neu i weddïo'n dawel.

[Arglwydd, gwrando weddïau dy bobl, a nertha ni i wneud dy ewyllys, trwy Iesu Grist ein Harglwydd. **Amen.**]

8   Gweddïwn ar y Tad dros yr Eglwys a'r byd.

O Arglwydd, gwarchod a chyfarwydda dy Eglwys yn ffordd y gwirionedd, undod a moliant. Llanw ni â nerth dy Ysbryd Glân …

Dyfnha ein hymwybyddiaeth o undod y teulu dynol. Caniatâ i ni, ac i'r holl bobl, fyw ynghyd mewn cyfiawnder a heddwch a chyd-ymddiriedaeth …

Glanha ragfarn a hunanoldeb o'n calonnau, ac ysbrydola ni i newynu ac i sychedu am yr hyn sy'n iawn …

Dysg ni i ddefnyddio dy greadigaeth er gogoniant i ti, fel y gall pawb gyfranogi o'r pethau da yr wyt yn eu darparu …

Arwain ni i garu ein gilydd, ac una ni yng ngwasanaeth dy deyrnas …

7   Let us pray for the Church and for the world.

Grant, Almighty God, that all who confess your name may be united in your truth, live together in your love and reveal your glory in the world …

Guide the people of this land, and of all the nations, in the ways of justice and of peace; that we may honour one another and seek the common good …

Teach us to respect the earth as your creation, that we may use its resources wisely to your glory and for the good of all …

Bless all whose lives are closely linked with ours. May we serve Christ in them, and love one another as he loves us …

Comfort and heal all who suffer in body, mind or spirit; give them courage and hope in their troubles, and bring them the joy of your salvation …

Hear us as we remember those who have died in the peace of Christ. May the risen Saviour give them a share in his joy …

The people may be invited to share their petitions aloud or to pray silently.

[Lord, hear the prayers of your people and strengthen us to do your will; through Jesus Christ our Lord. **Amen.**]

8   Let us pray to the Father for the Church and the world.

O Lord, guard and direct your Church in the way of truth, unity and praise: fill us with the power of your Holy Spirit …

Deepen our awareness of the unity of the human family. Grant that we, and all people, may live together in justice, peace and mutual trust …

Cleanse the prejudice and selfishness from our hearts, and inspire us to hunger and thirst for what is right …

Teach us to use your creation for your greater glory, that all may share the good things you provide …

Lead us to love one another, and unite us in the service of your kingdom …

Appendix V

Nertha bawb sy'n rhoi o'u hynni a'u medr i wella'r rhai sy'n glaf o gorff, meddwl neu ysbryd ...

Rhyddha bawb a gaethiwir gan afiechyd, ofn neu anobaith ...

Dyro ddiwedd tangnefeddus a llawenydd tragwyddol i bawb sy'n marw, a'th gysur i'r rhai sy'n galaru ...

Gellir gwahodd y bobl i rannu eu hymbiliau'n gyhoeddus neu i weddïo'n dawel.

[Y pethau hynny y gweddïwn amdanynt, Arglwydd da, dyro inni'r gras i lafurio amdanynt. Gofynnwn hyn yn enw dy Fab Iesu Grist ein Hiachawdwr. **Amen.**]

9 Yn nerth yr Ysbryd, ac yn un â Christ Iesu, gweddïwn ar y Tad.

Arglwydd trugarog, gweddïwn drosom ein hunain a thros bob Cristion, ar inni fod yn offeiriadaeth frenhinol, yn bobl sanctaidd, er mawl i Grist Iesu ein Gwaredwr ...

Gweddïwn dros *E* ein hesgob, a thros yr holl esgobion a gweinidogion eraill, ar iddynt barhau'n ffyddlon i'w galwedigaeth a chyhoeddi gair y gwirionedd yn gymwys ...

Gweddïwn dros blant a phobl ifainc a phawb sy'n newydd yn y Ffydd. Arwain a chyfarwydda hwy yn y ffordd sy'n arwain atat ti ...

Gweddïwn dros *Elisabeth* ein *Brenhines*, a thros bawb sy'n gyfrifol am lywodraethu'r genedl hon a phob cenedl arall, fel y gall dy bobl lawenhau yn dy roddion o wir gyfiawnder a thangnefedd ...

Gweddïwn dros bobl *y genedl hon, y plwyf hwn / y ddinas / dref hon*, gan ofyn iti drugarhau wrth bob un ohonynt ...

Gweddïwn dros y rhai sy'n glaf neu mewn unrhyw fath o drallod, ar i ti eu hachub a'u cadw yn dy gariad ...

Gweddïwn dros y rhai sy'n dioddef oherwydd pechod a thros y rhai sy'n gweini arnynt, ar i ti fod yn gymorth ac yn amddiffynfa iddynt ...

Gweddïwn ar inni oll gael ein hatgyfnerthu yn ein ffydd a'n cariad a'n gwasanaeth ...

Gweddïwn dros y ffyddloniaid ymadawedig, a chyflwynwn hwy i'th ofal tragwyddol ...

Strengthen all who give their energy and skill for the healing of those who are sick in body, mind or spirit …

Set free all who are bound by illness, fear or despair …

Grant a peaceful end and eternal joy to all who are dying, and your comfort to those who mourn …

The people may be invited to share their petitions aloud or to pray silently.

[The things, good Lord, that we pray for, give us the grace to labour for. We ask this in the name of your Son, Jesus Christ our Redeemer. **Amen.**]

9   In the power of the Spirit, and in union with Christ Jesus, let us pray to the Father.

Merciful Father, we pray for ourselves and all Christians, that we may be a royal priesthood, a holy people, to the praise of Jesus Christ our Redeemer …

We pray for *N* our bishop and for all bishops and other ministers, that they may remain faithful to their calling and rightly proclaim the word of truth …

We pray for children and young people and for all who are new in the Faith. Direct and guide them in the way that leads to you …

We pray for *Elizabeth* our *Queen*, and for those who bear the responsibility of government in this and every nation, that your people may rejoice in your gifts of true justice and peace …

We pray for the people of *this nation, this parish / city / village*, asking that you will show your mercy to them all …

We pray for all who are sick or in any other kind of trouble, that you will deliver them and keep them in our love …

We pray for the victims of sin and those who minister to them, that you will be their help and defence …

We pray that we may all be strengthened in our faith, our love and our service …

We pray for the departed, commending them to your eternal love …

Appendix V

Gellir gwahodd y bobl i rannu eu hymbiliau'n gyhoeddus neu i weddïo'n dawel.

[Cyflwynwn ein hunain, cyflwynwn ein gilydd, a chyflwynwn ein bywyd oll i ti, Arglwydd Dduw, trwy Iesu Grist ein Harglwydd. **Amen.**]

10 Gan ymddiried yn ei addewidion, gweddïwn ar y Tad.

Dros bobl Dduw, ar i bob un ohonynt fod yn was cywir a ffyddlon i Grist ...

Dros bawb sy'n cyhoeddi gair y gwirionedd, ar iddynt gael eu hysbrydoli gan y doethineb a rydd dy Ysbryd ...

Dros y rhai sy'n dynesu at oleuni ffydd, ar i'r Arglwydd eu dwyn i wir adnabyddiaeth ohono'i hun ...

Dros bawb sy'n hyfforddi, pawb sy'n dysgu, a phawb sy'n chwilio am y gwirionedd ...

Dros ein teuluoedd a'n cyfeillion, ar i'r Arglwydd eu harwain yn ei ffordd a rhoi iddynt lawenydd ym mhob peth a wnânt ...

Dros bawb sy'n newynog, yn glaf neu'n unig, dros bawb a erlidir neu a anwybyddir, ar i'r Arglwydd eu cysuro a'u cynnal ...

Dros bobl Cymru a'r Deyrnas hon a'r Gymanwlad, ar i'r Arglwydd eu harwain mewn gwirionedd a chyfiawnder ...

Dros yr holl hil ddynol, ar inni allu byw gyda'n gilydd mewn gwir dangnefedd ...

Dros y rhai a fu farw yn ffydd Crist, a thros y rhai hynny na ŵyr ond Duw ei hun am eu ffydd ...

Gellir gwahodd y bobl i rannu eu hymbiliau'n gyhoeddus neu i weddïo'n dawel.

[Cyflawna yn awr, O Arglwydd, ddyheadau a deisyfiadau dy wasanaethyddion fel y bo orau iddynt, gan roddi inni yn y byd hwn wybodaeth o'th wirionedd, ac yn y byd a ddaw gyflawnder bywyd tragwyddol; trwy Iesu Grist ein Harglwydd. **Amen.**]

The people may be invited to share their petitions aloud or to pray silently.

> [We commend ourselves and one another and our whole life to you, Lord God, through Jesus Christ our Lord. **Amen.**]

10   Trusting in his promises, let us pray to the Father.

> For the people of God, that every one may be a true and faithful servant of Christ …
>
> For all who proclaim the word of truth, that they may be inspired by the wisdom your Spirit gives …
>
> For those drawing near to the light of faith, that the Lord will bring them to true knowledge of himself …
>
> For those who teach, those who learn, and all who seek the truth …
>
> For our families and friends, that the Lord will guide them in his way and give them joy in all they do …
>
> For all who are hungry or sick, persecuted, lonely or marginalized, that the Lord will comfort and sustain them …
>
> For the people of Wales and of this Kingdom and Commonwealth, that the Lord will lead us in truth and righteousness …
>
> For the whole human race, that we may live together in true peace …
>
> For those who have died in the faith of Christ, and for those whose faith is known to God alone …

The people may be invited to share their petitions aloud or to pray silently.

> [Fulfil now, O Lord, the desires and petitions of your servants as may be best for them, granting us in this world knowledge of your truth, and in the world to come, the fullness of eternal life; through Jesus Christ our Lord. **Amen.**]

DIOLCH CYFFREDINOL

Diolchwch i'r Arglwydd oherwydd da yw:
y mae ei gariad yn para byth.

**Hollalluog Dduw, drugarog Dad,
ffynhonnell pob sancteiddrwydd a gras,
diolchwn iti am dy ddaioni a'th gariad diderfyn
tuag atom ni a'r holl greadigaeth.
Diolchwn i ti am ein creu a'n cynnal
a'n hamgylchynu â'th fendithion;
ond o'th holl roddion, rhown iti y diolch pennaf
am iti, yn dy gariad, sydd y tu hwnt i'n gallu ni i'w fynegi,
roi inni dy Fab ein Harglwydd Iesu Grist
i adfer ac iacháu dynolryw.
Moliannwn di, O Dad,
am holl sianelau dy ras,
ac am obaith cael rhannu dy ogoniant.
Goleua ein calonnau a'n meddyliau
a dangos inni fawredd dy gariad,
fel y diolchwn i ti yn ddiffuant,
nid trwy dy foliannu â'n gwefusau yn unig
ond trwy ymroi i'th wasanaethu'n gyfiawn
yn ein bywydau.
Gofynnwn hyn oll trwy Iesu Grist ein Harglwydd,
sydd, gyda thi a'r Ysbryd Glân,
yn un Duw, yn awr a byth.
Halelwia. Amen.**

vi Y LITANI

Y mae Adrannau I a III i'w defnyddio bob amser, ynghyd ag un neu ychwaneg o is-adrannau II a, b ac c.

Gweddïwn.

I Dduw Dad,
trugarha wrthym.

Dduw Fab,
trugarha wrthym.

Dduw Ysbryd Glân,
trugarha wrthym.

A GENERAL THANKSGIVING

Give thanks to the Lord for he is good:
his love is everlasting.

**Almighty God, merciful Father,
source of all holiness and grace,
we thank you for your goodness and unending love
to us and all creation.
We thank you for making and sustaining us
and surrounding us with your blessings;
but of all your gifts we thank you most
that in your love, beyond our power to express,
you gave your Son our Lord Jesus Christ
to restore and heal the human race.
We praise you, Father,
for all the channels of your grace,
and for the hope of sharing your glory.
Enlighten our hearts and minds
and show us the greatness of your love,
that our gratitude may be sincere:
not only the praise of our lips
but the offering of our lives,
dedicated and righteous in your service.
All this we ask through Jesus Christ our Lord,
with you and the Holy Spirit
one God, now and ever.
Alleluia. Amen.**

i THE LITANY

Sections I and III must always be used, with any or all of the sub-sections II a, b and c.

Let us pray.

I   God the Father,
have mercy on us.

God the Son,
have mercy on us.

God the Holy Spirit,
have mercy on us.

Y Drindod sanctaidd, fendigaid, ogoneddus,
trugarha wrthym.

Rhag pob drygioni a gweithgaredd niweidiol;
rhag balchder, rhodres a rhagrith;
rhag cenfigen, casineb a malais
a rhag pob bwriad drwg,
Arbed ni, Arglwydd daionus.

Rhag diogi, bydolrwydd ac ariangarwch;
rhag caledwch calon
a rhag dirmygu dy air a'th ddeddfau,
Arbed ni, Arglwydd daionus.

Rhag pechodau'r corff a'r meddwl;
rhag twyll y byd, y cnawd a'r diafol,
Arbed ni, Arglwydd daionus.

Rhag newyn a thrychineb;
rhag trais a llofruddiaeth;
a rhag marw heb ymbaratoi,
Arbed ni, Arglwydd daionus.

Yn holl amser ein trallod; yn holl amser ein llawenydd;
yn awr angau, ac yn nydd y farn,
Arbed ni, Arglwydd daionus.

Trwy ddirgelwch dy lân ymgnawdoliad;
trwy dy enedigaeth, dy blentyndod a'th ufudd-dod;
trwy dy fedydd, dy ympryd a'th demtasiwn,
Arbed ni, Arglwydd daionus.

Trwy dy weinidogaeth ar air a gweithred;
trwy dy weithredoedd grymus
a thrwy dy bregethu am y deyrnas,
Arbed ni, Arglwydd daionus.

Trwy dy ing a'th brawf;
trwy dy groes a'th ddioddefaint
a thrwy dy werthfawr angau a'th gladdedigaeth,
Arbed ni, Arglwydd daionus.

Trwy dy atgyfodiad nerthol;
trwy dy esgyniad gogoneddus
a thrwy ddyfodiad yr Ysbryd Glân,
Arbed ni, Arglwydd daionus.

Holy, blessed, and glorious Trinity,
have mercy on us.

From all evil and harmful actions;
from pride, vanity and hypocrisy;
from envy, hatred and malice;
and from all evil intent,
Good Lord, deliver us.

From sloth, worldliness and love of money;
from hardness of heart
and contempt for your word and your laws,
Good Lord, deliver us.

From sins of body and mind;
from the deceits of the world, the flesh and the devil,
Good Lord, deliver us.

From famine and disaster;
from violence and murder,
and from dying unprepared,
Good Lord, deliver us.

In all times of sorrow; in all times of joy;
in the hour of death, and at the day of judgement,
Good Lord, deliver us.

By the mystery of your holy incarnation;
by your birth, childhood and obedience;
by your baptism, fasting and temptation,
Good Lord, deliver us.

By your ministry in word and work;
by your mighty acts of power;
and by your preaching of the kingdom,
Good Lord, deliver us.

By your agony and trial;
by your cross and passion;
and by your precious death and burial,
Good Lord, deliver us.

By your mighty resurrection;
by your glorious ascension;
and by the coming of the Holy Spirit,
Good Lord, deliver us.

Appendix VI

11   Clyw ein gweddïau, O Arglwydd ein Duw.
Gwrando ni, Arglwydd daionus.

a   Llywodraetha a chyfarwydda dy lân Eglwys;
llanw hi â chariad a gwirionedd;
a dyro iddi'r undod hwnnw sy'n unol â'th ewyllys di.
Gwrando ni, Arglwydd daionus.

Gwna ni'n eofn i bregethu'r efengyl i'r holl fyd,
ac i wneud disgyblion o'r holl genhedloedd.
Gwrando ni, Arglwydd daionus.

Goleua'r holl esgobion, offeiriaid a diaconiaid
â gwybodaeth a deall,
fel y gallant, trwy eu gweinidogaeth a'u bywyd,
gyhoeddi dy air di.
Gwrando ni, Arglwydd daionus.

(*Ar wythnosau'r Catgorïau neu ar adegau cymwys eraill*
Dyro dy ras [i *E* ac] i bawb a alwyd i unrhyw swydd neu
weinidogaeth yn dy Eglwys,
fel y bo iddynt wasanaethu er gogoniant i'th enw.
Gwrando ni, Arglwydd daionus.)

(*Mewn gwasanaeth ordeinio*
Tywallt dy ras ar dy wasanaethyddion
sydd yn awr i dderbyn urdd diacon neu offeiriad,
fel y bo iddynt nerthu dy bobl
    i ddwyn iachawdwriaeth i bawb.
Gwrando ni, Arglwydd daionus.)

Dyro i'th holl bobl ras i wrando a derbyn dy air,
ac i ddwyn ffrwyth yr Ysbryd.
Gwrando ni, Arglwydd daionus.

Dwg i ffordd y gwirionedd bawb a gyfeiliornodd
ac a giliodd oddi wrthyt.
Gwrando ni, Arglwydd daionus.

Nertha'r rhai sy'n sefyll;
cysura a chynorthwya'r rhai egwan;
adfer bawb a syrthiodd;
a bwrw i lawr Satan o dan ein traed.
Gwrando ni, Arglwydd daionus.

b   Tywys arweinwyr y cenhedloedd
yn ffyrdd cyfiawnder a heddwch.
Gwrando ni, Arglwydd daionus.

II Hear our prayers, O Lord our God.
Hear us, good Lord.

a Govern and direct your holy Church;
fill it with love and truth;
and grant it that unity which is your will.
Hear us, good Lord.

Give us boldness to preach the gospel in all the world,
and to make disciples of all the nations.
Hear us, good Lord.

Enlighten all bishops, priests and deacons
with knowledge and understanding,
that by their ministry and their lives
they may proclaim your word.
Hear us, good Lord.

(In Ember weeks and on other appropriate occasions
Give your grace [to N and] to all who are called to any
office or ministry in your Church,
that they may serve to the glory of your name.
Hear us, good Lord.*)*

(At ordinations
Pour your grace on your servants
who at this time are to be admitted to the order
of deacons or of priests,
that they may strengthen your people
in bringing salvation to all.
Hear us, good Lord.*)*

Give all your people grace to hear and receive your word,
and to bear the fruit of the Spirit.
Hear us, good Lord.

Bring into the way of truth all
who have erred and have strayed from you.
Hear us, good Lord.

Strengthen those who stand;
comfort and help those who are fainthearted;
raise up all who are fallen;
and beat down Satan under our feet.
Hear us, good Lord.

b Guide the leaders of the nations
in the ways of justice and peace.
Hear us, good Lord.

Appendix VI

Cadw a nertha dy wasanaethyddes *Elisabeth* ein *Brenhines*,
fel y bo *iddi* ymddiried ynot
a cheisio dy anrhydedd a'th ogoniant.
Gwrando ni, Arglwydd daionus.

Cynysgaedda Uchel Lys y Senedd,
Cynulliad Cenedlaethol Cymru,
a holl Weinidogion y Goron
â doethineb, deall a thrugaredd.
Gwrando ni, Arglwydd daionus.

Cyfarwydda â'th ras aelodau Senedd Ewrop,
aelodau'r cynghorau lleol, ac arweinwyr pobl Cymru.
Gwrando ni, Arglwydd daionus.

Bendithia bawb sy'n gweinyddu'r gyfraith,
fel y bo iddynt gynnal cyfiawnder a gonestrwydd,
trugaredd a gwirionedd.
Gwrando ni, Arglwydd daionus.

Gwna inni barchu'r ddaear fel dy greadigaeth di,
fel y bo inni ddefnyddio'i hadnoddau yn gywir
i wasanaethu eraill ac er anrhydedd a gogoniant i ti.
Gwrando ni, Arglwydd daionus.

Bendithia a chadw dy holl bobl.
Gwrando ni, Arglwydd daionus.

c Cynorthwya a chysura bawb sy'n unig,
mewn profedigaeth neu dan orthrwm.
Arglwydd, trugarha.

Cadw'n ddiogel bawb sy'n teithio a phawb sydd mewn perygl.
Arglwydd, trugarha.

Iachâ bawb sy'n glaf o gorff, meddwl neu ysbryd,
a darpara ar gyfer pawb sy'n ddigartref,
yn newynog neu'n dlawd.
Arglwydd, trugarha.

Trugarha wrth garcharorion a ffoaduriaid,
a phawb sydd mewn trallod.
Arglwydd, trugarha.

Trugarha wrth yr holl ddynolryw.
Arglwydd, trugarha.

Guard and strengthen your servant *Elizabeth* our *Queen*,
that *she* may put *her* trust in you,
and seek your honour and glory.
Hear us, good Lord.

Endue the High Court of Parliament,
the National Assembly for Wales,
and all the Ministers of the Crown
with wisdom, understanding and compassion.
Hear us, good Lord.

Guide with your grace
the members of the European Parliament,
the local councils, and the leaders of this people of Wales.
Hear us, good Lord.

Bless those who administer the law,
that they may uphold justice and honesty, mercy and truth.
Hear us, good Lord.

Give us a reverence for the earth as your creation,
that we may use its resources with integrity
in the service of others and to your honour and glory.
Hear us, good Lord.

Bless and keep all your people.
Hear us, good Lord.

c Help and comfort those who are
lonely, bereaved and oppressed.
Lord, have mercy.

Keep in safety those who travel, and all who are in danger.
Lord, have mercy.

Heal those who are sick in body, mind or spirit,
and provide for all who are homeless,
hungry and destitute.
Lord, have mercy.

Show your pity on prisoners and refugees,
and all who are in trouble.
Lord, have mercy.

Have mercy on all humanity.
Lord, have mercy.

Rho faddeuant i'n gelynion, ein herlidwyr a'n henllibwyr,
a thro eu calonnau.
Arglwydd, trugarha.

Clyw ni wrth inni gofio
am bawb a fu farw yn nhangnefedd Crist,
a dyro i ni, gyda hwy, gyfran yn dy deyrnas dragwyddol.
Arglwydd, trugarha.

III Dyro inni wir edifeirwch;
maddau inni'r pechodau
a wnaethom trwy esgeulustod ac anwybodaeth,
a'r pechodau a wnaethom o fwriad;
a dyro inni ras dy Ysbryd Glân
i wella ein buchedd yn ôl dy air sanctaidd.
O Dduw sanctaidd,
sanctaidd a nerthol,
sanctaidd ac anfarwol,
trugarha wrthym.

Terfyna'r Litani gyda Gweddi'r Arglwydd, colect (y dydd, neu un o golectau'r bore neu'r hwyr) a Diweddglo (Adran 4 yn y Foreol a'r Hwyrol Weddi).

Pan ddefnyddir y Litani yn y Cymun Bendigaid, mae'n cymryd lle popeth yn y gwasanaeth cyn y colect. Hepgorir yr ymbiliad.

Forgive our enemies, persecutors and slanderers,
and turn their hearts.
Lord, have mercy.

Hear us as we remember
those who have died in the peace of Christ,
and grant us with them a share in your eternal kingdom.
Lord, have mercy.

III Give us true repentance;
forgive our sins of negligence and ignorance,
and our deliberate sins;
and grant us the grace of your Holy Spirit
to amend our lives according to your holy word.
**Holy God,
holy and strong,
holy and immortal,
have mercy on us.**

The Litany concludes with the Lord's Prayer, a collect (of the day, or for morning or evening) and The Conclusion (Section 4 from Morning and Evening Prayer).

When the Litany is used at the Holy Eucharist, it replaces everything in the Eucharist before the collect. The intercession is omitted.

GWEDDI'R DYDD

PRAYER DURING THE DAY

STRWYTHUR GWEDDI'R DYDD

Gellir hepgor yr eitemau a nodwyd â *.

1. **Y RHAGARWEINIAD**
   Gwersigl ac Ymateb, etc
   *Myfyrdod rhagarweiniol, emyn, cân neu gantigl

2. **GWEINIDOGAETH Y GAIR**
   Salm
   Darlleniad o'r Ysgrythur Lân
   *Ymateb

3. **Y GWEDDÏAU**
   *Ymbiliau
   Gweddi'r Arglwydd
   Colect y Dydd neu un o'r gweddïau a ddarperir

4. **DIWEDDGLO**
   Gwersigl derfynol ac ymateb, neu ddiweddglo priodol arall

NODIADAU

Cynlluniwyd y Drefn hon ar gyfer Gweddi'r Dydd i gynorthwyo'r rhai hynny sy'n dymuno defnyddio ffurf strwythuredig ond cymharol hyblyg ar gyfer gweddi a myfyrdod yn ystod y dydd. Ni fwriedir iddi gymryd lle y Foreol na'r Hwyrol Weddi.

Darperir salmau addas, darlleniadau byrion a deunydd arall ar gyfer pob diwrnod o'r wythnos. Yn Atodiad VII, darperir darlleniadau byrion a deunydd arall addas ar gyfer y tymhorau.

1. **Y Rhagarweiniad**

   Gydol y drefn hon, argymhellir defnyddio yr *Halelwia* sydd mewn cromfachau yn y gwersiglau a'r ymatebion yn ystod Tymor y Pasg.

   Yn lle'r myfyrdodau rhagarweiniol a ddarperir, bydd yn well gan rai ddefnyddio yng Ngweddi'r Dydd un o'r emynau traddodiadol. Y mae'r rhain i'w cael mewn sawl llyfr emynau.

STRUCTURE OF PRAYER DURING THE DAY

*Items marked * are optional.*

1. **THE INTRODUCTION**
   Versicle and Response, etc
   *Opening meditation, hymn, song or canticle

2. **THE MINISTRY OF THE WORD**
   Psalmody
   A reading from Holy Scripture
   *Response

3. **THE PRAYERS**
   *Intercessions
   The Lord's Prayer
   Collect of the Day or one of the prayers provided

4. **THE CONCLUSION**
   A closing versicle and response, or another appropriate ending

NOTES

This Order for Prayer During the Day is designed to help those who wish to use a structured but reasonably flexible form for prayer and reflection in the course of the day. It is not intended as an alternative to either Morning or Evening Prayer.

Appropriate psalms, short readings and other material are provided for each day of the week. Alternative short readings and other suitable material for seasonal use are provided in Appendix VII.

1. **The Introduction**
   Throughout this order, the bracketed *Alleluia* in the versicles and responses is recommended for use during Eastertide.

   In place of the introductory meditative passages provided, some will prefer to use one of the traditional office hymns for Prayer During the Day. These can be found in many hymnals.

2a Gweinidogaeth y Gair: Salmau

Y mae tablau o'r salmau ar gyfer dyddiau'r wythnos neu'r mis yn dilyn y Nodiadau hyn. Yn unol â'r defnydd traddodiadol, y salmau a restrir yn y tablau hyn yw Salm 119 a Salmau 121–131, 133.

Ni ddylid defnyddio yng Ngweddi'r Dydd y salmau a restrir yn ddyddiol yn yr Almanac ar gyfer y Foreol a'r Hwyrol Weddi. Os digwydd i salm a benodwyd ar gyfer y Foreol neu'r Hwyrol Weddi ar ddiwrnod arbennig ymddangos hefyd yn y tabl a ddefnyddir ar gyfer Gweddi'r Dydd, dylid dewis salm neu salmau allan o un o'r ddau dabl arall yn ei lle.

2b Gweinidogaeth y Gair: Darlleniad o'r Ysgrythur

Defnyddir un o'r canlynol:
- Un o'r darlleniadau byrion a argreffir yn y Drefn.
- Un o'r darlleniadau tymhorol a restrir yn y Deunydd Tymhorol (Atodiad VII).
- Un, ond dim mwy, o'r darlleniadau a restrir yn yr Almanac ar gyfer y Foreol a'r Hwyrol Weddi. Yn yr achos hwn, dim ond y llith arall a ddarparwyd a ddarllenir yn y Foreol neu'r Hwyrol Weddi.
- Un o'r darlleniadau a restrir yn yr Almanac i'w defnyddio yn y Cymun Bendigaid.

Darperir gwersigl ac ymateb i'w defnyddio, os dymunir, ar ôl y darlleniad. Y mae dulliau addas eraill o ymateb i ddarllen yr Ysgrythur Lân yn cynnwys canu a myfyrdod tawel.

3 Y Gweddïau

Os dymunir, gellir cynnwys ymbiliau ar ddechrau'r Gweddïau.

Ni ddylid byth hepgor Gweddi'r Arglwydd na'r weddi derfynol.

Ar y Suliau a'r Gwyliau a restrir yn Ngrwpiau I a II yn *Y Calendr Newydd (2003)*, dylid bob amser ddefnyddio Colect y Dydd yn weddi derfynol. Gellir hefyd ddefnyddio Colect y Dydd ar goffadwriaethau a restrir yn Ngrwpiau III–V ac ar achlysuron sy'n arbennig o bwysig i blwyf neu gymuned neu unigolyn.

1 *The Ministry of the Word: Psalmody*

Tables of psalms for days of the week or month are given immediately after these Notes. In accordance with traditional usage, the psalms listed in these tables are Psalm 119 and Psalms 121–131, 133.

The psalms listed in the Almanac for Morning and Evening Prayer on a given day should not be used at Prayer During the Day. If a psalm appointed for Morning or Evening Prayer on a particular day appears also in the table that happens to be being used at Prayer During the Day on that day, a psalm or psalms from one of the other two tables should be used instead.

2 *The Ministry of the Word: Scripture Reading*

One of the following is used:
- One of the short readings printed in the order.
- One of the seasonal passages listed in the Seasonal Material (Appendix VII).
- One, but no more, of the readings listed in the Almanac for Morning and Evening Prayer. In this case, the remaining lesson provided will be the only one read at Morning or Evening Prayer.
- One of the readings listed in the Almanac for use at the Holy Eucharist.

A versicle and response are provided for optional use after the reading. Other appropriate ways of responding to the reading of Holy Scripture include singing and silent reflection.

3 *The Prayers*

If desired, intercessions may be inserted at the beginning of the Prayers.

The Lord's Prayer and concluding prayer should never be omitted.

The Collect of the Day should always be used as the concluding prayer on the Sundays and Holy Days listed in Groups I and II in *The New Calendar (2003)*. The Collect of the Day may be used also on commemorations listed in Groups III–V and on occasions of special importance for a parish, community or individual.

4 Diweddglo

Gellir defnyddio diweddglo o'r Foreol neu'r Hwyrol Weddi yn lle'r rhai a ddarperir.

Argymhellir bod y gwersiglau a'r ymatebion sy'n dechrau "Bydded i oleuni Crist …" ac "Os ydym yn byw trwy'r Ysbryd …" yn arbennig o addas i'w defnyddio yn ystod Tymor y Pasg, cyn ac ar ôl Dydd Iau'r Dyrchafael. Fodd bynnag, ni raid, ac ni ddylid, cyfyngu'r defnydd ohonynt i Dymor y Pasg.

Dulliau posibl eraill o derfynu Gweddi'r Dydd yw canu emyn addas neu gyfnewid y Tangnefedd, y gellir ychwanegu ato "Gadewch inni roi i'n gilydd arwydd o dangnefedd, sêl Duw ar ein gweddïau."

4   **The Conclusion**

One of the endings of Morning and Evening Prayer may be substituted for those provided.

The closing versicles and responses beginning 'May the light of Christ ...' and 'If we live by the Spirit ...' are recommended as particularly suitable for use in Eastertide, before and after Ascension Day respectively. Their use need not and should not, however, be limited to Eastertide.

Other possible ways of ending Prayer During the Day are by singing an appropriate hymn or by exchanging the Peace, to which may be added 'Let us offer one another a sign of peace, God's seal on our prayers.'

TABL O'R SALMAU
I'W DEFNYDDIO YN NHREFN GWEDDI'R DYDD

Dros fis calendr

Dydd 1	119:1–8
Dydd 2	119:9–16
Dydd 3	119:17–24
Dydd 4	119:25–32
Dydd 5	119:33–40
Dydd 6	119:41–48
Dydd 7	119:49–56
Dydd 8	119:57–64
Dydd 9	119:65–72
Dydd 10	119:73–80
Dydd 11	119:81–88
Dydd 12	119:89–96
Dydd 13	119:97–104
Dydd 14	119:105–112
Dydd 15	119:113–120
Dydd 16	119:121–128
Dydd 17	119:129–136
Dydd 18	119:137–144
Dydd 19	119:145–152
Dydd 20	119:153–160
Dydd 21	119:161–168
Dydd 22	119:169–diwedd
Dydd 23	121, 122
Dydd 24	123, 124
Dydd 25	125, 126
Dydd 26	127
Dydd 27	128
Dydd 28	129
Dydd 29	130
Dydd 30	131
Dydd 31	133

Dros wythnos neu bythefnos

Gellir defnyddio Salm 119 a'r Salmau Esgyniad dros bythefnos fel a ganlyn

Dydd Sul	119:1–32
Dydd Llun	119:33–56
Dydd Mawrth	119:57–80
Dydd Mercher	119:81–104
Dydd Iau	119:105–128
Dydd Gwener	119:129–152
Dydd Sadwrn	119:153–diwedd

Dydd Sul	121, 122
Dydd Llun	123, 124
Dydd Mawrth	125, 126
Dydd Mercher	127
Dydd Iau	128
Dydd Gwener	129, 130
Dydd Sadwrn	131, 133

Neu gellir defnyddio Salm 119 a'r Salmau Esgyniad gyda'i gilydd neu ar eu pen eu hunain dros gyfnod o wythnos.

TABLES OF PSALMS
FOR USE AT PRAYER DURING THE DAY

Over a calendar month

Day 1	119:1–8
Day 2	119:9–16
Day 3	119:17–24
Day 4	119:25–32
Day 5	119:33–40
Day 6	119:41–48
Day 7	119:49–56
Day 8	119:57–64
Day 9	119:65–72
Day 10	119:73–80
Day 11	119:81–88
Day 12	119:89–96
Day 13	119:97–104
Day 14	119:105–112
Day 15	119:113–120
Day 16	119:121–128
Day 17	119:129–136
Day 18	119:137–144
Day 19	119:145–152
Day 20	119:153–160
Day 21	119:161–168
Day 22	119:169–end
Day 23	121, 122
Day 24	123, 124
Day 25	125, 126
Day 26	127
Day 27	128
Day 28	129
Day 29	130
Day 30	131
Day 31	133

Over a week or a fortnight

Psalm 119 and the Psalms of Ascent may be used over a fortnight as follows

Sunday	119:1–32
Monday	119:33–56
Tuesday	119:57–80
Wednesday	119:81–104
Thursday	119:105–128
Friday	119:129–152
Saturday	119:153–end

Sunday	121, 122
Monday	123, 124
Tuesday	125, 126
Wednesday	127
Thursday	128
Friday	129, 130
Saturday	131, 133

Alternatively, Psalm 119 and the Psalms of Ascent may be used, together or alone, on a weekly cycle.

TREFN AR GYFER GWEDDI'R DYDD

1 Y RHAGARWEINIAD

Duw, brysia i'n cynorthwyo.
Arglwydd, prysura i'n cymorth.

**Gogoniant i'r Tad, ac i'r Mab,
ac i'r Ysbryd Glân;
fel yr oedd yn y dechrau y mae yn awr,
ac y bydd yn wastad, yn oes oesoedd. Amen.**

Fy enaid, bendithia yr Arglwydd, [Halelwia,]
**a bendithied y cwbl sydd ynof ei enw sanctaidd ef.
[Halelwia.]**

Gellir defnyddio un o'r canlynol, neu emyn, cân neu gantigl addas arall.

1   Rwyf heddiw'n rhwymo'n llurig gref
    Amdanaf Enw'r Drindod lân,
    Trwy alw'n ufudd arno ef,
    Y Tri yn Un, sy'n ddiwahân.
    Ohono ef mae popeth sydd –
    Y Tad tragwyddol, Ysbryd, Gair –
    Boed mawl i Arglwydd mawr ein Ffydd,
    Ein Crist a aned gynt o Fair.

2   Crist yn f'ymyl, Crist o'm mewn i,
    Crist o'm hôl, a Christ o'm blaen i,
    Crist i'm hennill, Crist i'm cael i,
    Crist i'm nerthu a'm cyfodi;
    Crist uwchben, a Christ odanaf,
    Crist mewn hawddfyd, Crist rhag gelyn;
    Crist yng nghalon pawb a garaf,
    Crist yng ngenau ffrind a chyd-ddyn

3   Cymer, Arglwydd, f'einioes i
    I'w chysegru'n llwyr i ti,
    Cymer fy munudau i fod
    Fyth yn llifo er dy glod.

AN ORDER FOR PRAYER DURING THE DAY

THE INTRODUCTION

O God, make speed to save us.
O Lord, make haste to help us.

Glory to the Father, and to the Son,
and to the Holy Spirit;
as it was in the beginning, is now,
and shall be for ever. Amen.

Bless the Lord, O my soul, [Alleluia,]
and all that is within me bless his holy name.
[Alleluia.]

One of the following, or some other appropriate hymn, song or canticle may be used.

1   I bind unto myself today
    The strong name of the Trinity,
    By invocation of the same,
    The Three in One and One in Three.
    Of whom all nature hath creation;
    Eternal Father, Spirit, Word:
    Praise to the Lord of my salvation,
    Salvation is of Christ the Lord.

2   Christ be with me, Christ within me,
    Christ behind me, Christ before me,
    Christ beside me, Christ to win me,
    Christ to comfort and restore me.
    Christ beneath me, Christ above me,
    Christ in quiet, Christ in danger,
    Christ in hearts of all that love me,
    Christ in mouth of friend and stranger.

3   Take my life, and let it be
    Consecrated, Lord, to thee;
    Take my moments and my days,
    Let them flow in ceaseless praise.

Cymer fy serchiadau, Iôr,
Wrth dy draed rwy'n bwrw eu stôr;
Cymer, Arglwydd, cymer fi,
Byth, yn unig, oll i ti.

Gogoniant byth a fo i'r Tad,
I'r Mab rhad a'r Glân Ysbryd,
Fel gynt yr oedd, y mae, a bydd
Dros oesoedd tragwyddolfyd.

4 Pa beth a roddaf i ti, Arglwydd, am dy holl garedigrwydd?
Gogoniant i ti am dy gariad.
Gogoniant i ti am dy amynedd.
Gogoniant i ti am faddau ein holl bechodau.
Gogoniant i ti am ddyfod i achub ein heneidiau.
Gogoniant i ti am dy ymgnawdoliad yng nghroth y Wyryf.
Gogoniant i ti am dy rwymau.
Gogoniant i ti am dderbyn archoll y fflangell.
Gogoniant i ti am dderbyn gwawd.
Gogoniant i ti am dy groeshoeliad.
Gogoniant i ti am dy gladdedigaeth.
Gogoniant i ti am dy atgyfodiad.
Gogoniant i ti am i ti gael dy bregethu i bawb.
Gogoniant i ti y credasant ynddo.

5 Tu hwnt i'r sêr, fy enaid,
Y mae rhyw hyfryd wlad,
A gwyliwr ar ei adain
Sy'n fedrus yn y gad.

Uwch pob rhyw derfysg yno
Rhyw addfwyn hedd a chwardd,
Ac Un a fu'n y preseb
Sy'n llywio'r rhengoedd hardd.

Dy Gyfaill tirion ydyw,
O f'enaid, deffro di;
O gariad pur disgynnodd
I farw ar Galfari.

Os gelli esgyn yno
Cei weld Blodeuyn hedd,
Y Rhosyn nad edwina,
A'r Gaer a'r hyfryd Wledd.

Take my love; my Lord, I pour,
At thy feet its treasure-store;
Take myself, and I will be
Ever, only, all for thee.

Praise to the Father,
Praise to the Son,
Praise to the Spirit,
The Three in One.

4   What shall I give you, Lord, in return for all your kindness?
Glory to you for your love.
Glory to you for your patience.
Glory to you for forgiving us all our sins.
Glory to you for coming to save our souls.
Glory to you for your incarnation in the Virgin's womb.
Glory to you for your bonds.
Glory to you for receiving the cut of the lash.
Glory to you for accepting mockery.
Glory to you for your crucifixion.
Glory to you for your burial.
Glory to you for your resurrection.
Glory to you that you were preached to all.
Glory to you in whom they believed.

5   My soul, there is a country
Far beyond the stars,
Where stands a winged sentry
All skilful in the wars.

There above noise and danger
Sweet Peace sits crowned with smiles,
And one born in a manger
Commands the beauteous files.

He is thy gracious friend
And – O my soul awake! –
Did in pure love descend
To die here for thy sake.

If thou canst get but thither,
There grows the flower of Peace,
The Rose that cannot wither,
Thy fortress and thy ease.

O gad dy ffôl grwydradau;
Nid oes a'th geidw'n fyw
Ond Un sy'n ddigyfnewid,
Dy Feddyg mawr a'th Dduw.

6 Tyrd atom ni, Arweinydd pererinion,
Dwg ni i ffordd llesâd;
Tydi dy hun sy'n tywys drwy'r treialon,
O derbyn ein mawrhad.

Tyrd atom ni, O Dad ein Harglwydd Iesu,
I'n harwain ato ef;
Canmolwn fyth yr hwn sydd yn gwaredu –
Bendigaid Fab y nef.

7 Amlygwyd Crist Iesu mewn cnawd,
ei gyfiawnhau yn yr ysbryd,
ei weld gan angylion,
ei bregethu i'r Cenhedloedd,
ei gredu drwy'r byd,
ei ddyrchafu mewn gogoniant.
Amlygir hyn yn ei amser addas
gan yr unig Bennaeth bendigedig.
Ganddo ef yn unig y mae anfarwoldeb,
ac mewn goleuni anhygyrch y mae'n preswylio.
I Frenin y brenhinoedd, Arglwydd yr arglwyddi.
y byddo anrhydedd a gallu tragwyddol! Amen.

2 *GWEINIDOGAETH Y GAIR*

Dilynir pob salm gan y fawlgan

**Gogoniant i'r Tad, ac i'r Mab,
ac i'r Ysbryd Glân;
fel yr oedd yn y dechrau y mae yn awr,
ac y bydd yn wastad, yn oes oesoedd. Amen.**

    Leave then thy foolish ranges,
    For none can thee secure,
    But one who never changes,
    Thy God, thy life, thy cure.

6   Come, my Way, my Truth, my Life:
    Such a Way, as gives us breath:
    Such a Truth, as ends all strife:
    Such a Life, as killeth death.

    Come, my Light, my Feast, my Strength:
    Such a Light, as shows a Feast:
    Such a Feast as mends in length:
    Such a Strength as makes his guest.

    Come, my Joy, my Love, my Heart:
    Such a Joy as none can move:
    Such a Love as none can part:
    Such a Heart as joys in Love.

7   Christ Jesus was revealed in the flesh
    and vindicated in the Spirit.
    He was seen by angels
    and proclaimed among the nations.
    Believed in throughout the world,
    he was taken up in glory.
    This will be made manifest at the proper time
    by the blessed and only Sovereign,
    who alone has immortality,
    and dwells in unapproachable light.
    To the King of kings and Lord of lords
    be honour and eternal dominion. Amen.

THE MINISTRY OF THE WORD

Each psalm is followed by the doxology

**Glory to the Father, and to the Son,
and to the Holy Spirit;
as it was in the beginning, is now,
and shall be for ever. Amen.**

Ar ôl y salm, darllenir un o'r darlleniadau a ddarperir yn yr Almanac ar gyfer y dydd, neu un o'r darlleniadau byrion a ganlyn. Gweler hefyd Atodiad VII.

Dydd Sul	Genesis 1:1–5
	2 Corinthiaid 5:17–19a
	Ioan 5:15–18
	Datguddiad 21:1–4
Dydd Llun	Eseia 49:1b–4
	Diarhebion 3:7–12
	Marc 4:26–29
	Mathew 25:19–21
Dydd Mawrth	Deuteronomium 28:1–4
	Eseia 35:3–6
	Ioan 9:1–5
	Datguddiad 22:1–2
Dydd Mercher	Eseia 61:1–3a
	Micha 4:1–4a
	Mathew 9:35–diwedd
	Ioan 18:33, 36–38.
Dydd Iau	Deuteronomium 15:7–11
	Eseia 43:5–7
	1 Pedr 2:9–10
	Ioan 17:18–23
Dydd Gwener	2 Cronicl 7:13–14
	Eseia 57:15–19
	Effesiaid 2:13–18
	Luc 9:22–25
Dydd Sadwrn	Eseia 11:6–9
	Effesiaid 3:14–19
	Ioan 11:17–26a
	Datguddiad 5:8–10

Ar ôl y darlleniad, gellir dweud un o'r gwersiglau a'r ymatebion a ganlyn.

Preswylied gair Crist ynoch yn ei holl olud. [Halelwia.]
Dysgwch a hyfforddwch eich gilydd mewn doethineb. [Halelwia.]

Dysg i mi gadw dy gyfraith. [Halelwia.]
Fe'i cadwaf hi â'm holl galon. [Halelwia.]

After the psalmody, one of the readings provided for the day in the Almanac, or one of the following short readings, is read. See also Appendix VII.

Sunday	Genesis 1:1–5
	2 Corinthians 5:17–19a
	John 5:15–18
	Revelation 21:1–4
Monday	Isaiah 49:1b–4
	Proverbs 3:7–12
	Mark 4:26–29
	Matthew 25:19–21
Tuesday	Deuteronomy 28:1–4
	Isaiah 35:3–6
	John 9:1–5
	Revelation 22:1–2
Wednesday	Isaiah 61:1–3a
	Micah 4:1–4a
	Matthew 9:35–end
	John 18:33,36–38
Thursday	Deuteronomy 15:7–11
	Isaiah 43:5–7
	1 Peter 2:9–10
	John 17:18–23
Friday	2 Chronicles 7:13–14
	Isaiah 57:15–19
	Ephesians 2:13–18
	Luke 9:22–25
Saturday	Isaiah 11:6–9
	Ephesians 3:14–19
	John 11:17–26a
	Revelation 5:8–10

One of the following versicles and responses may be said after the reading.

Let the word of Christ dwell with you in all its richness. [Alleluia.]
Teach and instruct each other in all wisdom. [Alleluia.]

Teach me to observe your law. [Alleluia.]
I will keep it with my whole heart. [Alleluia.]

Tywys fi yn ffordd dy wirionedd a dysg fi, O Arglwydd.
[Halelwia.]
Ti yw'r Duw a'm hachuba. [Halelwia.]

Dysg i mi ddaioni a dirnadaeth a gwybodaeth. [Halelwia.]
Ymddiriedaf yn dy orchmynion. [Halelwia.]

Y mae fy enaid yn ymddiried yng ngair yr Arglwydd. [Halelwia.]
Y mae fy enaid yn hiraethu amdano. [Halelwia.]

Arglwydd, at bwy yr awn? [Halelwia.]
Gennyt ti y mae geiriau'r bywyd tragwyddol. [Halelwia.]

Y mae dy air yn rhoi goleuni. [Halelwia.]
Y mae'n gwneud y gwirion yn ddoeth. [Halelwia.]

Dangosi di imi lwybr bywyd. [Halelwia.]
**Yn dy bresenoldeb di y mae digonedd o lawenydd.
[Halelwia.]**

Dyma fy nghysur yn fy nhrallod. [Halelwia.]
Y mae dy addewid yn rhoi bywyd i mi. [Halelwia.]

3 Y GWEDDÏAU

Gellir cynnwys ymbiliau yma.

Dywedir Gweddi'r Arglwydd, i'w dilyn naill ai gan golect y dydd neu gan un o'r canlynol.
Ar y Suliau, a'r Gwyliau a restrir yn Grwpiau I a II yn Y Calendr Newydd (2003), *dylid bob amser ddefnyddio colect y dydd. Ar achlysuron eraill, gellir defnyddio un o'r canlynol.*

Dduw nerthol a chariadus,
edrych yn drugarog ar y tasgau a ddechreuasom,
ac adnewydda dy ras o'n mewn;
cywira ein diffygion
a chyflawna ein gwaith
yn ôl dy ewyllys,
trwy Iesu Grist ein Harglwydd. **Amen.**

Arglwydd a meistr y winllan,
yr wyt yn rhannu i ni ein tasgau
ac yn pennu inni wobr uniawn am ein llafur.
Cynorthwya ni i ddwyn baich y dydd
ac i dderbyn heb gwyno dy ewyllys ym mhob peth,
trwy Iesu Grist ein Harglwydd. **Amen.**

Lead me in the way of your truth and teach me, O Lord. [Alleluia.]
You are the God who saves me. [Alleluia.]

Teach me goodness and discernment and knowledge. [Alleluia.]
I trust in your commands. [Alleluia.]

My soul trusts in the word of the Lord. [Alleluia.]
My soul is longing for him. [Alleluia.]

Lord, to whom shall we go? [Alleluia.]
You have the words of eternal life. [Alleluia.]

The unfolding of your word gives light. [Alleluia.]
It gives understanding to the simple. [Alleluia.]

You will show me the path of life. [Alleluia.]
In your presence is the fullness of joy. [Alleluia.]

This is my comfort in my trouble. [Alleluia.]
Your promise gives me life. [Alleluia.]

THE PRAYERS

Intercessions may be included at this point.

The Lord's Prayer is said.
The collect of the day should always be used on the Sundays and Holy Days listed in Groups I and II in The New Calendar (2003). *On other occasions, one of the following may be used.*

> God of power and love,
> look kindly on the tasks we have begun,
> and renew your grace within us;
> make good our defects
> and bring our work to that fulfilment
> which is in accordance with your will,
> through Jesus Christ our Lord. **Amen.**

> Lord and master of the vineyard,
> you allot us our tasks
> and determine the just rewards of our labours.
> Help us to bear the burden of the day
> and accept your will in all things without complaint,
> through Jesus Christ our Lord. **Amen.**

Oleuni tragwyddol, llewyrcha i'n calonnau,
ddaioni tragwyddol, gwared ni rhag drwg,
nerth tragwyddol, cynnal ni,
ddoethineb tragwyddol,
    gwasgara dywyllwch ein hanwybodaeth,
dosturi tragwyddol, trugarha wrthym;
fel y ceisiom dy wyneb
â'n holl galon ac â'n holl feddwl
    ac â'n holl enaid ac â'n holl nerth,
a'n dwyn gan dy drugaredd ddiderfyn
    i'th wyddfod sanctaidd;
trwy Iesu Grist ein Harglwydd. **Amen.**

Dduw tragwyddol,
goleuni'r meddyliau sy'n dy adnabod,
llawenydd y calonnau sy'n dy garu,
a nerth yr ewyllys sy'n dy wasanaethu;
caniatâ inni felly dy adnabod
fel y carom di mewn gwirionedd,
ac felly dy garu fel y gwasanaethom o ddifrif dydi,
y mae dy wasanaethu yn rhyddid perffaith,
trwy Iesu Grist ein Harglwydd. **Amen.**

O Arglwydd ein Duw,
dyro inni ras i'th geisio â'n holl galon;
fel, o'th geisio, y caffom di;
ac, o'th gael, y carom di;
ac, o'th garu, y casaom y pechodau hynny
    y gwaredaist ni rhagddynt;
trwy Iesu Grist ein Harglwydd. **Amen.**

Dad grasol a sanctaidd,
dyro inni ddoethineb i'th ddirnad,
dyfalbarhad i'th geisio,
amynedd i ddisgwyl wrthyt,
llygaid i'th weld,
calon i fyfyrio arnat,
a bywyd i'th gyhoeddi,
trwy nerth Ysbryd
Iesu Grist ein Harglwydd. **Amen.**

Eternal light, shine into our hearts,
eternal goodness, deliver us from evil,
eternal power, be our support,
eternal wisdom, scatter the darkness of our ignorance,
eternal pity, have mercy upon us;
that with all our heart and mind and soul and strength
we may seek your face
and be brought by your infinite mercy to your holy presence;
through Jesus Christ our Lord. **Amen.**

Eternal God,
the light of the minds that know you,
the joy of the hearts that love you,
and the strength of the wills that serve you;
make us so to know you
that we may truly love you,
so to love you that we may truly serve you,
whose service is perfect freedom,
through Jesus Christ our Lord. **Amen.**

O Lord our God,
give us grace to desire you with our whole heart;
that so desiring, we may seek and find you;
and so finding, may love you;
and so loving, may hate those sins
    from which you have delivered us;
through Jesus Christ our Lord. **Amen.**

O gracious and holy Father,
give us wisdom to perceive you,
diligence to seek you,
patience to wait for you,
eyes to behold you,
a heart to meditate upon you,
and a life to proclaim you,
through the power of the Spirit
of Jesus Christ our Lord. **Amen.**

Arglwydd Iesu Grist, diolchwn i ti
am bob budd a enillaist inni,
am bob poen a gwawd a ddygaist drosom ni.
Drugarocaf Waredwr,
frawd a chyfaill,
bydded inni dy adnabod yn well,
dy garu'n anwylach,
a'th ddilyn yn agosach,
ddydd ar ôl dydd. **Amen.**

4 Y DIWEDDGLO

Dywedir un o'r canlynol.

Bendithiwn yr Arglwydd.
I Dduw y bo'r diolch.

Bydded ffafr rasol yr Arglwydd arnom. [Halelwia.]
Llwydda waith ein dwylo;
O llwydda waith ein dwylo. [Halelwia.]

Y mae cariad Crist ar waith ynom ni. [Halelwia.]
Bydded iddo ein tywys a'n gwarchod
heddiw a phob amser. [Halelwia.]

Bydded i oleuni Crist lewyrchu yn ein calonnau. [Halelwia.]
Amen. [Halelwia.]

Os ydym yn byw yn yr Ysbryd, [Halelwia,]
gadewch inni hefyd rodio yn yr Ysbryd. [Halelwia.]

Lord Jesus Christ, we thank you
for all the benefits that you have won for us,
for all the pains and insults that you have borne for us.
Most merciful Redeemer,
friend and brother,
may we know you more clearly,
love you more dearly,
and follow you more nearly,
day by day. **Amen.**

THE CONCLUSION

One of the following is said.

Let us bless the Lord.
Thanks be to God.

May the gracious favour of the Lord be upon us. [Alleluia.]
Prosper our handiwork;
O prosper the work of our hands. [Alleluia.]

The love of Christ works in us. [Alleluia.]
May he guide us and guard us today and always.
[Alleluia.]

May the light of Christ shine in our hearts. [Alleluia.]
Amen. [Alleluia.]

If we live by the Spirit, [Alleluia,]
let us also walk by the Spirit. [Alleluia.]

vii GWEDDI'R DYDD: DEUNYDD TYMHOROL

ADFENT

Myfyrdod Rhagarweiniol
Geidwad tragwyddol,
oleuni anffaeledig y byd,
oleuni bythol,
ein gwir iachawdwriaeth,

Trwy gymryd ein natur
yn dy ryddid cariadus,
achubaist ein daear golledig
a llenwi'r byd â llawenydd.

Trwy dy adfent cyntaf, cyfiawnha ni,
trwy dy ail adfent, rhyddha ni:
fel, pan wawria'r goleuni mawr,
ac y deui di i farnu pawb,
y gwisger ni ag anfarwoldeb
ac y byddom barod, Arglwydd,
i ddilyn olion gwynfydedig dy draed
i ba le bynnag yr arweiniont.

Salmau a Darlleniadau

Dydd Sul	Salm 82	Datguddiad 22:17, 20–21
Dydd Llun	Salm 13	Eseia 11:1–4
Dydd Mawrth	Salm 14	Marc 1:1–5
Dydd Mercher	Salm 54	Luc 12:35–37
Dydd Iau	Salm 70	Marc 13:34–diwedd
Dydd Gwener	Salm 75	Rhufeiniaid 13:11–diwedd
Dydd Sadwrn	Salm 85	Luc 1:35, 38

Gweddi i Gloi
O Arglwydd,
cadw ni bob amser yn effro ac yn wyliadwrus
wrth inni ddisgwyl dyfodiad dy Fab.
Glanha ni o bechod,
fel yr elom i gwrdd â'n Gwaredwr, pan ddaw,
    â chalonnau llawen;
trwy Iesu Grist ein Harglwydd. **Amen.**

PRAYER DURING THE DAY: SEASONAL MATERIAL

ADVENT

Introductory Meditative Passage

Saviour eternal,
life of the world unfailing,
light everlasting
and our true redemption,

Taking our humanity
in your loving freedom,
you rescued our lost earth
and filled the world with joy.

By your first advent, justify us,
by your second, set us free:
that when the great light dawns
and you come as judge of all,
we may be robed in immortality
and ready, Lord, to follow
in your footsteps blest,
wherever they may lead.

Psalmody and Readings

Sunday	Psalm 82	Revelation 22:17, 20–21
Monday	Psalm 13	Isaiah 11:1–4
Tuesday	Psalm 14	Mark 1:1–5
Wednesday	Psalm 54	Luke 12:35–37
Thursday	Psalm 70	Mark 13:34–end
Friday	Psalm 75	Romans 13:11–end
Saturday	Psalm 85	Luke 1:35, 38

Closing Prayer

O Lord,
keep us ever alert and watchful
as we await the coming of your Son.
Cleanse us from sin, so that, when he comes,
we may go forth to meet our Saviour with joyful hearts;
through Jesus Christ our Lord. **Amen.**

TYMOR Y NADOLIG

Myfyrdod Rhagarweiniol
Rhodd well nag ef ei hun ni ŵyr ein Duw,
A rhodd sy'n well na'i Dduw nis gwêl un dyn;
Cans dyma rodd sy'n rhoi y Rhoddwr byw,
Ac i'r rhodd hon rhoed pawb yn rhodd ei hun.
Duw imi'n rhodd; fe'i rhoes ei hun i mi;
Rhodd iddo wyf; Duw'n unig a'm caiff i.

Salmau a Darlleniadau
Dydd Sul	Salm 113	Ioan 1:14, 16–18
Dydd Llun	Salm 87	Eseia 9:2, 6–7
Dydd Mawrth	Salm 97	Mathew 1:20b–23
Dydd Mercher	Salm 110	Luc 2:16–20
Dydd Iau	Salm 127	Galatiaid 4:4–7
Dydd Gwener	Salm 128	Titus 2:11–14
Dydd Sadwrn	Salm 150	Hebreaid 1:1–3a

Gweddi i Gloi
Hollalluog Dduw,
y mae dy Air ymgnawdoledig yn ein llenwi
â'r goleuni newydd a ddug ef i'r byd.
Bydded i oleuni ffydd yn ein calonnau
lewyrchu trwy bopeth a wnawn ac a ddywedwn;
trwy Iesu Grist ein Harglwydd. **Amen.**

Mae'r ddarpariaeth hon hefyd yn addas ar Ŵyl Cyflwyniad Crist a Gŵyl Cyfarchiad Mair.

TYMOR YR YSTWYLL

Myfyrdod Rhagarweiniol
Y mae Darn (7) yn y Drefn ar gyfer Gweddi'r Dydd yn arbennig o addas.

Salmau a Darlleniadau
Dydd Sul	Salm 67	Malachi 1:11
Dydd Llun	Salm 99	Ioan 2:10–11
Dydd Mawrth	Salm 100	Eseia 60:1–3
Dydd Mercher	Salm 122	2 Corinthiaid 4:5–6
Dydd Iau	Salm 132:10–19	Rhufeiniaid 8:15–17
Dydd Gwener	Salm 138	Effesiaid 1:8b–10
Dydd Sadwrn	Salm 149	Datguddiad 1:13–16

CHRISTMASTIDE

Introductory Meditative Passage
Gift better than himself God doth not know;
Gift better than his God no man can see.
This gift doth here the giver given bestow;
Gift to this gift let each receiver be.
God is my gift, himself he freely gave me;
God's gift am I, and none but God shall have me.

Psalmody and Readings
Sunday	Psalm 113	John 1:14, 16–18
Monday	Psalm 87	Isaiah 9:2, 6–7
Tuesday	Psalm 97	Matthew 1:20b–23
Wednesday	Psalm 110	Luke 2:16–20
Thursday	Psalm 127	Galatians 4:4–7
Friday	Psalm 128	Titus 2:11–14
Saturday	Psalm 150	Hebrews 1:1–3a

Closing Prayer
Almighty God,
your incarnate Word fills us
with the new light he brought to the world.
Let the light of faith in our hearts
shine through all that we do and say;
through Jesus Christ our Lord. **Amen.**

This provision is suitable also for use on the Feasts of the Presentation of Christ and the Annunciation to the Blessed Virgin Mary.

EPIPHANY SEASON

Introductory Meditative Passage
Passage (7) in the Order for Prayer During the Day is particularly suitable.

Psalmody and Readings
Sunday	Psalm 67	Malachi 1:11
Monday	Psalm 99	John 2:10–11
Tuesday	Psalm 100	Isaiah 60:1–3
Wednesday	Psalm 122	2 Corinthians 4:5–6
Thursday	Psalm 132:10–19	Romans 8:15–17
Friday	Psalm 138	Ephesians 1:8b–10
Saturday	Psalm 149	Revelation 1:13–16

Gweddi i Gloi
>O Iesu da,
>Gair y Tad, a llewyrch ei ogoniant,
>y deisyfa angylion dy weld:
>dysg imi wneud dy ewyllys,
>fel, dan arweiniad dy Ysbryd,
>y delwyf i ddinas wynfydedig y bythol ddydd,
>lle y mae pawb o un galon a meddwl,
>lle y mae diogelwch a thangnefedd tragwyddol,
>llawenydd a hyfrydwch,
>lle yr wyt ti yn byw gyda'r Tad a'r Ysbryd Glân
>am byth. **Amen.**

Y mae'r *Myfyrdod Rhagarweiniol* a'r salmau a'r darlleniadau uchod yn addas i'w defnyddio hefyd ar Ŵyl y Gweddnewidiad, ond, ar yr ŵyl honno, dylid defnyddio colect y dydd.

Y GARAWYS

Myfyrdod Rhagarweiniol
>Iesu, yr wyt yn cynnull dy bobl atat fel mam;
>yr wyt yn addfwyn gyda ni fel mam gyda'i phlant.

>Try anobaith yn obaith trwy dy ddaioni pêr;
>trwy dy addfwynder cawn gysur pan fyddom mewn ofn.

>Fe rydd dy gynhesrwydd fywyd i'r meirw,
>gwna dy gyffyrddiad bechaduriaid yn uniawn.

>Arglwydd Iesu, yn dy drugaredd iachâ ni;
>yn dy gariad a'th diriondeb ail-grea ni.

>Yn dy ras a'th drugaredd dwg ras a maddeuant,
>a pharatoed dy gariad ni at brydferthwch y nef.

Salmau a Darlleniadau

Dydd Sul	Salm 51:11–diwedd	
		Rhufeiniaid 6:3–5
Dydd Llun	Salm 3	Joel 2:12–14
Dydd Mawrth	Salm 6	1 Corinthiaid 9:24–diwedd
Dydd Mercher	Salm 11	Rhufeiniaid 7:21–25a
Dydd Iau	Salm 12	Eseia 58:6–9a
Dydd Gwener	Salm 32	Mathew 6:1–4
Dydd Sadwrn	Salm 61	Luc 10:38–diwedd

Closing Prayer
O good Jesus,
Word of the Father and brightness of his glory,
whom angels desire to behold:
teach me to do your will
that, guided by your Spirit,
I may come to the blessed city of everlasting day,
where all are one in heart and mind,
where there is safety and eternal peace,
happiness and delight,
where you live with the Father and the Holy Spirit,
world without end. **Amen.**

The Introductory Meditative Passage and psalmody and readings above are also suitable for use on the Feast of the Transfiguration when, however, the collect of the day should be used.

LENT

Introductory Meditative Passage
Jesus, like a mother you gather your people to you;
you are gentle with us as a mother with her children.

Despair turns to hope through your sweet goodness;
through your gentleness we find comfort in fear.

Your warmth gives life to the dead,
your touch makes sinners righteous.

Lord Jesus, in your mercy heal us;
in your love and tenderness remake us.

In your grace and compassion bring grace and forgiveness,
for the beauty of heaven may your love prepare us.

Psalmody and Readings

Sunday	Psalm 51:11–end	Romans 6:3–5
Monday	Psalm 3	Joel 2:12–14
Tuesday	Psalm 6	1 Corinthians 9:24–end
Wednesday	Psalm 11	Romans 7:21–25a
Thursday	Psalm 12	Isaiah 58:6–9a
Friday	Psalm 32	Matthew 6:1–4
Saturday	Psalm 61	Luke 10:38–end

Gweddi i Gloi
>Dysg ni, Arglwydd da, i'th wasanaethu fel yr haeddi;
>i roi heb gyfri'r gost;
>i frwydro heb ystyried y clwyfau;
>i weithio heb geisio gorffwys;
>i lafurio heb ddisgwyl unrhyw wobr,
>ond gwybod ein bod yn gwneud dy ewyllys di. **Amen.**

TYMOR Y DIODDEFAINT

Myfyrdod Rhagarweiniol
>Addolwn di, O Grist, a bendithiwn di,
>oherwydd trwy dy groes sanctaidd fe brynaist y byd.
>
>Dduw sanctaidd,
>sanctaidd a chryf,
>sanctaidd ac anfarwol, trugarha wrthym.
>
>Gogoneddwn dy groes, O Arglwydd,
>a molwn a mawrygwn dy atgyfodiad sanctaidd:
>oherwydd trwy rinwedd y groes
>daeth llawenydd i'r byd.

Salmau a Darlleniadau

Dydd Sul	Salm 27:1–8	Hebreaid 2:10–12
Dydd Llun	Salm 43	Marc 8:31–35
Dydd Mawrth	Salm 142	Eseia 53:4–6
Dydd Mercher	Salm 143	1 Corinthiaid 1:18–25
Dydd Iau	Salm 23	1 Pedr 2:24–25
Dydd Gwener	Salm 69:1–13	Rhufeiniaid 5:6–8
Dydd Sadwrn	Salm 130	Ioan 12:23–26

Gweddi i Gloi
>Arglwydd Dduw, ein Tad nefol,
>edrych, gweddïwn arnat, â'th ddwyfol drugaredd
>ar boenau pawb o'th blant;
>a chaniatâ i ddioddefaint ein Harglwydd
>a'i gariad diderfyn
>ddwyn ffrwyth daioni
>o drallodau'r diniwed,
>dioddefiadau'r claf,
>a gofidiau'r rhai sydd mewn profedigaeth;
>trwyddo ef a ddioddefodd yn ein cnawd
>ac a fu farw drosom,
>dy Fab ein Gwaredwr Iesu Grist. **Amen.**

Closing Prayer
>Teach us, good Lord, to serve you as you deserve;
>to give and not to count the cost;
>to fight and not to heed the wounds;
>to toil and not to seek for rest;
>to labour and not to seek for any reward,
>save that of knowing that we are doing your will. **Amen.**

PASSIONTIDE

Introductory Meditative Passage
>We adore you, O Christ, and we bless you,
>because by your holy cross you have redeemed the world.
>
>Holy God,
>holy and strong,
>holy and immortal, have mercy on us.
>
>We glory in your cross, O Lord,
>and praise and glorify your holy resurrection:
>for by virtue of the cross
>joy has come to the whole world.

Psalmody and Readings

Sunday	Psalm 27:1–8	Hebrews 2:10–12
Monday	Psalm 43	Mark 8:31–35
Tuesday	Psalm 142	Isaiah 53:4–6
Wednesday	Psalm 143	1 Corinthians 1:18–25
Thursday	Psalm 23	1 Peter 2:24–25
Friday	Psalm 69:1–13	Romans 5:6–8
Saturday	Psalm 130	John 12:23–26

Closing Prayer
>Lord God, our heavenly Father,
>look, we pray, with your divine pity
>on the pains of all your children;
>and grant that the passion of our Lord
>and his infinite love
>may make fruitful for good
>the tribulations of the innocent,
>the sufferings of the sick,
>and the sorrows of the bereaved;
>through him who suffered in our flesh
>and died for our sake,
>your Son our Saviour Jesus Christ. **Amen.**

TYMOR Y PASG: CYN DYDD Y DYRCHAFAEL

Myfyrdod Rhagarweiniol
Ddoe fe'm croeshoeliwyd gyda Christ;
heddiw fe'm gogoneddir gydag ef.
Ddoe bûm farw gyda Christ;
heddiw yr wyf yn rhannu ei atgyfodiad.
Ddoe fe'm claddwyd gydag ef;
heddiw, rwy'n deffro gydag ef o gwsg marwolaeth.

Salmau a Darlleniadau
Dydd Sul	Salm 114	1 Pedr 1:3–5
Dydd Llun	Salm 30	Seffaneia 3:14–18
Dydd Mawrth	Salm 66:1–11	1 Corinthiaid 15:42–44a, 47–49
Dydd Mercher	Salm 106:1–12	Colosiaid 3:1–4
Dydd Iau	Salm 111	Luc 24:28–32
Dydd Gwener	Salm 145:1–8	Job 19:23–27a
Dydd Sadwrn	Salm 146	Datguddiad 1:12–18

Gweddi i Gloi
Arglwydd ein Duw,
yn atgyfodiad Crist
creaist ni o'r newydd at fywyd tragwyddol.
Gwna ni'n gadarn ein ffydd ac yn gyson ein gobaith
wrth inni ddisgwyl yn llawen
am gyflawni dy addewidion;
trwy Iesu Grist ein Harglwydd. **Amen.**

TYMOR Y PASG: DYDD Y DYRCHAFAEL HYD Y PENTECOST

Myfyrdod Rhagarweiniol
Bendigedig wyt ti, Dduw ein hynafiaid,
teilwng o foliant a dyrchafedig am byth.

Bendigedig yw dy enw sanctaidd a gogoneddus,
teilwng o foliant a dyrchafedig am byth.

Bendigedig wyt ti yn dy lân deml odidog,
teilwng o foliant a dyrchafedig am byth.

Bendigedig wyt ti sy'n gweld i'r dyfnderau,
teilwng o foliant a dyrchafedig am byth.

Bendigedig wyt ti y mae dy orsedd rhwng y cerwbiaid,
teilwng o foliant a dyrchafedig am byth.

EASTERTIDE: BEFORE ASCENSION DAY

Introductory Meditative Passage
   Yesterday I was crucified with Christ;
   today I am glorified with him.
   Yesterday I was dead with Christ;
   today I am sharing in his resurrection.
   Yesterday I was buried with him;
   today I am waking with him from the sleep of death.

Psalmody and Readings

Sunday	Psalm 114	1 Peter 1:3–5
Monday	Psalm 30	Zephaniah 3:14–18
Tuesday	Psalm 66:1–11	1 Corinthians 15:42–44a, 47–49
Wednesday	Psalm 106:1–12	Colossians 3:1–4
Thursday	Psalm 111	Luke 24:28–32
Friday	Psalm 145:1–8	Job 19:23–27a
Saturday	Psalm 146	Revelation 1:12–18

Closing Prayer
   Lord our God,
   in the resurrection of Christ
   you create us anew for eternal life.
   Make us firm in faith and constant in hope
   as we joyfully await
   the fulfilment of your promises;
   through Jesus Christ our Lord. **Amen.**

EASTERTIDE: ASCENSION DAY TO PENTECOST

Introductory Meditative Passage
   Blessed are you, the God of our ancestors,
   worthy to be praised and exalted for ever.

   Blessed is your holy and glorious name,
   worthy to be praised and exalted for ever.

   Blessed are you in your holy and glorious temple,
   worthy to be praised and exalted for ever.

   Blessed are you who look into the depths,
   worthy to be praised and exalted for ever.

   Blessed are you, enthroned on the cherubim,
   worthy to be praised and exalted for ever.

Bendigedig wyt ti ar orsedd dy deyrnas,
teilwng o foliant a dyrchafedig am byth.

Bendigedig wyt ti yn uchelder y nefoedd,
teilwng o foliant a dyrchafedig am byth.

Salmau a Darlleniadau
Noder: Mae'r darlleniadau yn yr adran gyntaf ar gyfer Dydd y Dyrchafael a'r ddeuddydd canlynol. Mae'r darlleniadau yn yr ail adron ar gyfer seithfed wythnos y Pasg a Dydd y Pentecost.

Dydd y Dyrchafael	Salm 47	Hebreaid 9:24
Dydd Gwener	Salm 93	Hebreaid 2:8b–10
Dydd Sadwrn	Salm 98	Rhufeiniaid 8:38–39
Dydd Sul	Salm 104:26–32	Ioan 7:37–39a
Dydd Llun	Salm 21:1–7	Eseia 40:20–diwedd
Dydd Mawrth	Salm 29	1 Corinthiaid 12:4–7
Dydd Mercher	Salm 46	Joel 2:28–29
Dydd Iau	Salm 47	Luc 11:9–13
Dydd Gwener	Salm 93	2 Corinthiaid 1:20–22
Dydd Sadwrn	Salm 98	2 Corinthiaid 3:17–18
Pentecost	Salm 33:1–6	Ioan 20:21–22

Gweddi i Gloi
Dylid defnyddio colect y dydd ar Ddydd y Dyrchafael. Ar y dyddiau eraill, gellir defnyddio'r canlynol

O Frenin a orseddwyd yn y nefoedd,
ti Ddiddanydd ac Ysbryd y Gwirionedd,
ti sydd ym mhobman ac yn llenwi pob peth,
trysorfa bendithion a rhoddwr bywyd,
tyrd a phreswylia gyda ni,
glanha ni o bob staen
ac achub ein heneidiau, O rasol un. **Amen.**

TYMOR Y DEYRNAS

Myfyrdod Rhagarweiniol
Am rodd ei Ysbryd:
bendigedig fyddo Crist.

Am yr Eglwys gatholig:
bendigedig fyddo Crist.

Blessed are you on the throne of your kingdom,
worthy to be praised and exalted for ever.

Blessed are you in the heights of heaven,
worthy to be praised and exalted for ever.

Psalmody and Readings
Note: The readings in the first section are for Ascension Day and the two days following. Those in the second section are for the seventh week of Easter and the Day of Pentecost.

Ascension Day	Psalm 47	Hebrews 9:24
Friday	Psalm 93	Hebrews 2:8b–10
Saturday	Psalm 98	Romans 8:38–39
Sunday	Psalm 104:26–32	John 7:37–39a
Monday	Psalm 21:1–7	Isaiah 40:20–end
Tuesday	Psalm 29	1 Corinthians 12:4–7
Wednesday	Psalm 46	Joel 2:28–29
Thursday	Psalm 47	Luke 11:9–13
Friday	Psalm 93	2 Corinthians 1:20–22
Saturday	Psalm 98	2 Corinthians 3:17–18
Pentecost	Psalm 33:1–6	John 20:21–22

Closing Prayer
The collect of the day should be used on Ascension Day. On the other days, the following may be used

O King enthroned on high,
Comforter and Spirit of Truth,
you that are in all places and fill all things,
the treasury of blessings and the giver of life,
come and dwell with us,
cleanse us from every stain
and save our souls, O gracious one. **Amen.**

KINGDOM SEASON

Introductory Meditative Passage
For the gift of his Spirit:
blessed be Christ.

For the catholic Church:
blessed be Christ.

Am foddion gras:
bendigedig fyddo Crist.

Am obaith gogoniant:
bendigedig fyddo Crist.

Am lwyddiannau ei efengyl:
bendigedig fyddo Crist.

Am fywydau ei saint:
bendigedig fyddo Crist.

Mewn llawenydd a galar:
bendigedig fyddo Crist.

Mewn bywyd a marwolaeth:
bendigedig fyddo Crist.

Yn awr a hyd ddiwedd yr oesau:
bendigedig fyddo Crist.

Salmau a Darlleniadau

Dydd Sul	Salm 2	Datguddiad 4:9–diwedd
Dydd Llun	Salm 15	Philipiaid 4:4–7
Dydd Mawrth	Salm 42:1–7	Hebreaid 12:22–24
Dydd Mercher	Salm 96	Mathew 24:30–31
Dydd Iau	Salm 121	Effesiaid 4:11–13
Dydd Gwener	Salm 125	Hebreaid 12:1–2
Dydd Sadwrn	Salm 133	Daniel 12:2–3
Gŵyl yr Holl Saint	Salm 92:12–15	Datguddiad 22:1–5
Crist y Brenin	Salm 93	Colosiaid 1:15–18

Gweddi i Gloi

Dylid defnyddio colect y dydd ar Ŵyl yr Holl Saint ac ar Ŵyl Crist y Brenin.
Ar ddyddiau eraill, gellir defnyddio'r canlynol

Dwg ni, O Arglwydd ein Duw, yn ein deffro olaf,
at dŷ a phorth y nefoedd,
i fynd drwy'r porth hwnnw a byw yn y tŷ
lle nad oes na thywyllwch na gor-ddisgleirdeb
ond un goleuni di-dor;
na sŵn na distawrwydd, ond un miwsig di-dor;
nac ofnau na gobeithion, ond un meddiant di-dor;
na diwedd na dechrau, ond un tragwyddoldeb di-dor;
yn nhrigfannau dy ogoniant a'th arglwyddiaeth
byth heb ddiwedd. **Amen.**

For the means of grace:
blessed be Christ.

For the hope of glory:
blessed be Christ.

For the triumphs of his gospel:
blessed be Christ.

For the lives of his saints:
blessed be Christ.

In joy and in sorrow:
blessed be Christ.

In life and in death:
blessed be Christ.

Now and to the end of the ages:
blessed be Christ.

Psalmody and Readings

Sunday	Psalm 2	Revelation 4:9–end
Monday	Psalm 15	Philippians 4:4–7
Tuesday	Psalm 42:1–7	Hebrews 12:22–24
Wednesday	Psalm 96	Matthew 24:30–31
Thursday	Psalm 121	Ephesians 4:11–13
Friday	Psalm 125	Hebrews 12:1–2
Saturday	Psalm 133	Daniel 12:2–3
All Saints' Day	Psalm 92:12–15	Revelation 22:1–5
Christ the King	Psalm 93	Colossians 1:15–18

Closing Prayer

The collect of the day should be used on All Saints' Day and the Feast of Christ the King.
On other days, the following may be used

Bring us, O Lord God, at our last awakening
into the house and gate of heaven,
to enter that gate and dwell in that house.
where there shall be no darkness nor dazzling
but one equal light;
no noise nor silence, but one equal music;
no fears nor hopes, but one equal possession;
no ends or beginnings, but one equal eternity;
in the habitations of your glory and dominion,
world without end. **Amen.**

Appendix VII

MAIR FORWYN FENDIGAID

Myfyrdod Rhagarweiniol
    Daeth crëwr y bydoedd ar agwedd creadur
    Y perffaith ddibechod ar ddull fel pechadur!
    Cynhaliwr yr holl greadigaeth ddiderfyn
    Ei hunan gynhaliwyd ar liniau y Forwyn.
    O ryfedd, O ryfedd, dirgelwch duwioldeb:
    Y Duwdod a'r dyndod yn awr sydd mewn undeb.

Darlleniadau
    Marc 3:31–35
    Ioan 19:25b–27
    Actau 1:12–14
    Rhufeiniaid 8:28–30
    Galatiaid 4:4–7
    Datguddiad 12:1–6

Gweddi i Gloi
    Hollalluog a thragwyddol Dduw,
    a wyraist i lawr i godi teulu'r cwymp
    trwy feichiogrwydd y fendigaid Fair;
    caniatâ fod i ni,
    a welodd adlewyrchu dy ogoniant yn ein natur ddynol
    a pherffeithio dy gariad yn ein gwendid,
    gael ein hadnewyddu beunydd ar dy lun
    a'n cydffurfio â delw dy Fab,
    Iesu Grist ein Harglwydd. **Amen.**

THE BLESSED VIRGIN MARY

Introductory Meditative Passage
Maiden yet a mother, daughter of thy Son,
High beyond all other, lowlier is none;
Thou the consummation planned by God's decree,
When our lost creation nobler rose in thee.
Thus his place prepared, he who all things made,
'Mid his creatures tarried, in thy bosom laid;
There his love he nourished, warmth that gave increase
To the root whence flourished our eternal peace.

Readings
Mark 3:31–35
John 19:25b–27
Acts 1:12–14
Romans 8:28–30
Galatians 4:4–7
Revelation 12:1–6

Closing Prayer
Almighty and everlasting God,
who stooped to raise fallen humanity
through the child-bearing of blessed Mary;
grant that we,
who have seen your glory revealed in our human nature
and your love made perfect in our weakness,
may daily be renewed in your image
and conformed to the pattern of your Son,
Jesus Christ our Lord. **Amen.**

GWYLIAU SAINT

Myfyrdod Rhagarweiniol
Y mae gogoneddus gwmpeini'r apostolion yn dy foli.
Y mae cymdeithas ardderchog y proffwydi yn dy foli.

Y mae byddin y merthyron
yn eu gwisgoedd gwynion yn dy foli.

Y mae'r Eglwys lân drwy'r holl fyd yn dy foli:
Y Tad o anfeidrol fawredd,

Dy wir ac unig Fab, sy'n deilwng o bob moliant,
a'r Ysbryd Glân, eiriolwr ac arweinydd.

Darlleniadau
Mathew 5:1–12
Mathew 5:13–16
Datguddiad 7:9–10 (13–17)
Datguddiad 22:1–5

Gweddi i Gloi
Dad hollalluog,
adeiledaist dy Eglwys
trwy gariad ac ymgysegriad dy saint:
ysbrydola ni i ddilyn esiampl *E*,
a goffawn heddiw,
fel y bo inni o'r diwedd lawenhau gydag *ef/hi*
o weld dy ogoniant;
trwy Iesu Grist ein Harglwydd. **Amen.**

SAINTS' DAYS

Introductory Meditative Passage
The glorious company of apostles praise you.
The noble fellowship of prophets praise you.

The white-robed army of martyrs praise you.
Throughout the world the holy Church acclaims you:

Father of majesty unbounded,
your true and only Son, worthy of all praise,
the Holy Spirit, advocate and guide.

Readings
Matthew 5:1–12
Matthew 5:13–16
Revelation 7:9–10 (13–17)
Revelation 22:1–5

Closing Prayer
Almighty Father,
you have built up your Church
through the love and devotion of your saints:
inspire us to follow the example of *N*,
whom we commemorate today,
that we may at last rejoice with *him/her*
in the vision of your glory;
through Jesus Christ our Lord. **Amen.**

GWEDDI'R NOS
(CWMPLIN)

NIGHT PRAYER (COMPLINE)

STRWYTHUR GWEDDI'R NOS

*Gellir hepgor yr eitemau a nodwyd â ***

1 **Y RHAGARWEINIAD**
   Gweddi agoriadol, gwersiglau ac ymatebion
   *Edifeirwch
   *Emyn

2 **GWEINIDOGAETH Y GAIR**
   Salm(au)
   Darlleniad o'r Beibl
   *Ymateb
   Cantigl o'r Efengyl: *Nunc Dimittis*

3 **Y GWEDDÏAU**
   *Ymbil a Diolch
   *Gweddi'r Arglwydd
   Y Colect

4 **Y DIWEDDGLO**
   Gweddi o Ymateb i Gloi a Bendith

THE STRUCTURE OF NIGHT PRAYER

*Items marked * are optional*

1. **THE INTRODUCTION**
   Opening prayer, versicles and responses
   *Penitence
   *Hymn

2. **THE MINISTRY OF THE WORD**
   Psalm(s)
   Biblical reading
   *Responsory
   Gospel Canticle: *Nunc Dimittis*

3. **THE PRAYERS**
   *Intercession and Thanksgiving
   *The Lord's Prayer
   The Collect

4. **THE CONCLUSION**
   Closing Responsory Prayer and Blessing

NODIADAU

1. Darperir dwy ffurf ar Weddi'r Nos. Argymhellir y gyntaf ar gyfer achlysuron ffurfiol, er enghraifft pan gynhelir Gweddi'r Nos yn wasanaeth ar noson waith yn ystod y Garawys. Os bydd pregeth ar achlysur o'r fath, dylai ddilyn y darlleniad o'r Beibl neu'r ymateb, os dywedir ef. Cynlluniwyd yr ail ar gyfer y rhai hynny sy'n dymuno cael ffurf seml, strwythuredig ar weddi nos.

2. Gellir defnyddio yng Ngweddi'r Nos y tabl a ganlyn o salmau a darlleniadau, a drefnwyd yn ôl dyddiau'r wythnos.

	Salm	*Darlleniad*
Dydd Sul	91	Datguddiad 22:4–5
Dydd Llun	86	1 Thesaloniaid 5:9–10
Dydd Mawrth	143:1–11	1 Pedr 5:8–9
Dydd Mercher	31:1–5, 130	Effesiaid 4:26–27
Dydd Iau	16	1 Thesaloniaid 5:23
Dydd Gwener	88	Jeremeia 14:9
Dydd Sadwrn	4, 134	Datguddiad 22:4–5

3. Gellir defnyddio detholiadau tymhorol o salmau a darlleniadau o'r tablau tymhorol a ddarperir ar gyfer Gweddi'r Dydd (Atodiad VII).

NOTES

1 Two forms of Night Prayer are provided. The first is recommended for more formal occasions, for instance, when Night Prayer is held as a weeknight service in Lent. If a sermon is to be preached on such occasions, it should follow the biblical reading or the responsory if that is said. The second form is designed for those who want a simple, structured form of prayer at night.

2 The following table of psalms and readings arranged by days of the week may be used at Night Prayer.

	Psalm	*Reading*
Sunday	91	Revelation 22:4–5
Monday	86	1 Thessalonians 5:9–10
Tuesday	143:1–11	1 Peter 5:8–9
Wednesday	31:1–5, 130	Ephesians 4:26–27
Thursday	16	1 Thessalonians 5:23
Friday	88	Jeremiah 14:9
Saturday	4, 134	Revelation 22:4–5

3 Seasonal selections of psalms and readings may be made from the seasonal tables provided for use at Prayer during the Day (Appendix VII).

TREFN AR GYFER GWEDDI'R NOS (CWMPLIN)

1 *Y RHAGARWEINIAD*

> Rhodded yr Arglwydd hollalluog inni noson heddychlon,
> **a diwedd perffaith.**

> Duw, brysia i'n cynorthwyo:
> **Arglwydd, prysura i'n cymorth.**

> **Gogoniant i'r Tad, ac i'r Mab,**
> **ac i'r Ysbryd Glân;**
> **fel yr oedd yn y dechrau y mae yn awr,**
> **ac y bydd yn wastad, yn oes oesoedd. Amen.**

Gweddi ddistaw/myfyrdod ar y diwrnod a fu.

Gellir defnyddio'r canlynol, neu weithred briodol arall o edifeirwch.
> **Drugarocaf Dad,**
> **cyffeswn wrthyt,**
> **gerbron holl gwmpeini nef a gerbron ein gilydd,**
> **inni bechu ar feddwl, gair a gweithred**
> **ac yn yr hyn na wnaethom.**
> **Maddau inni ein pechodau,**
> **iachâ ni trwy dy Ysbryd**
> **a chyfoda ni i fywyd newydd yng Nghrist. Amen.**

> Bydded i'r hollalluog Dduw drugarhau wrthym,
> maddau i ni ein pechodau
> a'n dwyn i fywyd tragwyddol;
> trwy Iesu Grist ein Harglwydd. **Amen.**

Gellir canu emyn addas.

AN ORDER FOR NIGHT PRAYER (COMPLINE)

THE INTRODUCTION

> The Lord almighty grant us a quiet night,
> **and a perfect end.**
>
> O God, make speed to save us:
> **O Lord, make haste to help us.**
>
> **Glory to the Father, and to the Son,**
> **and to the Holy Spirit;**
> **as it was in the beginning, is now,**
> **and shall be for ever. Amen.**

Silent prayer/reflection on the past day.

The following or another suitable act of penitence may be used.
> **Most merciful God,**
> **we confess to you,**
> **before the whole company of heaven and one another,**
> **that we have sinned in thought, word and deed**
> **and in what we have failed to do.**
> **Forgive us our sins,**
> **heal us by your Spirit**
> **and raise us to new life in Christ. Amen.**
>
> May almighty God have mercy on us,
> forgive us our sins
> and bring us to everlasting lfe;
> through Jesus Christ our Lord. **Amen.**

A suitable hymn may be sung.

2 GWEINIDOGAETH Y GAIR

Gellir defnyddio un neu fwy o'r canlynol, neu salmau eraill addas: 4, 91, 134.
Gellir defnyddio un o'r darlleniadau a ganlyn, neu ddarn addas arall o'r Beibl: Jeremeia 14:9; 1 Pedr 5:8–9; Datguddiad 22:4–5.
Gall cyfnod o fyfyrdod distaw ddilyn y darlleniad.
Gweler Nodiadau 2 a 3 am ddewisiadau posibl eraill o salmau a darlleniadau.

Gellir dweud yr ymateb a ganlyn ar ôl y darlleniad
I'th ddwylo di, Arglwydd, y cyflwynaf fy ysbryd.
[Halelwia, Halelwia.]
I'th ddwylo di, Arglwydd, y cyflwynaf fy ysbryd.
[Halelwia, Halelwia.]
Oherwydd achubaist fi, Arglwydd Dduw'r gwirionedd.
I'th ddwylo di, Arglwydd, y cyflwynaf fy ysbryd.
[Halelwia, Halelwia.]
Gogoniant i'r Tad, ac i'r Mab, ac i'r Ysbryd Glân.
I'th ddwylo di, Arglwydd, y cyflwynaf fy ysbryd.
[Halelwia, Halelwia.]

Cadw fi fel cannwyll dy lygad,
Cuddia fi o dan gysgod dy adenydd.

Cantigl o'r Efengyl: *Nunc Dimittis*

Gwared ni, Arglwydd, pan fyddom yn effro,
gwylia drosom pan fyddom yn cysgu,
fel, pan fyddom yn effro, y cawn wylio gyda Christ,
a phan fyddom ynghwsg, y cawn orffwys mewn tangnefedd.
[Halelwia.]

1 Yn awr yr wyt yn gollwng dy was yn / rhydd, O / Arglwydd :
   mewn tang/nefedd • yn / unol • â'th / air;

2 Oherwydd y mae fy llygaid wedi gweld dy / iachaw/dwriaeth :
   a ddarperaist yng / ngŵydd yr / holl – / bobloedd:

3 Goleuni i fod yn ddatguddiad / i'r Cen/hedloedd :
   ac yn o/goniant i'th / bobl / Israel.

   Gogoniant i'r Tad / ac i'r / Mab :
   ac / i'r – / Ysbryd / Glân;
   fel yr oedd yn y dechrau, •
   y mae yn awr ac y / bydd yn / wastad :
   yn oes / oesoedd. / A–/men.

   Gwared ni, Arglwydd, pan fyddom yn effro …

THE MINISTRY OF THE WORD

One or more of the following, or other suitable psalms, may be used: 4, 91, 134.
One of the following Biblical readings, or another suitable passage, may be read: Jeremiah 14:9; 1 Peter 5:8–9; Revelation 22:4–5.
A time of silent reflection may follow the reading.
See Notes 2 and 3 for other possible choices of psalmody and readings.

The following responsory may be said after the reading

    Into your hands, Lord, I commend my spirit.
    [Alleluia, Alleluia.]
Into your hands, Lord, I commend my spirit.
[Alleluia, Alleluia.]
For you have redeemed me, Lord God of truth.
Into your hands, Lord, I commend my spirit.
[Alleluia, Alleluia.]
Glory to the Father, and to the Son, and to the Holy Spirit.
Into your hands, Lord, I commend my spirit.
[Alleluia, Alleluia.]

Keep me as the apple of your eye.
Hide me under the shadow of your wings.

The Gospel Canticle: *Nunc Dimittis*

Save us, O Lord, while waking,
and guard us while sleeping,
that awake we may watch with Christ
and asleep may rest in peace.
[Alleluia.]

1 Lord, now you have set your / servant / free :
    to go in / peace as / you have / promised.

2 For these eyes of mine have / seen • your sal/vation :
    which you have prepared for / all the / world to / see;

3 A light to re/veal you • to the / nations :
    and to give / glory • to your / people / Israel.

Glory to the Father, and / to the / Son :
and / to the / Holy / Spirit;
as it was in the be/ginning, is / now :
and shall be for / ever. / A–/men.

Save us, O Lord, while waking …

3 Y GWEDDÏAU

Gellir offrymu ymbil a diolch yma.
Gellir dweud Gweddi'r Arglwydd.

Dywedir y colect a ganlyn, neu golect tymhorol
Ymwêl â'r tŷ hwn, gweddïwn, O Arglwydd,
gyr ymaith ymhell ohono holl faglau'r gelyn;
arhosed dy angylion sanctaidd gyda ni
i'n gwarchod mewn tangnefedd,
a bydded dy fendith bob amser arnom;
trwy Iesu Grist ein Harglwydd. **Amen.**

4 Y DIWEDDGLO

Gorweddwn a chysgu mewn tangnefedd,
oherwydd ti yn unig, Arglwydd,
a wna inni breswylio mewn diogelwch.

Aros gyda ni, Arglwydd Iesu,
oherwydd y mae hi'n nosi, a'r dydd yn dirwyn i ben.

Fel y bydd gwylwyr y nos yn disgwyl am y bore,
felly y disgwyliwn ninnau amdanat, O Grist.

[Tyrd ar doriad y wawr
ac amlyga dy hun inni ar doriad y bara.]

Bendithied yr Arglwydd ni a chadwed ni;
llewyrched yr Arglwydd ei wyneb arnom,
a bydded yn drugarog wrthym;
edryched yr Arglwydd yn garedig arnom
[ac ar bawb y gweddïwn drostynt]
a rhodded inni ei dangnefedd.
Amen.

THE PRAYERS

Intercessions and thanksgivings may be offered here.
The Lord's Prayer may be said.

The following collect, or a seasonal alternative, is said
    Visit this place, Lord, we pray,
      drive far from it all the snares of the enemy;
      may your holy angels dwell with us
      and guard us in peace
      and may your blessing be always upon us;
      through Jesus Christ our Lord. **Amen.**

THE CONCLUSION

In peace we will lie down and sleep,
for you alone, Lord, make us dwell in safety.

Abide with us, Lord Jesus,
for the night is at hand and the day is now past.

As the night watch looks for the morning,
so do we look for you, O Christ.

[Come with the dawning of the day
and make yourself known in the breaking of bread.]

The Lord bless us and watch over us;
the Lord make his face to shine upon us
and be gracious to us;
the Lord look kindly on us
[and all for whom we pray]
and give us his peace.
Amen.

Night Prayer (Compline)

GWEDDI'R NOS: TREFN SEML

Rhodded yr Arglwydd hollalluog inni noson heddychlon,
a diwedd perffaith.

**Gogoniant i'r Tad, ac i'r Mab,
ac i'r Ysbryd Glân;
fel yr oedd yn y dechrau y mae yn awr,
ac y bydd yn wastad, yn oes oesoedd. Amen.**

Gweddi ddistaw / myfyrdod ar y diwrnod a fu.

Bendithiaf yr Arglwydd, sy'n rhoi imi gyngor.
Y mae fy nghalon yn fy nysgu, nos ar ôl nos.
Arglwydd, trugarha.
Arglwydd, trugarha.

Disgwyliasom yn ddistaw am dy drugaredd, O Dduw,
yng nghanol dy deml.
Crist, trugarha.
Crist, trugarha.

Gorweddaf mewn tangnefedd, a chysgu ar unwaith,
canys ti yn unig, Arglwydd, a wna imi breswylio mewn diogelwch.
Arglwydd, trugarha.
Arglwydd, trugarha.

Y Salm

Y Darlleniad

Gall ysbaid o fyfyrdod distaw ddilyn y darlleniad.

Cantigl o'r Efengyl: *Nunc Dimittis*

1 Yn awr yr wyt yn gollwng dy was yn / rhydd, O / Arglwydd :
   mewn tang/nefedd • yn / unol • â'th / air;

2 Oherwydd y mae fy llygaid wedi gweld dy / iachaw/dwriaeth :
   a ddarperaist yng / ngŵydd yr / holl– / bobloedd:

3 Goleuni i fod yn ddatguddiad / i'r Cen/hedloedd :
   ac yn o/goniant i'th / bobl / Israel.

   **Gogoniant i'r Tad / ac i'r / Mab :
   ac / i'r – / Ysbryd / Glân;
   fel yr oedd yn y dechrau, •
       y mae yn awr ac y / bydd yn / wastad :
   yn oes / oesoedd. / A–/men.**

NIGHT PRAYER: A SIMPLE ORDER

The Lord almighty grant us a quiet night
and a perfect end.

**Glory to the Father, and to the Son,
and to the Holy Spirit;
as it was in the beginning, is now,
and shall be for ever. Amen.**

Silent prayer / reflection on the past day.

I will bless the Lord who gives me counsel.
My heart teaches me, night after night.
Lord, have mercy.
Lord, have mercy.

We have waited in silence on your loving kindness, God,
in the midst of your temple.
Christ, have mercy.
Christ, have mercy.

I lie down in peace, at once I fall asleep,
for only you, Lord, make me dwell in safety.
Lord, have mercy.
Lord, have mercy.

The Psalm

The Reading

A time of silent reflection may follow the reading.

The Gospel Canticle: *Nunc Dimittis*

1 Lord, now you have set your / servant / free :
   to go in / peace as / you have / promised.

2 For these eyes of mine have / seen • your sal/vation :
   which you have prepared for / all the / world to / see;

3 A light to re/veal you • to the / nations :
   and to give / glory • to your / people / Israel.

   **Glory to the Father, and / to the / Son :
   and / to the / Holy / Spirit;
   as it was in the be/ginning, is / now :
   and shall be for / ever. / A–/men.**

Night Prayer (Compline)

I'th ddwylo di, O Arglwydd, y cyflwynaf fy ysbryd,
oherwydd ti a'm prynaist,
Arglwydd Dduw'r gwirionedd.

Cadw fi fel cannwyll dy lygad,
Cuddia fi o dan gysgod dy adenydd.

Y mae'r Arglwydd yma.
Y mae ei Ysbryd gyda ni.

Ein Tad, yr hwn wyt yn y nefoedd,
sancteiddier dy enw;
deled dy deyrnas;
gwneler dy ewyllys;
megis yn y nef, felly ar y ddaear hefyd.
Dyro i ni heddiw ein bara beunyddiol.
A maddau i ni ein dyledion,
fel y maddeuwn ninnau i'n dyledwyr.
Ac nac arwain ni i brofedigaeth;
eithr gwared ni rhag drwg.
Oherwydd eiddot ti yw'r deyrnas,
a'r gallu a'r gogoniant,
yn oes oesoedd. Amen.

Ymwêl â'r tŷ hwn, gweddïwn, O Arglwydd,
gyr ymaith ymhell ohono holl faglau'r gelyn;
arhosed dy angylion sanctaidd gyda ni
i'n gwarchod mewn tangnefedd,
a bydded dy fendith bob amser arnom;
trwy Iesu Grist ein Harglwydd. **Amen.**

Neu

Aros gyda ni, Arglwydd Iesu,
oherwydd y mae hi'n nosi, a'r dydd yn dirwyn i ben.
Fel y bydd gwylwyr y nos yn disgwyl am y bore,
felly y disgwyliwn ninnau amdanat ti, Arglwydd.
Ar doriad y wawr
amlyga dy hun inni ar doriad y bara. **Amen.**

Gwared ni, Arglwydd, pan fyddom yn effro,
gwylia drosom pan fyddom yn cysgu;
fel, pan fyddom yn effro, y cawn wylio gyda Christ,
a phan fyddom ynghwsg,
   y cawn orffwys mewn tangnefedd. Amen.

Gweddi'r Nos (Cwmplin)

Into your hands, Lord, I commend my spirit,
for you have redeemed me,
Lord God of truth.

Keep me as the apple of your eye.
Hide me under the shadow of your wings.

The Lord is here.
His Spirit is with us.

Our Father, who art in heaven,
hallowed be thy name;
thy kingdom come;
thy will be done;
on earth as it is in heaven.
Give us this day our daily bread.
And forgive us our trespasses,
as we forgive those who trespass against us.
And lead us not into temptation;
but deliver us from evil.
For thine is the kingdom,
the power and the glory,
for ever and ever. Amen.

Visit this place, Lord, we pray,
drive far from it all the snares of the enemy;
may your holy angels dwell with us
and guard us in peace
and may your blessing be always upon us;
through Jesus Christ our Lord. **Amen.**

Or

Stay with us, Lord Jesus,
for the night is at hand and the day is now past.
As the night watch longs for the morning,
so do we long for you, Lord.
At the dawning of the day
make yourself known to us in the breaking of the bread. **Amen.**

Save us, Lord, while waking,
and guard us, while sleeping;
that, awake, we may watch with Christ
and, asleep, we may rest in peace. Amen.

Night Prayer (Compline)

Y SALMAU

THE PSALMS

Salm 1

Siant sengl

1a Gwyn ei / fyd y / sawl :
    nad yw'n dilyn / cyngor / y dryg/ionus,

1b Nac yn ymdroi hyd / ffordd • pecha/duriaid :
    nac yn / eistedd • ar / sedd gwat/warwyr,

2   Ond sy'n cael ei hyfrydwch yng / nghyfraith • yr / Arglwydd :
    ac yn myfyrio yn ei / gyfraith • ef / ddydd a / nos.

3a Y mae fel pren wedi ei blannu wrth / ffrydiau / dŵr :
    ac / yn rhoi / ffrwyth • yn ei / dymor,

3b A'i ddeilen heb / fod yn / gwywo :
    beth / bynnag • a / wna fe / lwydda.

4   Nid felly y / bydd • y dryg/ionus :
    ond fel us yn / cael ei / yrru • gan / wynt.

5   Am hynny, ni saif y drygionus / yn y / farn :
    na phechaduriaid yng / nghynu/lleidfa'r / cyfiawn.

6   Y mae'r Arglwydd yn gwylio / ffordd y / cyfiawn :
    ond y mae / ffordd • y dryg/ionus yn / darfod.

Salm 2

1   Pam y mae'r cen/hedloedd • yn ter/fysgu :
    a'r / bobloedd • yn / cynllwyn • yn / ofer?

2   Y mae brenhinoedd y ddaear yn barod •
        a'r llywodraethwyr yn ymgy/nghori • â'i / gilydd :
    yn erbyn yr / Arglwydd / a'i e/neiniog,

3   "Gadewch inni / ddryllio • eu / rhwymau :
    a thaflu / ymaith • eu rhe/ffynnau."

4   Fe chwardd yr un sy'n / eistedd • yn y / nefoedd :
    y mae'r / Arglwydd / yn eu / gwatwar.

5   Yna fe lefara wrthynt / yn ei / lid :
    a'u / dychryn / yn ei / ddicter,

6   "Yr wyf fi wedi / gosod fy / mrenin :
    ar / Seion • fy / mynydd / sanctaidd."

Psalm 1

1 Blessed are they who have not walked
     in the / counsel of the / wicked :
   nor lingered in the way of sinners,
     nor sat in the as/sembly / of the / scornful.

2 Their delight is in the / law of the / Lord :
   and they meditate on his / law / day and / night.

3 Like a tree planted by streams of water
     bearing fruit in due season, with leaves that / do not / wither :
   whatever they / do / it shall / prosper.

4 As for the wicked, it is not / so with / them :
   they are like chaff which the / wind / blows a/way.

5 Therefore the wicked shall not be able to / stand in the / judgement :
   nor the sinner in the congre/gation / of the / righteous.

6 For the Lord knows the / way of the / righteous :
   but the / way of the / wicked shall / perish.

Psalm 2

1 Why are the / nations in / tumult :
   and why do the peoples de/vise a / vain / plot?

2 The kings of the earth rise up,
     and the rulers take / counsel to/gether :
   against the Lord / and a/gainst his a/nointed:

3 'Let us break their / bonds a/sunder :
   and / cast a/way their / cords from us.'

4 He who dwells in heaven shall / laugh them to / scorn :
   the Lord shall / have them / in de/rision.

5 Then shall he speak to them / in his / wrath :
   and / terrify them / in his / fury:

6 'Yet have I / set my / king :
   upon my / holy / hill of / Zion.'

7 Adroddaf am ddat/ganiad • yr / Arglwydd :
dywedodd wrthyf • "Fy mab wyt ti •
myfi a'th gen/hedlodd / di — / heddiw;

8 Gofyn, a rhoddaf iti'r cenhedloedd yn / eti/feddiaeth :
ac eithafoedd / daear • yn / eiddo / iti;

9 Fe'u drylli â gwi/alen / haearn :
a'u ma/lurio • fel / llestr — / pridd."

10 Yn awr, frenhinoedd / byddwch / ddoeth :
farnwyr y / ddaear • cy/merwch / gyngor;

11 Gwasanaethwch yr / Arglwydd • mewn / ofn :
mewn / cryndod • cu/sanwch • ei / draed,

12 Rhag iddo ffromi ac i chwi gael eich difetha •
oherwydd fe gyneua ei / lid mewn / dim :
Gwyn eu byd y / rhai • sy'n llo/chesu / ynddo.

Salm 3

1 Arglwydd, mor lluosog yw fy / ngwrthwy/nebwyr :
y mae / llawer • yn / codi • yn / f'erbyn,

2 A llawer yn / dweud am/danaf :
"Ni chaiff / ware/digaeth • yn / Nuw."

3 Ond yr wyt ti, Arglwydd, yn / darian • i / mi :
yn ogoniant i / mi ac / yn fy • nyr/chafu.

4 Gwaeddaf yn uchel / ar yr / Arglwydd :
ac etyb / fi o'i / fynydd / sanctaidd.

5 Yr wyf yn gorwedd / ac yn / cysgu :
ac yna'n deffro am fod yr / Arglwydd / yn fy / nghynnal.

6 Nid ofnwn pe bai / myrddiwn • o / bobl :
yn ymosod / arnaf / o bob / tu.

7 Cyfod, Arglwydd • gwareda fi / O fy / Nuw :
byddi'n taro fy holl elynion yn eu hwyneb •
ac yn torri / dannedd / y dryg/ionus.

8 I'r Arglwydd y perthyn / gware/digaeth :
bydded dy / fendith / ar dy / bobl.

7 I will proclaim the de/cree of the / Lord :
   he said to me: 'You are my Son;
        this / day have / I be/gotten you.

8 Ask of me and I will give you the nations for / your in/heritance :
   and the ends of the / earth for / your pos/session.

9 You shall break them with a / rod of / iron :
   and dash them in pieces / like a / potter's / vessel.'

10 Now therefore be / wise, O / kings :
   be prudent, you / judges / of the / earth.

11 Serve the Lord with fear, and with trembling / kiss his / feet :
   lest he be angry and you perish from the way,
        for his / wrath is / quickly / kindled.

12 Happy / are all / they :
   who / take / refuge in / him.

Psalm 3

1 Lord, how many / are my / adversaries :
   many are / they who rise / up a/gainst me.

2 Many are they who / say to my / soul :
   'There is no / help for you / in your / God.'

3 But you, Lord, are a / shield a/bout me :
   you are my glory, and the / lifter / up of my / head.

4 When I cry a/loud to the / Lord :
   he will answer me / from his / holy / hill;

5 I lie down and sleep and / rise a/gain :
   be/cause the / Lord sus/tains me.

6 I will not be afraid of / hordes of the / peoples :
   that have set themselves a/gainst me / all a/round.

7 Rise up, O Lord, and deliver me / O my / God :
   for you strike all my enemies on the cheek
        and / break the / teeth of the / wicked.

8 Salvation be/longs to the / Lord :
   may your blessing / be up/on your / people.

Salm 4

1 Ateb fi pan alwaf, O Dduw / fy nghyf/iawnder :
 pan oeddwn mewn cyfyngder gwaredaist fi •
  bydd drugarog / wrthyf • a / gwrando • fy / ngweddi.

2 Bobl, am ba hyd y bydd fy ngo/goniant • yn / warth :
 ac y byddwch yn caru gwagedd / ac yn / ceisio / celwydd?

3 Deallwch fod yr Arglwydd wedi neilltuo'r ffyddlon / iddo'i / hun :
 y mae'r Arglwydd yn / gwrando • pan / alwaf / arno.

4 Er i chwi gynddeiriogi / peidiwch • â / phechu :
 er i chwi ymson ar eich / gwely / byddwch / ddistaw.

5 Offrymwch a/berthau / cywir :
 ac ymddir/iedwch / yn yr / Arglwydd.

6 Y mae llawer yn dweud, "Pwy a ddengys i / ni ddai/oni?" :
 Cyfoded llewyrch dy / wyneb / arnom / Arglwydd.

7 Rhoddaist fwy o lawenydd / yn fy / nghalon :
 na'r eiddo hwy pan oedd / llawer • o / ŷd a / gwin.

8 Yn awr gorweddaf mewn / heddwch • a / chysgu :
 oherwydd ti yn unig, Arglwydd, sy'n / peri • imi / fyw'n ddi/ogel.

Salm 5

1 Gwrando ar fy / ngeiriau / Arglwydd :
 y/styr–/ia fy / nghwynfan;

2 Clyw fy / nghri am / gymorth :
 fy / Mrenin / a'm — / Duw.

3a Arnat ti y gwe/ddïaf / Arglwydd :
 yn y / bore • fe / glywi • fy / llais.

3b Yn y bore paratoaf / ar dy / gyfer :
 ac / fe ddis/gwy–/liaf.

4 Oherwydd nid wyt Dduw sy'n / hoffi • dry/gioni :
 ni chaiff y / drwg • aros / gyda / thi,

5 Ni all y trahaus / sefyll • o'th / flaen :
 yr wyt yn casáu'r / holl wneu/thurwyr • dry/gioni

6 Ac yn difetha'r rhai sy'n / dweud – / celwydd :
 ffieiddia'r Arglwydd un / gwaedlyd / a thwy/llodrus.

Psalm 4

1. Answer me when I call, O / God of my / righteousness :
   you set me at liberty when I was in trouble;
       have mercy on / me and / hear my / prayer.

2. How long will you nobles dis/honour my / glory :
   how long will you love vain / things and / seek after / falsehood?

3. But know that the Lord has shown me his / marvellous / kindness :
   when I call upon the / Lord / he will / hear me.

4. Stand in / awe, and / sin not :
   commune with your own heart upon your / bed / and be / still.

5. Offer the / sacrifices of / righteousness :
   and / put your / trust in the / Lord.

6. There are many that say, 'Who will show us / any / good?' :
   Lord, lift up the / light of your / countenance up/on us.

7. You have put gladness / in my / heart :
   more than when their corn and / wine and / oil in/crease.

8. In peace I will lie / down and / sleep :
   for it is you Lord, only, who / make me / dwell in / safety.

Psalm 5

1. Give ear to my / words, O / Lord :
   con/sider my / lamen/tation.

2. Hearken to the voice of my crying, my / King and my / God :
   for to / you I / make my / prayer.

3. In the morning, Lord, you will / hear my / voice :
   early in the morning I make my ap/peal to you / and look / up.

4. For you are the God who takes no / pleasure in / wickedness :
   no / evil can / dwell with / you.

5. The boastful cannot / stand in your / sight :
   you / hate all / those that work / wickedness.

6. You destroy / those who speak / lies :
   the bloodthirsty and de/ceitful the / Lord • will ab/hor.

7. But as for me, through the greatness of your mercy,
       I will come / into your / house :
   I will bow down towards your holy / temple in / awe of / you.

7   Ond oherwydd dy gariad mawr / dof fi • i'th / dŷ :
    plygaf yn dy deml / sanctaidd • mewn / parch i / ti.

8   Arglwydd, arwain fi yn dy gyfiawnder oherwydd / fy nge/lynion :
    gwna dy / ffordd yn / union • o'm / blaen.

9a Oherwydd nid oes coel / ar eu / geiriau :
    y mae / dinistr / o'u – / mewn;

9b Bedd agored / yw eu / llwnc :
    a'u / tafod • yn / llawn – / gweniaith.

10a Dwg gosb / arnynt • O / Dduw :
    bydded iddynt / syrthio / trwy • eu cyn/llwynion;

10b Bwrw hwy ymaith yn eu / holl be/chodau :
    am iddynt / wrthry/fela • yn dy / erbyn.

11a Ond bydded i bawb sy'n llochesu ynot ti / lawen/hau :
    a chanu / mewn lla/wenydd • yn / wastad;

11b Bydd yn amddiffyn dros y rhai sy'n / caru • dy / enw :
    fel y bydd iddynt orfo/leddu / ynot / ti.

12 Oherwydd yr wyt ti, Arglwydd, yn ben/dithio'r / cyfiawn :
    ac y mae dy ffafr yn ei am/ddiffyn / fel – / tarian.

Salm 6

1   Arglwydd, paid â'm ceryddu / yn dy / ddig :
    paid â'm / cosbi / yn dy / lid.

2   Bydd drugarog wrthyf, O Arglwydd •
        oherwydd yr / wyf yn / llesg :
    iachâ fi, Arglwydd, o/herwydd bra/wychwyd • fy / esgyrn,

3   Y mae fy enaid mewn / arswyd / mawr :
    tithau / Arglwydd / am ba / hyd?

4   Dychwel, Arglwydd / gwared • fy / enaid :
    achub fi er / mwyn / dy ffydd/londeb.

5   Oherwydd nid oes cofio amdanat / ti yn / angau :
    pwy sy'n dy / foli / di yn / Sheol?

6   Yr wyf wedi diffygio gan fy nghwynfan •
        bob nos y mae fy / ngwely'n / foddfa :
    trochaf fy ngo/bennydd / â'm – / dagrau.

7   Pylodd fy / llygaid • gan / ofid :
    a phallu o/herwydd • fy / holl e/lynion.

8 Lead me, Lord, in your righteousness,
    be / cause of my / enemies :
  make your way / straight be / fore my / face.

9 For there is no truth in their mouth,
    in their / heart is des / truction :
  their throat is an open sepulchre,
    and they / flatter / with their / tongue.

10 Punish / them, O / God :
  let them / fall • through their / own de / vices.

11 Because of their many transgressions / cast them / out :
  for / they have re / belled a / gainst you.

12 But let all who take refuge in / you be / glad :
  let them / sing out their / joy for / ever.

13 You will / shelter / them :
  so that those who love your / name • may ex / ult in / you.

14 For you, O Lord, will / bless the / righteous :
  and with your favour
    you will de / fend them / as with a / shield.

Psalm 6

1 O Lord, rebuke me / not in your / wrath :
  neither chasten me / in your / fierce / anger.

2 Have mercy on me, Lord, for / I am / weak :
  Lord, heal me / for my / bones are / racked.

3 My soul also / shakes with / terror :
  how / long, O / Lord, how / long?

4 Turn again, O Lord, and de / liver my / soul :
  save me for your / loving / mercy's / sake.

5 For in death no one re / members / you :
  and who can / give you / thanks • in the / grave?

6 I am weary / with my / groaning :
  every night I drench my pillow
    and / flood my / bed with my / tears.

7 My eyes are / wasted with / grief :
  and worn away be / cause of / all my / enemies.

8 Ewch ymaith oddi wrthyf, holl wneu/thurwyr • dryg/ioni :
oherwydd clywodd yr / Arglwydd / fi'n – / wylo.

9 Gwrandawodd yr Arglwydd ar / fy nei/syfiad :
ac y mae'r / Arglwydd • yn / derbyn • fy / ngweddi.

10 Bydded cywilydd a dryswch i'm / holl e/lynion :
trônt yn ôl a'u / cywi/lyddio'n / sydyn.

Salm 7

1 O Arglwydd fy Nuw, ynot / ti • y llo/chesaf :
gwared fi rhag fy holl er/lidwyr • ac / arbed / fi,

2 Rhag iddynt fy / llarpio • fel / llew :
a'm / darnio • heb / neb • i'm gwa/redu.

3 O Arglwydd fy Nuw, os / gwneuthum / hyn :
os oes / twyll / ar fy / nwylo,

4 Os telais ddrwg am / dda i'm / cyfaill :
ac ysbeilio fy / ngwrthwy/nebwr • heb / achos,

5 Bydded i'm gelyn fy / erlid • a'm / dal :
bydded iddo sathru fy einioes i'r ddaear •
a gosod f'an/rhydedd / yn y / llwch.

6 Saf i fyny, O Arglwydd, yn dy ddig •
cyfod yn erbyn / llid • fy nge/lynion :
deffro, fy / Nuw, i / drefnu / barn.

7 Bydded i'r bobloedd ym/gynnull • o'th / amgylch :
eistedd dithau'n o/ruchel / uwch eu / pennau.

8 O Arglwydd, sy'n barnu pobloedd •
barna fi yn / ôl • fy nghyf/iawnder :
O Arglwydd, ac yn / ôl • y cy/wirdeb • sydd / ynof.

9 Bydded diwedd ar ddrygioni'r drygionus •
ond cadarnha / di y / cyfiawn :
ti sy'n profi meddyliau a cha/lonnau / ti Dduw / cyfiawn.

10 Duw / yw fy / nharian :
ef sy'n gwa/redu'r / cywir • o / galon.

11 Duw sydd / farnwr / cyfiawn :
a / Duw • sy'n ded/frydu • bob / amser.

12 Yn wir, y mae'r drygionus yn hogi ei / gleddyf / eto :
yn plygu ei fwa ac / yn ei / wneud yn / barod;

8   Depart from me, all / you that do / evil :
     for the Lord has / heard the / voice of my / weeping.

9   The Lord has heard my / suppli/cation :
     the Lord / will re/ceive my / prayer.

10 All my enemies shall be put to / shame and con/fusion :
     they shall / suddenly turn / back • in their / shame.

Psalm 7

1   O Lord my God, in / you I take / refuge :
     save me from all who pur/sue me / and de/liver me,

2   Lest they rend me like a lion and / tear me in / pieces :
     while / there is / no one to / help me.

3   O Lord my God, if I have / done these / things :
     if there is any / wickedness / in my / hands,

4   If I have repaid my / friend with / evil :
     or plundered my / enemy with/out a / cause,

‡5 Then let my enemy pursue me and / over/take me :
     trample my life to the ground,
         and lay my / honour / in the / dust.

6   Rise up, O Lord, in your wrath;
         lift yourself up against the fury / of my / enemies :
     awaken, my God, the judgement / that you / have com/manded.

7   Let the assembly of the peoples / gather / round you :
     be seated high above them: O / Lord / judge the / nations.

8   Give judgement for me
         according to my / righteousness, O / Lord :
     and according to the / innocence / that is / in me.

9   Let the malice of the wicked come to an end,
         but es/tablish the / righteous :
     for you test the mind and / heart, O / righteous / God.

10 God is my shield / that is / over me :
     he / saves the / true of / heart.

11 God is a / righteous / judge :
     he is pro/voked / all day / long.

12 If they will not repent, God will / whet his / sword :
     he has bent his / bow and / made it / ready.

13 Y mae'n darparu ei / arfau / marwol :
   ac yn / gwneud ei / saethau'n / danllyd.

14 Y mae'n feichiog / o ddryg/ioni :
   yn cenhedlu niwed / ac yn / geni / twyll.

15 Y mae'n cloddio pwll ac / yn ei / geibio :
   ac yn / syrthio • i'r / twll a / wnaeth.

16 Fe ddychwel ei niwed arno / ef ei / hun :
   ac ar ei ben / ef y / disgyn • ei / drais.

17 Diolchaf i'r Arglwydd / am ei • gyf/iawnder :
   a chanaf fawl i / enw'r / Arglwydd • Go/ruchaf.

Salm 8

1 O Arglwydd, ein Iôr,
     mor ardderchog yw dy enw ar yr / holl / ddaear :
   gosodaist dy o/goniant / uwch y / nefoedd,

2 Codaist amddiffyn rhag dy elynion
     o enau babanod / a phlant / sugno :
   a thawelu'r / gelyn / a'r di/alydd.

3 Pan edrychaf ar y nefoedd / gwaith dy / fysedd :
   y lloer a'r sêr, a / roddaist / yn eu / lle,

4 Beth yw meidrolyn, i/ti ei / gofio :
   a'r teulu dynol, i/ti o/falu am/dano?

5 Eto gwnaethost ef ychydig / islaw / duw :
   a'i goroni â go/goniant / ac an/rhydedd.

6 Rhoist iddo awdurdod ar / waith dy / ddwylo :
   a gosod / popeth / dan ei / draed :

7 Defaid ac / ychen • i / gyd :
   yr ani/feiliaid / gwylltion / hefyd,

8 Adar y nefoedd, a / physgod • y / môr :
   a phopeth sy'n tram/wyo / llwybrau'r / dyfroedd.

9 O / Arglwydd • ein / Iôr :
   mor ardderchog yw dy / enw • ar yr / holl – / ddaear!

13 He has prepared the / weapons of / death :
   he makes his / arrows / shafts of / fire.

14 Behold those who are in / labour with / wickedness :
   who conceive evil / and give / birth to / lies.

15 They dig a pit and / make it / deep :
   and fall into the hole that / they have / made for / others.

16 Their mischief rebounds on their / own / head :
   their violence / falls on their / own / scalp.

17 I will give thanks to the Lord / for his / righteousness :
   and I will make music to the / name of the / Lord Most / High.

Psalm 8   *First version*

1 O / Lord our / governor :
  how glorious is your / name in / all the / world!

2 Your majesty above the / heavens is / praised :
  out of the / mouths of / babes at the / breast.

‡3 You have founded a stronghold a/gainst your / foes :
   that you might still the / enemy / and the a/venger.

4 When I consider your heavens, the / work of your / fingers :
  the moon and the / stars that / you have or/dained,

5 What is man, that you should be / mindful / of him :
  the son of man, that / you should / seek him / out?

6 You have made him little / lower • than the / angels :
  and / crown him with / glory and / honour.

7 You have given him dominion over the / works of your / hands :
  and put / all things / under his / feet,

8,9 All sheep and oxen,
       even the wild / beasts of the / field :
    the birds of the air, the fish of the sea
       and whatsoever / moves • in the / paths of the / sea.

10 O / Lord our / governor :
   how glorious is your / name in / all the / world!

Salm 9

1 Diolchaf i ti, Arglwydd / â'm holl / galon :
   adroddaf / am dy / ryfe/ddodau.

2 Llawenhaf a gorfoleddaf / ynot / ti :
   canaf fawl i'th / enw / y Go/ruchaf.

3 Pan dry fy ngelynion / yn eu / holau :
   baglant a / threngi / o'th – / flaen.

4 Gwnaethost yn deg â mi / yn fy / achos :
   ac eistedd ar dy / orsedd • yn / farnwr / cyfiawn.

5 Ceryddaist y cenhedloedd a di/fetha'r • dryg/ionus :
   a di/leaist • eu / henw • am / byth.

Psalm 8   *Second version*

1   O / Lord our / governor :
      how glorious is your / name in / all the / world!

2   Your majesty above the / heavens is / praised :
      out of the / mouths of / babes at the / breast.

‡*3* You have founded a stronghold a/gainst your / foes :
      that you might still the / enemy / and the a/venger.

4   When I consider your heavens, the / work of your / fingers :
      the moon and the / stars that / you have or/dained,

5   What are mortals, that you should be / mindful / of them :
      mere human beings, that / you should / seek them / out?

6   You have made them little / lower • than the / angels :
      and / crown them with / glory and / honour.

7   You have given them dominion over the / works of your / hands :
      and put / all things / under their / feet,

8,9 All sheep and oxen,
         even the wild / beasts of the / field :
      the birds of the air, the fish of the sea
         and whatsoever / moves • in the / paths of the / sea.

10 O / Lord our / governor :
      how glorious is your / name in / all the / world!

Psalm 9

1   I will give thanks to you, Lord, with my / whole / heart :
      I will tell of / all your / marvellous / works.

2   I will be glad and re/joice in / you :
      I will make music to your / name / O Most / High.

3   When my enemies are / driven / back :
      they stumble and / perish / at your / presence.

4   For you have maintained my / right and my / cause :
      you sat on your throne / giving / righteous / judgement.

5   You have rebuked the nations and des/troyed the / wicked :
      you have blotted out their / name for / ever and / ever.

6 Darfu am y gelyn mewn ad/feilion / bythol :
  yr wyt wedi chwalu eu dinasoedd •
    a di/flannodd • y / cof am/danynt.

7 Ond y mae'r Arglwydd wedi ei or/seddu • am / byth :
  ac wedi para/toi ei / orsedd • i / farn.

8 Fe farna'r / byd • mewn cyf/iawnder :
  a gwrando / achos • y / bobloedd • yn / deg.

9 Bydded yr Arglwydd yn amddiffynfa i'r / gorthry/medig :
  yn amddi/ffynfa • yn / amser • cy/fyngder,

10 Fel y bydd i'r rhai sy'n cydnabod dy enw ym/ddiried / ynot :
  oherwydd ni adewaist / Arglwydd •
    y / rhai sy'n • dy / geisio.

11 Canwch fawl i'r Arglwydd sy'n / trigo • yn / Seion :
  cyhoeddwch ei weith/redoedd • y/mysg y / bobloedd.

12 Fe gofia'r dialydd / gwaed am/danynt :
  nid yw'n ang/hofio / gwaedd • yr ang/henus.

13 Bydd drugarog wrthyf, O Arglwydd, •
    sy'n fy nyrchafu / o byrth / angau :
  edrych ar fy adfyd oddi ar law y / rhai sy'n / fy ngha/sáu,

14 Imi gael adrodd / dy holl / fawl :
  a llawenhau yn dy ware/digaeth •
    ym / mhyrth merch / Seion.

15 Suddodd y cenhedloedd i'r pwll a / wnaethant • eu / hunain :
  daliwyd eu traed yn y rhwyd yr oeddent
    / hwy – / wedi • ei / chuddio.

16 Datguddiodd yr Arglwydd ei / hun, gwnaeth / farn :
  maglwyd y drygionus gan / waith ei / ddwylo'i / hun.

17 Bydded i'r drygionus ddy/chwelyd • i / Sheol :
  a'r holl genhedloedd / sy'n ang/hofio / Duw.

18 Oherwydd nid anghofir y / tlawd am / byth :
  ac ni ddryllir gobaith yr ang/henus / yn bar/haus.

19 Cyfod, Arglwydd • na / threched • meid/rolion :
  ond doed y cen/hedloedd • i / farn o'th / flaen.

20 Rho arswyd / ynddynt / Arglwydd :
  a bydded i'r cenhedloedd / wybod • mai / meidrol / ydynt.

6   The enemy was / utterly laid / waste :
you uprooted their cities;
      their / very / memory has / perished.

7   But the Lord shall en/dure for / ever :
he has made / fast his / throne for / judgement.

8   For he shall rule the / world with / righteousness :
and / govern the / peoples with / equity.

9   Then will the Lord be a refuge / for the op/pressed :
a refuge / in the / time of / trouble.

10   And those who know your name
      will put their / trust in / you :
for you, Lord, have / never failed / those who / seek you.

11   Sing praises to the Lord who / dwells in / Zion :
declare among the / peoples the / things • he has / done.

12   The avenger of blood / has re/membered them :
he did not forget the / cry / of the op/pressed.

13   Have mercy upon / me, O / Lord :
consider the trouble I suffer from those who hate me,
      you that lift me / up • from the / gates of / death;

14   That I may tell all your praises
      in the gates of the / city of / Zion :
and re/joice in / your sal/vation.

15   The nations shall sink into the / pit of their / making :
and in the snare which they set
      will their / own / foot be / taken.

16   The Lord makes himself known by his / acts of / justice :
the wicked are snared in the / works of their / own / hands.

17   They shall return to the / land of / darkness :
all the / nations / that forget / God.

18   For the needy shall not always / be for/gotten :
and the hope of the poor / shall not / perish for / ever.

19   Arise, O Lord, and let not mortals have the / upper / hand :
let the nations be / judged be/fore your / face.

20   Put them in / fear, O / Lord :
that the nations may know them/selves to / be but / mortal.

Salm 10

1 Pam, Arglwydd, y / sefi / draw :
 ac ym/guddio • yn / amser • cy/fyngder?

2 Y mae'r drygionus yn ei falchder yn ymlid / yr ang/henus :
 dalier ef yn y cyn/lluniau / a ddy/feisiodd.

3 Oherwydd ymffrostia'r drygionus yn ei / chwant ei / hun :
 ac y mae'r barus yn melltithio ac / yn dir/mygu'r / Arglwydd.

4 Nid yw'r drygionus ffroenuchel / yn ei / geisio :
 nid oes lle i / Dduw • yn ei / holl gyn/lluniau.

5 Troellog yw ei ffyrdd bob amser •
  y mae dy farnau di y tu / hwnt – / iddo :
 ac am ei holl e/lynion / fe'u dir/myga.

6 Fe ddywed ynddo'i hun / "Ni'm sy/mudir :
 trwy'r cenedlaethau / ni ddaw / niwed / ataf."

7 Y mae ei enau'n llawn melltith / twyll a / thrais :
 y mae cynnen a dryg/ioni / dan ei / dafod.

8 Y mae'n aros mewn cynllwyn yn y pentrefi •
  ac yn lladd y diniwed / yn y / dirgel :
 gwylia ei / lygaid • am yr • an/ffodus.

9 Llecha'n ddirgel fel / llew • yn ei / ffau :
 llecha er mwyn llarpio'r truan •
  ac fe'i deil / trwy ei / dynnu • i'w / rwyd;

10 Caiff ei ysigo a'i ddar/ostwng / ganddo :
 ac fe syrthia'r an/ffodus / i'w gra/fangau.

‡11 Dywed yntau ynddo'i hun, "Ang/hofiodd / Duw :
 cuddiodd ei / wyneb • ac / ni wêl / ddim."

12 Cyfod, Arglwydd • O Dduw / cod dy / law :
 nac ang/hof– /ia'r ang/henus.

13 Pam y mae'r drygionus yn dy ddir/mygu • O / Dduw :
 ac yn tybio ynddo'i hun nad / wyt yn / galw • i / gyfrif?

14a Ond yn wir, yr wyt yn edrych ar / helynt • a / gofid :
 ac yn sylwi er mwyn ei / gymryd / yn dy / law;

14b Arnat ti y di/bynna'r • an/ffodus :
 ti sydd wedi / cynor/thwyo'r • am/ddifad.

Psalm 10

1　Why stand so far / off, O / Lord? :
　　Why hide your/self in / time of / trouble?

2　The wicked in their pride / persecute the / poor :
　　let them be caught in the / schemes they / have de/vised.

3　The wicked boast of their / heart's de/sire :
　　the covetous curse / and re/vile the / Lord.

4　The wicked in their arrogance say, 'God will / not a/venge it' :
　　in all their / scheming God / counts for / nothing.

5　They are stubborn in all their ways,
　　　　for your judgements are far above / out of their / sight :
　　they / scoff at / all their / adversaries.

6　They say in their heart, 'I shall / not be / shaken :
　　no harm shall / ever / happen to / me.'

7　Their mouth is full of cursing, de/ceit and / fraud :
　　under their / tongue lie / mischief and / wrong.

8　They lurk in the outskirts
　　　　and in dark alleys they / murder the / innocent :
　　their eyes are ever / watching / for the / helpless.

‡9　They lie in wait, like a lion in his den;
　　　　they lie in wait to / seize the / poor :
　　they seize the poor when they / get them / into their / net.

10　The innocent are broken and / humbled be/fore them :
　　the helpless / fall be/fore their / power.

11　They say in their heart / 'God has for/gotten :
　　he hides his face away; / he will / never / see it.'

12　Arise, O Lord God, and lift / up your / hand :
　　for/get / not the / poor.

13　Why should the wicked be / scornful of / God? :
　　Why should they say in their hearts / 'You will / not a/venge it'?

14　Surely, you behold / trouble and / misery :
　　you see it and take it / into your / own / hand.

15　The helpless commit them/selves to / you :
　　for you are the / helper / of the / orphan.

15 Dryllia nerth y dryg/ionus • a'r / anfad :
chwilia am ei ddrygioni / nes ei / ddihys/byddu.

16 Y mae'r Arglwydd yn / frenin • byth / bythoedd :
difethir y cen/hedloedd / o'i – / dir.

17 Clywaist, O Arglwydd, ddyhead / yr ang/henus :
yr wyt yn cryfhau eu / calon • wrth / wrando / arnynt,

18 Yn gweinyddu barn i'r amddifad a'r / gorthry/medig :
rhag i feidrolion / beri / ofn – / mwyach.

Salm 11

Siant sengl

1 Yn yr Arglwydd y / cefais / loches :
sut y gallwch ddweud wrthyf, •
   "Ffo / fel a/deryn i'r / mynydd,

2 Oherwydd y mae'r drygionus yn plygu'r bwa •
   ac yn gosod eu saethau / yn y / llinyn :
i saethu yn y ty/wyllwch / at yr / uniawn"?

3 Os dinistrir / y syl/feini :
pa/beth a / wna'r – / cyfiawn?

4a Y mae'r Arglwydd yn ei / deml / sanctaidd :
a gorsedd yr / Arglwydd / yn y / nefoedd;

4b Y mae ei lygaid yn edrych / ar y • ddy/nolryw :
a'i o/lygon / yn ei / phrofi.

5 Profa'r Arglwydd y cyfiawn / a'r dryg/ionus :
a chas ganddo'r / sawl sy'n / caru / trais.

6 Y mae'n glawio marwor tanllyd a brwmstan
   / ar y • dryg/ionus :
gwynt / deifiol / fydd eu / rhan.

7 Oherwydd y mae'r Arglwydd yn gyfiawn
   ac yn / caru • cyf/iawnder :
a'r / uniawn • sy'n / gweld ei / wyneb.

16 Break the power of the wicked / and ma/licious :
    search out their wickedness un/til you / find / none.

17 The Lord shall reign for / ever and / ever :
    the nations shall / perish / from his / land.

18 Lord, you will hear the de/sire of the / poor :
    you will incline your ear to the / fullness / of their / heart,

19 To give justice to the orphan / and op/pressed :
    so that people are no longer driven in / terror / from the / land.

Psalm 11

1 In the Lord have I / taken / refuge :
   how then can you say to me,
       'Flee like a / bird / to the / hills,

2 For see how the wicked bend the bow
       and fit their arrows / to the / string :
   to shoot from the shadows / at the / true of / heart.

3 When the foundations / are des/troyed :
   what / can the / righteous / do?'

4 The Lord is in his / holy / temple :
   the / Lord's throne / is in / heaven.

5 His / eyes be/hold :
   his eyelids / try every / mortal / being.

6 The Lord tries the righteous as / well as the / wicked :
   but those who delight in / violence his / soul ab/hors.

7 Upon the wicked he shall rain coals of fire
       and / burning / sulphur :
   scorching wind shall / be their / portion to / drink.

8 For the Lord is righteous; he loves / righteous / deeds :
   and those who are upright / shall be/hold his / face.

Salm 12

1 Arbed, O Arglwydd • oherwydd nid oes un / teyrngar • ar / ôl :
 a darfu am y ffydd/loniaid / o blith / pobl.

2 Y mae pob un yn dweud celwydd / wrth ei • gy/mydog :
 y maent yn gwen/ieithio • wrth / siarad • â'i / gilydd.

3 Bydded i'r Arglwydd dorri ymaith bob / gwefus • wen/ieithus :
 a'r tafod sy'n / siarad / yn ym/ffrostgar,

4 Y rhai sy'n dweud, "Yn ein tafod y / mae ein / nerth :
 y mae ein gwefusau o'n tu / pwy sy'n / feistr – / arnom?"

5 "Oherwydd anrhaith yr anghenus a chri'r tlawd •
  codaf yn awr," / meddai'r / Arglwydd :
 "rhoddaf iddo'r dio/gelwch • yr hi/raetha • am/dano."

6 Y mae geiriau'r Arglwydd yn / eiriau / pur :
 arian wedi ei goethi mewn ffwrnais •
  aur / wedi • ei / buro / seithwaith.

7 Tithau, Arglwydd / cadw / ni :
 gwared ni am byth oddi / wrth y • gen/hedlaeth / hon,

8 Am fod y drygionus yn prowla / ar bob / llaw :
 a llygredd yn / uchaf • y/mysg – / pobl.

Salm 13

1 Am ba hyd, Arglwydd, yr ang/hofi • fi'n / llwyr? :
 Am ba hyd y cuddi dy / wyneb / oddi / wrthyf?

2 Am ba hyd y dygaf loes yn fy enaid •
  a gofid yn fy nghalon ddydd / ar ôl / dydd? :
 Am ba hyd y bydd fy / ngelyn • yn / drech na / mi?

3 Edrych arnaf ac ateb fi, O / Arglwydd • fy / Nuw :
 goleua fy llygaid rhag imi / gysgu / hun mar/wolaeth,

4 Rhag i'm gelyn ddweud, "Gorch/fygais / ef" :
 ac i'm gwrthwynebwyr / lawen/hau pan / gwympaf.

5a Ond yr wyf fi'n ymddiried yn / dy ffydd/londeb :
 a chaiff fy nghalon lawenhau / yn dy / ware/digaeth;

5b Ca/naf i'r / Arglwydd :
 am iddo / fod mor / hael — / wrthyf.

Psalm 12

1 Help me, Lord, for no one / godly is / left :
 the faithful have vanished from the / whole / human / race.

2 They all speak falsely / with their / neighbour :
 they flatter with their lips, but / speak • from a / double / heart.

3 O that the Lord would cut off all / flattering / lips :
 and the / tongue that speaks / proud / boasts!

4 Those who say, 'With our tongue will / we pre/vail :
 our lips we will use; / who is / lord / over us?'

5 'Because of the oppression of the needy,
  and the groaning / of the / poor :
 I will rise up now,' says the Lord,
  'and set them in the / safety / that they / long for.'

6 The words of the / Lord are / pure words :
 like silver refined in the furnace
  and purified / seven times / in the / fire.

7 You, O Lord / will watch / over us :
 and guard us from / this • gene/ration for / ever.

8 The wicked strut on / every / side :
 when what is vile is exalted by the / whole / human / race.

Psalm 13

1 How long will you forget me, O / Lord; for / ever? :
 How long will you / hide your / face / from me?

2 How long shall I have anguish in my soul
  and grief in my heart / day after / day? :
 How long shall my / enemy / triumph / over me?

3 Look upon me and answer, O / Lord my / God :
 lighten my eyes / lest I / sleep in / death;

4 Lest my enemy say, 'I have pre/vailed a/gainst him' :
 and my foes re/joice that / I have / fallen.

5 But I put my trust in your / steadfast / love :
 my heart will re/joice in / your sal/vation.

6 I will / sing to the / Lord :
 for he has / dealt so / bounti•fully / with me.

Salm 14

Siant sengl

1 Dywed yr ynfyd yn ei galon / "Nid oes / Duw." :
    Gwnânt weithredoedd llygredig a ffiaidd •
        nid oes / un a / wna dda/ioni.

2 Edrychodd yr Arglwydd o'r nefoedd / ar ddy/nolryw :
    i weld a oes rhywun yn gwneud yn / ddoeth • ac yn / ceisio / Duw.

3 Ond y mae pawb ar gyfeiliorn,
        ac mor / llygredig • â'i / gilydd :
    nid oes un a wna ddaioni / nac oes / dim – / un.

4 Oni ddarostyngir y gwneuthurwyr drygioni •
        sy'n llyncu fy mhobl fel / llyncu / bwyd :
    ac sydd heb / alw / ar yr / Arglwydd?

5 Yno y byddant mewn / dychryn / mawr :
    am fod Duw yng / nghanol / y rhai / cyfiawn.

6 Er i chwi watwar cyngor / yr ang/henus :
    yr / Arglwydd / yw ei / noddfa.

7 O na ddôi gwaredigaeth i Israel o Seion! •
        Pan adfer yr Arglwydd / lwyddiant • i'w / bobl :
    fe lawenha Jacob, fe / orfo/ledda / Israel.

Salm 15

Siant sengl

1 Arglwydd, pwy a gaiff / aros • yn dy / babell? :
    Pwy a gaiff / fyw • yn dy / fynydd / sanctaidd?

2 Yr un sy'n / byw yn / gywir :
    yn gwneud cyfiawnder, ac yn / dweud – / gwir • yn ei / galon;

3 Un nad oes malais ar ei dafod •
        nad yw'n gwneud / niwed • i'w / gyfaill :
    nac yn goddef / enllib / am ei • gy/mydog;

4 Un sy'n edrych yn ddirmygus ar yr ysgymun •
        ond yn parchu'r rhai sy'n / ofni'r / Arglwydd :
    un sy'n tyngu i'w niwed ei / hun • a heb / dynnu'n / ôl;

5 Un nad yw'n rhoi ei arian am log, •
        nac yn derbyn cil-dwrn yn / erbyn • y di/niwed :
    Pwy bynnag a wna / hyn • nis sy/mudir / byth.

Psalm 14

1 The fool has said in his heart, 'There / is no / God.' :
   Corrupt are they, and abominable in their wickedness;
       there is / no one / that does / good.

2 The Lord has looked down from heaven
       upon the / children of / earth :
   to see if there is anyone who is / wise and / seeks after / God.

‡3 But every one has turned back; all alike have be/come cor/rupt :
   there is none that does / good / no, not / one.

4 Have they no knowledge, those / evil/doers :
   who eat up my people as if they ate bread
       and do not / call up/on the / Lord?

5 There shall they be in / great / fear :
   for God is in the / company / of the / righteous.

6 Though they would confound the / counsel • of the / poor :
   yet the / Lord shall / be their / refuge.

7 O that Israel's salvation would / come • out of / Zion! :
   When the Lord restores the fortunes of his people,
       then will Jacob re/joice and / Israel be / glad.

Psalm 15

1 Lord, who may / dwell in your / tabernacle? :
   Who may rest up/on your / holy / hill?

2 Whoever leads an / uncorrupt / life :
   and / does the / thing that is / right;

3 Who speaks the / truth • from the / heart :
   and / bears • no de/ceit on the / tongue;

4 Who does no / evil • to a / friend :
   and / pours no / scorn • on a / neighbour;

5 In whose sight the wicked are / not es/teemed :
   but who honours / those who / fear the / Lord.

6 Whoever has / sworn to a / neighbour :
   and / never goes / back • on that / word;

7,8 Who does not lend money in hope of gain,
       nor takes a bribe a/gainst the / innocent :
   Whoever does these / things shall / never / fall.

Salm 16

1 Cadw / fi, O / Dduw :
oherwydd llo/chesaf / ynot / ti.

2 Dywedais / wrth yr / Arglwydd :
"Ti yw f'arglwydd • nid oes imi dda/ioni • ond / ynot / ti."

3 Ac am y duwiau sanctaidd sydd / yn y / wlad :
melltith ar bob un sy'n / ymhy/frydu / ynddynt.

4 Amlhau gofidiau y mae'r un sy'n blysio / duwiau / eraill :
ni chynigiaf fi waed iddynt yn ddiodoffrwm •
 na chymryd eu / henwau / ar fy • ngwe/fusau.

5 Ti, Arglwydd, yw fy / nghyfran • a'm / cwpan :
ti sy'n / dio/gelu • fy / rhan;

6 Syrthiodd y llinynnau i mi mewn / mannau • dy/munol :
ac y mae gennyf / eti/feddiaeth • ra/gorol.

7 Bendithiaf yr Arglwydd a roddodd / gyngor • i / mi :
yn y nos y mae fy me/ddyliau'n / fy hy/fforddi.

8 Gosodais yr Arglwydd o'm / blaen yn / wastad :
am ei fod ar fy ne/heulaw / ni'm sy/mudir.

9 Am hynny, llawenha fy nghalon a gorfo/ledda / f'ysbryd :
a chaiff fy / nghnawd — / fyw'n ddi/ogel.

10 Oherwydd ni fyddi'n gadael fy / enaid • i / Sheol :
ac ni chaiff yr un / teyrngar • i ti / weld Pwll / Distryw.

‡11 Dangosi i mi lwybr bywyd •
 yn dy bresenoldeb di y mae digonedd / o la/wenydd :
ac yn dy dde/heulaw / fwyniant / bythol.

Salm 17

1a Gwrando, Arglwydd / gri • am gyf/iawnder :
rho / sylw / i'm — / llef

1b A gwran/dawiad • i'm / gweddi :
oddi / ar we/fusau • di/dwyll.

2 Doed fy marn oddi / wrthyt / ti :
edryched dy / lygaid • ar yr / hyn sy'n / iawn.

3 Profaist fy nghalon a'm / gwylio • yn y / nos :
chwiliaist fi ond heb / gael dryg/ioni / ynof.

Psalm 16

1   Preserve me, O God, for in you have I / taken / refuge :
    I have said to the Lord, 'You are my lord,
        all my / good de/pends on / you.'

2   All my delight is upon the godly that are / in the / land :
    upon / those • who are / noble in / heart.

‡3 Though the idols are legion that / many run / after :
    their drink offerings of blood I will not offer,
        neither make mention of their / names up/on my / lips.

4   The Lord himself is my portion / and my / cup :
    in your hands a/lone / is my / fortune.

5   My share has fallen in a / fair / land :
    indeed, I / have a / goodly / heritage.

6   I will bless the Lord who has / given me / counsel :
    and in the night watches / he in/structs my / heart.

7   I have set the Lord / always be/fore me :
    he is at my right / hand; I / shall not / fall.

8   Wherefore my heart is glad and my / spirit re/joices :
    my flesh / also shall / rest se/cure.

9   For you will not abandon my / soul to / Death :
    nor suffer your / faithful one to / see the / Pit.

‡10 You will show me the path of life;
        in your presence is the / fullness of / joy :
    and in your right hand are / pleasures for / ever/more.

Psalm 17

1   Hear my just cause, O Lord; consider / my com/plaint :
    listen to my prayer, which comes / not from / lying / lips.

2   Let my vindication come / forth from your / presence :
    let your eyes be/hold / what is / right.

3   Weigh my heart, examine / me by / night :
    refine me, and you will find / no im/purity / in me.

4   My mouth does not trespass for / earthly re/wards :
    I have / heeded the / words • of your / lips.

4 Ni throseddodd fy ngenau fel y / gwna – / eraill :
　　ond fe gedwais / eiriau / dy we/fusau.

5 Ar lwybrau'r anufudd byddai fy / nghamau'n / pallu :
　　ond ar dy lwybrau di nid / yw fy / nhraed yn / methu.

6 Gwaeddaf arnat ti am dy fod yn / f'ateb • O / Dduw :
　　tro dy glust ataf / gwran–/do fy / ngeiriau.

7 Dangos dy ffyddlondeb rhyfeddol •
　　　　ti, sy'n gwaredu / â'th dde/heulaw :
　　y rhai sy'n llochesu ynot / rhag eu / gwrthwy/nebwyr.

8 Cadw fi fel / cannwyll • dy / lygad :
　　cuddia fi dan / gysgod / dy a/denydd

9 Rhag y drygionus / sy'n • fy nis/trywio :
　　y gelynion sydd yn eu / gwanc – / yn f'am/gylchu.

10 Maent wedi / mygu tos/turi :
　　y mae eu / genau'n • lle/faru / balchder;

11 Y maent ar fy sodlau ac ar / gau am/danaf :
　　wedi gosod eu / bryd • ar fy / mwrw • i'r / llawr;

‡12 Y maent fel llew yn / barod • i / larpio :
　　fel llew ifanc yn / llechu / yn ei / guddfan.

13 Cyfod, Arglwydd, saf yn eu herbyn a'u / bwrw • i / lawr :
　　â'th gleddyf gwared fy / mywyd / rhag y • dryg/ionus;

14a Â'th law, Arglwydd, gwna / ddiwedd / arnynt :
　　difa hwy o'u / rhan yng / nghanol / bywyd.

14b Llanwer eu bol â'r hyn sydd gennyt / ar eu / cyfer :
　　bydded i'w plant gael digon • a chadw / gweddill / i'w ba/banod!

15 Ond byddaf fi yn fy nghyfiawnder yn / gweld dy / wyneb :
　　pan ddeffroaf, digonir / fi o / weld dy / wedd.

Salm 18

1 Caraf di, O / Arglwydd • fy / nghryfder :
　　yr Arglwydd yw fy nghraig • fy ngha/dernid / a'm gwa/redydd;

2 Fy Nuw yw fy nghraig / lle llo/chesaf :
　　fy nharian, fy amddi/ffynfa / gadarn • a'm / caer.

3 Gwaeddaf ar yr Arglwydd sy'n / haeddu / mawl :
　　ac fe'm gwa/redir / rhag • fy nge/lynion.

5 My footsteps hold fast in the ways of / your com/mandments :
   my feet have not / stumbled / in your / paths.

6 I call upon you, O God, for / you will / answer me :
   incline your ear to me, and / listen / to my / words.

7 Show me your marvellous / loving-/kindness :
   O Saviour of those who take refuge at your right hand
         from / those who / rise up a/gainst them.

8 Keep me as the / apple • of your / eye :
   hide me under the / shadow / of your / wings,

9 From the wicked / who as/sault me :
   from my enemies who surround me to / take a/way my / life.

10 They have closed their / heart to / pity :
   and their / mouth speaks / proud / things.

11 They press me hard, they surround me on / every / side :
   watching how they may / cast me / to the / ground,

12 Like a lion that is greedy / for its / prey :
   like a young lion / lurking in / secret / places.

13 Arise, Lord; confront them and / cast them / down :
   deliver me from the / wicked / by your / sword.

14 Deliver me, O Lord / by your / hand :
   from those whose / portion in / life • is un/ending,

15 Whose bellies you / fill with your / treasure :
   who are well supplied with children
         and / leave their / wealth • to their / little ones.

16 As for me, I shall see your / face in / righteousness :
   when I awake and behold your / likeness / I shall be / satisfied.

Psalm 18

1 I love you, O / Lord my / strength :
   the Lord is my crag, my / fortress and / my de/liverer,

2 My God, my rock in / whom I take / refuge :
   my shield, the horn of my sal/vation / and my / stronghold.

‡3 I cried to the / Lord in my / anguish :
   and / I was / saved from my / enemies.

4 Pan oedd clymau angau'n tyn / hau am / danaf :
a llifeiriant / distryw / yn fy / nal,

5 Pan oedd clymau Sheol / yn f'am / gylchu :
a / maglau / angau • o'm / blaen,

6a Gwaeddais ar yr Arglwydd / yn fy • nghy / fyngder :
ac ar fy Nuw / iddo fy / nghynor / thwyo;

‡6b Clywodd fy / llef o'i / deml :
a / daeth fy / ngwaedd i'w / glustiau.

7 Crynodd y / ddaear • a / gwegian :
ysgydwodd sylfeini'r mynyddoedd •
a siglo o / herwydd • ei / ddicter / ef.

8 Cododd mwg o'i ffroenau • yr oedd tân yn / ysu • o'i / enau :
a / marwor • yn / cynnau • o'i / gwmpas.

9 Fe agorodd y ffur / fafen • a / disgyn :
ac yr oedd ty / wyllwch • o / dan ei / draed.

10 Marchogodd ar / gerwb • a / hedfan :
gwibiodd / ar a / denydd • y / gwynt.

11 Gosododd o'i amgylch dy / wyllwch • yn / guddfan :
a chy / mylau / duon • yn / orchudd.

12 O'r disgleirdeb o'i flaen daeth / allan • gy / mylau :
a / chenllysg • a / cherrig / tân.

13 Taranodd yr / Arglwydd • o'r / nefoedd :
a lle / farodd / llais y • Go / ruchaf.

14 Bwriodd allan ei saethau / yma • ac / acw :
saethodd / fellt a / gwneud • iddynt / atsain.

15a Daeth gwaelodion y / môr i'r / golwg :
a di / noethwyd • syl / feini'r / byd,

15b Oherwydd dy gerydd / di, O / Arglwydd :
a / chwythiad / anadl • dy / ffroenau.

16 Ymestynnodd o'r u / chelder • a'm / cymryd :
tynnodd fi / allan • o'r / dyfroedd / cryfion.

17 Gwaredodd fi rhag fy / ngelyn / nerthol :
rhag y rhai sy'n fy nghasáu pan / oeddent •
yn / gryfach • na / mi.

18 Daethant i'm herbyn yn / nydd • fy ar / gyfwng :
ond bu'r Arglwydd / yn gyn / haliaeth • i / mi.

4 The cords of / death en/twined me :
    and the torrents of des/truction / over/whelmed me.

5 The cords of the Pit / fastened a/bout me :
    and the / snares of / death en/tangled me.

6 In my distress I / called upon the / Lord :
    and cried / out to my / God for / help.

7 He heard my / voice in his / temple :
    and my / cry / came to his / ears.

8 The earth / trembled and / quaked :
    the foundations of the mountains shook;
        they / reeled be/cause he was / angry.

9 Smoke rose from his nostrils
        and a consuming fire went / out of his / mouth :
    burning / coals / blazed forth / from him.

10 He parted the heavens / and came / down :
    and thick / darkness was / under his / feet.

11 He rode upon the / cherubim and / flew :
    he came / flying • on the / wings of the / wind.

12 He made darkness his covering / round a/bout him :
    dark waters and thick / clouds / his pa/vilion.

13 From the brightness of his presence / through the / clouds :
    burst / hailstones and / coals of / fire.

14 The Lord also thundered / out of / heaven :
    the Most High uttered his voice
        with / hailstones and / coals of / fire.

15 He sent out his / arrows and / scattered them :
    he hurled down / lightnings and / put them to / flight.

16a The springs of the / ocean were / seen :
    and the foun/dations of the / world un/covered

16b At your re/buke, O / Lord :
    at the blast of the / breath of / your dis/pleasure.

17 He reached down from on / high and / took me :
    he drew me / out of the / mighty / waters.

18 He delivered me from my / strong / enemy :
    from foes that / were too / mighty / for me.

19 Dygodd fi allan i / le a/gored :
   a'm gwaredu / am ei / fod • yn fy / hoffi.

20 Gwnaeth yr Arglwydd â mi yn / ôl • fy nghyf/iawnder :
   a thalodd i mi yn / ôl — / glendid • fy / nwylo.

21 Oherwydd cedwais / ffyrdd yr Arglwydd :
   heb droi oddi / wrth fy / Nuw • at ddryg/ioni;

22 Yr oedd ei holl / gyfreithiau • o'm / blaen :
   ac ni / fwriais • ei / ddeddfau • o'r / neilltu.

23 Yr oeddwn yn ddi-fai / yn ei / olwg :
   a / chedwais • fy / hun • rhag tro/seddu.

24 Talodd yr Arglwydd i mi yn / ôl • fy nghyf/iawnder :
   ac yn ôl glendid fy / nwylo / yn ei / olwg.

25 Yr wyt yn / ffyddlon • i'r / ffyddlon :
   yn ddi/feius / i'r di/feius,

26 Ac yn bur / i'r rhai / pur :
   ond i'r cyfei/liornus • yr / wyt yn / wyrgam.

27 Oherwydd yr wyt yn gwaredu'r rhai / gosty/ngedig :
   ac / yn da/rostwng • y / beilchion.

28 Ti sy'n goleuo fy / llusern / Arglwydd :
   fy Nuw sy'n / troi • fy nhy/wyllwch • yn / ddisglair.

29 Oherwydd trwot ti y gallaf or/esgyn / llu :
   trwy fy Nuw / gallaf / neidio • dros / fur.

30 Y Duw hwn, y mae'n berffaith ei ffordd •
       ac y mae gair yr Arglwydd wedi ei / brofi'n / bur :
   y mae ef yn darian i / bawb • sy'n llo/chesu / ynddo.

31 Pwy sydd Dduw / ond yr / Arglwydd :
   a phwy sydd / graig ond / ein Duw / ni,

32 Y Duw sy'n fy ngwre/gysu • â / nerth :
   ac yn gwneud fy / ffordd yn / ddi–/feius?

33 Gwna fy nhraed / fel rhai / ewig :
   a'm gosod yn / gadarn / ar y • my/nyddoedd.

34 Y mae'n dysgu i'm / dwylo • ry/fela :
   i'm breichiau / dynnu / bwa / pres.

35 Rhoist imi dy darian i'm gwaredu • a'm cynnal / â'th dde/heulaw :
   a'm gwneud yn / fawr — / trwy dy / ofal.

19 They came upon me in the / day of my / trouble :
 but the / Lord was / my up/holder.

20 He brought me out into a / place of / liberty :
 he rescued me be/cause he de/lighted / in me.

21 The Lord rewarded me after my / righteous / dealing :
 according to the cleanness of my / hands he / recom/pensed me,

22 Because I had kept the / ways of the / Lord :
 and had not gone / wickedly a/way from my / God,

23 For I had an eye to / all his / laws :
 and did not cast / out his com/mandments / from me.

24 I was also whole/hearted be/fore him :
 and / kept myself / from in/iquity;

25 Therefore the Lord rewarded me after my / righteous / dealing :
 and according to the cleanness of my / hands / in his / sight.

26 With the faithful you / show yourself / faithful :
 with the / true you / show yourself / true;

27 With the pure you / show yourself / pure :
 but with the crooked you / show your/self per/verse.

28 For you will save a / lowly / people :
 and bring down the / high / looks • of the / proud.

29 You also shall / light my / candle :
 the Lord my God shall make my / darkness / to be / bright.

30 By your help I shall run at an / enemy / host :
 with the help of my God / I can leap / over a / wall.

31 As for God, his way is perfect;
  the word of the Lord is / tried in the / fire :
 he is a shield to / all who / trust in / him.

32 For who is / God • but the / Lord :
 and who is the / rock ex/cept our / God?

33 It is God who girds me a/bout with / strength :
 and / makes my / way / perfect.

34 He makes my / feet like / hinds' feet :
 so that I tread / surely / on the / heights.

35 He teaches my / hands to / fight :
 and my arms to / bend a / bow of / bronze.

36 Rhoist imi le / llydan • i'm / camau :
   ac / ni – / lithrodd • fy / nhraed.

37 Yr wyf yn ymlid fy ngelynion ac / yn eu / dal :
   ni ddych/welaf / nes eu • di/fetha.

38 Yr wyf yn eu trywanu fel na / allant / godi :
   ac y maent yn / syrthio • o / dan fy / nhraed.

39 Yr wyt wedi fy ngwregysu â / nerth i'r / frwydr :
   a dar/ostwng • fy nge/lynion • o/danaf.

40 Gosodaist fy / nhroed • ar eu / gwddf :
   a gwneud imi ddifetha'r / rhai sy'n / fy ngha/sáu.

41 Y maent yn gweiddi, ond / nid oes • gwa/redydd :
   yn galw ar yr Arglwydd / ond nid / yw'n eu / hateb.

42 Fe'u maluriaf cyn faned â llwch o / flaen y / gwynt :
   a'u sathru fel / llaid – / ar y / strydoedd.

43 Yr wyt yn fy ngwaredu rhag ymrafael pobl •
      ac yn fy ngwneud yn ben / ar y • cen/hedloedd :
   pobl nad oeddwn yn eu had/nabod • sy'n / weision / i mi.

44 Pan glywant amdanaf, maent yn ufudd/hau i / mi :
   ac estroniaid / sy'n ym/greinio • o'm / blaen.

45 Y mae estroniaid yn / gwanga/lonni :
   ac yn dyfod dan / grynu / o'u – / lloches.

46 Byw yw'r Arglwydd • bendigedig / yw fy / nghraig :
   dyrchafedig fyddo'r / Duw sy'n / fy ngwa/redu,

47 Y Duw sy'n rhoi i/mi • ddi/aledd :
   ac yn da/rostwng / pobloedd • o/danaf,

48 Sy'n fy ngwaredu rhag fy ngelynion •
      yn fy nyrchafu uwchlaw fy / ngwrthwy/nebwyr :
   ac yn fy / arbed / rhag • y gor/thrymwyr.

49 Oherwydd hyn, clodforaf / di, O / Arglwydd :
   ymysg y cenhedloedd, a / chanaf / fawl i'th / enw.

‡50 Y mae'n gwaredu ei / frenin • yn / helaeth :
   ac yn cadw'n ffyddlon i'w eneiniog •
      i / Ddafydd • ac i'w / had am / byth.

36 You have given me the shield of / your sal/vation :
 your right hand upholds me
  and your / grace has / made me / great.

37 You enlarge my / strides be/neath me :
 yet my / feet / do not / slide.

38 I will pursue my enemies and / over/take them :
 nor turn again un/til I / have des/troyed them.

39 I will smite them down so they / cannot / rise :
 they shall / fall be/neath my / feet.

40 You have girded me with / strength for the / battle :
 you will cast / down my / enemies / under me;

41 You will make my foes turn their / backs up/on me :
 and I shall des/troy / them that / hate me.

42 They will cry out, but there shall be / none to / help them :
 they will cry to the Lord / but he / will not / answer.

43 I shall beat them as small as the / dust • on the / wind :
 I will cast them out as the / mire / in the / streets.

44 You will deliver me from the / strife of the / peoples :
 you will / make me the / head • of the / nations.

45 A people I have not known shall serve me;
  as soon as they hear me, they / shall o/bey me :
 strangers will / humble them/selves be/fore me.

46 The foreign peoples / will lose / heart :
 and come / trembling / out of their / strongholds.

47 The Lord lives, and blessed / be my / rock! :
 Praised be the / God of / my sal/vation,

48 Even the / God who / vindicates me :
 and sub/dues the / peoples / under me!

49 You that deliver me from my enemies,
  you will set me up a/bove my / foes :
 from the / violent you / will de/liver me;

50 Therefore will I give you thanks, O Lord, a/mong the / nations :
 and sing / praises / to your / name,

‡51 To the one who gives great victory / to his / king :
 and shows faithful love to his anointed,
  to David / and his / seed for / ever.

Salm 19

1 Y mae'r nefoedd yn adrodd go/goniant / Duw :
　a'r ffurfafen yn my/negi / gwaith ei / ddwylo.

2 Y mae dydd yn lle/faru • wrth / ddydd :
　a nos yn cy/hoeddi • gwy/bodaeth wrth / nos.

3 Nid oes iaith na / geiriau / ganddynt :
　ni / chlywir / eu — / llais;

4 Eto fe â eu sain allan drwy'r holl ddaear •
　　a'u lleferydd hyd ei/thafoedd / byd :
　ynddynt go/sododd / babell • i'r / haul,

5 Sy'n dod allan fel priodfab / o'i ys/tafell :
　yn llon fel campwr yn / barod • i / redeg / cwrs.

6 O eithaf y nefoedd y mae'n codi • a'i gylch hyd yr / eithaf / arall :
　ac nid oes dim yn / cuddio / rhag ei / wres.

7 Y mae cyfraith yr Arglwydd yn berffaith, yn ad/fywio'r / enaid :
　y mae tystiolaeth yr Arglwydd yn sicr •
　　yn / gwneud y / syml yn / ddoeth;

8 Y mae deddfau'r Arglwydd yn gywir, yn / llawen•hau'r / galon :
　y mae gorchymyn yr Arglwydd yn / bur • yn go/leuo'r / llygaid;

9 Y mae ofn yr Arglwydd yn lân, yn / para • am / byth :
　y mae barnau'r Arglwydd yn wir, yn / gyfiawn / bob — / un.

10 Mwy dymunol ydynt nag aur • na llawer / o aur / coeth :
　a melysach na mêl, ac na di/ferion / diliau / mêl.

11 Trwyddynt hwy hefyd rhy/buddir / fi :
　ac o'u cadw / y mae / gwobr / fawr.

12 Pwy sy'n dirnad ei gamgy/meri/adau? :
　Glanha fi oddi / wrth fy / meiau / cudd.

13a Cadw dy was oddi wrth be/chodau / beiddgar :
　rhag iddynt / gael y • llaw / uchaf / arnaf :

13b Yna byddaf / yn ddif/eius :
　ac yn ddi/euog • o / bechod / mawr.

‡14 Bydded geiriau fy ngenau'n dder/byniol / gennyt :
　a myfyrdod fy nghalon yn gymeradwy i ti,
　　O / Arglwydd • fy / nghraig a'm / prynwr.

Psalm 19

1   The heavens are telling the / glory of / God :
    and the / firmament pro/claims his / handiwork.

2   One day pours out its song / to an/other :
    and one night unfolds / knowledge / to an/other.

3   They have neither / speech nor / language :
    and their / voices / are not / heard,

4   Yet their sound has gone out into / all / lands :
    and their / words • to the / ends of the / world.

5   In them has he set a tabernacle / for the / sun :
    that comes forth as a bridegroom out of his chamber
        and rejoices as a / champion to / run his / course.

6   It goes forth from the end of the heavens
        and runs to the very / end a/gain :
    and there is nothing / hidden / from its / heat.

7   The law of the Lord is perfect, re/viving the / soul :
    the testimony of the Lord is sure
        and gives / wisdom / to the / simple.

8   The statutes of the Lord are right and re/joice the / heart :
    the commandment of the Lord is pure
        and gives / light / to the / eyes.

9   The fear of the Lord is clean and en/dures for / ever :
    the judgements of the Lord are true and / righteous / alto/gether.

10   More to be desired are they than gold,
        more than / much fine / gold :
    sweeter also than honey / dripping / from the / honeycomb.

‡11   By them also is your / servant / taught :
    and in keeping them / there is / great re/ward.

12   Who can tell how often / they of/fend? :
    O cleanse me / from my / secret / faults!

13   Keep your servant also from presumptuous sins
        lest they get do/minion / over me :
    so shall I be undefiled, and / innocent of / great of/fence.

14   Let the words of my mouth and the meditation of my heart
        be acceptable / in your / sight :
    O Lord, my / strength and / my re/deemer.

Salm 20

1 Bydded i'r Arglwydd dy ateb yn / nydd cy/fyngder :
ac i enw Duw / Jacob / dy am/ddiffyn.

2 Bydded iddo anfon cymorth i / ti o'r / cysegr :
a'th / gynnal / o – / Seion.

3 Bydded iddo gofio dy / holl off/rymau :
ac edrych yn ffafriol / ar dy / boetho/ffrymau.

4 Bydded iddo roi i ti / dy ddy/muniad :
a chy/flawni • dy / holl gyn/lluniau.

‡5 Bydded inni orfoleddu yn dy waredigaeth •
a chodi banerau yn / enw • ein / Duw :
bydded i'r Arglwydd roi iti'r / cyfan / a ddei/syfi.

6a Yn / awr fe / wn :
fod yr Arglwydd yn gwa/redu / ei e/neiniog;

6b Y mae'n ei ateb o'i / nefoedd / sanctaidd :
trwy waredu'n / nerthol / â'i dde/heulaw.

7 Ymffrostia rhai mewn cerbydau ac / eraill • mewn / meirch :
ond fe ymffrostiwn ni yn / enw'r / Arglwydd • ein / Duw.

8 Y maent hwy'n crynu / ac yn / syrthio :
ond yr ydym ni'n / codi • ac yn / sefyll • i / fyny.

‡9 O Arglwydd, gwa/reda'r / brenin :
ateb / ni pan / fyddwn • yn / galw.

Salm 21

1 O Arglwydd, fe lawenycha'r brenin / yn dy / nerth :
mor fawr yw ei orfoledd / yn dy / ware/digaeth!

2 Rhoddaist iddo ddy/muniad • ei / galon :
ac ni wrthodaist iddo ddei/syfiad / ei we/fusau.

3 Daethost i'w gyfarfod â ben/dithion • da/ionus :
a rhoi coron o / aur coeth / ar ei / ben.

4 Am fywyd y go/fynnodd / iti :
ac fe'i rhoddaist iddo hir / ddyddiau / byth — / bythoedd.

5 Mawr yw ei ogoniant oherwydd dy / ware/digaeth :
yr wyt yn rhoi iddo ys/blander / ac an/rhydedd,

Psalm 20

1 May the Lord hear you in the / day of / trouble :
   the name of the / God of / Jacob de/fend you;

2 Send you / help from his / sanctuary :
   and / strengthen you / out of / Zion;

3 Remember / all your / offerings :
   and ac/cept your / burnt / sacrifice;

4 Grant you your / heart's de/sire :
   and ful/fil / all your / mind.

‡5 May we rejoice in your salvation
        and triumph in the / name of our / God :
    may the Lord per/form all / your pe/titions.

6 Now I know that the Lord will / save his a/nointed :
   he will answer him from his holy heaven,
        with the mighty / strength of / his right / hand.

7 Some put their trust in chariots and / some in / horses :
   but we will call only on the / name
        of the / Lord our / God.

8 They are brought / down and / fallen :
   but we are / risen / and stand / upright.

9 O Lord / save the / king :
   and answer us / when we / call up/on you.

Psalm 21

1 The king shall rejoice in your / strength, O / Lord :
   how greatly shall he re/joice in / your sal/vation!

2 You have given him his / heart's de/sire :
   and have not de/nied • the re/quest of his / lips.

3 For you come to meet him with / blessings of / goodness :
   and set a crown of pure / gold up/on his / head.

4 He asked of you / life • and you / gave it him :
   length of / days, for / ever and / ever.

5 His honour is great because of / your sal/vation :
   glory and majesty / have you / laid up/on him.

6 Yr wyt yn rhoi bendithion / iddo • dros / byth :
ac yn ei lawenhau â gor/foledd • dy / brese/noldeb.

‡7 Y mae'r brenin yn ymddiried / yn yr / Arglwydd :
ac oherwydd ffyddlondeb y Go/ruchaf / nis sy/mudir.

8 Caiff dy law afael ar dy / holl e/lynion :
a'th ddeheulaw ar y / rhai sy'n / dy ga/sáu.

9 Byddi'n eu gwneud fel ffwrnais danllyd pan / ymdda/ngosi :
bydd yr Arglwydd yn eu difa yn ei lid •
    a'r / tân – / yn eu / hysu.

10 Byddi'n dinistrio'u hepil oddi / ar y / ddaear :
a'u / plant o / blith • y ddy/nolryw.

11 Yr oeddent yn bwriadu / drwg yn / d'erbyn :
ac yn cyn/llunio / niwed • heb / lwyddo;

12 Oherwydd byddi di'n gwneud / iddynt / ffoi :
ac yn anelu at eu hwy/nebau / â'th – / fwa.

13 Dyrchafa, Arglwydd / yn dy / nerth :
cawn ganu a'th / ganmol / am dy / gryfder!

Salm 22

1 Fy Nuw, fy Nuw, pam yr wyt / wedi • fy / ngadael :
ac yn cadw draw rhag fy ngwaredu
    ac / oddi • wrth / eiriau • fy / ngriddfan?

2 O fy Nuw, gwaeddaf arnat liw dydd, ond nid / wyt yn / ateb :
a'r nos, ond / ni – / chaf lo/nyddwch.

3 Eto, yr wyt / ti, y / Sanctaidd :
wedi dy or/seddu • yn / foliant • i / Israel.

4 Ynot ti yr oedd ein hynafiaid / yn ym/ddiried :
yn ymddiried a / thithau'n / eu gwa/redu.

5 Arnat ti yr oeddent yn gweiddi ac a/chubwyd / hwy :
ynot ti yr oeddent yn ymddiried ac / ni • chywi/lyddiwyd / hwy.

6 Pryfyn wyf fi / ac nid / dyn :
gwawd a / dir–/myg i / bobl.

7 Y mae pawb sy'n fy / ngweld • yn fy / ngwatwar :
yn gwneud ystumiau arnaf / ac yn / ysgwyd / pen :

6 You have granted him ever/lasting fe/licity :
    and will make him / glad with / joy • in your / presence.

‡7 For the king puts his / trust in the / Lord :
    because of the loving-kindness of the Most High,
        he shall / not be / over/thrown.

8 Your hand shall mark down / all your / enemies :
    your right hand will / find out / those who / hate you.

9 You will make them like a fiery oven in the / time of your / wrath :
    the Lord will swallow them up in his anger
        / and the / fire will con/sume them.

10 Their fruit you will root / out of the / land :
    and their / seed • from a/mong its in/habitants.

11 Because they intend / evil a/gainst you :
    and devise wicked schemes / which they / cannot per/form,

12 You will / put them to / flight :
    when you / aim your / bow at their / faces.

13 Be exalted, O Lord, in / your own / might :
    we will make / music and / sing of your / power.

Psalm 22

1 My God, my God, why have / you for/saken me :
    and are so far from my salvation,
        from the / words of / my dis/tress?

2 O my God, I cry in the daytime, but you / do not / answer :
    and by night also / but I / find no / rest.

3 Yet you / are the / Holy One :
    enthroned up/on the / praises of / Israel.

4 Our forebears / trusted in / you :
    they / trusted, and / you de/livered them.

5 They cried out to you and / were de/livered :
    they put their trust in you / and were / not con/founded.

6 But as for me, I am a worm and / no / man :
    scorned by all / and des/pised • by the / people.

7 All who see me / laugh me to / scorn :
    they curl their lips and / wag their / heads / saying,

8 "Rhoes ei achos i'r Arglwydd, • bydded iddo / ef ei / achub :
bydded iddo ef ei waredu,
o/herwydd • y / mae'n ei / hoffi!"

9 Ond ti a'm tynnodd / allan • o'r / groth :
a'm rhoi ar / fronnau • fy / mam;

10 Arnat ti y bwriwyd fi ar fy / ngene/digaeth :
ac o groth fy / mam ti / yw fy / Nuw.

11 Paid â phellhau oddi wrthyf •
oherwydd y mae fy ar/gyfwng • yn / agos :
ac nid oes / neb i'm / cynor/thwyo.

12 Y mae gyr o / deirw • o'm / cwmpas :
rhai cryfion o / Basan • yn / cau am/danaf;

13 Y maent yn agor eu / safn am/danaf :
fel / llew yn / rheibio • a / rhuo.

14 Yr wyf wedi fy nihysbyddu fel dŵr •
a'm holl esgyrn / yn ym/ddatod :
y mae fy nghalon fel / cwyr • ac yn / toddi • o'm / mewn;

15 Y mae fy ngheg yn sych fel cragen •
a'm tafod yn glynu wrth / daflod • fy / ngenau :
yr wyt wedi fy / mwrw • i / lwch mar/wolaeth.

16 Y mae cŵn o'm hamgylch •
haid o ddihirod yn / cau am/danaf :
y maent yn try/wanu • fy / nwylo • a'm / traed.

17 Gallaf gyfrif pob / un o'm / hesgyrn :
ac y maent hwythau'n edrych / ac yn / rhythu / arnaf.

18 Y maent yn rhannu fy nillad / yn eu / mysg :
ac yn bwrw / coelbren / ar fy / ngwisg.

19 Ond ti, Arglwydd, paid â / sefyll / draw :
O fy nerth / brysia • i'm / cynor/thwyo.

20 Gwared fi / rhag y / cleddyf :
a'm hunig / fywyd • o / afael • y / cŵn.

‡21 Achub fi o / safn y / llew :
a'm bywyd tlawd rhag / cyrn yr / ychen / gwyllt.

22 Fe gyhoeddaf dy enw / i'm cyd/nabod :
a'th foli yng / nghanol • y / gynu/lleidfa :

8   'He trusted in the Lord; / let him de /liver him :
     let him de /liver him, if / he de /lights in him.'

9   But it is you that took me / out of the / womb :
     and laid me safe up /on my / mother's / breast.

10 On you was I cast ever since / I was / born :
     you are my God even / from my / mother's / womb.

‡11 Be not far from me, for trouble is / near at / hand :
     and / there is / none to / help.

12 Mighty oxen / come a /round me :
     fat bulls of Bashan close me / in on / every / side.

13 They gape upon me / with their / mouths :
     as it were a / ramping • and a / roaring / lion.

14 I am poured out like water;
        all my bones are / out of / joint :
     my heart has become like wax
        / melting • in the / depths of my / body.

15 My mouth is dried up like a potsherd;
        my tongue / cleaves to my / gums :
     you have laid me / in the / dust of / death.

16 For the hounds are all about me,
        the pack of evildoers close / in on / me :
     they / pierce my / hands and my / feet.

17 I can count / all my / bones :
     they stand / staring and / looking up /on me.

18 They divide my / garments a /mong them :
     they cast / lots / for my / clothing.

19 Be not far from / me, O / Lord :
     you are my / strength / hasten to / help me.

20 Deliver my soul / from the / sword :
     my poor life / from the / power of the / dog.

21 Save me from the / lion's / mouth :
     from the horns of wild oxen.
        / You have / answered / me!

22 I will tell of your / name to my / people :
     in the midst of the congre /gation / will I / praise you.

23 "Molwch ef, chwi sy'n / ofni'r / Arglwydd :
rhowch anrhydedd iddo, holl dylwyth Jacob •
ofnwch / ef, holl / dylwyth / Israel.

24 Oherwydd ni ddirmygodd na diystyru
gorthrwm y / gorthry/medig :
ni chuddiodd ei wyneb oddi wrtho •
ond / gwrando / arno • pan / lefodd."

25 Oddi wrthyt ti y daw fy mawl yn y gynu/lleidfa / fawr :
a thalaf fy addunedau yng / ngŵydd y / rhai • sy'n ei / ofni.

26 Bydd yr anghenus yn bwyta, ac / yn cael / digon :
a'r rhai sy'n ceisio'r Arglwydd yn ei foli •
bydded i'w ca/lonnau / fyw – / byth!

27 Bydd holl gyrrau'r ddaear yn cofio
ac yn dychwelyd / at yr / Arglwydd :
a holl dylwythau'r cenhedloedd yn ym/grymu / o'i – / flaen.

28 Oherwydd i'r Arglwydd y / perthyn • bren/hiniaeth :
ac ef sy'n llywo/draethu / dros • y cen/hedloedd.

29 Sut y gall y rhai sy'n cysgu yn y ddaear blygu / iddo / ef :
a'r rhai sy'n disgyn i'r llwch ymgrymu o'i flaen? •
Ond / byddaf • fi / fyw • iddo / ef,

30 A bydd fy mhlant yn ei / wasa/naethu :
dywedir am yr Arglwydd wrth / gened/laethau • i / ddod,

31 A chyhoeddi ei gyfiawnder wrth / bobl • heb eu / geni :
mai / ef a / fu'n gwei/thredu.

Salm 23

Siant sengl

1 Yr Arglwydd / yw fy / mugail :
ni / bydd – / eisiau / arnaf.

2 Gwna imi orwedd mewn / porfeydd / breision :
a thywys fi / gerllaw / dyfroedd / tawel,

3 Ac y mae ef / yn • fy ad/fywio :
fe'm harwain ar hyd llwybrau cyf/iawnder •
er / mwyn ei / enw.

4a Er imi gerdded trwy ddyffryn / tywyll / du :
nid / ofnaf / unrhyw / niwed,

23 Praise the Lord / you that / fear him :
O seed of Jacob, glorify him;
    stand in awe of / him, O / seed of / Israel.

24 For he has not despised nor abhorred the suffering of the poor;
    neither has he hidden his / face / from them :
but when they / cried to / him he / heard them.

25 From you comes my praise in the great / congre/gation :
I will perform my vows
    in the / presence of / those that / fear you.

‡26 The poor shall eat / and be / satisfied :
those who seek the Lord shall praise him;
    their / hearts shall / live for / ever.

27 All the ends of the earth shall remember and / turn to the / Lord :
and all the families of the / nations shall / bow be/fore him.

28 For the kingdom / is the / Lord's :
and he / rules / over the / nations.

29 How can those who sleep in the earth bow / down in / worship :
or those who go down to the / dust / kneel be/fore him?

30 He has saved my life for himself;
    my des/cendants shall / serve him :
this shall be told of the Lord for / gene/rations to / come.

‡31 They shall come and make known his salvation,
    to a people / yet un/born :
declaring that / he, the / Lord, has / done it.

Psalm 23

1 The Lord / is my / shepherd :
therefore / can I / lack / nothing.

2 He makes me lie down in / green / pastures :
and / leads me be/side still / waters.

3 He shall re/fresh my / soul :
and guide me in the paths of righteousness
    / for his / name's / sake.

4 Though I walk through the valley of the shadow of death,
    I will / fear no / evil :
for you are with me;
    your / rod and your / staff, they / comfort me.

4b Oherwydd yr wyt ti / gyda / mi :
    a'th wialen a'th / ffon yn / fy nghy/suro.

5a Yr wyt yn arlwyo / bwrdd o'm / blaen :
    yng / ngŵydd / fy nge/lynion;

5b Yr wyt yn eneinio fy / mhen ag / olew :
    y / mae fy / nghwpan • yn / llawn.

6   Yn sicr, bydd daioni a thrugaredd
        yn fy nilyn bob / dydd o'm / bywyd :
    a byddaf yn byw yn nhŷ'r / Arglwydd / weddill • fy / nyddiau.

Salm 24

1   Eiddo'r Arglwydd yw'r / ddaear • a'i / llawnder :
    y byd a'r / rhai sy'n / byw — / ynddo;

2   Oherwydd ef a'i sylfaenodd / ar y / moroedd :
    a'i se/fydlu / ar yr • a/fonydd.

3   Pwy a esgyn i / fynydd • yr / Arglwydd :
    a phwy a / saif • yn ei / le — / sanctaidd?

4   Y glân ei ddwylo a'r / pur o / galon :
    yr un sydd heb osod ei feddwl ar dwyll •
        a / heb — / dyngu'n • gel/wyddog.

5   Fe dderbyn fendith / gan yr / Arglwydd :
    a chyfiawnder gan / Dduw ei / iachaw/dwriaeth.

6   Dyma'r genhedlaeth / sy'n ei / geisio :
    sy'n / ceisio / wyneb • Duw / Jacob.

7   Codwch eich pennau, O byrth! •
        Ymddyrchefwch, O / ddrysau • tra/gwyddol :
    i frenin y go/goniant / ddod i / mewn.

8   Pwy yw'r brenin go/goniant / hwn? :
    Yr Arglwydd, cryf a chadarn •
        yr / Arglwydd / cadarn • mewn / rhyfel.

9   Codwch eich pennau, O byrth! •
        Ymddyrchefwch, O / ddrysau • tra/gwyddol :
    i frenin y go/goniant / ddod i / mewn.

10 Pwy yw'r brenin go/goniant / hwn? :
    Arglwydd y Lluoedd • ef / yw / brenin • y go/goniant.

5   You spread a table before me
        in the presence of / those who / trouble me :
   you have anointed my head with oil
        / and my / cup shall be / full.

6   Surely goodness and loving mercy shall follow me
        all the / days of my / life :
   and I will dwell in the / house of the / Lord for / ever.

Psalm 24

1   The earth is the Lord's and / all that / fills it :
   the compass of the world and / all who / dwell there/in.

2   For he has founded it up/on the / seas :
   and set it firm upon the / rivers / of the / deep.

3   'Who shall ascend the / hill of the / Lord :
   or who can rise / up • in his / holy / place?'

4   'Those who have clean hands and a / pure / heart :
   who have not lifted up their soul to an idol,
        nor / sworn an / oath • to a / lie;

5   'They shall receive a blessing / from the / Lord :
   a just reward from the / God of / their sal/vation.'

6   Such is the company of / those who / seek him :
   of those who seek your / face, O / God of / Jacob.

7   Lift up your heads, O gates;
        be lifted up, you ever/lasting / doors :
   and the King of / glory / shall come / in.

8   'Who is the / King of / glory?' :
   'The Lord, strong and mighty,
        the / Lord • who is / mighty in / battle.'

9   Lift up your heads, O gates;
        be lifted up, you ever/lasting / doors :
   and the King of / glory / shall come / in.

10 'Who is this / King of / glory?' :
   'The Lord of hosts / he is the / King of / glory.'

Salm 25

1 Atat / ti – / Arglwydd :
y dyr/cha–/faf fy / enaid;

2 O fy Nuw, ynot ti yr wyf / yn ym/ddiried :
paid â dwyn cywilydd arnaf •
    paid â gadael i'm gelynion / orfo/leddu • o'm / hachos.

3 Ni ddaw cywilydd i'r rhai sy'n gobeithio / ynot / ti :
ond fe ddaw i'r / rhai • sy'n llawn / brad heb / achos.

4 Gwna imi wybod dy / ffyrdd, O / Arglwydd :
hy/ffordda / fi • yn dy / lwybrau.

5 Arwain fi yn dy wirionedd a dysg fi •
    oherwydd ti yw Duw fy / iachaw/dwriaeth :
wrthyt ti y bûm yn / disgwyl / trwy'r – / dydd.

6 O Arglwydd, cofia dy drugaredd / a'th ffydd/londeb :
o/herwydd • y / maent e/rioed.

‡7 Paid â chofio pechodau fy ieuenctid / na'm gwrth/ryfel :
ond yn dy gariad cofia fi,
    er / mwyn • dy ddai/oni, O / Arglwydd.

8 Y mae'r Arglwydd yn / dda ac / uniawn :
am hynny fe ddysg y / ffordd i / becha/duriaid.

9 Fe arwain y gostyngedig yn yr / hyn sy'n / iawn :
a dysgu ei / ffordd i'r / gosty/ngedig.

10 Y mae holl lwybrau'r Arglwydd yn llawn cariad / a gwi/rionedd :
i'r rhai sy'n cadw ei gy/famod / a'i – / gyngor.

11 Er mwyn dy / enw / Arglwydd :
maddau fy nghamwedd o/herwydd / y mae'n / fawr.

12 Pwy bynnag sy'n / ofni'r / Arglwydd :
fe'i / dysg pa / ffordd i'w / dewis;

13 Fe gaiff ef / fyw'n ffyn/iannus :
a bydd ei blant yn / eti/feddu'r / tir.

‡14 Caiff y rhai sy'n ei ofni gy/feillach • yr / Arglwydd :
a hefyd / ei gy/famod • i'w / dysgu.

15 Y mae fy llygaid yn wastad / ar yr / Arglwydd :
oherwydd y mae'n rhydd/hau fy / nhraed o'r / rhwyd.

16 Tro ataf, a bydd dru/garog / wrthyf :
oherwydd unig ac ang/henus / wyf / fi.

Psalm 25

1   To you, O Lord, I lift up my soul;
      O my God, in / you I / trust :
  let me not be put to shame;
      let not my / enemies / triumph / over me.

2   Let none who look to you be / put to / shame :
  but let the / treacherous be / shamed • and frus/trated.

3   Make me to know your / ways, O / Lord :
  and / teach me / your / paths.

4   Lead me in your / truth and / teach me :
  for you are the God of my salvation;
      for you have I / hoped / all the day / long.

5   Remember, Lord, your com/passion and / love :
  for they / are from / ever/lasting.

6   Remember not the sins of my youth or / my trans/gressions :
  but think on me in your goodness, O Lord,
      according / to your / steadfast / love.

7   Gracious and upright / is the / Lord :
  therefore shall he teach / sinners / in the / way.

8   He will guide the humble in / doing / right :
  and / teach his / way to the / lowly.

9   All the paths of the Lord are / mercy and / truth :
  to those who keep his / covenant / and his / testimonies.

10   For your name's / sake, O / Lord :
  be merciful to my / sin, for / it is / great.

11   Who are those who / fear the / Lord? :
  Them will he teach in the / way that / they should / choose.

12   Their soul shall / dwell at / ease :
  and their offspring / shall in/herit the / land.

13   The hidden purpose of the Lord is for / those who / fear him :
  and / he will / show them his / covenant.

14   My eyes are ever / looking • to the / Lord :
  for he shall pluck my / feet / out of the / net.

15   Turn to me and be / gracious / to me :
  for I am alone / and brought / very / low.

17 Esmwythâ gy/fyngder • fy / nghalon :
a / dwg fi / allan • o'm / hadfyd.

18 Edrych ar fy nhru/eni a'm / gofid :
a / maddau • fy / holl be/chodau.

19 Gwêl mor niferus yw / fy nge/lynion :
ac fel y maent yn fy ngha/sáu â / chas – / perffaith.

20 Cadw fi a gwared fi • na ddoed cy/wilydd / arnaf :
oherwydd ynot / ti yr / wyf • yn llo/chesu.

21 Bydd cywirdeb ac uniondeb yn fy / nio/gelu :
oherwydd go/beithiais / ynot / ti.

22 O Dduw, gwa/reda / Israel :
o'i / holl – / gyfyng/derau.

Salm 26

1 Barna fi, O Arglwydd, oherwydd / rhodiais • yn / gywir :
ac ymddiried yn yr / Arglwydd / heb – / ballu.

2 Chwilia fi, Arglwydd, a / phrofa / fi :
rho brawf ar fy / nghalon / a'm – / meddwl.

3 Oherwydd y mae dy ffyddlondeb o / flaen fy / llygaid :
ac yr wyf yn / rhodio / yn dy • wi/rionedd.

4 Ni fûm yn eistedd / gyda • rhai / diwerth :
nac yn cyfei/llachu / gyda • rhag/rithwyr.

5 Yr wyf yn casáu / cwmni'r • rhai / drwg :
ac nid wyf yn / eistedd / gyda'r • dryg/ionus.

6 Golchaf fy nwylo am fy mod / yn ddi/euog :
ac am/gylchaf • dy / allor.– O / Arglwydd,

7 A chanu'n uchel mewn / diolch/garwch :
ac / adrodd • dy / holl • ryfe/ddodau.

8 O Arglwydd, yr wyf yn caru'r tŷ lle'r / wyt yn / trigo :
y man lle mae dy o/goniant / yn – / aros.

9 Paid â'm rhoi gyda / phecha/duriaid :
na'm / bywyd / gyda • rhai / gwaedlyd,

10 Rhai sydd â chamwri / ar eu / dwylo :
a'u deheulaw'n / llawn o / lwgr-wob/rwyon.

16   The sorrows of my heart / have in/creased :
     O bring me / out of / my dis/tress.

17   Look upon my ad/versity and / misery :
     and for/give me / all my / sin.

18   Look upon my enemies, for / they are / many :
     and they bear a / violent / hatred a/gainst me.

19   O keep my soul / and de/liver me :
     let me not be put to shame, for I have / put my / trust in / you.

20   Let integrity and / uprightness pre/serve me :
     for my / hope has / been in / you.

‡21 Deliver / Israel, O / God :
     out of / all / his / troubles.

Psalm 26

1   Give judgement for me, O Lord,
         for I have / walked with in/tegrity :
     I have trusted in the / Lord and / have not / faltered.

2   Test me, O / Lord, and / try me :
     examine my / heart / and my / mind.

3   For your love is be/fore my / eyes :
     I have / walked / in your / truth.

4   I have not joined the company / of the / false :
     nor con/sorted / with the de/ceitful.

5   I hate the gathering of / evil/doers :
     and I will / not sit / down • with the / wicked.

6   I will wash my hands in / innocence, O / Lord :
     that I may / go a/bout your / altar,

7   To make heard the / voice of / thanksgiving :
     and tell of / all your / wonderful / deeds.

8   Lord, I love the house of your / habi/tation :
     and the / place • where your / glory a/bides.

9   Sweep me not a/way with / sinners :
     nor my / life / with the / bloodthirsty,

10   Whose hands are full of / wicked / schemes :
     and their / right hand / full of / bribes.

11 Ond amdanaf fi, yr wyf yn / rhodio'n / gywir :
   gwareda fi a / bydd dru/garog / wrthyf.

12 Y mae fy nhraed yn gadarn / mewn un/iondeb :
   bendithiaf yr Arglwydd / yn y / gynu/lleidfa.

Salm 27

1 Yr Arglwydd yw fy ngoleuni a'm gwaredigaeth •
   rhag / pwy yr / ofnaf? :
  Yr Arglwydd yw cadernid fy mywyd •
   rhag / pwy – / y dych/rynaf?

2 Pan fydd rhai drwg yn cau amdanaf i'm / hysu i'r / byw :
  hwy, fy ngwrthwynebwyr a'm gelynion,
   fydd yn / baglu / ac yn / syrthio.

3 Pe bai byddin yn gwersyllu i'm herbyn,
   nid / ofnai • fy / nghalon :
  pe dôi rhyfel ar fy ngwarthaf •
   eto, fe / fyddwn / yn hy/derus.

4a Un peth a ofynnais / gan yr / Arglwydd :
   dyma'r / wyf – / yn ei / geisio:

4b Cael byw yn / nhŷ'r – / Arglwydd :
   holl / ddyddiau / fy – / mywyd,

4c I edrych ar hawdd/garwch • yr / Arglwydd :
   ac i y/mofyn / yn ei / deml.

5 Oherwydd fe'm ceidw yn ei gysgod yn / nydd – / adfyd :
  a'm cuddio i mewn yn ei / babell • a'm / codi • ar / graig.

6a Ac yn awr, fe / gyfyd fy / mhen :
   goruwch fy nge/lynion / o'm – / hamgylch;

6b Ac offrymaf finnau yn ei deml aberthau / llawn gor/foledd :
   canaf, can/mo–/laf yr / Arglwydd.

7 Gwrando arnaf / Arglwydd • pan / lefaf :
  bydd drugarog / wrthyf • ac / ateb / fi.

8 Dywedodd fy nghalon amdanat / "Ceisia • ei / wyneb." :
  am hynny ceisiaf dy / wyneb / O – / Arglwydd.

9a Paid â chuddio dy wyneb / oddi / wrthyf :
   na throi / ymaith • dy / was mewn / dicter,

11   As for me, I will / walk with in/tegrity :
      redeem me, Lord / and be / merciful / to me.

12   My / foot stands / firm :
      in the great congregation / I will / bless the / Lord.

Psalm 27

1   The Lord is my light and my salvation;
        whom then / shall I / fear? :
     The Lord is the strength of my life;
        of whom then / shall I / be a/fraid?

2   When the wicked, even my enemies / and my / foes :
     came upon me to eat up my / flesh, they / stumbled / and / fell.

3   Though a host encamp against me,
        my heart shall / not be a/fraid :
     and though there rise up war against me,
        yet will I / put my / trust in / him.

4a   One thing have I / asked • of the / Lord :
      and / that a/lone I / seek:

4b,5   That I may dwell in the house of the Lord
        all the / days of my / life :
     to behold the fair beauty of the Lord
        and to / seek his / will • in his / temple.

6   For in the day of trouble
        he shall hide me / in his / shelter :
     in the secret place of his dwelling shall he hide me
        and set me / high up/on a / rock.

7   And now shall he / lift up my / head :
     above my / enemies / round a/bout me;

8   Therefore will I offer in his dwelling an oblation
        with / great / gladness :
     I will sing and make / music / to the / Lord.

9   Hear my voice, O Lord / when I / call :
     have mercy up/on me and / answer / me.

10   My heart tells of your word / 'Seek my / face.' :
     Your / face, Lord / will I / seek.

11   Hide not your / face / from me :
     nor cast your / servant a/way • in dis/pleasure.

9b Oherwydd buost yn / gymorth • i / mi :
    paid â'm gwrthod na'm gadael • O / Dduw – / fy Ngwa/redwr.

10 Pe bai fy nhad a'm mam yn / cefnu / arnaf :
    byddai'r / Arglwydd / yn fy / nerbyn.

11 Dysg i mi dy / ffordd, O / Arglwydd :
    arwain fi ar hyd llwybr union •
        o/herwydd • fy / ngwrthwy/nebwyr.

12 Paid â'm gadael i fympwy / fy nge/lynion :
    oherwydd cododd yn f'erbyn dystion cel/wyddog •
        sy'n / bygwth / trais.

13 Yr wyf yn sicr y caf weld da/ioni'r / Arglwydd :
    yn / nhir y / rhai – / byw.

14 Disgwyl / wrth yr / Arglwydd :
    bydd gryf a gwrol dy galon •
        a / disgwyl / wrth yr / Arglwydd.

Salm 28

1a Arnat ti / Arglwydd • y / gwaeddaf :
    fy nghraig, paid â / thewi / tuag / ataf,

1b Rhag, os / byddi'n / ddistaw :
    imi fod fel y / rhai sy'n / disgyn • i'r / pwll.

2   Gwrando ar lef fy ngweddi
        pan waeddaf / arnat • am / gymorth :
    pan godaf fy nwylo / tua'th / gysegr / sanctaidd.

3a Paid â'm cipio ymaith / gyda'r • dryg/ionus :
    a / chyda • gwneu/thurwyr dryg/ioni,

3b Rhai sy'n siarad yn deg / â'u cym/dogion :
    ond sydd â / chynnen / yn eu / calon.

4   Tâl iddynt am eu gweithredoedd
        ac am ddryg/ioni • eu / gwaith :
    tâl iddynt am yr hyn a wnaeth eu dwylo •
        / rho eu / haeddiant / iddynt.

‡5 Am nad ydynt yn ystyried gweithredoedd yr Arglwydd •
        na gwaith ei / ddwylo / ef :
    bydded iddo'u dinistrio a pheidio â'u / hail–/adei/ladu.

12 You have / been my / helper :
    leave me not, neither forsake me, O / God of / my sal/vation.

‡13 Though my father and my / mother for/sake me :
    the / Lord will / take me / up.

14 Teach me your / way, O / Lord :
    lead me on a level path,
        because of / those who / lie in / wait for me.

15 Deliver me not into the / will of my / adversaries :
    for false witnesses have risen up against me,
        and / those who / breathe out / violence.

16 I believe that I shall see the goodness / of the / Lord :
    in the / land / of the / living.

17 Wait for the Lord;
        be strong and he shall / comfort your / heart :
    wait / patiently / for the / Lord.

Psalm 28

1   To you I call, O Lord my rock;
        be not / deaf to my / cry :
    lest, if you do not hear me,
        I become like / those who go / down • to the / Pit.

2   Hear the voice of my prayer when I cry / out to / you :
    when I lift up my / hands • to your / holy of / holies.

3   Do not snatch me away with the wicked,
        with the / evil/doers :
    who speak peaceably with their neighbours,
        while / malice is / in their / hearts.

4   Repay them according / to their / deeds :
    and according to the / wickedness of / their de/vices.

5   Reward them according to the / work of their / hands :
    and / pay them their / just de/serts.

6   They take no heed of the Lord's doings,
        nor of the / works of his / hands :
    therefore shall he break them down
        / and not / build them / up.

6 Bendigedig / fyddo'r / Arglwydd :
   am iddo / wrando • ar / lef fy / ngweddi.

7a Yr Arglwydd yw fy / nerth a'm / tarian :
    ynddo / yr ym/ddiried • fy / nghalon;

7b Yn sicr caf gymorth, a llawe/nycha • fy / nghalon :
    a rhof / foliant / iddo • ar / gân.

8 Y mae'r Arglwydd yn / nerth i'w / bobl :
   ac yn gaer gware/digaeth / i'w e/neiniog.

‡9 Gwareda dy bobl, a bendithia dy / eti/feddiaeth :
    bugeilia / hwy • a'u / cario • am / byth.

Salm 29

1 Rhowch i'r Arglwydd / fodau / nefol :
  rhowch i'r / Arglwydd • o/goniant • a / nerth.

2 Rhowch i'r Arglwydd o/goniant • ei / enw :
  ymgrymwch i'r Arglwydd
      yn ys/blander / ei sanc/teiddrwydd.

3 Y mae llais yr Arglwydd yn / uwch na'r / dyfroedd :
  Duw'r gogoniant sy'n taranu •
      y mae'r Arglwydd yn / uwch na'r / dyfroedd / cryfion!

4 Y mae llais yr / Arglwydd • yn / nerthol :
  y mae llais yr / Arglwydd • yn / ogo/neddus.

5 Y mae llais yr Arglwydd yn / dryllio / cedrwydd :
  dryllia'r / Arglwydd / gedrwydd / Lebanon.

6,7 Gwna i Lebanon lamu fel llo a Sirion / fel ych / ifanc :
    y mae llais yr Arglwydd yn / fflachio'n / fflamau / tân.

8 Y mae llais yr Arglwydd yn gwneud i'r an/ialwch / grynu :
  gwna'r Arglwydd i an/ialwch / Cades / grynu.

9 Y mae llais yr Arglwydd yn gwneud i'r ewigod lydnu •
      ac yn prysuro / geni'r / llwdn :
  yn ei deml / dywed / pawb, "Go/goniant."

10 Y mae'r Arglwydd wedi ei orseddu / uwch • y lli/feiriant :
   y mae'r Arglwydd wedi ei or/seddu'n / frenin / byth.

11 Rhodded yr Arglwydd / nerth i'w / bobl :
   Bendithied yr / Arglwydd • ei / bobl â / heddwch!

7   Blessed / be the / Lord :
    for he has / heard the / voice of my / prayer.

8   The Lord is my strength / and my / shield :
    my heart has trusted in / him and / I am / helped;

‡9 Therefore my heart / dances for / joy :
    and in my / song / will I / praise him.

10 The Lord is the / strength of his / people :
    a safe / refuge for / his a/nointed.

11 Save your people and / bless your in/heritance :
    shepherd them and / carry / them for / ever.

Psalm 29

1   Ascribe to the Lord, you / powers of / heaven :
    ascribe to the / Lord / glory and / strength.

2   Ascribe to the Lord the honour / due to his / name :
    worship the / Lord • in the / beauty of / holiness.

3   The voice of the Lord is upon the waters;
        the God of / glory / thunders :
    the Lord is up/on the / mighty / waters.

4   The voice of the Lord is mighty in / oper/ation :
    the voice of the Lord / is a / glorious / voice.

5   The voice of the Lord / breaks the / cedar trees :
    the Lord / breaks the / cedars of / Lebanon;

6   He makes Lebanon / skip like a / calf :
    and Sirion / like a / young wild / ox.

7   The voice of the Lord splits the flash of lightning;
        the voice of the Lord / shakes the / wilderness :
    the Lord / shakes the / wilderness of / Kadesh.

8   The voice of the Lord makes the oak trees writhe
        and strips the / forests / bare :
    in his / temple / all cry / 'Glory!'

9   The Lord sits enthroned a/bove the / water flood :
    the Lord sits enthroned as / king for / ever/more.

10 The Lord shall give / strength to his / people :
    the Lord shall give his / people the / blessing of / peace.

Salm 30

1 Dyrchafaf di, O Arglwydd,
    am i/ti • fy ngwa/redu :
 a pheidio â gadael i'm gelynion / orfol/eddu • o'm / hachos.

2 O Arglwydd fy Nuw / gwaeddais / arnat :
 a / bu i/ti • fy ia/cháu.

3 O Arglwydd, dygaist fi i / fyny • o / Sheol :
 a'm hadfywio o blith
    y / rhai sy'n / disgyn • i'r / pwll.

4 Canwch fawl i'r Arglwydd / ei ffydd/loniaid :
 a rhowch / ddiolch • i'w / enw / sanctaidd.

5 Am ennyd y mae ei ddig •
    ond ei / ffafr am / oes :
 os erys dagrau gyda'r hwyr •
    daw lla/wenydd / yn y / bore.

6 Yn fy / hawdd–/fyd :
 fe ddywedwn / "Ni'm sy/mudir / byth."

7 Yn dy ffafr, Arglwydd, gosodaist fi ar / fynydd / cadarn :
 ond pan guddiaist dy / wyneb • bra/wychwyd / fi.

8 Gelwais / arnat • ti / Arglwydd :
 ac ymbiliais ar fy / Arglwydd / am dru/garedd :

9 "Pa les a geir o'm marw os dis/gynnaf • i'r / pwll? :
 A fydd y llwch yn dy foli
    ac yn cy/hoeddi / dy wir/ionedd?

10 Gwrando, Arglwydd, a bydd dru/garog / wrthyf :
 Arglwydd, bydd yn / gynor/thwywr • i / mi."

11 Yr wyt wedi troi fy / ngalar • yn / ddawns :
 wedi datod fy sachliain a'm / gwisgo / â lla/wenydd,

12 Er mwyn imi dy foli/annu'n • ddi-/baid :
 O Arglwydd fy Nuw, di/olchaf • i / ti hyd / byth!

Psalm 30

1 I will exalt you, O Lord,
 because you have / raised me / up :
 and have not let my / foes / triumph / over me.

2 O / Lord my / God :
 I cried out to / you and / you have / healed me.

3 You brought me up, O Lord / from the / dead :
 you restored me to life
 from among / those • that go / down to the / Pit.

4 Sing to the Lord, you / servants of / his :
 give / thanks to his / holy / name.

5 For his wrath endures but the twinkling of an eye,
 his favour / for a / lifetime :
 heaviness may endure for a night,
 but / joy / comes • in the / morning.

6 In my prosperity I said,
 'I shall / never be / moved :
 you, Lord, of your goodness,
 have / made my / hill so / strong.'

7 Then you hid your / face from / me :
 and / I was / utterly dis/mayed.

8 To you, O / Lord, I / cried :
 to the Lord I / made my / suppli/cation:

9 'What profit is there in my blood,
 if I go / down to the / Pit? :
 Will the dust praise you / or de/clare your / faithfulness?

10 Hear, O Lord, and have / mercy up/on me :
 O / Lord / be my / helper.'

11 You have turned my mourning / into / dancing :
 you have put off my sackcloth and / girded / me with / gladness;

12 Therefore my heart sings to / you without / ceasing :
 O Lord my God, I will / give you / thanks for / ever.

Salm 31

1 Ynot ti, Arglwydd, y ceisiais loches •
 na fydded cywilydd / arnaf / byth :
achub / fi yn / dy gyf/iawnder,

2 Tro dy glust ataf, a brysia / i'm gwa/redu :
bydd i mi'n graig noddfa • yn / amddi/ffynfa • i'm / cadw.

3 Yr wyt ti'n graig ac yn amddi/ffynfa • i / mi :
er mwyn dy enw / arwain • a / thywys / fi.

4 Tyn fi o'r rhwyd a guddiwyd / ar fy / nghyfer :
o/herwydd / ti • yw fy / noddfa.

5 Cyflwynaf fy / ysbryd • i'th / law di :
gwaredaist fi / Arglwydd / y Duw / ffyddlon.

6 Yr wyf yn casáu'r rhai sy'n glynu wrth ei/lunod / gwag :
ac ymddir/iedaf / fi • yn yr / Arglwydd.

7 Llawenychaf a gorfoleddaf yn / dy ffydd/londeb :
oherwydd iti edrych ar fy adfyd
 a rhoi / sylw • imi / yn fy • nghy/fyngder.

8 Ni roddaist fi yn / llaw fy / ngelyn :
ond gosodaist fy / nhraed mewn / lle a/gored.

9 Bydd drugarog wrthyf, Arglwydd,
 oherwydd y mae'n / gyfyng / arnaf :
y mae fy llygaid yn pylu gan ofid •
 fy / enaid • a'm / corff – / hefyd;

10 Y mae fy mywyd yn darfod gan dristwch
 a'm bly/nyddoedd • gan / gwynfan :
fe sigir fy nerth gan drallod,
 ac y / mae fy / esgyrn • yn / darfod.

11 I'm holl elynion yr wyf yn ddirmyg •
 i'm cym/dogion • yn / watwar :
ac i'm cyfeillion yn arswyd •
 y mae'r rhai sy'n fy ngweld ar y / stryd
 yn / ffoi • oddi / wrthyf.

12 Anghofiwyd fi, fel un marw wedi / mynd dros / gof :
yr wyf fel / llestr – / wedi / torri.

13a Oherwydd clywaf / lawer • yn / sibrwd :
y mae / dychryn / ar bob / llaw;

Psalm 31

1 In you, O Lord, have I taken refuge;
    let me never be / put to / shame :
  de/liver me / in your / righteousness.

2 Incline your / ear to / me :
  make / haste / to de/liver me.

3 Be my strong rock, a fortress to save me,
    for you are my / rock and my / stronghold :
  guide me, and / lead me / for your / name's sake.

4 Take me out of the net that they have laid / secretly / for me :
  for / you / are my / strength.

5 Into your hands I com/mend my / spirit :
  for you have redeemed me, O / Lord / God of / truth.

6 I hate those who cling to / worthless / idols :
  I put my / trust / in the / Lord.

7 I will be glad and re/joice in your / mercy :
  for you have seen my affliction
    and known my / soul / in ad/versity.

8 You have not shut me up in the / hand of the / enemy :
  you have set my / feet • in an / open / place.

9 Have mercy on me, Lord, for / I am in / trouble :
  my eye is consumed with sorrow,
    my / soul • and my / body / also.

10 For my life is wasted with grief, and my / years with / sighing :
   my strength fails me because of my affliction,
     and my / bones / are con/sumed.

11 I have become a reproach to all my enemies
     and even to my neighbours,
       an object of dread to / my ac/quaintances :
   when they see me in the / street they / flee from / me.

12 I am forgotten like one that is dead / out of / mind :
   I have be/come • like a / broken / vessel.

13 For I have heard the whispering of the crowd;
     fear is on / every / side :
   they scheme together against me,
     and / plot to / take my / life.

| 13b | Pan ddônt at ei / gilydd • yn / f'erbyn :
y maent yn / cynllwyn • i / gymryd • fy / mywyd. |
| 14 | Ond yr wyf yn ymddiried ynot / ti – / Arglwydd :
ac yn / dweud, "Ti / yw fy / Nuw." |
| 15 | Y mae fy amserau / yn dy / law di :
gwared fi rhag fy nge/lynion / a'm her/lidwyr. |
| 16 | Bydded llewyrch dy wyneb / ar dy / was :
achub / fi yn / dy ffydd/londeb. |
| 17 | Arglwydd, na fydded cywilydd arnaf pan / alwaf / arnat :
doed cywilydd ar y drygionus •
    rhodder / taw – / arnynt • yn / Sheol. |
| 18 | Trawer yn fud y gwe/fusau • cel/wyddog :
sy'n siarad yn drahaus yn erbyn y cyfiawn
    mewn / balchder / a sar/had. |
| 19a | Mor helaeth yw / dy dda/ioni :
sydd ynghadw / gennyt i'r / rhai • sy'n dy / ofni, |
| 19b | Ac wedi ei amlygu i'r rhai sy'n cys/godi / ynot :
a / hynny • yng / ngŵydd – / pawb! |
| 20 | Fe'u cuddi dan orchudd dy bresenoldeb
    rhag y / rhai sy'n / cynllwyn :
fe'u cedwi dan dy gysgod / rhag ym/ryson • ta/fodau. |
| 21 | Bendi/gedig • yw'r / Arglwydd :
a ddangosodd ei ffyddlondeb rhyfeddol
    / ataf • yn / nydd cy/fyngder. |
| 22 | Yn fy nychryn fe ddywedais,
    "Torrwyd fi / allan • o'th / olwg." :
Ond clywaist lef fy ngweddi pan / waeddais
    / arnat • am / gymorth. |
| 23 | Carwch yr Arglwydd, ei / holl ffydd/loniaid :
y mae'r Arglwydd yn cadw'r rhai ffyddlon •
    ond yn / talu'n / llawn i'r • rhai / balch. |
| 24 | Byddwch gryf a / gwrol • eich / calon :
yr holl rai sy'n / disgwyl / wrth yr / Arglwydd. |

14 But my trust is in / you, O / Lord :
    I have / said, 'You / are my / God.

15 My times are / in your / hand :
    deliver me from the hand of my enemies,
        and from / those who / persecute / me.

16 Make your face to shine up/on your / servant :
    and save me / for your / mercy's / sake.'

17 Lord, let me not be confounded
        for I have / called up/on you :
    but let the wicked be put to shame;
        let them be / silent / in the / grave.

18 Let the lying lips be / put to / silence :
    that speak against the righteous with / arrogance,
        dis/dain • and con/tempt.

19 How abundant is your goodness, O Lord,
        which you have laid up for / those who / fear you :
    which you have prepared in the sight of all
        for those who / put their / trust in / you.

20 You hide them in the shelter of your presence
        from / those who / slander them :
    you keep them safe in your refuge
        / from the / strife of / tongues.

21 Blessed / be the / Lord! :
    For he has shown me his steadfast love
        when I was / as a / city be/sieged.

22 I had said in my alarm,
        'I have been cut off from the / sight of your / eyes.' :
    Nevertheless, you heard the voice of my prayer
        when I / cried / out to / you.

23 Love the Lord, all / you his / servants :
    for the Lord protects the faithful,
        but re/pays • to the / full the / proud.

24 Be strong and let your / heart take / courage :
    all you who wait in / hope / for the / Lord.

Salm 32

1 Gwyn ei fyd y sawl y ma/ddeuwyd • ei / drosedd :
   ac y / cudd–/iwyd ei / bechod.

2 Gwyn ei fyd y sawl nad yw'r Arglwydd
      yn cyfrif ei / fai • yn ei / erbyn :
   ac nad oes / dichell / yn ei / ysbryd.

3 Tra oeddwn yn ymatal, yr oedd fy / esgyrn • yn / darfod :
   a minnau'n / cwyno • ar / hyd y / dydd.

4 Yr oedd dy law yn drwm arnaf / ddydd a / nos :
   sychwyd fy / nerth fel / gan wres / haf.

5a Yna, bu imi gydnabod fy / mhechod / wrthyt :
    a pheidio â / chuddio / fy nryg/ioni;

5b Dywedais, "Yr wyf yn cyffesu fy mhe/chodau • i'r / Arglwydd" :
    a bu i tithau / faddau • eu/ogrwydd • fy / mhechod.

6 Am hynny fe weddïa pob un ffyddlon arnat ti yn
      / nydd cy/fyngder :
   a phan ddaw llifeiriant o ddyfroedd mawr •
      ni fyddant yn / cyrraedd / ato / ef.

7 Yr wyt ti'n gysgod i mi • cedwi fi / rhag cy/fyngder :
   amgylchi fi â cha/neuon / gware/digaeth.

8 Hyfforddaf di a'th ddysgu yn y / ffordd • a gy/meri :
   fe / gadwaf • fy / ngolwg / arnat.

9 Paid â bod fel march neu / ful di/reswm :
   y mae'n rhaid wrth ffrwyn a genfa
      i'w / dofi • cyn y / dônt – / atat.

10 Daw poenau lawer / i'r dryg/ionus :
    ond am y sawl sy'n ymddiried yn yr Arglwydd •
       bydd ffydd/londeb / yn ei • am/gylchu.

11 Llawenhewch yn yr Arglwydd,
       a gorfo/leddwch • rai / cyfiawn :
    canwch yn uchel, pob / un o / galon / gywir.

Psalm 32

1 Happy the one whose transgression / is for/given :
and / whose / sin is / covered.

2 Happy the one to whom the Lord im/putes no / guilt :
and in whose / spirit there / is no / guile.

3 For I / held my / tongue :
my bones wasted away
through my / groaning / all the day / long.

4 Your hand was heavy upon me / day and / night :
my moisture was dried up / like the / drought in / summer.

5 Then I acknowledged my / sin to / you :
and my in/iquity I / did not / hide.

6 I said, 'I will confess my transgressions / to the / Lord' :
and you for/gave the / guilt of my / sin.

7 Therefore let all the faithful make their prayers to you
in / time of / trouble :
in the great / water flood, it / shall not / reach them.

8 You are a place for me to hide in;
you pre/serve me from / trouble :
you sur/round me with / songs of de/liverance.

9 'I will instruct you and teach you
in the way that / you should / go :
I will / guide you / with my / eye.

10 'Be not like horse and mule
which have / no • under/standing :
whose mouths must be held with bit and bridle,
or else they / will not / stay / near you.'

11 Great tribulations re/main for the / wicked :
but mercy embraces / those who / trust in the / Lord.

12 Be glad, you righteous, and re/joice in the / Lord :
shout for joy / all who are / true of / heart.

Salm 33

1 Llawenhewch yn yr Arglwydd / chwi rai / cyfiawn :
i'r rhai / uniawn / gweddus • yw / moliant.

2 Molwch yr / Arglwydd • â'r / delyn :
canwch salmau iddo / â'r o/fferyn / dectant;

3 Canwch iddo / gân – / newydd :
tynnwch y / tannau'n / dda, rhowch / floedd.

4 Oherwydd gwir yw / gair yr / Arglwydd :
ac y mae ffyddlondeb / yn ei / holl weith/redoedd.

5 Y mae'n caru cyf/iawnder • a / barn :
y mae'r ddaear yn llawn / o ffydd/londeb • yr / Arglwydd.

6 Trwy air yr Arglwydd y / gwnaed y / nefoedd :
a'i holl / lu trwy / anadl • ei / enau.

7 Casglodd y môr fel / dŵr mewn / potel :
a rhoi'r dyfn/deroedd / mewn ys/tordai.

8 Bydded i'r holl ddaear / ofni'r / Arglwydd :
ac i holl drigolion y / byd ar/swydo / rhagddo.

9 Oherwydd llefarodd ef, ac / felly • y / bu :
gorchmynnodd / ef, a / dyna • a / safodd.

10 Gwna'r Arglwydd gyngor y cen/hedloedd • yn / ddim :
a di/fetha • gyn/lluniau / pobloedd.

11 Ond saif cyngor yr / Arglwydd • am / byth :
a'i gynlluniau / dros yr / holl • gened/laethau.

12 Gwyn ei byd y genedl y mae'r Arglwydd / yn Dduw / iddi :
y bobl a ddewisodd yn / eiddo / iddo'i / hun.

13 Y mae'r Arglwydd yn edrych i / lawr o'r / nefoedd :
ac yn / gweld – / pawb – / oll;

14 O'r lle y triga / y mae'n / gwylio :
holl dri/golion / y – / ddaear.

15 Ef sy'n llunio meddwl pob / un o/honynt :
y mae'n / deall / popeth • a / wnânt.

16 Nid gan fyddin gref y gwa/redir / brenin :
ac nid â nerth / mawr • yr a/chubir • rhy/felwr.

17 Ofer ymddiried mewn march am / ware/digaeth :
er ei holl gryfder / ni all / roi ym/wared.

Psalm 33

1 Rejoice in the Lord / O you / righteous :
   for it is / good for the / just to sing / praises.

2 Praise the Lord / with the / lyre :
   on the ten-stringed / harp / sing his / praise.

3 Sing for him a / new / song :
   play / skilfully, with / shouts of / praise.

4 For the word of the / Lord is / true :
   and / all his / works are / sure.

5 He loves / righteousness and / justice :
   the earth is full of the loving-/kindness / of the / Lord.

6 By the word of the Lord were the / heavens / made :
   and all their / host • by the / breath of his / mouth.

7 He gathers up the waters of the sea as / in a / waterskin :
   and lays up the / deep / in his / treasury.

8 Let all the earth / fear the / Lord :
   stand in awe of him / all who / dwell in the / world.

9 For he spoke, and / it was / done :
   he com/manded, and / it stood / fast.

10 The Lord brings the counsel of the / nations to / naught :
    he frus/trates the de/signs of the / peoples.

11 But the counsel of the Lord shall en/dure for / ever :
    and the designs of his heart from gene/ration to / gene/ration.

12 Happy the nation whose / God is the / Lord :
    and the people he has / chosen / for his / own.

13 The Lord looks / down from / heaven :
    and beholds / all the / children of / earth.

14 From where he sits enthroned he / turns his / gaze :
    on / all who / dwell on the / earth.

15 He fashions / all the / hearts of them :
    and under/stands / all their / works.

16 No king is saved by the / might of his / host :
    no warrior delivered / by his / great / strength.

17 A horse is a vain hope / for de/liverance :
    for all its / strength it / cannot / save.

18 Y mae llygaid yr Arglwydd ar y / rhai a'i / hofna :
ar y rhai sy'n / disgwyl / wrth ei • ffydd/londeb,

19 I'w gwaredu / rhag mar/wolaeth :
a'u cadw'n / fyw yng / nghanol / newyn.

20 Yr ydym yn disgwyl / am yr / Arglwydd :
ef yw ein / cymorth / a'n / tarian.

21 Y mae ein calon yn llawe/nychu / ynddo :
am inni ym/ddiried • yn ei / enw / sanctaidd.

22 O Arglwydd, dangos dy ffydd/londeb • tuag / atom :
fel yr ydym / wedi • go/beithio / ynot.

Salm 34

1 Bendithiaf yr / Arglwydd • bob / amser :
bydd ei foliant yn / wastad / yn fy / ngenau.

2 Yn yr Arglwydd yr / ymhy/frydaf :
bydded i'r gostyngedig / glywed • a / llawen/ychu.

3 Mawrygwch yr Arglwydd / gyda / mi :
a dyrchafwn ei / enw / gyda'n / gilydd.

4 Ceis/iais yr / Arglwydd :
ac atebodd fi a'm gwar/edu / o'm holl / ofnau.

5 Y mae'r rhai sy'n edrych / arno'n / gloywi :
ac ni ddaw cy/wilydd / i'w hwy/nebau.

6 Dyma un / isel • a / waeddodd :
a'r Arglwydd yn ei glywed
    ac yn ei wa/redu • o'i / holl • gyfyng/derau.

7 Gwersylla angel yr Arglwydd o amgylch y / rhai • sy'n ei / ofni :
ac y / mae'n — / eu gwa/redu.

8 Profwch, a gwelwch mai / da yw'r / Arglwydd :
gwyn ei fyd y / sawl • sy'n llo/chesu / ynddo.

9 Ofnwch yr Arglwydd, ei / saint — / ef :
oherwydd nid oes eisiau / ar y / rhai a'i / hofna.

10 Y mae'r anffyddwyr yn dioddef angen ac / yn ne/wynu :
ond nid yw'r rhai sy'n ceisio'r / Arglwydd • yn / brin o • ddim / da.

11 Dewch, blant, gwran/dewch — / arnaf :
dysgaf / ichwi / ofn yr / Arglwydd.

18 Behold, the eye of the Lord is upon / those who / fear him :
    on those who wait in / hope • for his / steadfast / love,

19 To deliver their / soul from / death :
    and to / feed them in / time of / famine.

20 Our soul waits longingly / for the / Lord :
    he is our / help / and our / shield.

21 Indeed, our heart re/joices / in him :
    in his holy name / have we / put our / trust.

22 Let your loving-kindness, O Lord / be up/on us :
    as we have / set our / hope on / you.

Psalm 34

1   I will bless the / Lord at / all times :
    his praise shall / ever be / in my / mouth.

2   My soul shall glory / in the / Lord :
    let the / humble / hear and be / glad.

3   O magnify the / Lord with / me :
    let us ex/alt his / name to/gether.

4   I sought the Lord / and he / answered me :
    and de/livered me from / all my / fears.

5   Look upon him / and be / radiant :
    and your faces / shall not / be a/shamed.

6   This poor soul cried, and the / Lord / heard me :
    and / saved me from / all my / troubles.

7   The angel / of the / Lord :
    encamps around those who / fear him / and de/livers them.

8   O taste and see that the / Lord is / gracious :
    blessed is the / one who / trusts in / him.

9   Fear the Lord, all / you his / holy ones :
    for those who / fear him / lack / nothing.

10 Lions may lack and / suffer / hunger :
    but those who seek the Lord lack / nothing / that is / good.

11 Come, my children, and / listen to / me :
    I will / teach you the / fear • of the / Lord.

12 Pwy ohonoch sy'n dy/muno / bywyd :
   ac a garai fyw'n / hir • i fwyn/hau da/ioni?

13 Cadw dy dafod / rhag dryg/ioni :
   a'th wefusau / rhag lle/faru / celwydd.

14 Tro oddi wrth ddrygioni / a gwna / dda :
   ceisia / heddwch / a'i – / ddilyn.

15 Y mae llygaid yr Arglwydd / ar y / cyfiawn :
   a'i / glustiau'n • a/gored • i'w / cri.

16 Y mae wyneb yr Arglwydd yn erbyn y rhai / sy'n gwneud / drwg :
   i ddi/leu eu / coffa • o'r / ddaear.

17 Pan waedda'r / cyfiawn • am / gymorth :
   fe glyw'r Arglwydd a'u gwaredu o'u / holl – / gyfyng/derau.

18 Y mae'r Arglwydd yn agos at y dryll/iedig • o / galon :
   ac yn gwa/redu'r • briw/edig o / ysbryd.

19 Llawer o adfyd a / gaiff y / cyfiawn :
   ond gwareda'r / Arglwydd / ef o'r / cyfan.

20 Ceidw / ei holl / esgyrn :
   ac ni / thorrir • yr / un o/honynt.

21 Y mae adfyd yn / lladd • y dryg/ionus :
   a chosbir y / rhai • sy'n ca/sáu'r – / cyfiawn.

22 Y mae'r Arglwydd yn gwa/redu • ei / weision :
   ac ni chosbir y / rhai • sy'n llo/chesu / ynddo.

Salm 35

1 Ymryson, O Arglwydd, yn erbyn y rhai sy'n ym/ryson • â / mi :
  ymladd yn erbyn y rhai / sy'n ym/ladd â / mi.

2 Cydia mewn / tarian • a / bwcled :
  a / chyfod • i'm / cynorth/wyo.

3 Tyn allan y waywffon a'r bicell yn erbyn y / rhai • sy'n fy / erlid :
  dywed wrthyf, "My/fi • yw dy / ware/digaeth."

4 Doed cywilydd a gwarth ar y rhai sy'n / ceisio • fy / mywyd :
  bydded i'r rhai sy'n darparu drwg i mi
       / droi • yn eu / holau • mewn / arswyd.

5 Byddant fel / us o • flaen / gwynt :
  ac angel yr / Arglwydd / ar eu / holau.

12 Who is there who de/lights in / life :
and longs for / days to en/joy good / things?

13 Keep your / tongue from / evil :
and your / lips from / lying / words.

14 Turn from evil / and do / good :
seek / peace / and pur/sue it.

15 The eyes of the Lord are up/on the / righteous :
and his ears are / open / to their / cry.

16 The face of the Lord is against / those who do / evil :
to root out the re/membrance • of them / from the / earth.

17 The righteous cry and the / Lord / hears them :
and delivers them / out of / all their / troubles.

18 The Lord is near to the / broken/hearted :
and will save / those • who are / crushed in / spirit.

19 Many are the / troubles • of the / righteous :
from them / all • will the / Lord de/liver them.

20 He keeps / all their / bones :
so that not / one of / them is / broken.

21 But evil shall / slay the / wicked :
and those who hate the / righteous will / be con/demned.

22 The Lord ransoms the / life of his / servants :
and will condemn / none who seek / refuge / in him.

Psalm 35

1 Contend, O Lord, with those that con/tend with / me :
fight against / those that / fight a/gainst me.

2 Take up / shield and / buckler :
and / rise / up to / help me.

3 Draw the spear and bar the way against those / who pur/sue me :
say to my soul / 'I am / your sal/vation.'

4 Let those who seek after my life be shamed / and dis/graced :
let those who plot my ruin fall back / and be / put to con/fusion.

5 Let them be as chaff be/fore the / wind :
with the angel of the / Lord / thrusting them / down.

6 Bydded eu ffordd yn / dywyll • a / llithrig :
ac angel yr / Arglwydd / yn eu / hymlid.

7 Oherwydd heb achos y maent wedi gosod / rhwyd i / mi :
ac wedi / cloddio / pwll • ar fy / nghyfer.

8 Doed distryw yn ddiarwybod arnynt •
　　dalier hwy yn y rhwyd a os/odwyd / ganddynt :
a bydded iddynt hwy eu / hunain / syrthio • i'w / distryw.

9 Ond llawenhaf / fi • yn yr / Arglwydd :
a gorfoleddu / yn ei / ware/digaeth.

10a Bydd fy holl / esgyrn • yn / gweiddi :
"Pwy / Arglwydd • sydd / fel ty/di,

‡10b Yn gwaredu'r tlawd rhag un / cryfach • nag / ef :
y tlawd a'r anghenus rhag / un sy'n / ei ys/beilio?"

11 Fe gyfyd / tystion • ma/leisus :
i'm / holi • am / bethau • nas / gwn.

12 Talant imi / ddrwg am / dda :
a gwneud / ymgais / am fy / mywyd.

13a A minnau, pan oeddent / hwy yn / glaf :
oeddwn yn / gwisgo / sach—/liain,

13b Yn ymdda/rostwng • mewn / ympryd :
yn / plygu / pen mewn / gweddi,

14 Fel pe dros gyfaill neu / frawd i/mi :
yn mynd o amgylch fel un yn galaru am ei fam •
　　wedi fy na/rostwng / ac mewn / galar.

15a Ond pan gwympais i, yr oeddent / hwy yn / llawen :
ac yn tyrru / at ei / gilydd • i'm / herbyn,

15b Poenydwyr nad oeddwn yn / eu had/nabod :
yn / fy en/llibio • heb / arbed.

16 Pan gloffais i, yr oeddent / yn fy / ngwatwar :
ac yn ys/gyrnygu • eu / dannedd / arnaf.

17 O Arglwydd, am ba hyd yr / wyt am / edrych? :
Gwared fi rhag eu dinistr • a'm hunig / fywyd / rhag an/ffyddwyr.

18 Yna, diolchaf i ti gerbron y gynu/lleidfa / fawr :
a'th foliannu / gerbron / tyrfa / gref.

19 Na fydded i'm gelynion twyllodrus lawe/nychu • o'm / hachos :
nac i'r rhai sy'n fy nghasáu heb / achos / wincio • â'u / llygaid.

6 Let their way be / dark and / slippery :
   with the / angel • of the / Lord pur/suing them.

7 For they have secretly spread a net for me with/out a / cause :
   without any cause they have / dug a / pit for my / soul.

8 Let ruin come upon them / una/wares :
   let them be caught in the net they laid;
      let them / fall in it to / their des/truction.

9 Then will my soul be joyful / in the / Lord :
   and / glory in / his sal/vation.

10 My very bones will say, 'Lord / who is / like you? :
    You deliver the poor from those that are too strong for them,
       the poor and needy from / those who / would de/spoil them.'

11 False witnesses rose / up a/gainst me :
    they / charged me with / things I / knew not.

12 They rewarded me / evil for / good :
    to the deso/lation / of my / soul.

13 But as for me, when they were sick I / put on / sackcloth :
    and / humbled my/self with / fasting;

14 When my prayer returned empty / to my / bosom :
    it was as though I / grieved • for my / friend or / brother;

15 I behaved as one who / mourns for his / mother :
    bowed down and / brought / very / low.

16 But when I stumbled, they gathered in delight;
       they gathered to/gether a/gainst me :
    as if they were strangers I did not know
       they / tore at / me without / ceasing.

17 When I / fell they / mocked me :
    they / gnashed at me / with their / teeth.

18 O Lord, how long will / you look / on? :
    Rescue my soul from their ravages,
       and my poor / life • from the / young / lions.

19 I will give you thanks in the great / congre/gation :
    I will praise you / in the / mighty / throng.

20 Do not let my treacherous foes re/joice over / me :
    or those who hate me without a cause
       / mock me / with their / glances.

Psalm 35

20 Oherwydd nid ydynt yn / sôn am / heddwch :
ond yn erbyn rhai tawel y wlad y
　　　/ maent yn / cynllwyn • di/chellion.

21 Y maent yn agor eu cegau yn f'erbyn / ac yn / dweud :
"Aha, aha, yr / ydym • wedi / gweld â'n / llygaid!"

22 Gwelaist / tithau / Arglwydd :
paid â thewi • fy Arglwydd, paid â phell/hau — / oddi / wrthyf.

23 Ymysgwyd a deffro i wneud / barn â / mi :
i roi dedfryd ar fy / achos • fy / Nuw a'm / Harglwydd.

24 Barna fi yn ôl dy gyfiawnder, O / Arglwydd • fy / Nuw :
ac na fydded iddynt / lawen/hau o'm / hachos.

25 Na fydded iddynt ddweud ynddynt eu hunain •
　　"Aha, cawsom / ein dy/muniad!" :
Na fydded iddynt ddweud • "Yr / ydym / wedi • ei / lyncu."

26a Doed cywilydd, a gwa/radwydd / hefyd :
ar y rhai sy'n llawen/hau — / yn fy / adfyd;

26b Bydded gwarth ac amarch / yn gor/chuddio :
y rhai sy'n / ymddyr/chafu • yn / f'erbyn.

27a Bydded i'r rhai sy'n dymuno gweld fy / nghyfiawn/hau :
orfo/leddu • a / llawen/hau :

27b Bydded iddynt / ddweud yn / wastad :
"Mawr yw yr Arglwydd sy'n dy/muno / llwyddiant • ei / was."

28 Yna, bydd fy nhafod yn cyhoeddi / dy gyf/iawnder :
a'th / foliant • ar / hyd y / dydd.

Salm 36

1 Llefara pechod wrth y drygionus yn / nyfnder • ei / galon :
nid oes ofn / Duw — / ar ei / gyfyl.

2 Llwydda i'w / dwyllo • ei / hun :
na ellir canfod ei ddryg/ioni / i'w ga/sáu.

3 Niwed a thwyll yw ei / holl — / eiriau :
peidiodd ag / ymddwyn • yn / ddoeth • ac yn / dda.

4 Cynllunia ddrygioni / yn ei / wely :
y mae wedi ymsefydlu yn y ffordd anghywir •
　　ac / nid yw'n / gwrthod • y / drwg.

21 For they do not / speak of / peace :
 but invent deceitful schemes against those
  that are / quiet / in the / land.

22 They opened wide their mouths and de/rided me / saying :
 'We have seen it / with our / very / eyes.'

‡23 This you have seen, O Lord; do / not keep / silent :
 go not / far from / me, O / Lord.

24 Awake, arise / to my / cause :
 to my defence, my / God / and my / Lord!

25 Give me justice, O Lord my God,
  according / to your / righteousness :
 let them not / triumph / over / me.

26 Let them not say to themselves, 'Our / heart's de/sire!' :
 Let them not say / 'We have / swallowed him / up.'

27 Let all who rejoice at my trouble
  be put to / shame and con/fusion :
 let those who boast against me
  be / clothed with / shame and dis/honour.

28 Let those who favour my cause re/joice and be / glad :
 let them say always, 'Great is the Lord,
  who de/lights • in his / servant's well-/being.'

29 So shall my tongue be talking / of your / righteousness :
 and of your / praise / all the day / long.

Psalm 36

1 Sin whispers to the wicked, in the / depths of their / heart :
 there is no fear of / God be/fore their / eyes.

2 They flatter themselves in their / own / eyes :
 that their abominable sin / will not / be found / out.

3 The words of their mouth are unrighteous and / full of de/ceit :
 they have ceased to act wisely / and to / do / good.

4 They think out mischief upon their beds
  and have set themselves in / no good / way :
 nor do they ab/hor / that which is / evil.

5 Ymestyn dy gariad, Arglwydd / hyd y / nefoedd :
a'th ffydd/londeb / hyd y • cy/mylau;

6 Y mae dy gyfiawnder fel y mynyddoedd uchel •
　　a'th farnau fel y / dyfnder / mawr :
cedwi ddyn ac a/nifail / O — / Arglwydd.

7 Mor werthfawr yw dy / gariad • O / Dduw! :
Llochesa pobl dan / gysgod / dy a/denydd.

8 Fe'u digonir â / llawnder • dy / dŷ :
a diodi hwy o / afon / dy gy/suron;

9 Oherwydd gyda thi y mae / ffynnon / bywyd :
ac yn d'oleuni / di y / gwelwn • o/leuni.

10 Parha dy gariad at y / rhai • sy'n d'ad/nabod :
a'th gyfiawnder at y / rhai — / uniawn • o / galon.

11 Na fydded i'r troed / balch fy / sathru :
nac i'r llaw ddryg/ionus • fy / nhroi — / allan.

12 Dyna'r gwneuthurwyr drygioni / wedi / cwympo :
wedi eu bwrw i'r / llawr • a heb / allu / codi!

Salm 37

1 Na fydd yn ddig wrth y / rhai dryg/ionus :
na chenfigennu wrth y / rhai sy'n / gwneud — / drwg.

2 Oherwydd fe wywant yn / sydyn • fel / glaswellt :
a / chrino • fel / glesni / gwanwyn.

3 Ymddiried yn yr Arglwydd a / gwna ddai/oni :
iti gael byw yn y / wlad • mewn cym/deithas • ddi/ogel.

4 Ymhyfryda / yn yr / Arglwydd :
a rhydd / iti • ddei/syfiad • dy / galon.

5 Rho dy / ffyrdd i'r / Arglwydd :
ymddiried / ynddo • ac / fe weith/reda.

6 Fe wna i'th gywirdeb ddisgleirio / fel go/leuni :
a'th uniondeb fel / haul — / canol-/dydd.

7a Disgwyl yn dawel / am yr / Arglwydd :
aros yn / amy/neddgar • am/dano;

7b Paid â bod yn ddig wrth yr / un sy'n / llwyddo :
y / gŵr sy'n / gwneud cyn/llwynion.

5 Your love, O Lord, reaches / to the / heavens :
   and your / faithfulness / to the / clouds.

6 Your righteousness stands like the strong mountains,
       your justice like the / great / deep :
   you, Lord, shall / save both / man and / beast.

7 How precious is your loving / mercy, O / God! :
   All mortal flesh shall take refuge
       under the / shadow / of your / wings.

8 They shall be satisfied with the abundance / of your / house :
   they shall drink from the / river of / your de/lights.

9 For with you is the / well of / life :
   and in your / light shall / we see / light.

10 O continue your loving-kindness to / those who / know you :
   and your righteousness to / those who are / true of / heart.

11 Let not the foot of pride / come a/gainst me :
   nor the hand of the un/godly / thrust me a/way.

12 There are they fallen / all who work / wickedness :
   they are cast down and shall / not be / able to / stand.

Psalm 37

1 Fret not because of / evil/doers :
   be not / jealous of / those • who do / wrong.

2 For they shall soon / wither like / grass :
   and like the green / herb / fade a/way.

3 Trust in the Lord and be / doing / good :
   dwell in the land and be / nourished with / truth.

4 Let your delight be / in the / Lord :
   and he will / give you your / heart's de/sire.

5 Commit your way to the Lord and put your / trust in / him :
   and / he will / bring it to / pass.

6 He will make your righteousness as / clear as the / light :
   and your just / dealing / as the / noonday.

7 Be still before the Lord and / wait for / him :
   do not fret over those that prosper
       as they / follow their / evil / schemes.

8 Paid â digio • rho'r / gorau i / lid :
  paid â bod yn ddig, ni / ddaw ond / drwg o / hynny.

9 Oherwydd dinistrir / y rhai / drwg :
  ond bydd y rhai sy'n gobeithio yn yr Arglwydd
      yn / etif/eddu'r / tir.

10 Ymhen ychydig eto, ni / fydd • y dryg/ionus :
   er iti edrych yn ddyfal am ei / le, ni / fydd ar / gael.

11 Ond bydd y gostyngedig yn me/ddiannu'r / tir :
   ac yn mwyn/hau – / heddwch / llawn.

12 Y mae'r drygionus yn cynllwyn yn / erbyn • y / cyfiawn :
   ac yn ys/gyrnygu • ei / ddannedd / arno;

13 Ond y mae'r Arglwydd yn chwerthin / am ei / ben :
   oherwydd / gŵyr • fod ei / amser • yn / dyfod.

14 Y mae'r drygionus yn chwifio cleddyf ac yn / plygu • eu / bwa :
   i ddarostwng y tlawd a'r anghenus •
       ac i ladd yr / union / ei ger/ddediad;

15 Ond fe drywana eu cleddyf i'w / calon • eu / hunain :
   a / thorrir / eu – / bwâu.

16 Gwell yw'r ychydig sydd / gan y / cyfiawn :
   na / chyfoeth / mawr • y dryg/ionus;

17 Oherwydd torrir / nerth • y dryg/ionus :
   ond bydd yr / Arglwydd • yn / cynnal • y / cyfiawn.

18 Y mae'r Arglwydd yn gwylio dros / ddyddiau'r • di/feius :
   ac fe bery eu / heti/feddiaeth • am / byth.

19 Ni ddaw cywilydd arnynt mewn / cyfnod / drwg :
   a bydd ganddynt / ddigon • mewn / dyddiau • o / newyn.

20 Oherwydd fe dderfydd / am y • dryg/ionus :
   bydd gelynion yr Arglwydd fel cynnud mewn tân •
       pob un ohonynt yn dif/lannu / mewn – / mwg.

21 Y mae'r drygionus yn benthyca heb / dalu'n / ôl :
   ond y / cyfiawn • yn / rhoddwr • tru/garog.

22 Bydd y rhai a fendithiwyd gan yr Arglwydd yn eti/feddu'r / tir :
   ond fe dorrir ymaith y / rhai • a fell/tithiwyd / ganddo.

23 Yr Arglwydd sy'n cyfeirio / camau'r • di/feius :
   y mae'n ei gynnal ac yn ymhy/frydu / yn ei • ger/ddediad;

24 Er iddo syrthio, nis / bwrir • i'r / llawr :
   oherwydd y mae'r / Arglwydd • yn ei / gynnal • â'i / law.

8 Refrain from anger and a/bandon / wrath :
   do not fret / lest you be / moved • to do / evil.

9 For evildoers / shall be cut / off :
   but those who wait upon the Lord / shall pos/sess the / land.

10 Yet a little while and the wicked shall / be no / more :
   you will search for their / place and / find them / gone.

11 But the lowly shall pos/sess the / land :
   and shall de/light • in a/bundance of / peace.

12 The wicked plot a/gainst the / righteous :
   and / gnash at them / with their / teeth.

13 The Lord shall / laugh at the / wicked :
   for he / sees that their / day is / coming.

14 The wicked draw their sword and bend their bow
        to strike down the / poor and / needy :
   to slaughter / those who / walk in / truth.

15 Their sword shall go through their / own / heart :
   and their / bows / shall be / broken.

16 The little that the / righteous / have :
   is better than great / riches / of the / wicked.

17 For the arms of the wicked / shall be / broken :
   but the / Lord up/holds the / righteous.

18 The Lord knows the / days of the / godly :
   and their in/heritance shall / stand for / ever.

19 They shall not be put to shame in the / perilous / time :
   and in days of famine / they shall / have e/nough.

20 But the / wicked shall / perish :
   like the glory of the meadows
        the enemies of the Lord shall vanish;
        / they shall / vanish like / smoke.

21 The wicked borrow and / do not re/pay :
   but the / righteous are / generous in / giving.

22 For those who are blest by God shall pos/sess the / land :
   but those who are cursed by / him • shall be / rooted / out.

23 When your steps are guided / by the / Lord :
   and you de/light / in his / way,

24 Though you stumble, you shall / not fall / headlong :
   for the Lord / holds you / fast • by the / hand.

Psalm 37

25 Bûm ifanc, ac yn awr yr / wyf yn / hen :
ond ni welais y cyfiawn wedi ei adael •
   na'i / blant • yn car/dota • am / fara;

26 Y mae bob amser / yn dru/garog :
ac yn rhoi / benthyg • a'i / blant yn / fendith.

27 Tro oddi wrth ddrwg / a gwna / dda :
a chei / gartref • di/ogel am / byth,

28a Oherwydd y mae'r Arglwydd yn / caru / barn :
ac nid yw'n / gadael / ei ffydd/loniaid;

28b Ond difethir yr ang/hyfiawn • am / byth :
a thorrir / ymaith / blant • y dryg/ionus.

29 Y mae'r cyfiawn yn eti/feddu'r / tir :
ac yn car/trefu / ynddo • am / byth.

30 Y mae genau'r cyfiawn yn lle/faru • doe/thineb :
a'i dafod / yn my/negi / barn;

31 Y mae cyfraith ei Dduw / yn ei / galon :
ac nid / yw ei / gamau'n / methu.

32 Y mae'r drygionus yn / gwylio'r / cyfiawn :
ac yn / ceisio / cyfle • i'w / ladd;

33 Ond nid yw'r Arglwydd yn ei adael / yn ei / law :
nac yn caniatáu ei gon/demnio • pan / fernir / ef.

34 Disgwyl wrth yr Arglwydd a glŷn / wrth ei / ffordd :
ac fe'th ddyrchafa i etifeddu'r tir •
   a chei weld y drygionus yn / cael eu / torri / ymaith.

35 Gwelais y drygionus / yn ddi/dostur :
yn taflu / fel bla/guryn / iraidd;

36 Ond pan euthum heibio, nid oedd / dim o/hono :
er imi chwilio am/dano • nid / oedd i'w / gael.

37 Sylwa ar y difeius, ac edrych / ar yr / uniawn :
oherwydd y mae disgy/nyddion / gan yr • he/ddychlon.

38 Difethir y gwrthry/felwyr • i / gyd :
a dinistrir disgy/nyddion / y dryg/ionus.

39 Ond daw gwaredigaeth y cyfiawn oddi / wrth yr / Arglwydd :
ef yw eu ham/ddiffyn • yn / amser / adfyd.

40 Bydd yr Arglwydd yn eu cynorthwyo ac / yn eu / harbed :
bydd yn eu harbed rhag y drygionus ac yn eu hachub •
   am / iddynt • lo/chesu / ynddo.

25 I have been young and / now am / old :
yet never have I seen the righteous forsaken,
    or their / children / begging their / bread.

26 All the day long they are / generous in / lending :
and their children / also / shall be / blest.

27 Depart from evil / and do / good :
and you / shall a/bide for / ever.

28 For the Lord loves the / thing that is / right :
and will / not for/sake his / faithful ones.

29 The unjust shall be des/troyed for / ever :
and the offspring of the wicked / shall be / rooted / out.

30 The righteous shall pos/sess the / land :
and / dwell in / it for / ever.

31 The mouth of the righteous / utters / wisdom :
and their tongue / speaks the / thing that is / right.

32 The law of their God is / in their / heart :
and their / footsteps / shall not / slide.

33 The wicked / spy on the / righteous :
and / seek oc/casion to / slay them.

34 The Lord will not leave them / in their / hand :
nor let them be con/demned when / they are / judged.

35 Wait upon the Lord and / keep his / way :
he will raise you up to possess the land,
    and when the wicked are up/rooted / you shall / see it.

36 I myself have seen the wicked in / great / power :
and flourishing like a / tree in / full / leaf.

‡37 I went by and lo / they were / gone :
I sought them, but / they could / nowhere be / found.

38 Keep innocence and heed the / thing that is / right :
for that will / bring you / peace at the / last.

39 But the sinners shall / perish to/gether :
and the posterity of the wicked / shall be / rooted / out.

40 The salvation of the righteous / comes from the / Lord :
he is their stronghold / in the / time of / trouble.

41 The Lord shall stand by them / and de/liver them :
he shall deliver them from the wicked and shall save them,
    because they have / put their / trust in / him.

Salm 38

1 Arglwydd, na cherydda fi / yn dy / lid :
  ac na / chosba / fi • yn dy / ddig.

2 Suddodd dy / saethau / ynof :
  y mae dy / law yn / drwm – / arnaf.

3 Nid oes rhan o'm cnawd yn gyfan gan / dy ddic/llonedd :
  nid oes iechyd yn fy / esgyrn • o/herwydd • fy / mhechod.

4 Aeth fy nghamweddau / dros fy / mhen :
  y maent yn faich rhy / drwm – / imi • ei / gynnal.

5 Aeth fy / mriwiau'n / ffiaidd :
  a chrawni o/herwydd / fy ffo/lineb.

6 Yr wyf wedi fy mhlygu a'm da/rostwng • yn / llwyr :
  ac yn mynd o amgylch yn ga/laru / drwy'r – / dydd.

7 Y mae fy llwynau'n / llosgi • gan / dwymyn :
  ac nid oes / iechyd / yn fy / nghnawd.

8 Yr wyf wedi fy mharlysu a'm / llethu'n / llwyr :
  ac yn gweiddi o/herwydd / griddfan • fy / nghalon.

9 O Arglwydd, y mae fy nyhead yn / amlwg • i / ti :
  ac nid yw fy ochenaid yn gudd/iedig / oddi / wrthyt.

10 Y mae fy nghalon yn curo'n gyflym, fy / nerth yn / pallu :
   a'r golau yn fy llygaid / hefyd / wedi / mynd.

11 Cilia fy nghyfeillion a'm cymdogion / rhag fy / mhla :
   ac y mae fy mherth/nasau'n / cadw / draw.

12 Y mae'r rhai sydd am fy einioes wedi / gosod / maglau :
   a'r rhai sydd am fy nrygu yn sôn am ddinistr •
      ac yn myfyrio am ddi/chellion / drwy'r – / dydd.

13 Ond yr wyf fi fel un byddar, heb / fod yn / clywed :
   ac fel mudan, heb / fod yn / agor • ei / enau.

14 Bûm fel un heb / fod yn / clywed :
   a / heb – / ddadl o'i / enau.

15 Ond amdanat ti, O Arglwydd / y dis/gwyliais :
   ti sydd i / ateb • O / Arglwydd • fy / Nuw.

16 Oherwydd dywedais, "Na fydded lla/wenydd • o'm / plegid :
   i'r rhai sy'n ym/ffrostio • pan / lithra • fy / nhroed."

Psalm 38

1 Rebuke me not, O Lord / in your / anger :
   neither chasten me / in your / heavy dis/pleasure.

2 For your arrows have stuck / fast in / me :
   and your hand / presses / hard up/on me.

3 There is no health in my flesh
       because of your / indig/nation :
   there is no peace in my / bones be/cause of my / sin.

4 For my iniquities have gone / over my / head :
   their weight is a / burden too / heavy to / bear.

5 My wounds / stink and / fester :
   be/cause of / my / foolishness.

6 I am utterly bowed down and brought / very / low :
   I go about / mourning / all the day / long.

7 My loins are filled with / searing / pain :
   there / is no / health in my / flesh.

8 I am feeble and / utterly / crushed :
   I roar aloud because of the dis/quiet / of my / heart.

9 O Lord, you know / all my de/sires :
   and my sighing / is not / hidden from / you.

10 My heart is pounding, my / strength has / failed me :
    the light of my / eyes is / gone from / me.

11 My friends and companions stand apart from / my af/fliction :
    my / neighbours / stand a/far off.

12 Those who seek after my life lay / snares for / me :
    and those who would harm me whisper evil
        and mutter / slander / all the day / long.

13 But I am like one who is / deaf and / hears not :
    like one that is dumb, who / does not / open his / mouth.

14 I have become like one who / does not / hear :
    and from whose / mouth comes / no re/tort.

15 For in you, Lord, have I / put my / trust :
    you will / answer me, O / Lord my / God.

16 For I said, 'Let them not / triumph / over me :
    those who exult over me / when my / foot / slips.'

Psalm 38   385

17 Yn wir, yr wyf ar / fedr — / syrthio :
ac y mae fy mhoen / gyda / mi bob / amser.

18 Yr wyf yn cy/ffesu • fy / nghamwedd :
ac yn pry/deru / am fy / mhechod.

19 Cryf yw'r rhai sy'n elynion / imi • heb / achos :
a llawer yw'r rhai / sy'n • fy ngha/sáu ar / gam,

20 Yn talu imi / ddrwg am / dda :
ac yn fy ngwrthwynebu am fy / mod yn / dilyn • dai/oni.

21 Paid â'm / gadael • O / Arglwydd :
paid â mynd yn bell oddi / wrthyf / O fy / Nuw.

22 Brysia i'm / cynor/thwyo :
O / Arglwydd • fy / iachaw/dwriaeth.

Salm 39

1 Dywedais, "Gwyliaf fy ffyrdd, rhag imi / bechu â'm / tafod :
rhof ffrwyn ar fy ngenau pan / fo'r dryg/ionus • yn / f'ymyl."

2 Bûm yn fud a distaw / cedwais • yn / dawel :
ond i ddim / diben • gwae/thygodd • fy / mhoen,

3 Llosgodd fy / nghalon • o'm / mewn :
wrth imi fyfyrio • cyneuodd tân a / thorrais / allan i / ddweud,

4 "Arglwydd, pâr imi / wybod • fy / niwedd :
a beth yw nifer fy nyddiau • dangos i/mi mor / feidrol / ydwyf.

5 Wele, yr wyt wedi gwneud fy / nyddiau fel / dyrnfedd :
ac y mae fy oes fel dim yn dy olwg •
    yn wir, chwa o / wynt yw / pob un / byw.

6 Ac y mae'n mynd a / dod fel / cysgod :
yn wir, ofer yw'r holl gyfoeth a bentyrra •
    ac ni ŵyr / pwy fydd / yn ei / gasglu.

7 Ac yn awr, Arglwydd, am / beth • y dis/gwyliaf :
Y mae fy / ngobaith / ynot / ti.

8 Gwared fi o'm / holl dros/eddau :
paid â'm / gwneud yn / wawd i'r / ynfyd.

9 Bûm yn fud, ac nid a/goraf • fy / ngheg :
oherwydd ti sydd / wedi / gwneud — / hyn.

17   Truly, I am on the / verge of / falling :
     and my / pain is / ever / with me.

18   I will confess / my in/iquity :
     and be / sorry / for my / sin.

19   Those that are my enemies without any / cause are / mighty :
     and those who hate me / wrongfully are / many in / number.

20   Those who repay evil for good / are a/gainst me :
     because the / good is / what I / seek.

21   Forsake me / not, O / Lord :
     be not / far from me / O my / God.

22   Make / haste to / help me :
     O / Lord of / my sal/vation.

Psalm 39

1   I said, 'I will keep watch / over my / ways :
    so that I of/fend not / with my / tongue.

2   I will guard my mouth / with a / muzzle :
    while the / wicked are / in my / sight.'

3   So I held my tongue / and said / nothing :
    I kept / silent • but to / no a/vail.

4   My distress increased, my heart grew / hot with/in me :
    while I mused, the fire was kindled
        and I / spoke out / with my / tongue:

5   'Lord, let me know my end and the number / of my / days :
    that I may / know how / short my / time is.

6   You have made my days but a handsbreadth,
       and my lifetime is as nothing / in your / sight :
    truly, even those who stand / upright are / but a / breath.

7   We walk about like a shadow and in vain we / are in / turmoil :
    we heap up riches and / cannot tell / who will / gather them.

8   And now / what is my / hope? :
    Truly my / hope is / even in / you.

‡9   Deliver me from / all my trans/gressions :
    and do not / make me the / taunt of the / fool.'

10   I fell silent and did not / open my / mouth :
    for surely / it was / your / doing.

10 Tro ymaith dy bla / oddi / wrthyf :
   yr wyf yn / darfod • gan / drawiad • dy / law.

11 Pan gosbi rywun â cherydd am ddrygioni •
     yr wyt yn dinistrio'i o/goniant • fel / gwyfyn :
   yn wir / chwa o / wynt yw / pawb.

12a Gwrando fy ngweddi, O Arglwydd • a rho / glust i'm / cri :
   paid â / diys/tyru fy / nagrau.

12b Oherwydd ymdeithydd / gyda • thi / ydwyf :
   a phererin / fel fy / holl hyn/afiaid.

13 Tro draw oddi wrthyf, rho / imi la/wenydd :
   cyn imi fynd / ymaith • a / darfod • yn / llwyr."

Salm 40

1 Bûm yn disgwyl a disgwyl / wrth yr / Arglwydd :
   ac yna plygodd / ataf • a / gwrando • fy / nghri.

2 Cododd fi i fyny o'r pwll lleidiog • allan o'r / mwd a'r / baw :
   gosododd fy nhraed ar graig •
     a / gwneud fy / nghamau'n • ddi/ogel.

3 Rhoddodd yn fy ngenau gân newydd • cân o / foliant • i'n / Duw :
   bydd llawer, pan welant hyn yn ofni •
     ac yn ym/ddiried / yn yr / Arglwydd.

4 Gwyn ei fyd y sawl sy'n rhoi ei ymddiriedaeth
     / yn yr / Arglwydd :
   ac nad yw'n troi at y beilchion •
     nac at y / rhai sy'n / dilyn / twyll.

5a Mor niferus, O Arglwydd, fy Nuw,
     yw'r rhyfe/ddodau • a / wnaethost :
   a'th fw/riadau / ar ein / cyfer;

5b Nid oes tebyg i ti • Dymunwn eu cy/hoeddi • a'u / hadrodd :
   ond maent yn / rhy ni/ferus • i'w / rhifo.

6 Nid wyt yn dymuno aberth ac offrwm •
     rhoddaist imi / glustiau • a/gored :
   ac nid wyt yn gofyn poeth/offrwm •
     ac / aberth • dros / bechod.

7 Felly dywedais / "Dyma • fi'n / dod :
   y mae wedi ei ysgrifennu mewn / rhol – / llyfr am/danaf

11 Take away your / plague from / me :
    I am con/sumed • by the / blows of your / hand.

12 With rebukes for sin you punish us;
        like a moth you con/sume our / beauty :
    truly / everyone is / but a / breath.

13 Hear my prayer, O Lord, and give / ear to my / cry :
    hold / not your / peace at my / tears.

14 For I am but a / stranger with / you :
    a wayfarer, as / all my / forebears / were.

15 Turn your gaze from me, that I may be / glad a/gain :
    before I go my / way and / am no / more.

Psalm 40

1 I waited patiently / for the / Lord :
   he inclined to / me and / heard my / cry.

2 He brought me out of the roaring pit,
       out of the / mire and / clay :
   he set my feet upon a rock and / made my / footing / sure.

3 He has put a new song in my mouth,
       a song of / praise • to our / God :
   many shall see and fear
       and / put their / trust in the / Lord.

4 Blessed is the one who / trusts in the / Lord :
   who does not turn to the / proud that / follow a / lie.

5 Great are the wonders you have done, O Lord my God.
       How great your de/signs for / us! :
   There is none that / can be com/pared with / you.

6 If I were to proclaim / them and / tell of them :
   they would be more than I am / able / to ex/press.

7 Sacrifice and offering you do / not de/sire :
   but my / ears / you have / opened;

8 Burnt offering and sacrifice for sin you have / not re/quired :
   then / said I: / 'Lo, I / come.

9 In the scroll of the book it is written of me
       that I should do your will / O my / God :
   I delight to do it: your / law • is with/in my / heart.'

8 "Fy mod yn hoffi gwneud e/wyllys • fy / Nuw :
a bod dy / gyfraith / yn fy / nghalon."

9 Bûm yn cyhoeddi cyfiawnder yn y gynu/lleidfa / fawr :
nid wyf wedi atal fy ngwefusau • fel y / gwyddost
/ O – / Arglwydd.

10a Ni chuddiais dy gyfiawnder / yn fy / nghalon :
ond dywedais am dy ga/dernid • a'th / ware/digaeth;

10b Ni chelais dy gariad / a'th wir/ionedd :
rhag y / gynu/lleidfa / fawr.

11 Paid tithau, Arglwydd, ag atal dy dosturi / oddi / wrthyf :
bydded dy gariad a'th wirionedd
/ yn fy / nghadw • bob / amser.

12a Oherwydd y mae drygau dirifedi wedi / cau am/danaf :
y mae fy nghamweddau wedi fy / nal • fel na / allaf / weld;

12b Y maent yn fwy niferus na / gwallt fy / mhen :
ac y / mae fy / nghalon • yn / suddo.

13 Bydd fodlon i'm gwa/redu / Arglwydd :
O Arglwydd / brysia • i'm / cynor/thwyo.

14a Doed cywilydd, a gwa/radwydd / hefyd :
ar y rhai sy'n / ceisio / difa • fy / mywyd;

14b Bydded i'r rhai sy'n cael pleser / o wneud / drwg imi :
gael eu / troi • yn eu / holau • mewn / dryswch.

15 Bydded i'r rhai sy'n gweiddi, "Aha! A/ha – !" / arnaf :
gael eu syfr/danu • gan / eu gwa/radwydd.

16a Ond bydded i bawb sy'n dy / geisio / di :
lawenhau a / gorfo/leddu / ynot;

16b Bydded i'r rhai sy'n caru dy / iachaw/dwriaeth :
ddweud yn / wastad / "Mawr yw'r / Arglwydd."

17a Un tlawd ac ang/henus wyf / fi :
ond y mae'r / Arglwydd • yn / meddwl • am/danaf.

‡17b Ti yw fy nghymorth / a'm gwa/redydd :
fy / Nuw – / paid ag / oedi!

10   I have declared your righteousness
      in the great / congre/gation :
  behold, I did not restrain my lips,
      and / that, O / Lord, you / know.

11a Your righteousness I have not hidden / in my / heart :
  I have spoken of your / faithfulness and / your sal/vation;

11b I have not concealed your loving-/kindness and / truth :
  from the / great / congre/gation.

12   Do not withhold your compassion from / me, O / Lord :
  let your love and your / faithfulness / always pre/serve me,

13   For innumerable troubles have come about me;
      my sins have overtaken me so that I / cannot look / up :
  they are more in number than the hairs of my head,
      / and my / heart / fails me.

14   Be pleased, O Lord / to de/liver me :
  O / Lord, make / haste to / help me.

15   Let them be ashamed and altogether dismayed
      who seek after my life / to des/troy it :
  let them be driven back and put to / shame
      who / wish me / evil.

16   Let those who heap / insults up/on me :
  be / desolate be/cause of their / shame.

17   Let all who seek you rejoice in you / and be / glad :
  let those who love your salvation say / always,
      'The / Lord is / great.'

18   Though I am / poor and / needy :
  the / Lord / cares for / me.

19   You are my helper and / my de/liverer :
  O my / God, make / no de/lay.

Salm 41

1 Gwyn ei fyd y sawl sy'n yst/yried • y / tlawd :
   bydd yr Arglwydd yn ei wa/redu / yn nydd / adfyd;

2 Bydd yr Arglwydd yn ei warchod ac yn ei / gadw'n / fyw :
   bydd yn rhoi iddo ddedwyddwch yn y tir •
     ac ni rydd mohono i / fympwy / ei e/lynion.

3 Bydd yr Arglwydd yn ei gynnal ar ei / wely / cystudd :
   ac yn cyweirio'i / wely / pan fo'n / glaf.

4 Dywedais innau, "O Arglwydd, bydd dru/garog / wrthyf :
   iachâ fi, o/herwydd / pechais • yn / d'erbyn."

5 Fe ddywed fy ngelynion yn fa/leisus • am/danaf :
   "Pa bryd y bydd farw / ac y / derfydd • ei / enw?"

6 Pan ddaw un i'm gweld, y mae'n siarad / yn rhag/rithiol :
   ond yn ei galon yn casglu newydd drwg amdanaf •
     ac yn mynd / allan • i'w / daenu • ar / led.

7 Y mae'r holl rai sy'n fy nghasáu yn / sisial • â'i / gilydd :
   yn / meddwl • y / gwaethaf • am/danaf,

8 Ac yn dweud, "Y mae rhywbeth marwol wedi / cydio / ynddo :
   y mae'n orweiddiog / ac ni / chyfyd / eto."

9a Y mae hyd yn oed fy / nghyfaill / agos :
    y bûm / yn ym/ddiried / ynddo,

9b Ac a fu'n bwyta / wrth fy / mwrdd :
    yn / codi • ei / sawdl yn / f'erbyn.

10 O Arglwydd, bydd drugarog wrthyf ac / adfer / fi :
   imi gael / talu'n / ôl – / iddynt.

11 Wrth hyn y gwn dy / fod yn • fy / hoffi :
   na fydd fy ngelyn yn / cael gor/foledd • o'm / plegid.

12 Ond byddi di'n fy nghynnal / yn fy • nghy/wirdeb :
   ac yn fy nghadw yn dy / brese/noldeb / byth.

‡13 Bendigedig fyddo'r / Arglwydd • Duw / Israel :
    o dragwyddoldeb hyd dragwyddoldeb • A/men ac / A–/men.

Psalm 41

1 Blessed are those who consider the / poor and / needy :
   the Lord will deliver them / in the / time of / trouble.

2 The Lord preserves them and restores their life,
       that they may be happy / in the / land :
   he will not hand them / over •
       to the / will of their / enemies.

3 The Lord sustains them / on their / sickbed :
   their sickness / Lord, you / will re/move.

4 And so I said, 'Lord, be / merciful / to me :
   heal me, for / I have / sinned a/gainst you.'

5 My enemies speak / evil a/bout me :
   asking when I shall / die • and my / name / perish.

6 If they come to see me, they utter / empty / words :
   their heart gathers mischief;
       when they go / out, they / tell it a/broad.

7 All my enemies whisper to/gether a/gainst me :
   against me / they de/vise / evil,

8 Saying that a deadly thing / has laid / hold on me :
   and that I will not rise a/gain from / where I / lie.

‡9 Even my bosom friend, whom I trusted,
       who / ate of my / bread :
   has lifted / up his / heel a/gainst me.

10 But you, O Lord, be / merciful / to me :
   and raise me up / that I / may re/ward them.

11 By this I / know that you / favour me :
   that my enemy / does not / triumph / over me.

12 Because of my integrity / you up/hold me :
   and will set me be/fore your / face for / ever.

13 Blessed be the Lord / God of / Israel :
   from everlasting to everlasting. A/men and / A–/men.

Salm 42

1 Fel y dyhea ewig am / ddyfroedd • rhe /degog :
 felly y dyhea fy enaid am/danat / ti, O / Dduw.

2 Y mae fy enaid yn sychedu am Dduw, am y / Duw – / byw :
 pa bryd y dof ac ym/ddangos / ger ei / fron?

3 Bu fy nagrau'n fwyd imi / ddydd a / nos :
 pan ofynnent imi drwy'r dydd / "Ple – / mae dy / Dduw?"

4 Tywalltaf fy enaid mewn gofid wrth gofio hyn •
  fel yr awn gyda thyrfa'r mawrion i / dŷ – / Dduw :
 yng nghanol banllefau a moliant / torf yn / cadw / gŵyl.

5a Mor ddarostyngedig / wyt, fy / enaid :
 ac / mor gyth/ryblus • o'm / mewn!

5b Disgwyliaf wrth Dduw • oherwydd eto mol/iannaf / ef :
 fy Ngwa/redydd / a'm – / Duw.

6a Y mae fy enaid yn ddarosty/ngedig / ynof :
 am hynny, me/ddyliaf • am/danat / ti

6b O dir yr Ior/ddonen • a / Hermon :
 ac o / Fy– /nydd – / Misar.

7 Geilw dyfnder ar ddyfnder yn / sŵn dy • rae /adrau :
 y mae dy fôr a'th donnau / wedi / llifo / trosof.

8 Liw dydd y mae'r Arglwydd yn gorchymyn / ei ffydd/londeb :
 a liw nos y mae ei gân gyda mi •
  / gweddi • ar / Dduw fy / mywyd.

9 Dywedaf wrth Dduw, fy nghraig, "Pam yr ang/hofiaist / fi? :
 Pam y rhodiaf mewn galar,
  wedi fy ngor/thrymu / gan y / gelyn?"

10a Fel pe'n / dryllio • fy / esgyrn :
 y mae fy nge/lynion / yn fy / ngwawdio,

10b Ac yn dweud / wrthyf • trwy'r / dydd :
 "Ple / mae – / dy – / Dduw?"

11a Mor ddarostyngedig / wyt, fy / enaid :
 ac / mor gyth/ryblus • o'm / mewn!

‡11b Disgwyliaf wrth Dduw • oherwydd eto mol/iannaf / ef :
 fy Ngwa/redydd / a'm – / Duw.

Psalm 42

1 As the deer / longs for the / water brooks :
 so longs my / soul for / you, O / God.

2 My soul is athirst for God, even for the / living / God :
 when shall I come be/fore the / presence of / God?

3 My tears have been my bread / day and / night :
 while all day long they say to me / 'Where is / now your / God?'

4 Now when I think on these things, I pour / out my / soul :
 how I went with the multitude
    and led the procession / to the / house of / God,

‡5 With the voice of / praise and / thanksgiving :
 among / those who / kept / holy day.

6 Why are you so full of heaviness / O my / soul :
 and why are you / so dis/quieted with/in me?

7 O put your / trust in / God :
 for I will yet give him thanks,
    who is the help of my / countenance / and my / God.

8 My soul is / heavy with/in me :
 therefore I will remember you from the land of Jordan,
    and from Hermon / and the / hill of / Mizar.

9 Deep calls to deep in the / thunder • of your / waterfalls :
 all your breakers and / waves / have gone / over me.

10 The Lord will grant his loving-kindness / in the / daytime :
 through the night his song will be with me,
    a / prayer • to the / God of my / life.

11 I say to God my rock, 'Why have / you for/gotten me :
 and why go I so heavily / while the / enemy op/presses me?'

‡12 As they crush my bones, my / enemies / mock me :
 while all day long they say to me / 'Where is / now your / God?'

13 Why are you so full of heaviness / O my / soul :
 and why are you / so dis/quieted with/in me?

14 O put your / trust in / God :
 for I will yet give him thanks,
    who is the help of my / countenance / and my / God.

Salm 43

1a Cymer fy / mhlaid, O / Dduw :
 ac am/ddiffyn / fy – / achos.

1b Rhag / pobl an/nheyrngar :
 gwared fi rhag dynion twy/llodrus / ac ang/hyfiawn,

2a Oherwydd ti, O Dduw, yw / fy am/ddiffyn :
 pam / y gwr/thodaist / fi?

2b Pam y / rhodiaf • mewn / galar :
 wedi fy ngor/thrymu / gan y / gelyn?

3 Anfon dy oleuni a'th wirionedd • bydded / iddynt • fy / arwain :
 bydded iddynt fy nwyn i'th fynydd / sanctaidd / ac i'th / drigfan.

4 Yna dof at allor Duw, at Dduw / fy llaw/enydd :
 llawenychaf a'th foliannu â'r delyn / O – / Dduw, fy / Nuw.

5a Mor ddarostyngedig / wyt, fy / enaid :
 ac / mor gyth/ryblus o'm / mewn!

5b Disgwyliaf wrth Dduw • oherwydd eto mol/iannaf / ef :
 fy Ngwa/redydd / a'm – / Duw.

Salm 44

1a O Dduw, clyw/som â'n / clustiau :
 dywedodd / ein hyn/afiaid / wrthym

1b Am y gwaith a wnaethost yn eu / dyddiau / hwy :
 yn y dyddiau / gynt â'th / law dy / hun.

2 Gyrraist genhedloedd allan, ond eu / plannu / hwy :
 difethaist bobloedd / ond eu / llwyddo / hwy;

3a Oherwydd nid â'u cleddyf y / cawsant • y / tir :
 ac nid â'u braich y / cawsant / fuddu/goliaeth,

3b Ond trwy dy ddeheulaw / a'th fraich / di :
 a llewyrch dy wyneb / am dy / fod • yn eu / hoffi.

4 Ti yw fy / Mrenin • a'm / Duw :
 ti sy'n rhoi / buddu/goliaeth • i / Jacob.

5 Trwot ti y darostyngwn / ein ge/lynion :
 trwy dy enw y / sathrwn • ein / gwrthwy/nebwyr.

Psalm 43

1 Give judgement for me, O God,
    and defend my cause against an un/godly / people :
deliver me from the de/ceitful / and the / wicked.

2 For you are the God of my refuge;
    why have you / cast me / from you :
and why go I so heavily / while the / enemy op/presses me?

3 O send out your light and your truth,
    that / they may / lead me :
and bring me to your holy / hill and / to your / dwelling,

4 That I may go to the altar of God,
    to the God of my / joy and / gladness :
and on the lyre I will give thanks to / you, O / God my / God.

5 Why are you so full of heaviness / O my / soul :
and why are you / so dis/quieted with/in me?

6 O put your / trust in / God :
for I will yet give him thanks,
    who is the help of my / countenance / and my / God.

Psalm 44

1 We have heard with our ears, O God,
    our / forebears have / told us :
all that you did in their / days, in / time of / old;

2 How with your hand you drove out nations and / planted us / in :
and broke the power of / peoples and / set us / free.

3 For not by their own sword did our ancestors / take the / land :
nor / did their / own arm / save them,

4 But your right hand, your arm,
    and the / light of your / countenance :
because / you were / gracious / to them.

5 You are my King / and my / God :
who com/manded sal/vation for / Jacob.

6 Through you we drove / back our / adversaries :
through your name / we trod / down our / foes.

6 Oherwydd nid yn fy mwa yr / ymddi/riedaf :
 ac nid fy / nghleddyf / a'm gwa/reda.

7 Ond ti a'n gwaredodd rhag / ein ge/lynion :
 a chywilyddio'r / rhai sy'n / ein ca/sáu.

8 Yn Nuw yr ydym erioed / wedi • ym/ffrostio :
 a chlod/forwn • dy / enw • am / byth.

9 Ond yr wyt wedi'n gwrthod / a'n da/rostwng :
 ac nid ei allan / mwyach / gyda'n • by/ddinoedd.

10 Gwnei inni gilio o / flaen y / gelyn :
 a chymerodd y rhai sy'n / ein ca/sáu yr / ysbail.

11 Gwnaethost ni fel / defaid • i'w / lladd :
 a'n gwas/garu • y/mysg • y cen/hedloedd.

12 Gwerthaist dy bobl am y nesaf / peth i / ddim :
 ac ni / chefaist / elw • o'r / gwerthiant.

13 Gwnaethost ni'n warth / i'n cym/dogion :
 yn destun gwawd a / dirmyg • i'r / rhai o'n / hamgylch.

14 Gwnaethost ni'n ddihareb y/mysg • y cen/hedloedd :
 ac y mae'r bobloedd yn / ysgwyd • eu / pennau • o'n / plegid.

15 Y mae fy ngwarth yn fy wy/nebu / beunydd :
 ac yr wyf wedi fy ngor/chuddio / â chy/wilydd

16 O achos llais y rhai sy'n fy ngwawdio / a'm di/frïo :
 ac oherwydd y / gelyn / a'r di/alydd.

17 Daeth hyn / i gyd / arnom :
 a ninnau heb dy anghofio •
  na bod yn an/ffyddlon / i'th gy/famod.

18 Ni throdd ein calon / oddi / wrthyt :
 ac ni / chamodd • ein / traed o'th / lwybrau,

19 I beri iti ein hysigo yn / nhrigfa'r / siacal :
 a'n gorchuddio / â thy/wyllwch / dudew.

20 Pe baem wedi anghofio / enw • ein / Duw :
 ac estyn ein / dwylo • at / dduw – / estron,

21 Oni fyddai Duw wedi / canfod / hyn? :
 Oherwydd gŵyr ef / gyfri/nachau'r / galon.

22 Ond er dy fwyn di fe'n / lleddir • drwy'r / dydd :
 a'n / trin fel / defaid • i'w / lladd.

7   For I did not / trust in my / bow :
    it was / not my own / sword that / saved me;

8   It was you that saved us / from our / enemies :
    and / put our / adversaries to / shame.

‡9 We gloried in God / all the day / long :
    and were / ever / praising your / name.

10 But now you have rejected us and / brought us to / shame :
    and / go not / out • with our / armies.

11 You have made us turn our backs / on our / enemies :
    and our / enemies / have de/spoiled us.

12 You have made us like sheep / to be / slaughtered :
    and have / scattered us a/mong the / nations.

13 You have sold your people / for a / pittance :
    and made no / profit / on their / sale.

14 You have made us the / taunt of our / neighbours :
    the scorn and derision of / those that are / round a/bout us.

15 You have made us a byword a/mong the / nations :
    among the / peoples they / wag their / heads.

16 My confusion is / daily be/fore me :
    and / shame has / covered my / face,

17 At the taunts of the slanderer / and re/viler :
    at the sight of the / enemy / and a/venger.

18 All this has come upon us, though we have / not for/gotten you :
    and have / not played / false • to your / covenant.

19 Our hearts have / not turned / back :
    nor our / steps gone / out of your / way,

20 Yet you have crushed us in the / haunt of / jackals :
    and covered us / with the / shadow of / death.

21 If we have forgotten the / name of our / God :
    or stretched out our hands to / any / strange / god,

22 Will not God / search it / out? :
    For he knows the / secrets / of the / heart.

23 But for your sake are we killed / all the day / long :
    and are counted as / sheep / for the / slaughter.

23 Ymysgwyd! pam y / cysgi • O / Arglwydd? :
   Deffro! / paid â'n / gwrthod • am / byth.

24 Pam yr wyt yn / cuddio • dy / wyneb :
   ac yn ang/hofio'n / hadfyd • a'n / gorthrwm?

25 Y mae ein henaid yn y/mostwng • i'r / llwch :
   a'n / cyrff yn / wastad • â'r / ddaear.

26 Cyfod i'n / cynor/thwyo :
   gwareda / ni er / mwyn • dy ffydd/londeb.

Salm 45

1 Symbylwyd fy nghalon gan neges dda •
      adroddaf fy nghân / am y / brenin :
   y mae fy nhafod fel pin / ysgri/fennydd / buan.

2 Yr wyt yn / decach • na / phawb :
   tywalltwyd gras ar dy wefusau
      am i / Dduw dy • fen/dithio • am / byth.

3 Gwisg dy gleddyf ar dy glun / O ry/felwr :
   â mawredd a go/goniant • a/ddurna • dy / forddwyd.

4 Marchoga o blaid gwirionedd, ac o / achos • cy/fiawnder :
   a bydded i'th ddeheulaw ddysgu / iti / bethau • of/nadwy.

5 Y mae dy saethau'n llym yng nghalon ge/lynion • y / brenin :
   syrth / pob—/loedd o/danat.

6 Y mae dy orsedd fel gorsedd Duw / yn dra/gwyddol :
   a'th deyrnwialen yn wi/alen / cy—/fiawnder.

7 Ceraist gyfiawnder a cha/sáu dryg/ioni :
   am hynny bu i Dduw, dy Dduw di •
      dy eneinio ag olew llawenydd / uwchlaw / dy gy/foedion.

8 Y mae dy ddillad i gyd yn fyrr / aloes • a / chasia :
   ac offerynnau llinynnol o balasau / ifori •
      yn / dy • ddi/fyrru.

‡9 Y mae tywysogesau ymhlith / merched • dy / lys :
   saif y frenhines ar dy ddy/heulaw / mewn aur / Offir.

10 Gwrando di, ferch, rho sylw a go/gwydda • dy / glust :
   anghofia dy bobl dy / hun a / thŷ dy / dad;

24 Rise up! Why / sleep, O / Lord? :
   Awake, and / do not re/ject us for / ever.

25 Why do you / hide your / face :
   and forget our / grief / and op/pression?

26 Our soul is bowed / down • to the / dust :
   our / belly / cleaves to the / earth.

27 Rise up, O / Lord, to / help us :
   and redeem us for the / sake of your / steadfast / love.

Psalm 45

1 My heart is astir with / gracious / words :
   as I make my song for the king,
      my tongue is the / pen • of a / ready / writer.

2 You are the / fairest of / men :
   full of grace are your lips,
      for / God has / blest you for / ever.

3 Gird your sword upon your / thigh, O / mighty one :
   gird on your / majes/ty and / glory.

4 Ride on and prosper in the / cause of / truth :
   and for the sake of hu/mili/ty and / righteousness.

5 Your right hand will teach you / terrible / things :
   your arrows will be sharp in the heart of the king's enemies,
      so that / peoples / fall be/neath you.

6 Your throne is / God's throne, for / ever :
   the sceptre of your kingdom / is the / sceptre of / righteousness.

7 You love righteousness and / hate in/iquity :
   therefore God, your God, has anointed you
      with the oil of / gladness a/bove your / fellows.

8 All your garments are fragrant with myrrh / aloes and / cassia :
   from ivory palaces the music of / strings / makes you / glad.

‡9 Kings' daughters are among your / honourable / women :
   at your right hand stands the / queen in / gold of / Ophir.

10 Hear, O daughter; consider and in/cline your / ear :
   forget your own people / and your / father's / house.

11 Yna bydd y brenin yn chwenychu / dy bryd/ferthwch :
    o/herwydd / ef • yw dy / arglwydd.

12 Ymostwng iddo ag anrhegion / O ferch / Tyrus :
    a bydd cyfoethogion y / bobl yn / ceisio • dy / ffafr.

13 Cwbl ogoneddus yw / merch y / brenin :
    cwrel wedi ei osod mewn / aur sydd / ar ei / gwisg,

14 Ac mewn brodwaith yr arweinir hi / at y / brenin :
    ar ei hôl daw ei chyfei/llesau / y mo/rynion;

15 Dônt atat yn / llawen • a / hapus :
    dônt i / mewn i / balas • y / brenin.

16 Yn lle dy dadau / daw dy / feibion :
    a gwnei hwy'n dywysogion / dros yr / holl – / ddaear.

17 Mynegaf dy glod dros y / cened/laethau :
    nes bod pobl yn dy / ganmol / hyd – / byth.

Salm 46

1 Y mae Duw yn noddfa ac yn / nerth i / ni :
   yn gymorth / parod / mewn cy/fyngder.

2 Felly, nid ofnwn er i'r / ddaear / symud :
   ac i'r mynyddoedd / ddisgyn • i / ganol • y / môr,

3 Er i'r dyfroedd ruo / a ther/fysgu :
   ac i'r mynyddoedd / ysgwyd / gan eu / hymchwydd.

4 Y mae afon a'i ffrydiau'n llawenhau / dinas / Duw :
   preswylfa / sanctaidd / y Go/ruchaf.

5 Y mae Duw yn ei chanol, nid ys/gogir / hi :
   cynorthwya / Duw • hi ar / doriad / dydd.

6 Y mae'r cenhedloedd yn terfysgu
        a'r teyr/nasoedd • yn / gwegian :
   pan gwyd ef ei / lais – / todda'r / ddaear.

‡7 Y mae Arglwydd y Lluoedd / gyda / ni :
    Duw / Jacob • yn / gaer i / ni.

8 Dewch i weld gweith/redoedd • yr / Arglwydd :
   fel y dygodd / ddifrod / ar y / ddaear;

11 So shall the king have pleasure / in your / beauty :
    he is your / lord, so / do him / honour.

12 The people of Tyre shall / bring you / gifts :
    the richest of the / people shall / seek your / favour.

13 The king's daughter is all / glorious with/in :
    her clothing is em/broidered / cloth of / gold.

14 She shall be brought to the king in / raiment of / needlework :
    after her the / virgins • that are / her com/panions.

15 With joy and gladness shall / they be / brought :
    and enter into the / palace / of the / king.

16 'Instead of your fathers / you shall have / sons :
    whom you shall make princes / over / all the / land.

17 I will make your name to be remembered
        through / all • gene/rations :
    therefore shall the peoples / praise you for / ever and / ever.'

Psalm 46

1 God is our / refuge and / strength :
   a very / present / help in / trouble;

2 Therefore we will not fear, though the / earth be / moved :
   and though the mountains tremble / in the / heart of the / sea;

‡3 Though the waters / rage and / swell :
   and though the mountains / quake • at the / towering / seas.

4 There is a river whose streams make glad the / city of / God :
   the holy place of the / dwelling • of the / Most / High.

5 God is in the midst of her;
        therefore shall she / not be re/moved :
   God shall / help her • at the / break of / day.

6 The nations are in uproar and the / kingdoms are / shaken :
   but God utters his voice and the / earth shall / melt a/way.

7 The Lord of / hosts is / with us :
   the God of / Jacob / is our / stronghold.

8 Come and behold the / works of the / Lord :
   what destruction he has / wrought up/on the / earth.

9   Gwna i ryfeloedd beidio / trwy'r holl / ddaear :
dryllia'r bwa • tyr y waywffon •
a / llosgi'r / darian • â / thân.

10   Ymlonyddwch, a deallwch mai my/fi sydd / Dduw :
yn ddyrchafedig ymysg y cenhedloedd •
yn ddyrcha/fedig / ar y / ddaear.

11   Y mae Arglwydd y Lluoedd / gyda / ni :
Duw / Jacob • yn / gaer i / ni.

Salm 47

1   Curwch ddwylo, yr / holl – / bobloedd :
rhowch wrogaeth i / Dduw • â cha/neuon • gor/foledd.

2   Oherwydd y mae'r Arglwydd, y Goruchaf / yn of/nadwy :
yn frenin mawr / dros yr / holl – / ddaear.

3   Fe ddarostwng / bobloedd • o/danom :
a chen/hedloedd • o / dan ein / traed.

4   Dewisodd ein heti/feddiaeth • i / ni :
balchder / Jacob • yr / hwn a / garodd.

5   Esgynnodd Duw / gyda / bloedd :
yr Arglwydd / gyda / sain – / utgorn.

6   Canwch fawl i Dduw / canwch / fawl :
canwch fawl i'n / brenin / canwch / fawl.

7   Y mae Duw yn frenin ar yr / holl – / ddaear :
canwch / fawl – / yn – / gelfydd.

8   Y mae Duw yn frenin / ar y • cen/hedloedd :
y mae'n eistedd / ar ei / orsedd / sanctaidd.

9a   Y mae tywysogion y bobl / wedi • ym/gynnull :
gyda / phobl / Duw – / Abraham;

9b   Oherwydd eiddo Duw yw / mawrion • y / ddaear :
fe'i dyr/chafwyd • yn / uchel / iawn.

9　He makes wars to cease in / all the / world :
　　he shatters the bow and snaps the spear
　　　　and burns the / chariots / in the / fire.

10　'Be still, and know that / I am / God :
　　I will be exalted among the nations;
　　　　I will be ex/alted / in the / earth.'

11　The Lord of / hosts is / with us :
　　the God of / Jacob / is our / stronghold.

Psalm 47

1　Clap your hands together / all you / peoples :
　　O sing to / God with / shouts of / joy.

2　For the Lord Most High / is to be / feared :
　　he is the great / King • over / all the / earth.

3　He subdued the / peoples / under us :
　　and the / nations / under our / feet.

4　He has chosen our / heritage / for us :
　　the pride of / Jacob / whom he / loves.

5　God has gone up with a / merry / noise :
　　the Lord / with the / sound of the / trumpet.

6　O sing praises to / God, sing / praises :
　　sing praises / to our / King, sing / praises.

7　For God is the King of / all the / earth :
　　sing / praises with / all your / skill.

8　God reigns / over the / nations :
　　God has taken his seat up/on his / holy / throne.

9　The nobles of the peoples are / gathered to/gether :
　　with the people / of the / God of / Abraham.

10　For the powers of the earth be/long to / God :
　　and he is / very / highly ex/alted.

Salm 48

1 Mawr yw'r Arglwydd a theilwng / iawn o / fawl :
　yn ninas ein / Duw ei / fynydd / sanctaidd.

2 Teg o uchder • llawenydd yr holl ddaear, yw / Mynydd / Seion :
　ar lechweddau'r Gogledd / dinas • y / Brenin / Mawr.

‡3 Oddi / mewn i'w / cheyrydd :
　y mae Duw wedi ei ddangos ei / hun / yn amddi/ffynfa.

4 Wele'r brenhinoedd / wedi • ym/gynnull :
　ac wedi / dyfod / at ei / gilydd;

5 Ond pan / welsant • fe'u / synnwyd :
　fe'u brawychwyd nes / peri / iddynt / ffoi;

6 Daeth dychryn / arnynt / yno :
　a / gwewyr • fel / gwraig yn / esgor,

7 Fel pan fo / gwynt y / dwyrain :
　yn / dryllio / llongau / Tarsis.

8 Fel y clywsom • felly hefyd y gwelsom
　　　yn ninas / Arglwydd • y / Lluoedd :
　yn ninas ein Duw ni a gyn/helir • gan / Dduw am / byth.

9 O Dduw, yr ydym wedi / portre/adu :
　dy ffydd/londeb • yng / nghanol • dy / deml.

10 Fel y mae dy enw, O Dduw •
　　　felly y mae dy fawl yn ymestyn hyd der/fynau'r / ddaear :
　y mae dy dde/heulaw'n / llawn • o gy/fiawnder;

11 Bydded i Fynydd Seion / lawen/hau :
　bydded i drefi Jwda orfoleddu
　　　o/herwydd • dy / farne•di/gaethau.

12 Ymdeithiwch o / gwmpas • Je/rwsalem :
　ewch o'i / hamgylch / rhifwch • ei / thyrau,

13 Sylwch ar ei magwyrydd • ewch / trwy ei / chaerau :
　fel y galloch / ddweud • wrth yr / oes sy'n / codi,

‡14 "Dyma Dduw • Y mae ein Duw ni / hyd byth / bythoedd :
　fe'n / harwain / yn dra/gywydd."

Psalm 48

1 Great is the Lord and / highly • to be / praised :
   in the / city / of our / God.

2 His holy mountain is fair and / lifted / high :
   the / joy of / all the / earth.

3 On Mount Zion, the di/vine / dwelling place :
   stands the / city • of the / great / king.

4 In her palaces God has / shown him/self :
   to / be a / sure / refuge.

5 For behold, the kings of the / earth as/sembled :
   and / swept / forward to/gether.

6 They saw, and / were dumb/founded :
   dis/mayed, they / fled in / terror.

7 Trembling seized them there;
       they writhed like a / woman in / labour :
   as when the east wind / shatters the / ships of / Tarshish.

8 As we had heard, so have we seen
       in the city of the Lord of hosts, the city / of our / God :
   God has es/tablished / her for / ever.

9 We have waited on your loving-/kindness, O / God :
   in the / midst / of your / temple.

10 As with your name, O God,
       so your praise reaches to the / ends of the / earth :
   your right / hand is / full of / justice.

11 Let Mount Zion rejoice and the daughters of / Judah be / glad :
   be/cause of your / judgements, O / Lord.

12 Walk about Zion and go round about her;
       count / all her / towers :
   consider well her / bulwarks; pass / through her / citadels,

‡13 That you may tell those who come after
       that such is our God for / ever and / ever :
   It is he that shall be our / guide for / ever/more.

Salm 49

1 Clywch hyn, yr / holl — / bobloedd :
 gwrandewch / holl dri/golion / byd :

2 Yn / wreng a / bonedd :
 yn gy/foethog / a — / thlawd.

3 Llefara fy / ngenau • ddoe/thineb :
 a bydd myfyrdod fy / nghalon / yn dde/allus.

4 Gogwyddaf fy nghlust / at ddi/hareb :
 a datgelaf fy ny/chymyg / â'r — / delyn.

5 Pam yr ofnaf yn / nyddiau / adfyd :
 pan yw drygioni / fy ni/sodlwyr • o'm / cwmpas,

6 Rhai sy'n ymddiried / yn eu / golud :
 ac yn ymffrostio / yn ni/gonedd • eu / cyfoeth?

7 Yn wir, ni all neb ei wa/redu • ei / hun :
 na / thalu / iawn i / Dduw.

8 Oherwydd rhy uchel yw / pris ei / fywyd :
 ac / ni all / byth ei / gyrraedd,

9 Iddo gael / byw am / byth :
 a / pheidio • â / gweld Pwll / Distryw.

10 Ond gwêl fod y doethion yn marw •
  fod yr ynfyd a'r / dwl yn / trengi :
 ac yn / gadael • eu / cyfoeth • i / eraill.

11 Eu bedd yw eu cartref bythol •
  eu trigfan dros y / cened/laethau :
 er iddynt / gael — / tiroedd • i'w / henwau.

12 Ni all neb / aros • mewn / rhwysg :
 y mae fel yr ani/feiliaid / sy'n — / darfod.

13 Dyma yw / tynged • yr / ynfyd :
 a diwedd y rhai sy'n / cymer•a/dwyo • eu / geiriau.

14a Fel defaid y tynghedir / hwy i / Sheol :
 angau / fydd yn / eu bu/geilio;

14b Disgynnant yn / syth i'r / bedd :
 a bydd eu ffurf yn darfod • / Sheol / fydd eu / cartref.

15 Ond bydd Duw'n gwa/redu • fy / mywyd :
 ac yn fy / nghymryd • o / afael / Sheol.

Psalm 49

1 Hear this / all you / peoples :
 listen, all / you that / dwell in the / world,

2 You of low or / high de/gree :
 both / rich and / poor to/gether.

3 My mouth shall / speak of / wisdom :
 and my heart shall / meditate on / under/standing.

4 I will incline my ear / to a / parable :
 I will unfold my / riddle / with the / lyre.

5 Why should I fear in / evil / days :
 when the / malice • of my / foes sur/rounds me,

6 Such as trust / in their / goods :
 and glory in the a/bundance / of their / riches?

7 For no one can indeed / ransom an/other :
 or pay to / God the / price of de/liverance.

8 To ransom a soul / is too / costly :
 there is / no price / one could / pay for it,

‡9 So that they might / live for / ever :
 and / never / see the / grave.

10 For we see that the wise die also;
  with the foolish and / ignorant they / perish :
 and / leave their / riches to / others.

11 Their tomb is their home for ever,
  their dwelling through / all • gene/rations :
 though they call their lands / after their / own / names.

12 Those who have honour, but lack / under/standing :
 are / like the / beasts that / perish.

13 Such is the way of those who boast / in them/selves :
 the end of those who delight / in their / own / words.

14 Like a flock of sheep they are destined to die;
  death / is their / shepherd :
 they go / down / straight • to the / Pit.

15 Their beauty shall / waste a/way :
 and the land of the / dead shall / be their / dwelling.

16 Paid ag ofni pan ddaw rhywun / yn gy/foethog :
a phan gy/nydda / golud • ei / dŷ,

17 Oherwydd ni chymer ddim / pan fo'n / marw :
ac nid â ei / gyfoeth • i / lawr i'w / ganlyn.

18 Er iddo yn ei fywyd ei ystyried ei / hun yn / ddedwydd :
a bod pobl yn ei ganmol / am • iddo / wneud yn / dda,

19 Fe â at genhedlaeth / ei hy/nafiaid :
ac ni / wêl o/leuni • byth / mwy.

‡20 Ni all neb / aros • mewn / rhwysg :
y mae / fel yr • ani/feiliaid • sy'n / darfod.

Salm 50

1 Duw y duwiau, yr Arglwydd / a le/farodd :
galwodd y ddaear o / godiad / haul • hyd ei / fachlud.

2 O Seion, berffaith / ei phryd/ferthwch :
y / lle–/wyrcha / Duw.

3 Fe ddaw ein Duw, ac / ni fydd / ddistaw :
bydd tân yn ysu o'i flaen •
    a / thymestl / fawr o'i / gwmpas.

4 Y mae'n galw ar y / nefoedd / uchod :
ac ar y ddaear, er / mwyn / barnu ei / bobl :

5 "Casglwch ataf / fy ffydd/loniaid :
a wnaeth gy/famod • â / mi trwy / aberth."

6 Bydd y nefoedd yn cyhoeddi / ei gy/fiawnder :
oherwydd / Duw ei / hun sydd / farnwr.

7 "Gwrandewch, fy mhobl, a llefaraf •
    dygaf dystiolaeth yn dy / erbyn • O / Israel :
myfi yw / Duw, dy / Dduw — / di.

8 Ni cheryddaf di / am dy • a/berthau :
oherwydd y mae dy boethoffrymau'n / wastad / ger fy / mron.

9 Ni chymeraf / fustach • o'th / dŷ :
na / bychod / geifr • o'th gor/lannau;

16 But God shall / ransom my / soul :
   from the grasp of / death / will he / take me.

17 Be not afraid if / some grow / rich :
   and the / glory • of their / house in/creases,

18 For they will carry nothing away / when they / die :
   nor will their / glory / follow / after them.

19 Though they count themselves happy / while they / live :
   and / praise you / for your suc/cess,

20 They shall enter the company / of their / ancestors :
   who will / nevermore / see the / light.

21 Those who have honour, but lack / under/standing :
   are / like the / beasts that / perish.

Psalm 50

1 The Lord, the most mighty / God, has / spoken :
   and called the world
       from the rising of the / sun / to its / setting.

2 Out of Zion, perfect in beauty / God shines / forth :
   our God comes / and will / not keep / silence.

3 Consuming fire goes / out be/fore him :
   and a mighty / tempest / stirs a/bout him.

4 He calls the / heaven a/bove :
   and the earth, that / he may / judge his / people:

5 'Gather to / me my / faithful :
   who have / sealed my / covenant with / sacrifice.'

6 Let the heavens de/clare his / righteousness :
   for / God him/self is / judge.

7 Hear, O my people, and / I will / speak :
   'I will testify against you, O Israel;
       for / I am / God, your / God.

8 I will not reprove you / for your / sacrifices :
   for your burnt / offerings are / always be/fore me.

9 I will take no bull / out of your / house :
   nor / he-goat / out of your / folds,

10 Oherwydd eiddof fi holl fwyst/filod • y / goedwig :
a'r / gwartheg • ar / fil o / fryniau.

11 Yr wyf yn adnabod holl / adar • yr / awyr :
ac eiddof fi / holl • grea/duriaid • y / maes.

12 Pe bawn yn newynu, ni ddywedwn / wrthyt / ti :
oherwydd eiddof fi'r / byd a'r / hyn sydd / ynddo.

13 A fwytâf fi / gig eich / teirw :
neu yfed / gwaed eich / bychod / geifr?

14 Rhowch i Dduw o/ffrymau / diolch :
a thalwch eich addu/nedau / i'r Go/ruchaf.

‡15 Os gelwi arnaf yn nydd cyfyngder / fe'th wa/redaf :
a / byddi'n • fy / anrhy/deddu."

16 Ond wrth y drygionus fe ddywed Duw, •
    "Pa hawl sydd gennyt i / adrodd • fy / neddfau :
    ac i gymryd fy nghy/famod / ar • dy we/fusau?

17 Yr wyt yn ca/sáu dis/gyblaeth :
ac yn / bwrw • fy / ngeiriau • o'th / ôl.

18 Os gweli leidr, fe / ei i'w / ganlyn :
a bwrw dy / goel • gyda / godi/nebwyr.

19 Y mae dy enau'n ym/ollwng • i ddryg/ioni :
a'th / dafod • yn / nyddu / twyll.

20 Yr wyt yn parhau i dystio yn / erbyn • dy / frawd :
ac yn en/llibio / mab dy / fam.

21 Gwnaethost y pethau hyn • bûm / innau / ddistaw :
tybiaist dithau fy mod fel ti dy hun •
    ond ceryddaf di a dwyn / achos. / yn dy / erbyn.

22 Ystyriwch hyn, chwi sy'n ang/hofio / Duw :
rhag imi eich / darnio • heb / neb i / arbed.

23 Y sawl sy'n cyflwyno offrymau diolch sy'n fy / anrhy/deddu :
ac i'r sawl sy'n dilyn fy ffordd y
    dangosaf / iachaw/dwriaeth / Duw."

10 For all the beasts of the / forest are / mine :
   the cattle up/on a / thousand / hills.

11 I know every / bird of the / mountains :
   and the / insect • of the / field is / mine.

12 If I were hungry, I / would not / tell you :
   for the whole world is / mine and / all that / fills it.

13 Do you think I eat the / flesh of / bulls :
   or / drink the / blood of / goats?

14 Offer to God a / sacrifice of / thanksgiving :
   and fulfil your / vows to / God Most / High.

‡15 Call upon me in the / day of / trouble :
   I will deliver / you and / you shall / honour me.'

16 But to the / wicked, says / God :
   'Why do you recite my statutes
         and take my / covenant up/on your / lips,

17 Since you re/fuse to be / disciplined :
   and have / cast my / words be/hind you?

18 When you saw a thief / you made / friends with him :
   and you / threw in your / lot • with ad/ulterers.

19 You have loosed your / lips for / evil :
   and / harnessed your / tongue • to de/ceit.

‡20 You sit and speak evil / of your / brother :
   you slander your / own / mother's / son.

21 These things have you done, and should / I keep / silence? :
   Did you think that I am even / such a / one as your/self?

22 But no, I / must re/prove you :
   and set before your eyes the / things that / you have / done.

23 You that forget God, con/sider this / well :
   lest I tear you apart and / there is / none to de/liver you.

24 Whoever offers me the sacrifice of thanksgiving / honours / me :
   and to those who keep my way
         will I / show • the sal/vation of / God.'

Psalm 50

Salm 51

1 Bydd drugarog wrthyf, O Dduw,
　　　yn ôl / dy ffydd/londeb :
　　yn ôl dy fawr dosturi di/lea / fy nhros/eddau;

2 Golch fi'n lân / o'm dryg/ioni :
　　a glan/ha — / fi o'm / pechod.

3 Oherwydd gwn am / fy nhro/seddau :
　　ac y mae fy mhechod yn / wastad / gyda / mi.

4a Yn dy erbyn di, ti yn / unig • y / pechais :
　　a gwneud yr / hyn a ys/tyri'n / ddrwg,

4b Fel dy fod yn gyfiawn / yn dy / ddedfryd :
　　ac yn / gywir / yn dy / farn.

5 Wele, mewn dryg/ioni • y'm / ganwyd :
　　ac mewn / pechod • y beich/iogodd • fy / mam.

‡6 Wele, yr wyt yn dymuno gwirionedd / oddi / mewn :
　　felly dysg imi ddoe/thineb / yn y / galon.

7 Pura fi ag isop fel y / byddaf / lân :
　　golch fi fel y / byddaf / wynnach • nag / eira.

8 Pâr imi glywed gorfoledd / a lla/wenydd :
　　fel y bo i'r esgyrn a / ddrylliaist / lawen/hau.

9 Cuddia dy wyneb oddi / wrth • fy mhe/chodau :
　　a di/lea • fy / holl eu/ogrwydd.

10 Crea galon lân / ynof • O / Dduw :
　　rho ysbryd / newydd / cadarn / ynof.

11 Paid â'm bwrw ymaith / oddi / wrthyt :
　　na chymryd dy ysbryd / sanctaidd / oddi / arnaf.

‡12 Dyro imi eto orfoledd dy / iachaw/dwriaeth :
　　a chynysgaedda / fi ag / ysbryd / ufudd.

13 Dysgaf dy ffyrdd / i dros/eddwyr :
　　fel y dychwelo'r / pecha/duriaid / atat.

14 Gwared fi rhag gwaed, O Dduw •
　　　Duw fy / iachaw/dwriaeth :
　　ac fe gân fy / nhafod / am dy • gyf/iawnder.

15 Arglwydd, agor / fy ngwe/fusau :
　　a bydd fy ngenau / yn my/negi dy / foliant.

Psalm 51

1 Have mercy on me, O God, in / your great / goodness :
   according to the abundance of your compassion
       / blot out / my of/fences.

2 Wash me thoroughly / from my / wickedness :
   and / cleanse me / from my / sin.

3 For I ac/knowledge my / faults :
   and my / sin is / ever be/fore me.

4 Against you only / have I / sinned :
   and done what is / evil / in your / sight,

‡5 So that you are justified / in your / sentence :
    and / righteous / in your / judgement.

6 I have been wicked even / from my / birth :
   a sinner / when my / mother con/ceived me.

7 Behold, you desire truth / deep with/in me :
   and shall make me understand wisdom
       / in the / depths of my / heart.

8 Purge me with hyssop and I / shall be / clean :
   wash me and I / shall be / whiter than / snow.

9 Make me hear of / joy and / gladness :
   that the bones you have / broken / may re/joice.

10 Turn your face / from my / sins :
    and / blot out / all my mis/deeds.

11 Make me a clean / heart, O / God :
    and re/new a right / spirit with/in me.

12 Cast me not away / from your / presence :
    and take not your / holy / spirit / from me.

13 Give me again the joy of / your sal/vation :
    and sustain me / with your / gracious / spirit;

‡14 Then shall I teach your ways / to the / wicked :
     and sinners / shall re/turn to / you.

15 Deliver me from my guilt, O God,
        the God of / my sal/vation :
    and my / tongue shall / sing of your / righteousness.

16 O Lord / open my / lips :
    and my / mouth shall pro/claim your / praise.

16 Oherwydd nid wyt yn ymhy/frydu mewn / aberth :
pe dygwn boethoff/rymau • ni / fyddit / fodlon.

17 Aberthau Duw yw / ysbryd • dry/lliedig :
calon ddrylliedig a churiedig / ni ddir/mygi • O / Dduw.

18 Gwna ddaioni i Seion / yn dy / ras :
adei/lada / furiau • Je/rwsalem.

19 Yna fe ymhyfrydi mewn aberthau cywir •
poethoffrwm ac / aberth / llosg :
yna fe aberthir / bustych / ar dy / allor.

Salm 52

1 O ŵr grymus, pam yr ymffrosti yn / dy ddryg/ioni :
yn erbyn y / duwiol / yr holl / amser?

2 Yr wyt yn / cynllwyn / distryw :
y mae dy dafod fel / ellyn / miniog • ti / dwyllwr.

3 Yr wyt yn caru drygioni'n / fwy • na dai/oni :
a chelwydd yn / fwy na / dweud y / gwir.

4 Yr wyt yn caru pob / gair di/faol :
ac / iaith – / dwyll/odrus.

‡5 Bydd Duw'n dy dynnu i / lawr am / byth :
bydd yn dy gipio ac yn dy dynnu o'th babell •
ac yn dy ddad/wreiddio • o / dir y / byw.

6 Bydd y cyfiawn yn gweld / ac yn / ofni :
yn chwerthin / am ei / ben a / dweud,

7 "Dyma'r un na wnaeth / Dduw yn / noddfa :
ond a ymddiriedodd yn nigonedd ei drysorau •
a cheisio noddfa / yn ei / gyfoeth • ei / hun."

8 Ond yr wyf fi fel olewydden iraidd / yn nhŷ / Dduw :
ymddiriedaf yn ffydd/londeb / Duw byth / bythoedd.

9 Diolchaf iti hyd byth am yr / hyn a / wnaethost :
cyhoeddaf dy enw • oherwydd / da • yw
y/mysg • dy ffydd/loniaid.

17 For you desire no sacrifice, else / I would / give it :
    you take no de/light in / burnt / offerings.

18 The sacrifice of God is a / broken / spirit :
    a broken and contrite heart, O God / you will / not des/pise.

19 O be favourable and / gracious to / Zion :
    build / up the / walls of Je/rusalem.

20 Then you will accept sacrifices offered in righteousness,
          the burnt offerings / and ob/lations :
    then shall they offer up / bulls / on your / altar.

Psalm 52

1 Why do you glory in / evil, you / tyrant :
   while the goodness of / God en/dures con/tinually?

2 You plot destruction / you de/ceiver :
   your tongue is / like a / sharpened / razor.

3 You love evil / rather than / good :
   falsehood / rather • than the / word of / truth.

4 You love all / words that / hurt :
   O / you de/ceitful / tongue.

‡5 Therefore God shall utterly / bring you / down :
    he shall take you and pluck you out of your tent
         and root you / out of the / land • of the / living.

6 The righteous shall / see this and / tremble :
   they shall / laugh you to / scorn, and / say:

7 'This is the one who did not take God / for a / refuge :
   but trusted in great riches
         / and re/lied upon / wickedness.'

8 But I am like a spreading olive tree in the / house of / God :
   I trust in the goodness of / God for / ever and / ever.

9 I will always give thanks to you for / what you have / done :
   I will hope in your name,
         for your / faithful / ones de/light in it.

Salm 53

1 Dywed yr ynfyd yn ei galon / "Nid oes / Duw." :
 Gwnânt weithredoedd llygredig a ffiaidd •
  nid oes / un a / wna ddai/oni.

2 Edrychodd yr Arglwydd o'r nefoedd / ar ddyn/olryw :
 i weld a oes rhywun yn gwneud yn / ddoeth •
  ac yn / ceisio / Duw.

3 Ond y mae pawb ar gyfeiliorn, ac mor llyg/redig • â'i / gilydd :
 nid oes un a wna ddai/oni / nac oes • dim / un.

4 Oni ddarostyngir y gwneuthurwyr drygioni •
  sy'n llyncu fy mhobl fel / llyncu / bwyd :
 ac sydd heb / alw / ar yr / Arglwydd?

5a Yno y byddant mewn / dychryn / mawr :
 dychryn / na — / fu ei / debyg.

5b Y mae Duw yn gwasgaru esgyrn / yr an/nuwiol :
 daw cywilydd arnynt / am i / Dduw eu / gwrthod.

‡6 O na ddôi gwaredigaeth i / Israel • o / Seion :
 Pan adfer yr Arglwydd lwyddiant i'w bobl •
  fe lawenha Jacob, fe / orfo/ledda / Israel.

Salm 54

1 O Dduw, gwareda fi / trwy dy / enw :
 a thrwy dy nerth / cyfiawn/ha — / fi.

2 O Dduw / gwrando • fy / ngweddi :
 rho / glust i / eiriau • fy / ngenau.

‡3 Oherwydd cododd gwŷr trahaus yn fy erbyn •
  ac y mae gwŷr didostur yn / ceisio • fy / mywyd :
 nid / ydynt • yn / meddwl • am / Dduw.

4 Wele, Duw yw fy / nghynorth/wywr :
 fy Arglwydd / yw cyn/haliwr • fy / mywyd.

5 Bydded i ddrygioni ddychwelyd / ar fy • nge/lynion :
 trwy dy wir/ionedd • di/ddyma / hwy.

6 Aberthaf yn ewy/llysgar • i / ti :
 clodforaf dy enw, O Arglwydd, o/herwydd / da — / yw;

7 Oherwydd gwaredodd fi o / bob cy/fyngder :
 a gwneud imi orfo/leddu / dros • fy nge/lynion.

Psalm 53

1   The fool has said in his heart, 'There / is no / God.' :
    Corrupt are they, and abominable in their wickedness;
        there is / no one / that does / good.

2   God has looked down from heaven upon the / children of / earth :
    to see if there is anyone who is / wise and / seeks after / God.

3   They are all gone out of the way;
        all alike have be/come cor/rupt :
    there is no one that does / good / no not / one.

4   Have they no knowledge, those / evil/doers :
    who eat up my people as if they ate bread,
        and / do not / call upon / God?

5   There shall they be in great fear, such fear as / never / was :
    for God will scatter the / bones of / the un/godly.

6   They will be / put to / shame :
    because / God / has re/jected them.

‡7 O that Israel's salvation would / come • out of / Zion! :
    When God restores the fortunes of his people
        then will Jacob re/joice and / Israel be / glad.

Psalm 54

1   Save me, O God / by your / name :
    and / vindicate / me • by your / power.

2   Hear my / prayer, O / God :
    give / heed • to the / words of my / mouth.

‡3 For strangers have risen up against me,
        and the ruthless seek / after my / life :
    they have / not set / God be/fore them.

4   Behold / God is my / helper :
    it is the / Lord • who up/holds my / life.

5   May evil rebound on those who / lie in / wait for me :
    des/troy them / in your / faithfulness.

6   An offering of a free heart / will I / give you :
    and praise your name, O / Lord, for / it is / gracious.

7   For he has delivered me out of / all my / trouble :
    and my eye has seen the / downfall / of my / enemies.

Salm 55

1 Gwrando, O Dduw / ar fy / ngweddi :
 paid ag ym/guddio / rhag • fy nei/syfiad.

2 Gwrando arnaf ac / ateb / fi :
 yr wyf wedi fy / llethu / gan fy / nghwyn.

3a Yr wyf bron â drysu gan / sŵn y / gelyn :
 gan groch/lefain / y dryg/ionus;

3b Oherwydd pentyrrant ddryg/ioni / arnaf :
 ac ymosod / arnaf / yn eu / llid.

4 Y mae fy / nghalon • mewn / gwewyr :
 a daeth ofn / angau / ar fy / ngwarthaf.

5 Daeth arnaf / ofn ac / arswyd :
 ac fe'm / meddi/annwyd • gan / ddychryn.

6 A dywedais, "O na fyddai gennyf a/denydd • co/lomen :
 imi gael ehedeg / ymaith / a gor/ffwyso!

7 Yna byddwn yn / crwydro • ym/hell :
 ac yn / aros / yn • yr an/ialwch;

8 Brysiwn / i gael / cysgod :
 rhag y / gwynt — / stormus • a'r / dymestl."

9 O Dduw, cymysga a / rhanna'u / hiaith :
 oherwydd gwelais drais a / chynnen / yn y / ddinas;

10 Ddydd a nos y maent yn ei hamgylchu / ar y / muriau :
 ac y mae drygioni / a thry/bini o'i / mewn,

11 Dinistr / yn ei / chanol :
 ac nid yw twyll a gorthrwm yn ym/adael / o'i march/nadfa.

12 Ond nid gelyn a'm gwawdiodd • gallwn / oddef / hynny :
 nid un o'm caseion a'm bychanodd •
  gallwn / guddio / rhag — / hwnnw;

13 Ond / ti, fy / nghydradd :
 fy nghy/dymaith / fy nghyd/nabod,

‡14 Buom mewn cyfeillach / felys • â'n / gilydd :
 wrth gerdded gyda'r / dyrfa / yn nhŷ / Dduw.

15 Doed mar/wolaeth / arnynt :
 bydded iddynt fynd yn fyw i Sheol •
  am fod drygioni'n car/trefu / yn eu / mysg.

Psalm 55

1 Hear my / prayer, O / God :
 hide not your/self from / my pe/tition.

2 Give heed to / me and / answer me :
 I am / restless in / my com/plaining.

3 I am alarmed at the / voice of the / enemy :
 and at the / clamour / of the / wicked;

4 For they would bring down / evil up/on me :
 and are / set a/gainst me in / fury.

5 My heart is dis/quieted with/in me :
 and the terrors of / death have / fallen up/on me.

6 Fearfulness and trembling are / come up/on me :
 and a horrible / dread has / over/whelmed me.

7 And I said: 'O that I had / wings • like a / dove :
 for then would I fly a/way and / be at / rest.

8 Then would I flee / far a/way :
 and make my / lodging / in the / wilderness.

9 I would make / haste to es/cape :
 from the / stormy / wind and / tempest.'

10 Confuse their tongues, O Lord / and di/vide them :
 for I have seen violence and / strife / in the / city.

11 Day and night they go about / on her / walls :
 mischief and / trouble are / in her / midst.

12 Wickedness / walks in her / streets :
 oppression and guile / never / leave her / squares.

13 For it was not an open enemy / that re/viled me :
 for / then I / could have / borne it;

14 Nor was it my adversary that puffed himself / up a/gainst me :
 for then I / would have / hid myself / from him.

15 But it was even you, one / like my/self :
 my companion and my / own fa/miliar / friend.

16 We took sweet / counsel to/gether :
 and walked with the multitude / in the / house of / God.

‡17 Let death come suddenly upon them;
 let them go down alive / to the / Pit :
 for wickedness inhabits their / dwellings, their / very / hearts.

16 Ond gwaeddaf / fi ar / Dduw :
   a bydd yr / Arglwydd / yn fy / achub.

17 Hwyr a bore a chanol dydd fe / gwynaf a / griddfan :
   a / chlyw — / ef fy / llais.

18 Gwareda fy mywyd yn ddiogel o'r rhyfel / yr wyf / ynddo :
   oherwydd / y mae / llawer i'm / herbyn.

19 Gwrendy Duw a'u darostwng •
       y mae ef wedi ei or /seddu • er /ioed :
   am na fynnant / newid • nac / ofni / Duw.

20 Estynnodd fy nghydymaith ei law yn erbyn / ei gy /feillion :
   a / thorrodd / ei gy /famod.

21a Yr oedd ei leferydd yn es /mwythach • na / menyn :
    ond yr oedd / rhyfel / yn ei / galon;

‡21b Yr oedd ei eiriau'n / llyfnach • nag / olew :
     ond yr / oeddent • yn / gleddyfau / noeth.

22 Bwrw dy faich ar yr Arglwydd, ac fe'th / gynnal / di :
   ni ad i'r cyfiawn / gael ei / ysgwyd / byth.

23a Ti, O Dduw, a'u bwria / i'r pwll / isaf :
    rhai / gwaedlyd / a thwy /llodrus,

‡23b Ni chânt fyw / hanner • eu / dyddiau :
     ond ymddi /riedaf • fi / ynot / ti.

Salm 56

1 Bydd drugarog / wrthyf • O / Dduw :
  oherwydd y mae pobl yn gwasgu arnaf •
      ac ymosodwyr yn fy ngor /thrymu / drwy'r — / dydd;

2 Y mae fy ngelynion yn gwasgu / arnaf • drwy'r / dydd :
  a llawer yw'r / rhai sy'n / ymladd • yn / f'erbyn.

3 Cod fi i fyny yn / nydd fy / ofn :
  yr wyf yn ym /ddiried / ynot / ti.

4 Yn Nuw, yr un y molaf ei air •
      yn Nuw yr wyf yn ym /ddiried • heb / ofni :
  beth a all / pobl ei / wneud i /mi?

5 Trwy'r dydd y maent yn ys /tumio • fy / ngeiriau :
  ac y mae eu / holl fwr /iadau • i'm / drygu.

18 As for me, I will / call upon / God :
and the / Lord / will de/liver me.

19 In the evening and morning and at noonday
    I will pray and make my / suppli/cation :
and / he shall / hear my / voice.

20 He shall redeem my soul in peace
    from the battle / waged a/gainst me :
for / many have / come up/on me.

21 God, who is enthroned of old, will hear and / bring them / down :
they will not repent, for they / have no / fear of / God.

22 My companion stretched out his hands a/gainst his / friend :
and has / broken / his / covenant;

23 His speech was softer than butter,
    though war was / in his / heart :
his words were smoother than oil,
    yet / are they / naked / swords.

24 Cast your burden upon the Lord and he / will sus/tain you :
and will not let the / righteous / fall for / ever.

25 But those that are bloodthirsty and de/ceitful, O / God :
you will bring / down • to the / pit of des/truction.

‡26 They shall not live out / half their / days :
but my trust shall / be in / you, O / Lord.

Psalm 56

1 Have mercy on me, O God, for they / trample / over me :
all day long / they as/sault • and op/press me.

2 My adversaries trample over me / all the day / long :
many are they that / make proud / war a/gainst me.

3 In the day of my fear I put my / trust in / you :
in / God whose / word I / praise.

4 In God I trust, and / will not / fear :
for / what can / flesh / do to me?

5 All day long they / wound me with / words :
their every / thought • is to / do me / evil.

6 Ymgasglant at ei / gilydd • a / llechu :
  ac y / maent • yn / gwylio • fy / nghamre.

‡7 Fel y disgwyliant am fy mywyd • tâl iddynt / am eu / trosedd :
  yn dy ddig, O / Dduw, da/rostwng / bobloedd.

8 Yr wyt ti wedi cofnodi fy ocheneidiau •
    ac wedi cos/trelu • fy / nagrau :
  onid / ydynt / yn dy / lyfr?

9 Yna troir fy ngelynion yn eu hôl yn y dydd y / galwaf / arnat :
  hyn a / wn fod / Duw o'm / tu.

10a Yn Nuw, yr un y / molaf • ei / air :
  yn yr / Arglwydd • y / molaf • ei / air,

10b Yn Nuw yr wyf yn ym/ddiried • heb / ofni :
  beth a all / pobl ei / wneud – / imi?

11 Gwneuthum addunedau i / ti, O / Dduw :
  fe'u talaf i / ti • ag off/rymau / diolch.

12 Oherwydd gwaredaist fy mywyd rhag angau •
    a'm camau, yn / wir, rhag / llithro :
  er mwyn imi rodio gerbron / Duw • yng ngo/leuni'r / bywyd.

Salm 57

1a Bydd drugarog wrthyf, O Dduw • bydd dru/garog / wrthyf :
  oherwydd ynot / ti yr / wyf • yn llo/chesu;

1b Yng nghysgod dy adenydd y / mae fy / lloches :
  nes i'r / stormydd / fynd – / heibio.

2 Galwaf ar y / Duw Go/ruchaf :
  ar y Duw / sy'n gweith/redu / drosof.

3 Bydd yn anfon o'r nefoedd i'm gwaredu •
    bydd yn cywilyddio'r rhai sy'n / gwasgu / arnaf :
  bydd Duw yn anfon ei / gariad / a'i wi/rionedd.

4a Yr wyf yn byw yng ng/hanol / llewod :
  rhai / sy'n traf/lyncu / pobl,

4b A'u dannedd yn bi/cellau • a / saethau :
  a'u / tafod • yn / gleddyf / miniog.

5 Ymddyrchafa'n uwch na'r / nefoedd • O / Dduw :
  a bydded dy ogoniant / dros yr / holl — / ddaear.

6   They stir up trouble; they / lie in / wait :
    marking my / steps, they / seek my / life.

7   Shall they escape for / all their / wickedness? :
    In anger, O God / cast the / peoples / down.

8   You have counted up my groaning;
        put my tears / into your / bottle :
    are they not / written / in your / book?

9   Then shall my enemies turn back
        on the day when I / call up/on you :
    this I know, for / God is / on my / side.

10 In God whose word I praise,
        in the Lord whose / word I / praise :
    in God I trust and will not fear:
        / what can / flesh / do to me?

11 To you, O God, will I ful/fil my / vows :
    to you will I pre/sent my / offerings of / thanks,

12 For you will deliver my soul from death
        and my / feet from / falling :
    that I may walk before God / in the / light of the / living.

Psalm 57

1   Be merciful to me, O God, be / merciful to / me :
    for my / soul takes / refuge in / you;

2   In the shadow of your wings will / I take / refuge :
    until the storm of des/truction / has passed / by.

3   I will call upon the / Most High / God :
    the God who ful/fils his / purpose for / me.

4   He will send from heaven and save me
        and rebuke those that would / trample up/on me :
    God will send / forth his / love • and his / faithfulness.

5   I lie in the / midst of / lions :
    people whose teeth are spears and arrows,
        / and their / tongue a sharp / sword.

6   Be exalted, O God, a/bove the / heavens :
    and your glory / over / all the / earth.

6a Y maent wedi gosod / rhwyd i'm / traed :
    ac / wedi • da/rostwng • fy / mywyd;

‡6b Y maent wedi cloddio pwll / ar fy / nghyfer :
    ond hwy eu hunain / fydd yn / syrthio / iddo.

7   Y mae fy nghalon yn gadarn, O Dduw •
        y mae fy / nghalon • yn / gadarn :
    fe / ganaf • a / rhoi – / mawl.

8   Deffro, fy enaid • deffro di / nabl a / thelyn :
    fe dde/ffroaf • ar / doriad / gwawr.

9   Rhof ddiolch i ti, O Arglwydd, y/mysg y / bobloedd :
    a chanmolaf / di y/mysg • y cen/hedloedd,

10 Oherwydd y mae dy gariad yn ymestyn / hyd y / nefoedd :
    a'th wi/rionedd / hyd • y cy/mylau.

‡11 Ymddyrchafa'n uwch na'r / nefoedd • O / Dduw :
    a bydded dy ogoniant / dros yr / holl – / ddaear.

Salm 58

1   Chwi gedyrn, a ydych mewn difri'n ded/frydu'n / gyfiawn? :
    A ydych yn / barnu / pobl yn / deg?

2   Na! Yr ydych â'ch calonnau'n dy/feisio • dryg/ioni :
    ac â'ch dwylo'n gwas/garu / trais • dros y / ddaear.

3   Y mae'r drygionus yn wrthry/felgar • o'r / groth :
    a'r rhai sy'n llefaru celwydd yn / cyfei/liorni • o'r / bru.

4   Y mae eu gwenwyn fel / gwenwyn / sarff :
    fel asb / fyddar • sy'n / cau ei / chlustiau,

‡5 A heb wrando ar / sain y / swynwr :
    sy'n taenu / ei hu/doliaeth / ryfedd.

6   O Dduw, dryllia'r dannedd / yn eu / genau :
    diwreiddia gil/ddannedd • y / llewod • O / Arglwydd.

7   Bydded iddynt ddiflannu fel dŵr / a mynd / ymaith :
    a / chrino • fel / gwellt a / sethrir;

8   Byddant fel erthyl / sy'n dif/lannu :
    ac fel marw-anedig / na wêl / olau / dydd.

9   Cyn iddynt wybod bydd yn / eu di/wreiddio :
    yn ei ddig bydd yn eu / sgubo / ymaith • fel / chwyn.

7   They have laid a net for my feet;
      my soul is / pressed / down :
  they have dug a pit before me
      and will / fall • into / it them/selves.

8   My heart is ready, O God, my / heart is / ready :
  I will / sing and / give you / praise.

9   Awake, my soul; awake / harp and / lyre :
  that / I may a/waken the / dawn.

10   I will give you thanks, O Lord, a/mong the / peoples :
  I will sing praise to / you a/mong the / nations.

11   For your loving-kindness is as / high as the / heavens :
  and your faithfulness / reaches / to the / clouds.

12   Be exalted, O God, a/bove the / heavens :
  and your glory / over / all the / earth.

Psalm 58

1   Do you indeed speak / justly, you / mighty? :
  Do you / rule the / peoples with / equity?

2   With unjust heart you act through/out the / land :
  your / hands / mete out / violence.

3   The wicked are estranged, even / from the / womb :
  those who speak falsehood go a/stray / from their / birth.

4   They are as venomous / as a / serpent :
  they are like the deaf / adder which / stops its / ears,

‡5   Which does not heed the / voice of the / charmers :
  and is deaf to the / skilful / weaver of / spells.

6   Break, O God, their / teeth in their / mouths :
  smash the / fangs of these / lions, O / Lord.

7   Let them vanish like water that / runs a/way :
  let them / wither like / trodden / grass.

8   Let them be as the slimy / track of the / snail :
  like the untimely birth that / never / sees the / sun.

9   Before ever their pots feel the / heat of the / thorns :
  green or blazing / let them be / swept a/way.

10 Bydd y cyfiawn yn llawenhau am iddo / weld di/aledd :
   ac yn golchi ei / draed yng / ngwaed • y dryg/ionus.

11 A dywed pobl, "Yn ddi-os y mae / gwobr i'r / cyfiawn :
   oes, y mae / Duw • sy'n gwneud / barn • ar y / ddaear."

Salm 59

1 Gwared fi oddi wrth fy ngelynion / O fy / Nuw :
   amddiffyn fi / rhag fy / ngwrthwy/nebwyr.

2 Gwared fi oddi wrth wneu/thurwyr • dryg/ioni :
   ac / achub • fi / rhag rhai / gwaedlyd.

3 Oherwydd wele, gosodant gynllwyn / am fy / einioes :
   y mae rhai cryfion yn ymosod arnaf •
       heb fod trosedd na / phechod / ynof • fi / Arglwydd,

4 Heb fod drygioni ynof fi, rhedant i bara/toi i'm / herbyn :
   cyfod, tyrd / ataf / fi ac / edrych.

‡5 Ti, Arglwydd Dduw y lluoedd, yw / Duw — / Israel :
   deffro a chosba'r holl genhedloedd •
       paid â thrugarhau / wrth • y dryg/ionus • di/chellgar.

6 Dychwelant / gyda'r / nos :
   yn cyfarth fel cŵn ac yn / prowla / trwy'r / ddinas.

7 Wele, y mae eu genau'n glafoerio •
       y mae cleddyf / rhwng eu / gweflau :
   "Pwy" / meddant / "sy'n — / clywed?"

8 Ond yr wyt ti, Arglwydd, yn chwerthin / am eu / pennau :
   ac yn / gwawdio'r / holl gen/hedloedd.

9 O fy Nerth, dis/gwyliaf / wrthyt :
   oherwydd / Duw yw / f'amddi/ffynfa.

‡10 Bydd fy Nuw trugarog yn / sefyll • o'm / plaid :
   O Dduw, rho imi orfo/leddu / dros • fy nge/lynion.

11 Paid â'u lladd rhag i'm / pobl ang/hofio :
   gwasgar hwy â'th nerth
       a darostwng / hwy, O / Arglwydd • ein / tarian.

12 Am bechod eu genau a gair eu gwefusau •
       dalier hwy gan eu / balchder • eu / hunain :
   am y mellithion a'r cel/wyddau / a le/farant,

10   The righteous will be glad when they / see God's / vengeance :
　　　they will bathe their / feet • in the / blood of the / wicked.

11   So that people will say,
　　　　'Truly, there is a harvest / for the / righteous :
　　　truly, there is a God who / judges / in the / earth.'

Psalm 59

1   Rescue me from my enemies / O my / God :
　　　set me high above / those that / rise up a/gainst me.

2   Save me from the / evil/doers :
　　　and from / murderous / foes de/liver me.

3   For see how they lie in wait / for my / soul :
　　　and the mighty / stir up / trouble a/gainst me.

4   Not for any fault or sin of / mine, O / Lord :
　　　for no offence, they run and pre/pare them/selves for / war.

5   Rouse yourself, come to my / aid and / see :
　　　for you are the Lord of / hosts, the / God of / Israel.

6   Awake, and judge / all the / nations :
　　　show no mercy / to the / evil / traitors.

7   They return at nightfall and / snarl like / dogs :
　　　and / prowl a/bout the / city.

8   They pour out evil words with their mouths;
　　　　swords are / on their / lips :
　　　'For / who', they / say, 'can / hear us?'

9   But you / laugh at them, O / Lord :
　　　you hold all the / nations / in de/rision.

10   For you, O my strength / will I / watch :
　　　you, O God / are my / strong / tower.

11   My God in his steadfast / love will / come to me :
　　　he will let me behold the / downfall / of my / enemies.

12   Slay them not, lest my / people for/get :
　　　send them reeling by your might
　　　　and bring them / down, O / Lord our / shield.

13   For the sins of their mouth, for the / words of their / lips :
　　　let them be / taken / in their / pride.

13 Difa hwy yn dy lid / difa • hwy'n / llwyr :
    fel y bydd yn wybyddus hyd derfynau'r ddaear •
        mai Duw sy'n / llywod/raethu • yn / Jacob.

14 Dychwelant / gyda'r / nos :
    yn cyfarth fel cŵn / ac yn / prowla • trwy'r / ddinas.

15 Crwydrant gan / chwilio • am / fwyd :
    a / grwgnach / onis • di/gonir.

16a Ond canaf fi / am dy / nerth :
    a gorfoleddu yn y / bore • am / dy ffydd/londeb;

16b Oherwydd buost yn amddi/ffynfa • i / mi :
    ac yn / noddfa • yn / nydd • fy nghy/fyngder.

17 O fy Nerth, canaf / fawl i / ti :
    oherwydd Duw yw f'amddi/ffynfa • fy / Nuw tru/garog.

Salm 60

1 O Dduw, gwrthodaist / ni a'n / bylchu :
    buost yn / ddicllon. / Adfer / ni!

2 Gwnaethost i'r ddaear grynu / ac fe'i / holltaist :
    trwsia ei rhwygiadau, o/herwydd / y mae'n / gwegian.

3 Gwnaethost i'th bobl / yfed • peth / chwerw :
    a rhoist inni / win a'n / gwna'n – / simsan.

4 Rhoist faner i'r rhai / sy'n dy / ofni :
    iddynt / ffoi • ati / rhag y / bwa.

5 Er mwyn gwaredu / dy an/wyliaid :
    achub â'th dde/heulaw • ac / ateb / ni.

6 Llefarodd Duw / yn ei / gysegr :
    "Yr wyf yn gorfoleddu wrth rannu Sichem •
        a mesur / dyffryn / Succoth • yn / rhannau;

7 Eiddof fi yw Gilead / a Ma/nasse :
    Effraim yw fy helm, a Jwda / yw fy / nheyrnwi/alen;

8 Moab yw fy nysgl ymolchi,
        ac at Edom y / taflaf • fy / esgid :
    ac yn erbyn Phi/listia • y / gorfo/leddaf."

14 For the cursing and falsehood / they have / uttered :
consume them in wrath,
      consume them / till they / are no / more.

15 And they shall know that God / rules in / Jacob :
and / to the / ends of the / earth.

16 And still they return at nightfall and / snarl like / dogs :
and / prowl a/bout the / city.

17 Though they forage for / something • to de/vour :
and howl / if they / are not / filled.

18 Yet will I / sing of your / strength :
and every morning / praise your / steadfast / love;

19 For you have / been my / stronghold :
my refuge / in the / day of my / trouble.

20 To you, O my strength / will I / sing :
for you, O God, are my refuge, my / God of / steadfast / love.

Psalm 60

1 O God, you have cast us / off and / broken us :
you have been angry; restore us / to your/self a/gain.

2 You have shaken the earth and / torn it a/part :
heal its / wounds / for it / trembles.

3 You have made your people drink / bitter / things :
we reel from the / deadly / wine • you have / given us.

4 You have made those who / fear you to / flee :
to es/cape • from the / range of the / bow.

‡5 That your beloved may / be de/livered :
save us by / your right / hand and / answer us.

6 God has spoken / in his / holiness :
'I will triumph and divide Shechem,
      and share / out the / valley of / Succoth.

7 Gilead is mine and Ma/nasseh is / mine :
Ephraim is my / helmet and / Judah my / sceptre.

‡8 Moab shall be my washpot;
      over Edom will I / cast my / sandal :
across Philistia / will I / shout in / triumph.'

9   Pwy a'm dwg i'r / ddinas / gaerog? :
    Pwy a'm / har–/wain i / Edom?

10 Onid ti, O Dduw / er • iti'n / gwrthod :
    a pheidio â mynd / allan / gyda'n • by/ddinoedd?

11 Rho inni gymorth / rhag y / gelyn :
    oherwydd ofer / yw ym/wared / dynol.

12 Gyda Duw fe / wnawn wr/hydri :
    ef fydd yn / sathru / ein ge/lynion.

Salm 61

1   Clyw fy / nghri, O / Dduw :
    a / gwrando / ar fy / ngweddi;

2   O eithaf y ddaear yr wyf yn galw arnat •
        pan yw fy / nghalon • ar / suddo :
    arwain fi at / graig sy'n / uwch na / mi;

3   Oherwydd buost ti'n / gysgod / imi :
    yn dŵr / cadarn / rhag y / gelyn.

4   Gad imi aros yn dy / babell • am / byth :
    a llochesu dan / gysgod / dy a/denydd.

5   Oherwydd clywaist ti, O Dduw, fy / addu/nedau :
    a gwnaethost ddymuniad y / rhai sy'n / ofni • dy / enw.

6   Estyn ddyddiau lawer at / oes y / brenin :
    a bydded ei fly/nyddoedd • fel / cened/laethau;

7   Bydded wedi ei orseddu gerbron / Duw am / byth :
    bydded cariad a gwi/rionedd • yn / gwylio / drosto.

8   Felly y canmolaf dy / enw / byth :
    a thalu fy addunedau / ddydd ar / ôl — / dydd.

Salm 62

1   Yn wir, yn Nuw yr ymda/wela • fy / enaid :
    oddi wrtho ef y / daw fy / ngware/digaeth.

2   Ef yn wir yw fy nghraig a'm / gware/digaeth :
    fy amddi/ffynfa • fel / na' sy/mudir.

3   Am ba hyd yr ymosodwch ar ddyn • bob / un o/honoch :
    a'i falurio, fel mur wedi go/gwyddo • a / chlawdd ar / syrthio?

9   Who will lead me into the / strong / city? :
　　 Who will / bring me / into / Edom?

10   Have you not cast us / off, O / God? :
　　 Will you no longer / go forth / with our / troops?

11   Grant us your help a/gainst the / enemy :
　　 for / earthly / help is in / vain.

12   Through God will we / do great / acts :
　　 for it is he that / shall tread / down our / enemies.

Psalm 61

1   Hear my / crying, O / God :
　 and / listen / to my / prayer.

2   From the end of the earth
　　　　 I call to you with / fainting / heart :
　 O set me on the / rock • that is / higher than / I.

3   For / you are my / refuge :
　 a strong / tower a/gainst the / enemy.

4   Let me dwell in your / tent for / ever :
　 and take refuge under the / cover / of your / wings.

5   For you, O God, will / hear my / vows :
　 you will grant the request of / those who / fear your / name.

6   You will add length of days to the / life of the / king :
　 that his years may endure through/out all / gene/rations.

7   May he sit enthroned before / God for / ever :
　 may steadfast / love and / truth watch / over him.

8   So will I always sing / praise to your / name :
　 and day by / day ful/fil my / vows.

Psalm 62

1   On God alone my soul in / stillness / waits :
　 from / him comes / my sal/vation.

2   He alone is my rock and / my sal/vation :
　 my stronghold, so that / I shall / never be / shaken.

3   How long will all of you assail me / to des/troy me :
　 as you would a tottering / wall • or a / leaning / fence?

4a Yn wir, cynlluniant i'w dynnu i / lawr o'i / safle :
    ac y maent yn / ymhyf/rydu • mewn / twyll;

4b Y maent yn ben/dithio • â'u / genau :
    ond ynddynt eu / hunain / yn mell/tithio.

5   Yn wir, yn Nuw yr ymda/wela • fy / enaid :
    oddi wrtho / ef y / daw fy / ngobaith.

6   Ef yn wir yw fy nghraig a'm / gware/digaeth :
    fy amddi/ffynfa • fel / na'm sy/mudir.

7   Ar Dduw y dibynna fy ngwaredigaeth / a'm han/rhydedd :
    fy nghraig / gadarn • fy / noddfa • yw / Duw.

8   Ymddiriedwch ynddo bob amser, O bobl •
    tywalltwch allan eich / calon / iddo:
        Duw / yw – / ein – / noddfa.

9a Yn wir, nid yw / gwrêng ond / anadl :
    nid yw / bonedd / ond – / rhith :

9b Pan roddir hwy mewn / clorian / codant :
    y maent i / gyd • yn ys/gafnach • nag / anadl.

10a Peidiwch ag ym/ddiried • mewn / gormes :
    na go/beithio'n / ofer • mewn / lladrad;

‡10b Er i gyfoeth / aml–/hau :
    peidiwch â / gosod • eich / bryd – / arno.

11 Unwaith y llefarodd Duw • dwywaith y / clywais / hyn :
    i / Dduw y / perthyn / nerth,

12 I ti, O Arglwydd, y / perthyn • ffydd/londeb :
    yr wyt yn talu i bob / un yn / ôl • ei weith/redoedd.

Salm 63

1a O Dduw, ti yw fy Nuw, fe'th / geisiaf / di :
    y mae fy enaid / yn sy/chedu • am/danat,

1b A'm cnawd yn di/hoeni • o'th / eisiau :
    fel tir / sych a / diffaith • heb / ddŵr.

2   Fel hyn y syllais arnat / yn y / cysegr :
    a / gweld dy / rym • a'th o/goniant.

3   Y mae dy ffyddlondeb yn / well na / bywyd :
    am hynny bydd fy ngwe/fusau'n / dy fo/liannu.

4 They plot only to thrust me down from my place of honour;
      lies are their / chief de/light :
   they bless with their mouth,
      but / in their / heart they / curse.

5 Wait on God alone in stillness / O my / soul :
   for in / him / is my / hope.

6 He alone is my rock and / my sal/vation :
   my stronghold, so that / I shall / not be / shaken.

7 In God is my strength / and my / glory :
   God is my strong rock; in / him / is my / refuge.

8 Put your trust in him / always, my / people :
   pour out your hearts before him,
      for / God / is our / refuge.

9 The peoples are but a breath,
      the whole human race / a de/ceit :
   on the scales they are alto/gether / lighter than / air.

10 Put no trust in oppression;
      in robbery take no / empty / pride :
   though wealth increase / set not your / heart up/on it.

11 God spoke once, and twice have I / heard the / same :
   that / power be/longs to / God.

12 Steadfast love belongs to / you, O / Lord :
   for you repay everyone ac/cording / to their / deeds.

Psalm 63

1 O God, you are my God; / eagerly I / seek you :
   my / soul • is a/thirst for / you.

2 My flesh / also / faints for you :
   as in a dry and thirsty / land • where there / is no / water.

3 So would I gaze upon you in your / holy / place :
   that I might behold your / power / and your / glory.

4 Your loving-kindness is better than / life it/self :
   and / so my / lips shall / praise you.

4   Fel hyn y byddaf yn dy fendithio / trwy fy / oes :
    ac yn codi fy nwylo mewn / gweddi / yn dy / enw.

5   Caf fy nigoni, fel pe ar / fêr a / braster :
    a moliannaf / di • â gwe/fusau / llawen.

6   Pan gofiaf di / ar fy / ngwely :
    a myfyrio amdanat yng / ngwy•liadwr/iaethau'r / nos,

7   Fel y buost yn / gymorth / imi :
    ac fel yr arhosais yng / nghysgod / dy a/denydd,

8   Bydd fy enaid yn / glynu / wrthyt :
    a bydd dy dde/heulaw / yn fy / nghynnal.

9   Ond am y rhai sy'n ceisio di/fetha • fy / mywyd :
    byddant hwy'n suddo / i ddyfn/derau'r / ddaear;

10 Fe'u tynghedir i / fin y / cleddyf :
    a byddant yn ysg/lyfaeth / i lwy/nogod.

11 Ond bydd y brenin yn llawenhau yn Nuw •
        a bydd pawb sy'n tyngu iddo ef yn / gorfo/leddu :
    oherwydd caeir / safnau'r / rhai cel/wyddog.

Salm 64

1   Clyw fy llais, O Dduw / wrth • imi / gwyno :
    achub fy / mywyd • rhag / arswyd • y / gelyn,

2   Cuddia fi rhag cynllwyn / rhai dryg/ionus :
    a rhag / dichell • gwneu/thurwyr • dryg/ioni,

3   Rhai sy'n hogi eu / tafod • fel / cleddyf :
    ac yn anelu eu / geiriau / chwerw • fel / saethau,

4   I saethu'r di/euog • o'r / dirgel :
    i saethu'n / sydyn / a di-/ofn.

5   Y maent yn glynu wrth eu bwriad drwg •
        ac yn sôn am osod / maglau • o'r / golwg :
    a dweud / "Pwy – / all ein / gweld?"

6   Y maent yn dyfeisio drygioni • ac yn cuddio'u / dyfeis/iadau :
    y mae'r galon a'r / meddwl / dynol • yn / ddwfn!

7   Ond bydd Duw'n eu / saethu • â'i / saeth :
    yn / sydyn • y / daw eu / cwymp.

8   Bydd yn eu dymchwel o/herwydd • eu / tafod :
    a bydd pawb sy'n eu / gweld yn / ysgwyd • eu / pennau.

5　I will bless you as / long as I / live :
　　and / lift up my / hands • in your / name.

6　My soul shall be satisfied, as with / marrow and / fatness :
　　and my mouth shall / praise you with / joyful / lips,

7　When I remember you up/on my / bed :
　　and meditate on you in the / watches / of the / night.

8　For you have / been my / helper :
　　and under the shadow of your / wings will / I re/joice.

9　My / soul / clings to you :
　　your / right hand shall / hold me / fast.

10　But those who seek my soul / to des/troy it :
　　shall go / down • to the / depths of the / earth;

11　Let them fall by the / edge of the / sword :
　　and be/come a / portion for / jackals.

12　But the king shall rejoice in God;
　　　all those who swear by him / shall be / glad :
　　for the mouth of those who speak / lies / shall be / stopped.

Psalm 64

1　Hear my voice, O God, in / my com/plaint :
　　preserve my / life from / fear of the / enemy.

2　Hide me from the conspiracy / of the / wicked :
　　from the / gathering of / evil/doers.

3　They sharpen their tongue / like a / sword :
　　and aim their / bitter / words like / arrows,

4　That they may shoot at the / blameless from / hiding places :
　　suddenly they / shoot, and / are not / seen.

5　They hold fast to their / evil / course :
　　they talk of laying snares / saying / 'Who will / see us?'

6　They search out wickedness and lay a / cunning / trap :
　　for deep are the / inward / thoughts of the / heart.

7　But God will shoot at them with his / swift / arrow :
　　and / suddenly / they shall be / wounded.

8　Their own tongues shall / make them / fall :
　　and all who see them shall / wag their / heads in / scorn.

9 Daw ofn ar bawb • a byddant yn adrodd / am waith / Duw :
ac yn / deall • yr / hyn a / wnaeth.

10 Bydded i'r cyfiawn lawenhau yn yr Arglwydd,
    a llo/chesu / ynddo :
a bydded i'r holl rai / uniawn / orfo/leddu.

Salm 65

1,2 Mawl sy'n ddyledus i ti, O / Dduw, yn / Seion :
ac i ti, sy'n gwrando / gweddi • y / telir • a/dduned.

3 Atat ti y daw pob un â'i / gyffes • o / bechod :
"Y mae ein troseddau'n drech na ni
    / ond yr • wyt / ti'n eu / maddau."

4 Gwyn ei fyd y sawl a ddewisi ac a / ddygi'n / agos :
iddo gael preswylio yn dy gynteddau •
    digoner ninnau â daioni dy / dŷ,
    dy / deml / sanctaidd.

5a Mewn gweithredoedd ofnadwy
        yr atebi ni â / buddu/goliaeth :
O / Dduw ein / hiachaw/dwriaeth;

5b Ynot yr ymddiried holl / gyrion • y / ddaear :
a / phell–/afoedd • y / môr;

6 Gosodi'r mynyddoedd yn eu / lle â'th / nerth :
yr wyt wedi / dy wre/gysu â / chryfder;

7 Yr wyt yn ta/welu • rhu'r / moroedd :
rhu eu / tonnau • a / therfysg / pobloedd.

8 Y mae trigolion cyrion y byd yn ofni / dy ar/wyddion :
gwnei i diroedd bore a / hwyr / lawen/hau.

9a Rwyt yn gofalu am y ddaear ac yn / ei dyfr/hau :
gwnaethost / hi'n do/reithiog / iawn;

9b Y mae afon Duw'n llawn o ddŵr • darperaist / iddynt / ŷd :
fel hyn yr wyt yn / trefnu / ar ei / chyfer :

10 Dyfrhau ei rhychau, gwasta/táu ei / chefnau :
ei mwydo â chawodydd / a ben/dithio'i / chnwd.

11 Yr wyt yn coroni'r flwyddyn / â'th ddai/oni :
ac y mae dy / lwybrau'n • di/feru • gan / fraster.

9   All peoples shall fear and tell what / God has / done :
    and they will / ponder / all his / works.

10   The righteous shall rejoice in the Lord
        and put their / trust in / him :
    and all that are true of / heart / shall ex/ult.

Psalm 65

1   Praise is due to you, O / God, in / Zion :
    to you that answer / prayer shall / vows be / paid.

2   To you shall all flesh come to con/fess their / sins :
    when our misdeeds prevail against us,
        / you will / purge them a/way.

3   Happy are they whom you choose
        and draw to your / courts to / dwell there :
    we shall be satisfied with the blessings of your house,
        / even • of your / holy / temple.

4   With wonders you will answer us in your righteousness,
        O God of / our sal/vation :
    O hope of all the ends of the earth
        and / of the / farthest / seas.

5   In your strength you set / fast the / mountains :
    and are / girded a/bout with / might.

6   You still the / raging • of the / seas :
    the roaring of their waves and the / clamour / of the / peoples.

‡7   Those who dwell at the ends of the earth
        tremble / at your / marvels :
    the gates of the morning and / evening / sing your / praise.

8   You visit the / earth and / water it :
    you / make it / very / plenteous.

9   The river of God is / full of / water :
    you prepare grain for your people,
        for / so you pro/vide • for the / earth.

10   You drench the furrows and / smooth out the / ridges :
    you soften the ground with / showers and / bless its / increase.

11   You crown the year / with your / goodness :
    and your / paths • over/flow with / plenty.

12 Y mae porfeydd yr anialdir / yn di/feru :
a'r bryniau wedi eu gwre/gysu / â lla/wenydd;

13 Y mae'r dolydd wedi eu gwisgo â defaid •
   a'r dyffrynnoedd wedi eu gor/chuddio • ag / ŷd :
y maent yn bloeddio / ac yn / gorfo/leddu.

Salm 66

1,2 Bloeddiwch mewn gorfoledd i Dduw yr / holl — / ddaear :
canwch i ogoniant ei enw • rhowch
   iddo / foliant / gogo/neddus.

3 Dywedwch wrth Dduw •
   "Mor ofnadwy yw / dy weith/redoedd! :
Gan faint dy nerth ym/greinia • dy e/lynion • o'th / flaen;

4 Y mae'r holl ddaear yn ym/grymu • o'th / flaen :
ac yn canu mawl i ti • yn / canu / mawl i'th / enw."

5 Dewch i weld yr hyn a / wnaeth — / Duw :
y mae'n ofnadwy yn ei weith/redoedd / tuag • at / bobl,

6 Trodd y môr yn sychdir • aethant ar / droed trwy'r / afon :
yno y / llawe/nychwn / ynddo.

7 Y mae ef yn llywodraethu â'i nerth am byth •
   a'i lygaid yn gwylio / dros y • cen/hedloedd :
na fydded i'r gwrthryfelwyr / godi / yn ei / erbyn!

8 Bendithiwch ein / Duw, O / bobloedd :
a / seiniwch • ei / fawl • yn gly/wadwy.

9 Ef a roes le i ni y/mysg y / byw :
ac ni a/dawodd • i'n / troed — / lithro.

10 Oherwydd buost yn ein / profi • O / Dduw :
ac / yn ein / coethi • fel / arian.

11 Dygaist / ni i'r / rhwyd :
rhoist / rwy—/mau am/danom,

‡12 Gadewaist i ddynion farchogaeth dros ein pennau •
    aethom trwy / dân a / dyfroedd :
ond / dygaist • ni / allan • i / ryddid.

13 Dof i'th deml â / phoethoff/rymau :
talaf i / ti fy / addu/nedau,

12 May the pastures of the wilderness / flow with / goodness :
and the / hills be / girded with / joy.

13 May the meadows be clothed with / flocks of / sheep :
and the valleys stand so thick with corn
   that / they shall / laugh and / sing.

Psalm 66

1 Be joyful in God / all the / earth :
sing the glory of his name;
   sing the / glory / of his / praise.

2 Say to God, 'How awesome / are your / deeds! :
Because of your great strength
   your / enemies shall / bow be/fore you.

‡3 All the / earth shall / worship you :
sing to you, sing / praise / to your / name.'

4 Come now and behold the / works of / God :
how wonderful he is in his / dealings with / human/kind.

5 He turned the sea into dry land;
   the river they passed / through on / foot :
there / we re/joiced in / him.

‡6 In his might he rules for ever;
   his eyes keep watch / over the / nations :
let no / rebel rise / up a/gainst him.

7 Bless our God / O you / peoples :
make the voice of his / praise / to be / heard,

8 Who holds our / souls in / life :
and suffers / not our / feet to / slip.

9 For you, O / God, have / proved us :
you have / tried us as / silver is / tried.

10 You brought us / into the / snare :
you laid heavy / burdens up/on our / backs.

‡11 You let enemies ride over our heads;
   we went through / fire and / water :
but you brought us out / into a / place of / liberty.

14 A wneuthum / â'm gwe/fusau :
ac a lefarodd fy ngenau pan / oedd yn / gyfyng / arnaf.

15 Aberthaf i ti basgedigion yn / boethoff/rymau :
a hefyd hyrddod yn arogldarth •
    darparaf / ychen • a / bychod / geifr.

16 Dewch i wrando, chwi oll sy'n / ofni / Duw :
ac adroddaf yr hyn a / wnaeth – / Duw i / mi.

17 Gwaeddais / arno • â'm / genau :
ac yr oedd / moliant / ar fy / nhafod.

18 Pe bawn wedi coleddu drygioni / yn fy / nghalon :
ni fuasai'r / Arglwydd / wedi / gwrando;

19 Ond yn wir, gwran/dawodd / Duw :
a rhoes / sylw • i / lef fy / ngweddi.

20 Bendigedig fyddo Duw
    am na throdd fy ngweddi / oddi / wrtho :
na'i ffydd/londeb / oddi / wrthyf.

Salm 67

Siant sengl

1 Bydded Duw yn drugarog wrthym / a'n ben/dithio :
bydded / llewyrch • ei / wyneb / arnom,

2 Er mwyn i'w ffyrdd fod yn wybyddus / ar y / ddaear :
a'i waredigaeth y/mysg yr / holl gen/hedloedd.

3 Bydded i'r bobloedd dy / foli • O / Dduw :
bydded i'r holl / bobloedd • dy / foli / di.

4 Bydded i'r cenhedloedd lawenhau a / gorfo/leddu :
oherwydd yr wyt ti'n barnu pobloedd yn gywir •
    ac yn arwain cen/hedloedd / ar y / ddaear.

5 Bydded i'r bobloedd dy / foli • O / Dduw :
bydded i'r holl / bobloedd • dy / foli / di.

6 Rhoes y / ddaear • ei / chnwd :
Duw, ein / Duw ni / a'n ben/dithiodd.

7 Bendithiodd / Duw – / ni :
bydded holl gyrrau'r / ddaear / yn ei / ofni.

12 I will come into your house with burnt offerings
      and will / pay you my / vows :
which my lips uttered
      and my mouth promised / when I / was in / trouble.

13 I will offer you fat burnt sacrifices with the / smoke of / rams :
I will / sacrifice / oxen and / goats.

14 Come and listen, all you who / fear / God :
and I will tell you what / he has / done for my / soul.

15 I called out to him / with my / mouth :
and his / praise was / on my / tongue.

16 If I had nursed evil / in my / heart :
the / Lord would / not have / heard me,

17 But in truth / God has / heard me :
he has / heeded the / voice • of my / prayer.

‡18 Blessed be God, who has not / rejected my / prayer :
nor withheld his / loving / mercy / from me.

Psalm 67

1 God be gracious to / us and / bless us :
and make his / face to / shine up/on us,

2 That your way may be / known upon / earth :
your saving / power a/mong all / nations.

‡3 Let the peoples / praise you, O / God :
let / all the / peoples / praise you.

4 O let the nations re/joice and be / glad :
for you will judge the peoples righteously
      and govern the / nations / upon / earth.

5 Let the peoples / praise you, O / God :
let / all the / peoples / praise you.

6 Then shall the earth bring / forth her / increase :
and God, our / own / God, will / bless us.

7 God / will / bless us :
and all the / ends of the / earth shall / fear him.

Salm 68

1 Bydded i Dduw godi • ac i'w e/lynion • was/garu :
   ac i'r rhai sy'n ei ga/sáu — / ffoi o'i / flaen.

2 Fel y chwelir / mwg, chwâl / hwy :
   fel cwyr yn toddi o flaen tân •
       bydded i'r drygionus / ddarfod • o / flaen — / Duw.

3 Ond y mae'r cyfiawn yn / llawen/hau :
   y maent yn gorfoleddu gerbron Duw •
       ac yn ymhy/frydu / mewn lla/wenydd.

4 Canwch i Dduw / molwch • ei / enw :
   paratowch ffordd i'r un sy'n marchogaeth trwy'r anialdir •
       yr Arglwydd yw ei enw / gorfo/leddwch • o'i / flaen.

5 Tad yr amddifaid ac amddi/ffynnydd • y / gweddwon :
   yw / Duw • yn ei / drigfan / sanctaidd.

6 Mae Duw yn gosod yr unig mewn cartref •
       ac yn arwain allan garcharorion / mewn lla/wenydd :
   ond y mae'r gwrthry/felwyr • yn / byw • mewn di/ffeithwch.

7 O Dduw, pan aethost ti allan o / flaen dy / bobl :
   a gorym/deithio • ar / draws • yr a/nialwch,

8 Crynodd y ddaear a glawiodd
       y nefoedd o flaen Duw / Duw — / Sinai :
   o flaen / Duw — / Duw — / Israel.

9 Tywelltaist ddigonedd o / law, O / Dduw :
   ac adfer dy etifeddiaeth / pan oedd / ar ddi/ffygio;

10 Cafodd dy braidd le i / fyw — / ynddi :
    ac yn dy ddaioni darperaist / i'r ang/henus, O / Dduw.

11 Y mae'r Arglwydd yn / datgan • y / gair :
    ac y mae llu mawr yn cy/hoeddi'r / newydd / da

12 Fod brenhinoedd y byddinoedd yn / ffoi ar / frys :
    y mae'r merched / gartref • yn / rhannu / ysbail,

13 Er eu bod wedi aros y/mysg y • cor/lannau :
    y mae adenydd colomen wedi eu gorchuddio ag arian •
        a'i / hesgyll / yn aur / melyn.

14 Pan wasgarodd yr Hollalluog fren/hinoedd / yno :
    yr oedd yn / eira • ar / Fynydd / Salmon.

15 Mynydd cadarn yw / Mynydd / Basan :
    mynydd o gop/aon • yw / Mynydd / Basan.

Psalm 68

1 Let God arise and let his / enemies be / scattered :
let those that / hate him / flee be/fore him.

2 As the smoke vanishes, so may they / vanish a/way :
as wax melts at the fire,
    so let the wicked / perish • at the / presence of / God.

3 But let the righteous be glad and re/joice before / God :
let / them make / merry with / gladness.

4 Sing to God, sing praises to his name;
    exalt him who / rides on the / clouds :
the Lord is his / name; re/joice be/fore him.

5 Father of the fatherless, de/fender of / widows :
God in his / holy / habi/tation!

6 God gives the solitary a home
    and brings forth prisoners to / songs of / welcome :
but the rebellious in/habit a / burning / desert.

7 O God, when you went forth be/fore your / people :
when you / marched / through the / wilderness,

8 The earth shook and the heavens dropped down rain,
    at the presence of God, the / Lord of / Sinai :
at the presence of / God, the / God of / Israel.

9 You sent down a gracious / rain, O / God :
you refreshed your in/heritance when / it was / weary.

10 Your people / came to / dwell there :
in your goodness, O God / you pro/vide • for the / poor.

11a The Lord / gave the / word :
great was the company of / women who / bore the / tidings:

11b 'Kings and their armies they / flee, they / flee!' :
and women at home / are di/viding the / spoil.

12 Though you stayed a/mong the / sheepfolds :
see now a dove's wings covered with silver
    and its / feathers with / green / gold.

13 When the Almighty / scattered the / kings :
it was like / snowflakes / falling on / Zalmon.

14 You mighty mountain, great / mountain of / Bashan! :
You towering / mountain, great / mountain of / Bashan!

16 O fynydd y copaon •
    pam yr edrychi'n eiddigeddus ar y mynydd
    lle dewisodd / Duw – / drigo :
    lle bydd yr / Arglwydd • yn / trigo • am / byth?

17 Yr oedd cerbydau Duw yn ugain mil •
    yn / filoedd • ar / filoedd :
    pan ddaeth yr Arglwydd o / Sinai / mewn sanc/teiddrwydd.

18a Aethost i fyny i'r uchelder gyda chaethion / ar dy / ôl :
    a der/byniaist • an/rhegion • gan / bobl,

‡18b Hyd yn oed / gwrthry/felwyr :
    er mwyn i'r Arglwydd / Dduw – / drigo / yno.

19 Bendigedig yw'r Arglwydd • sy'n ein cario ddydd / ar ôl / dydd :
    Duw / yw ein / hiachaw/dwriaeth.

20 Duw sy'n gwaredu / yw ein / Duw ni :
    gan yr Arglwydd Dduw y mae di/hangfa / rhag mar/wolaeth.

21 Yn wir, bydd Duw'n dryllio pennau ei elynion •
    pob / copa / gwalltog :
    pob un sy'n / rhodio / mewn eu/ogrwydd.

22 Dywedodd yr Arglwydd, "Dof â hwy'n / ôl o / Basan :
    dof â hwy'n ôl / o wae/lodion • y/môr,

‡23 "Er mwyn iti drochi dy / droed mewn / gwaed :
    ac i dafodau dy gŵn gael eu / cyfran • o'r ge/lynion."

24 Gwelir dy orym/deithiau • O / Dduw :
    gorymdeithiau fy / Nuw, fy / Mrenin • i'r / cysegr,

25 Y cantorion ar y blaen a'r offer/ynwyr • yn / dilyn :
    a rhyngddynt fo/rynion • yn / canu / tympanau.

26 Yn y gynulleidfa y maent yn ben/dithio / Duw :
    a'r Arglwydd / yng nghy/nulliad / Israel.

27 Yno y mae Benjamin fychan / yn eu / harwain :
    a thyrfa tywysogion Jwda •
    tywysogion Sabulon a / thywy/sogion / Nafftali.

28 O Dduw / dangos • dy / rym :
    y grym, O Dduw, y buost yn / ei weith/redu / drosom.

29 O achos dy deml / yn Je/rwsalem :
    daw brenhinoedd / ag an/rhegion • i / ti.

30a Cerydda anifeiliaid / gwyllt y / corsydd :
    y gyr o deirw / gyda'u / lloi o / bobl;

446   *Salm 68*

15   Why look with envy, you towering mountains,
          at the mount which God has desired / for his / dwelling :
      the place where the / Lord will / dwell for / ever?

16   The chariots of God are twice ten thousand,
          even / thousands • upon / thousands :
      the Lord is among them, the Lord of / Sinai in / holy / power.

17   You have gone up on high and led / captivity / captive :
      you have received tribute,
          even from those who rebelled,
          that you may / reign as / Lord and / God.

18   Blessed be the Lord who bears our burdens / day by / day :
      for / God is / our sal/vation.

19   God is for us the God of / our sal/vation :
      God is the Lord who / can de/liver from / death.

‡20   God will smite the / head of his / enemies :
      the hairy scalp of / those who / walk in / wickedness.

21   The Lord has said, 'From the / heights of / Bashan :
      from the depths of the / sea • will I / bring them / back,

22   Till you dip your / foot in / blood :
      and the tongue of your / dogs • has a / taste of your / enemies.'

23   We see your solemn / processions, O / God :
      your processions into the sanctuary,
          my / God / and my / King.

24   The singers go before, the musicians / follow / after :
      in the midst of / maidens / playing on / timbrels.

25   In your companies / bless your / God :
      bless the Lord, you that / are of the / fount of / Israel.

26   At the head there is Benjamin, least of the tribes,
          the princes of Judah in / joyful / company :
      the princes of / Zebu/lun and / Naphtali.

27   Send forth your / strength, O / God :
      establish, O God / what you have / wrought in / us.

28   For your temple's sake / in Je/rusalem :
      kings shall / bring their / gifts to / you.

29   Drive back with your word the wild / beast of the / reeds :
      the herd of the / bull-like, the / brutish / hordes.

Psalm 68

30b Sathra i lawr y rhai sy'n dy/heu am / arian :
gwasgara'r bobl sy'n / ymhy/frydu • mewn / rhyfel.

‡31 Bydded iddynt ddod â / phres o'r / Aifft :
brysied Ethiopia i / estyn • ei / dwylo • at / Dduw.

32 Canwch i Dduw, deyr/nasoedd • y / ddaear :
rhowch / fol–/iant i'r / Arglwydd,

33 I'r un sy'n marchogaeth yn y nefoedd • y nefoedd a / fu er/ioed :
Clywch! Y mae'n lle/faru / â'i lais / nerthol.

34 Cydna/byddwch • nerth / Duw :
y mae ei ogoniant uwchben Israel • a'i / rym yn / y ffur/fafen.

‡35 Y mae Duw yn arswydus / yn ei / gysegr :
y mae Duw Israel yn rhoi ynni a nerth i'w bobl.
    Bendi/gedig / fyddo / Duw.

Salm 69

1 Gwareda / fi, O / Dduw :
oherwydd cododd y / dyfroedd / at fy / ngwddf.

2a Yr wyf yn suddo / mewn llaid / dwfn :
a heb / le i / sefyll / arno;

2b Yr wyf wedi mynd i / ddyfroedd / dyfnion :
ac y mae'r llifogydd / yn fy / sgubo / ymaith.

3 Yr wyf wedi diffygio'n gweiddi, a'm / gwddw'n / sych :
y mae fy llygaid yn pylu wrth / ddisgwyl / am fy / Nuw.

4a Mwy niferus na / gwallt fy / mhen :
yw'r rhai sy'n / fy ngha/sáu heb / achos;

4b Lluosocach na'm hesgyrn yw fy nge/lynion • twy/llodrus :
Sut y dych/welaf • yr / hyn • nas cy/merais?

5 O Dduw, gwyddost ti / fy ffo/lineb :
ac nid yw fy nhroseddau'n gudd/iedig / oddi / wrthyt.

6a Na fydded i'r rhai sy'n
    gobeithio ynot gael eu cywi/lyddio • o'm / plegid :
O / Arglwydd / Dduw y / Lluoedd,

6b Nac i'r rhai sy'n dy geisio gael eu gwara/dwyddo • o'm / hachos :
O / Dduw – / Isra/el.

30　Trample down those who / lust after / silver :
　　scatter the / peoples • that de/light in / war.

‡31　Vessels of bronze shall be / brought from / Egypt :
　　Ethiopia will / stretch out her / hands to / God.

32　Sing to God, you kingdoms / of the / earth :
　　make music in / praise / of the / Lord;

33　He rides on the ancient / heaven of / heavens :
　　and sends forth his / voice, a / mighty / voice.

34　Ascribe power to God, whose splendour is / over / Israel :
　　whose power / is a/bove the / clouds.

35　How terrible is God in his / holy / sanctuary :
　　the God of Israel, who gives power and strength to his / people!
　　　　/ Blessed be / God.

Psalm 69

1　Save me / O – / God :
　　for the waters have come up / even / to my / neck.

2　I sink in deep mire where there / is no / foothold :
　　I have come into deep waters
　　　　/ and the / flood sweeps / over me.

3　I have grown weary with crying; my / throat is / raw :
　　my eyes have failed from looking so / long / for my / God.

4　Those who hate me without / any / cause :
　　are more than the / hairs / of my / head;

5　Those who would destroy / me are / mighty :
　　my enemies accuse me falsely:
　　　　must I now give / back • what I / never / stole?

6　O God, you / know my / foolishness :
　　and my faults / are not / hidden / from you.

7　Let not those who hope in you
　　　　be put to shame through me, Lord / God of / hosts :
　　let not those who seek you be disgraced because of / me,
　　　　O / God of / Israel.

7   Oherwydd er dy fwyn di y / dygais / warth :
    ac y mae fy wyneb wedi ei or/chuddio / â chy/wilydd.

8   Euthum yn ddi/eithryn • i'm / brodyr :
    ac yn / estron • i / blant fy / mam.

9   Y mae sêl dy dŷ di / wedi • fy / ysu :
    a daeth gwaradwydd y rhai sy'n
        dy wara/dwyddo • di / arnaf / finnau.

10 Pan wylaf / wrth ym/prydio :
    fe'i hystyrir / yn war/adwydd / i mi;

11 Pan wisgaf / sachliain • am/danaf :
    fe'm gwneir / yn ddi/hareb / iddynt.

‡12 Y mae'r rhai sy'n eistedd wrth y porth yn / siarad • am/danaf :
    ac yr wyf yn / destun • i / watwar • y / meddwon.

13a Ond daw fy ngweddi i / atat • O / Arglwydd :
    ar yr amser pri/odol / O – / Dduw.

13b Ateb fi yn dy / gariad / mawr :
    gyda'th / ware/digaeth / sicr.

14 Gwared fi o'r llaid rhag / imi / suddo :
    achuber fi o'r mwd / ac o'r / dyfroedd / dyfnion.

15 Na fydded i'r llifogydd fy / sgubo / ymaith :
    na'r dyfnder fy llyncu • na'r pwll / gau ei / safn am/danaf.

16 Ateb fi, Arglwydd, oherwydd da / yw dy / gariad :
    yn dy dru/garedd / mawr, tro / ataf.

17 Paid â chuddio dy wyneb oddi / wrth dy / was :
    y mae'n gyfyng / arnaf / brysia • i'm / hateb.

18 Tyrd yn nes ataf / i'm gwa/redu :
    rhyddha fi o / achos / fy nge/lynion.

19 Fe wyddost ti fy ngwaradwydd •
        fy ngwarth / a'm cy/wilydd :
    yr wyt yn gy/farwydd • â'm / holl e/lynion.

20a Y mae gwarth wedi / torri • fy / nghalon :
    ac yr / wyf / mewn an/obaith;

20b Disgwyliais am dosturi, ond / heb ei / gael :
    ac am rai i'm cy/suro / ond nis / cefais.

21 Rhoesant wenwyn / yn fy / mwyd :
    a gwneud imi yfed / finegr / at fy / syched.

450   Salm 69

8,9 For your sake have I suffered reproach;
    shame has / covered my / face :
I have become a stranger to my kindred,
    an alien / to my / mother's / children.

10 Zeal for your house has / eaten me / up :
the scorn of those who scorn / you has / fallen up/on me.

11 I humbled my/self with / fasting :
but that was / turned to / my re/proach.

12 I put on / sackcloth / also :
and be/came a / byword a/mong them.

13 Those who sit at the gate / murmur a/gainst me :
and the / drunkards make / songs a/bout me.

14 But as for me, I make my prayer to / you, O / Lord :
at an ac/ceptable / time, O / God.

15 Answer me, O God, in the abundance / of your / mercy :
and / with your / sure sal/vation.

16 Draw me out of the mire / that I / sink not :
let me be rescued from those who hate me
    and / out of the / deep / waters.

17 Let not the water flood drown me,
    neither the deep / swallow me / up :
let not the Pit / shut its / mouth up/on me.

18 Answer me, Lord, for your loving-/kindness is / good :
turn to me in the / multitude / of your / mercies.

19 Hide not your face / from your / servant :
be swift to answer me / for I / am in / trouble.

20 Draw near to my soul / and re/deem me :
de/liver me be/cause of my / enemies.

21 You know my reproach, my shame and / my dis/honour :
my adversaries are / all / in your / sight.

22 Reproach has broken my heart; I am / full of / heaviness :
I looked for some to have pity, but there was no one,
    neither / found I / any to / comfort me.

23 They gave me / gall to / eat :
and when I was thirsty, they / gave me / vinegar to / drink.

22 Bydded eu bwrdd eu hunain yn / rhwyd – / iddynt :
yn / fagl / i'w cy/feillion.

23 Tywyller eu llygaid rhag / iddynt / weld :
a gwna i'w / cluniau / grynu'n • bar/haus.

24 Tywallt dy / ddicter / arnynt :
a doed dy / lid mawr / ar eu / gwarthaf.

25 Bydded eu gwersyll yn / anghy/fannedd :
heb / neb yn / byw • yn eu / pebyll,

26 Oherwydd erlidiant yr un a / drewaist / ti :
a lluosogant / friwiau'r / rhai • a ar/chollaist.

27 Rho iddynt gosb / ar ben / cosb :
na chyfiawn/haer hwy / gennyt / ti.

28 Dileer hwy o / lyfr y • rhai / byw :
ac na / restrer • hwy / gyda'r / cyfiawn.

‡29 Yr wyf fi mewn / gofid a / phoen :
trwy dy waredigaeth • O / Dduw – / cod • fi i / fyny.

30 Moliannaf enw / Duw ar / gân :
mawrygaf / ef â / diolch/garwch.

31 Bydd hyn yn well gan yr / Arglwydd • nag / ych :
neu fustach / ifanc • â / chyrn a / charnau.

32 Bydded i'r darostyngedig weld hyn a / llawen/hau :
chwi sy'n ceisio Duw / bydded • i'ch ca/lonnau • ad/fywio;

33 Oherwydd y mae'r Arglwydd yn / gwrando'r • ang/henus :
ac nid yw'n diy/styru • ei / eiddo • sy'n / gaethion.

34 Bydded i'r nefoedd a'r ddaear / ei fol/iannu :
y môr hefyd a / phopeth / byw sydd / ynddo.

35 Oherwydd bydd Duw yn gwaredu Seion •
    ac yn ailadeiladu di/nasoedd / Jwda :
byddant yn byw yno / ac yn / ei medd/iannu,

‡36 Bydd plant ei weision yn ei / heti/feddu :
a'r rhai sy'n caru ei / enw'n / byw – / yno.

Salm 69

24 Let the table before them / be a / trap :
and their / sacred / feasts a / snare.

25 Let their eyes be darkened, that they / cannot / see :
and give them continual / trembling / in their / loins.

26 Pour out your indig/nation up/on them :
and let the heat of your / anger / over/take them.

27 Let their / camp be / desolate :
and let there be / no one to / dwell • in their / tents.

‡28 For they persecute the one whom / you have / stricken :
and increase the sorrows
   of / him whom / you have / pierced.

29 Lay to their charge / guilt upon / guilt :
and let them not re/ceive your / vindi/cation.

30 Let them be wiped out of the / book of the / living :
and not be / written a/mong the / righteous.

31 As for me, I am poor / and in / misery :
your saving help, O / God, will / lift me / up.

32 I will praise the name of God / with a / song :
I will pro/claim his / greatness with / thanksgiving.

33 This will please the Lord more than an / offering of / oxen :
more than / bulls with / horns and / hooves.

34 The humble shall see / and be / glad :
you who seek / God, your / heart shall / live.

35 For the Lord listens / to the / needy :
and his own who are imprisoned / he does / not des/pise.

36 Let the heavens and the / earth / praise him :
the seas and / all that / moves / in them;

37 For God will save Zion and rebuild the / cities of / Judah :
they shall live there and / have it / in pos/session.

38 The children of his servants / shall in/herit it :
and they that love his / name shall / dwell there/in.

Psalm 69   453

Salm 70

Siant sengl

1 Bydd fodlon i'm gwa/redu • O / Dduw :
O Arglwydd / brysia • i'm / cynor/thwyo.

2a Doed cywilydd, a gwa/radwydd / hefyd :
ar y / rhai sy'n / ceisio • fy / mywyd;

2b Bydded i'r rhai sy'n cael pleser o / wneud drwg / imi :
gael eu troi / yn eu / holau • mewn / dryswch.

3 Bydded i'r rhai sy'n gweiddi, "Aha! A/ha – !" / arnaf :
droi yn eu holau o / achos / eu gwa/radwydd.

4a Ond bydded i bawb sy'n dy / geisio / di :
lawenhau a / gorfo/leddu / ynot;

4b Bydded i'r rhai sy'n caru dy / iachaw/dwriaeth :
ddweud yn / wastad / "Mawr yw / Duw."

5a Un tlawd ac ang/henus • wyf / fi :
O / Dduw – / brysia / ataf.

5b Ti yw fy nghymorth / a'm gwa/redydd :
O / Arglwydd / paid ag / oedi.

Salm 71

1 Ynot ti, Arglwydd, y / ceisiais / loches :
na fydded cy/wilydd / arnaf / byth.

2 Yn dy gyfiawnder gwared ac / achub / fi :
tro dy glust / ataf • ac / arbed / fi.

3 Bydd yn graig noddfa i mi • yn amddi/ffynfa • i'm / cadw :
oherwydd ti yw fy / nghraig a'm / hamddi/ffynfa.

4 O fy Nuw, gwared fi o / law'r dryg/ionus :
o afael yr ang/hyfiawn / a'r – / creulon.

5 Oherwydd ti, Arglwydd / yw fy / ngobaith :
fy ymddiriedaeth o'm hieu/enctid / O – / Arglwydd.

6 Arnat ti y bûm yn pwyso o'm genedigaeth •
ti a'm tynnodd allan o / groth fy / mam :
amdanat ti y / bydd fy / mawl yn / wastad.

Psalm 70

1 O God, make / speed to / save me :
   O / Lord, make / haste to / help me.

2 Let those who seek my life
       be put to / shame and con/fusion :
   let them be turned back and dis/graced
       who / wish me / evil.

3 Let those who / mock and de/ride me :
   turn / back be/cause of their / shame.

4 But let all who seek you rejoice and be / glad in / you :
   let those who love your salvation
       say / always / 'Great is the / Lord!'

5 As for me, I am / poor and / needy :
   come to me / quickly / O / God.

6 You are my help and / my de/liverer :
   O / Lord, do / not de/lay.

Psalm 71

1 In you, O Lord, do / I seek / refuge :
   let me / never be / put to / shame.

2 In your righteousness, deliver me and / set me / free :
   incline your / ear to / me and / save me.

3 Be for me a stronghold to which I may / ever re/sort :
   send out to save me, for / you are my / rock • and my / fortress.

4 Deliver me, my God, from the / hand of the / wicked :
   from the grasp of the evil/doer / and the op/pressor.

5 For you are my hope / O Lord / God :
   my confidence / even / from my / youth.

6 Upon you have I leaned from my birth,
       when you drew me from my / mother's / womb :
   my praise / shall be / always of / you.

7   Bûm fel pe'n / rhybudd • i / lawer :
    ond / ti • yw fy / noddfa / gadarn.

8   Y mae fy ngenau'n / llawn o'th / foliant :
    ac o'th o/goniant / bob – / amser.

9   Paid â'm bwrw ymaith yn / amser / henaint :
    paid â'm gadael pan / fydd fy / nerth yn / pallu.

10 Oherwydd y mae fy ngelynion yn / siarad • am/danaf :
    a'r rhai sy'n gwylio am fy einioes yn / trafod / gyda'i / gilydd,

11 Ac yn dweud, "Y mae Duw / wedi • ei / adael :
    ewch ar ei ôl a'i ddal • oherwydd / nid – / oes gwa/redydd."

12 O Dduw, paid â phellhau / oddi / wrthyf :
    O fy Nuw / brysia • i'm / cynor/thwyo.

13 Doed cywilydd a gwarth ar fy / ngwrthwyn/ebwyr :
    a gwaradwydd yn orchudd dros y / rhai sy'n / ceisio • fy / nrygu.

14 Ond byddaf fi'n / disgwyl • yn / wastad :
    ac yn dy / foli'n / fwy • ac yn / fwy.

15 Bydd fy ngenau'n mynegi dy gyfiawnder •
        a'th weithredoedd a/chubol • trwy'r / amser :
    o/herwydd • ni / wn eu / nifer.

16 Dechreuaf gyda'r gweithredoedd grymus,
        O / Arglwydd / Dduw :
    soniaf am dy gyf/iawnder / di yn / unig.

17 O Dduw, dysgaist fi / o'm hieu/enctid :
    ac yr wyf yn dal i gy/hoeddi • dy / ryfe/ddodau;

18a A hyd yn oed pan wyf yn / hen a / phenwyn :
    O / Dduw – / paid â'm / gadael,

18b Nes imi fy/negi • dy / rym :
    i'r cened/laethau / sy'n – / codi.

19a Y mae dy gryfder a'th gyf/iawnder • O / Dduw :
    yn / cyrraedd / i'r u/chelder,

19b Oherwydd iti wneud / pethau / mawr :
    O / Dduw • pwy / sydd • fel ty/di?

20a Ti, a wnaeth imi weld cyfyngderau / mawr a / chwerw :
    fydd / yn • fy ad/fywio • dra/chefn;

20b Ac o ddyfn/derau'r / ddaear :
    fe'm dygi i / fyny / unwaith / eto.

Salm 71

7   I have become a / portent to / many :
      but you are my / refuge / and my / strength.

8   Let my mouth be / full of your / praise :
      and your / glory / all the day / long.

9   Do not cast me away in the / time of old / age :
      forsake me not / when my / strength / fails.

10   For my enemies are / talking a/gainst me :
      and those who lie in wait for my / life
          take / counsel to/gether.

11   They say, 'God has forsaken him;
          pur/sue him and / take him :
      because there is / none / to de/liver him.'

12   O God, be not / far from / me :
      come quickly to / help me / O my / God.

‡13   Let those who are against me
          be put to / shame and dis/grace :
      let those who seek to do me evil
          be / covered with / scorn • and re/proach.

14   But as for me I will / hope con/tinually :
      and will / praise you / more and / more.

15   My mouth shall tell of your righteousness
          and salvation / all the day / long :
      for I / know no / end of the / telling.

16   I will begin with the mighty works of the / Lord / God :
      I will recall your / righteousness / yours a/lone.

17   O God, you have taught me since / I was / young :
      and to this day I / tell of your / wonderful / works.

18   Forsake me not, O God,
          when I am / old and grey-/headed :
      till I make known your deeds to the next generation
          and your power to / all that / are to / come.

19   Your righteousness, O God, reaches / to the / heavens :
      in the great things you have done,
          / who is like / you, O / God?

20   What troubles and adversities / you have / shown me :
      and yet you will turn and refresh me
          and bring me from the / deep of the / earth a/gain.

21 Byddi'n ychwanegu at / fy an/rhydedd :
ac yn / troi – / i'm cy/suro.

22a Byddaf finnau'n dy foli/annu â'r / nabl :
am dy ffydd/londeb / O fy / Nuw;

22b Byddaf yn canu i / ti â'r / delyn :
O / Sanct – / Isra/el.

23 Bydd fy ngwefusau'n gweiddi'n llawen • oherwydd / canaf • i / ti :
a hefyd yr / enaid / a wa/redaist.

24 Bydd fy nhafod beunydd yn / sôn am • dy gy/fiawnder :
oherwydd daeth cywilydd a gwaradwydd ar y / rhai •
    a fu'n / ceisio • fy / nrygu.

Salm 72

1 O Dduw, rho dy farne/digaeth • i'r / brenin :
a'th gyf/iawnder • i / fab y / brenin.

2 Bydded iddo farnu dy / bobl yn / gyfiawn :
a'th / rai ang/henus yn / gywir.

3 Doed y mynyddoedd â / heddwch • i'r / bobl :
a'r / bryniau / â chyf/iawnder.

4 Bydded iddo amddiffyn achos / tlodion • y / bobl :
a gwaredu'r rhai anghenus, a / dryllio'r / gor—/thrymwr.

5 Bydded iddo fyw tra bo haul a chy/hyd â'r / lleuad :
o gen/hedlaeth / i gen/hedlaeth.

6 Bydded fel glaw yn / disgyn • ar / gnwd :
ac fel cawodydd / yn dyfr/hau'r – / ddaear.

7 Bydded cyfiawnder yn llwyddo / yn ei / ddyddiau :
a heddwch yn / ffynnu / tra bo / lleuad.

8 Bydded iddo lywodraethu o / fôr i / fôr :
ac o'r Ewffrates / hyd der/fynau'r / ddaear.

9 Bydded i'w wrthwynebwyr / blygu • o'i / flaen :
ac i'w e/lynion / lyfu'r / llwch.

10 Bydded i frenhinoedd Tarsis a'r ynysoedd
    ddod ag an/rhegion / iddo :
ac i frenhinoedd Sheba a / Seba • gy/flwyno • eu / teyrnged.

‡11 Bydded i'r holl frenhinoedd y/mostwng • o'i / flaen :
ac i'r holl gen/hedloedd • ei / wasa/naethu.

21   In/crease my / honour :
　　turn a/gain / and / comfort me.

22   Therefore will I praise you upon the harp
　　　　for your faithfulness / O my / God :
　　I will sing to you with the lyre, O / Holy / One of / Israel.

23   My lips will sing / out as I / play to you :
　　and so will my / soul, which / you have re/deemed.

24   My tongue also will tell of your righteousness / all the day / long :
　　for they shall be shamed and disgraced
　　　　who / sought to / do me / evil.

Psalm 72

1   Give the king your / judgements, O / God :
　　and your righteousness / to the / son of a / king.

2   Then shall he judge your / people / righteously :
　　and your / poor / with / justice.

3   May the mountains / bring forth / peace :
　　and the little hills / righteousness / for the / people.

4   May he defend the poor a/mong the / people :
　　deliver the children of the / needy
　　　　and / crush • the op/pressor.

5   May he live as long as the sun and / moon en/dure :
　　from one gene/ration / to an/other.

6   May he come down like rain upon the / mown / grass :
　　like the / showers that / water the / earth.

‡7   In his time shall / righteousness / flourish :
　　and abundance of peace
　　　　till the / moon shall / be no / more.

8   May his dominion extend from / sea to / sea :
　　and from the River / to the / ends of the / earth.

9   May his foes / kneel be/fore him :
　　and his / enemies / lick the / dust.

10   The kings of Tarshish and of the isles / shall pay / tribute :
　　the kings of Sheba and / Seba / shall bring / gifts.

12 Oherwydd y mae'n gwaredu'r ang/henus • pan / lefa :
a'r tlawd pan / yw heb / gynorth/wywr.

13 Y mae'n tosturio wrth y / gwan a'r • ang/henus :
ac yn gwa/redu / bywyd • y / tlodion.

14 Y mae'n achub eu bywyd rhag / trais a / gorthrwm :
ac y mae eu gwaed yn / werthfawr / yn ei / olwg.

15 Hir oes fo iddo • a rhodder iddo / aur o / Sheba :
aed gweddi i fyny ar ei ran yn wastad •
   a chaffed ei fen/dithio / bob — / amser.

16a Bydded digonedd o ŷd / yn y / wlad :
yn tyfu / hyd at / bennau'r • my/nyddoedd;

16b A bydded ei gnwd yn cy/nyddu • fel / Lebanon :
a'i / rawn fel / gwellt y / maes.

17a Bydded ei enw'n / aros • hyd / byth :
ac yn / para • cy/hyd â'r / haul;

17b A'r holl genhedloedd yn cael / bendith / ynddo :
ac yn ei / alw'n / fendi/gedig.

18 Bendigedig fyddo'r / Arglwydd • Duw / Israel :
ef yn unig / sy'n gwneud / rhyfe/ddodau.

19 Bendigedig fyddo'i enw gogo/neddus • hyd / byth :
a bydded yr holl ddaear yn llawn o'i ogoniant •
   / Amen / ac A/men.

Salm 73

1 Yn sicr, da yw / Duw i'r / uniawn :
a'r Arglwydd / i'r rhai / pur o / galon.

2 Yr oedd fy nhraed / bron â / baglu :
a bu ond y / dim i'm / gwadnau / lithro,

3 Am fy mod yn cenfigennu / wrth y • tra/haus :
ac yn eiddigeddus o / lwyddiant / y dryg/ionus.

4 Oherwydd nid oes ganddynt / hwy o/fidiau :
y mae eu / cyrff yn / iach a / graenus.

5 Nid ydynt hwy mewn helynt / fel pobl / eraill :
ac nid ydynt hwy'n / cael • eu poe/nydio • fel / eraill.

11 All kings shall fall / down be/fore him :
    all / nations shall / do him / service.

12 For he shall deliver the / poor that cry / out :
    the needy and / those who / have no / helper.

13 He shall have pity on the / weak and / poor :
    he shall pre/serve the / lives of the / needy.

14 He shall redeem their lives from op/pression and / violence :
    and dear shall their / blood be / in his / sight.

15 Long may he live;
        unto him may be given / gold from / Sheba :
    may prayer be made for him continually
        and may they / bless him / all the day / long.

16 May there be abundance of grain on the earth,
        standing thick up/on the / hilltops :
    may its fruit flourish like Lebanon
        and its grain / grow • like the / grass of the / field.

17 May his name remain for ever
        and be established as long as the / sun en/dures :
    may all nations be blest in / him and / call him / blessed.

18 Blessed be the Lord, the / God of / Israel :
    who a/lone does / wonderful / things.

19 And blessed be his glorious / name for / ever :
    may all the earth be filled with his glory.
        / Amen. / A—/men.

Psalm 73

1 Truly, God is / loving to / Israel :
   to those / who are / pure in / heart.

2 Nevertheless, my feet were / almost / gone :
   my / steps had / well-nigh / slipped.

3 For I was envious / of the / proud :
   I saw the / wicked in / such pros/perity;

4 For they / suffer no / pains :
   and their / bodies are / sleek and / sound;

5 They come to no mis/fortune like / other folk :
   nor are they / plagued as / others / are;

6 Am hynny, y mae balchder yn gadwyn / am eu / gyddfau :
  a / thrais yn / wisg am/danynt.

7 Y mae eu llygaid yn dis/gleirio • o / fraster :
  a'u calonnau'n gor/lifo / o ffo/lineb.

8 Y maent yn gwawdio ac yn siarad / yn ddi/chellgar :
  yn / sôn yn • ffroe/nuchel • am / ormes.

9 Gosodant eu genau yn / erbyn • y / nefoedd :
  ac y mae eu tafod / yn tram/wyo'r / ddaear.

10 Am hynny, y mae'r bobl / yn troi / atynt :
  ac ni chânt / unrhyw / fai – / ynddynt.

11 Dywedant, "Sut y / mae Duw'n / gwybod? :
  A oes gwy/bodaeth / gan y • Go/ruchaf?"

12 Edrych, dyma hwy y / rhai dryg/ionus :
  bob amser mewn esmwythyd / ac yn / casglu / cyfoeth.

13 Yn gwbl ofer y cedwais fy / nghalon • yn / lân :
  a golchi fy nwylo / am fy / mod yn • ddi/euog;

14 Ar hyd y dydd yr wyf wedi / fy mhoe/nydio :
  ac fe'm / cosbir / bob – / bore.

15 Pe buaswn wedi dweud, "Fel / hyn y • sia/radaf" :
  buaswn wedi bra/dychu • cen/hedlaeth • dy / blant.

16 Ond pan geisiais / ddeall / hyn :
  yr oedd / yn rhy / anodd • i / mi,

17 Nes imi fynd i / gysegr / Duw :
  yno y / gwe—/lais eu / diwedd.

18 Yn sicr, yr wyt yn eu gosod ar / fannau / llithrig :
  ac yn / gwneud • iddynt / syrthio • i / ddistryw.

19 Fe ânt i ddinistr / ar am/rantiad :
  fe'u cipir yn / llwyr gan / ddychryn/feydd.

20 Fel breuddwyd ar ôl ymysgwyd, y maent / wedi / mynd :
  wrth ddeffro fe'u / diys/tyrir • fel / hunllef.

21 Pan oedd fy / nghalon • yn / chwerw :
  a'm coluddion / wedi / eu try/wanu,

22 Yr oeddwn yn / ddwl a • di/ddeall :
  ac yn ymddwyn fel a/nifail / tuag / atat.

23 Er hynny, yr wyf gyda / thi bob / amser :
  yr wyt yn / cydio • yn / fy ne/heulaw.

6   Therefore pride / is their / necklace :
    and violence / wraps them / like a / cloak.

7   Their iniquity / comes from with/in :
    the conceits of their / hearts / over/flow.

8   They scoff, and speak / only of / evil :
    they talk of op/pression / from on / high.

9   They set their mouth a/gainst the / heavens :
    and their tongue / ranges / round the / earth;

10   And so the / people / turn to them :
    and / find in / them no / fault.

11   They say, 'How should / God / know? :
    Is there knowledge / in the / Most / High?'

12   Behold / these are the / wicked :
    ever at ease / they in/crease their / wealth.

13   Is it in vain that I / cleansed my / heart :
    and / washed my / hands in / innocence?

14   All day long have / I been / stricken :
    and / chastened / every / morning.

15   If I had said, 'I will / speak as / they do' :
    I should have betrayed the gene/ration / of your / children.

16   Then thought I to / under/stand this :
    but it / was too / hard for / me,

17   Until I entered the / sanctuary of / God :
    and under/stood the / end of the / wicked:

18   How you set them in / slippery / places :
    you / cast them / down to des/truction.

19   How suddenly do they / come to des/truction :
    perish and / come to a / fearful / end!

20   As with a dream / when one a/wakes :
    so, Lord, when you arise you / will des/pise their / image.

21   When my heart be/came em/bittered :
    and / I was / pierced to the / quick,

22   I was but / foolish and / ignorant :
    I was like a brute / beast / in your / presence.

23   Yet I am / always with / you :
    you hold me / by my / right / hand.

24   Yr wyt yn fy / arwain • â'th / gyngor :
     ac yna'n fy / nerbyn / mewn go/goniant.

25   Pwy sydd gennyf yn y / nefoedd • ond / ti :
     ac nid wyf yn dymuno / ond ty/di • ar y / ddaear.

26   Er i'm calon a'm / cnawd — / ballu :
     eto y mae Duw yn gryfder i'm calon
         ac yn / rhan i/mi am / byth.

27   Yn wir, fe ddifethir y rhai sy'n / bell • oddi / wrthyt :
     a byddi'n dinistrio'r / rhai • sy'n an/ffyddlon • i / ti.

28   Ond da i mi yw bod yn / agos • at / Dduw :
     yr wyf wedi gwneud yr Arglwydd Dduw yn gysgod i mi •
         er mwyn imi fy/negi • dy / ryfe/ddodau.

Salm 74

1   Pam, Dduw, y bwriaist ni / ymaith • am / byth? :
     Pam y myga dy ddigofaint
         yn / erbyn / defaid • dy / borfa?

2   Cofia dy gynulleidfa a brynaist gynt •
         y llwyth a waredaist yn eti/feddiaeth / iti :
     a Mynydd / Seion • lle'r / oeddit • yn / trigo.

3   Cyfeiria dy draed at yr ad/feilion / bythol :
     dinistriodd y gelyn / bopeth / yn y / cysegr.

4   Rhuodd dy elynion yng / nghanol • dy / gysegr :
     a gosod eu harwyddion eu hunain / yn ar/wyddion / yno.

5   Y maent / wedi • ma/lurio :
     fel coedwigwyr yn chwifio'u / bwyeill •
         mewn / llwyn o / goed.

6   Rhwygasant yr holl / waith cer/fiedig :
     a'i falu â / bwyeill / a mor/thwylion.

7   Rhoesant dy / gysegr • ar / dân :
     a halogi'n / llwyr bre/swylfod • dy / enw.

8   Dywedasant ynddynt eu hunain, "Difodwn / hwy i / gyd" :
     llosgasant holl gy/segrau / Duw trwy'r / tir.

9   Ni welwn arwyddion i ni • nid oes / proffwyd / mwyach :
     ac nid oes yn ein plith / un a / ŵyr • am ba / hyd.

24 You will guide me / with your / counsel :
    and / afterwards re/ceive me with / glory.

25 Whom have I in / heaven but / you? :
    And there is nothing upon earth that I de/sire •
        in com/parison with / you.

26 Though my flesh and my / heart / fail me :
    God is the strength of my heart / and my / portion for / ever.

27 Truly, those who for/sake you will / perish :
    you will put to silence the / faithless / who be/tray you.

28 But it is good for me to draw / near to / God :
    in the Lord God have I made my refuge,
        that I may / tell of / all your / works.

Psalm 74

1   O God, why have you / utterly dis/owned us? :
    Why does your anger burn
        a/gainst the / sheep of your / pasture?

2   Remember your congregation that you / purchased of / old :
    the tribe you redeemed for your own possession,
        and Mount / Zion / where you / dwelt.

3   Hasten your steps towards the / endless / ruins :
    where the enemy has laid / waste / all your / sanctuary.

4   Your adversaries roared in the / place of your / worship :
    they set up their / banners as / tokens of / victory.

5   Like men brandishing axes on high in a / thicket of / trees :
    all her carved work they smashed / down
        with / hatchet and / hammer.

6   They set fire to your / holy / place :
    they defiled the dwelling place of your name
        and / razed it / to the / ground.

7   They said in their heart,
        'Let us make havoc of them / alto/gether' :
    and they burned down
        all the sanctuaries of / God / in the / land.

8   There are no signs to see, not one / prophet / left :
    not one a/mong us who / knows how / long.

10 Am ba hyd, O Dduw, y gwawdia'r / gwrthwy/nebwr? :
   A yw'r gelyn i ddi/frïo • dy / enw • am / byth?

‡11 Pam yr wyt yn / atal • dy / law :
   ac yn cuddio dy dde/heulaw / yn dy / fynwes?

12 Ond ti, O Dduw, yw fy / mrenin • er/ioed :
   yn gweithio iachaw/dwriaeth / ar y / ddaear.

13 Ti, â'th nerth, a / rannodd • y / môr :
   torraist bennau'r / dreigiau / yn y / dyfroedd.

14 Ti a ddrylliodd / bennau • Le/fiathan :
   a'i roi'n fwyd / i fwyst/filod y / môr.

15 Ti a agorodd ffynhonnau / ac a/fonydd :
   a / sychu'r / dyfroedd • di-/baid.

16 Eiddot ti yw / dydd a / nos :
   ti a se/fydlodd • o/leuni • a / haul.

17 Ti a osododd holl der/fynau / daear :
   ti a / drefnodd / haf a / gaeaf.

18 Cofia, O Arglwydd, fel y mae'r / gelyn • yn / gwawdio :
   a phobl ynfyd / yn di/frïo dy / enw.

19 Paid â rhoi dy golomen / i'r bwyst/filod :
   nac anghofio bywyd / dy dru/einiaid • am / byth.

20 Rho sylw / i'th gy/famod :
   oherwydd y mae cuddfannau'r ddaear yn
   / llawn • ac yn / gartref • i / drais.

21 Paid â gadael i'r gorthrymedig droi / ymaith • yn / ddryslyd :
   bydded i'r tlawd a'r ang/henus • glod/fori • dy / enw.

22 Cyfod, O Dduw, i / ddadlau • dy / achos :
   cofia fel y mae'r ynfyd / yn dy / wawdio'n / wastad.

23 Paid ag anghofio crechwen / dy e/lynion :
   a chrochlefain cy/nyddol • dy / wrthwy/nebwyr.

Salm 75

1 Diolchwn i ti, O Dduw, di/olchwn • i / ti :
   y mae dy enw yn agos wrth adrodd / am dy / ryfe/ddodau.

2 Manteisiaf ar yr amser / peno/dedig :
   ac / yna / barnaf • yn / gywir.

9   How long, O God, will the / adversary / scoff? :
    Shall the enemy blas/pheme your / name for / ever?

10   Why have you with/held your / hand :
    and hidden your / right hand / in your / bosom?

11   Yet God is my king / from of / old :
    who did deeds of salvation / in the / midst of the / earth.

12   It was you that divided the sea / by your / might :
    and shattered the heads of the / dragons / on the / waters;

13   You alone crushed the / heads of Le/viathan :
    and gave him to the / beasts of the / desert for / food.

14   You cleft the rock for / fountain and / flood :
    you dried up / ever/flowing / rivers.

15   Yours is the day, yours / also the / night :
    you es/tablished the / moon • and the / sun.

16   You set all the / bounds of the / earth :
    you / fashioned both / summer and / winter.

17   Remember now, Lord, how the / enemy / scoffed :
    how a foolish / people des/pised your / name.

18   Do not give to wild beasts the / soul of your / turtle dove :
    forget not the / lives of your / poor for / ever.

19   Look upon / your cre/ation :
    for the earth is full of darkness,
        / full of the / haunts of / violence.

20   Let not the oppressed turn a/way a/shamed :
    but let the poor and / needy / praise your / name.

21   Arise, O God, maintain your / own / cause :
    remember how fools re/vile you / all the day / long.

22   Forget not the / clamour • of your / adversaries :
    the tumult of your enemies / that as/cends con/tinually.

Psalm 75

1   We give you thanks, O God, we / give you / thanks :
    for your name is near, as your / wonderful / deeds de/clare.

2   'I will seize the ap/pointed / time :
    I, the / Lord, will / judge with / equity.

‡3 Pan fo'r ddaear yn gwegian a'i / holl dri/golion :
myfi sy'n / cynnal / ei cho/lofnau.

4 Dywedaf wrth yr ymffrostgar, "Peidiwch / ag ym/ffrostio" :
ac wrth y drygionus / "Peidiwch • â / chodi'ch / corn;

5 Peidiwch â chodi'ch / corn yn / uchel :
na siarad yn / haerllug / wrth eich / Craig."

6 Nid o'r dwyrain / na'r gor/llewin :
nac o'r an/ialwch • y / bydd dyr/chafu,

7 Ond Duw / fydd yn / barnu :
yn darostwng y / naill • ac yn / codi'r / llall.

8a Oherwydd y mae cwpan / yn llaw'r / Arglwydd :
a'r gwin yn ewynnu ac / wedi / ei gy/mysgu;

8b Fe dywallt / ddiod • o/hono :
a bydd holl rai drygionus y ddaear / yn ei / yfed • i'r / gwaelod.

9 Ond clodforaf / fi am / byth :
a chanaf / fawl i / Dduw – / Jacob,

10 Am ei fod yn torri ymaith holl / gyrn • y dryg/ionus :
a chyrn y / cyfiawn • yn / cael • eu dyr/chafu.

Salm 76

1 Y mae Duw'n adna/byddus • yn / Jwda :
a'i / enw'n / fawr yn / Israel;

2 Y mae ei babell wedi ei / gosod • yn / Salem :
a'i / gar–/tref yn / Seion.

3 Yno fe faluriodd y / saethau / tanllyd :
y darian, y / cleddyf • a'r / arfau / rhyfel.

4 Ofnadwy / wyt / ti :
a chryfach / na'r my/nyddoedd • tra/gwyddol.

5 Ysbeiliwyd y rhai / cryf o / galon :
y maent wedi suddo i gwsg •
a phallodd / nerth yr / holl ry/felwyr.

6 Gan dy gerydd di / O Dduw / Jacob :
syfr/danwyd • y / marchog • a'r / march.

7 Ofnadwy / wyt / ti :
pwy a all sefyll o'th / flaen pan / fyddi'n / ddig?

3 Though the earth reels and / all that / dwell in her :
   it is I that / hold her / pillars / steady.

4 To the boasters I say / "Boast no / longer" :
   and to the wicked / "Do not / lift up your / horn.

5 Do not lift up your / horn on / high :
   do not / speak with a / stiff / neck."'

6 For neither from the east / nor from the / west :
   nor yet from the / wilderness comes / exal/tation.

7 But God a/lone is / judge :
   he puts down one and / raises / up an/other.

8 For in the hand of the Lord there / is a / cup :
   well mixed and / full of / foaming / wine.

‡9 He pours it out for all the / wicked • of the / earth :
   they shall / drink it, and / drain the / dregs.

10 But I will re/joice for / ever :
    and make music / to the / God of / Jacob.

11 All the horns of the wicked / will I / break :
    but the horns of the / righteous shall / be ex/alted.

Psalm 76

1 In Judah / God is / known :
   his / name is / great in / Israel.

2 At Salem / is his / tabernacle :
   and his / dwelling / place in / Zion.

3 There broke he the flashing / arrows • of the / bow :
   the shield, the / sword • and the / weapons of / war.

4 In the light of splendour / you ap/peared :
   glorious / from the e/ternal / mountains.

5 The boastful were plundered; they have / slept their / sleep :
   none of the / warriors can / lift their / hand.

6 At your rebuke, O / God of / Jacob :
   both / horse and / chariot fell / stunned.

7 Terrible are / you in / majesty :
   who can stand before your / face when / you are / angry?

8 Yr wyt wedi cyhoeddi / dedfryd • o'r / nefoedd :
   ofnodd y / ddaear / a dis/tewi

9 Pan gododd / Duw i / farnu :
   ac i waredu / holl dru/einiaid • y / ddaear.

10 Bydd Edom er ei ddig / yn dy • fol/iannu :
   a gweddill Hamath yn / cadw / gŵyl i / ti.

11 Gwnewch eich addunedau i'r Arglwydd eich / Duw a'u / talu :
    bydded i bawb o'i amgylch ddod
        â / rhoddion • i'r / un of/nadwy.

12 Y mae'n dryllio ysbryd / tywy/sogion :
    ac yn arswyd / i fren/hinoedd • y / ddaear.

Salm 77

1 Gwaeddais yn / uchel • ar / Dduw :
   yn uchel ar / Dduw a / chlywodd / fi.

2 Yn nydd fy nghyfyngder / ceisiais • yr / Arglwydd :
   ac yn y nos estyn fy nwylo'n ddiflino •
       nid oedd cy/suro / ar fy / enaid.

3 Pan feddyliaf am Dduw, yr / wyf yn / cwyno :
   pan fy/fyriaf • fe / balla / f'ysbryd.

4 Cedwaist fy / llygaid • rhag / cau :
   fe'm syfrdanwyd / ac ni / allaf / siarad.

5 Af yn ôl i'r / dyddiau / gynt :
   a chofio / am • y bly/nyddoedd • a / fu;

6 Meddyliaf ynof fy hun / yn y / nos :
   my/fyriaf • a'm / holi • fy / hunan,

7 "A wrthyd yr / Arglwydd • am / byth :
   a / pheidio • â / gwneud ffafr / mwyach?

8 A yw ei ffyddlondeb wedi / darfod • yn / llwyr :
   a'i addewid wedi ei / hatal • am / gened/laethau?

9 A yw Duw wedi anghofio / trugar/hau? :
   A yw yn ei / lid • wedi / cloi • ei dos/turi?"

10 Yna dywedais / "Hyn • yw fy / ngofid :
    a yw deheulaw'r Go/ruchaf / wedi / pallu?"

8 You caused your judgement to be / heard from / heaven :
   the earth / trembled / and was / still,

9 When God a/rose to / judgement :
   to save all the / meek / upon / earth.

10 You crushed the / wrath of the / peoples :
   and / bridled the / wrathful / remnant.

11 Make a vow to the Lord your / God and / keep it :
   let all who are round about him bring gifts
       to him that is / worthy / to be / feared.

12 He breaks down the / spirit of / princes :
   and strikes terror / in the / kings of the / earth.

Psalm 77

1 I cry a/loud to / God :
   I cry aloud to / God and / he will / hear me.

2 In the day of my trouble I have / sought the / Lord :
   by night my hand is stretched out and does not tire;
       my / soul re/fuses / comfort.

3 I think upon God / and I / groan :
   I ponder / and my / spirit / faints.

4 You will not let my / eyelids / close :
   I am so troubled / that I / cannot / speak.

5 I consider the / days of / old :
   I re/member the / years long / past;

6 I commune with my heart / in the / night :
   my spirit / searches for / under/standing.

7 Will the Lord cast us / off for / ever? :
   Will he / no more / show us his / favour?

8 Has his loving mercy clean / gone for / ever? :
   Has his promise come to an / end for / ever/more?

9 Has God for/gotten • to be / gracious? :
   Has he shut up his com/passion / in dis/pleasure?

10 And I said, 'My / grief is / this :
   that the right hand of the Most / High has / lost its / strength.'

11 Galwaf i gof weith/redoedd • yr / Arglwydd :
a chofio am dy / ryfe/ddodau / gynt.

12 Meddyliaf am dy / holl – / waith :
a my/fyriaf / am dy • weith/redoedd.

13 O Dduw, sanctaidd / yw dy / ffordd :
pa dduw sydd / fawr • fel ein / Duw – / ni?

14 Ti yw'r Duw sy'n gwneud / pethau • rhy/feddol :
dangosaist dy / rym ym/hlith y / bobloedd.

15 Â'th fraich gwa/redaist • dy / bobl :
disgy/nyddion / Jacob • a / Joseff.

16 Gwelodd y dyfroedd di, O Dduw •
gwelodd y dyfroedd di / ac ar/swydo :
yn wir, yr / oedd y / dyfnder • yn / crynu.

17 Tywalltodd y cymylau ddŵr •
ac yr oedd y ffurfafen / yn ta/ranu :
fflachiodd dy / saethau / ar bob / llaw.

18 Yr oedd sŵn dy daranau yn y corwynt •
goleuodd dy / fellt y / byd :
ys/gydwodd • y / ddaear • a / chrynu.

19 Aeth dy ffordd drwy'r môr •
a'th lwybr trwy / ddyfroedd / nerthol :
ond ni / welwyd / ôl dy / gamau.

20 Arweiniaist dy / bobl fel / praidd :
trwy / law – / Moses • ac / Aaron.

Salm 78

1 Gwrandewch fy nys/geidiaeth • fy / mhobl :
gogwyddwch eich / clust at / eiriau • fy / ngenau.

2 Agoraf fy ngenau / mewn di/hareb :
a llefaraf ddam/hegion • o'r / dyddiau / gynt,

3 Pethau a glywsom / ac a / wyddom :
ac a adroddodd / ein hyn/afiaid / wrthym.

4a Ni chuddiwn hwy oddi wrth eu / disgy/nyddion :
ond adroddwn / wrth y • gen/hedlaeth • sy'n / dod

4b Weithredoedd gogo/neddus • yr / Arglwydd :
a'i rym, a'r / pethau • rhy/feddol • a / wnaeth.

11   I will remember the / works of the / Lord :
      and call to mind your / wonders of / old / time.

12   I will meditate on / all your / works :
      and / ponder your / mighty / deeds.

13   Your way, O / God, is / holy :
      who is so / great a / god as / our God?

14   You are the / God who worked / wonders :
      and declared your / power a/mong the / peoples.

15   With a mighty arm you re/deemed your / people :
      the / children of / Jacob and / Joseph.

16   The waters saw you, O God;
         the waters saw you and / were a/fraid :
      the / depths / also were / troubled.

17   The clouds poured out water; the / skies / thundered :
      your arrows / flashed on / every / side;

18   The voice of your thunder was in the whirlwind;
         your lightnings / lit up the / ground :
      the / earth / trembled and / shook.

19   Your way was in the sea,
         and your paths in the / great / waters :
      but your / footsteps / were not / known.

20   You led your / people like / sheep :
      by the / hand of / Moses and / Aaron.

Psalm 78

1   Hear my teaching / O my / people :
     incline your / ears • to the / words of my / mouth.

2   I will open my / mouth in a / parable :
     I will pour forth / mysteries / from of / old,

3   Such as we have / heard and / known :
     which our / forebears / have / told us.

4   We will not hide from their children,
        but will recount to gene/rations to / come :
     the praises of the Lord and his power
        and the / wonderful / works • he has / done.

5a Fe roes ddy/letswydd • ar / Jacob :
　　a / gosod / cyfraith • yn / Israel,

5b A rhoi gorchymyn / i'n hyn/afiaid :
　　i'w / dysgu / i'w — / plant;

6   Er mwyn i'r to sy'n / codi / wybod :
　　ac i'r plant sydd heb eu geni eto •
　　　　ddod ac / adrodd / wrth eu / plant;

7   Er mwyn iddynt roi eu ffydd yn Nuw •
　　　　a pheidio ag anghofio gweith/redoedd / Duw :
　　ond / cadw / ei orch/mynion;

8a Rhag iddynt fod fel / eu — / hyn/afiaid :
　　yn genhedlaeth / gyndyn • a / gwrthry/felgar,

‡8b Yn genhedlaeth â'i chalon heb / fod yn / gadarn :
　　a'i hysbryd heb / fod yn / ffyddlon • i / Dduw.

9   Bu i feibion Effraim, gwŷr arfog a / saethwyr / bwa :
　　droi yn eu / holau / yn nydd / brwydr,

10 Am iddynt beidio â chadw cy/famod / Duw :
　　a gwrthod / rhodio / yn ei / gyfraith;

‡11 Am iddynt anghofio / ei weith/redoedd :
　　a'r rhyfeddodau / a ddan/gosodd / iddynt.

12 Gwnaeth bethau rhyfeddol yng ngŵydd / eu hyn/afiaid :
　　yng ngwlad yr / Aifft yn / nhir — / Soan;

13 Rhannodd y môr a'u / dwyn / trwyddo :
　　a gwneud i'r / dŵr — / sefyll • fel / argae.

14 Arweiniodd hwy â / chwmwl • y / dydd :
　　a thrwy'r / nos â / thân — / disglair.

15 Holltodd greigiau / yn yr • an/ialwch :
　　a gwneud iddynt / yfed • o'r / dyfroedd • di-/baid;

16 Dygodd ffrydiau / allan • o / graig :
　　a pheri i ddŵr / lifo / fel a/fonydd.

17 Ond yr oeddent yn dal i bechu / yn ei / erbyn :
　　ac i herio'r Go/ruchaf / yn yr • an/ialwch,

18 A rhoi prawf ar Dduw yn / eu ca/lonnau :
　　trwy ofyn / bwyd • yn / ôl eu / blys.

19 Bu iddynt lefaru yn erbyn / Duw a / dweud :
　　"A all Duw arlwyo / bwrdd yn / yr an/ialwch?

5 He laid a solemn charge on Jacob
    and made it a / law in / Israel :
  which he com/manded them to / teach their / children,

6 That the generations to come might know,
    and the children / yet un/born :
  that they in turn might / tell it / to their / children;

7 So that they might put their / trust in / God :
  and not forget the deeds of / God,
    but / keep his com/mandments,

8 And not be like their forebears,
    a stubborn and rebellious / gene/ration :
  a generation whose heart was not steadfast,
    and whose spirit / was not / faithful to / God.

9 The people of Ephraim / armed with the / bow :
  turned / back in the / day of / battle;

10 They did not keep the / covenant of / God :
   and re/fused to / walk in his / law;

11 They forgot what / he had / done :
   and the / wonders / he had / shown them.

12 For he did marvellous things in the / sight of their / forebears :
   in the land of Egypt / in the / field of / Zoan.

13 He divided the sea and / let them pass / through :
   he made the / waters stand / still • in a / heap.

14 He led them with a / cloud by / day :
   and all the night / through • with a / blaze of / fire.

15 He split the hard / rocks in the / wilderness :
   and gave them drink as / from the / great / deep.

16 He brought streams / out of the / rock :
   and made / water gush / out like / rivers.

17 Yet for all this they sinned / more a/gainst him :
   and defied the Most / High / in the / wilderness.

18 They tested God / in their / hearts :
   and de/manded / food for their / craving.

19 They spoke against / God and / said :
   'Can God prepare a / table / in the / wilderness?

20a Y mae'n wir iddo daro'r graig ac i / ddŵr bis/tyllio :
     ac / i a/fonydd / lifo,

20b Ond a yw'n medru rhoi / bara / hefyd :
     ac yn medru para/toi — / cig i'w / bobl?"

21   Felly, pan glywodd yr / Arglwydd • hyn / digiodd :
     cyneuwyd tân yn erbyn Jacob •
          a chododd / llid yn / erbyn / Israel,

22   Am nad oeddent yn / credu • yn / Nuw :
     nac yn ymddiried / yn ei / ware/digaeth.

23   Yna, rhoes orchymyn i'r ffur/fafen / uchod :
     ac a/gorodd / ddrysau'r / nefoedd;

24   Glawiodd arnynt / fanna • i'w / fwyta :
     a rhoi / iddynt / ŷd y / nefoedd;

25   Yr oedd pobl yn bwyta / bara • ang/ylion :
     a rhoes / iddynt / fwyd • mewn / llawnder.

26   Gwnaeth i ddwyreinwynt chwythu / yn y / nefoedd :
     ac â'i nerth / dygodd / allan • dde/heuwynt;

27   Glawiodd arnynt / gig fel / llwch :
     ac adar hedegog fel / tywod • ar / lan y / môr;

28   Parodd iddynt ddisgyn yng / nghanol • eu / gwersyll :
     o / gwmpas • eu / pebyll • ym / mhobman.

29   Bwytasant hwythau a / chawsant / ddigon :
     oherwydd / rhoes • iddynt / eu dy/muniad.

30   Ond cyn iddynt ddi/wallu • eu / chwant :
     a'r / bwyd • yn / dal • yn eu / genau,

‡31 Cododd dig Duw / yn eu / herbyn :
     a lladdodd y rhai mwyaf graenus ohonynt •
          a darostwng / rhai de/wisol / Israel.

32   Er hyn, yr oeddent yn / dal i / bechu :
     ac nid oeddent yn credu / yn ei / ryfe/ddodau.

33   Felly gwnaeth i'w hoes ddarfod / ar am/rantiad :
     a'u bly/ny–/ddoedd mewn / dychryn.

34   Pan oedd yn eu taro, yr oeddent / yn ei / geisio :
     yr oeddent yn edifarhau / ac yn / chwilio • am / Dduw.

35   Yr oeddent yn cofio mai Duw / oedd eu / craig :
     ac mai'r Duw Go/ruchaf / oedd • eu gwa/redydd.

20 He struck the rock indeed, so that the waters gushed out
       and the streams / over/flowed :
   but can he give bread or provide / meat / for his / people?'

21 When the Lord heard this, he was / full of / wrath :
   a fire was kindled against Jacob
       and his / anger went / out against / Israel,

22 For they had no / faith in / God :
   and put no / trust in his / saving / help.

23 So he commanded the / clouds a/bove :
   and / opened the / doors of / heaven.

24 He rained down upon them / manna to / eat :
   and / gave them the / grain of / heaven.

25 So mortals ate the / bread of / angels :
   he / sent them / food in / plenty.

26 He caused the east wind to / blow in the / heavens :
   and led out the / south wind / by his / might.

27 He rained flesh upon them as / thick as / dust :
   and winged fowl / like the / sand of the / sea.

28 He let it fall in the / midst of their / camp :
   and / round a/bout their / tents.

‡29 So they ate and / were well / filled :
   for he / gave them what / they de/sired.

30 But they did not / stop their / craving :
   their / food was / still in their / mouths,

31 When the anger of God / rose a/gainst them :
   and slew their strongest men
       and / felled the / flower of / Israel.

32 But for all this, they / sinned yet / more :
   and put no / faith in his / wonderful / works.

33 So he brought their days to an end / like a / breath :
   and their / years in / sudden / terror.

34 Whenever he slew them / they would / seek him :
   they would repent and / earnestly / search for / God.

35 They remembered that / God was their / rock :
   and the Most High / God / their re/deemer.

Psalm 78

36 Ond yr oeddent yn rha/grithio • â'u / genau :
ac yn dweud / celwydd / â'u ta/fodau;

37 Nid oedd eu calon yn / glynu / wrtho :
ac nid oeddent yn / ffyddlon / i'w gy/famod.

38a Eto, bu ef yn drugarog, ma/ddeuodd • eu / trosedd :
ac / ni ddis/trywiodd / hwy;

38b Dro ar ôl tro a/taliodd • ei / ddig :
a / chadw ei / lid rhag / codi.

39 Cofiodd mai / cnawd – / oeddent :
gwynt sy'n mynd / heibio / heb ddy/chwelyd.

40 Mor aml y bu iddynt wrthryfela yn ei erbyn / yn • yr an/ialwch :
a pheri gofid / iddo / yn • y di/ffeithwch!

41 Dro ar ôl tro rhoesant / brawf ar / Dduw :
a / blino / Sanct – / Israel.

42 Nid oeddent yn / cofio • ei / rym :
y dydd y gwa/redodd • hwy / rhag y / gelyn,

43 Pan roes ei arwyddion / yn yr / Aifft :
a'i ryfe/ddodau • ym / meysydd / Soan.

44 Fe drodd eu ha/fonydd • yn / waed :
ac ni / allent / yfed • o'u / ffrydiau.

45 Anfonodd bryfetach arnynt a'r / rheini'n • eu / hysu :
a / llyffaint • a / oedd • yn eu / difa.

46 Rhoes eu / cnwd i'r / lindys :
a / ffrwyth eu / llafur • i'r / locust.

47 Dinistriodd eu / gwinwydd • â / chenllysg :
a'u syca/morwydd / â gla/wogydd.

48 Rhoes eu / gwartheg • i'r / haint :
a'u di/adell / i'r – / plâu.

49 Anfonodd ei lid mawr arnynt •
    a hefyd ddicter, cyn/ddaredd • a / gofid :
cwmni / o ne/geswyr / gwae,

50 A rhoes ryddid / i'w lid/iowgrwydd :
nid arbedodd hwy rhag marwolaeth •
    ond / rhoi eu / bywyd • i'r / haint.

51 Trawodd holl rai cyntafa/nedig • yr / Aifft :
blaenffrwyth eu / nerth ym / mhebyll / Ham.

478 Salm 78

36 Yet they did but flatter him / with their / mouth :
and dis/sembled / with their / tongue.

37 Their heart was not / steadfast to/wards him :
neither were they / faithful / to his / covenant.

38 But he was so merciful that he forgave their misdeeds
    and did / not des/troy them :
many a time he turned back his wrath
    and did not suffer his whole dis/pleasure / to be / roused.

39 For he remembered that they / were but / flesh :
a wind that passes / by and / does not re/turn.

40 How often they rebelled against him / in the / wilderness :
and / grieved him / in the / desert!

41 Again and again they / tempted / God :
and provoked the / Holy / One of / Israel.

42 They did not re/member his / power :
in the day when he re/deemed them / from the / enemy;

43 How he had wrought his / signs in / Egypt :
and his wonders / in the / field of / Zoan.

44 He turned their rivers / into / blood :
so that they / could not / drink of their / streams.

45 He sent swarms of flies among them / which de/voured them :
and / frogs which / brought them / ruin.

46 He gave their produce / to the / caterpillar :
the fruit of their / toil / to the / locust.

47 He destroyed their / vines with / hailstones :
and their / sycamore / trees • with the / frost.

48 He delivered their / cattle to / hailstones :
and their / flocks / to / thunderbolts.

49 He set loose on them his / blazing / anger :
fury, displeasure and trouble,
    a / troop of des/troying / angels.

50 He made a way for his anger
    and spared not their / souls from / death :
but gave their life / over / to the / pestilence.

51 He smote the / firstborn of / Egypt :
the first fruits of their / strength • in the / tents of / Ham.

52 Yna dygodd allan ei / bobl • fel / defaid :
a'u / harwain fel / praidd • trwy'r an/ialwch;

53 Arweiniodd hwy'n ddiogel heb fod / arnynt / ofn :
ond gor/chuddiodd • y / môr • eu ge/lynion.

54 Dygodd hwy / i'w dir / sanctaidd :
i'r mynydd a / goncrodd / â'i dde/heulaw.

‡55 Gyrrodd allan gen/hedloedd • o'u / blaenau :
rhannodd eu tir yn etifeddiaeth •
    a gwneud i lwythau / Israel / fyw • yn eu / pebyll.

56 Eto, profasant y Duw Goruchaf
    a gwrthryfela / yn ei / erbyn :
ac nid oeddent yn / cadw / ei o/fynion.

57 Troesant a mynd yn fradwrus fel / eu hy/nafiaid :
yr oeddent mor dwy/llodrus • â / bwa / llac.

58 Digiasant ef â'u / huchel/feydd :
a'i wneud yn eiddi/geddus / â'u hei/lunod.

59 Pan glywodd / Duw fe / ddigiodd :
a / gwrthod / Israel • yn / llwyr;

60 Gadawodd ei / drigfan • yn / Seilo :
y babell lle'r oedd yn / byw y/mysg – / pobl;

61 Gadawodd i'w gadernid / fynd i / gaethglud :
a'i o/goniant • i / ddwylo • ge/lynion;

62 Rhoes ei / bobl i'r / cleddyf :
a thywallt ei lid / ar ei / eti/feddiaeth.

63 Ysodd tân eu / gwŷr – / ifainc :
ac nid oedd gân bri/odas / i'w mo/rynion;

64 Syrthiodd eu ho/ffeiriaid • trwy'r / cleddyf :
ac ni / allai • eu / gweddwon • a/laru.

65 Yna, cododd yr Arglwydd / fel o / gwsg :
fel rhyfelwr yn / cael • ei sym/bylu • gan / win.

‡66 Trawodd ei elynion / yn eu / holau :
a dwyn / arnynt / warth tra/gwyddol.

67 Gwrthododd / babell / Joseff :
ac ni dde/wisodd / lwyth / Effraim;

68 Ond dewisodd / lwyth / Jwda :
a Mynydd / Seion • y / mae'n ei / garu.

480   *Salm 78*

52 But he led out his / people like / sheep :
   and guided them in the / wilderness / like a / flock.

53 He led them to safety and they were / not a/fraid :
   but the / sea • over/whelmed their / enemies.

54 He brought them to his / holy / place :
   the mountain which his / right hand / took in pos/session.

55 He drove out the nations before them
       and shared out to them / their in/heritance :
   he settled the tribes of / Israel / in their / tents.

56 Yet still they tested God Most High
       and re/belled a/gainst him :
   and / would not / keep his com/mandments.

57 They turned back and fell away / like their / forebears :
   starting aside / like an / unstrung / bow.

‡58 They grieved him / with their / hill altars :
   and provoked him to dis/pleasure / with their / idols.

59 God heard and was / greatly / angered :
   and / utterly re/jected / Israel.

60 He forsook the / tabernacle at / Shiloh :
   the / tent • of his / presence on / earth.

61 He gave the ark of his strength / into cap/tivity :
   his splendour / into the / adver•sary's / hand.

62 He delivered his people / to the / sword :
   and / raged a/gainst his in/heritance.

63 The fire consumed / their young / men :
   there was / no one • to la/ment their / maidens.

64 Their priests / fell • by the / sword :
   and their widows / made no / lamen/tation.

65 Then the Lord woke as / out of / sleep :
   like a warrior who had been / over/come with / wine.

66 He struck his enemies / from be/hind :
   and put them / to per/petual / shame.

67 He rejected the / tent of / Joseph :
   and chose / not the / tribe of / Ephraim,

68 But he chose the / tribe of / Judah :
   and the hill of / Zion / which he / loved.

69 Cododd ei gysegr cyn / uched • â'r / nefoedd :
a'i sylfeini / fel y / ddaear • am / byth.

70 Dewisodd Ddafydd yn / was – / iddo :
a'i gymryd / o'r cor/lannau / defaid;

71 O fod yn gofalu am y mamogiaid / daeth ag / ef :
i fugeilio'i bobl Jacob • ac / Israel ei / eti/feddiaeth.

72 Bugeiliodd hwy â / chalon / gywir :
a'u / harwain â / llaw dde /heuig.

Salm 79

1 O Dduw, daeth y cenhedloedd i'th / eti/feddiaeth :
a halogi dy deml sanctaidd •
   a gwneud Je/rwsa•lem / yn ad/feilion.

2 Rhoesant gyrff dy weision yn fwyd i / adar • yr / awyr :
a chnawd dy ffydd/loniaid / i'r bwyst/filod.

3 Y maent wedi tywallt gwaed fel dŵr o / amgylch • Je/rwsalem :
ac / nid oes / neb i'w / claddu.

4 Aethom yn watwar / i'n cym/dogion :
yn wawd a / dirmyg • i'r / rhai o'n / cwmpas.

5 Am ba hyd, Arglwydd? • A fyddi'n / ddig am / byth? :
A yw dy ei/ddigedd • i / losgi • fel / tân?

6a Tywallt dy lid / ar y • cen/hedloedd :
nad / ydynt / yn • dy ad/nabod,

6b Ac / ar y • teyr/nasoedd :
nad ydynt yn / galw / ar dy / enw,

7 Am iddynt / ysu / Jacob :
a di/feth–/a ei / drigfan.

8 Paid â dal yn ein herbyn ni ddrygioni / ein hy/nafiaid :
ond doed dy dosturi atom ar frys •
   oherwydd fe'n / daro/styngwyd • yn / llwyr.

9a Cymorth ni, O Dduw ein / hiachaw/dwriaeth :
o/herwydd • an/rhydedd • dy / enw;

9b Gwared ni, a maddau / ein pe/chodau :
er / mwyn / dy – / enw.

69 And there he built his sanctuary like the / heights of / heaven :
   like the earth / which he / founded for / ever.

70 He chose David / also, his / servant :
   and took him a/way / from the / sheepfolds.

71 From following the ewes with their / lambs he / took him :
   that he might shepherd Jacob his people
       and / Israel / his in/heritance.

72 So he shepherded them with a de/voted / heart :
   and with / skilful / hands he / guided them.

Psalm 79

1 O God, the heathen have come / into your / heritage :
  your holy temple have they defiled
      and made Je/rusalem a / heap of / stones.

2 The dead bodies of your servants they have given
      to be food for the / birds of the / air :
  and the flesh of your / faithful • to the / beasts of the / field.

3 Their blood have they shed like water
      on every / side of Je/rusalem :
  and / there was / no one to / bury them.

4 We have become the / taunt of our / neighbours :
  the scorn and derision of / those that are / round a/bout us.

5 Lord, how long will you be / angry, for / ever? :
  How long will your jealous / fury / blaze like / fire?

6 Pour out your wrath
      upon the nations that / have not / known you :
  and upon the kingdoms
      that have not / called up/on your / name.

7 For they have de/voured / Jacob :
  and / laid / waste his / dwelling place.

8 Remember not against us our / former / sins :
  let your compassion make haste to meet us,
      for / we are brought / very / low.

9 Help us, O God of our salvation,
      for the glory / of your / name :
  deliver us, and wipe away our sins / for your / name's / sake.

10a Pam y caiff y cen/hedloedd / ddweud :
     "Ple / mae — / eu — / Duw?"

10b Dysger y cenhedloedd / yn ein / gŵydd :
     beth yw dy ddialedd am waed
         / tywall/tedig • dy / weision.

11   Doed ochneidio'r carcha/rorion • hyd / atat :
     ac yn dy nerth mawr / arbed • y / rhai • oedd i / farw.

12   Taro'n ôl seithwaith i'n cymdogion, a / hynny • i'r / byw :
     y gwatwar a wnânt wrth dy ddi/frïo / O — / Arglwydd.

13   Yna, byddwn ni, dy bobl a phraidd dy borfa •
         yn dy fol/iannu • am / byth :
     ac yn adrodd dy foliant / dros y / cened/laethau.

Salm 80

1   Gwrando, O / fugail / Israel :
    sy'n arwain / Joseff / fel di/adell.

2   Ti sydd wedi dy orseddu ar y cerwbiaid •
        disgleiria i Effraim, Benjamin / a Ma/nasse :
    gwna i'th nerth / gyffroi • a / thyrd i'n • gwa/redu.

3   Adfer / ni, O / Dduw :
    bydded llewyrch dy wyneb arnom / a gwa/reder / ni.

4   O Arglwydd / Dduw y / Lluoedd :
    am ba hyd y byddi'n / ddig • wrth we/ddïau • dy / bobl?

5   Yr wyt wedi eu bwydo â / bara / dagrau :
    a'u diodi â / mesur / llawn o / ddagrau.

6   Gwnaethost ni'n ddirmyg / i'n cym/dogion :
    ac y mae ein ge/lynion / yn ein / gwawdio.

‡7 O Dduw'r Lluoedd / adfer / ni :
    bydded llewyrch dy wyneb arnom / a gwa/reder / ni.

8   Daethost â gwin/wydden • o'r / Aifft :
    gyrraist allan gen/hedloedd • er / mwyn • ei / phlannu;

9   Cliriaist y / tir — / iddi :
    magodd hithau / wreiddiau • a / llenwi'r / tir.

10 Yr oedd ei chysgod yn gor/chuddio'r • my/nyddoedd :
    a'i changau / fel y / cedrwydd / cryfion;

10   Why should the / heathen / say :
     'Where is / now – / their – / God?'

11   Let vengeance for your servants' / blood • that is / shed :
     be known among the / nations / in our / sight.

12   Let the sorrowful sighing of the prisoners / come be/fore you :
     and by your mighty arm
         preserve those / who are con/demned to / die.

13   May the taunts with which our neighbours / taunted you / Lord :
     return / sevenfold / into their / bosom.

14   But we that are your people and the sheep of your pasture
         will give you / thanks for / ever :
     and tell of your praise from gene/ration to / gene/ration.

Psalm 80

1   Hear, O / Shepherd of / Israel :
    you that led / Joseph / like a / flock;

2   Shine forth, you that are enthroned up/on the / cherubim :
    before Ephraim / Benjamin / and Ma/nasseh.

3   Stir up your / mighty / strength :
    and / come to / our sal/vation.

4   Turn us a/gain, O / God :
    show the light of your countenance / and we / shall be / saved.

5   O Lord / God of / hosts :
    how long will you be angry / at your / people's / prayer?

6   You feed them with the / bread of / tears :
    you give them a/bundance of / tears to / drink.

7   You have made us the derision / of our / neighbours :
    and our / enemies / laugh us to / scorn.

8   Turn us again, O / God of / hosts :
    show the light of your countenance / and we / shall be / saved.

9   You brought a vine / out of / Egypt :
    you drove / out the / nations and / planted it.

10 You made / room a/round it :
    and when it had taken / root, it / filled the / land.

11 The hills were covered / with its / shadow :
    and the cedars of / God / by its / boughs.

11 Estynnodd ei brigau / at y / môr :
   a'i / blagur / at yr / afon.

12 Pam felly y / bylchaist • ei / chloddiau :
   fel bod y rhai sy'n mynd / heibio • yn / tynnu • ei / ffrwyth?

13 Y mae baedd y goedwig / yn ei / thyrchu :
   ac ani/feiliaid / gwyllt • yn ei / phori.

14 O Dduw'r Lluoedd, tro eto • edrych i lawr o'r / nefoedd • a / gwêl :
   gofala / am • y win/wydden / hon,

15 Y planhigyn a blennaist / â'th dde/heulaw :
   y gainc yr / wyt yn / ei chyf/nerthu.

16 Bydded i'r rhai sy'n ei llosgi â thân ac yn ei / thorri • i / lawr :
   gael eu difetha gan / gerydd / dy wy/nepryd.

17 Ond bydded dy law ar y sawl sydd / ar dy • dde/heulaw :
   ar yr un yr / wyt ti'n / ei gyf/nerthu.

18 Ni thrown oddi / wrthyt / mwyach :
   adfywia ni, ac fe / alwn / ar dy / enw.

19 Arglwydd Dduw y Lluoedd / adfer / ni :
   bydded llewyrch dy wyneb arnom / a gwa/reder / ni.

Salm 81

1 Canwch fawl i / Dduw, ein / nerth :
  bloeddiwch mewn gor/foledd • i / Dduw – / Jacob.

2 Rhowch gân a / chanu'r / tympan :
  y / delyn / fwyn a'r / nabl.

3 Canwch utgorn ar y / lleuad / newydd :
  ar y lleuad / lawn ar / ddydd ein / gŵyl.

4 Oherwydd y mae hyn yn / ddeddf yn / Israel :
  yn / rheol gan / Dduw – / Jacob,

‡5 Wedi ei roi'n orchymyn i Joseff
     pan ddaeth allan o / wlad yr / Aifft :
  clywaf iaith nad / wyf yn / ei had/nabod.

6 Ysgafnheais y baich / ar dy / ysgwydd :
  a rhyddhau dy ddwylo / oddi / wrth • y bas/gedi.

12 It stretched out its branches / to the / Sea :
   and its / tendrils / to the / River.

13 Why then have you broken / down its / wall :
   so that all who pass / by pluck / off its / grapes?

14 The wild boar out of the wood / tears it / off :
   and all the / insects • of the / field de/vour it.

15 Turn again, O / God of / hosts :
   look down from / heaven / and be/hold;

16 Cherish this vine which your / right hand has / planted :
   and the branch that you / made so / strong for your/self.

17 Let those who burnt it with fire, who / cut it / down :
   perish / at the re/buke • of your / countenance.

18 Let your hand be upon the man / at your / right hand :
   the son of man you / made so / strong • for your/self.

19 And so will we / not go / back from you :
   give us life, and we shall / call up/on your / name.

20 Turn us again, O Lord / God of / hosts :
   show the light of your countenance / and we / shall be / saved.

Psalm 81

1 Sing merrily to / God our / strength :
   shout for / joy • to the / God of / Jacob.

2 Take up the song and / sound the / timbrel :
   the tuneful / lyre / with the / harp.

3 Blow the trumpet at the / new / moon :
   as at the full moon, up/on our / solemn / feast day.

4 For this is a / statute for / Israel :
   a / law • of the / God of / Jacob,

5 The charge he laid on the / people of / Joseph :
   when they came / out of the / land of / Egypt.

6 I heard a voice I did not / know, that / said :
   'I eased their shoulder from the burden;
       their hands were set / free from / bearing the / load.

7 Pan waeddaist mewn cyfyngder, gwa/redais / di :
ac atebais di yn ddirgel yn y taranau •
　　profais / di wrth / ddyfroedd / Meriba.

8 Gwrando, fy mhobl, a dygaf dystiolaeth / yn dy / erbyn :
O na fyddit yn / gwrando / arnaf • fi / Israel!

9 Na fydded / gennyt • dduw / estron :
a phaid ag y/mostwng / i dduw / dieithr.

10 Myfi yw'r Arglwydd dy Dduw •
　　a'th ddygodd i / fyny • o'r / Aifft :
agor dy / geg, ac / fe'i – / llanwaf.

11 Ond ni wrandawodd fy mhobl / ar fy / llais :
ac nid oedd / Israel • yn / fodlon / arnaf;

‡12 Felly anfonais hwy ymaith / yn eu • cyn/dynrwydd :
i wneud fel yr / oeddent / yn dy/muno.

13 "O na fyddai fy mhobl yn / gwrando / arnaf :
ac na fyddai Israel yn / rhodio / yn fy / ffyrdd!

14 Byddwn ar fyrder yn darostwng / eu ge/lynion :
ac yn troi fy llaw yn / erbyn • eu / gwrthwy/nebwyr."

15 Byddai'r rhai sy'n casáu'r Arglwydd yn ym/greinio • o'i / flaen :
a / dyna • eu / tynged • am / byth.

16 Byddwn yn dy fwydo / â'r ŷd / gorau :
ac yn dy ddi/goni • â / mêl o'r / graig.

Salm 82

Siant sengl

1 Y mae Duw yn ei le yn y / cyngor / dwyfol :
yng nghanol y / duwiau / y mae'n / barnu.

2 "Am ba hyd y barnwch / yn ang/hyfiawn :
ac y dangoswch / ffafr at / y dryg/ionus?

3 Rhowch ddedfryd o blaid y gwan / a'r am/ddifad :
gwnewch gyfiawnder â'r tru/enus • a'r / diym/geledd.

4 Gwaredwch y gwan / a'r ang/henus :
achubwch / hwy o / law'r dryg/ionus.

5 Nid ydynt yn gwybod nac yn deall •
　　ond y maent yn cerdded / mewn ty/wyllwch :
a holl syl/feini'r / ddaear • yn / ysgwyd.

7 You called upon me in trouble and / I de/livered you :
    I answered you from the secret place of thunder
        and proved you / at the / waters of / Meribah.

8 Hear, O my people, and I / will ad/monish you :
    O Israel, if you / would but / listen to / me!

9 There shall be no strange / god a/mong you :
    you shall not / worship a / foreign / god.

10 I am the Lord your God,
        who brought you up from the / land of / Egypt :
    open your mouth / wide and / I shall / fill it.'

11 But my people would not / hear my / voice :
    and / Israel would / not o/bey me.

12 So I sent them away in the stubbornness / of their / hearts :
    and let them walk / after their / own / counsels.

13 O that my people would / listen to / me :
    that / Israel would / walk • in my / ways!

14 Then I should soon put / down their / enemies :
    and turn my / hand a/gainst their / adversaries.

15 Those who hate the Lord would be / humbled be/fore him :
    and their / punishment would / last for / ever.

16 But Israel would I feed with the / finest / wheat :
    and with honey / from the / rock • would I / satisfy them.

Psalm 82

1 God has taken his stand in the / council of / heaven :
    in the midst of the / gods / he gives / judgement:

2 'How long will you / judge un/justly :
    and show such / favour / to the / wicked?

3 You were to judge the weak / and the / orphan :
    defend the / right • of the / humble and / needy;

4 Rescue the weak / and the / poor :
    deliver them / from the / hand of the / wicked.

5 They have no knowledge or wisdom;
        they walk on / still in / darkness :
    all the foun/dations • of the / earth are / shaken.

6 Fe ddywedais i / 'Duwiau / ydych :
a meibion i'r Gor/uchaf • bob / un o/honoch.'

7 Eto, byddwch farw / fel meid/rolion :
a / syrthio • fel / unrhyw • dy/wysog."

8 Cyfod, O Dduw, i / farnu'r / ddaear :
oherwydd eiddot / ti yw'r / holl gen/hedloedd.

Salm 83

1 O Dduw, paid â / bod yn / ddistaw :
paid â thewi nac / ymda/welu • O / Dduw.

2 Edrych fel y mae dy elynion / yn ter/fysgu :
a'r rhai sy'n dy ga/sáu yn / codi • eu / pennau.

3 Gwnânt gynlluniau cyfrwys yn / erbyn • dy / bobl :
a gosod cynllwyn yn erbyn y / rhai a / amddi/ffynni,

4 A dweud, "Dewch, inni eu di/fetha • fel / cenedl :
fel na chofir / enw / Israel / mwyach."

5 Cytunasant yn / unfryd • â'i / gilydd :
a gwneud / cynghrair / i'th – / erbyn,

6 Pebyll Edom / a'r Is/maeliaid :
Mo/abiaid / a'r Ha/gariaid,

7 Gebal / Ammon • ac / Amalec :
Philistia / a thri/golion / Tyrus;

8 Asyria hefyd a unodd / gyda / hwy :
a chynnal / breichiau / tylwyth / Lot.

9 Gwna iddynt fel y / gwnaethost • i / Sisera :
ac i / Jabin / wrth nant / Cison,

10 Ac i Midian, a ddinistriwyd wrth / ffynnon / Harod :
a / mynd yn / dom • ar y / ddaear.

11 Gwna eu mawrion fel / Oreb • a / Seeb :
a'u holl dywysogion fel / Seba / a Sal/munna,

12 Y rhai / a ddy/wedodd :
"Meddiannwn i ni ein / hunain • holl / borfeydd / Duw."

13 O fy Nuw, gwna hwy fel / hadau • he/degog :
fel / us o / flaen – / gwynt.

6   Therefore I say that though / you are / gods :
    and all of you / children • of the / Most / High,

7   Nevertheless, you shall / die like / mortals :
    and / fall like / one of their / princes.'

8   Arise, O God and / judge the / earth :
    for it is you that shall take all / nations / for your pos/session.

Psalm 83

1   Hold not your peace, O God, do / not keep / silent :
    be / not un/moved, O / God;

2   For your enemies / are in / tumult :
    and those who / hate you / lift up their / heads.

3   They take secret counsel a/gainst your / people :
    and plot a/gainst those / whom you / treasure.

4   They say, 'Come, let us destroy them / as a / nation :
    that the name of Israel / be re/membered no / more.'

5   They have conspired together / with one / mind :
    they / are in / league a/gainst you:

6,7 The tents of Edom and the Ishmaelites,
        / Moab • and the / Hagarenes :
    Gebal and Ammon and Amalek,
        the Philistines and / those who / dwell in / Tyre.

‡8 Ashur / also has / joined them :
    and has lent a strong / arm • to the / children of / Lot.

9   Do to them as you / did to / Midian :
    to Sisera and to Jabin / at the / river of / Kishon,

10 Who / perished at / Endor :
    and be/came as / dung • for the / earth.

11 Make their commanders like / Oreb and / Zeëb :
    and all their princes like / Zebah / and Zal/munna,

12 Who said, 'Let us / take for our/selves :
    the pastures of / God as / our pos/session.'

13 O my God / make them like / thistledown :
    like / chaff be/fore the / wind.

14 Fel tân yn / difa / coedwig :
   fel / fflamau'n / llosgi / mynydd,

15 Felly yr ymlidi / hwy â'th / storm :
   a'u bra/wychu / â'th – / gorwynt.

16 Gwna eu hwynebau'n / llawn cy/wilydd :
   er mwyn iddynt / geisio • dy / enw • O / Arglwydd.

17 Bydded iddynt aros mewn gwarth a chy/wilydd • am / byth :
   ac mewn gwa/radwydd • di/fether / hwy.

18 Bydded iddynt wybod mai ti yn unig, a'th / enw'n / Arglwydd :
   yw'r Goruchaf / dros yr / holl – / ddaear.

Salm 84

1 Mor brydferth yw / dy bres/wylfod :
   O / Ar–/glwydd y / Lluoedd.

2 Yr wyf yn hiraethu, yn dyheu hyd at lewyg •
      am gyn/teddau'r / Arglwydd :
   y mae'r cyfan ohonof yn gweiddi'n llawen / ar y / Duw – / byw.

3a Cafodd hyd yn oed ad/eryn y • to / gartref :
   a'r wennol / nyth – / iddi ei / hun,

3b Lle mae'n magu ei chywion, wrth dy a/llorau / di :
   O Arglwydd y Lluoedd, fy / Mrenin / a'm – / Duw.

4 Gwyn eu byd y rhai sy'n trigo / yn dy / dŷ :
   yn canu / mawl i / ti'n was/tadol.

5 Gwyn eu byd y rhai yr wyt ti'n / noddfa / iddynt :
   a ffordd y perer/inion / yn eu / calon.

6 Wrth iddynt fynd trwy ddyffryn Baca fe'i / cânt yn / ffynnon :
   bydd y glaw cynnar / yn ei • or/chuddio • â / bendith.

7 Ânt o / nerth i / nerth :
   a bydd Duw y duwiau / yn ym/ddangos • yn / Seion.

8 O Arglwydd Dduw'r Lluoedd / clyw fy / ngweddi :
   gwrando / arnaf / O Dduw / Jacob.

9 Edrych ar ein / tarian • O / Dduw :
   rho / ffafr – / i'th e/neiniog.

10 Gwell yw diwrnod yn dy gynteddau di / na mil / gartref :
   gwell sefyll wrth y drws yn nhŷ fy Nuw •
      na / thrigo • ym / mhebyll • dryg/ioni.

14   Like fire that con/sumes a / forest :
     like the / flame • that sets / mountains a/blaze,

15   So drive them / with your / tempest :
     and dis/may them / with your / storm.

16   Cover their faces with / shame, O / Lord :
     that / they may / seek your / name.

17   Let them be disgraced and dis/mayed for / ever :
     let them be / put to con/fusion and / perish;

18   And they shall know that you, whose / name is the / Lord :
     are alone the Most High / over / all the / earth.

Psalm 84

1   How lovely is your dwelling place, O / Lord of / hosts! :
    My soul has a desire and longing to enter the courts of the Lord;
        my heart and my flesh re/joice in the / living / God.

2   The sparrow has found her a house
        and the swallow a nest where she may / lay her / young :
    at your altars, O Lord of / hosts, my / King and my / God.

3   Blessed are they who / dwell in your / house :
    they will / always be / praising / you.

4   Blessed are those whose / strength is in / you :
    in whose heart / are the / highways to / Zion,

5   Who going through the barren valley find / there a / spring :
    and the early / rains will / clothe it with / blessing.

6   They will go from / strength to / strength :
    and ap/pear before / God in / Zion.

7,8 O Lord God of hosts, hear my prayer;
        listen, O / God of / Jacob :
    behold our defender, O God,
        and look upon the / face of / your a/nointed.

9   For one day / in your / courts :
    is / better / than a / thousand.

10 I would rather be a doorkeeper in the / house of my / God :
    than / dwell • in the / tents of un/godliness.

11a   Oherwydd haul a tharian yw'r / Arglwydd / Dduw :
rhydd / ras – / ac an/rhydedd.

11b   Nid atal yr Arglwydd / unrhyw dda/ioni :
oddi wrth y / rhai sy'n / rhodio'n / gywir.

12   O / Arglwydd y / Lluoedd :
gwyn ei fyd y sawl / sy'n ym/ddiried / ynot.

Salm 85

1   O Arglwydd, buost drugarog / wrth dy / dir :
ad/feraist / lwyddiant • i / Jacob.

2   Maddeuaist / gamwedd • dy / bobl :
a di/leu eu / holl – / bechod.

3   Tynnaist dy holl ddi/gofaint • yn / ôl :
a throi oddi / wrth dy / lid – / mawr.

4   Adfer ni eto, O Dduw ein / hiachaw/dwriaeth :
a rho heibio dy / ddicter / tuag / atom.

5   A fyddi'n digio / wrthym • am / byth :
ac yn dal dig / atom • am / gened/laethau?

6   Oni fyddi'n ein had/fywio / eto :
er mwyn i'th bobl / lawen/hau – / ynot?

7   Dangos i ni dy ffyddlondeb / O — / Arglwydd :
a rho dy / ware/digaeth / inni.

8   Bydded imi glywed yr hyn a lefara'r / Arglwydd / Dduw :
oherwydd bydd yn cyhoeddi heddwch
    i'w bobl ac i'w ffyddloniaid •
    rhag iddynt / droi dra/chefn • at ffo/lineb.

‡*9*   Yn wir, y mae ei waredigaeth yn agos at y rhai / sy'n ei / ofni :
fel bod gogoniant yn / aros / yn ein / tir.

10   Bydd cariad a gwirionedd / yn cy/farfod :
a chyfiawnder a heddwch / yn cu/sanu • ei / gilydd.

11   Bydd ffyddlondeb yn / tarddu • o'r / ddaear :
a chyfiawnder yn / edrych • i / lawr o'r / nefoedd.

12   Bydd yr Arglwydd yn / rhoi dai/oni :
a'n / tir yn / rhoi ei / gnwd.

13   Bydd cyfiawnder yn / mynd o'i / flaen :
a heddwch yn / dilyn yn / ôl ei / droed.

11   For the Lord God is both sun and shield;
       he will give / grace and / glory :
  no good thing shall the Lord withhold
       from / those who / walk with in/tegrity.

‡12   O Lord / God of / hosts :
  blessed are those who / put their / trust in / you.

Psalm 85

1   Lord, you were gracious / to your / land :
  you re/stored the / fortunes of / Jacob.

2   You forgave the of/fence of your / people :
  and / covered / all their / sins.

‡3   You laid aside / all your / fury :
  and turned from your / wrathful / indig/nation.

4   Restore us again, O / God our / Saviour :
  and / let your / anger / cease from us.

5   Will you be displeased with / us for / ever? :
  Will you stretch out your wrath
       from one gene/ration / to an/other?

6   Will you not give us / life a/gain :
  that your people / may re/joice in / you?

7   Show us your / mercy, O / Lord :
  and / grant us / your sal/vation.

8   I will listen to what the Lord / God will / say :
  for he shall speak peace to his people and to the faithful,
       that they / turn • not a/gain to / folly.

9   Truly, his salvation is near to / those who / fear him :
  that his / glory may / dwell • in our / land.

10   Mercy and truth are / met to/gether :
  righteousness and / peace have / kissed each / other;

11   Truth shall spring / up from the / earth :
  and / righteousness look / down from / heaven.

12   The Lord will indeed give / all that is / good :
  and our / land will / yield its / increase.

13   Righteousness shall / go be/fore him :
  and di/rect his / steps • in the / way.

Salm 86

1 Tro dy glust ataf, Arglwydd, ac / ateb / fi :
  oherwydd tlawd / ac ang/henus / ydwyf.

2 Arbed fy mywyd, oherwydd / teyrngar / wyf fi :
  gwared dy / was • sy'n ym/ddiried / ynot.

3 Ti yw fy Nuw • bydd drugarog / wrthyf • O / Arglwydd :
  oherwydd arnat / ti y / gwaeddaf • trwy'r / dydd.

4 Llawenha / enaid • dy / was :
  oherwydd atat ti / Arglwydd • y dyr/chafaf • fy / enaid.

5 Yr wyt ti, Arglwydd, yn / dda • a ma/ddeugar :
  ac yn llawn trugaredd i / bawb sy'n / galw / arnat.

6 Clyw, O / Arglwydd • fy / ngweddi :
  a / gwrando / ar fy / ymbil.

7 Yn nydd fy nghyfyngder / galwaf / arnat :
  oherwydd yr / wyt ti / yn fy / ateb.

8 Nid oes neb fel ti ymhlith y / duwiau • O / Arglwydd :
  ac nid oes gweith/redoedd / fel dy • rai / di.

9 Bydd yr holl genhedloedd a wnaethost
    yn dod ac yn ymgrymu o'th / flaen, O / Arglwydd :
  ac yn / anrhy/deddu • dy / enw.

10 Oherwydd yr wyt ti yn fawr ac yn gwneud / rhyfe/ddodau :
   ti yn / unig / sydd — / Dduw.

11 O Arglwydd, dysg i mi dy ffordd •
     imi rodio yn / dy wir/ionedd :
   rho imi galon / unplyg • i / ofni • dy / enw.

12 Clodforaf di â'm holl galon, O / Arglwydd • fy / Nuw :
   ac anrhy/deddaf • dy / enw • hyd / byth.

‡13 Oherwydd mawr yw dy ffyddlondeb / tuag / ataf :
    a gwaredaist fy / mywyd • o / Sheol / isod.

14 O Dduw, cododd gwŷr trahaus yn f'erbyn •
     ac y mae criw didostur yn / ceisio • fy / mywyd :
   ac nid ydynt yn / meddwl • am/danat / ti.

15 Ond yr wyt ti, O Arglwydd, yn Dduw tru/garog • a / graslon :
   araf i ddigio, a llawn / cariad / a gwir/ionedd.

Psalm 86

1 Incline your ear, O / Lord, and / answer me :
for / I am / poor • and in / misery.

2 Preserve my soul, for / I am / faithful :
save your servant, for I / put my / trust in / you.

3 Be merciful to me, O Lord, for / you are my / God :
I call up/on you / all the day / long.

4 Gladden the / soul of your / servant :
for to you, O / Lord, I / lift up my / soul.

‡5 For you, Lord, are / good and for/giving :
abounding in steadfast love to / all who / call up/on you.

6 Give ear, O Lord / to my / prayer :
and listen to the / voice of my / suppli/cation.

7 In the day of my distress I will / call up/on you :
for / you will / answer / me.

8 Among the gods there is none like / you, O / Lord :
nor / any / works like / yours.

9 All nations you have made
    shall come and worship / you, O / Lord :
and shall / glori/fy your / name.

10 For you are great and do / wonderful / things :
you a/lone / are / God.

11 Teach me your way, O Lord,
    and I will / walk in your / truth :
knit my heart to you, that / I may / fear your / name.

12 I will thank you, O Lord my God, with / all my / heart :
and glorify your / name for / ever/more;

13 For great is your steadfast / love to/wards me :
for you have delivered my soul
    from the / depths / of the / grave.

14 O God, the proud rise up against me
    and a ruthless horde seek / after my / life :
they have not / set you be/fore their / eyes.

15 But you, Lord, are gracious and / full of com/passion :
slow to anger and / full of / kindness and / truth.

16 Tro ataf, a / bydd dru/garog :
   rho dy nerth i'th was • a gwared / un o / hil dy / weision.

17 Rho imi arwydd o'th ddaioni •
       a bydded i'r rhai sy'n fy nghasáu weld / a • chywi/lyddio :
   am i ti, Arglwydd, fy nghynor/thwyo / a'm cy/suro.

Salm 87

1,2 Ar fynyddoedd sanctaidd y syl/faenodd / hi :
    y mae'r Arglwydd yn caru pyrth Seion •
       yn fwy na / holl drig/fannau / Jacob.

3 Dywedir pethau gogoneddus am/danat / ti :
  O / ddi—/nas — / Duw.

4 "Yr wyf yn enwi Rahab a Babilon
      ymysg y rhai sy'n / fy nghyd/nabod :
  am Philistia, Tyrus ac Ethiopia
      fe ddywedir / 'Ganwyd / hwy — / yno.'"

5 Ac fe ddywedir am Seion,
      "Ganwyd / hwn-a•-hwn / ynddi :
  y Goruchaf ei hun / sy'n • ei se/fydlu / hi."

6 Bydd yr Arglwydd, wrth / restru'r / bobl :
  yn ysgrifennu / "Ganwyd / hwy — / yno."

7 Bydd cantorion a / dawnswyr • yn / dweud :
  "Y mae fy holl dardd/iadau / ynot / ti."

Salm 87   *Trefn arall*

1 Ar fynyddoedd sanctaidd y syl/faenodd / hi :
  y Goruchaf ei hun / sy'n • ei se/fydlu / hi.

2 Y mae'r Arglwydd yn / caru • pyrth / Seion :
  yn fwy na / holl drig/fannau / Jacob.

3 Dywedir pethau gogoneddus am/danat / ti :
  O / ddi—/nas — / Duw.

4 Bydd yr Arglwydd, wrth / restru'r / bobl :
  yn ysgrifennu / "Ganwyd / hwy — / yno."

16   Turn to me and have / mercy up/on me :
     give your strength to your servant
          and / save the / child of your / handmaid.

17   Show me a token of your favour,
          that those who hate me may see it and / be a/shamed :
     because you, O / Lord, have / helped and / comforted me.

Psalm 87

1   His foundation is on the / holy / mountains :
    the Lord loves the gates of Zion
         more than / all the / dwellings of / Jacob.

2   Glorious things are / spoken of / you :
    Zion / city / of our / God.

3   I record Egypt and Babylon as / those who / know me :
    behold Philistia, Tyre and Ethiopia:
         in / Zion / were they / born.

4   And of Zion it shall be said,
         'Each one was / born in / her :
    and the Most High himself / has es/tablished / her.'

5   The Lord will record as he / writes up the / peoples :
    'This one / also / was born / there.'

6   And as they dance / they shall / sing :
    'All my / fresh / springs are / in you.'

5 "Yr wyf yn enwi Rahab a Babilon
   ymysg y rhai sy'n / fy nghyd/nabod :
 am Philistia, Tyrus ac Ethiopia
   fe ddywedir / 'Ganwyd / hwy – / yno.'"

6 Ac fe ddy/wedir • am / Seion :
 "Ganwyd / hwn-a-/hwn – / ynddi."

‡7 Bydd cantorion a / dawnswyr • yn / dweud :
 "Y mae fy holl dardd/iadau / ynot / ti."

Salm 88

1 O Arglwydd, Duw fy / iachaw/dwriaeth :
 liw dydd galwaf arnat • gyda'r / nos — / deuaf / atat.

2 Doed fy / ngweddi • hyd / atat :
 tro dy / glust – / at fy / llef.

3 Yr wyf yn / llawn hel/bulon :
 ac y mae fy / mywyd • yn / ymyl / Sheol.

4 Ystyriwyd fi gyda'r rhai sy'n / disgyn • i'r / pwll :
 ac / euthum • fel / un heb / nerth,

5a Fel un wedi ei adael / gyda'r / meirw :
 fel y lladdedigion sy'n / gorffwys / mewn — / bedd,

5b Rhai nad wyt yn eu / cofio / bellach :
 am eu bod wedi eu / torri / ymaith • o'th / afael.

6 Gosodaist fi yn y / pwll — / isod :
 yn y mannau / tywyll / a'r dyfn/derau.

7 Daeth dy ddigofaint yn / drwm — / arnaf :
 a llethaist / fi â'th / holl — / donnau.

8 Gwnaethost i'm cydnabod bell/hau • oddi / wrthyf :
 a'm gwneud yn ffiaidd iddynt •
   yr wyf wedi fy nghaethiwo / ac ni / allaf / ddianc;

9 Y mae fy llygaid yn / pylu • gan / gystudd :
 galwaf arnat ti bob dydd, O Arglwydd •
   ac y mae fy / nwylo'n • ym/estyn / atat.

10 A wnei di ryfe/ddodau • i'r / meirw? :
 A yw'r cysgodion yn / codi / i'th fol/iannu?

Psalm 88

1 O Lord, God of / my sal/vation :
   I have cried / day and / night be/fore you.

2 Let my prayer come / into your / presence :
   in/cline your / ear to my / cry.

3 For my soul is / full of / troubles :
   my life draws / near to the / land of / death.

4 I am counted as one gone / down to the / Pit :
   I am like / one that / has no / strength,

5 Lost a/mong the / dead :
   like the / slain who / lie in the / grave,

6 Whom you re/member no / more :
   for they are / cut off / from your / hand.

7 You have laid me in the / lowest / pit :
   in a place of / darkness / in the a/byss.

8 Your anger lies / heavy up/on me :
   and you have af/flicted me with / all your / waves.

9 You have put my friends / far / from me :
   and made me to / be ab/horred / by them.

10 I am so fast in prison that I / cannot get / free :
   my eyes / fail from / all my / trouble.

11 Lord, I have called / daily up/on you :
   I have stretched / out my / hands / to you.

12 Do you work wonders / for the / dead? :
   Will the / shades stand / up and / praise you?

11 A fynegir dy gariad / yn y / bedd :
   a'th wir/ionedd • yn / nhir A/badon?

‡12 A yw dy ryfeddodau'n wybyddus / yn y • ty/wyllwch :
   a'th fuddugol/iaethau / yn nhir / angof?

13 Ond yr wyf fi yn llefain arnat ti am / gymorth • O / Arglwydd :
   ac yn y bore / daw fy / ngweddi / atat.

14 O Arglwydd, pam yr wyt / yn fy / ngwrthod :
   ac yn cuddio dy / wyneb / oddi / wrthyf?

15 Anghenus wyf, ac ar drengi / o'm hieu/enctid :
   dioddefais dy ddychrynfeydd / ac yr / wyf mewn / dryswch.

16 Aeth dy ddi/gofaint / drosof :
   ac y mae dy ymosod/iadau • yn / fy ni / fetha.

17 Y maent yn f'amgylchu fel / llif trwy'r / dydd :
   ac yn cau'n / gyfan / gwbl am/danaf.

18 Gwnaethost i gâr a chyfaill bellhau / oddi / wrthyf :
   a thy/wyllwch • yw / fy nghyd/nabod.

Salm 89

1 Canaf byth am dy / gariad • O / Arglwydd :
   ac â'm genau mynegaf dy ffyddlondeb / dros y / cened/laethau;

2 Oherwydd y mae dy gariad wedi ei se/fydlu • dros / byth :
   a'th ffydd/londeb • mor / sicr â'r / nefoedd.

3 Dywedaist, "Gwneuthum gyfamod â'm / hetho/ledig :
   a / thyngu • wrth / Ddafydd • fy / ngwas,

4 'Gwnaf dy had yn se/fydlog • am / byth :
   a sicrhau dy orsedd / dros y / cened/laethau.'"

5 Bydded i'r nefoedd foliannu dy ryfe/ddodau • O / Arglwydd :
   a'th ffyddlondeb yng nghy/nulliad / y rhai / sanctaidd.

6 Oherwydd pwy yn y nefoedd a gym/herir • â'r / Arglwydd? :
   Pwy ymysg y / duwiau • sy'n / debyg • i'r / Arglwydd,

7 Yn Dduw a ofnir yng nghyngor / y rhai / sanctaidd :
   yn fawr ac of/nadwy • goruwch / pawb o'i / amgylch?

8 O Arglwydd Dduw y lluoedd •
       pwy sydd nerthol fel ty/di, O / Arglwydd :
   gyda'th ffydd/londeb / o'th – / amgylch?

13 Shall your loving-kindness be de/clared in the / grave :
    your faithfulness / in the / land of des/truction?

14 Shall your wonders be / known in the / dark :
    or your righteous deeds in the / land where / all is for/gotten?

15 But as for me, O Lord, I will / cry to / you :
    early in the morning my / prayer shall / come be/fore you.

16 Lord, why have you re/jected my / soul? :
    Why have you / hidden your / face / from me?

17 I have been wretched and at the point of death / from my / youth :
    I suffer your terrors / and am / no more / seen.

18 Your / wrath sweeps / over me :
    your / horrors are / come • to des/troy me;

19 All day long they come a/bout me like / water :
    they close me / in on / every / side.

20 Lover and friend have / you put / far from me :
    and hid my com/panions / out of my / sight.

Psalm 89

1 My song shall be always of the loving-kindness / of the / Lord :
   with my mouth will I proclaim your faithfulness
       through/out all / gene/rations.

2 I will declare that your love is es/tablished for / ever :
   you have set your faithfulness as / firm / as the / heavens.

3 For you said: 'I have made a covenant / with my / chosen one :
   I have sworn an / oath to / David my / servant:

4 '"Your seed will I es/tablish for / ever :
   and build up your throne for / all / gene/rations."'

5 The heavens praise your / wonders, O / Lord :
   and your faithfulness in the as/sembly / of the / holy ones;

6 For who among the clouds can be com/pared to the / Lord? :
   Who is like the Lord a/mong the / host of / heaven?

7 A God feared in the council / of the / holy ones :
   great and terrible above / all those / round a/bout him.

8 Who is like you, Lord / God of / hosts? :
   Mighty Lord, your / faithfulness is / all a/round you.

9   Ti sy'n llywodraethu / ymchwydd • y / môr :
    pan gyfyd ei donnau, yr / wyt ti'n / eu gos/tegu.

10 Ti a ddrylliodd / Rahab • yn / gelain :
    gwasgeraist dy e/lynion • â / nerth dy / fraich.

11 Eiddot ti yw'r nefoedd, a'r / ddaear / hefyd :
    ti a seiliodd y / byd a'r / cyfan • sydd / ynddo.

12 Ti a greodd / ogledd • a / de :
    y mae Tabor a Hermon / yn mol/iannu • dy / enw.

13 Y mae gennyt / ti fraich / nerthol :
    y mae dy law yn gref • dy dde/heulaw / wedi • ei / chodi.

14 Cyfiawnder a barn yw / sylfaen • dy / orsedd :
    y mae cariad a gwir/ionedd • yn / mynd o'th / flaen.

15 Gwyn eu byd y bobl sydd wedi dysgu / dy glod/fori :
    sy'n rhodio, Arglwydd / yng ngol/euni • dy / wyneb,

16 Sy'n gorfoleddu bob amser • yn dy / enw :
    ac yn llawen/hau yn / dy gyf/iawnder.

17 Oherwydd ti yw go/goniant • eu / nerth :
    a thrwy dy ffafr / di • y dyr/chefir • ein / corn.

18 Oherwydd y mae ein tarian yn / eiddo • i'r / Arglwydd :
    a'n / brenin / i Sanct / Israel.

19 Gynt lleferaist mewn gweledigaeth wrth dy ffydd/loniaid •
        a / dweud :
    "Gosodais goron ar un grymus •
        a dyrchafu un a dde/wiswyd • o / blith y / bobl.

20 Cefais / Ddafydd • fy / ngwas :
    a'i e/neinio • â'm / holew / sanctaidd;

21 Bydd fy llaw yn gadarn / gydag / ef :
    a'm / braich yn / ei gryf/hau.

22 Ni fydd gelyn yn / drech nag / ef :
    na'r dryg/ionus • yn ei • ddar/ostwng.

23 Drylliaf ei e/lynion • o'i / flaen :
    a thrawaf y / rhai sy'n / ei ga/sáu.

24 Bydd fy ffyddlondeb a'm cariad / gydag / ef :
    ac yn fy enw / i • y dyr/chefir • ei / gorn.

25 Gosodaf ei law / ar y / môr :
    a'i dde/heulaw / ar yr • a/fonydd.

9   You rule the / raging • of the / sea :
you still its / waves when / they a/rise.

10   You crushed Rahab with a / deadly / wound :
and scattered your enemies / with your / mighty / arm.

11   Yours are the heavens; the earth / also is / yours :
you established the / world and / all that / fills it.

12   You created the / north and the / south :
Tabor and / Hermon re/joice • in your / name.

13   You have a / mighty / arm :
strong is your hand and / high is / your right / hand.

14   Righteousness and justice are the foundation / of your / throne :
steadfast love and faithfulness / go be/fore your / face.

15   Happy are the people who know the / shout of / triumph :
they walk, O Lord / in the / light of your / countenance.

16   In your name they rejoice / all the day / long :
and are ex/alted / in your / righteousness.

17   For you are the glory / of their / strength :
and in your favour / you lift / up our / heads.

18   Truly the Lord / is our / shield :
the Holy One of / Israel / is our / king.

19   You spoke once in a vision and said to your / faithful / people :
'I have set a youth above the mighty;
    I have raised a / young man / over the / people.

20   I have found / David my / servant :
with my holy / oil have / I a/nointed him.

21   My hand shall / hold him / fast :
and my / arm shall / strengthen / him.

22   No enemy / shall de/ceive him :
nor any / wicked / person af/flict him.

23   I will strike down his foes be/fore his / face :
and / beat down / those that / hate him.

24   My truth also and my steadfast love / shall be / with him :
and in my name shall his / head / be ex/alted.

25   I will set his dominion up/on the / sea :
and his / right hand up/on the / rivers.

26 Bydd yntau'n / galw / arnaf :
'Fy nhad wyt ti • fy Nuw a / chraig fy / iachaw/dwriaeth.'

27 A gwnaf finnau ef yn / gyntaf•a/nedig :
yn uchaf / o fren/hinoedd • y / ddaear.

28 Cadwaf fy ffyddlondeb / iddo • hyd / byth :
a bydd fy nghy/famod • ag / ef yn • se/fydlog.

29 Rhof iddo / linach • am / byth :
a'i / orsedd • fel / dyddiau'r / nefoedd.

30 Os bydd ei feibion yn / gadael • fy / nghyfraith :
a heb / rodio / yn fy / marnau,

31 Os byddant yn torri fy / ordein/iadau :
a heb / gadw / fy ngorch/mynion,

32 Fe gosbaf eu pechodau / â gwi/alen :
a'u cam/weddau / â fflan/gellau;

33 Ond ni throf fy nghariad / oddi / wrtho :
na / phallu / yn fy • ffydd/londeb.

34 Ni thorraf / fy nghy/famod :
na newid / gair a / aeth o'm / genau.

35 Unwaith am byth y tyngais / i'm sanc/teiddrwydd :
ac ni / fyddaf • yn / twyllo / Dafydd.

36 Fe barha ei / linach • am / byth :
a'i orsedd cy/hyd â'r / haul o'm / blaen.

‡37 Bydd wedi ei sefydlu am byth / fel y / lleuad :
yn dyst / ffyddlon / yn y / nef."

38 Ond eto yr wyt wedi gwrthod / a throi / heibio :
a / digio / wrth • dy e/neiniog.

39 Yr wyt wedi dileu'r cy/famod • â'th / was :
wedi halogi ei / goron • a'i / thaflu • i'r / llawr.

40 Yr wyt wedi dryllio ei / holl – / furiau :
a gwneud ei / geyrydd / yn ad/feilion.

41 Y mae pawb sy'n mynd heibio yn / ei ys/beilio :
aeth yn / warth – / i'w gym/dogion.

42 Dyrchefaist ddeheulaw ei / wrthwy/nebwyr :
a gwneud i'w holl e/lynion / lawen/hau.

43 Yn wir, troist yn ôl / fin ei / gleddyf :
a pheidio â'i / gynnal / yn y / frwydr.

26   He shall call to me / "You are my / Father :
     my God, and the / rock of / my sal/vation."

‡27 And I will make / him my / firstborn :
     the most high a/bove the / kings of the / earth.

28   The love I have pledged to him will I / keep for / ever :
     and my covenant / will stand / fast with / him.

29   His seed also will I make to en/dure for / ever :
     and his throne / as the / days of / heaven.

30   But if his children for/sake my / law :
     and / cease to / walk in my / judgements,

31,32 If they break my statutes
       and do not / keep my com/mandments :
     I will punish their offences with a rod
       / and their / sin with / scourges.

33   But I will not take from him my / steadfast / love :
     nor / suffer my / truth to / fail.

34   My covenant will / I not / break :
     nor alter / what has gone / out of my / lips.

35   Once for all have I sworn / by my / holiness :
     that I will / not prove / false to / David.

36   His seed shall en/dure for / ever :
     and his throne / as the / sun be/fore me;

‡37 It shall stand fast for ever / as the / moon :
     the enduring / witness / in the / heavens.'

38   But you have cast off and rejected / your a/nointed :
     you have / shown fierce / anger a/gainst him.

39   You have broken the covenant / with your / servant :
     and have / cast his / crown • to the / dust.

40   You have broken down / all his / walls :
     and / laid his / strongholds in / ruins.

41   All who pass / by de/spoil him :
     and he has be/come the / scorn of his / neighbours.

42   You have exalted the right hand / of his / foes :
     and made / all his / enemies re/joice.

43   You have turned back the / edge of his / sword :
     and have / not up/held him in / battle.

44 Drylliaist ei deyrn/wialen • o'i / law :
   a / bwrw • ei / orsedd • i'r / llawr.

45 Yr wyt wedi byrhau dyddiau / ei ieu/enctid :
   ac wedi ei or/chuddio / â chy/wilydd.

46 Am ba hyd, Arglwydd • A fyddi'n ym/guddio • am / byth :
   a'th ei/ddigedd • yn / llosgi • fel / tân?

47 Cofia mor feidrol / ydwyf / fi :
   ai yn ofer y / creaist / yr holl / bobloedd?

‡48 Pwy fydd byw heb / weld mar/wolaeth? :
   Pwy a arbed ei / fywyd • o / afael / Sheol?

49 O Arglwydd, ple mae dy / gariad / gynt :
   a dyngaist yn / dy ffydd/londeb • i / Ddafydd?

50 Cofia, O Arglwydd / ddirmyg • dy / was :
   fel yr wyf yn cario yn fy / mynwes • sar/had y / bobloedd,

51 Fel y bu i'th e/lynion / Arglwydd :
   ddirmygu a gwawdio / camre / dy en/einiog.

52 Bendigedig fyddo'r / Arglwydd • am / byth :
   A/men ac / A–/men.

Salm 90

1 Arglwydd, buost yn / amddi/ffynfa :
  i / ni ym/hob cen/hedlaeth.

2 Cyn geni'r mynyddoedd •
    a chyn esgor ar y / ddaear • a'r / byd :
  o dragwyddoldeb hyd dragwy/ddoldeb / ti sydd / Dduw.

3 Yr wyt yn troi pobl yn / ôl i'r / llwch :
  ac yn dweud, "Trowch yn / ôl – / chwi feid/rolion."

4 Oherwydd y mae mil o flynyddoedd / yn dy / olwg :
  fel doe sydd wedi mynd heibio •
    ac fel gwylia/dwriaeth / yn y / nos.

5 Yr wyt yn eu sgubo / ymaith • fel / breuddwyd :
  y maent fel gwellt yn ad/fywio / yn y / bore

6 Yn tyfu ac yn adfywio / yn y / bore :
  ond erbyn yr hwyr yn / gwywo / ac yn / crino.

7 Oherwydd yr ydym ni yn darfod / gan dy / ddig :
  ac wedi'n bra/wychu • gan / dy gyn/ddaredd.

44 You have made an / end of his / radiance :
   and / cast his / throne to the / ground.

45 You have cut short the / days of his / youth :
   and have / covered / him with / shame.

46 How long will you hide yourself so / utterly, O / Lord? :
   How long shall your / anger / burn like / fire?

47 Remember how / short my / time is :
   how frail you have / made all / mortal / flesh.

48 Which of the living shall / not see / death :
   and shall deliver their soul / from the / power of / darkness?

49 Where, O Lord, is your steadfast / love of / old :
   which you swore to / David / in your / faithfulness?

50 Remember, O Lord, how your / servant is / scorned :
   how I bear in my bosom the / taunts of / many / peoples,

51 While your enemies / mock, O / Lord :
   while they mock the / footsteps of / your a/nointed.

‡52 Blessed be the Lord for / ever/more :
   A/men and / A—/men.

Psalm 90

1 Lord, you have / been our / refuge :
   from one gene/ration / to a/nother.

2 Before the mountains were brought forth,
       or the earth and the / world were / formed :
   from everlasting to ever/lasting / you are / God.

3 You turn us back to / dust and / say :
   'Turn / back, O / children of / earth.'

4 For a thousand years in your sight are / but as / yesterday :
   which passes / like a / watch in the / night.

5 You sweep them away / like a / dream :
   they fade away / suddenly / like the / grass.

6 In the morning it is / green and / flourishes :
   in the evening it is / dried / up and / withered.

7 For we consume away in / your dis/pleasure :
   we are afraid at your / wrathful / indig/nation.

8 Gosodaist ein cam/weddau • o'th / flaen :
ein pechodau dirgel / yng ngo/leuni • dy / wyneb.

9 Y mae ein holl ddyddiau'n mynd heibio / dan dy / ddig :
a'n blynyddoedd yn / darfod / fel o/chenaid.

10a Deng mlynedd a thrigain yw bly/nyddoedd • ein / heinioes :
neu efallai / bedwar / ugain • trwy / gryfder,

10b Ond y mae eu hyd yn / faich • ac yn / flinder :
ânt heibio yn / fuan • ac e/hedwn / ymaith.

11 Pwy sy'n gwybod / grym dy / ddicter :
a'th ddigofaint / fel y / rhai • sy'n dy / ofni?

12 Felly dysg ni i / gyfrif • ein / dyddiau :
inni / gael – / calon / ddoeth.

13 Dychwel, O Arglwydd. / Am ba / hyd? :
Trugar/ha – / wrth dy / weision.

14 Digona ni yn y / bore • â'th / gariad :
inni gael gorfoleddu a llawen/hau ein / holl – / ddyddiau.

15 Rho inni lawenydd gynifer o ddyddiau ag y / blinaist / ni :
gynifer o flynyddoedd / ag y / gwelsom / ddrygfyd.

16 Bydded dy weithredoedd yn / amlwg • i'th / weision :
a'th o/goniant / i'w – / plant.

17 Bydded trugaredd yr Arglwydd ein / Duw – / arnom :
llwydda waith ein dwylo inni • / llwydda / waith ein / dwylo.

Salm 91

1 Y mae'r sawl sy'n byw yn / lloches • y Go/ruchaf :
ac yn aros yng / nghysgod • yr / Holla/lluog,

2 Yn dweud wrth yr Arglwydd, "Fy / noddfa • a'm / caer :
fy Nuw, yr un yr / ymddir/iedaf / ynddo."

3 Oherwydd bydd ef yn dy waredu o / fagl yr / heliwr :
ac / oddi • wrth / bla di/faol;

4 Bydd yn cysgodi drosot â'i esgyll •
a chei nodded / dan ei • a/denydd :
bydd ei wir/ionedd • yn / darian • a / bwcled.

5 Ni fyddi'n ofni rhag / dychryn • y / nos :
na rhag saeth yn / hedfan / yn y / dydd,

8 You have set our mis/deeds be/fore you :
   and our secret sins / in the / light of your / countenance.

9 When you are angry, all our / days are / gone :
   our years come to an / end / like a / sigh.

10 The days of our life are three score years and ten,
         or if our strength endures / even / four score :
    yet the sum of them is but labour and sorrow,
         for they soon pass a/way and / we are / gone.

11 Who regards the / power of your / wrath :
    and your indig/nation like / those who / fear you?

12 So teach us to / number our / days :
    that we may ap/ply our / hearts to / wisdom.

13 Turn again, O Lord; how long will / you de/lay? :
    Have com/passion / on your / servants.

14 Satisfy us with your loving-kindness / in the / morning :
    that we may rejoice and be / glad / all our / days.

15 Give us gladness for the days / you have af/flicted us :
    and for the years in which / we have / seen ad/versity.

16 Show your / servants your / works :
    and let your / glory be / over their / children.

‡17 May the gracious favour of the Lord our God / be up/on us :
    prosper our handiwork; O / prosper the / work of our / hands.

Psalm 91

1 Whoever dwells in the shelter of the / Most / High :
   and abides under the / shadow / of the Al/mighty,

2 Shall say to the Lord, 'My refuge / and my / stronghold :
   my God, in / whom I / put my / trust.'

3 For he shall deliver you from the / snare of the / fowler :
   and / from the / deadly / pestilence.

4 He shall cover you with his wings
         and you shall be safe / under his / feathers :
   his faithfulness shall / be your / shield and / buckler.

5 You shall not be afraid of any / terror by / night :
   nor of the / arrow that / flies by / day;

6 Rhag pla sy'n tramwyo / yn y • ty/wyllwch :
   na rhag dinistr sy'n di/fetha / ganol / dydd.

7 Er i fil syrthio wrth dy ochr •
      a deng mil / ar dy • dde/heulaw :
   eto / ni chy/ffyrddir • â / thi.

8 Ni fyddi ond yn / edrych • â'th / lygaid :
   ac yn / gweld — / tâl • y dryg/ionus.

9 Ond i ti, bydd yr / Arglwydd • yn / noddfa :
   gwnaethost y Go/ruchaf • yn / amddi/ffynfa;

10 Ni ddigwydd / niwed • i / ti :
   ac ni ddaw / pla yn / agos • i'th / babell.

11 Oherwydd rhydd orchymyn / i'w an/gylion :
   i'th gadw / yn dy / holl — / ffyrdd;

12 Byddant yn dy godi / ar eu / dwylo :
   rhag iti daro dy / droed yn / erbyn / carreg.

13 Byddi'n troedio ar y / llew a'r / asb :
   ac yn / sathru'r • llew / ifanc • a'r / sarff.

14 "Am iddo lynu wrthyf / fe'i gwa/redaf :
   fe'i diogelaf am ei / fod • yn ad/nabod • fy / enw.

15 "Pan fydd yn galw arnaf / fe'i ha/tebaf :
   byddaf fi gydag ef mewn cyfyngder •
      gwaredaf / ef a'i / anrhy/deddu.

16 "Digonaf ef â / hir — / ddyddiau :
   a gwnaf iddo fwyn/hau fy / iachaw/dwriaeth."

Salm 92

1 Da yw mol/iannu'r / Arglwydd :
   a chanu mawl i'th / enw / di • y Go/ruchaf,

2 A chyhoeddi dy gariad / yn y / bore :
   a'th ffydd/londeb / bob — / nos,

‡3 Gyda'r / dectant • a'r / nabl :
   a / chyda / chordiau'r / delyn.

4 Oherwydd yr wyt ti, O Arglwydd,
      wedi fy llawe/nychu • â'th / waith :
   yr wyf yn gorfoleddu / yng ngweith/garwch • dy / ddwylo.

6   Of the pestilence that / stalks in / darkness :
      nor of the sickness / that des/troys at / noonday.

7   Though a thousand fall at your side
          and ten thousand at / your right / hand :
      yet / it shall / not come / near you.

8   Your eyes have only / to be/hold :
      to see the re/ward / of the / wicked.

9   Because you have made the / Lord your / refuge :
      and the / Most / High your / stronghold,

10 There shall no evil / happen to / you :
      neither shall any / plague come / near your / tent.

11 For he shall give his angels / charge / over you :
      to / keep you in / all your / ways.

12 They shall bear you / in their / hands :
      lest you dash your / foot a/gainst a / stone.

‡13 You shall tread upon the / lion and / adder :
      the young lion and the serpent you shall / trample / under/foot.

14 Because they have set their love upon me,
          therefore will / I de/liver them :
      I will lift them up, be/cause they / know my / name.

15 They will call upon me and / I will / answer them :
      I am with them in trouble,
          I will de/liver them and / bring them to / honour.

‡16 With long life / will I / satisfy them :
      and / show them / my sal/vation.

Psalm 92

1   It is a good thing to give / thanks to the / Lord :
      and to sing praises to your / name / O Most / High;

2   To tell of your love early / in the / morning :
      and of your / faithfulness / in the / night-time,

3   Upon the ten-stringed instrument, up/on the / harp :
      and to the / melody / of the / lyre.

4   For you, Lord, have made me glad / by your / acts :
      and I sing aloud at the / works / of your / hands.

5 Mor fawr yw dy weith/redoedd • O / Arglwydd :
a / dwfn iawn / dy fe/ddyliau!

6 Un dwl yw'r sawl / sydd heb / wybod :
a ffŵl yw'r / un • sydd heb / ddeall / hyn :

7 Er i'r annuwiol dyfu fel glaswellt •
    ac i'r holl wneuthurwyr dryg/ioni / lwyddo :
eu bod / i'w di/nistrio • am / byth,

8 Ond dy / fod ti / Arglwydd :
yn dra/gwyddol / ddyrcha/fedig.

9 Oherwydd wele, dy e/lynion / Arglwydd :
wele, dy elynion a ddifethir •
    a'r holl wneuthurwyr dryg/ioni / a was/gerir.

10 Codaist i fyny fy nghorn / fel corn / ych :
ac eneiniaist / fi ag / olew / croyw.

11 Ymhyfrydodd fy llygaid yng nghwymp / fy nge/lynion :
a'm clustiau wrth glywed am y rhai dryg/ionus •
    a / gododd • yn / f'erbyn.

12 Y mae'r cyfiawn yn blo/deuo fel / palmwydd :
ac yn / tyfu • fel / cedrwydd / Lebanon.

13 Y maent wedi eu plannu / yn nhŷ'r / Arglwydd :
ac yn blodeuo / yng nghyn/teddau • ein / Duw.

14 Rhônt ffrwyth hyd yn / oed mewn / henaint :
a phar/hânt yn / wyrdd ac / iraidd.

15 Cyhoeddant fod yr Arglwydd yn uniawn, ac / am fy / nghraig :
nad oes / anghyf/iawnder / ynddo.

Salm 93

Siant sengl

1a Y mae'r / Arglwydd • yn / frenin :
y mae / wedi • ei / wisgo • â / mawredd,

1b Y mae'r Arglwydd wedi ei wisgo • a nerth yn / wregys / iddo :
yn wir, y mae'r byd yn / sicr, ac / nis sy/mudir;

2 Y mae dy orsedd wedi ei se/fydlu • er/ioed :
yr wyt / ti er / tragwy/ddoldeb.

5   O Lord, how glorious / are your / works! :
    Your / thoughts are / very / deep.

6,7 The senseless do not know, nor do fools / under/stand :
    that though the wicked sprout like grass
        and all the / workers • of in/iquity / flourish,

8   It is only to be des/troyed for / ever :
    but you, O Lord, shall be ex/alted for / ever/more.

9   For lo, your enemies, O Lord,
        lo, your / enemies shall / perish :
    and all the workers of in/iquity / shall be / scattered.

10 But my horn you have exalted
        like the horns of / wild / oxen :
    I am a/nointed with / fresh / oil.

11 My eyes will look down / on my / foes :
    my ears shall hear the ruin
        of the evildoers / who rise / up a/gainst me.

12 The righteous shall flourish / like a / palm tree :
    and shall spread abroad / like a / cedar of / Lebanon.

13 Such as are planted in the / house of the / Lord :
    shall flourish / in the / courts of our / God.

14 They shall still bear fruit in / old / age :
    they shall be / vigorous and / in full / leaf;

15 That they may show that the / Lord is / true :
    he is my rock, and there is / no un/righteousness / in him.

Psalm 93

1   The Lord is king and has put on / glorious ap/parel :
    the Lord has put on his glory
        and / girded him/self with / strength.

2   He has made the whole / world so / sure :
    that / it can/not be / moved.

3   Your throne has been established / from of / old :
    you / are from / ever/lasting.

3 Cododd y dyfroedd, O Arglwydd •
  cododd y / dyfroedd • eu / llais :
  cododd y / dyfroedd / eu — / rhu.

4 Cryfach na sŵn dyfroedd mawrion •
  cryfach na / thonnau'r / môr :
  yw'r / Arglwydd / yn yr • u/chelder.

5 Y mae dy dystio/laethau'n • sicr / iawn :
  sancteiddrwydd sy'n gweddu i'th / dŷ, O / Arglwydd, hyd / byth.

Salm 94

1 O / Arglwydd • Dduw / dial :
  Dduw / dial / ym—/ddangos.

2 Cyfod, O / farnwr • y / ddaear :
  rho eu / haeddiant / i'r — / balch.

3 Am ba hyd y bydd y dryg/ionus / Arglwydd :
  y bydd y dryg/ionus • yn / gorfo/leddu?

4 Y maent yn tywallt eu / parabl • tra/haus :
  y mae'r holl wneuthurwyr dryg/ioni'n / ymfal/chïo.

5 Y maent yn sigo dy / bobl • O / Arglwydd :
  ac yn poe/nydio • dy / eti/feddiaeth.

6 Lladdant y / weddw • a'r / estron :
  a llo/fruddio'r / am—/ddifad,

7 A dweud, "Nid yw'r / Arglwydd • yn / gweld :
  ac nid yw / Duw — / Jacob • yn / sylwi."

8 Deallwch hyn, chwi'r / dylaf • o / bobl :
  ffyliaid, pa / bryd y / byddwch / ddoeth?

9 Onid yw'r un a blannodd / glust yn / clywed :
  a'r un a / luniodd / lygad • yn / gweld?

10 Onid oes gan yr un sy'n disgyblu cen/hedloedd / gerydd :
  a'r un sy'n / dysgu / pobl wy/bodaeth?

‡11 Y mae'r Arglwydd yn gwybod me/ddyliau / pobl :
  mai / gwa—/gedd — / ydynt.

12 Gwyn ei fyd y sawl a ddis/gybli • O / Arglwydd :
  ac a / ddysgi / allan • o'th / gyfraith,

13 I roi iddo lonyddwch rhag / dyddiau / adfyd :
  nes / agor / pwll • i'r dryg/ionus.

4 The floods have lifted up, O Lord,
      the floods have lifted / up their / voice :
   the floods lift / up their / pounding / waves.

5 Mightier than the thunder of many waters,
      mightier than the breakers / of the / sea :
   the / Lord on / high is / mightier.

6 Your testimonies are / very / sure :
   holiness adorns your / house, O / Lord, for / ever.

Psalm 94

1   Lord God to whom / vengeance be/longs :
    O God to whom vengeance be/longs, shine / out in / majesty.

2   Rise up, O / Judge of the / earth :
    give the / arrogant their / just de/serts.

3   Lord, how / long shall the / wicked :
    how / long shall the / wicked / triumph?

4   How long shall the evil/doers / boast :
    and pour / out such / impudent / words?

5,6 They crush your people, O Lord, and af/flict your / heritage :
    they murder the widow and the stranger;
      the / orphans they / put to / death.

7   And yet they say, 'The Lord / will not / see :
    neither shall the / God of / Jacob re/gard it.'

8   Consider, most / stupid of / people :
    you fools / when will you / under/stand?

9   He that planted the ear, shall / he not / hear? :
    He that formed the / eye, shall / he not / see?

10 He who corrects the nations, shall / he not / punish? :
    He who teaches the / peoples, does / he lack / knowledge?

11 The Lord knows every / human / thought :
    that / they are / but a / breath.

12 Blessed are those whom you / chasten, O / Lord :
    whom you in/struct / from / your law;

13 That you may give them rest in / days of ad/versity :
    until a / pit is / dug • for the / wicked.

14 Oherwydd nid yw'r Arglwydd yn / gwrthod • ei / bobl :
　nac yn / gadael • ei / eti/feddiaeth;

15 Oherwydd dychwel barn / at y • rhai / cyfiawn :
　a bydd yr holl rai / uniawn / yn ei / dilyn.

16 Pwy a saif drosof yn erbyn / y dryg/ionus :
　a sefyll o'm plaid yn / erbyn • gwneu/thurwyr • dryg/ioni?

17 Oni bai i'r Arglwydd fy ng/hynor/thwyo :
　byddwn yn fuan wedi / mynd i / dir dis/tawrwydd.

18 Pan oeddwn yn meddwl bod fy / nhroed yn / llithro :
　yr oedd dy ffyddlondeb di, O / Arglwydd / yn fy / nghynnal.

19 Er bod pryderon fy nghalon / yn ni/ferus :
　y mae dy gysuron / di'n fy / llawen/hau.

20 A fydd cynghrair rhyngot ti a lly/wodraeth / distryw :
　sy'n cyn/llunio / niwed • trwy / gyfraith?

21 Cytunant â'i gilydd am / fywyd • y / cyfiawn :
　a chon/demnio'r • di/euog i / farw.

22 Ond y mae'r Arglwydd yn am/ddiffyn • i / mi :
　a'm / Duw yn / graig • i'm llo/chesu.

23 Daw â'u camweddau eu hunain yn ôl arnynt •
　　ac fe'u diddyma am / eu dryg/ioni :
　bydd yr Arglwydd ein / Duw yn / eu di/ddymu.

Salm 95

1 Dewch, canwn yn / llawen • i'r / Arglwydd :
　rhown floedd o orfoledd i / graig ein / hiachaw/dwriaeth.

2 Down i'w brese/noldeb • â / diolch :
　gorfoleddwn ynddo / â chan/euon / mawl.

3 Oherwydd Duw / mawr yw'r / Arglwydd :
　a brenin mawr go/ruwch yr / holl – / dduwiau.

4 Yn ei law ef y mae dyfn/derau'r / ddaear :
　ac eiddo ef yw / uchel/derau'r • my/nyddoedd.

5 Eiddo ef yw'r môr, ac / ef a'i / gwnaeth :
　ei ddwylo / ef a / greodd y / sychdir.

6 Dewch, addolwn / ac ym/grymwn :
　plygwn ein gliniau ger/bron yr / Arglwydd • a'n / gwnaeth.

14　For the Lord will not / fail his / people :
　　neither will / he for/sake • his in/heritance.

15　For justice shall re/turn to the / righteous :
　　and all that are / true of / heart shall / follow it.

16　Who will rise up for me a/gainst the / wicked? :
　　Who will take my part a/gainst the / evil/doers?

17　If the Lord / had not / helped me :
　　my soul would / soon have been / put to / silence.

18　And when I said, 'My / foot has / slipped' :
　　your loving / mercy, O / Lord, up/held me.

19　In the multitude of cares that / troubled my / heart :
　　your comforts / have re/freshed my / soul.

20　Will you have anything to do with the / throne of / wickedness :
　　which fashions / evil / through its / law?

21　They gather together against the / life of the / righteous :
　　and con/demn the / innocent to / death.

22　But the Lord has be/come my / stronghold :
　　and my / God the / rock of my / trust.

23　He will turn against them their own wickedness
　　　　and silence them through their / own / malice :
　　the Lord our / God will / put them to / silence.

Psalm 95

1　O come, let us / sing to the / Lord :
　　let us heartily rejoice in the / rock of / our sal/vation.

2　Let us come into his / presence with / thanksgiving :
　　and be / glad in / him with / psalms.

3　For the Lord is a / great / God :
　　and a great / king a/bove all / gods.

4　In his hand are the / depths of the / earth :
　　and the heights of the / mountains are / his / also.

‡5　The sea is his / for he / made it :
　　and his hands have / moulded the / dry / land.

6　Come, let us worship / and bow / down :
　　and kneel be/fore the / Lord our / Maker.

7a Oherwydd ef / yw ein / Duw :
    a ninnau'n bobl / iddo • a / defaid • ei / borfa;

7b Heddiw cewch / wybod ei / rym :
    os gwran/dewch / ar ei / lais.

8   Peidiwch â cha/ledu'ch • ca/lonnau :
    fel yn Meriba • fel ar ddiwrnod / Massa / yn • yr an/ialwch,

9   Pan fu i'ch hynafiaid fy / herio • a'm / profi :
    er / iddynt / weld fy / ngwaith.

10 Am ddeugain mlynedd y ffieiddiais y gen/hedlaeth / honno :
    a dweud, "Pobl â'u calonnau'n cyfeiliorni ydynt, •
        ac nid / ydynt • yn / gwybod • fy / ffyrdd."

11 Felly tyngais / yn fy / nig :
    na chaent / ddyfod / i'm gor/ffwysfa.

Salm 96

1   Canwch i'r Arglwydd / gân – / newydd :
    canwch i'r / Arglwydd / yr holl / ddaear.

2   Canwch i'r Arglwydd, ben/dithiwch • ei / enw :
    cyhoeddwch ei iachaw/dwriaeth • o / ddydd i / ddydd.

3   Dywedwch am ei ogoniant y/mysg y / bobloedd :
    ac am ei ryfeddodau y/mysg yr / holl gen/hedloedd.

4   Oherwydd mawr yw'r Arglwydd, a theilwng / iawn o / fawl :
    y mae i'w ofni'n / fwy na'r / holl – / dduwiau.

5   Eilunod yw holl / dduwiau'r / bobloedd :
    ond yr / Arglwydd • a / wnaeth y / nefoedd.

6   Y mae anrhydedd a / mawredd • o'i / flaen :
    nerth a go/goniant / yn ei / gysegr.

7   Rhowch i'r Arglwydd, dyl/wythau'r • cen/hedloedd :
    rhowch i'r / Arglwydd • an/rhydedd • a / nerth;

8   Rhowch i'r Arglwydd an/rhydedd • ei / enw :
    dygwch / offrwm • a / dewch • i'w gyn/teddoedd.

‡9 Ymgrymwch i'r Arglwydd yn ysblander / ei sanc/teiddrwydd :
    crynwch o'i / flaen, yr / holl – / ddaear.

10a Dywedwch ymh/lith • y cen/hedloedd :
    "Y mae'r / Ar–/glwydd yn / frenin";

7   For / he is our / God :
    we are the people of his pasture
        / and the / sheep of his / hand.

8   O that today you would listen / to his / voice :
    'Harden not your hearts as at Meribah,
        on that day at / Massah / in the / wilderness,

9   When your forebears tested me, and put me / to the / proof :
    though / they had / seen my / works.

10 Forty years long I detested that gene/ration and / said :
    "This people are wayward in their hearts;
        they / do not / know my / ways."

11 So I / swore in my / wrath :
    "They shall not / enter / into my / rest."'

Psalm 96

1   Sing to the Lord a / new / song :
    sing to the / Lord / all the / earth.

2   Sing to the Lord and / bless his / name :
    tell out his sal/vation from / day to / day.

3   Declare his glory a/mong the / nations :
    and his / wonders a/mong all / peoples.

4   For great is the Lord and greatly / to be / praised :
    he is more to be / feared than / all / gods.

5   For all the gods of the nations / are but / idols :
    it is the / Lord who / made the / heavens.

6   Honour and majesty / are be/fore him :
    power and / splendour are / in his / sanctuary.

7   Ascribe to the Lord, you families / of the / peoples :
    ascribe to the / Lord / honour and / strength.

8   Ascribe to the Lord the honour / due to his / name :
    bring offerings and / come in/to his / courts.

9   O worship the Lord in the / beauty of / holiness :
    let the / whole earth / tremble be/fore him.

10b Yn wir, y mae'r byd yn sicr ac / nis sy/mudir :
     bydd ef yn / barnu'r / bobloedd • yn / uniawn.

11   Bydded y nefoedd yn llawen a gorfo/ledded • y / ddaear :
     rhued y / môr a'r / cyfan • sydd / ynddo,

12   Llawenyched y maes a / phopeth • sydd / ynddo :
     yna bydd holl brennau'r / goedwig • yn / canu'n / llawen

13a O flaen yr Arglwydd, o/herwydd • y mae'n / dod :
     oherwydd y mae'n / dod i / farnu'r / ddaear.

13b Bydd yn barnu'r byd / â chy/fiawnder :
     a'r / bobloedd / â'i wir/ionedd.

Salm 97

1   Y mae'r / Arglwydd • yn / frenin :
    gorfoledded y ddaear • bydded y/nysoedd / lawer • yn / llawen.

2   Y mae cymylau a thy/wyllwch • o'i / amgylch :
    cyfiawnder a / barn yn / sylfaen • i'w / orsedd.

3   Y mae tân yn / mynd o'i / flaen :
    ac yn llosgi ei e/lynion / oddi / amgylch.

4   Y mae ei fellt yn go/leuo'r / byd :
    a'r / ddaear • yn / gweld • ac yn / crynu.

5   Y mae'r mynyddoedd yn toddi fel cwyr
         o / flaen yr / Arglwydd :
    o flaen / Arglwydd • yr / holl – / ddaear.

6   Y mae'r nefoedd yn cyhoeddi / ei gyf/iawnder :
    a'r holl / bobloedd • yn / gweld • ei o/goniant.

7   Bydded cywilydd ar yr holl addolwyr delwau •
         sy'n ymffrostio / mewn ei/lunod :
    ymgrymwch iddo / ef yr / holl – / dduwiau.

8   Clywodd Seion a llawenhau •
         ac yr oedd trefi Jwda yn / gorfol/eddu :
    o achos dy farnedi/gaethau / O – / Arglwydd.

9   Oherwydd yr wyt ti, Arglwydd,
         yn oruchaf / dros yr • holl / ddaear :
    yr wyt wedi dy ddyrchafu'n uwch
         o / lawer / na'r holl / dduwiau.

10 Tell it out among the nations that the / Lord is / king :
 he has made the world so firm that it cannot be moved;
  he will / judge the / peoples with / equity.

11 Let the heavens rejoice and let the / earth be / glad :
 let the sea / thunder and / all • that is / in it;

12 Let the fields be joyful and / all • that is / in them :
 let all the trees of the wood shout for / joy be/fore the / Lord.

‡13 For he comes, he comes to / judge the / earth :
 with righteousness he will judge the world
  and the / peoples / with his / truth.

Psalm 97

1 The Lord is king: let the / earth re/joice :
 let the multitude / of the / isles be / glad.

2 Clouds and darkness are / round a/bout him :
 righteousness and justice are the foun/dation / of his / throne.

‡3 Fire / goes be/fore him :
 and burns up his / enemies on / every / side.

4 His lightnings / lit up the / world :
 the / earth / saw it and / trembled.

5 The mountains melted like wax
  at the / presence • of the / Lord :
 at the presence of the / Lord of the / whole / earth.

‡6 The heavens de/clared his / righteousness :
 and all the / peoples have / seen his / glory.

7 Confounded be all who worship carved images
  and delight in / mere / idols :
 bow down be/fore him / all you / gods.

8 Zion heard and was glad,
  and the daughters of / Judah re/joiced :
 be/cause of your / judgements, O / Lord.

‡9 For you, Lord, are most high over / all the / earth :
 you are exalted / far a/bove all / gods.

10 Y mae'r Arglwydd yn caru'r rhai sy'n ca/sáu dryg/ioni :
   y mae'n cadw bywydau ei ffyddloniaid •
      ac yn eu / gwared • o / ddwylo'r • dryg/ionus.

11 Heuwyd goleuni / ar y / cyfiawn :
   a llawenydd / ar yr / uniawn • o / galon.

12 Llawenhewch yn yr / Arglwydd • rai / cyfiawn :
   a mo/liannwch • ei / enw / sanctaidd.

Salm 98

1 Canwch i'r Arglwydd gân newydd •
      oherwydd gwnaeth / ryfe/ddodau :
   cafodd fuddugoliaeth â'i ddeheulaw
      / ac â'i / fraich – / sanctaidd.

2 Gwnaeth yr Arglwydd ei fuddu/goliaeth • yn / hysbys :
   datguddiodd ei gyf/iawnder o / flaen • y cen/hedloedd.

‡3 Cofiodd ei gariad a'i ffyddlondeb tuag / at dŷ / Israel :
   gwelodd holl gyrrau'r / ddaear • fuddu/goliaeth • ein / Duw.

4 Bloeddiwch mewn gorfoledd i'r Arglwydd, yr / holl – / ddaear :
   canwch mewn lla/wenydd / a rhowch / fawl.

5 Canwch fawl i'r / Arglwydd • â'r / delyn :
   â'r / delyn • ac / â sain / cân.

6 Â thrwmpedau ac / â sain / utgorn :
   bloeddiwch o / flaen y / Brenin • yr / Arglwydd.

7 Rhued y môr a'r / cyfan • sydd / ynddo :
   y byd a / phawb sy'n / byw – / ynddo.

8 Bydded i'r dyfroedd / guro / dwylo :
   bydded i'r mynyddoedd ganu'n / llawen / gyda'i / gilydd

9 O flaen yr Arglwydd,
      oherwydd y mae'n dyfod i / farnu'r / ddaear :
   bydd yn barnu'r byd â chyfiawnder,
      a'r / bobloedd / ag un/iondeb.

10 The Lord loves those / who hate / evil :
    he preserves the lives of his faithful
        and delivers them / from the / hand of the / wicked.

11 Light has sprung / up • for the / righteous :
    and / joy • for the / true of / heart.

‡12 Rejoice in the / Lord, you / righteous :
    and give / thanks • to his / holy / name.

Psalm 98

1   Sing to the Lord a / new / song :
    for he / has done / marvellous / things.

2   His own right hand and his / holy / arm :
    have / won for / him the / victory.

3   The Lord has made known / his sal/vation :
    his deliverance has he openly shown
        / in the / sight of the / nations.

4   He has remembered his mercy and faithfulness
        towards the / house of / Israel :
    and all the ends of the earth
        have seen the sal/vation / of our / God.

5   Sound praises to the Lord / all the / earth :
    break into / singing / and make / music.

6   Make music to the Lord / with the / lyre :
    with the lyre / and the / voice of / melody.

‡7 With trumpets and the / sound of the / horn :
    sound praises be/fore the / Lord, the / King.

8   Let the sea thunder and / all that / fills it :
    the world and / all that / dwell up/on it.

9   Let the rivers / clap their / hands :
    and let the hills ring out together before the Lord,
        for he / comes to / judge the / earth.

‡10 In righteousness shall he / judge the / world :
    and the / peo/ples with / equity.

Salm 99

1 Y mae'r Arglwydd yn frenin / cryna'r / bobloedd :
 y mae wedi ei orseddu uwch y cer/wbiaid • ys/gydwa'r / ddaear.

2 Y mae'r Arglwydd yn / fawr yn / Seion :
 y mae'n ddyrchafedig / uwch yr / holl — / bobloedd.

‡3 Bydded / iddynt / foli :
 dy enw mawr ac of/nadwy • / sanctaidd • yw / ef.

4 Un cryf sydd frenin • y mae'n / caru • cyf/iawnder :
 Ti sydd wedi sefydlu uniondeb •
  gwnaethost / farn • a chyf/iawnder • yn / Jacob.

5 Dyrchafwch yr / Arglwydd • ein / Duw :
 ymgrymwch o flaen ei / droedfainc / sanctaidd • yw / ef.

6 Yr oedd Moses ac Aaron ymhlith ei offeiriaid •
  a Samuel ymhlith y rhai a alwodd / ar ei / enw :
 galwasant ar yr Arglwydd / ac a/tebodd / hwy.

7 Llefarodd wrthynt mewn / colofn / gwmwl :
 cadwasant ei dystiolaethau a'r / ddeddf a / roddodd / iddynt.

8 O Arglwydd, ein Duw, a/tebaist / hwy :
 Duw yn maddau fuost iddynt, ond yn / dial / eu cam/weddau.

9 Dyrchafwch yr Arglwydd ein Duw •
  ymgrymwch yn ei / fynydd / sanctaidd :
 sanctaidd yw'r / Arglwydd / ein — / Duw.

Salm 100

Siant sengl

1,2 Bloeddiwch mewn gorfoledd i'r Arglwydd, yr / holl — / ddaear :
 addolwch yr Arglwydd mewn llawenydd
  / dewch o'i / flaen â / chân.

3 Gwyddwch mai'r Arglwydd sydd Dduw •
  ef a'n gwnaeth, a'i / eiddo ef / ydym :
 ei / bobl • a / defaid • ei / borfa.

4 Dewch i mewn i'w byrth â diolch • ac i'w gyn/teddau • â / mawl :
 diolchwch / iddo • ben/dithiwch • ei / enw.

5 Oherwydd da yw'r Arglwydd • y mae ei / gariad • hyd / byth :
 a'i ffyddlondeb hyd gen/hedlaeth • a chen/hedlaeth.

Psalm 99

1 The Lord is king: let the / peoples / tremble :
he is enthroned above the cherubim: / let the / earth / shake.

2 The Lord is / great in / Zion :
and / high a/bove all / peoples.

3 Let them praise your name, which is / great and / awesome :
the / Lord our / God is / holy.

4 Mighty king, who loves justice, you have es/tablished / equity :
you have executed / justice and / righteousness in / Jacob.

‡5 Exalt the / Lord our / God :
bow down before his / footstool, for / he is / holy.

6 Moses and Aaron among his priests
    and Samuel among those who / call upon his / name :
they called upon the / Lord / and he / answered them.

7 He spoke to them out of the / pillar of / cloud :
they kept his testimonies / and the / law that he / gave them.

8 You answered them, O / Lord our / God :
you were a God who forgave them
    and pardoned / them for / their of/fences.

9 Exalt the Lord our God
    and worship him upon his / holy / hill :
for the / Lord our / God is / holy.

Psalm 100

1 O be joyful in the Lord / all the / earth :
serve the Lord with gladness
    and come before his / presence / with a / song.

2 Know that the / Lord is / God :
it is he that has made us and we are his;
    we are his people / and the / sheep of his / pasture.

3 Enter his gates with thanksgiving
    and his / courts with / praise :
give thanks to / him and / bless his / name.

4 For the Lord is gracious; his steadfast love is / ever/lasting :
and his faithfulness endures from gene/ration to / gene/ration.

Salm 101

1 Canaf am ffyddlondeb / a chyf/iawnder :
 i ti / Arglwydd • y / pynciaf / gerdd.

2 Rhof sylw i'r ffordd berffaith • pa bryd y / deui / ataf? :
 Rhodiaf â chalon / gywir • y/mysg fy / nhylwyth;

3 Ni osodaf fy llygaid ar / ddim an/nheilwng :
 cas gennyf yr un sy'n twyllo •
  nid oes a / wnelwyf / ddim ag / ef.

4 Bydd y gwyrgam o galon yn troi / oddi / wrthyf :
 ac ni fyddaf yn / cymdei/thasu â'r / drwg.

‡5 Pwy bynnag sy'n enllibio'i gymydog yn ddirgel
  / rhof daw / arno :
 y ffroenuchel a'r / balch, ni / allaf • ei / oddef.

6a Ond y mae fy llygaid ar ffydd/loniaid y / tir :
 iddynt gael / trigo / gyda / mi;

6b Y sawl a rodia / yn y • ffordd / berffaith :
 a / fydd • yn fy / ngwasan/aethu.

7 Ni chaiff unrhyw un sy'n twyllo drigo / yn fy / nhŷ :
 nac unrhyw un sy'n dweud
  celwydd / aros / yn fy / ngŵydd.

8 Fore ar ôl bore rhof daw ar holl rai dryg/ionus • y / wlad :
 a thorraf ymaith o ddinas yr Arglwydd yr
  / holl wneu/thurwyr • dryg/ioni.

Psalm 101 *First setting*

1 I will sing of / faithfulness and / justice :
   to you, O / Lord / will I / sing.

2 Let me be wise in the / way that is / perfect :
   when / will you / come to / me?

3 I will walk with / purity of / heart :
   with/in the / walls of my / house.

4 I will not set be/fore my / eyes :
   a / counsel / that is / evil.

5 I abhor the / deeds of un/faithfulness :
   they / shall not / cling to / me.

6 A crooked heart / shall de/part from me :
   I will not / know a / wicked / person.

7 One who slanders a / neighbour in / secret :
   I will / quickly / put to / silence.

8 Haughty eyes and an / arrogant / heart :
   I / will / not en/dure.

9 My eyes are upon the faithful / in the / land :
   that / they may / dwell with / me.

10 One who walks in the / way that is / pure :
    shall / be / my / servant.

11 There shall not / dwell in my / house :
    one that / practi/ses de/ceit.

12 One who / utters / falsehood :
    shall not con/tinue / in my / sight.

13 Morning by morning will I / put to / silence :
    all the / wicked / in the / land,

14 To cut off from the city / of the / Lord :
    all / those who / practise / evil.

Psalm 101 *Second setting*

1,2 I will sing of faithfulness and justice;
        to you, O Lord / will I / sing :
     Let me be wise in the way that is perfect:
        / when will you / come to / me?

Salm 102

1 Arglwydd / clyw fy / ngweddi :
 a / doed fy / nghri – / atat.

2 Paid â chuddio dy wyneb oddi wrthyf
 yn nydd / fy nghy/fyngder :
 tro dy glust ataf • brysia i'm hateb / yn y / dydd y / galwaf.

3 Oherwydd y mae fy nyddiau'n / darfod • fel / mwg :
 a'm / hesgyrn • yn / llosgi • fel / ffwrn.

4 Yr wyf wedi fy nharo, ac yn / gwywo • fel / glaswellt :
 yr wyf yn / darfod • o / beidio • â / bwyta.

5 Oherwydd sŵn / fy och/neidio :
 y mae fy esgyrn yn / glynu / wrth fy / nghnawd.

6 Yr wyf fel pelican / mewn an/ialwch :
 ac fel ty/lluan / mewn ad/feilion.

7 Yr wyf yn / methu / cysgu :
 ac fel a/deryn / unig • ar / do.

3,4   I will walk with purity of heart
       within the / walls of my / house :
   I will not set before my eyes a / counsel / that is / evil.

5,6   I abhor the deeds of unfaithfulness;
       they / shall not / cling to me :
   a crooked heart shall depart from me;
       I will not / know a / wicked / person.

7,8   One who slanders a neighbour in secret
       I will quickly / put to / silence :
   haughty eyes and an arrogant heart / I will / not en/dure.

‡9,10   My eyes are upon the faithful in the land,
       that / they may / dwell with me :
   one who walks in the way that is / pure shall / be my / servant.

11,12   There shall not dwell in my house one that / practises de/ceit :
   one who utters falsehood shall not con/tinue / in my / sight.

13,14   Morning by morning will I put to silence
       all the / wicked • in the / land :
   to cut off from the city of the Lord
       all / those who / practise / evil.

Psalm 102

1   O Lord / hear my / prayer :
   and let my / crying / come be/fore you.

2   Hide not your / face / from me :
   in the / day of / my dis/tress.

3   Incline your / ear to / me :
   when I / call, make / haste to / answer me,

4   For my days are con/sumed in / smoke :
   and my bones burn a/way as / in a / furnace.

5   My heart is smitten down and / withered like / grass :
   so that I for/get to / eat my / bread.

6   From the / sound of my / groaning :
   my / bones cleave / fast to my / skin.

7   I am become like a vulture / in the / wilderness :
   like an / owl that / haunts the / ruins.

8 Y mae fy ngelynion yn fy / ngwawdio • trwy'r / amser :
   a'm gwatwarwyr yn def/nyddio • fy / enw • fel / melltith.

9 Yr wyf yn bwyta / lludw • fel / bara :
   ac yn cy/mysgu • fy / niod • â / dagrau,

10 O achos dy lid / a'th ddi/gofaint :
    oherwydd cydiaist / ynof • a'm / bwrw • o'r / neilltu.

11 Y mae fy mywyd fel / cysgod / hwyrddydd :
    yr wyf yn / gwywo / fel glas/welltyn.

12 Ond yr wyt ti, Arglwydd, wedi dy or/seddu • am / byth :
    a phery dy enw / dros y / cened/laethau.

13 Byddi'n codi ac yn trugar/hau wrth / Seion :
    y mae'n adeg i dosturio wrthi •
        o/herwydd • fe / ddaeth yr / amser.

14 Y mae dy weision yn / hoffi • ei / meini :
    ac yn to/sturio / wrth ei / llwch.

15 Bydd y cenhedloedd yn ofni / enw'r / Arglwydd :
    a holl frenhinoedd y / ddaear / dy o/goniant.

16 Oherwydd bydd yr Arglwydd yn adei/ladu / Seion :
    bydd yn ym/ddangos / yn ei • o/goniant;

17 Bydd yn gwrando ar weddi'r / gorthry/medig :
    ac ni fydd yn diy/styru / eu her/fyniad.

18 Bydded hyn yn ysgrifenedig i'r gen/hedlaeth • i / ddod :
    fel bod pobl sydd eto heb eu / geni • yn / moli'r / Arglwydd:

19 Ddarfod iddo edrych i lawr o'i u/chelder / sanctaidd :
    i'r Arglwydd edrych o'r / nefoedd / ar y / ddaear,

20 I wrando ocheneidiau / carchar/orion :
    a rhydd/hau'r rhai / oedd i / farw,

21 Fel bod cyhoeddi enw'r / Arglwydd • yn / Seion :
    a'i / foliant / yn Jer/wsalem,

22 Pan fo pobloedd / a theyr/nasoedd :
    yn ymgynnull yng/hyd • i a/ddoli'r / Arglwydd.

23 Y mae wedi sigo fy / nerth • ar y / daith :
    ac / wedi • byr/hau fy / nyddiau.

24 Dywedaf, "O fy Nuw, paid â'm cymryd
        yng / nghanol • fy / nyddiau :
    oherwydd y mae dy flynyddoedd
        di / dros yr / holl • gened/laethau.

Salm 102

8   I / keep / watch :
    and am become like a sparrow
        / solitary up/on the / housetop.

9   My enemies revile me / all the day / long :
    and those who rage at me have / sworn to/gether a/gainst me.

10   I have eaten / ashes for / bread :
     and / mingled my / drink with / weeping,

11   Because of your indig/nation and / wrath :
     for you have taken me / up and / cast me / down.

12   My days fade away / like a / shadow :
     and / I am / withered like / grass.

13   But you, O Lord, shall en/dure for / ever :
     and your name through / all / gene/rations.

14   You will arise and have / pity on / Zion :
     it is time to have mercy upon her;
        / surely the / time has / come.

‡15   For your servants love her / very / stones :
     and feel com/passion / for her / dust.

16   Then shall the nations fear your / name, O / Lord :
     and all the / kings of the / earth your / glory,

17   When the Lord has / built up / Zion :
     and / shown him/self in / glory;

18   When he has turned to the / prayer of the / destitute :
     and has / not des/pised their / plea.

19   This shall be written for / those that come / after :
     and a people yet un/born shall / praise the / Lord.

20   For he has looked down from his / holy / height :
     from the heavens / he be/held the / earth,

21   That he might hear the sighings / of the / prisoner :
     and set free / those con/demned to / die;

22   That the name of the Lord may be pro/claimed in / Zion :
     and his / praises / in Je/rusalem,

23   When peoples are / gathered to/gether :
     and kingdoms / also, to / serve the / Lord.

24   He has brought down my strength / in my / journey :
     and has / shortened / my / days.

25 Gynt fe osodaist syl/feini'r / ddaear :
a / gwaith dy / ddwylo • yw'r / nefoedd.

26a Y maent hwy yn darfod, ond yr wyt / ti yn / aros :
y maent i gyd yn / treulio / fel di/lledyn.

26b Yr wyt yn eu / newid • fel / gwisg :
ac y / maent — / yn di/flannu;

27 Ond yr wyt / ti yr / un :
a'th fly/nyddoedd / heb — / ddiwedd.

‡28 Bydd plant dy weision yn / byw'n ddi/ogel :
a'u disgy/nyddion • yn / sicr • o'th / flaen."

Salm 103

1 Fy enaid, ben/dithia'r / Arglwydd :
a'r cyfan sydd / ynof • ei / enw / sanctaidd.

2 Fy enaid, ben/dithia'r / Arglwydd :
a phaid ag ang/hofio'i / holl — / ddoniau :

3 Ef sy'n maddau fy / holl gam/weddau :
yn ia/cháu fy / holl af/iechyd;

4 Ef sy'n gwaredu fy / mywyd • o'r / pwll :
ac yn fy nghoroni â / chariad / a thru/garedd;

5 Ef sy'n fy nigoni â daioni dros fy / holl — / ddyddiau :
i adne/wyddu • fy ieu/enctid fel / eryr.

6 Y mae'r Arglwydd yn gweithredu cyf/iawnder • a / barn :
i'r / holl rai / gorthry/medig.

7 Dysgodd ei / ffyrdd i / Moses :
a'i weith/redoedd / i blant / Israel.

8 Trugarog a / graslon • yw'r / Arglwydd :
araf i / ddigio • a / llawn ffydd/londeb.

9 Nid yw'n ce/ryddu'n • ddi/ddiwedd :
nac yn / meithrin • ei / ddicter • am / byth.

10 Ni wnaeth â ni yn / ôl • ein pe/chodau :
ac ni thalodd i / ni yn / ôl • ein cam/weddau.

11 Oherwydd fel y mae'r nefoedd uwch/ben y / ddaear :
y mae ei gariad ef / dros y / rhai • sy'n ei / ofni;

25   I pray, 'O my God, do not take me in the / midst of my / days :
      your years endure through/out all / gene/rations.

26   In the beginning you laid the foundations / of the / earth :
      and the heavens / are the / work of your / hands;

27   They shall perish, but you / will en/dure :
      they all shall / wear out / like a / garment.

28   You change them like clothing, and they / shall be / changed :
      but you are the same / and your / years • will not / fail.

29   The children of your servants / shall con/tinue :
      and their descendants shall be es/tablished / in your / sight.'

Psalm 103

1   Bless the Lord / O my / soul :
     and all that is within me / bless his / holy / name.

2   Bless the Lord / O my / soul :
     and for/get not / all his / benefits;

3   Who forgives / all your / sins :
     and / heals / all your in/firmities;

4   Who redeems your life / from the / Pit :
     and crowns you with / faithful / love • and com/passion;

‡5   Who satisfies you with / good / things :
     so that your / youth is re/newed • like an / eagle's.

6   The Lord / executes / righteousness :
     and judgement for / all who / are op/pressed.

7   He made his ways / known to / Moses :
     and his works / to the / children of / Israel.

8   The Lord is full of com/passion and / mercy :
     slow to anger / and of / great / kindness.

9   He will not / always ac/cuse us :
     neither will he / keep his / anger for / ever.

‡10   He has not dealt with us according / to our / sins :
      nor rewarded us ac/cording / to our / wickedness.

11   For as the heavens are high a/bove the / earth :
      so great is his / mercy • upon / those who / fear him.

12 Cyn belled ag y mae'r dwyrain / o'r gor/llewin :
   y pellhaodd ein pe/chodau / oddi / wrthym.

13 Fel y mae tad yn tosturio / wrth ei / blant :
   felly y tosturia'r Arglwydd / wrth y / rhai • sy'n ei / ofni.

14 Oherwydd y mae ef yn / gwybod • ein / deunydd :
   yn / cofio • mai / llwch — / ydym.

15 Y mae dyddiau dyn / fel glas/welltyn :
   y mae'n blodeuo / fel blo/deuyn y / maes,

16 Pan â'r gwynt drosto / fe ddi/flanna :
   ac nid yw ei / le'n • ei ad/nabod / mwyach.

17 Ond y mae ffyddlondeb yr Arglwydd
   o dragwyddoldeb hyd dragwyddoldeb •
   ar y rhai / sy'n ei / ofni :
   a'i gyf/iawnder • i / blant eu / plant,

18 I'r rhai sy'n cadw / ei gy/famod :
   yn cofio'i orchmynion / ac yn / ufudd/hau.

19 Gosododd yr Arglwydd ei orsedd / yn y / nefoedd :
   ac y mae ei frenhiniaeth / ef • yn rhe/oli • pob / peth.

20 Bendithiwch yr Arglwydd / ei an/gylion :
   y rhai cedyrn sy'n gwneud ei air • ac yn / ufudd/hau i'w / eiriau.

21 Bendithiwch yr Arglwydd / ei holl / luoedd :
   ei / weision • sy'n / gwneud • ei e/wyllys.

22 Bendithiwch yr Arglwydd, ei / holl weith/redoedd :
   ym mhob man o dan ei lywodraeth •
   fy / enaid • ben/dithia'r / Arglwydd.

Salm 104

1 Fy enaid, ben/dithia'r / Arglwydd :
  O Arglwydd fy Nuw, mawr iawn wyt ti •
  yr wyt wedi dy wisgo ag ys/blander / ac an/rhydedd,

2 A'th orchuddio â go/leuni • fel / mantell :
  yr wyt yn / taenu'r / nefoedd • fel / pabell,

3 Yn gosod tulathau dy balas / ar y / dyfroedd :
  yn cymryd y cymylau'n gerbyd •
  yn marchogaeth / ar a/denydd • y / gwynt,

12 As far as the east is / from the / west :
   so far has he / set our / sins / from us.

13 As a father has compassion / on his / children :
   so is the Lord merciful towards / those who / fear / him.

14 For he knows of what / we are / made :
   he remembers / that we / are but / dust.

15 Our days are / but as / grass :
   we flourish / as a / flower of the / field;

16 For as soon as the wind goes over it / it is / gone :
   and its / place shall / know it no / more.

17 But the merciful goodness of the Lord is from of old
        and endures for ever on / those who / fear him :
   and his / righteousness on / children's / children;

18 On those who / keep his / covenant :
   and remember / his com/mandments to / do them.

19 The Lord has established his / throne in / heaven :
   and his kingdom has do/minion / over / all.

20 Bless the Lord, you / angels of / his :
   you mighty ones who do his bidding
        and / hearken • to the / voice of his / word.

21 Bless the Lord, all / you his / hosts :
   you ministers of / his who / do his / will.

22 Bless the Lord, all you works of his,
        in all places of / his do/minion :
   bless the / Lord / O my / soul.

Psalm 104

1 Bless the Lord / O my / soul :
   O Lord my God, how / excellent / is your / greatness!

2 You are clothed with / majesty and / honour :
   wrapped in / light as / in a / garment.

3 You spread out the heavens / like a / curtain :
   and lay the beams of your dwelling place
        / in the / waters a/bove.

4 You make the / clouds your / chariot :
   and / ride on the / wings of the / wind.

4 Yn gwneud y gwyntoedd / yn ne/geswyr :
　a'r / fflamau / tân yn / weision.

5 Gosodaist y ddaear ar / ei syl/feini :
　fel na / fydd yn / symud • byth / bythoedd;

6 Gwnaethost i'r dyfnder ei gorchuddio / fel di/lledyn :
　ac y mae dyfroedd yn / sefyll • go/ruwch • y my/nyddoedd.

7 Gan dy gerydd / di fe / ffoesant :
　gan sŵn dy da/ranau • ci/liasant / draw,

8 A chodi dros fynyddoedd a disgyn / i'r dy/ffrynnoedd :
　i'r / lle a / bennaist • ti / iddynt;

9 Rhoist iddynt derfyn nad / ydynt • i'w / groesi :
　rhag iddynt ddychwelyd / a gor/chuddio'r / ddaear.

10 Yr wyt yn gwneud i ffynhonnau / darddu • mewn / hafnau :
　yn gwneud iddynt / lifo / rhwng • y my/nyddoedd;

11 Rhônt ddiod i holl fwyst/filod • y / maes :
　a chaiff asynnod / gwyllt eu / disy/chedu;

12 Y mae adar y nefoedd yn nythu / yn eu / hymyl :
　ac yn / trydar • y/mysg • y cang/hennau.

13 Yr wyt yn dyfrhau'r my/nyddoedd • o'th / balas :
　digonir y / ddaear / trwy • dy ddar/pariaeth.

14 Yr wyt yn gwneud i'r gwellt / dyfu • i'r / gwartheg :
　a phlanhigion at wasanaeth pobl •
　　　i ddwyn / allan / fwyd o'r / ddaear,

15 A gwin i lonni calonnau pobl •
　　olew i ddis/gleirio'u • hwy/nebau :
　a bara i / gynnal / eu ca/lonnau.

16 Digonir y / coedydd / cryfion :
　y cedrwydd / Leban/on a / blannwyd,

17 Lle mae'r / adar • yn / nythu :
　a'r ciconia yn car/trefu / yn eu / brigau.

18 Y mae'r mynyddoedd uchel ar / gyfer / geifr :
　ac y mae'r clo/gwyni•yn / lloches • i'r / brochod.

19 Yr wyt yn gwneud i'r lleuad / nodi'r • tym/horau :
　ac i'r haul / wybod / pryd i / fachlud.

20 Trefnaist dywyllwch / fel bod / nos :
　a holl anifeiliaid y goedwig / yn ym/lusgo / allan,

5 You make the / winds your / messengers :
and / flames of / fire your / servants.

6 You laid the foundations / of the / earth :
that it never should / move at / any / time.

7 You covered it with the deep / like a / garment :
the waters stood / high a/bove the / hills.

8 At your re/buke they / fled :
at the voice of your / thunder they / hastened a/way.

9 They rose up to the hills
    and flowed down to the / valleys be/neath :
to the place which / you had ap/pointed / for them.

10 You have set them their bounds that they / should not / pass :
nor turn a/gain to / cover the / earth.

11 You send the springs / into the / brooks :
which / run a/mong the / hills.

12 They give drink to every / beast of the / field :
and the wild / asses / quench their / thirst.

13 Beside them the birds of the air / make their / nests :
and / sing a/mong the / branches.

14 You water the hills from your / dwelling on / high :
the earth is / filled • with the / fruit of your / works.

15 You make grass to / grow for the / cattle :
and / plants to / meet our / needs,

16 Bringing forth / food from the / earth :
and / wine to / gladden our / hearts,

17 Oil to give us a / cheerful / countenance :
and / bread to / strengthen our / hearts.

18 The trees of the Lord are / full of / sap :
the cedars of / Lebanon / which he / planted,

19 In which the birds / build their / nests :
while the fir trees are a / dwelling / for the / stork.

20 The mountains are a refuge for the / wild / goats :
and the / stony / cliffs • for the / conies.

21 You appointed the moon to / mark the / seasons :
and the sun / knows the / time for its / setting.

Psalm 104

21 Gyda'r llewod ifanc yn / rhuo • am ys/glyfaeth :
ac yn ceisio eu / bwyd / oddi • wrth / Dduw.

22 Ond pan gyfyd yr haul, y / maent yn • mynd / ymaith :
ac yn gor/ffwyso / yn eu / ffeuau.

‡23 A daw pobl / allan i / weithio :
ac at eu / llafur / hyd yr / hwyrnos.

24 Mor niferus yw dy weith/redoedd • O / Arglwydd :
gwnaethost y cyfan mewn doethineb •
    y mae'r ddaear yn / llawn o'th / grea/duriaid.

25 Dyma'r môr / mawr a / llydan :
gydag ymlusgiaid dirifedi a chrea/duriaid / bach a / mawr.

26 Arno y mae'r llongau / yn tram/wyo :
a Lefiathan, a / greaist • i / chwarae / ynddo.

27 Y mae'r cyfan ohonynt yn dibynnu / arnat / ti :
i roi iddynt eu / bwyd / yn ei / bryd.

28 Pan roddi iddynt, y maent yn ei / gasglu • yng/hyd :
pan agori dy law / cânt • eu di/wallu'n / llwyr.

29 Ond pan guddi dy / wyneb • fe'u / drysir :
pan gymeri eu hanadl,
    fe ddarfyddant / a dych/welyd • i'r / llwch.

‡30 Pan anfoni dy anadl / cânt eu / creu :
ac yr wyt yn adne/wyddu / wyneb • y / ddaear.

31 Bydded gogoniant yr / Arglwydd • dros / byth :
a bydded iddo lawen/hau yn / ei weith/redoedd.

32 Pan yw'n edrych ar y ddaear / y mae'n / crynu :
pan yw'n cyffwrdd â'r my/nyddoedd • y / maent yn / mygu.

33 Canaf i'r Arglwydd tra / byddaf / byw :
rhof / foliant • i / Dduw tra / byddaf.

34 Bydded fy myfyrdod yn gymer/adwy / ganddo :
yr wyf yn llawen/hau – / yn yr / Arglwydd.

‡35 Bydded i'r pechaduriaid ddarfod o'r tir •
    ac na fydded y dryg/ionus / mwyach :
fy enaid, bendithia'r Arglwydd. •
    / Mo–/lwch yr / Arglwydd.

22   You make darkness that it / may be / night :
     in which all the beasts of the / forest / creep / forth.

23   The lions roar / for their / prey :
     and / seek their / food from / God.

24   The sun rises and / they are / gone :
     to lay themselves / down / in their / dens.

‡25 People go / forth to their / work :
     and to their / labour un/til the / evening.

26   O Lord, how manifold / are your / works! :
     In wisdom you have made them all;
         the / earth is / full of your / creatures.

27   There is the sea, spread / far and / wide :
     and there move creatures beyond / number,
         both / small and / great.

28   There go the ships, and there is / that Le/viathan :
     which you have / made to / play in the / deep.

29   All of these / look to / you :
     to give them their / food in / due / season.

30   When you give it / them, they / gather it :
     you open your hand and / they are / filled with / good.

31   When you hide your face / they are / troubled :
     when you take away their breath,
         they die and re/turn a/gain to the / dust.

‡32 When you send forth your spirit, they / are cre/ated :
     and you re/new the / face of the / earth.

33   May the glory of the Lord en/dure for / ever :
     may the / Lord re/joice in his / works;

34   He looks on the earth / and it / trembles :
     he touches the / mountains / and they / smoke.

35   I will sing to the Lord as / long as I / live :
     I will make music to my God / while I / have my / being.

36   So shall my / song / please him :
     while I re/joice / in the / Lord.

37   Let sinners be consumed / out of the / earth :
     and the / wicked / be no / more.

37a Bless the Lord / O my / soul :
     Alle/luia, /Alle/luia.

Salm 105

1 Diolchwch i'r Arglwydd. • Galwch / ar ei / enw :
 gwnewch yn hysbys ei wei/thredoedd • y/mysg y / bobloedd.

2 Canwch iddo, mol/iannwch / ef :
 dywedwch / am ei / holl • ryfe/ddodau.

3 Gorfoleddwch yn ei / enw / sanctaidd :
 llawenhaed calon y / rhai sy'n / ceisio'r / Arglwydd.

4 Ceisiwch yr / Arglwydd • a'i / nerth :
 ceisiwch ei / wyneb / bob – / amser.

5 Cofiwch y rhyfe/ddodau • a / wnaeth :
 ei wyrthiau a'r barnedi/gaethau / a gy/hoeddodd,

6 Chwi ddisgynyddion / Abraham • ei / was :
 disgynyddion / Jacob • ei / etho/ledig.

7 Ef yw'r / Arglwydd • ein / Duw :
 ac y mae ei farnedigaethau / dros yr / holl – / ddaear.

8 Y mae'n cofio ei gy/famod • dros / byth :
 gair ei orchymyn hyd / fil o / gened/laethau,

9 Sef y cyfamod a / wnaeth ag / Abraham :
 a'i / lw – / i – / Isaac,

10 Yr hyn a osododd yn / ddeddf i / Jacob :
 ac yn gy/famod • tra/gwyddol • i / Israel,

11 A dweud, "I chwi y / rhoddaf • wlad / Canaan :
 yn / gyfran • eich / eti/feddiaeth."

12 Pan oeddent yn / fychan • o / rif :
 yn ychydig, ac yn / grwydriaid / yn y / wlad,

13 Yn crwydro o / genedl • i / genedl :
 ac o un / deyrnas • at / bobl / eraill,

14 Ni adawodd i neb / eu da/rostwng :
 ond ce/ryddodd • fren/hinoedd • o'u / hachos,

‡15 A dweud, "Peidiwch â chyffwrdd / â'm he/neiniog :
 na gwneud / niwed / i'm pro/ffwydi."

16 Pan alwodd am newyn / dros y / wlad :
 a thorri ymaith / eu cyn/haliaeth • o / fara,

17 Yr oedd wedi anfon / gŵr o'u / blaenau :
 Joseff, a / wer–/thwyd yn / gaethwas.

Psalm 105

1 O give thanks to the Lord and call up/on his / name :
   make known his / deeds a/mong the / peoples.

2 Sing to / him, sing / praises :
   and tell of / all his / marvellous / works.

3 Rejoice in the praise of his / holy / name :
   let the hearts of them re/joice who / seek the / Lord.

4 Seek the Lord / and his / strength :
   seek his / face / con/tinually.

5 Remember the marvels / he has / done :
   his wonders and the / judgements / of his / mouth,

6 O seed of / Abraham his / servant :
   O / children of / Jacob his / chosen.

7 He is the / Lord our / God :
   his judgements / are in / all the / earth.

8 He has always been mindful / of his / covenant :
   the promise that he made for a / thousand / gene/rations:

9 The covenant he / made with / Abraham :
   the oath / that he / swore to / Isaac,

10 Which he established as a / statute for / Jacob :
   an everlasting / coven/ant for / Israel,

‡11 Saying, 'To you will I give the / land of / Canaan :
   to be the / portion of / your in/heritance.'

12 When they were but / few in / number :
   of little account, and / sojourners / in the / land,

13 Wandering from / nation to / nation :
   from one kingdom / to an/other / people,

14 He suffered no one to / do them / wrong :
   and rebuked even / kings / for their / sake,

15 Saying, 'Touch not / my a/nointed :
   and / do my / prophets no / harm.'

16 Then he called down famine / over the / land :
   and broke / every / staff of / bread.

17 But he had sent a / man be/fore them :
   Joseph / who was / sold as a / slave.

18   Doluriwyd ei draed / yn y / cyffion :
     a rhoesant / haearn / am ei / wddf,

19   Nes i'r hyn a ddywedodd ef / ddod yn / wir :
     ac i air yr / Arglwydd • ei / brofi'n / gywir.

20   Anfonodd y brenin / i'w rydd/hau :
     brenin y cenhedloedd / yn ei / wneud yn / rhydd;

21   Gwnaeth ef yn feistr / ar ei / dŷ :
     ac yn llywodraethwr / ar ei / holl — / eiddo,

‡22   I hyfforddi ei dywysogion yn ôl / ei ddy/muniad :
     ac i ddysgu doe/thineb / i'w he/nuriaid.

23   Yna daeth Israel / hefyd • i'r / Aifft :
     a Jacob i / grwydro / yn nhir / Ham.

24   A gwnaeth yr Arglwydd ei bobl yn / ffrwythlon / iawn :
     ac aethant yn / gryfach / na'u ge/lynion.

25   Trodd yntau eu calon i ga/sáu ei / bobl :
     ac i ymddwyn yn ddi/chellgar / at ei / weision.

26   Yna anfonodd ei / was — / Moses :
     ac Aaron, yr / un yr • oedd / wedi • ei / ddewis,

27   A thrwy eu geiriau hwy / gwnaeth ar/wyddion :
     a / gwyrthiau / yn nhir / Ham.

28   Anfonodd dywyllwch, ac / aeth yn / dywyll :
     eto yr oeddent yn gwrthry/fela • yn / erbyn • ei / eiriau.

29   Trodd eu / dyfroedd • yn / waed :
     a / lla—/ddodd eu / pysgod.

30   Llanwyd eu / tir â / llyffaint :
     hyd yn oed ysta/felloedd / eu bren/hinoedd.

31   Pan le/farodd / ef :
     daeth haid o bryfed a / llau trwy'r / holl — / wlad.

32   Rhoes iddynt genllysg / yn lle / glaw :
     a mellt yn / fflachio / trwy eu / gwlad.

33   Trawodd y gwinwydd / a'r ffi/gyswydd :
     a ma/lurio'r / coed trwy'r / wlad.

34   Pan le/farodd / ef :
     daeth locustiaid a / lindys / heb ri/fedi,

35   Nes iddynt fwyta'r holl / laswellt • trwy'r / wlad :
     a / difa • holl / gynnyrch • y / ddaear.

18 They shackled his / feet with / fetters :
   his / neck was / ringed with / iron.

19 Until all he foretold / came to / pass :
   the / word of the / Lord / tested him.

20 The king sent / and re/leased him :
   the ruler of / peoples / set him / free.

21 He appointed him / lord of his / household :
   and / ruler of / all he pos/sessed,

‡22 To instruct his princes / as he / willed :
   and to / teach his / counsellors / wisdom.

23 Then Israel / came into / Egypt :
   Jacob sojourned / in the / land of / Ham.

24 And the Lord made his people ex/ceedingly / fruitful :
   he made them too / many / for their / adversaries,

‡25 Whose heart he turned, so that they / hated his / people :
   and dealt / craftily / with his / servants.

26 Then sent he / Moses his / servant :
   and / Aaron whom / he had / chosen.

27 He showed his signs / through their / word :
   and his wonders / in the / land of / Ham.

28 He sent darkness and / it grew / dark :
   yet they / did not / heed his / words.

29 He turned their waters / into / blood :
   and / slew / all their / fish.

30 Their land / swarmed with / frogs :
   even / in their / kings' / chambers.

31 He spoke the word, and there came / clouds of / flies :
   swarms of / gnats within / all their / borders.

32 He gave them / hailstones for / rain :
   and flames of / lightning / in their / land.

33 He blasted their vines / and their / fig trees :
   and shattered / trees a/cross their / country.

34 He spoke the word, and the / grasshoppers / came :
   and young / locusts / without / number;

35 They ate every / plant in their / land :
   and de/voured the / fruit of their / soil.

Psalm 105

36 A thrawodd bob cyntafanedig / yn y / wlad :
   blaen/ffrwyth eu / holl – / nerth.

37 Yna dygodd hwy allan gydag / arian • ac / aur :
   ac nid oedd un yn / baglu • y/mysg y / llwythau.

38 Llawenhaodd yr Eifftiaid pan / aethant / allan :
   oherwydd bod / arnynt • eu / hofn – / hwy.

39 Lledaenodd gwmwl / i'w gor/chuddio :
   a thân i oleuo / iddynt / yn y / nos.

40 Pan fu iddynt ofyn, anfonodd / soflieir / iddynt :
   a digonodd / hwy â / bara'r / nefoedd.

41 Holltodd graig nes bod / dŵr yn • pis/tyllio :
   ac yn llifo fel / afon / trwy'r di/ffeithwch.

42 Oherwydd yr oedd yn cofio ei a/ddewid / sanctaidd :
   i / Abra/ham ei / was.

43 Dygodd ei bobl allan / mewn lla/wenydd :
   ei rai etho/ledig / mewn gor/foledd.

44 Rhoes iddynt diroedd / y cen/hedloedd :
   a chymerasant feddiant o / ffrwyth / llafur / pobloedd,

‡45 Er mwyn iddynt / gadw • ei / ddeddfau :
   ac ufuddhau i'w gyfreithiau • / Mo–/lwch yr / Arglwydd.

Salm 106

1 Molwch yr Arglwydd. •
   Diolchwch i'r Arglwydd, o/herwydd • da / yw :
   ac y mae ei / gariad / hyd – / byth.

2 Pwy all draethu gweithredoedd / nerthol • yr / Arglwydd :
   neu gy/hoeddi / ei holl / foliant?

3 Gwyn eu byd y rhai sy'n / cadw / barn :
   ac yn / gwneud • cyf/iawnder • bob / amser.

4 Cofia fi, Arglwydd, pan wnei / ffafr â'th / bobl :
   ymwêl â / mi pan / fyddi'n • gwa/redu,

‡5 Imi gael gweld llwyddiant y / rhai • a dde/wisi :
   a llawenhau yn llawenydd dy genedl •
      a gorfoleddu gyda'th / eti/feddiaeth / di.

‡36   He smote all the firstborn / in their / land :
      the / first fruits of / all their / strength.

 37   Then he brought them out with / silver and / gold :
      there was not one a/mong their / tribes that / stumbled.

 38   Egypt was glad at / their de/parting :
      for a / dread of them had / fallen up/on them.

 39   He spread out a cloud / for a / covering :
      and a / fire to / light up the / night.

 40   They asked and he / brought them / quails :
      he satisfied them / with the / bread of / heaven.

 41   He opened the rock, and the / waters gushed / out :
      and ran in the dry / places / like a / river.

 42   For he remembered his / holy / word :
      and / Abra/ham, his / servant.

 43   So he brought forth his / people with / joy :
      his / chosen / ones with / singing.

 44   He gave them the / lands of the / nations :
      and they took possession of the / fruit / of their / toil,

‡45   That they might / keep his / statutes :
      and faithfully observe his / laws. / Alle/luia.

Psalm 106

  1   Alleluia.
          Give thanks to the Lord, for / he is / gracious :
      for his / faithfulness en/dures for / ever.

  2   Who can express the mighty / acts of the / Lord :
      or / show forth / all his / praise?

  3   Blessed are those who observe / what is / right :
      and / always / do • what is / just.

  4   Remember me, O Lord,
          in the favour you bear / for your / people :
      visit me in the / day of / your sal/vation;

‡ 5   That I may see the prosperity of your chosen
          and rejoice in the gladness / of your / people :
      and ex/ult with / your in/heritance.

Psalm 106   547

6 Yr ydym ni, fel ein hynafiaid / wedi / pechu :
yr ydym wedi tro/seddu • a / gwneud dryg/ioni.

7a Pan oedd ein hynafiaid / yn yr / Aifft :
ni wnaethant / sylw • o'th / ryfe/ddodau,

7b Na chofio maint / dy ffydd/londeb :
ond gwrthryfela yn erbyn y Go/ruchaf / ger y • Môr / Coch.

8 Ond gwaredodd ef hwy er / mwyn ei / enw :
er / mwyn / dangos • ei / rym.

9 Ceryddodd y Môr Coch / ac fe / sychodd :
ac arweiniodd hwy trwy'r / dyfnder •
fel / pe • trwy'r an/ialwch.

10 Gwaredodd hwy o law'r rhai oedd yn / eu ca/sáu :
a'u / harbed / o law'r / gelyn.

11 Caeodd y dyfroedd am eu / gwrthwy/nebwyr :
ac nid ar/bedwyd • yr / un o/honynt.

‡12 Yna cre/dasant • ei / eiriau :
a / chanu / mawl — / iddo.

13 Ond yn fuan yr oeddent wedi anghofio / ei weith/redoedd :
ac nid oeddent yn / aros / am ei / gyngor.

14 Daeth eu blys drostynt / yn yr • an/ialwch :
ac yr oeddent yn profi / Duw yn / y di/ffeithwch.

15 Rhoes yntau iddynt yr hyn yr oeddent / yn ei / ofyn :
ond an/fonodd / nychdod • i'w / mysg.

16 Yr oeddent yn cenfigennu yn y / gwersyll • wrth / Moses :
a hefyd wrth Aaron, un / sanc–/taidd yr / Arglwydd.

17 Yna agorodd y ddaear a / llyncu / Dathan :
a gor/chuddio / cwmni • A/biram.

18 Torrodd tân allan ymh/lith y / cwmni :
a llosgwyd y dryg/ionus / yn y / fflamau.

19 Gwnaethant / lo yn / Horeb :
ac ym/grymu / i'r — / ddelw,

20 Gan newid yr un oedd yn o/goniant / iddynt :
am ddelw o / ych yn / pori / gwellt.

21 Yr oeddent wedi anghofio Duw / eu Gwa/redydd :
a oedd wedi gwneud pethau / mawrion / yn yr / Aifft,

6 We have sinned / like our / forebears :
we have done / wrong and / dealt / wickedly.

7 In Egypt they did not consider your wonders,
      nor remember the abundance of your / faithful / love :
they rebelled against the Most High / at the / Red / Sea.

8 But he saved them for his / name's / sake :
that he might / make his / power to be / known.

9 He rebuked the Red Sea and it was / dried / up :
so he led them through the / deep
      as / through the / wilderness.

10 He saved them from the / adversary's / hand :
and redeemed them / from the / hand of the / enemy.

11 As for those that troubled them,
      the waters / over/whelmed them :
there / was not / one of them / left.

‡12 Then they be/lieved his / words :
and / sang a/loud his / praise.

13 But soon they for/got his / deeds :
and / would not / wait for his / counsel.

14 A craving seized them / in the / wilderness :
and they put / God to the / test • in the / desert.

15 He gave them / their de/sire :
but sent a / wasting / sickness a/mong them.

16 They grew jealous of Moses / in the / camp :
and of Aaron, the / holy one / of the / Lord.

17 So the earth opened and / swallowed up / Dathan :
and covered the / company / of A/biram.

18 A fire was kindled / in their / company :
the / flame burnt / up the / wicked.

19 They made a / calf at / Horeb :
and / worshipped the / molten / image;

20 Thus they ex/changed their / glory :
for the image of an / ox that / feeds on / hay.

21 They forgot / God their / saviour :
who had done such / great / things in / Egypt,

Psalm 106

22 Pethau rhyfeddol / yng ngwlad / Ham :
a phethau of/nadwy / ger y • Môr / Coch.

23 Felly dywedodd ef y byddai'n eu dinistrio •
oni bai i Moses, yr un a ddewisodd,
sefyll yn y / bwlch o'i / flaen :
i droi'n ôl ei ddi/gofaint / rhag • eu di/nistrio.

24 Yna bu iddynt ddi/lorni'r • wlad / hyfryd :
ac nid / oeddent • yn / credu • ei / air;

25 Yr oeddent yn grwgnach / yn eu / pebyll :
a heb / wrando • ar / lais yr / Arglwydd.

26 Cododd yntau ei / law a / thyngu :
y byddai'n peri iddynt / syrthio / yn yr • an/ialwch,

27 Ac yn gwasgaru eu disgynyddion i / blith • y cen/hedloedd :
a'u / chwalu / trwy'r — / gwledydd.

28 Yna aethant i gyfathrach / â Baal-/peor :
a / bwyta / ebyrth • y / meirw;

29 Yr oeddent wedi cythruddo'r Arglwydd / â'u gweith/redoedd :
a thorrodd / pla • allan / yn eu / mysg.

30 Ond cododd / Phinees • a'u / barnu :
ac a/ta-/liwyd y / pla.

31 A chyfrifwyd hyn yn gyf/iawnder / iddo :
dros y / cened/laethau • am / byth.

32 Bu iddynt gythruddo'r Arglwydd
hefyd wrth / ddyfroedd / Meriba :
a bu'n / ddrwg ar / Moses • o'u / plegid,

33 Oherwydd gwnaethant ei / ysbryd • yn / chwerw :
ac fe le/farodd / yntau • yn / fyrbwyll.

34 Ni fu iddynt ddi/nistrio'r / bobloedd :
y dy/wedodd • yr / Arglwydd • am/danynt,

35 Ond cymysgu / gyda'r • cen/hedloedd :
a / dysgu / gwneud fel / hwythau.

36 Yr oeddent yn a/ddoli • eu / delwau :
a bu / hynny'n / fagl — / iddynt.

37 Yr oeddent yn a/berthu • eu / meibion :
a'u / merched / i'r de/moniaid.

38a Yr oeddent yn tywallt / gwaed di/euog :
gwaed eu / meibion / a'u — / merched

22 Wonderful deeds in the / land of / Ham :
 and fearful things / at the / Red / Sea.

23 So he would have destroyed them,
    had not Moses his chosen
     stood before him / in the / breach :
 to turn a/way his / wrath from con/suming them.

24 Then they scorned the / Promised / Land :
 and / would not be/lieve his / word,

25 But murmured / in their / tents :
 and would not / heed the / voice of the / Lord.

26 So he lifted his / hand a/gainst them :
 and swore to over/throw them / in the / wilderness,

‡27 To disperse their descendants a/mong the / nations :
 and to / scatter them through/out the / lands.

28 They joined themselves to the / Baal of / Peor :
 and ate sacrifices / offered / to the / dead.

29 They provoked him to anger with their / evil / deeds :
 and a / plague broke / out a/mong them.

30 Then Phinehas stood up and / inter/ceded :
 and / so the / plague was / stayed.

31 This was counted to / him for / righteousness :
 throughout all / gene/rations for / ever.

32 They angered him also at the / waters of / Meribah :
 so that Moses / suffered / for their / sake;

33 For they so em/bittered his / spirit :
 that he spoke / rash words / with his / lips.

34 They did not des/troy the / peoples :
 as the / Lord / had com/manded them.

35 They mingled / with the / nations :
 and / learned to / follow their / ways,

36 So that they / worshipped their / idols :
 which be/came to / them a / snare.

37 Their own / sons and / daughters :
 they / sacrificed to / evil / spirits.

38 They shed / innocent / blood :
 the / blood of their / sons and / daughters,

Psalm 106   551

38b   Yr oeddent yn eu haberthu i / ddelwau / Canaan :
a ha/logwyd y / ddaear â'u / gwaed.

39   Felly aethant yn aflan trwy'r / hyn a / wnaent :
ac yn bu/teiniaid • trwy / eu gweith/redoedd.

40   Yna cythruddodd dicter yr Arglwydd yn / erbyn • ei / bobl :
a ffi/eiddiodd • ei / eti/feddiaeth;

41   Rhoddodd hwy yn / llaw'r cen/hedloedd :
a llywodraethwyd hwy gan y / rhai • oedd yn / eu ca/sáu;

42   Fe'u gorthrymwyd gan / eu ge/lynion :
a'u da/rostwng / dan eu • haw/durdod.

43   Lawer gwaith y gwaredodd hwy •
ond yr oeddent hwy yn wrthry/felgar • eu / bwriad :
ac yn cael eu darostwng o/herwydd / eu dryg/ioni.

44   Er hynny, cymerodd sylw / o'u cy/fyngder :
pan / glywodd • eu / cri am / gymorth;

45   Cofiodd ei gy/famod • â / hwy :
ac edifarhau o/herwydd • ei / gariad / mawr;

46   Parodd iddynt / gael tru/garedd :
gan bawb / oedd yn / eu cae/thiwo.

47a   Gwareda ni, O / Arglwydd • ein / Duw :
a chynnull / ni o / blith • y cen/hedloedd,

47b   Inni gael rhoi diolch i'th / enw / sanctaidd :
ac ymhy/frydu / yn dy / fawl.

48a   Bendigedig fyddo'r / Arglwydd • Duw / Israel :
o dragwy/ddoldeb • hyd / dragwy/ddoldeb;

48b   Dyweded yr / holl – / bobl :
"Amen". / Mo–/lwch yr / Arglwydd.

Salm 107

1   Diolchwch i'r Arglwydd, o/herwydd • da / yw :
ac y mae ei / gariad / hyd – / byth.

2   Fel yna dyweded y rhai a waredwyd / gan yr / Arglwydd :
y rhai a waredodd / ef o / law'r – / gelyn,

3   A'u cynnull yng/hyd o'r / gwledydd :
o'r dwyrain a'r gor/llewin • o'r / gogledd • a'r / de.

39 Which they offered to the / idols of / Canaan :
and the / land was de/filed with / blood.

40 Thus were they polluted / by their / actions :
and in their wanton deeds went / whoring • after / other / gods.

41 Therefore was the wrath of the Lord
    kindled a/gainst his / people :
and he ab/horred / his in/heritance.

42 He gave them over to the / hand of the / nations :
and those who / hated / them ruled / over them.

43 So their / enemies op/pressed them :
and put them in sub/jection / under their / hand.

44 Many a time did he deliver them,
    but they rebelled through their / own de/vices :
and were / brought down / through their / wickedness.

45 Nevertheless, he / saw their ad/versity :
when he / heard their / lamen/tation.

46 He remembered his / covenant / with them :
and relented according to the greatness / of his / faithful / love.

47 He made them also / to be / pitied :
by all / who had / taken them / captive.

48 Save us, O Lord our God,
    and gather us from a/mong the / nations :
that we may give thanks to your holy name
    and / glory / in your / praise.

49 Blessed be the Lord, the / God of / Israel :
from everlasting / and to / ever/lasting;

49a and let all the / people / say :
A/men. – / Alle/luia.

Psalm 107

1 O give thanks to the Lord, for / he is / gracious :
for his steadfast / love en/dures for / ever.

2 Let the redeemed of the / Lord / say this :
those he redeemed / from the / hand of the / enemy,

‡3 And gathered out of the lands from the east and / from the / west :
from the / north and / from the / south.

4   Aeth rhai ar goll mewn anialdir / a di/ffeithwch :
    heb gael ffordd at / ddinas • i / fyw – / ynddi;

5   Yr oeddent yn newynog / ac yn • sy/chedig :
    ac yr / oedd eu / nerth yn / pallu.

6   Yna gwaeddasant ar yr Arglwydd yn / eu cy/fyngder :
    a gwa/redodd / hwy o'u / hadfyd;

7   Arweiniodd hwy ar / hyd ffordd / union :
    i fynd i / ddinas / i fyw / ynddi.

8   Bydded iddynt ddiolch i'r Arglwydd / am ei / gariad :
    ac am ei ryfe/ddodau / i ddy/nolryw.

‡9 Oherwydd rhoes eu digon / i'r sy/chedig :
    a llenwi'r ne/wynog • â / phethau • da/ionus.

10 Yr oedd rhai yn eistedd mewn ty/wyllwch / dudew :
    yn / gaethion • mewn / gofid • a / haearn,

11 Am iddynt wrthryfela yn erbyn / geiriau / Duw :
    a dirmygu / cyngor / y Go/ruchaf.

12 Llethwyd eu / calon • gan / flinder :
    syrth/iasant • heb / neb i'w / hachub.

13 Yna gwaeddasant ar yr Arglwydd yn / eu cy/fyngder :
    a gwa/redodd • ef / hwy o'u / hadfyd;

14 Daeth â hwy allan o'r ty/wyllwch / dudew :
    a / drylliodd / eu ge/fynnau.

15 Bydded iddynt ddiolch i'r Arglwydd / am ei / gariad :
    ac am ei ryfe/ddodau / i ddy/nolryw.

16 Oherwydd / torrodd • byrth / pres :
    a / drylliodd / farrau / heyrn.

17 Yr oedd / rhai yn / ynfyd :
    oherwydd eu ffyrdd pechadurus
        a'u / camwedd / fe'u cy/studdiwyd;

18 Aethant i gasáu pob / math o / fwyd :
    a daethant yn / agos / at byrth / angau.

19 Yna gwaeddasant ar yr Arglwydd yn / eu cy/fyngder :
    a gwa/redodd • ef / hwy o'u / hadfyd;

20 Anfonodd ei air ac ia/chaodd / hwy :
    a gwa/redodd / hwy o / ddistryw.

4   Some went astray in / desert / wastes :
    and found no / path • to a / city to / dwell in.

5   Hungry / and / thirsty :
    their / soul was / fainting with/in them.

6   So they cried to the Lord / in their / trouble :
    and he delivered / them from / their dis/tress.

‡7 He set their feet on the / right / way :
    till they / came • to a / city to / dwell in.

8   Let them give thanks to the Lord / for his / goodness :
    and the / wonders he / does • for his / children.

9   For he satisfies the / longing / soul :
    and fills the / hungry / soul with / good.

10 Some sat in darkness and in the / shadow of / death :
    bound / fast in / misery and / iron,

11 For they had rebelled against the / words of / God :
    and despised the / counsel • of the / Most / High.

12 So he bowed down their / heart with / heaviness :
    they stumbled and / there was / none to / help them.

13 Then they cried to the Lord / in their / trouble :
    and he delivered / them from / their dis/tress.

‡14 He brought them out of darkness
        and out of the / shadow of / death :
    and / broke their / bonds a/sunder.

15 Let them give thanks to the Lord / for his / goodness :
    and the / wonders he / does • for his / children.

16 For he has broken the / doors of / bronze :
    and breaks the / bars of / iron in / pieces.

17 Some were foolish and took a re/bellious / way :
    and were plagued be/cause of / their wrong/doing.

18 Their soul abhorred all / manner of / food :
    and drew / near to the / gates of / death.

19 Then they cried to the Lord / in their / trouble :
    and he delivered / them from / their dis/tress.

20 He sent forth his / word and / healed them :
    and / saved them / from des/truction.

Psalm 107

21 Bydded iddynt ddiolch i'r Arglwydd / am ei / gariad :
    ac am ei ryfe/ddodau / i ddy/nolryw.

22 Bydded iddynt ddod ag o/ffrymau / diolch :
    a dweud am ei weith/redoedd / mewn gor/foledd.

23 Aeth rhai i'r / môr mewn / llongau :
    a gwneud eu gor/chwylion • ar / ddyfroedd / mawr;

24 Gwelsant hwy weith/redoedd • yr / Arglwydd :
    a'i ryfe/ddodau / yn y / dyfnder.

25 Pan lefarai ef / deuai • gwynt / stormus :
    a pheri i'r / tonnau / godi'n / uchel.

26 Cawsant eu codi i'r nefoedd a'u / bwrw • i'r / dyfnder :
    a phallodd eu / dewrder / yn y • try/bini;

27 Yr oeddent yn troi yn / simsan • fel / meddwyn :
    ac wedi / colli / eu holl / fedr.

28 Yna gwaeddasant ar yr Arglwydd yn / eu cy/fyngder :
    a gwa/redodd • ef / hwy o'u / hadfyd;

29 Gwnaeth i'r / storm da/welu :
    ac / aeth y / tonnau'n / ddistaw;

30 Yr oeddent yn llawen am / iddi • lo/nyddu :
    ac arweiniodd hwy i'r / hafan / a ddy/munent.

31 Bydded iddynt ddiolch i'r Arglwydd / am ei / gariad :
    ac am ei ryfe/ddodau / i ddy/nolryw.

32 Bydded iddynt ei ddyrchafu yng nghynu/lleidfa'r / bobl :
    a'i foliannu yng / nghyngor / yr hen/uriaid.

33 Y mae ef yn troi afonydd / yn ddi/ffeithwch :
    a ffyn/honnau / dyfroedd • yn / sychdir;

34 Y mae ef yn troi tir / ffrwythlon • yn / grastir :
    oherwydd drygioni'r / rhai sy'n / byw – / yno.

35 Y mae ef yn troi diffeithwch yn / llynnau / dŵr :
    a / thir sych / yn ffyn/honnau.

36 Gwna i'r ne/wynog • fyw / yno :
    a sefydlant / ddinas i / fyw – / ynddi;

37 Heuant feysydd a / phlannu / gwinwydd :
    a / chânt – / gnydau • to/reithiog.

21 Let them give thanks to the Lord / for his / goodness :
and the / wonders he / does • for his / children.

22 Let them offer him / sacrifices of / thanksgiving :
and tell of his / acts with / shouts of / joy.

23 Those who go down to the / sea in / ships :
and ply their / trade in / great / waters,

24 These have seen the / works of the / Lord :
and his / wonders / in the / deep.

25 For at his word the stormy / wind a/rose :
and lifted / up the / waves of the / sea.

26 They were carried up to the heavens
    and down again / to the / deep :
their soul melted a/way / in their / peril.

27 They reeled and staggered / like a / drunkard :
and were / at their / wits' / end.

28 Then they cried to the Lord / in their / trouble :
and he brought them / out of / their dis/tress.

29 He made the / storm be / still :
and the / waves of the / sea were / calmed.

30 Then were they glad because they / were at / rest :
and he brought them to the / haven / they de/sired.

31 Let them give thanks to the Lord / for his / goodness :
and the / wonders he / does • for his / children.

32 Let them exalt him in the congregation / of the / people :
and praise him in the / council / of the / elders.

33 The Lord turns rivers / into / wilderness :
and water springs / into / thirsty / ground;

34 A fruitful land he makes a / salty / waste :
because of the / wickedness of / those who / dwell there.

35 He makes the wilderness a / pool of / water :
and water springs / out of a / thirsty / land.

36 There he / settles the / hungry :
and they / build a / city to / dwell in.

37 They sow fields / and plant / vineyards :
and bring / in a / fruitful / harvest.

Psalm 107

38 Bydd ef yn eu bendithio ac yn eu / haml–/hau :
   ac ni fydd yn / gadael • i'w / gwartheg • lei/hau.

39 Pan fyddant / yn llei/hau :
   ac wedi eu darostwng trwy / orthrwm / helbul • a / gofid,

40 Bydd ef yn tywallt gwarth ar / dywy/sogion :
   ac yn peri iddynt grwydro / trwy'r an/ialwch • di/arffordd.

41 Ond bydd yn codi'r / tlawd o'i / ofid :
   ac yn / gwneud ei / deulu • fel / praidd.

42 Bydd yr uniawn yn gweld ac yn / llawen/hau :
   ond pob un dryg/ionus • yn / atal • ei / dafod.

‡43 Pwy bynnag sydd ddoeth, rhoed sylw i'r / pethau / hyn :
    bydded iddynt y/styried • ffydd/londeb • yr / Arglwydd.

Salm 108

1 Y mae fy nghalon yn / gadarn • O / Dduw :
  fe ganaf, a rhoi mawl. • / Deffro / fy – / enaid.

2 Deffro di / nabl a / thelyn :
  fe dde/ffroaf • ar / doriad / gwawr.

3 Rhof ddiolch i ti, O Arglwydd, y/mysg y / bobloedd :
  a chanmolaf • di y/mysg • y cen/hedloedd,

4 Oherwydd y mae dy gariad yn ymestyn / hyd y / nefoedd :
  a'th wir/ionedd / hyd • y cy/mylau.

5 Dyrchafa'n uwch na'r / nefoedd • O / Dduw :
  a bydded dy ogoniant / dros yr / holl – / ddaear.

6 Er mwyn gwaredu / dy an/wyliaid :
  achub â'th dde/heulaw • ac / ateb / ni.

7 Llefarodd Duw / yn ei / gysegr :
  "Yr wyf yn gorfoleddu wrth rannu Sichem •
      a mesur / dyffryn / Succoth • yn / rhannau;

8 Eiddof fi yw Gilead / a Ma/nasse :
  Effraim yw fy helm, a Jwda / yw fy / nheyrnwi/alen;

9 Moab yw fy nysgl ymolchi • ac at Edom y / taflaf • fy / esgid :
  ac yn erbyn Phi/listia • y / gorfo/leddaf."

10 Pwy a'm dwg i'r / ddinas / gaerog? :
   Pwy a'm / har–/wain i / Edom?

38   He blesses them, so that they / multiply / greatly :
      he does not let their / herds of / cattle / decrease.

39   He pours con/tempt on / princes :
      and makes them / wander in / trackless / wastes.

40   They are diminished / and brought / low :
      through / stress • of mis/fortune and / sorrow,

41   But he raises the poor / from their / misery :
      and multiplies their / families like / flocks of / sheep.

42   The upright will see this / and re/joice :
      but all / wickedness will / shut its / mouth.

‡*43*   Whoever is wise will / ponder these / things :
      and consider the loving-/kindness / of the / Lord.

Psalm 108

1   My heart is ready, O God, my / heart is / ready :
      I will / sing and / give you / praise.

2   Awake, my soul; awake / harp and / lyre :
      that I / may a/waken the / dawn.

3   I will give you thanks, O Lord, a/mong the / peoples :
      I will sing praise to / you a/mong the / nations.

4   For your loving-kindness is as / high as the / heavens :
      and your faithfulness / reaches / to the / clouds.

5   Be exalted, O God, a/bove the / heavens :
      and your glory / over / all the / earth.

6   That your beloved may / be de/livered :
      save us by / your right / hand and / answer me.

7   God has spoken / in his / holiness :
      'I will triumph and divide Shechem
         and / share out the / valley of / Succoth.

8   Gilead is mine and Ma/nasseh is / mine :
      Ephraim is my / helmet and / Judah my / sceptre.

‡*9*   Moab shall be my wash pot, over Edom will I / cast my / sandal :
      across Philistia / will I / shout in / triumph.'

10   Who will lead me into the / strong / city? :
      Who will / bring me / into / Edom?

11 Onid ti, O Dduw, er / iti'n / gwrthod :
a pheidio â mynd / allan / gyda'n • by/ddinoedd?

12 Rho inni gymorth / rhag y / gelyn :
oherwydd ofer / yw ym/wared / dynol.

‡13 Gyda Duw fe / wnawn wr/hydri :
ef fydd yn / sathru / ein ge/lynion.

Salm 109

1,2 O Dduw fy moliant / paid â / thewi :
oherwydd agorasant eu genau drygionus a thwyllodrus
    yn fy erbyn •
    a llefaru / wrthyf • â / thafod • ce/lwyddog,

3 A'm hamgylchu â / geiriau • ca/sineb :
ac y/mosod / arnaf • heb / achos.

4 Am fy ngharedigrwydd / y'm cy/huddant :
a / minnau'n • gwe/ddïo / drostynt.

5 Talasant imi / ddrwg am / dda :
a cha/sineb / am – / gariad.

6 Apwyntier un drwg / yn ei / erbyn :
a chyhuddwr i / sefyll / ar ei / dde.

7 Pan fernir ef, caffer / ef yn / euog :
ac ys/tyrier • ei / weddi'n / bechod.

8 Bydded ei / ddyddiau'n • y/chydig :
a chy/mered / arall • ei / swydd;

9 Bydded ei blant / yn am/ddifad :
a'i / wraig – / yn – / weddw.

10 Crwydred ei blant / i gar/dota :
wedi eu troi / allan / o'u had/feilion.

11 Cymered y benthyciwr / bopeth • sydd / ganddo :
a dyged es/troniaid / ei e/nillion.

12 Na fydded i neb drugar/hau – / wrtho :
na gwneud / ffafr â'i / blant am/ddifad.

13 Torrer / ymaith • ei / linach :
a'i henw wedi ei ddi/leu o / fewn cen/hedlaeth.

11   Have you not cast us / off, O / God? :
     Will you no longer / go forth / with our / troops?

12   O grant us your help a/gainst the / enemy :
     for / earthly / help is in / vain.

13   Through God will we / do great / acts :
     for it is he that / shall tread / down our / enemies.

Psalm 109

1   Keep silent no longer, O / God of my / praise :
     for the mouth of wickedness and / treachery
         is / opened a/gainst me.

2   They have spoken against me with a / lying / tongue :
     they encompassed me with words of hatred
         and fought a/gainst me with/out a / cause.

3   In return for my love, they set them/selves a/gainst me :
     even though / I had / prayed for / them.

4   Thus have they repaid me with / evil for / good :
     and / hatred for / my good / will.

5   They say, 'Appoint a / wicked man / over him :
     and let an accuser / stand at / his right / hand.

6   When he is judged, let / him be found / guilty :
     and let his / prayer be / counted as / sin.

7   Let his / days be / few :
     and let an/other / take his / office.

8   Let his / children be / fatherless :
     and his / wife be/come a / widow.

9   Let his children wander to / beg their / bread :
     let them / seek it in / desolate / places.

10   Let the creditor seize / all that he / has :
     let strangers / plunder the / fruit of his / toil.

11   Let there be no one to keep / faith with / him :
     or have compassion / on his / fatherless / children.

12   Let his line soon / come to an / end :
     and his name be blotted out / in the / next gene/ration.

14 Dyger i gof ddrygioni ei hynafiaid ger/bron yr / Arglwydd :
ac na ddi/leer • pe/chodau • ei / fam.

15 Bydded hyn mewn cof gan yr / Arglwydd • yn / wastad :
a bydded iddo dorri / ymaith • eu / coffa • o'r / tir.

16 Oherwydd ni chofiodd hwn / fod yn / ffyddlon :
ond erlidiodd y gorthrymedig a'r tlawd •
    a'r dryll/iedig • o / galon • hyd / angau.

17 Carodd felltithio • doed melltith / arno / yntau :
ni hoffai fendithio • pell y bo bendith / oddi / wrtho / yntau.

18 Gwisgodd felltith amdano / fel di/lledyn :
suddodd i'w gnawd fel dŵr, • ac fel / olew / i'w – / esgyrn.

‡19 Bydded fel y / dillad • a / wisga :
ac fel y gwregys / sydd am/dano • bob / amser.

20 Hyn fyddo tâl yr Arglwydd / i'm cy/huddwyr :
sy'n llefaru dryg/ioni / yn fy / erbyn.

21 Ond tydi, fy Arglwydd Dduw,
    gweithreda drosof er / mwyn dy / enw :
oherwydd daioni dy / gariad • gwa/reda / fi.

22 Yr wyf yn / druan • a / thlawd :
a'm / calon • mewn / gwewyr / ynof.

23 Yr wyf yn darfod fel / cysgod / hwyrddydd :
fe'm / gyrrir / ymaith • fel / locust.

24 Y mae fy ngliniau'n / wan gan / ympryd :
a'm corff yn / denau • o / ddiffyg / braster.

25 Deuthum yn / gyff gwawd / iddynt :
pan welant fi, ys/gydwant / eu – / pennau.

26 Cynorthwya, fi, O / Arglwydd • fy / Nuw :
achub / fi yn / ôl • dy dru/garedd,

27 A gad iddynt wybod mai dy / law di / ydyw :
mai ti / Arglwydd / a'i – / gwnaeth.

28 Pan fônt hwy'n melltithio, ben/dithia / di :
cywilyddier fy ngwrthwynebwyr,
    a / bydded • dy / was yn / llawen.

29 Gwisger fy nghy/huddwyr • â / gwarth :
bydded eu cy/wilydd • fel / mantell • am/danynt.

13   Let the wickedness of his fathers
        be remembered be/fore the / Lord :
    and no sin of his / mother be / blotted / out;

14   Let their sin be always be/fore the / Lord :
    that he may / root out their / name • from the / earth;

15   Because he was not minded / to keep / faith :
    but persecuted the poor and needy
        and sought to / kill the / broken/hearted.

16   He loved cursing / and it / came to him :
    he took no delight in blessing / and it was / far / from him.

17   He clothed himself with cursing / as with a / garment :
    it seeped into his body like water
        and / into his / bones like / oil;

18   Let it be to him like the cloak which he / wraps a/round him :
    and like the belt / that he / wears con/tinually.'

‡19   Thus may the Lord repay / my ac/cusers :
    and those / who speak / evil a/gainst me.

20   But deal with me, O Lord my God, according / to your / name :
    O deliver me, for / sweet / is your / faithfulness.

21   For I am / helpless and / poor :
    and my heart / is dis/quieted with/in me.

22   I fade like a / shadow that / lengthens :
    I am / shaken / off • like a / locust.

23   My knees are / weak through / fasting :
    and my flesh / is dried / up and / wasted.

‡24   I have become a re/proach to / them :
    those who see me / shake their / heads in / scorn.

25   Help me, O / Lord my / God :
    save me for your / loving / mercy's / sake,

26   And they shall know that / this is your / hand :
    that / you, O / Lord, have / done it.

27   Though they curse / may you / bless :
    let those who rise up against me be confounded,
        but / let your / servant re/joice.

28   Let my accusers be clothed / with dis/grace :
    and wrap themselves in their / shame as / in a / cloak.

30 Clodforaf fi yr / Arglwydd • â'm / genau :
 a moliannaf / ef yng / ngŵydd • cynu/lleidfa.

31 Oherwydd saif ef ar dde/heulaw'r / tlawd :
 i'w / achub / rhag • ei gy/huddwyr.

Salm 110

Siant sengl

1 Dywedodd yr Arglwydd / wrth fy / arglwydd :
 "Eistedd ar fy neheulaw •
  nes imi wneud dy e/lynion • yn / droedfainc • i / ti."

2 Y mae'r Arglwydd yn estyn i ti o Seion
 deyrn/wialen • aw/durdod :
 llywodraetha dithau yng ng/hanol / dy e/lynion.

3 Y mae dy bobl yn deyrngar iti ar ddydd dy eni •
 mewn gogoniant sanctaidd o / groth y / wawr :
 fel / gwlith • y'th gen/hedlais / di.

4 Tyngodd yr Arglwydd, ac / ni ne/widia :
 "Yr wyt yn offeiriad am byth yn / ôl – / urdd Mel/chisedec."

5 Y mae'r Arglwydd / ar dy • dde/heulaw :
 yn dinistrio bren/hinoedd • yn / nydd ei / ddicter.

6 Fe weinydda farn ymysg y cenhedloedd •
  a'u llenwi / â che/lanedd :
 dinistria ben/aethiaid • dros / ddaear / lydan.

7 Fe yf o'r nant / ar y / ffordd :
 ac am / hynny • y / cwyd ei / ben.

Salm 111

1 Molwch yr Arglwydd. •
  Diolchaf i'r Arglwydd â'm / holl – / galon :
 yng nghwmni'r uniawn / yn y / gynu/lleidfa.

2 Mawr yw gwei/thredoedd • yr / Arglwydd :
 fe'u harchwilir gan bawb sy'n / ymhy/frydu / ynddynt.

3 Llawn anrhydedd a mawredd / yw ei / waith :
 a / saif • ei gy/fiawnder • am / byth.

29 I will give great thanks to the Lord / with my / mouth :
    in the midst of the / multitude / will I / praise him;

30 Because he has stood at the right hand / of the / needy :
    to save them from / those who / would con/demn them.

Psalm 110

1 The Lord said to my lord / 'Sit at my / right hand :
   until I / make your / enemies your / footstool.'

2 May the Lord stretch forth the sceptre / of your / power :
   rule from Zion / in the / midst of your / enemies.

3 'Noble are you on this / day of your / birth :
   on the holy mountain, from the womb of the dawn
       the dew of your / new birth / is up/on you.'

4 The Lord has sworn and / will not re/tract :
   'You are a priest for ever after the / order / of Mel/chizedek.'

5 The king at your / right hand, O / Lord :
   shall smite down / kings • in the / day of his / wrath.

6 In all his majesty, he shall judge a/mong the / nations :
   smiting heads over / all the / wide / earth.

‡7 He shall drink from the brook be/side the / way :
   therefore / shall he lift / high his / head.

Psalm 111

1 Alleluia.
       I will give thanks to the Lord with my / whole / heart :
   in the company of the faithful and / in the / congre/gation.

2 The works of the / Lord are / great :
   sought out by / all / who de/light in them.

3 His work is full of / majesty and / honour :
   and his / righteousness en/dures for / ever.

4　Gwnaeth inni gofio ei / ryfe/ddodau :
　　graslon a thru/garog / yw'r – / Arglwydd.

5　Mae'n rhoi bwyd i'r rhai / sy'n ei / ofni :
　　ac yn / cofio • ei gy/famod • am / byth.

6　Dangosodd i'w bobl / rym ei • weith/redoedd :
　　trwy roi iddynt eti/feddiaeth / y cen/hedloedd.

7　Y mae gwaith ei ddwylo yn / gywir • a / chyfiawn :
　　a'i holl orch/mynion • yn / ddiby/nadwy;

8　Y maent wedi eu se/fydlu • hyd / byth :
　　ac wedi eu llunio o wir/ionedd / ac un/iondeb.

9　Rhoes waredigaeth i'w bobl •
　　　　a gorchymyn ei gy/famod • dros / byth :
　　sanctaidd ac of/nadwy / yw ei / enw.

10　Dechrau doethineb yw / ofn yr / Arglwydd :
　　y mae deall da gan bawb sy'n ufudd •
　　　　Y mae ei / foliant • yn / para / byth.

Salm 112

1　Molwch yr Arglwydd. •
　　　　Gwyn ei fyd y sawl sy'n / ofni'r / Arglwydd :
　　ac yn ymhyfrydu'n / llwyr yn / ei orch/mynion.

2　Bydd ei ddisgynyddion yn gedyrn / ar y / ddaear :
　　yn genhedlaeth uniawn / wedi / ei ben/dithio.

3　Bydd golud a chyfoeth / yn ei / dŷ :
　　a bydd ei gyf/iawnder • yn / para • am / byth.

4　Fe lewyrcha goleuni mewn ty/wyllwch • i'r / uniawn :
　　y mae'r cyfiawn yn / raslon / a thru/garog.

5　Da yw i bob un drugarhau / a rhoi / benthyg :
　　a threfnu / ei or/chwylion • yn / onest;

6　Oherwydd ni symudir / ef o / gwbl :
　　a / chofir • y / cyfiawn • dros / byth.

7　Nid yw'n ofni ne/wyddion / drwg :
　　y mae ei galon yn ddi-gryn • yn ym/ddiried / yn yr / Arglwydd.

8　Y mae ei galon / yn ddi-/sigl :
　　ac nid ofna nes iddo weld / diwedd / ar • ei e/lynion.

4   He appointed a memorial for his / marvellous / deeds :
    the Lord is / gracious and / full of com/passion.

5   He gave food to / those who / feared him :
    he is ever / mindful / of his / covenant.

6   He showed his people the / power of his / works :
    in giving them the / heritage / of the / nations.

7   The works of his hands are / truth and / justice :
    all / his com/mandments are / sure.

8   They stand fast for / ever and / ever :
    they are / done in / truth and / equity.

9   He sent redemption to his people;
        he commanded his / covenant for / ever :
    holy and / awesome / is his / name.

10 The fear of the Lord is the beginning of wisdom; a good
        understanding have / those who / live by it :
    his / praise en/dures for / ever.

Psalm 112

1   Alleluia.
        Blessed are those who / fear the / Lord :
    and have great de/light in / his com/mandments.

2   Their descendants will be mighty / in the / land :
    a generation of the / faithful that / will be / blest.

3   Wealth and riches will be / in their / house :
    and their / righteousness en/dures for / ever.

4   Light shines in the darkness / for the / upright :
    gracious and full of com/passion / are the / righteous.

5   It goes well with those who are / generous in / lending :
    and order / their af/fairs with / justice,

6   For they will / never be / shaken :
    the righteous will be held in / ever/lasting re/membrance.

7   They will not be afraid of any / evil / tidings :
    their heart is steadfast / trusting / in the / Lord.

8   Their heart is sustained and / will not / fear :
    until they see the / downfall / of their / foes.

Psalm 112

9 Y mae wedi rhoi'n / hael i'r / tlodion :
　　y mae ei gyfiawnder yn para am byth •
　　　　a'i gorn wedi ei ddyr/chafu / mewn an/rhydedd.

10 Gwêl y drygionus hyn ac y mae'n ddig •
　　　ysgyrnyga'i ddannedd / a di/ffygia :
　　derfydd am / obaith / y dryg/ionus.

Salm 113

1 Molwch yr Arglwydd. •
　　　Molwch, chwi / weision • yr / Arglwydd :
　　molwch / e–/nw'r – / Arglwydd.

2 Bendigedig fyddo / enw'r / Arglwydd :
　　o hyn / allan / a hyd / byth.

3 O godiad haul / hyd ei / fachlud :
　　bydded enw'r / Arglwydd / yn fol/iannus.

4 Uchel yw'r Arglwydd goruwch yr / holl gen/hedloedd :
　　a'i o/goniant • go/ruwch • y / nefoedd.

5 Pwy sydd fel yr / Arglwydd • ein / Duw :
　　yn y / nefoedd • neu / ar y / ddaear,

6 Yn gosod ei or/seddfainc • yn / uchel :
　　a hefyd yn y/mostwng • i / edrych • yn / isel?

7 Y mae ef yn codi'r / gwan o'r / llwch :
　　ac yn dyr/chafu'r • ang/henus • o'r / domen,

8 I'w gosod gyda / phende/figion :
　　gyda / phende/figion • ei / bobl.

‡9 Rhydd deulu i'r / wraig ddi-/blant :
　　daw hi'n fam lawen i blant. • / Mo–/lwch yr / Arglwydd.

Salm 114

Siant sengl

1 Pan ddaeth Israel / allan • o'r / Aifft :
　　tŷ Jacob o blith pobl / estron / eu – / hiaith,

2 Daeth Jwda yn / gysegr / iddo :
　　ac Israel / yn ar/glwydd•iaeth / iddo.

9 They have given freely to the poor;
    their righteousness stands / fast for / ever :
 their head will / be ex/alted with / honour.

10 The wicked shall see it and be angry;
    they shall gnash their teeth / in des/pair :
 the de/sire • of the / wicked shall / perish.

Psalm 113

1 Alleluia.
    Give praise, you servants / of the / Lord :
 O / praise the / name of the / Lord.

2 Blessed be the / name of the / Lord :
 from this time forth / and for / ever/more.

3 From the rising of the sun / to its / setting :
 let the / name of the / Lord be / praised.

4 The Lord is high a/bove all / nations :
 and his / glory a/bove the / heavens.

5 Who is like the / Lord our / God :
 that / has his / throne so / high,

5a Yet humbles himself / to be/hold :
 the / things of / heaven and / earth?

6,7 He raises the poor from the dust
    and lifts the needy / from the / ashes :
 To set them with princes,
    with the / princes / of his / people.

8 He gives the barren woman a / place in the / house :
 and makes her a joyful mother of / children. / Alle/luia.

Psalm 114

1,2 When Israel came out of Egypt,
    the house of Jacob from a people of a / strange / tongue :
 Judah became his sanctuary,
    / Israel / his do/minion.

3 Edrychodd y / môr a / chilio :
a throdd yr Ior/ddonen / yn ei / hôl.

4 Neidiodd y my/nyddoedd • fel / hyrddod :
a'r / bryniau / fel – / ŵyn.

5 Beth sydd arnat, fôr, dy / fod yn / cilio :
a'r Iorddonen, dy / fod yn / troi'n – / ôl?

6 Pam, fynyddoedd, yr ydych yn / neidio • fel / hyrddod :
a / chwithau'r / bryniau • fel / ŵyn?

7 Cryna, O ddaear, ym mhrese/noldeb • yr / Arglwydd :
ym mhrese/noldeb / Duw – / Jacob,

8 Sy'n troi'r graig / yn llyn / dŵr :
a'r / callestr / yn ffyn/honnau.

Salm 115

1 Nid i ni, O Arglwydd, nid i ni •
    ond i'th enw dy hun / rho o/goniant :
er mwyn dy / gariad / a'th ffydd/londeb.

2 Pam y mae'r cen/hedloedd • yn / dweud :
"Ple / mae – / eu – / Duw?"

3 Y mae ein Duw ni / yn y / nefoedd :
fe wna beth / bynnag / a ddy/muna.

4 Arian ac aur yw eu / delwau / hwy :
ac wedi eu / gwneud â / dwylo / dynol.

5 Y mae ganddynt enau nad / ydynt • yn / siarad :
a / llygaid • nad / ydynt • yn / gweld;

6 Y mae ganddynt glustiau nad / ydynt • yn / clywed :
a ffroenau nad / ydynt / yn a/rogli;

7 Y mae ganddynt ddwylo nad / ydynt • yn / teimlo :
a thraed nad ydynt yn cerdded •
    ac / ni ddaw / sŵn o'u / gyddfau.

8 Y mae eu gwneuthurwyr yn mynd yn / debyg / iddynt :
ac felly hefyd bob un / sy'n ym/ddiried / ynddynt.

9 O Israel, ymddirieda / yn yr / Arglwydd :
ef / yw eu / cymorth • a'u / tarian.

3,4 The sea saw that, and fled;
         Jordan was / driven / back :
     The mountains skipped like rams,
         the little / hills like / young / sheep.

5 What ailed you, O sea / that you / fled? :
   O Jordan, that / you were / driven / back?

6 You mountains, that you / skipped like / rams :
   you little / hills like / young / sheep?

7 Tremble, O earth, at the / presence • of the / Lord :
   at the / presence • of the / God of / Jacob,

8 Who turns the hard rock into a / pool of / water :
   the flint-stone / into a / springing / well.

Psalm 115

1 Not to us, Lord, not to us,
       but to your name / give the / glory :
   for the sake of your / loving / mercy and / truth.

2 Why should the / nations / say :
   'Where is / now — / their — / God?'

3 As for our God / he is in / heaven;
       he / does what/ever he / pleases.

4 Their idols are / silver and / gold :
   the / work of / human / hands.

5 They have mouths, but / cannot / speak :
   eyes have / they, but / cannot / see;

6 They have ears, but / cannot / hear :
   noses have / they, but / cannot / smell;

7 They have hands, but cannot feel;
       feet have they, but / cannot / walk :
   not a whisper / do they / make from their / throats.

8 Those who make them / shall be/come like them :
   and so will / all who / put their / trust in them.

9 But you, Israel, put your / trust in the / Lord :
   he is their / help / and their / shield.

Psalm 115

10 O dŷ Aaron, ymddiriedwch / yn yr / Arglwydd :
   ef / yw eu / cymorth • a'u / tarian.

11 Chwi sy'n ofni'r Arglwydd • ymddiriedwch / yn yr / Arglwydd :
   ef / yw eu / cymorth • a'u / tarian.

12 Y mae'r Arglwydd yn ein cofio ac yn / ein ben/dithio :
   fe fendithia dŷ Israel • fe fen/dithia / dŷ – / Aaron,

13 Fe fendithia'r rhai sy'n / ofni'r / Arglwydd :
   y / bychan • a'r / mawr • fel ei / gilydd.

14 Bydded yr Arglwydd yn eich / aml–/hau :
   chwi / a'ch – / plant – / hefyd.

15 Bydded ichwi gael bendith / gan yr / Arglwydd :
   a / wnaeth – / nefoedd • a / daear.

16 Y nefoedd, eiddo'r / Arglwydd / yw :
   ond fe roes y / ddaear / i ddy/nolryw.

17 Nid yw'r meirw yn mol/iannu'r / Arglwydd :
   na'r holl rai sy'n / mynd i / lawr • i da/welwch.

18 Ond yr ydym ni'n ben/dithio'r / Arglwydd :
   yn awr a hyd byth. • / Mo–/lwch yr / Arglwydd.

Salm 116

1 Yr wyf yn / caru'r / Arglwydd :
  am iddo / wrando • ar / lef fy / ngweddi,

2 Am iddo droi ei / glust – / ataf :
  y / dydd y / gwaeddais / arno.

3 Yr oedd clymau angau wedi tynhau amdanaf •
    a gefynnau Sheol / wedi • fy / nal :
  a minnau'n di/oddef / adfyd • ac / ing.

4 Yna gelwais ar / enw'r / Arglwydd :
  "Yr wyf yn erfyn / Arglwydd / gwared / fi."

5 Graslon yw'r / Arglwydd • a / chyfiawn :
  ac y / mae ein / Duw • ni'n to/sturio.

6 Ceidw'r Arglwydd / y rhai / syml :
  pan ddaros/tyngwyd • fi / fe'm gwa/redodd.

10 House of Aaron / trust in the / Lord :
    he is their / help / and their / shield.

11 You that fear the Lord / trust in the / Lord :
    he is their / help / and their / shield.

12 The Lord has been mindful of us and / he will / bless us :
    may he bless the house of Israel;
        may he / bless the / house of / Aaron;

13 May he bless those who / fear the / Lord :
    both / small and / great to/gether.

14 May the Lord increase you / more and / more :
    you and your / children / after / you.

15 May you be / blest • by the / Lord :
    the / maker of / heaven and / earth.

16 The heavens are the / heavens • of the / Lord :
    but the earth he has en/trusted / to his / children.

17 The dead do not / praise the / Lord :
    nor / those gone / down into / silence;

18 But we will / bless the / Lord :
    from this time forth for ever/more. / Alle/luia.

Psalm 116

1   I love the Lord, for he has heard the voice of my / suppli/cation :
    because he inclined his ear to me
        on the / day I / called to / him.

2   The snares of death encompassed me;
        the pains of / hell took / hold of me :
    by grief and / sorrow / was I / held.

3   Then I called upon the / name of the / Lord :
    'O Lord, I / beg you, de/liver my / soul.'

4   Gracious is the / Lord and / righteous :
    our / God is / full of com/passion.

5   The Lord watches / over the / simple :
    I was brought very / low – / and he / saved me.

6   Turn again to your rest / O my / soul :
    for the Lord / has been / gracious to / you.

7 Gorffwysa unwaith / eto • fy / enaid :
oherwydd bu'r / Arglwydd • yn / hael – / wrthyt;

8 Oherwydd gwaredodd fy / enaid • rhag / angau :
fy llygaid rhag / dagrau • fy / nhraed rhag / baglu.

9 Rhodiaf ger/bron yr / Arglwydd :
yn / nhir y / rhai – / byw.

10 Yr oeddwn yn credu y byddwn wedi / fy na/rostwng :
cefais / fy nghy/studdio'n / drwm;

11 Yn fy / nghyni • dy/wedais :
"Y mae / pawb yn / dwy/llodrus."

12 Sut y gallaf / dalu • i'r / Arglwydd :
am ei holl hael/ioni / tuag / ataf?

13 Dyrchafaf gwpan / iachaw/dwriaeth :
a / galw • ar / enw'r / Arglwydd.

14 Talaf fy addu/nedau • i'r / Arglwydd :
ym mhrese/noldeb • ei / holl – / bobl.

15 Gwerthfawr yng / ngolwg • yr / Arglwydd :
yw mar/wolaeth / ei ffydd/loniaid.

16 O Arglwydd, dy was yn / wir wyf / fi :
gwas o hil gweision • yr wyt / wedi / datod • fy / rhwymau.

17 Rhof i ti / offrwm / diolch :
a / galw • ar / enw'r / Arglwydd.

18 Talaf fy addu/nedau • i'r / Arglwydd :
ym mhrese/noldeb • ei / holl – / bobl,

‡19 Yng nghyn/teddau • tŷ'r / Arglwydd :
yn dy ganol di, O Jerwsalem. / Mo – / lwch yr / Arglwydd.

Salm 117

1 Molwch yr Arglwydd, yr / holl gen/hedloedd :
clodforwch / ef yr / holl – / bobloedd.

2 Oherwydd mae ei gariad yn gryf / tuag / atom :
ac y mae ffyddlondeb yr Arglwydd dros byth. •
    / Mo–/lwch yr Arglwydd.

7 For you have delivered my / soul from / death :
   my eyes from tears / and my / feet from / falling.

8 I will walk be/fore the / Lord :
   in the / land / of the / living.

9 I believed that I should perish
       for I was / sorely / troubled :
   and I said in my alarm / 'Everyone / is a / liar.'

10 How shall I re/pay the / Lord :
   for all the benefits / he has / given to / me?

11 I will lift up the / cup of sal/vation :
   and / call up•on the / name of the / Lord.

12 I will fulfil my vows / to the / Lord :
   in the / presence of / all his / people.

13 Precious in the / sight of the / Lord :
   is the / death of his / faithful / servants.

14 O Lord / I am your / servant :
   your servant, the child of your handmaid;
       you have / freed me / from my / bonds.

15 I will offer to you a / sacrifice of / thanksgiving :
   and / call up•on the / name of the / Lord.

16 I will fulfil my vows / to the / Lord :
   in the / presence of / all his / people,

‡17 In the courts of the / house of the / Lord :
   in the midst of you, O Je/rusalem. / Alle/luia.

Psalm 117

1 O praise the Lord / all you / nations :
   praise / him / all you / peoples.

2 For great is his steadfast / love to/wards us :
   and the faithfulness of the Lord endures for / ever.
       / Alle/luia.

Salm 118

1 Diolchwch i'r Arglwydd, o / herwydd • da / yw :
  ac y mae ei / gariad / hyd – / byth.

2 Dyweded / Israel • yn / awr :
  "Y mae ei / gariad / hyd – / byth."

3 Dyweded tŷ / Aaron • yn / awr :
  "Y mae ei / gariad / hyd – / byth."

4 Dyweded y rhai sy'n / ofni'r / Arglwydd :
  "Y mae ei / gariad / hyd – / byth."

5 O'm cyfyngder gwaeddais / ar yr / Arglwydd :
  atebodd / yntau / fi • a'm rhydd / hau.

6 Y mae'r Arglwydd o'm / tu, nid / ofnaf :
  beth a / wna – / pobl i / mi?

7 Y mae'r Arglwydd o'm tu i'm / cynorth / wyo :
  a gwelaf ddiwedd ar y / rhai sy'n / fy ngha / sáu.

8 Gwell yw llochesu / yn yr / Arglwydd :
  nag ym / ddiried / yn neb / meidrol.

9 Gwell yw llochesu / yn yr / Arglwydd :
  nag ym / ddiried / mewn • tywy / sogion.

10 Daeth yr holl genhedloedd / i'm ham / gylchu :
   yn enw'r / Arglwydd • fe'u / gyrraf / ymaith.

11 Daethant i'm hamgylchu / ar bob / tu :
   yn enw'r / Arglwydd • fe'u / gyrraf / ymaith.

12 Daethant i'm hamgylchu fel gwenyn •
     a llosgi fel / tân mewn / drain :
   yn enw'r / Arglwydd • fe'u / gyrraf / ymaith.

‡13 Gwthiwyd fi'n galed nes fy / mod ar / syrthio :
    ond cynor / thwyodd • yr / Arglwydd / fi.

14 Yr Arglwydd yw fy / nerth a'm / cân :
   ac / ef yw'r / un • a'm ha / chubodd.

15 Clywch gân gwaredigaeth ym mhebyll / y rhai / cyfiawn :
   "Y mae deheulaw'r Arglwydd / yn gweith / redu'n / rymus;

16 Y mae deheulaw'r Arglwydd / wedi • ei / chodi :
   y mae deheulaw'r Arglwydd / yn gweith / redu'n / rymus."

Psalm 118

1 O give thanks to the Lord, for / he is / good :
   his / mercy en/dures for / ever.

2 Let Israel / now pro/claim :
   'His / mercy en/dures for / ever.'

3 Let the house of Aaron / now pro/claim :
   'His / mercy en/dures for / ever.'

4 Let those who fear the / Lord pro/claim :
   'His / mercy en/dures for / ever.'

5 In my constraint I / called to the / Lord :
   the Lord / answered and / set me / free.

6 The Lord is at my side; I / will not / fear :
   what can / flesh / do to / me?

7 With the Lord at my side / as my / saviour :
   I shall see the / downfall / of my / enemies.

8 It is better to take refuge / in the / Lord :
   than to put any / confi/dence in / flesh.

9 It is better to take refuge / in the / Lord :
   than to put any / confi/dence in / princes.

10 All the / nations en/compassed me :
   but by the name of the / Lord I / drove them / back.

11 They hemmed me in, they hemmed me in on / every / side :
   but by the name of the / Lord I / drove them / back.

12 They swarmed about me like bees;
       they blazed like / fire among / thorns :
   but by the name of the / Lord I / drove them / back.

‡13 Surely, I was / thrust • to the / brink :
    but the / Lord / came to my / help.

14 The Lord is my / strength and my / song :
   and he has be/come / my sal/vation.

15 Joyful / shouts of sal/vation :
   sound / from the / tents of the / righteous:

‡16 'The right hand of the Lord does mighty deeds;
        the right hand of the Lord / raises / up :
    the right hand of the / Lord does / mighty / deeds.'

17 Nid marw / ond byw / fyddaf :
ac adroddaf / am weith/redoedd • yr / Arglwydd.

18 Disgyblodd yr / Arglwydd • fi'n / llym :
ond ni roddodd / fi yn / nwylo • mar/wolaeth.

19 Agorwch byrth cyf/iawnder • i / mi :
dof finnau i / mewn a / diolch • i'r / Arglwydd.

20 Dyma / borth yr / Arglwydd :
y cyfiawn a / ddaw i / mewn – / drwyddo.

21 Diolchaf i ti / am fy / ngwrando :
a dod yn / ware/digaeth • i / mi.

22 Y maen a wrthododd yr / adei/ladwyr :
a / ddaeth yn / brif – / gonglfaen.

23 Gwaith yr / Arglwydd • yw / hyn :
ac y mae'n rhy/feddod / yn ein / golwg.

24 Dyma'r dydd y gweith/redodd • yr / Arglwydd :
gorfoleddwn a / llawen/hawn – / ynddo.

25 Yr ydym yn erfyn, Arglwydd / achub / ni :
yr ydym yn erfyn / Arglwydd / rho – / lwyddiant.

26 Bendigedig yw'r un sy'n dod yn / enw'r / Arglwydd :
bendithiwn / chwi o / dŷ'r – / Arglwydd.

27 Yr Arglwydd sydd Dduw, rhoes o/leuni • i / mi :
â changau ymunwch yn yr orymdaith
/ hyd at / gyrn yr / allor.

28 Ti yw fy Nuw, a rhoddaf / ddiolch • i / ti :
fy Nuw / fe'th ddyr/chafaf / di.

‡29 Diolchwch i'r Arglwydd, o/herwydd • da / yw :
ac y mae ei / gariad / hyd – / byth.

17 I shall not / die, but / live :
   and de/clare the / works of the / Lord.

18 The Lord has / punished me / sorely :
   but he has not / given me / over to / death.

19 Open to me the / gates of / righteousness :
   that I may enter / and give / thanks to the / Lord.

20 This is the / gate of the / Lord :
   the / righteous shall / enter / through it.

21 I will give thanks to you, for / you have / answered me :
   and have be/come / my sal/vation.

22 The stone which the / builders re/jected :
   has be/come the / chief / cornerstone.

‡23 This is the / Lord's / doing :
   and it is / marvellous / in our / eyes.

24 This is the day that the / Lord has / made :
   we will re/joice / and be / glad in it.

25 Come, O Lord, and / save us we / pray :
   Come, Lord / send us / now pros/perity.

26 Blessed is he who comes in the / name of the / Lord :
   we bless you / from the / house of the / Lord.

27 The Lord is God; he has / given us / light :
   link the pilgrims with cords
       / right • to the / horns of the / altar.

28 You are my God and / I will / thank you :
   you are my / God and / I will ex/alt you.

29 O give thanks to the Lord, for / he is / good :
   his / mercy en/dures for / ever.

Psalm 118

Salm 119

    1   א   *Aleff*

1 Gwyn eu byd y rhai / perffaith • eu / ffordd :
    y rhai sy'n / rhodio • yng / nghyfraith • yr / Arglwydd.

2 Gwyn eu byd y rhai sy'n cadw ei / farne•di/gaethau :
    ac yn ei geisio / ef â'u / holl — / galon,

3 Y rhai nad ydynt wedi gwneud / unrhyw / ddrwg :
    ond sy'n rhodio / yn ei / ffyrdd — / ef.

4 Yr wyt ti wedi gwneud dy o/fynion • yn / ddeddfau :
    i'w / ca—/dw'n — / ddyfal.

5 O na allwn gerdded / yn un/ionsyth :
    a / chadw / dy — / ddeddfau!

6 Yna ni'm / cywi/lyddir :
    os cadwaf fy llygaid / ar dy / holl orc/hmynion.

7 Fe'th glodforaf di â / chalon / gywir :
    wrth imi ddysgu / am dy / farnau / cyfiawn.

8 Fe / gadwaf • dy / ddeddfau :
    paid â'm / ga—/dael yn / llwyr.

    2   ב   *Beth*

9 Sut y ceidw'r ifanc ei / lwybr yn / lân? :
    Trwy / gadw • dy / air — / di.

10 Fe'th geisiais di / â'm holl / galon :
    paid â gadael imi wyro / oddi / wrth • dy orch/mynion.

11 Trysorais dy eiriau / yn fy / nghalon :
    rhag imi / bechu / yn dy / erbyn.

12 Bendigedig wyt / ti, O / Arglwydd :
    dysg / i mi / dy—/ddeddfau.

13 Bûm yn ailadrodd / â'm gwe/fusau :
    holl / farnau / dy — / enau.

14 Ar hyd ffordd dy / farne•di/gaethau :
    cefais lawenydd / sydd uwch/law pob / cyfoeth.

15 Byddaf yn myfyrio ar dy o/fynion / di :
    ac yn cadw dy / lwybrau • o / flaen fy / llygaid.

16 Byddaf yn ymhyfrydu / yn dy / ddeddfau :
    ac / nid ang/hofiaf • dy / air.

1　　Blessed
　　　who / wa..

2　　Blessed are those ˳ / way is / pure :
　　　and seek him / with the / Lord.

3　　Those who / do no / wickedness / testimonies :
　　　but / walk in / his / ways.　　　　　heart,

4　　You, O / Lord, have / charged :
　　　that we should / diligently / keep • your com/mandments.

5　　O that my ways were made / so di/rect :
　　　that / I might / keep your / statutes.

6　　Then should I not be / put to / shame :
　　　because I have re/gard for / all your com/mandments.

7　　I will thank you with an / unfeigned / heart :
　　　when I have / learned your / righteous / judgements.

8　　I will / keep your / statutes :
　　　O for/sake me / not / utterly.

　　　　2　ב　Beth

9　　How shall young people / cleanse their / way :
　　　to keep themselves ac/cording / to your / word?

10　　With my whole heart / have I / sought you :
　　　O let me not go a/stray from / your com/mandments.

11　　Your words have I hidden with/in my / heart :
　　　that I / should not / sin a/gainst you.

12　　Blessed are / you, O / Lord :
　　　O / teach / me your / statutes.

13　　With my lips have / I been / telling :
　　　of all the / judgements / of your / mouth.

14　　I have taken greater delight in the / way of your / testimonies :
　　　than in / all / manner of / riches.

15　　I will meditate on / your com/mandments :
　　　and / contem/plate your / ways.

16　　My delight shall be / in your / statutes :
　　　and I will / not for/get your / word.

Psalm 119　　581

3 ג Gimel

17 Bydd dda / wrth dy / was :
   gad imi fyw / ac fe / gadwaf / draith.
18 A/gor fy / llygaid :
   imi weld rhyfe/ddod... ...daear :
19 Ymdeithydd wyf ... mynion / oddi / wrthyf.
   paid â chuddio yn di/hoeni • o / hiraeth :
20 Y mae fy /nau / di bob / amser.
   am dy
21 Fe ... ryddaist / y tra/haus :
   y rhai melltigedig sy'n gwyro / oddi / wrth • dy orch/mynion.
22 Tyn ymaith oddi wrthyf eu gwaradwydd / a'u sar/had :
   oherwydd bûm / ufudd • i'th / farne•di/gaethau.
23 Er i dywysogion eistedd mewn / cynllwyn • yn / f'erbyn :
   bydd dy was yn my/fyrio / ar dy / ddeddfau;
24 Y mae dy farnedigaethau'n hy/frydwch • i / mi :
   a hefyd / yn gyng/horwyr / imi.

4 ד Daleth

25 Y mae fy enaid yn glynu / wrth y / llwch :
   adfywia / fi yn / ôl dy / air.
26 Adroddais am fy hynt ac a/tebaist / fi :
   dysg i / mi – / dy – / ddeddfau.
27 Gwna imi ddeall ffordd / dy o/fynion :
   ac fe fyfyriaf / ar dy / ryfe/ddodau.
28 Y mae fy enaid yn an/niddig • gan / ofid :
   cryf/ha • fi yn / ôl dy / air.
29 Gosod ffordd twyll ym/hell • oddi / wrthyf :
   a rho / imi / ras dy / gyfraith.
30 Dewisais / ffordd ffydd/londeb :
   a gosod dy / farnau / o'm – / blaen.
31 Glynais wrth dy / farne•di/gaethau :
   O Arglwydd / paid â'm / cywi/lyddio.
32 Dilynaf ffordd / dy orch/mynion :
   o/herwydd • e/hangaist • fy / neall.

3   ג   *Gimel*

17   O do good to your servant that / I may / live :
      and / so • shall I / keep your / word.

18   Open my eyes, that / I may / see :
      the / wonders / of your / law.

19   I am a stranger / upon / earth :
      hide not / your com/mandments / from me.

20   My soul is con/sumed at / all times :
      with fervent / longing / for your / judgements.

21   You have re/buked the / arrogant :
      cursed are those who / stray from / your com/mandments.

22   Turn from me / shame • and re/buke :
      for / I have / kept your / testimonies.

23   Rulers also sit and / speak a/gainst me :
      but your servant / meditates / on your / statutes.

24   For your testimonies are / my de/light :
      they / are my / faithful / counsellors.

4   ד   *Daleth*

25   My soul / cleaves • to the / dust :
      O give me life ac/cording / to your / word.

26   I have acknowledged my ways and / you have / answered me :
      O / teach / me your / statutes.

27   Make me understand the way of / your com/mandments :
      and so shall I meditate / on your / wondrous / works.

28   My soul melts away in / tears of / sorrow :
      raise me up ac/cording / to your / word.

29   Take from me the / way of / falsehood :
      be gracious / to me / through your / law.

30   I have chosen the / way of / truth :
      and your judgements / have I / laid be/fore me.

31   I hold fast / to your / testimonies :
      O Lord, let me / not be / put to / shame.

32   I will run the way of / your com/mandments :
      when you have / set my / heart at / liberty.

Psalm 119

5 ה *He*

33 O Arglwydd, dysg fi yn / ffordd dy / ddeddfau :
ac o'i / chadw / fe gaf / wobr.

34 Rho imi ddeall, er mwyn imi ufudd/hau i'th / gyfraith :
a'i / chadw / â'm holl / galon;

35 Gwna imi gerdded yn llwybr / dy orch/mynion :
oherwydd yr wyf yn / ymhy/frydu / ynddo.

36 Tro fy nghalon at dy / farne•di/gaethau :
yn / hytrach / nag at / elw;

37 Tro ymaith fy llygaid / rhag gweld / gwagedd :
ad/fywia / fi â'th / air.

38 Cyflawna i'th was / yr a/ddewid :
a roddaist / i'r rhai / sy'n dy / ofni.

39 Tro ymaith y gwaradwydd yr wyf / yn ei / ofni :
oherwydd y / mae dy / farnau'n / dda.

40 Yr wyf yn dyheu am / dy o/fynion :
ad/fywia • fi / â'th gy/fiawnder.

6 ו *Waw*

41 Pâr i'th gariad ddod / ataf • O / Arglwydd :
a'th iachaw/dwriaeth • yn / ôl • dy a/ddewid;

42 Yna rhoddaf ateb i'r rhai / sy'n fy / ngwatwar :
oherwydd ymddir/iedais / yn dy / air.

43 Paid â chymryd gair y gwir/ionedd • o'm / genau :
oherwydd fe o/beithiais / yn dy / farnau.

44 Cad/waf dy / gyfraith :
bob / amser / hyd byth / bythoedd.

45 Rhodiaf oddi / amgylch • yn / rhydd :
oherwydd / ceisiais / dy o/fynion.

46 Siaradaf am dy farnedigaethau ger/bron bren/hinoedd :
ac / ni fydd / arnaf • gy/wilydd;

47 Ymhyfrydaf / yn dy • orch/mynion :
am fy / mod yn / eu — / caru.

48 Parchaf dy orchmynion am fy / mod • yn eu / caru :
a my/fyriaf / ar dy / ddeddfau.

5 ה He

33 Teach me, O Lord, the / way of your / statutes :
    and I shall / keep it / to the / end.

34 Give me understanding and I shall / keep your / law :
    I shall keep it / with my / whole / heart.

35 Lead me in the path of / your com/mandments :
    for there/in is / my de/light.

36 Incline my heart / to your / testimonies :
    and / not to / unjust / gain.

37 Turn away my eyes lest they / gaze on / vanities :
    O / give me / life in your / ways.

38 Confirm to your / servant your / promise :
    which / stands for / all who / fear you.

39 Turn away the reproach / which I / dread :
    be/cause your / judgements are / good.

40 Behold, I long for / your com/mandments :
    in your / righteousness / give me / life.

6 ו Waw

41 Let your faithful love come unto / me, O / Lord :
    even your salvation, ac/cording / to your / promise.

42 Then shall I answer / those who / taunt me :
    for my / trust is / in your / word.

43 O take not the word of truth utterly / out of my / mouth :
    for my / hope is / in your / judgements.

44 So shall I always / keep your / law :
    I shall / keep it for / ever and / ever.

45 I will / walk at / liberty :
    because I / study / your com/mandments.

46 I will tell of your testimonies, even / before / kings :
    and / will not / be a/shamed.

47 My delight shall be in / your com/mandments :
    which / I have / greatly / loved.

48 My hands will I lift up to your commandments / which I / love :
    and I will / meditate / on your / statutes.

Psalm 119

7 ז Sayin

49 Cofia dy / air i'th / was :
   y gair y gwnaethost i/mi ym/ddiried / ynddo.

50 Hyn fu fy ng/hysur • mewn / adfyd :
   fod dy a/ddewid • di / yn • fy ad/fywio.

51 Y mae'r trahaus yn fy / ngwawdio • o / hyd :
   ond ni throis / oddi / wrth dy / gyfraith.

52 Yr wyf yn cofio dy / farnau • e/rioed :
   ac yn cael / cysur / ynddynt • O / Arglwydd.

53 Cydia digofaint ynof oherwydd y / rhai dryg/ionus :
   sy'n / gwrthod / dy – / gyfraith.

54 Daeth dy ddeddfau'n / gân i / mi :
   ymhle / bynnag • y / bûm yn / byw.

55 Yr wyf yn cofio dy enw yn y / nos, O / Arglwydd :
   ac fe / gadwaf / dy – / gyfraith.

56 Hyn sydd / wir am/danaf :
   imi / ufudd/hau • i'th o/fynion.

8 ח Cheth

57 Ti yw fy / rhan, O / Arglwydd :
   a/ddewais / gadw • dy / air.

58 Yr wyf yn erfyn arnat / â'm holl / galon :
   bydd drugarog / wrthyf • yn / ôl • dy a/ddewid.

59 Pan feddyliaf / am fy / ffyrdd :
   trof fy nghamre'n / ôl • at dy / farne•di/gaethau;

60 Brys/iaf heb / oedi :
   i / gadw / dy orch/mynion.

61 Er i glymau'r drygionus dyn/hau am/danaf :
   eto / nid ang/hofiais • dy / gyfraith.

62 Codaf ganol nos i'th fo/liannu / di :
   am dy / far–/nau – / cyfiawn.

63 Yr wyf yn gymar i bawb / sy'n dy / ofni :
   i'r rhai sy'n / ufudd/hau • i'th o/fynion.

64 Y mae'r ddaear, O Arglwydd, yn llawn / o'th ffydd/londeb :
   dysg i / mi – / dy – / ddeddfau.

7 ז Zayin

49 Remember your word / to your / servant :
 on which / you have / built my / hope.

50 This is my comfort / in my / trouble :
 that your / promise / gives me / life.

51 The proud have de/rided me / cruelly :
 but I have not / turned a/side • from your / law.

52 I have remembered your everlasting / judgements, O / Lord :
 and / have / been / comforted.

53 I am seized with indignation / at the / wicked :
 for they / have for/saken your / law.

54 Your statutes have been like / songs to / me :
 in the / house / of my / pilgrimage.

55 I have thought on your name in the / night, O / Lord :
 and / so • have I / kept your / law.

56 These blessings / have been / mine :
 for / I have / kept • your com/mandments.

8 ח Heth

57 You only are my / portion, O / Lord :
 I have / promised to / keep your / words.

58 I entreat you with / all my / heart :
 be merciful to me ac/cording / to your / promise.

59 I have con/sidered my / ways :
 and turned my / feet / back • to your / testimonies.

60 I made haste and / did not de/lay :
 to / keep / your com/mandments.

61 Though the cords of the / wicked en/tangle me :
 I do / not for/get your / law.

62 At midnight I will rise to / give you / thanks :
 be/cause of your / righteous / judgements.

63 I am a companion of all / those who / fear you :
 those who / keep / your com/mandments.

64 The earth, O Lord, is full of your / faithful / love :
 in/struct me / in your / statutes.

9 ⋅ Teth

65 Gwnaethost dda/ioni • i'th / was :
    yn / unol • â'th / air, O / Arglwydd.

66 Dysg imi ddirnadaeth / a gwy/bodaeth :
    oherwydd yr wyf yn ym/ddiried • yn / dy orch/mynion.

67 Cyn imi gael fy ngheryddu euthum / ar gy/feiliorn :
    ond yn awr yr / wyf yn / cadw • dy / air.

68 Yr wyt ti yn dda, ac yn / gwneud da/ioni :
    dysg i / mi ‒ / dy ‒ / ddeddfau.

69 Y mae'r trahaus yn fy mhar/dduo • â / chelwydd :
    ond yr wyf fi'n ufuddhau i'th o/fynion •
    â'm / holl ‒ / galon;

70 Y mae eu calon hwy'n / drwm gan / fraster :
    ond yr wyf fi'n ymhy/frydu / yn dy / gyfraith.

71 Mor dda yw imi gael / fy nghe/ryddu :
    er mwyn / imi • gael / dysgu • dy / ddeddfau!

72 Y mae cyfraith dy enau yn / well i / mi :
    na / miloedd • o / aur ac / arian.

10 ' Iodd

73 Dy ddwylo di a'm / gwnaeth • ac a'm / lluniodd :
    rho imi ddeall i / ddysgu / dy orch/mynion.

74 Pan fydd y rhai sy'n dy ofni / yn fy / ngweld :
    fe lawenychant am fy mod yn go/beithio / yn dy / air.

75 Gwn, O Arglwydd, fod dy / farnau'n / gyfiawn :
    ac mai mewn ffyddlondeb yr wyt / wedi / fy nghe/ryddu.

76 Bydded dy gariad yn / gysur • i / mi :
    yn unol / â'th a/ddewid • i'th / was.

77 Pâr i'th drugaredd ddod ataf, fel y / byddaf / fyw :
    oherwydd y mae dy gyfraith / yn hy/frydwch • i / mi.

78 Cywilyddier y trahaus oherwydd i'w celwydd / fy ni/weidio :
    ond byddaf fi'n my/fyrio / ar • dy o/fynion.

79 Bydded i'r rhai sy'n dy ofni droi / ataf / fi :
    iddynt gael / gwybod • dy / farne•di/gaethau.

80 Bydded fy nghalon bob amser / yn dy / ddeddfau :
    rhag imi / gael fy / nghywi/lyddio.

9 ט Teth

65 You have dealt graciously / with your / servant :
according / to your / word, O / Lord.

66 O teach me true under/standing and / knowledge :
for I have / trusted in / your com/mandments.

67 Before I was afflicted I / went a/stray :
but / now I / keep your / word.

68 You are gracious / and do / good :
O / Lord / teach me your / statutes.

69 The proud have / smeared me with / lies :
but I will keep your commandments
   / with my / whole / heart.

70 Their heart has become / gross with / fat :
but my de/light is / in your / law.

71 It is good for me that I have / been af/flicted :
that / I may / learn your / statutes.

72 The law of your mouth is / dearer to / me :
than a / hoard of / gold and / silver.

10 י Yodh

73 Your hands have / made me and / fashioned me :
give me understanding, that / I may / learn your com/mandments.

74 Those who fear you will be glad / when they / see me :
because / I have / hoped • in your / word.

75 I know, O Lord, that your / judgements are / right :
and that in very faithfulness you / caused me / to be / troubled.

76 Let your faithful love / be my / comfort :
according to your / promise / to your / servant.

77 Let your tender mercies come to me, that / I may / live :
for your / law is / my de/light.

78 Let the proud be put to shame, for they / wrong me with / lies :
but I will / meditate on / your com/mandments.

79 Let those who fear you / turn to / me :
even / those who / know your / testimonies.

80 Let my heart be sound / in your / statutes :
that I may / not be / put to / shame.

Psalm 119   589

11 ס *Caff*

81 Y mae fy enaid yn dyheu am dy / iachaw/dwriaeth :
   ac yn go/beithio / yn dy / air;

82 Y mae fy llygaid yn pylu wrth ddisgwyl am / dy a/ddewid :
   dywedaf, "Pa bryd y / byddi'n / fy nghy/suro?"

83 Er imi grebachu fel costrel / groen mewn / mwg :
   eto / nid ang/hofiaf • dy / ddeddfau.

84 Am ba hyd y / disgwyl • dy / was :
   cyn iti roi / barn ar / fy er/lidwyr?

85 Y mae gwŷr trahaus, rhai sy'n anwy/byddu • dy / gyfraith :
   wedi / cloddio / pwll • ar fy / nghyfer.

86 Y mae dy holl orch/mynion • yn / sicr :
   pan fyddant yn fy erlid â chelwydd / cynor/thwya / fi.

87 Bu ond y dim iddynt fy nifetha oddi / ar y / ddaear :
   ond eto ni throis fy / nghefn ar / dy o/fynion.

88 Yn ôl dy gariad ad/fywia / fi :
   ac fe gadwaf / far•nedi/gaethau • dy / enau.

12 ש *Lamedd*

89 Y mae dy air, O Arglwydd / yn dra/gwyddol :
   wedi ei osod yn se/fydlog / yn y / nefoedd.

90 Y mae dy ffyddlondeb hyd genhedlaeth / a chen/hedlaeth :
   seiliaist y ddaear / ac y / mae'n – / sefyll.

91 Yn ôl dy ordeiniadau y maent yn / sefyll • hyd / heddiw :
   oherwydd / gweision • i / ti yw'r / cyfan.

92 Oni bai i'th gyfraith fod yn hy/frydwch • i / mi :
   byddai wedi darfod am/danaf / yn fy / adfyd;

93 Nid anghofiaf dy o/fynion • hyd / byth :
   oherwydd trwyddynt / hwy ad/fywiaist / fi.

94 Eiddot ti ydwyf • gwa/reda / fi :
   oherwydd / ceisiais / dy o/fynion.

95 Y mae'r drygionus yn gwylio amdanaf / i'm di/nistrio :
   ond fe ystyriaf / fi dy / farne•di/gaethau.

96 Gwelaf fod popeth yn / dod i / ben :
   ond nid oes terfyn / i'th or/chymyn / di.

11   כ   Kaph

81 My soul is pining for / your sal/vation :
I have / hoped / in your / word.

82 My eyes fail with watching / for your / word :
while I / say, 'O / when will you / comfort me?'

83 I have become like a wineskin / in the / smoke :
yet I do / not for/get your / statutes.

84 How many are the / days of your / servant? :
When will you bring / judgement on / those who / persecute me?

85 The proud / have dug / pits for me :
in de/fiance / of your / law.

86 All your com/mandments are / true :
help me, for they / persecute / me with / falsehood.

87 They had almost made an / end of me on / earth :
but I have not for/saken / your com/mandments.

88 Give me life according to your / loving-/kindness :
so shall I keep the / testi•monies / of your / mouth.

12   ל   Lamedh

89 O Lord, your word is / ever/lasting :
it ever stands / firm / in the / heavens.

90 Your faithfulness also remains from one generation / to an/other :
you have established the / earth and / it a/bides.

91 So also your judgements stand / firm this / day :
for / all things / are your / servants.

92 If your law had not been / my de/light :
I should have / perished / in my / trouble.

93 I will never forget / your com/mandments :
for by them / you have / given me / life.

94 I am / yours, O / save me! :
For / I have / sought • your com/mandments.

95 The wicked have waited for me / to des/troy me :
but I will / meditate / on your / testimonies.

96 I have seen an end of / all per/fection :
but your com/mandment / knows no / bounds.

13 מ Mem

97 O fel yr wyf yn / caru • dy / gyfraith :
hi yw fy my/fyrdod / drwy'r – / dydd.

98 Y mae dy orchymyn yn fy ngwneud yn
   ddoethach / na'm ge/lynion :
oherwydd y mae / gyda / mi bob / amser.

99 Yr wyf yn fwy deallus na'm / holl ath/rawon :
oherwydd bod dy farnedi/gaethau'n • fy/fyrdod • i / mi.

100 Yr wyf yn deall yn well / na'r rhai / hen :
oherwydd imi / ufudd/hau • i'th o/fynion.

101 Cedwais fy nhraed rhag / pob llwybr / drwg :
er / mwyn • imi / gadw • dy / air.

102 Nid wyf wedi troi oddi / wrth dy / farnau :
oherwydd / ti fu'n / fy • nghyfa/rwyddo.

103 Mor felys yw dy a/ddewid • i'm / genau :
me/lysach • na / mêl • i'm gwe/fusau.

104 O'th ofynion / di y • caf / ddeall :
dyna pam yr wyf yn ca/sáu – / llwybrau / twyll.

14 נ Nun

105 Y mae dy air yn / llusern • i'm / troed :
ac / yn o/leuni • i'm / llwybr.

106 Tyngais lw, a / gwneud a/dduned :
i / gadw • dy / farnau / cyfiawn.

107 Yr wyf mewn / gofid / mawr :
O Arglwydd, adfywia / fi yn / ôl dy / air.

108 Derbyn deyrnged fy / ngenau • O / Arglwydd :
a dysg i / mi dy / farne•di/gaethau.

109 Bob dydd y mae fy mywyd / yn fy / nwylo :
ond nid / wyf yn • ang/hofio • dy / gyfraith.

110 Gosododd y drygionus / rwyd i / mi :
ond nid wyf wedi gwyro / oddi / wrth • dy o/fynion.

111 Y mae dy farnedigaethau yn etifeddiaeth / imi • am / byth :
oherwydd y / maent yn / llonder • i'm / calon.

112 Yr wyf wedi gosod fy mryd ar ufudd/hau i'th / ddeddfau :
y mae eu / gwobr yn / dra–/gwyddol.

13 מ Mem

97 Lord, how I / love your / law! :
All the day / long it / is my / study.

98 Your commandments have made me
 wiser / than my / enemies :
for / they are / ever with / me.

99 I have more understanding than / all my / teachers :
for your testimonies / are my / medi/tation.

100 I am wiser / than the / aged :
be/cause I / keep • your com/mandments.

101 I restrain my feet from every / evil / way :
that / I may / keep your / word.

102 I have not turned aside / from your / judgements :
for / you have / been my / teacher.

103 How sweet are your words / on my / tongue! :
They are sweeter than / honey / to my / mouth.

104 Through your commandments I get / under/standing :
therefore I / hate all / lying / ways.

14 נ Nun

105 Your word is a lantern / to my / feet :
and a / light up/on my / path.

106 I have sworn and / will ful/fil it :
to / keep your / righteous / judgements.

107 I am troubled / above / measure :
give me life, O Lord, ac/cording / to your / word.

108 Accept the freewill offering of my / mouth, O / Lord :
and / teach / me your / judgements.

109 My soul is ever / in my / hand :
yet I do / not for/get your / law.

110 The wicked have / laid a / snare for me :
but I have not / strayed from / your com/mandments.

111 Your testimonies have I claimed as my / heritage for / ever :
for they are the / very / joy of my / heart.

112 I have applied my heart to ful/fil your / statutes :
always / even / to the / end.

Psalm 119

15 ס Samech

113 Yr wyf yn casáu / rhai an/wadal :
ond yn / car–/u dy / gyfraith.

114 Ti yw fy / lloches • a'm / tarian :
yr wyf yn go/beithio / yn dy / air.

115 Trowch ymaith oddi wrthyf / chwi rai / drwg :
er mwyn imi / gadw • gorch/mynion • fy / Nuw.

116 Cynnal fi yn ôl dy addewid, fel y / byddaf / fyw :
ac na chyw/lyddier • fi / yn fy / hyder.

117 Dal fi i fyny, fel y caf / ware/digaeth :
imi / barchu • dy / ddeddfau • yn / wastad.

118 Yr wyt yn gwrthod pawb sy'n gwyro oddi / wrth dy / ddeddfau :
oherwydd / mae eu / twyll yn / ofer.

119 Yn sothach yr ystyri holl rai dryg/ionus • y / ddaear :
am hynny yr wyf yn / caru • dy / farne•di/gaethau.

120 Y mae fy nghnawd yn crynu / gan dy / arswyd :
ac yr / wyf yn / ofni • dy / farnau.

16 ע Ayin

121 Gwneuthum farn / a chyf/iawnder :
paid â'm / gadael / i'm gor/thrymwyr.

122 Bydd yn feichiau er / lles dy / was :
paid â gadael i'r tra/haus – / fy ngorth/rymu.

123 Y mae fy llygaid yn pylu wrth
    ddisgwyl am dy / iachaw/dwriaeth :
ac am dy a/ddewid • o / fuddu/goliaeth.

124 Gwna â'th was yn / ôl dy / gariad :
a / dysg i / mi dy / ddeddfau.

125 Dy was wyf fi • rho / imi / ddeall :
i / wybod • dy / farne•di/gaethau.

126 Y mae'n amser i'r / Arglwydd • weith/redu :
o/herwydd / torrwyd • dy / gyfraith.

127 Er hynny yr wyf yn caru / dy orch/mynion :
yn fwy nag / aur • nag / aur – / coeth.

128 Am hyn cerddaf yn union yn ôl dy / holl o/fynion :
a cha/sâf – / lwybrau / twyll.

15 ס Samekh

113 I hate those who are / double/minded :
 but your / law / do I / love.

114 You are my hiding place / and my / shield :
 and my / hope is / in your / word.

115 Away from / me, you / wicked! :
 I will keep the com/mandments / of my / God.

116 Sustain me according to your promise, that / I may / live :
 and let me not be disap/pointed / in my / hope.

117 Hold me up and I / shall be / saved :
 and my delight shall be / ever / in your / statutes.

118 You set at nought those who depart / from your / statutes :
 for their de/ceiving / is in / vain.

119 You consider all the / wicked as / dross :
 there/fore I / love your / testimonies.

120 My flesh trembles for / fear of / you :
 and I am a/fraid / of your / judgements.

16 ע Ayin

121 I have done what is / just and / right :
 O give me not / over to / my op/pressors.

122 Stand surety for your / servant's / good :
 let / not the / proud op/press me.

123 My eyes fail with watching for / your sal/vation :
 and / for your / righteous / promise.

124 O deal with your servant according to your / faithful / love :
 and / teach / me your / statutes.

125 I am your servant; O grant me / under/standing :
 that / I may / know your / testimonies.

126 It is time for you to / act, O / Lord :
 for / they frus/trate your / law.

127 Therefore I / love • your com/mandments :
 above gold / even / much fine / gold.

128 Therefore I direct my steps by / all your / precepts :
 and all false / ways I / utterly ab/hor.

17 פ *Pe*

129 Y mae dy farned/gaethau'n • rhy/feddol :
am / hynny • yr / wyf • yn eu / cadw.

130 Pan ddatguddir dy air, bydd / yn go/leuo :
ac / yn rho / deall i'r / syml.

131 Yr wyf yn agor fy / ngheg mewn / blys :
oherwydd yr wyf yn dy/heu am / dy orch/mynion.

132 Tro ataf a / bydd dru/garog :
yn ôl dy arfer i'r / rhai sy'n / caru • dy / enw.

133 Cadw fy ngham yn sicr / fel yr • a/ddewaist :
a phaid â gadael i ddryg/ioni / fy meis/troli.

134 Rhyddha fi oddi wrth / ormes / dynol :
er mwyn imi ufudd/hau • i'th o/fynion / di.

135 Bydded llewyrch dy wyneb / ar dy / was :
a / dysg i / mi dy / ddeddfau.

136 Y mae fy llygaid yn / ffrydio / dagrau :
am nad yw / pobl yn / cadw • dy / gyfraith.

18 צ *Tsaddi*

137 Cyfiawn wyt / ti, O / Arglwydd :
a / chywir / yw dy / farnau.

138 Y mae'r barnedi/gaethau • a / roddi :
yn / gyfiawn • ac / yn gwbl / ffyddlon.

139 Y mae fy nghynddaredd / yn fy / ysu :
am fod fy ngelynion / yn ang/hofio • dy / eiriau.

140 Y mae dy addewid wedi ei / phrofi'n / llwyr :
ac y / mae dy / was • yn ei / charu.

141 Er fy mod i yn fychan ac / yn ddi/nod :
nid wyf yn ang/hofio / dy o/fynion.

142 Y mae dy gyfiawnder di yn gyf/iawnder • tra/gwyddol :
ac y mae dy / gyfraith / yn wir/ionedd.

143 Daeth cyfyngder a gofid / ar fy / ngwarthaf :
ond yr wyf yn ymhy/frydu / yn • dy orch/mynion.

144 Y mae dy farnedigaethau di'n / gyfiawn / byth :
rho imi ddeall / fel y / byddaf / fyw.

596 *Salm 119*

17　פ　Pe

129　Your testimonies / are / wonderful :
　　　there/fore my / soul / keeps them.

130　The opening of your / word gives / light :
　　　it gives under/standing / to the / simple.

131　I open my mouth and / draw in my / breath :
　　　as I / long for / your com/mandments.

132　Turn to me and be / gracious / to me :
　　　as is your way with / those who / love your / name.

133　Order my steps / by your / word :
　　　and let no wickedness / have do/minion / over me.

134　Redeem me from / earthly op/pressors :
　　　so that / I may / keep • your com/mandments.

135　Show the light of your countenance up/on your / servant :
　　　and / teach / me your / statutes.

136　My eyes run down with / streams of / water :
　　　because the wicked / do not / keep your / law.

18　צ　Tsadhe

137　Righteous are / you, O / Lord :
　　　and / true / are your / judgements.

138　You have ordered / your de/crees :
　　　in / righteousness and / in great / faithfulness.

139　My indig/nation des/troys me :
　　　because my / adversaries for/get your / word.

140　Your word has been tried / to the / uttermost :
　　　and / so your / servant / loves it.

141　I am small and of / no • repu/tation :
　　　yet do I / not for/get • your com/mandments.

142　Your righteousness is an ever/lasting / righteousness :
　　　and your / law / is the / truth.

143　Trouble and heaviness have taken / hold up/on me :
　　　yet my de/light • is in / your com/mandments.

144　The righteousness of your testimonies is / ever/lasting :
　　　O grant me under/standing and / I shall / live.

19 ף Coff

145 Gwaeddaf / â'm holl / galon :
 ateb fi, Arglwydd, ac fe / fyddaf / ufudd • i'th / ddeddfau.

146 Gwaeddaf arnat ti • gwa/reda / fi :
 ac fe / gadwaf • dy / farne•di/gaethau.

147 Codaf cyn y wawr a / gofyn • am / gymorth :
 a go/beithiaf / yn dy / eiriau.

148 Y mae fy llygaid yn effro yng ngwyliadwr/iaethau'r / nos :
 i fy/fyrio / ar • dy a/ddewid.

149 Gwrando fy llef yn / ôl dy / gariad :
 O Arglwydd, yn ôl dy / farnau • ad/fywia / fi.

150 Y mae fy erlidwyr dichellgar yn / ago/sáu :
 ond y maent yn / bell • oddi / wrth dy / gyfraith.

151 Yr wyt ti yn / agos • O / Arglwydd :
 ac y mae dy holl orch/mynion / yn wir/ionedd.

152 Gwn erioed am dy / farne•di/gaethau :
 i / ti eu • se/fydlu • am / byth.

20 ר Resh

153 Edrych ar fy adfyd a / gwared / fi :
 oherwydd / nid ang/hofiais • dy / gyfraith.

154 Amddiffyn fy achos ac / achub / fi :
 adfywia / fi yn / ôl • dy a/ddewid.

155 Y mae iachawdwriaeth ymhell oddi / wrth y • dryg/ionus :
 oherwydd nid / ydynt • yn / ceisio • dy / ddeddfau.

156 Mawr yw dy dru/garedd • O / Arglwydd :
 adfywia / fi yn / ôl dy / farn.

157 Y mae fy erlidwyr a'm gelynion / yn ni/ferus :
 ond eto ni wyrais oddi / wrth dy / farne•di/gaethau.

158 Gwelais y rhai twyllodrus / a ffi/eiddiais :
 am nad / ydynt • yn / cadw • dy / air.

159 Gwêl fel yr wyf yn caru / dy o/fynion :
 O Arglwydd, adfywia / fi yn / ôl dy / gariad.

160 Hanfod dy air / yw gwir/ionedd :
 ac y mae dy holl farnau / cyfiawn / yn dra/gwyddol.

598 *Salm 119*

19 ק   Qoph

145 I call with my / whole / heart :
 answer me, O Lord, that / I may / keep your / statutes.

146 To you I / call, O / save me! :
 And / I shall / keep your / testimonies.

147 Early in the morning I / cry to / you :
 for in your / word / is my / trust.

148 My eyes are open before the / night / watches :
 that I may / meditate / on your / word.

149 Hear my voice, O Lord, according to your / faithful / love :
 according to your / judgement / give me / life.

150 They draw near that in / malice / persecute me :
 who are / far / from your / law.

151 You, O Lord, are / near at / hand :
 and / all • your com/mandments are / true.

152 Long have I / known • of your / testimonies :
 that you have / founded / them for / ever.

20 ר   Resh

153 O consider my affliction / and de/liver me :
 for I do / not for/get your / law.

154 Plead my cause / and re/deem me :
 according to your / promise / give me / life.

155 Salvation is / far • from the / wicked :
 for they / do not / seek your / statutes.

156 Great is your com/passion, O / Lord :
 give me life, ac/cording / to your / judgements.

157 Many there are that persecute / and op/press me :
 yet do / I not / swerve • from your / testimonies.

158 It grieves me when I / see the / treacherous :
 for they / do not / keep your / word.

159 Consider, O Lord, how I / love • your com/mandments :
 give me life ac/cording • to your / loving-/kindness.

160 The sum of your / word is / truth :
 and all your righteous judgements en/dure for / ever/more.

Psalm 119

21 ש Shin

161 Y mae tywysogion yn fy erlid / yn ddi/achos :
 ond dy air / di yw / arswyd • fy / nghalon.

162 Yr wyf yn llawenhau o achos / dy a/ddewid :
 fel un / sy'n • cael / ysbail / fawr.

163 Yr wyf yn casáu ac yn ffi/eiddio / twyll :
 ond yn / caru • dy / gyfraith / di.

164 Seithwaith y dydd yr wyf / yn dy / foli :
 o/herwydd • dy / farnau / cyfiawn.

165 Caiff y rhai sy'n caru dy / gyfraith • wir / heddwch :
 ac nid oes dim yn / peri / iddynt / faglu.

166 Yr wyf yn disgwyl am dy iachaw/dwriaeth • O / Arglwydd :
 ac yn / ufudd/hau • i'th orch/mynion.

167 Yr wyf yn cadw dy / farne•di/gaethau :
 ac / yn eu / caru'n / fawr.

168 Yr wyf yn ufudd i'th ofynion a'th / farne•di/gaethau :
 oherwydd y mae / fy holl / ffyrdd o'th / flaen.

22 ת Taw

169 Doed fy llef / atat • O / Arglwydd :
 rho imi / ddeall • yn / ôl dy / air.

170 Doed fy nei/syfiad / atat :
 gwared / fi yn / ôl • dy a/ddewid.

171 Bydd fy ngwefusau'n / tywallt / moliant :
 am iti / ddysgu • i / mi dy / ddeddfau.

172 Bydd fy nhafod yn canu am / dy a/ddewid :
 oherwydd y mae dy / holl orch/mynion • yn / gyfiawn.

173 Bydded dy law yn barod i'm / cynor/thwyo :
 oherwydd yr wyf wedi / dewis / dy o/fynion.

174 Yr wyf yn dyheu am dy iachaw/dwriaeth • O / Arglwydd :
 ac yn ymhy/frydu / yn dy / gyfraith.

175 Gad imi fyw i'th fol/iannu / di :
 a bydded i'th / farnau • fy / nghynor/thwyo.

176 Euthum ar gyfeiliorn fel / dafad • ar / goll :
 chwilia am dy was,
  oherwydd nid ang/hofiais / dy orch/mynion.

21   ש   Shin

161   Princes have persecuted me with/out a / cause :
      but my heart / stands in / awe of your / word.

162   I am as / glad of your / word :
      as / one who / finds great / spoils.

163   As for lies, I / hate • and ab/hor them :
      but your / law / do I / love.

164   Seven times a day / do I / praise you :
      be/cause of your / righteous / judgements.

165   Great peace have they who / love your / law :
      nothing / shall / make them / stumble.

166   Lord, I have looked for / your sal/vation :
      and / I have ful/filled • your com/mandments.

167   My soul has / kept your / testimonies :
      and / greatly / have I / loved them.

168   I have kept your com/mandments and / testimonies :
      for / all my / ways are be/fore you.

22   ת   Taw

169   Let my cry come be/fore you, O / Lord :
      give me understanding, ac/cording / to your / word.

170   Let my supplication / come be/fore you :
      deliver me, ac/cording / to your / promise.

171   My lips shall pour / forth your / praise :
      when / you have / taught me your / statutes.

172   My tongue shall / sing of your / word :
      for / all • your com/mandments are / righteous.

173   Let your hand reach / out to / help me :
      for I have / chosen / your com/mandments.

174   I have longed for your sal/vation, O / Lord :
      and your / law is / my de/light.

175   Let my soul live and / it shall / praise you :
      and let your / judgements / be my / help.

176   I have gone astray like a sheep / that is / lost :
      O seek your servant,
          for I do / not for/get • your com/mandments.

Salm 120

Siant sengl

1 Gwaeddais ar yr Arglwydd / yn fy • nghy/fyngder :
   ac a/te–/bodd – / fi.

2 "O Arglwydd, gwared fi rhag / genau • twy/llodrus :
   a / rhag – / tafod • en/llibus."

3,4 Beth a roddir i ti, a beth yn ychwaneg a wneir,
        O / dafod • en/llibus? :
    Saethau llymion rhy/felwr • a / marwor / eirias!

5 Gwae fi fy mod yn ym/deithio • yn / Mesech :
   ac yn / byw y•mysg / pebyll / Cedar.

6 Yn rhy hir y / bûm yn / byw :
   gyda'r / rhai • sy'n ca/sáu – / heddwch.

7 Yr wyf / fi am / heddwch :
   ond pan soniaf am hynny, y / maent – / hwy am / ryfel.

Salm 121

1 Codaf fy llygaid / tua'r • my/nyddoedd :
   o / ble y • daw / cymorth • i / mi?

2 Daw fy nghymorth oddi / wrth yr / Arglwydd :
   cre/awdwr / nefoedd • a / daear.

3 Nid yw'n gadael i'th / droed – / lithro :
   ac / nid • yw dy / geidwad • yn / cysgu.

4 Nid yw / ceidwad / Israel :
   yn / cysgu / nac yn / huno.

5 Yr Arglwydd / yw dy / geidwad :
   yr Arglwydd yw dy / gysgod / ar • dy dde/heulaw;

6 Ni fydd yr haul yn dy daro / yn y / dydd :
   na'r / lleuad / yn y / nos.

7 Bydd yr Arglwydd yn dy gadw / rhag pob / drwg :
   bydd yn / cadw / dy – / einioes.

8 Bydd yr Arglwydd yn gwylio dy / fynd a'th / ddod :
   yn / awr a / hyd – / byth.

Psalm 120

1   When I was in trouble I / called • to the / Lord :
     I called to the / Lord / and he / answered me.

2   Deliver me, O Lord, from / lying / lips :
     and / from a de/ceitful / tongue.

‡3,4 What shall be given to you?
       What more shall be done to you, de/ceitful / tongue? :
     The sharp arrows of a warrior,
       / tempered in / burning / coals!

5   Woe is me, that I must / lodge in / Meshech :
     and dwell a/mong the / tents of / Kedar.

6,7 My soul has dwelt too long
       with / enemies of / peace :
     I am for making peace,
       but when I speak of it / they make / ready for / war.

Psalm 121

1   I lift up my eyes / to the / hills :
     from / where is my / help to / come?

2   My help comes / from the / Lord :
     the / maker of / heaven and / earth.

3   He will not suffer your / foot to / stumble :
     he who watches / over you / will not / sleep.

4   Behold, he who keeps watch / over / Israel :
     shall / neither / slumber nor / sleep.

5   The Lord himself / watches / over you :
     the Lord is your shade / at your / right / hand,

6   So that the sun shall not / strike you by / day :
     nei/ther the / moon by / night.

7   The Lord shall keep you / from all / evil :
     it is / he who shall / keep your / soul.

8   The Lord shall keep watch over your going out
       and your / coming / in :
     from this time / forth for / ever/more.

Salm 122

1 Yr oeddwn yn llawen pan ddywe/dasant / wrthyf :
"Gadewch inni / fynd i / dŷ'r – / Arglwydd."

2 Y mae ein traed bellach yn sefyll o / fewn dy / byrth :
O / Jer–/wsa/lem.

‡3 Adeiladwyd Je/rwsalem • yn / ddinas :
lle'r / unir • y / bobl â'i / gilydd.

4 Yno yr esgyn y llwythau • / llwythau'r / Arglwydd :
fel y gorchmynnwyd i Israel •
i roi / diolch • i / enw'r / Arglwydd.

5 Yno y gosodwyd gorsedd/feinciau / barn :
gorsedd/feinciau / tŷ – / Dafydd.

6 Gweddïwch am heddwch / i Je/rwsalem :
"Bydded / llwyddiant • i'r / rhai • sy'n dy / garu;

7 Bydded heddwch o / fewn dy / furiau :
a dio/gelwch • o / fewn dy / geyrydd."

8 Er mwyn fy nghydnabod / a'm cy/feillion :
dywedaf / "Bydded / heddwch • i / ti."

9 Er mwyn tŷ yr / Arglwydd • ein / Duw :
y / ceisiaf • dda/ioni • i / ti.

Salm 123

Siant sengl

1 Yr wyf yn codi fy llygaid / atat / ti :
sy'n / eistedd / yn / nefoedd.

2a Fel y mae llygaid gweision yn gwylio / llaw eu / meistr :
a llygaid caethferch yn / gwylio / llaw ei / meistres,

2b Felly y mae ein llygaid ninnau yn gwylio'r
/ Arglwydd • ein / Duw :
nes iddo / drugar/hau – / wrthym.

3 Bydd drugarog / wrthym • O / Arglwydd :
bydd drugarog wrthym •
oherwydd fe gawsom / ddigon / o sar/had.

4 Yn rhy hir y cawsom ddigon ar wawd / y tra/haus :
ac / ar sar/had y / beilchion.

Psalm 122

1 I was glad when they / said to / me :
   'Let us / go • to the / house of the / Lord.'

2 And now our / feet are / standing :
   within your / gates / O Je/rusalem;

3 Jerusalem / built • as a / city :
   that is at / unity / in it/self.

4 Thither the tribes go up, the / tribes of the / Lord :
   as is decreed for Israel,
      to give / thanks • to the / name of the / Lord.

‡5 For there are set the / thrones of / judgement :
   the / thrones of the / house of / David.

6 O pray for the / peace of Je/rusalem :
   'May they / prosper who / love / you.

7 Peace be with/in your / walls :
   and tran/quillity with/in your / palaces.'

8 For my kindred and com/panions' / sake :
   I will / pray that / peace be / with you.

9 For the sake of the house of the / Lord our / God :
   I will / seek to / do you / good.

Psalm 123

1 To you I lift / up my / eyes :
   to you that are en/throned / in the / heavens.

2 As the eyes of servants look to the / hand of their / master :
   or the eyes of a / maid • to the / hand of her / mistress,

3 So our eyes wait upon the / Lord our / God :
   until / he have / mercy up/on us.

4 Have mercy upon us, O Lord, have / mercy up/on us :
   for we have had / more than e/nough • of con/tempt.

‡5 Our soul has had more than enough
      of the / scorn of the / arrogant :
   and / of the con/tempt • of the / proud.

Salm 124

1 Oni bai i'r Arglwydd / fod o'n / tu :
   dy/weded / Israel / hynny,

2 Oni bai i'r Arglwydd / fod o'n / tu :
   pan / gododd / rhai • yn ein / herbyn,

3 Byddent wedi'n / llyncu'n / fyw :
   wrth i'w llid / losgi / tuag / atom;

4 Byddai'r dyfroedd wedi'n / cario / ymaith :
   a'r llif / wedi • mynd / dros ein / pennau;

5 Ie / drosom • yr / âi :
   dy/gy‑/for y / tonnau.

6 Bendigedig / fyddo'r / Arglwydd :
   am iddo beidio â'n / rhoi • yn ysg/lyfaeth • i'w / dannedd.

7 Yr ydym wedi dianc fel aderyn o / fagl yr / heliwr :
   torrodd y fagl, yr / ydym / ninnau'n / rhydd.

8 Ein cymorth sydd yn / enw'r / Arglwydd :
   cre/awdwr / nefoedd • a / daear.

Salm 125

Siant sengl

1 Y mae'r rhai sy'n ymddiried yn yr Arglwydd
   fel / Mynydd / Seion :
   na ellir ei symud • ond sy'n / aros / hyd – / byth.

2 Fel y mae'r mynyddoedd o / amgylch • Je/rwsalem :
   felly y mae'r Arglwydd o amgylch ei bobl
   yn / awr a / hyd – / byth.

3 Ni chaiff teyrnwialen y drygionus orffwys •
   ar y tir sy'n rhan / i'r rhai / cyfiawn :
   rhag i'r cyfiawn estyn eu / llaw at / anghyf/iawnder.

4 Gwna dda/ioni • O / Arglwydd :
   i'r rhai da ac / i'r rhai / uniawn • o / galon.

5 Ond am y rhai sy'n gwyro / i'w ffyrdd / troellog :
   bydded i'r Arglwydd eu dinistrio gyda'r
   gwneuthurwyr drygioni. •
   Bydded / heddwch / ar – / Israel!

Psalm 124

1,2 If the Lord himself had not been on our side,
        now may / Israel / say :
     If the Lord had not been on our side,
        when / enemies rose / up a/gainst us;

3   Then would they have / swallowed • us a/live :
     when their / anger / burned a/gainst us;

4   Then would the waters have overwhelmed us
        and the torrent gone / over our / soul :
     over our soul would have / swept the / raging / waters.

5   But blessed / be the / Lord :
     who has not given us over to be a / prey / for their / teeth.

6   Our soul has escaped
        as a bird from the / snare of the / fowler :
     the snare is / broken and / we are de/livered.

7   Our help is in the / name of the / Lord :
     who / has made / heaven and / earth.

Psalm 125

1   Those who trust in the Lord are / like Mount / Zion :
     which cannot be moved / but stands / fast for / ever.

2   As the hills stand a/bout Je/rusalem :
     so the Lord stands round about his people,
        from this time / forth for / ever/more.

3   The sceptre of wickedness shall not hold sway
        over the land allotted / to the / righteous :
     lest the righteous / turn their / hands to / evil.

4   Do good, O Lord, to those / who are / good :
     and to those / who are / true of / heart.

‡5   Those who turn aside to crooked ways
        the Lord shall take away with the / evil/doers :
     but let there be / peace / upon / Israel.

Salm 126

1 Pan adferodd yr Arglwydd / lwyddiant / Seion :
   yr oeddem fel / rhai • wedi / cael ia /châd;

2a Yr oedd ein genau / yn llawn / chwerthin :
   a'n ta /fodau • yn / bloeddio / canu :

2b Yna fe ddywedid ymysg / y cen /hedloedd :
   "Gwnaeth yr Arglwydd / bethau / mawr • iddynt / hwy."

3 Yn wir, gwnaeth yr Arglwydd bethau / mawr i / ni :
   a bu i / ninnau / lawen /hau.

4 O Arglwydd / adfer • ein / llwyddiant :
   fel / ffrydiau / yn y • Ne /gef;

5 Bydded i'r rhai sy'n / hau mewn / dagrau :
   fedi / mewn — / gor— /foledd.

6a Bydd yr un sy'n mynd / allan dan / wylo :
   ac yn / cario • ei / sach o / hadyd,

6b Yn dychwelyd drachefn / mewn gor /foledd :
   ac yn / cario / ei ys /gubau.

Salm 127

1a Os nad yw'r Arglwydd yn adei /ladu'r / tŷ :
   y mae ei adei /ladwyr • yn / gweithio'n / ofer.

1b Os nad yw'r Arglwydd yn / gwylio'r / ddinas :
   y mae'r / gwylwyr • yn / effro'n / ofer.

2 Yn ofer y / codwch • yn / fore :
   a / mynd yn / hwyr i • or /ffwyso,

3 A llafurio am y bwyd / a fwy /tewch :
   oherwydd mae ef yn rhoi i'w an /wylyd / pan yw'n / cysgu.

4 Wele, etifeddiaeth oddi wrth yr / Arglwydd • yw / meibion :
   a / gwobr yw / ffrwyth y / groth.

5 Fel saethau yn / llaw rhy /felwr :
   yw / meibion • ieu /enctid / dyn.

‡6 Gwyn ei fyd y sawl sydd â chawell / llawn o /honynt :
   ni chywilyddir ef pan ddadleua â'i e /lynion / yn y / porth.

Psalm 126

1 When the Lord restored the / fortunes of / Zion :
   then were / we like / those who / dream.

2 Then was our mouth / filled with / laughter :
   and our / tongue with / songs of / joy.

3 Then said they a/mong the / nations :
   'The Lord has / done great / things for / them.'

4 The Lord has indeed done / great things for / us :
   and / therefore / we re/joiced.

5 Restore again our / fortunes, O / Lord :
   as the / river beds / of the / desert.

6 Those who / sow in / tears :
   shall / reap with / songs of / joy.

‡7 Those who go out weeping / bearing the / seed :
   will come back with shouts of joy,
       / bearing their / sheaves / with them.

Psalm 127

1 Unless the Lord / builds the / house :
   those who / build it / labour in / vain.

2 Unless the Lord / keeps the / city :
   the / guard keeps / watch in / vain.

3 It is in vain that you hasten to rise up early
       and go so late to rest, eating the / bread of / toil :
   for he / gives • his be/loved / sleep.

4 Children are a heritage / from the / Lord :
   and the fruit of the / womb / is his / gift.

5 Like arrows in the / hand of a / warrior :
   so are the / children / of one's / youth.

6 Happy are those who have their / quiver / full of them :
   they shall not be put to shame
       when they dispute with their / enemies / in the / gate.

Salm 128

1 Gwyn ei fyd pob un sy'n / ofni'r / Arglwydd :
   ac yn / rhodio / yn ei / ffyrdd.

2 Cei fwyta o / ffrwyth dy / lafur :
   byddi'n hapus / ac yn / wyn dy / fyd.

3 Bydd dy wraig yng nghanol dy dŷ fel gwin/wydden / ffrwythlon :
   a'th blant o amgylch dy / fwrdd fel / blagur • o/lewydd.

4 Wele, fel hyn / y ben/dithir :
   y / sawl sy'n / ofni'r / Arglwydd.

5 Bydded i'r Arglwydd dy fen/dithio • o / Seion :
   iti gael gweld llwyddiant Je/rwsalem •
       holl / ddyddiau • dy / fywyd,

6 Ac iti gael gweld / plant dy / blant :
   Bydded / heddwch / ar – / Israel!

Salm 129

1 Lawer gwaith o'm hieuenctid buont yn y/mosod / arnaf :
   dy/weded / Israel • yn / awr,

2 Lawer gwaith o'm hieuenctid buont yn y/mosod / arnaf :
   ond heb erioed / fod yn / drech na / mi.

3 Y mae'r arddwyr wedi a/redig • fy / nghefn :
   gan / dynnu / cwysau / hirion.

4 Ond y mae'r / Arglwydd • yn / gyfiawn :
   torrodd / raffau'r / rhai dryg/ionus.

5 Bydded i'r holl rai sy'n ca/sáu – / Seion :
   gywi/lyddio • a / chilio'n / ôl;

6 Byddant fel / glaswellt • pen / to :
   sy'n / crino • cyn / iddo • fla/guro,

7 Ni leinw byth / law'r me/delwr :
   na / gwneud – / coflaid • i'r / rhwymwr,

8 Ac ni ddywed neb / wrth fynd / heibio :
   "Bendith yr Arglwydd arnoch. •
       Bendithiwn / chwi yn / enw'r / Arglwydd."

Psalm 128

1 Blessed are all those who / fear the / Lord :
 and / walk / in his / ways.

2 You shall eat the fruit of the / toil • of your / hands :
 it shall go well with you, and / happy / shall you / be.

3 Your wife within your house shall be like a / fruitful / vine :
 your children round your table, like / fresh / olive / branches.

4 Thus / shall the / one be / blest :
 who / fears – / the / Lord.

5 The Lord from out of / Zion / bless you :
 that you may see Jerusalem in prosperity
  / all the / days of your / life.

6 May you see your / children's / children :
 and may there be / peace / upon / Israel.

Psalm 129

1 'Many a time have they fought against me / from my / youth' :
 may / Israel / now / say;

2 'Many a time have they fought against me / from my / youth :
 but they have / not pre/vailed a/gainst me.'

3 The ploughers ploughed up/on my / back :
 and / made their / furrows / long.

4 But the / righteous / Lord :
 has cut the / cords • of the / wicked in / pieces.

5 Let them be put to shame / and turned / backwards :
 as many / as are / enemies of / Zion.

6 Let them be like grass up/on the / housetops :
 which / withers be/fore it can / grow,

7 So that no reaper can / fill his / hand :
 nor a / binder of / sheaves his / bosom;

8 And none who go by may say,
  'The blessing of the Lord / be up/on you :
 We bless you / in the / name of the / Lord.'

Salm 130

1 O'r dyfnderau y gwaeddais / arnat • O / Arglwydd :
  Arglwydd / clyw – / fy – / llef;

2 Bydded dy / glustiau'n • a/gored :
  i / lef – / fy – / ngweddi.

3 Os wyt ti, Arglwydd, yn cadw cyfrif / o gam/weddau :
  pwy, O / Arglwydd / a all / sefyll?

4 Ond y mae gyda / thi fa/ddeuant :
  fel y / cei – / dy – / ofni.

5 Disgwyliaf / wrth yr / Arglwydd :
  y mae fy enaid yn disgwyl, a go/beithiaf / yn ei / air;

6 Y mae fy enaid yn disgwyl / wrth yr / Arglwydd :
  yn fwy nag y mae'r gwylwyr am y bore •
      yn fwy nag y mae'r / gwylwyr / am y / bore.

7 O Israel, gobeithia / yn yr / Arglwydd :
  oherwydd gyda'r Arglwydd y mae ffyddlondeb •
      a chydag ef y mae / gware/digaeth / helaeth.

8 Ef sydd yn gwa/redu / Israel :
  oddi / wrth ei / holl gam/weddau.

Salm 131

Siant sengl

1 O Arglwydd, nid yw fy nghalon yn / dra–/haus :
  na'm / lly–/gaid yn / falch;

2 Nid wyf yn ymboeni am / bethau • rhy / fawr :
  nac am bethau / rhy ry/feddol • i / mi.

3 Ond yr wyf wedi tawelu a distewi fy enaid •
      fel plentyn ar / fron ei / fam :
  fel / plentyn • y / mae fy / enaid.

4 O Israel, gobeithia / yn yr / Arglwydd :
  yn / awr a / hyd – / byth.

Psalm 130

1. Out of the depths have I cried to you, O Lord;
        Lord / hear my / voice :
    let your ears consider well the / voice of my / suppli/cation.

2. If you, Lord, were to mark what is / done a/miss :
    O / Lord / who could / stand?

‡3. But there is for/giveness with / you :
    so / that you / shall be / feared.

4. I wait for the Lord; my / soul / waits for him :
    in his / word / is my / hope.

5. My soul waits for the Lord,
        more than the night watch / for the / morning :
    more than the / night watch / for the / morning.

6. O Israel / wait for the / Lord :
    for with the / Lord / there is / mercy;

7. With him is / plenteous re/demption :
    and he shall redeem / Israel from / all their / sins.

Psalm 131

1. O Lord, my heart / is not / proud :
    my eyes are not / raised in / haughty / looks.

2. I do not occupy myself with / great / matters :
    with / things that / are too / high for me.

3. But I have quieted and stilled my soul,
        like a weaned child on its / mother's / breast :
    so my / soul is / quieted with/in me.

4. O Israel / trust in the / Lord :
    from this time / forth for / ever/more.

Salm 132

1 O Arglwydd / cofia • am / Ddafydd :
　yn / ei – / holl drei/alon,

2 Fel y bu iddo / dyngu • i'r / Arglwydd :
　ac addunedu i / Un – / Cadarn / Jacob,

3 "Nid af i mewn i'r babell y / trigaf / ynddi :
　nac esgyn i'r gwely / y gor/ffwysaf / arno;

4 Ni roddaf / gwsg i'm / llygaid :
　na / hun i'm / ham–/rannau,

5 Nes imi gael / lle i'r / Arglwydd :
　a thrigfan i / Un – / Cadarn / Jacob."

6 Wele, clywsom am/dani • yn / Effrata :
　a chawsom / hi ym / meysydd • y / coed.

7 "Awn i / mewn i'w / drigfan :
　a / phlygwn / wrth ei / droedfainc.

8 Cyfod, Arglwydd, a / thyrd • i'th or/ffwysfa :
　ti / ac – / arch dy / nerth.

9 Bydded dy offeiriaid wedi eu gwisgo / â chyf/iawnder :
　a bydded i'th ffydd/loniaid / orfo/leddu."

10 Er mwyn / Dafydd • dy / was :
　paid â throi oddi wrth / wyneb / dy e/neiniog.

11a Tyngodd yr / Arglwydd • i / Ddafydd :
　addunod / sicr na / thry • oddi / wrthi :

11b "O / ffrwyth dy / gorff :
　y go/sodaf / un • ar dy / orsedd.

12a Os ceidw dy feibion / fy nghy/famod :
　a'r tystio/laethau • a / ddysgaf / iddynt,

12b Bydd eu meibion / hwythau • hyd / byth :
　yn / eistedd / ar dy / orsedd."

13 Oherwydd dewisodd yr / Arglwydd / Seion :
　a'i / chwennych • yn / drigfan / iddo :

14 "Dyma fy ngor/ffwysfa • am / byth :
　yma y / trigaf • am / imi ei / dewis.

15 Bendithiaf hi â / digonedd • o / ymborth :
　a di/gonaf • ei / thlodion • â / bara.

Psalm 132

1 Lord, re/member for / David :
 all the / hardships / he en/dured;

2 How he swore an / oath • to the / Lord :
 and vowed a vow to the / Mighty / One of / Jacob:

3 'I will not come within the shelter / of my / house :
 nor / climb up / into my / bed;

4 I will not allow my / eyes to / sleep :
 nor / let my / eyelids / slumber,

‡5 Until I find a place / for the / Lord :
 a dwelling for the / Mighty / One of / Jacob.'

6 Now, we heard of the / ark in / Ephrathah :
 and found it / in the / fields of / Ja-ar.

7 Let us / enter his / dwelling place :
 and fall / low be/fore his / footstool.

8 Arise, O Lord / into your / resting place :
 you / and the / ark of your / strength.

9 Let your priests be / clothed with / righteousness :
 and your / faithful ones / sing with / joy.

‡10 For your servant / David's / sake :
 turn not away the / face of / your a/nointed.

11 The Lord has sworn an / oath to / David :
 a promise from / which he / will not / shrink:

12 'Of the / fruit of your / body :
 shall I / set up/on your / throne.

13 If your children keep my covenant and my testimonies
  that / I shall / teach them :
 their children also
  shall sit upon your / throne for / ever/more.'

14 For the Lord has chosen Zion / for him/self :
 he has desired her / for his / habi/tation:

15 'This shall be my / resting place for / ever :
 here will I dwell, for / I have / longed for / her.

16 I will abundantly / bless • her pro/vision :
 her poor / will I / satisfy with / bread.

16 Gwisgaf ei hoffeiriaid ag / iachaw/dwriaeth :
   a bydd ei ffydd/loniaid • yn / gorfo/leddu.

17 Yno y gwnaf i gorn / dyfu • i / Ddafydd :
   dar/perais / lamp • i'm he/neiniog.

18 Gwisgaf ei e/lynion • â chy/wilydd :
   ond ar ei ben / ef • y bydd / coron / ddisglair."

Salm 133

Siant sengl

1 Mor dda ac mor ddy/munol / yw :
   i / bobl – / fyw'n gy/tûn.

2a Y mae fel olew gwerthfawr / ar y / pen :
   yn / llifo • i / lawr • dros y / farf,

2b Dros / farf – / Aaron :
   yn llifo i / lawr dros / goler • ei / wisgoedd.

3 Y mae fel gwlith Hermon • yn disgyn i lawr ar / fryniau / Seion :
   oherwydd yno y gorchmynnodd yr Arglwydd ei / fendith •
      / bywyd • hyd / byth.

Salm 134

1 Dewch, bendithiwch yr Arglwydd,
      holl / weision • yr / Arglwydd :
   sy'n sefyll liw / nos yn / nhŷ'r – / Arglwydd.

2 Codwch eich dwylo / yn y / cysegr :
   a ben/di–/thiwch yr / Arglwydd.

3 Bydded i'r Arglwydd eich ben/dithio • o / Seion :
   cre/awdwr / nefoedd • a / daear!

Salm 135

1 Molwch yr Arglwydd. •
      Molwch / enw'r / Arglwydd :
   molwch • ef • chwi / weision • yr / Arglwydd,

2 Sy'n sefyll / yn nhŷ'r / Arglwydd :
   yng nghyn/teddoedd / ein – / Duw.

17   I will clothe her priests / with sal/vation :
     and her faithful ones / shall re/joice and / sing.

18   There will I make a horn to spring / up for / David :
     I will keep a lantern / burning for / my a/nointed.

‡19 As for his enemies, I will clothe / them with / shame :
     but on him / shall his / crown be / bright.'

Psalm 133

1   Behold how good and / pleasant it / is :
    to / dwell to/gether in / unity.

2   It is like the precious oil up/on the / head :
    running / down up/on the / beard,

‡3 Even on / Aaron's / beard :
    running down upon the / collar / of his / clothing.

4   It is like the / dew of / Hermon :
    running down up/on the / hills of / Zion.

5   For there the Lord has / promised his / blessing :
    even / life for / ever/more.

Psalm 134

1   Come, bless the Lord, all you servants / of the /Lord :
    you that by night / stand • in the / house of the / Lord.

2,3 Lift up your hands towards the sanctuary
       and / bless the / Lord :
    the Lord who made heaven and earth
       give you / blessing / out of / Zion.

Psalm 135

1   Alleluia.
       Praise the / name of the / Lord :
    give praise, you / servants / of the / Lord,

2   You that stand in the / house of the / Lord :
    in the / courts • of the / house of our / God.

3 Molwch yr Arglwydd • oherwydd / da yw / ef :
canwch i'w enw, o/herwydd • y / mae'n ddy/munol.

4 Dewisodd yr Arglwydd Jacob / iddo'i / hunan :
ac Israel yn / drysor • ar/bennig / iddo.

5 Oherwydd fe wn i fod yr / Arglwydd • yn / fawr :
a bod ein Harglwydd ni yn rhagori / ar yr / holl – / dduwiau.

6 Fe wna'r Arglwydd beth bynnag / a ddy/muna :
yn y nefoedd ac ar y ddaear • yn y / moroedd •
a'r / holl ddyfn/derau.

7 Pâr i gymylau godi o der/fynau'r / ddaear :
fe wna fellt ar gyfer y glaw •
a daw gwynt / allan / o'i y/stordai.

8 Fe drawodd rai cyntafa/nedig • yr / Aifft :
yn / ddyn – / ac an/ifail;

9 Anfonodd arwyddion a rhybuddion trwy / ganol • yr / Aifft :
yn erbyn / Pharo / a'i holl / ddeiliaid.

10 Fe drawodd gen/hedloedd / mawrion :
a / lladd bren/hinoedd / cryfion:

11 Sihon brenin yr Amoriaid, Og / brenin / Basan :
a / holl • dywy/sogion / Canaan;

12 Rhoddodd eu tir yn / eti/feddiaeth :
yn eti/feddiaeth • i'w / bobl – / Israel.

13 Y mae dy enw, O / Arglwydd • am / byth :
a'th enwogrwydd o gen/hedlaeth / i gen/hedlaeth.

14 Oherwydd fe rydd yr Arglwydd gyf/iawnder • i'w / bobl :
a bydd yn trugar/hau – / wrth ei / weision.

15 Arian ac aur yw / delwau'r • cen/hedloedd :
ac wedi eu / gwneud • â / dwylo / dynol.

16 Y mae ganddynt enau nad / ydynt • yn / siarad :
a / llygaid • nad / ydynt • yn / gweld;

17 Y mae ganddynt glustiau nad / ydynt • yn / clywed :
ac / nid oes / anadl • yn eu / ffroenau.

18 Y mae eu gwneuthurwyr yn mynd yn / debyg / iddynt :
ac felly hefyd bob / un sy'n • ym/ddiried / ynddynt.

19 Dylwyth Israel, ben/dithiwch • yr / Arglwydd :
dylwyth / Aaron • ben/dithiwch • yr / Arglwydd.

Salm 135

3   Praise the Lord, for the / Lord is / good :
make music to his / name, for / it is / lovely.

4   For the Lord has chosen Jacob / for him/self :
and Israel / for his / own pos/session.

5   For I know that the / Lord is / great :
and that our Lord / is a/bove all / gods.

6   The Lord does whatever he pleases
      in heaven / and on / earth :
in the seas / and in / all the / deeps.

7   He brings up the clouds from the / ends of the / earth :
he makes lightning with the rain
      and brings the / winds / out of his / treasuries.

8   He smote the / firstborn of / Egypt :
the / firstborn of / man and / beast.

9   He sent signs and wonders into your / midst, O / Egypt :
upon / Pharaoh and / all his / servants.

10   He smote / many / nations :
and / slew / mighty / kings:

11   Sihon, king of the Amorites, and Og, the / king of / Bashan :
and / all the / kingdoms of / Canaan.

12   He gave their land / as a / heritage :
a heritage for / Israel / his / people.

13   Your name, O Lord, en/dures for / ever :
and shall be remembered through / all / gene/rations.

14   For the Lord will / vindicate his / people :
and have com/passion / on his / servants.

15   The idols of the nations are but / silver and / gold :
the / work of / human / hands.

16   They have mouths, but / cannot / speak :
eyes have / they, but / cannot / see;

17   They have ears, but / cannot / hear :
neither is there / any / breath • in their / mouths.

18   Those who make them / shall become / like them :
and so will all who / put their / trust in / them.

19   Bless the Lord, O / house of / Israel :
O house of / Aaron / bless the / Lord.

20 Dylwyth Lefi, ben/dithiwch • yr / Arglwydd :
   pob un sy'n ofni'r / Arglwydd • ben/dithiwch • yr / Arglwydd.

‡21 Bendigedig yn Seion / fyddo'r / Arglwydd :
   sydd yn trigo yn Jerwsalem. • / Mo—/lwch yr / Arglwydd.

Salm 136

1 Diolchwch i'r Arglwydd am / mai da / yw :
   oherwydd / mae ei / gariad • hyd / byth.

2 Diolchwch i / Dduw y / duwiau :
   oherwydd / mae ei / gariad • hyd / byth.

3 Diolchwch i Arglwydd / yr ar/glwyddi :
   oherwydd / mae ei / gariad • hyd / byth.

4 Y mae'n gwneud rhyfeddodau / mawrion • ei / hunan :
   oherwydd / mae ei / gariad • hyd / byth;

5 Gwnaeth y nefoedd / mewn doe/thineb :
   oherwydd / mae ei / gariad • hyd / byth;

6 Taenodd y ddaear / dros y / dyfroedd :
   oherwydd / mae ei / gariad • hyd / byth;

7 Gwnaeth oleu/adau / mawrion :
   oherwydd / mae ei / gariad • hyd / byth;

8 Yr haul i re/oli'r / dydd :
   oherwydd / mae ei / gariad • hyd / byth,

9 Y lleuad a'r sêr i re/oli'r / nos :
   oherwydd / mae ei / gariad • hyd / byth.

10 Trawodd rai cyntafa/nedig • yr / Aifft :
    oherwydd / mae ei / gariad • hyd / byth,

11 A daeth ag Israel / allan • o'u / canol :
    oherwydd / mae ei / gariad • hyd / byth;

12 Â llaw gref ac â braich / esty/nedig :
    oherwydd / mae ei / gariad • hyd / byth.

13 Holltodd y Môr / Coch yn / ddau :
    oherwydd / mae ei / gariad • hyd / byth,

14 A dygodd Israel / trwy ei / ganol :
    oherwydd / mae ei / gariad • hyd / byth,

20 Bless the Lord, O / house of / Levi :
   you who fear the / Lord / bless the / Lord.

‡21 Blessed be the / Lord from / Zion :
   who dwells in Je/rusalem. / Alle/luia.

Psalm 136

1 Give thanks to the Lord, for / he is / gracious :
   for his / mercy en/dures for / ever.

2 Give thanks to the / God of / gods :
   for his / mercy en/dures for / ever.

3 Give thanks to the / Lord of / lords :
   for his / mercy en/dures for / ever;

4 Who alone / does great / wonders :
   for his / mercy en/dures for / ever;

5 Who by wisdom / made the / heavens :
   for his / mercy en/dures for / ever;

6 Who laid out the earth up/on the / waters :
   for his / mercy en/dures for / ever;

7 Who made the / great / lights :
   for his / mercy en/dures for / ever;

8 The sun to / rule the / day :
   for his / mercy en/dures for / ever;

‡9 The moon and the stars to / govern the / night :
   for his / mercy en/dures for / ever;

10 Who smote the / firstborn of / Egypt :
   for his / mercy en/dures for / ever;

11 And brought out Israel / from a/mong them :
   for his / mercy en/dures for / ever;

12 With a mighty hand and / outstretched / arm :
   for his / mercy en/dures for / ever;

13 Who divided the Red / Sea in / two :
   for his / mercy en/dures for / ever;

14 And made Israel to / pass • through the / midst of it :
   for his / mercy en/dures for / ever;

15 Ond taflodd Pharo a'i / lu i'r • Môr / Coch :
    oherwydd / mae ei / gariad • hyd / byth.

16 Arweiniodd ei bobl / trwy'r an/ialwch :
    oherwydd / mae ei / gariad • hyd / byth,

17 A tharo bren/hinoedd / mawrion :
    oherwydd / mae ei / gariad • hyd / byth.

18 Lladdodd fren/hinoedd / cryfion :
    oherwydd / mae ei / gariad • hyd / byth;

19 Sihon brenin / yr A/moriaid :
    oherwydd / mae ei / gariad • hyd / byth,

20 Og / brenin / Basan :
    oherwydd / mae ei / gariad • hyd / byth;

21 Rhoddodd eu tir yn / eti/feddiaeth :
    oherwydd / mae ei / gariad • hyd / byth,

22 Yn etifeddiaeth i'w / was – / Israel :
    oherwydd / mae ei / gariad • hyd / byth.

23 Pan oeddem wedi'n dar/ostwng • fe'n / cofiodd :
    oherwydd / mae ei / gariad • hyd / byth,

24 A'n gwaredu oddi wrth / ein ge/lynion :
    oherwydd / mae ei / gariad • hyd / byth.

25 Ef sy'n rhoi bwyd i / bob cre/adur :
    oherwydd / mae ei / gariad • hyd / byth.

26 Diolchwch i / Dduw y / nefoedd :
    oherwydd / mae ei / gariad • hyd / byth.

Salm 137

1   Ger afonydd Babilon yr oeddem yn eistedd / ac yn / wylo :
    wrth / inni / gofio • am / Seion.

2   Ar yr / helyg / yno :
    bu inni / grogi / ein te/lynau,

3   Oherwydd yno gofynnodd y rhai a'n cae/thiwai • am / gân :
    a'r rhai a'n hanrheithiai am ddifyrrwch •
        "Canwch inni", meddent / "rai • o ga/neuon / Seion."

4   Sut y medrwn ganu / cân yr / Arglwydd :
    mewn / tir – / es–/tron?

15 But Pharaoh and his host he overthrew in the / Red / Sea :
    for his / mercy en/dures for / ever;

16 Who led his people / through the / wilderness :
    for his / mercy en/dures for / ever;

17 Who / smote great / kings :
    for his / mercy en/dures for / ever;

18 And slew / mighty / kings :
    for his / mercy en/dures for / ever;

19 Sihon / king of the / Amorites :
    for his / mercy en/dures for / ever;

20 And Og, the / king of / Bashan :
    for his / mercy en/dures for / ever;

21 And gave away their land / for a / heritage :
    for his / mercy en/dures for / ever;

‡22 A heritage for / Israel his / servant :
    for his / mercy en/dures for / ever;

23 Who remembered us when / we were in / trouble :
    for his / mercy en/dures for / ever;

24 And delivered us / from our / enemies :
    for his / mercy en/dures for / ever;

25 Who gives food to / all / creatures :
    for his / mercy en/dures for / ever.

26 Give thanks to the / God of / heaven :
    for his / mercy en/dures for / ever.

Psalm 137

1 By the waters of Babylon we sat / down and / wept :
   when / we re/membered / Zion.

2 As for our lyres, we / hung them / up :
   on the / willows that / grow • in that / land.

3 For there our captors asked for a song,
        our tormentors / called for / mirth :
   'Sing us / one of the / songs of / Zion.'

4,5 How shall we sing the Lord's song in a / strange / land? :
    If I forget you, O Jerusalem,
        let my right / hand for/get its / skill.

Psalm 137   623

5 Os anghofiaf / di Je/rwsalem :
   bydded / fy ne/heulaw'n / ddiffrwyth;

6 Bydded i'm tafod lynu wrth daflod fy ngenau os na / chofiaf / di :
   os na osodaf Jerwsalem yn / uwch • na'm lla/wenydd / pennaf.

7,8 O Arglwydd, dal yn erbyn pobl Edom
      ddydd / gofid Je/rwsalem :
   am iddynt ddweud • "I lawr â hi, i lawr â / hi
      hyd / at • ei syl/feini."

9 O ferch Babilon / a ddis/trywir :
   gwyn ei fyd y sawl sy'n talu'n ôl
      i ti am y / cyfan • a / wnaethost • i / ni.

‡10 Gwyn ei fyd y sawl sy'n / cipio • dy / blant :
   ac yn eu / dryllio • yn / erbyn • y / graig.

Salm 138

1 Clodforaf di / â'm holl / galon :
   canaf fawl i / ti yng / ngŵydd / duwiau.

2 Ymgrymaf tuag at dy deml sanctaidd •
      a chlodforaf dy enw am dy gariad / a'th ffydd/londeb :
   oherwydd dyrchefaist dy enw a'th / air uwch/law po/peth.

3 Pan elwais arnat, a/tebaist / fi :
   a chy/nyddaist • fy / nerth – / ynof.

4 Bydded i holl frenhinoedd y ddaear
      dy glod/fori • O / Arglwydd :
   am iddynt / glywed / geiriau • dy / enau;

5 Bydded iddynt ganu am / ffyrdd yr / Arglwydd :
   oherwydd / mawr • yw go/goniant • yr / Arglwydd.

6 Er bod yr Arglwydd yn uchel, fe gymer / sylw • o'r / isel :
   ac fe dda/rostwng • y / balch o / bell.

7 Er imi fynd trwy ganol cyfyngder, ad/fywiaist / fi :
   estynnaist dy law yn erbyn llid fy ngelynion •
      a gwa/redaist / fi • â'th dde/heulaw.

8 Bydd yr Arglwydd yn gweithredu / ar fy / rhan :
   O Arglwydd, y mae dy gariad hyd byth •
      paid â / gadael / gwaith dy / ddwylo.

6   Let my tongue cleave to the / roof of my / mouth :
    if / I do / not re/member you,

6a If I set / not Je/rusalem :
    a/bove my / highest / joy.

7   Remember, O Lord, against the people of Edom
        the / day of Je/rusalem :
    how they said, 'Down with it, down with it,
        / even / to the / ground.'

8   O daughter of Babylon / doomed • to des/truction :
    happy the one who repays you
        for / all • you have / done to / us;

‡9 Who / takes your / little ones :
    and / dashes them a/gainst the / rock.

Psalm 138

1   I will give thanks to you, O Lord, with my / whole / heart :
    before the gods will / I sing / praise to / you.

2   I will bow down towards your holy temple and praise your name,
        because of your / love and / faithfulness :
    for you have glorified your name
        / and your / word above / all things.

3   In the day that I called to you, you / answered / me :
    you / put new / strength in my / soul.

4   All the kings of the earth shall / praise you, O / Lord :
    for they have / heard the / words of your / mouth.

5   They shall sing of the / ways of the / Lord :
    that great is the / glory / of the / Lord.

6   Though the Lord be high, he watches / over the / lowly :
    as for the proud, he re/gards them / from a/far.

7   Though I walk in the midst of trouble,
        / you • will pre/serve me :
    you will stretch forth your hand against the fury of my
        enemies; / your right / hand will / save me.

8   The Lord shall make good his / purpose / for me :
    your loving-kindness, O Lord, endures for ever;
        for/sake • not the / work of your / hands.

Salm 139

1,2   Arglwydd, yr wyt wedi fy chwilio / a'm had/nabod :
      Gwyddost ti pa bryd y byddaf yn eistedd ac yn codi •
         yr wyt wedi / deall • fy / meddwl • o / bell;

3   Yr wyt wedi mesur fy / ngherdded • a'm / gorffwys :
    ac yr wyt yn gy/farwydd • â'm / holl – / ffyrdd.

4   Oherwydd nid oes air / ar fy / nhafod :
    heb i ti / Arglwydd • ei / wybod • i / gyd.

5   Yr wyt wedi cau amdanaf yn ôl / ac ym/laen :
    ac wedi / gosod dy / law – / drosof.

6   Y mae'r wybodaeth hon yn rhy / ryfedd • i / mi :
    y mae'n rhy / uchel • i / mi ei / chyrraedd.

7   I ble yr af oddi / wrth dy / ysbryd :
    i ble y / ffoaf • o'th / brese/noldeb?

8   Os dringaf i'r nefoedd, yr / wyt / yno :
    os cyweiriaf wely yn Sheol, yr / wyt / yno / hefyd.

9   Os cymeraf a/denydd • y / wawr :
    a thrigo / ym mhe/llafoedd y / môr,

10   Yno hefyd fe fydd dy law / yn fy / arwain :
     a'th dde/heulaw / yn fy / nghynnal.

11   Os dywedaf, "Yn sicr bydd y tywyllwch / yn fy / nghuddio :
     a'r / nos yn / cau am/danaf",

12   Eto nid yw tywyllwch yn dy/wyllwch • i / ti :
     y mae'r nos yn goleuo fel dydd •
        a'r un yw ty/wyllwch / a go/leuni.

13   Ti a greodd fy / ymys/garoedd :
     a'm / llunio • yng / nghroth fy / mam.

14   Clodforaf di, oherwydd yr wyt yn ofnadwy / a rhy/feddol :
     ac y mae dy weith/redoedd / yn rhy/feddol;

15a   Yr wyt yn fy ad/nabod • mor / dda :
      ni chuddiwyd fy ngwneu/thuriad / oddi / wrthyt

15b   Pan oeddwn yn cael fy / ngwneud • yn y / dirgel :
      ac yn cael fy llunio / yn nyfn/deroedd • y / ddaear.

16a   Gwelodd dy lygaid fy / nefnydd / di-lun :
      y mae'r cyfan wedi ei ysgri/fennu / yn dy / lyfr;

Psalm 139

1 O Lord, you have searched me / out and / known me :
   you know my sitting down and my rising up;
       you dis/cern my / thoughts • from a/far.

2 You mark out my journeys / and my / resting place :
   and are ac/quainted with / all my / ways.

3 For there is not a word / on my / tongue :
   but you, O Lord / know it / alto/gether.

4 You encompass me behind / and be/fore :
   and / lay your / hand up/on me.

‡5 Such knowledge is too / wonderful / for me :
   so high / that I / cannot at/tain it.

6 Where can I go then / from your / spirit? :
   Or / where can I / flee • from your / presence?

7 If I climb up to heaven / you are / there :
   if I make the grave my bed / you are / there / also.

8 If I take the / wings of the / morning :
   and dwell in the / uttermost / parts • of the / sea,

9 Even there your / hand shall / lead me :
   your / right hand / hold me / fast.

10 If I say, 'Surely the / darkness will / cover me :
   and the light a/round me / turn to / night',

11 Even darkness is no darkness with you;
       the night is as / clear as the / day :
   darkness and light to / you are / both a/like.

12 For you yourself created my / inmost / parts :
   you knit me together / in my / mother's / womb.

13 I thank you, for I am fearfully and / wonderfully / made :
   marvellous are your / works, my / soul knows / well.

14 My frame was not / hidden / from you :
   when I was made in secret
       and woven in the / depths / of the / earth.

15 Your eyes beheld my form, as / yet un/finished :
   already in your book were / all my / members / written,

16b Cafodd fy / nyddiau • eu / ffurfio :
     pan nad / oedd yr / un o/honynt.

17   Mor ddwfn i mi yw dy fe/ddyliau • O / Dduw :
     ac / mor llu/osog • eu / nifer!

18   Os cyfrifaf hwy, y maent yn / amlach • na'r / tywod :
     a phe gorffennwn hynny, byddit / ti'n par/hau • gyda / mi.

19   Fy Nuw, O na fyddit ti'n / lladd • y dryg/ionus :
     fel y byddai rhai / gwaedlyd • yn / troi • oddi / wrthyf,

20   Y rhai sy'n dy herio / di • yn ddi/chellgar :
     ac yn gwrthryfela'n / ofer / yn dy / erbyn.

21   Onid wyf yn casáu, O Arglwydd, y rhai sy'n dy ga/sáu – / di :
     ac yn ffieiddio'r / rhai sy'n / codi • yn dy / erbyn?

22   Yr wyf yn eu casáu / â chas / perffaith :
     ac y / maent • fel ge/lynion • i / mi.

23   Chwilia fi, O Dduw, iti ad/nabod • fy / nghalon :
     profa fi, iti / ddeall / fy me/ddyliau.

24   Edrych a wyf ar ffordd a fydd yn / loes i / mi :
     ac arwain / fi • yn y / ffordd dra/gwyddol.

Salm 140

1   O Arglwydd, gwared fi rhag / pobl ddry/gionus :
     cadw / fi rhag / rhai • sy'n gor/thrymu,

2   Rhai sy'n cynllunio drygioni / yn eu / calon :
     a phob / amser • yn / codi / cythrwfl.

3   Y mae eu tafod yn / finiog • fel / sarff :
     ac y mae gwenwyn / gwiber / dan • eu gwe/fusau.

4   O Arglwydd, arbed fi rhag / dwylo'r • dryg/ionus :
     cadw fi rhag rhai sy'n gorthrymu •
         rhai sy'n cyn/llunio • i / faglu • fy / nhraed.

‡5   Bu rhai trahaus yn cuddio / magl i / mi :
     a rhai dinistriol yn taenu rhwyd •
         ac yn gosod / maglau • ar / ymyl • y / ffordd.

6   Dywedais wrth yr Arglwydd, "Fy / Nuw wyt / ti" :
     gwrando, O / Arglwydd • ar / lef fy / ngweddi.

‡16 As day by day / they were / fashioned :
   when as / yet / there was / none of them.

17 How deep are your counsels to / me, O / God! :
   How / great / is the / sum of them!

18 If I count them, they are more in number / than the / sand :
   and at the end, I am / still / in your / presence.

19 O that you would slay the / wicked, O / God :
   that the / bloodthirsty / might de/part from me!

20 They speak against you with / wicked in/tent :
   your enemies take / up your / name for / evil.

21 Do I not oppose those, O Lord / who op/pose you? :
   Do I not abhor / those who / rise up a/gainst you?

22 I hate them with a / perfect / hatred :
   they have become my / own / enemies / also.

23 Search me out, O God, and / know my / heart :
   try me / and ex/amine my / thoughts.

24 See if there is any way of / wickedness / in me :
   and lead me in the / way / ever/lasting.

Psalm 140

1 Deliver me, O Lord, from / evil/doers :
   and pro/tect me / from the / violent,

2 Who devise evil / in their / hearts :
   and stir up / strife / all the day / long.

‡3 They have sharpened their tongues / like a / serpent :
   adder's / poison is / under their / lips.

4 Keep me, O Lord, from the / hands of the / wicked :
   protect me from the violent
      who / seek to / make me / stumble.

5 The proud have laid a snare for me
      and spread out a / net of / cords :
   they have set / traps a/long my / path.

6 I have said to the Lord / 'You are my / God :
   listen, O Lord, to the / voice of my / suppli/cation.

7 O Arglwydd Dduw, fy iachaw/dwriaeth / gadarn :
cuddiaist fy / mhen yn / nydd – / brwydr.

8 O Arglwydd, paid â rhoi eu dymuniad / i'r dryg/ionus :
paid â / llwyddo / eu – / bwriad.

9 Y mae rhai o'm hamgylch yn / codi • eu / pen :
ond bydded i ddrygioni / eu gwe/fusau eu / llethu.

10 Bydded i farwor tanllyd / syrthio / arnynt :
bwrier hwy i ffosydd / dyfnion • heb / allu / codi.

11 Na fydded lle i'r enllibus / yn y / wlad :
bydded i ddrygioni ymlid y gorth/rymwr / yn ddi/arbed.

12 Gwn y gwna'r Arglwydd gy/fiawnder • â'r / truan :
ac y / rhydd – / farn • i'r ang/henus.

13 Yn sicr bydd y cyfiawn yn clod/fori • dy / enw :
bydd yr uniawn yn byw / yn dy / brese/noldeb.

Salm 141

1 O Arglwydd, gwaeddaf arnat / brysia / ataf :
gwrando ar fy / llef pan / alwaf / arnat.

2 Bydded fy ngweddi fel a/rogldarth • o'th / flaen :
ac estyniad fy / nwylo • fel / offrwm / hwyrol.

3 O Arglwydd, gosod warchod / ar fy / ngenau :
gwylia dros / ddrws – / fy ngwe/fusau.

4a Paid â throi fy nghalon at / bethau / drwg :
i fod yn brysur / wrth weith/redoedd • dryg/ionus

‡4b Gyda rhai sy'n wneu/thurwyr • dryg/ioni :
paid â gadael imi / fwyta / o'u dan/teithion.

5 Bydded i'r cyfiawn fy nharo mewn cariad / a'm ce/ryddu :
ond na fydded i olew'r drygionus eneinio fy mhen •
oherwydd y mae fy ngweddi
yn wastad yn / erbyn / eu dryg/ioni.

6 Pan fwrir eu barnwyr yn / erbyn / craig :
byddant yn gwybod mor ddy/munol / oedd fy / ngeiriau.

7 Fel darnau o bren neu o graig / ar y / llawr :
bydd eu hesgyrn wedi eu gwas/garu • yng / ngenau / Sheol.

7 O Lord God, the strength of / my sal/vation :
   you have covered my / head • in the / day of / battle.

8 Do not grant the desires of the / wicked, O / Lord :
   do not / prosper their / wicked / plans.

9 Let not those who surround me lift / up their / heads :
   let the evil of their own / lips / fall up/on them.

10 Let hot burning coals / rain up/on them :
   let them be cast into the depths / that they / rise not a/gain.'

11 No slanderer shall prosper / on the / earth :
   and evil shall hunt down the / violent to / over/throw them.

12 I know that the Lord will bring justice / for the op/pressed :
   and main/tain the / cause of the / needy.

13 Surely, the righteous will give thanks / to your / name :
   and the upright shall / dwell / in your / presence.

Psalm 141

1 O Lord, I call to you / come to me / quickly :
   hear my voice / when I / cry to / you.

2 Let my prayer rise be/fore you as / incense :
   the lifting up of my hands / as the / evening / sacrifice.

3 Set a watch before my / mouth, O / Lord :
   and / guard the / door of my / lips;

4 Let not my heart incline to any / evil / thing :
   let me not be occupied in wickedness with evildoers,
       nor taste the / pleasures / of their / table.

5 Let the righteous smite me in friendly rebuke;
       but let not the oil of the unrighteous a/noint my / head :
   for my prayer is continually a/gainst their / wicked / deeds.

6 Let their rulers be overthrown in / stony / places :
   then they may / know • that my / words are / sweet.

7 As when a plough turns over the / earth in / furrows :
   let their bones be scattered / at the / mouth of the / Pit.

8 But my eyes are turned to / you, Lord / God :
   in you I take refuge / do not / leave me de/fenceless.

8 Y mae fy llygaid arnat ti, O / Arglwydd / Dduw :
ynot ti y llochesaf • paid â'm / gadael / heb am/ddiffyn.

9 Cadw fi o'r rhwyd a o/sodwyd / imi :
ac o / fagl • y gwneu/thurwyr • dryg/ioni.

10 Bydded i'r drygionus syrthio i'w / rhwydau • eu / hunain :
a myfi fy / hun yn / mynd — / heibio.

Salm 142

1 Gwaeddaf yn uchel / ar yr / Arglwydd :
ymbiliaf yn / uchel / ar yr / Arglwydd.

2 Arllwysaf fy / nghwyn o'i / flaen :
a mynegaf fy nghyfyngder / yn ei / brese/noldeb.

3a Pan yw fy / ysbryd • yn / pallu :
yr / wyt ti'n / gwybod • fy / llwybr.

3b Ar y / llwybr a / gerddaf :
y maent / wedi / cuddio / magl.

4a Edrychaf i'r / dde a / gweld :
nad oes / neb yn / gyfaill • i/mi;

4b Nid oes di/hangfa • i/mi :
na / neb yn / malio • am/danaf.

5 Gwaeddais arnat / ti, O / Arglwydd :
dywedais, "Ti yw fy noddfa •
   a'm rhan yn / nhir y / rhai — / byw."

6a Gwrando / ar fy / nghri :
oherwydd fe'm / daro/styngwyd • yn / isel;

6b Gwared fi oddi wrth / fy er/lidwyr :
oherwydd y / maent yn / gryfach • na / mi.

7a Dwg fi allan / o'm cae/thiwed :
er mwyn / imi • glod/fori • dy / enw.

‡7b Bydd y rhai cyfiawn yn / tyrru / ataf :
pan fyddi / di yn / dda — / wrthyf.

9 Protect me from the snare which / they have / laid for me :
   and from the / traps of the / evil/doers.

10 Let the wicked fall into their / own / nets :
   while / I pass / by in / safety.

Psalm 142

1 I cry aloud / to the / Lord :
   to the Lord I / make my / suppli/cation.

2 I pour out my com/plaint be/fore him :
   and / tell him / of my / trouble.

3 When my spirit faints within me, you / know my / path :
   in the way wherein I walk
       / have they / laid a / snare for me.

4 I look to my right hand, and find / no one who / knows me :
   I have no place to flee to,
       and / no one / cares for my / soul.

5 I cry out to you, O / Lord, and / say :
   'You are my refuge, my portion / in the / land of the / living.

6 Listen to my cry, for I am brought / very / low :
   save me from my persecutors,
       for they / are too / strong / for me.

7a Bring my soul / out of / prison :
   that I may give / thanks / to your / name;

7b When you have dealt / bounti•fully / with me :
   then shall the / righteous / gather a/round me.'

Salm 143

1 Arglwydd, clyw fy ngweddi • gwrando / ar fy • nei/syfiad :
　ateb fi yn dy ffydd/londeb / yn • dy gyf/iawnder.

2 Paid â mynd i / farn â'th / was :
　oherwydd nid oes neb / byw yn / gyfiawn • o'th / flaen di.

3a Y mae'r gelyn / wedi • fy / ymlid :
　ac wedi / sathru • fy / mywyd • i'r / llawr;

3b Gwnaeth imi eistedd / mewn ty/wyllwch :
　fel / rhai • wedi / hen — / farw.

4 Y mae fy ysbryd yn / pallu / ynof :
　a'm calon / wedi • ei / dal gan / arswyd.

5 Yr wyf yn cofio am y dyddiau gynt •
　　yn myfyrio ar y / cyfan • a / wnaethost :
　ac yn / meddwl • am / waith dy / ddwylo.

‡6 Yr wyf yn estyn fy nwylo / atat / ti :
　ac yn sychedu am/danat / fel tir / sych.

7a Brysia i'm / hateb • O / Arglwydd :
　y / mae fy / ysbryd • yn / pallu;

7b Paid â chuddio dy wyneb / oddi / wrthyf :
　neu byddaf fel y / rhai sy'n / disgyn • i'r / pwll.

8a Pâr imi glywed yn y bore / am dy / gariad :
　oherwydd yr wyf wedi ym/ddiried / ynot / ti;

8b Gwna imi wybod pa / ffordd i'w / cherdded :
　oherwydd yr wyf wedi dyrchafu fy / enaid / atat / ti.

9 O Arglwydd, gwareda fi oddi / wrth • fy nge/lynion :
　oherwydd atat ti yr / wyf • wedi / ffoi am / gysgod.

10 Dysg imi wneud dy ewyllys, oherwydd / ti • yw fy / Nuw :
　bydded i'th ysbryd daionus fy / arwain •
　　ar / hyd tir / gwastad.

11 Er mwyn dy enw, O Arglwydd / cadw • fy / einioes :
　yn dy gyfiawnder / dwg fi / o'm cy/fyngder,

12 Ac yn dy gariad di/fetha • fy nge/lynion :
　dinistria'r holl rai sydd yn fy ngorthrymu, o/herwydd •
　　dy / was wyf / fi.

Psalm 143

1 Hear my / prayer, O / Lord :
 and in your faithfulness give ear to my supplications;
   / answer me / in your / righteousness.

2 Enter not into judgement / with your / servant :
 for in your sight shall / no one / living be / justified.

3 For the enemy has pursued me,
   crushing my life / to the / ground :
 making me sit in / darkness like / those long / dead.

4 My spirit / faints with/in me :
 my / heart with/in me is / desolate.

5 I remember the time past; I muse upon / all your / deeds :
 I con/sider the / works of your / hands.

6 I stretch out my / hands to / you :
 my soul gasps for you / like a / thirsty / land.

7 O Lord, make haste to answer me;
   my / spirit / fails me :
 hide not your face from me
   lest I be like / those who go / down • to the / Pit.

8 Let me hear of your loving-kindness in the morning,
   for in you I / put my / trust :
 show me the way I should walk in,
   for I / lift up my / soul to / you.

9 Deliver me, O Lord / from my / enemies :
 for I / flee to / you for / refuge.

10 Teach me to do what pleases you, for / you are my / God :
 let your kindly spirit / lead me • on a / level / path.

11 Revive me, O Lord / for your / name's sake :
 for your righteousness' sake / bring me / out of / trouble.

12 In your faithfulness, slay my enemies,
   and destroy all the adversaries / of my / soul :
 for / truly I / am your / servant.

Salm 144

1 Bendigedig yw yr / Arglwydd • fy / nghraig :
 ef sy'n dysgu i'm dwylo ymladd / ac i'm / bysedd • ry/fela;

2a Fy nghâr / a'm ca/dernid :
 fy / nghaer — / a'm gwa/redydd,

2b Fy / nharian • a'm / lloches :
 sy'n da/rostwng / pobloedd • o/danaf.

3 O Arglwydd, beth yw meidrolyn, i ti o/falu • am/dano :
 a'r teulu / dynol • i / ti • ei y/styried?

4 Y mae'r meidrol yn / union • fel / anadl :
 a'i ddyddiau fel / cysgod / yn mynd / heibio.

5 Arglwydd, agor y nefoedd a / thyrd i / lawr :
 cyffwrdd â'r mynyddoedd / nes eu / bod yn / mygu;

6 Saetha allan fellt nes / eu gwas/garu :
 anfon dy saethau nes / peri / iddynt • ar/swydo.

7 Estyn allan dy law o'r u/chelder • i'm / hachub :
 ac i'm gwaredu o ddyfroedd lawer / ac o / law es/troniaid

‡8 Sy'n dweud / celwydd • â'u / genau :
 a'u de/heulaw'n / llawn — / ffalster.

9 Canaf gân newydd i / ti O / Dduw :
 canaf gyda'r o/fferyn / dectant • i / ti,

10 Ti sy'n rhoi gwaredigaeth / i fren/hinoedd :
 ac yn / achub / Dafydd • ei / was.

11a Achub fi oddi wrth y / cleddyf / creulon :
 gwared / fi o / law es/troniaid,

11b Sy'n dweud / celwydd • â'u / genau :
 a'u de/heulaw'n / llawn — / ffalster.

12a Bydded ein meibion / fel plan/higion :
 yn tyfu'n / gryf yn / eu hieu/enctid,

12b A'n merched fel pi/leri • cer/fiedig :
 mewn / adei/ladwaith / palas.

13a Bydded ein hysgu/boriau • yn / llawn :
 o / luniaeth / o bob / math;

13b Bydded ein / defaid • yn / filoedd :
 ac yn fyrdd/iynau / yn ein / meysydd;

Psalm 144

1 Blessed be the / Lord my / rock :
   who teaches my hands for war / and my / fingers for / battle;

2 My steadfast help and my fortress,
      my stronghold and my deliverer,
         my shield in / whom I / trust :
   who sub/dues the / peoples / under me.

3 O Lord, what are mortals that / you should con/sider them :
   mere human beings,
      that / you should take / thought for / them?

4 They are like a / breath of / wind :
   their days pass a/way / like a / shadow.

5 Bow your heavens, O Lord / and come / down :
   touch the / mountains and / they shall / smoke.

6 Cast down your / lightnings and / scatter them :
   shoot out your arrows / and let / thunder / roar.

7 Reach down your hand / from on / high :
   deliver me and take me out of the great waters,
      from the / hand of / foreign / enemies,

8 Whose / mouth speaks / wickedness :
   and their right hand / is the / hand of / falsehood.

9 O God, I will sing to you a / new / song :
   I will play to you / on a / ten-stringed / harp,

10 You that give sal/vation to / kings :
   and have de/livered / David your / servant.

11 Save me from the peril / of the / sword :
   and deliver me from the / hand of / foreign / enemies,

12 Whose / mouth speaks / wickedness :
   and whose right hand / is the / hand of / falsehood;

13 So that our sons in their youth
      may be like well/nurtured / plants :
   and our daughters
      like pillars carved for the / corners / of the / temple;

14 Our barns be filled with all / manner of / store :
   our flocks bearing thousands,
      and ten / thousands / in our / fields;

14 Bydded ein gwartheg yn drymion • heb anap / nac er /thyliad :
   ac na fydded / gwaedd – / ar ein / strydoedd.

15 Gwyn eu byd y bobl / sydd fel / hyn :
   gwyn eu byd y bobl y mae'r / Arglwydd • yn / Dduw – / iddynt.

Salm 145

1 Dyrchafaf di, fy / Nuw, O / Frenin :
  a ben/dithiaf • dy / enw • byth / bythoedd.

2 Bob dydd ben/dithiaf / di :
  a moliannu dy / enw / byth – / bythoedd.

3 Mawr yw'r Arglwydd, a theilwng / iawn o / fawl :
  ac y mae ei / fawredd • yn / anchwil/iadwy.

4 Molianna'r naill genhedlaeth dy waith / wrth y / llall :
  a mynegi / dy weith/redoedd / nerthol.

5 Am ysblander gogoneddus dy fawredd / y dy/wedant :
  a myfyrio / ar dy / ryfe/ddodau.

6 Cyhoeddant rym dy weith/redoedd • of/nadwy :
  ac / adrodd / am dy / fawredd.

7 Dygant i gof dy dda/ioni / helaeth :
  a / chanu / am • dy gyf/iawnder.

8 Graslon a thru/garog • yw'r / Arglwydd :
  araf i / ddigio • a / llawn ffydd/londeb.

9 Y mae'r Arglwydd yn / dda wrth / bawb :
  ac y mae ei drugaredd tuag / at ei / holl – / waith.

10 Y mae dy holl waith yn dy / foli / Arglwydd :
   a'th / saint yn / dy fen/dithio.

11 Dywedant am o/goniant • dy / deyrnas :
   a / sôn – / am dy / nerth,

12 Er mwyn dangos i bobl dy weith/redoedd / nerthol :
   ac ysblander / gogo/neddus • dy / deyrnas.

13a Teyrnas dragwyddol / yw dy / deyrnas :
    a saif dy ly/wodraeth / byth – / bythoedd.

13b Y mae'r Arglwydd yn ffyddlon / yn ei • holl / eiriau :
    ac yn drugarog / yn ei / holl weith/redoedd.

15 Our cattle be / heavy with / young :
    may there be no miscarriage or untimely birth,
        no / cry of dis/tress • in our / streets.

16 Happy are the people whose / blessing this / is :
    happy are the people who have the / Lord / for their / God.

Psalm 145

1 I will exalt you, O / God my / King :
   and bless your / name for / ever and / ever.

2 Every day / will I / bless you :
   and praise your / name for / ever and / ever.

3 Great is the Lord and highly / to be / praised :
   his greatness is be/yond all / searching / out.

4 One generation shall praise your works / to an/other :
   and de/clare your / mighty / acts.

5 They shall speak of the majesty / of your / glory :
   and I will tell of / all your / wonderful / deeds.

6 They shall speak of the might of your / marvellous / acts :
   and I will / also / tell of your / greatness.

7 They shall pour forth the story of your a/bundant / kindness :
   and joyfully / sing / of your / righteousness.

8 The Lord is / gracious and / merciful :
   long-suffering / and of / great / goodness.

9 The Lord is / loving to / everyone :
   and his mercy is / over / all his / creatures.

10 All your works / praise you, O / Lord :
   and your / faithful / servants / bless you.

11 They tell of the glory / of your / kingdom :
   and / speak of your / mighty / power,

12 To make known to all peoples your / mighty / acts :
   and the glorious / splendour / of your / kingdom.

13 Your kingdom is an ever/lasting / kingdom :
   your dominion en/dures through/out all / ages.

14 The Lord is sure in / all his / words :
   and / faithful in / all his / deeds.

14 Fe gynnal yr Arglwydd / bawb sy'n / syrthio :
 a chodi pawb sydd / wedi / eu da/rostwng.

15 Try llygaid pawb mewn gobaith / atat / ti :
 ac fe roi iddynt eu / bwyd / yn ei / bryd;

16 Y mae dy law / yn a/gored :
 ac yr wyt yn diwallu popeth / byw yn / ôl d'e/wyllys.

17 Y mae'r Arglwydd yn gyfiawn / yn ei • holl / ffyrdd :
 ac yn ffyddlon / yn ei / holl weith/redoedd.

18 Y mae'r Arglwydd yn agos at bawb sy'n / galw / arno :
 at bawb sy'n galw / arno / mewn gwir/ionedd.

19 Gwna ddymuniad y rhai / sy'n ei / ofni :
 gwrendy ar eu / cri • a gwa/reda / hwy.

20 Gofala'r Arglwydd am bawb / sy'n ei / garu :
 ond y mae'n dis/trywio'r / holl • rai dryg/ionus.

21 Llefara fy ngenau / foliant • yr / Arglwydd :
 a bydd pob creadur yn bendithio'i enw / sanctaidd
  / byth – / bythoedd.

Salm 146

1 Mo/lwch yr / Arglwydd :
 Fy / enaid / mola'r / Arglwydd.

2 Molaf yr Arglwydd tra / byddaf / byw :
 canaf / fawl i'm / Duw tra / byddaf.

3 Peidiwch ag ymddiried mewn / tywy/sogion :
 mewn unrhyw / un na / all wa/redu;

4 Bydd ei anadl yn darfod ac yntau'n dy/chwelyd • i'r / ddaear :
 a'r diwrnod hwnnw / derfydd / am • ei gyn/lluniau.

5 Gwyn ei fyd y sawl y mae Duw Jacob yn ei / gynor/thwyo :
 ac y mae ei obaith / yn yr / Arglwydd • ei / Dduw,

6 Creawdwr nefoedd a daear a'r môr •
  a'r / cyfan • sydd / ynddynt :
 y mae ef yn / cadw'n / ffyddlon • hyd / byth,

7 Ac yn gwneud barn â'r gorthrymedig •
  y mae'n rhoi bara / i'r ne/wynog :
 y mae'r Arglwydd yn rhydd/hau – / carcha/rorion;

15   The Lord upholds all / those who / fall :
     and lifts up all / those who / are bowed / down.

16   The eyes of all wait upon / you, O / Lord :
     and you give them their / food in / due / season.

17   You open / wide your / hand :
     and fill / all things / living with / plenty.

18   The Lord is righteous in / all his / ways :
     and / loving in / all his / works.

19   The Lord is near to those who / call up/on him :
     to all who / call up/on him / faithfully.

20   He fulfils the desire of / those who / fear him :
     he / hears their / cry and / saves them.

21   The Lord watches over / those who / love him :
     but all the / wicked shall / he des/troy.

22   My mouth shall speak the / praise of the / Lord :
     and let all flesh bless his holy / name
         for / ever and / ever.

Psalm 146

1a   Alleluia.
         Praise the Lord / O my / soul :
     while I / live • will I / praise the / Lord;

1b   as long as I / have any / being :
     I will sing / praises / to my / God.

2   Put not your trust in princes, nor in any / human / power :
     for there / is no / help in / them.

3   When their breath goes forth, they re/turn to the / earth :
     on that day / all their / thoughts / perish.

4   Happy are those who have the God of Jacob / for their / help :
     whose hope is / in the / Lord their / God;

5   Who made heaven and earth,
         the sea and / all that is / in them :
     who / keeps his / promise for / ever;

‡6   Who gives justice to those that / suffer / wrong :
     and / bread to / those who / hunger.

Psalm 146   641

8 Y mae'r Arglwydd yn rhoi golwg i'r deillion •
  ac yn codi pawb sydd wedi / eu da/rostwng :
 y mae'r Arglwydd yn / caru'r / rhai – / cyfiawn.

9 Y mae'r Arglwydd yn gwylio dros y dieithriaid •
  ac yn cynnal y weddw / a'r am/ddifad :
 y mae'n di/fetha / ffordd • y dryg/ionus.

10 Bydd yr Arglwydd yn teyr/nasu • hyd / byth :
 a'th Dduw di, O Seion, dros y cenedlaethau. •
  / Mo–/lwch yr / Arglwydd.

Salm 147

1 Molwch yr Arglwydd. • Da yw canu / mawl i'n / Duw ni :
 oherwydd / hyfryd • a / gweddus • yw / mawl.

2 Y mae'r Arglwydd yn adei/ladu • Je/rwsalem :
 y mae'n casglu rhai / gwasga/redig / Israel.

3 Y mae'n iacháu'r rhai dryll/iedig • o / galon :
 ac yn / rhwymo / eu do/luriau.

4 Y mae'n pennu / nifer • y / sêr :
 ac yn rhoi / enwau / arnynt • i / gyd.

5 Mawr yw ein Harglwydd ni, a / chryf o / nerth :
 y mae ei ddoe/thineb / yn ddi/fesur.

6 Y mae'r Arglwydd yn codi'r rhai / gosty/ngedig :
 ond yn / bwrw'r • dryg/ionus • i'r / llawr.

7 Canwch i'r / Arglwydd • mewn / diolch :
 canwch / fawl i'n / Duw â'r / delyn.

8a Y mae ef yn gorchuddio'r nefoedd / â chy/mylau :
 ac yn dar/paru / glaw i'r / ddaear;

8b Y mae'n gwisgo'r my/nyddoedd • â / glaswellt :
 a phlanhigion / at wa/sanaeth / pobl.

9 Y mae'n rhoi eu porthiant i'r / ani/feiliaid :
 a'r hyn a o/fynnant • i / gywion • y / gigfran.

10 Nid yw'n ymhyfrydu / yn nerth / march :
 nac yn cael / pleser • yng / nghyhy•rau / gŵr;

11 Ond pleser yr Arglwydd yw'r rhai / sy'n ei / ofni :
 y rhai sy'n go/beithio / yn ei / gariad.

7   The Lord looses / those that are / bound :
    the Lord opens the / eyes / of the / blind;

8   The Lord lifts up those who / are bowed / down :
    the / Lord / loves the / righteous;

9   The Lord watches over the stranger in the land;
         he upholds the / orphan and / widow :
    but the way of the wicked / he turns / upside / down.

10 The Lord shall / reign for / ever :
    your God, O Zion, throughout all gene/rations. / Alle/luia.

Psalm 147

1   Alleluia. How good it is to make music / for our / God :
    how joyful to / honour / him with / praise.

2   The Lord builds / up Je/rusalem :
    and gathers to/gether the / outcasts of / Israel.

3   He heals the / broken/hearted :
    and / binds up / all their / wounds.

4   He counts the / number • of the / stars :
    and / calls them / all • by their / names.

5   Great is our Lord and / mighty in / power :
    his wisdom / is be/yond all / telling.

6   The Lord lifts / up the / poor :
    but casts down the / wicked / to the / ground.

7   Sing to the / Lord with / thanksgiving :
    make music to our / God up/on the / lyre;

8   Who covers the / heavens with / clouds :
    and prepares / rain / for the / earth;

9   Who makes grass to grow up/on the / mountains :
    and green / plants to / serve our / needs.

10 He gives the / beasts their / food :
    and the young / ravens / when they / cry.

11 He takes no pleasure in the / power of a / horse :
    no de/light in / human / strength;

12 But the Lord delights in / those who / fear him :
    who put their trust / in his / steadfast / love.

12   Molianna yr Arglwydd / O Je/rwsalem :
       mola dy / Dduw – / O – / Seion,

13   Oherwydd cryfhaodd / farrau • dy / byrth :
       a ben/dithiodd • dy / blant o'th / fewn.

14   Y mae'n rhoi heddwch / i'th der/fynau :
       ac yn dy ddi/goni / â'r ŷd / gorau.

15   Y mae'n anfon ei or/chymyn • i'r / ddaear :
       ac y mae ei / air yn / rhedeg • yn / gyflym.

16   Y mae'n rhoi / eira • fel / gwlân :
       yn / taenu / barrug • fel / lludw,

17   Ac yn gwasgaru ei / rew fel / briwsion :
       pwy a all / ddal ei / oerni / ef?

18   Y mae'n anfon ei air, ac / yn eu / toddi :
       gwna i'w wynt chwythu / ac fe / lifa'r / dyfroedd.

19   Y mae'n mynegi ei / air i / Jacob :
       ei / ddeddfau • a'i / farnau • i / Israel;

‡20   Ni wnaeth fel hyn ag / unrhyw / genedl :
       na dysgu iddynt ei farnau. • / Mo–/lwch yr / Arglwydd.

Salm 148

1   Molwch yr Arglwydd. •
       Molwch yr / Arglwydd • o'r / nefoedd :
       molwch ef / yn yr / uchel/derau.

2   Molwch ef, ei / holl a/ngylion :
       molwch / ef ei / holl – / luoedd.

3   Molwch ef / haul a / lleuad :
       molwch / ef yr / holl sêr / disglair.

4   Molwch ef / nef y / nefoedd :
       a'r / dyfroedd • sydd / uwch • y / nefoedd.

5   Bydded iddynt foli / enw'r / Arglwydd :
       oherwydd ef a orch/mynnodd • a / chrewyd / hwy;

6   Fe'u gwnaeth yn / sicr fyth / bythoedd :
       rhoes / iddynt / ddeddf nas / torrir.

7   Molwch yr / Arglwydd • o'r / ddaear :
       chwi / ddreigiau • a'r / holl ddyfn/derau,

13 Sing praise to the Lord / O Je/rusalem :
   praise your / God / O / Zion;

14 For he has strengthened the / bars of your / gates :
   and has / blest your / children with/in you.

15 He has established peace / in your / borders :
   and satisfies you / with the / finest / wheat.

16 He sends forth his command / to the / earth :
   and his / word runs / very / swiftly.

17 He gives / snow like / wool :
   and / scatters the / hoarfrost like / ashes.

18 He casts down his hailstones like / morsels of / bread :
   who / can en/dure his / frost?

19 He sends forth his / word and / melts them :
   he blows with his wind / and the / waters / flow.

20 He declares his / word to / Jacob :
   his / statutes and / judgements to / Israel.

‡21 He has not dealt so with any / other / nation :
   they do not know his / laws. / Alle/luia.

Psalm 148

1 Alleluia.
      Praise the Lord / from the / heavens :
   praise / him – / in the / heights.

2 Praise him, all / you his / angels :
   praise / him – / all his / host.

3 Praise him / sun and / moon :
   praise him / all you / stars of / light.

4 Praise him / heaven of / heavens :
   and you / waters a/bove the / heavens.

5 Let them praise the / name of the / Lord :
   for he commanded / and they / were cre/ated.

6 He made them fast for / ever and / ever :
   he gave them a law which / shall not / pass a/way.

7 Praise the Lord / from the / earth :
   you sea / monsters and / all / deeps;

8 Tân a chenllysg / eira • a / mwg :
y gwynt / stormus • sy'n / ufudd • i'w / air;

9 Y mynyddoedd / a'r holl / fryniau :
y coed / ffrwythau / a'r holl / gedrwydd;

10 Anifeiliaid gwyllt a'r / holl rai / dof :
ym/lusgiaid • ac / adar • he/degog;

11 Brenhinoedd y ddaear / a'r holl / bobloedd :
tywysogion / a holl / farnwyr • y / ddaear;

12 Gwŷr ifainc / a gwy/ryfon :
hy/nafgwyr • a / llanciau / hefyd.

13 Bydded iddynt foli enw'r Arglwydd •
   oherwydd ei enw ef yn unig sydd / ddyrcha/fedig :
ac y mae ei ogoniant ef / uwchlaw / daear • a / nefoedd.

14 Y mae wedi dyrchafu corn ei bobl •
   ac ef yw moliant ei / holl ffydd/loniaid :
pobl Israel, sy'n agos ato. • / Mo–/lwch yr / Arglwydd.

Salm 149

1 Molwch yr Arglwydd. • Canwch i'r / Arglwydd • gân / newydd :
ei foliant yng / nghynu/lleidfa'r • ffydd/loniaid.

2 Bydded i Israel lawenhau yn / ei chre/awdwr :
ac i blant Seion orfo/leddu / yn eu / brenin.

3 Molwch ei / enw • â / dawns :
canwch fawl / iddo • â / thympan • a / thelyn.

4 Oherwydd y mae'r Arglwydd yn ymhyfrydu / yn ei / bobl :
y mae'n rhoi gwaredigaeth yn / goron • i'r / gosty/ngedig.

5 Bydded i'r ffyddloniaid orfoleddu / mewn go/goniant :
a llawen/hau ar / eu clu/stogau.

6 Bydded uchel-foliant Duw / yn eu / genau :
a chleddyf dau/finiog / yn eu / llaw

7 I weithredu dial / ar y • cen/hedloedd :
a / cherydd / ar y / bobloedd;

8 I rwymo eu brenhinoedd / mewn ca/dwynau :
a'u pendefigion / â ge/fynnau / haearn;

9 I weithredu'r farn a nodwyd / ar eu / cyfer :
ef yw gogoniant ei holl ffyddloniaid. • / Mo–/lwch yr / Arglwydd.

8   Fire and hail / snow and / mist :
    tempestuous / wind, ful/filling his / word;

9   Mountains and / all / hills :
    fruit / trees and / all / cedars;

10 Wild beasts and / all / cattle :
    creeping / things and / birds • on the / wing;

11 Kings of the earth and / all / peoples :
    princes and all / rulers / of the / world;

12 Young men and women, old and / young to/gether :
    let them / praise the / name of the / Lord.

13 For his name only / is ex/alted :
    his splendour / above / earth and / heaven.

14 He has raised up the horn of his people
        and praise for all his / faithful / servants :
    the children of Israel, a people who are / near him.
        / Alle/luia.

Psalm 149

1   Alleluia. O sing to the Lord a / new / song :
    sing his praise in the congre/gation / of the / faithful.

2   Let Israel rejoice / in their / maker :
    let the children of Zion be / joyful / in their / king.

3   Let them praise his / name in the / dance :
    let them sing praise to / him with / timbrel and / lyre.

4   For the Lord has pleasure / in his / people :
    and adorns the / poor / with sal/vation.

5   Let the faithful be / joyful in / glory :
    let them re/joice / in their / ranks,

6   With the praises of God / in their / mouths :
    and a / two-edged / sword • in their / hands;

7   To execute vengeance / on the / nations :
    and / punishment / on the / peoples;

8   To bind their / kings in / chains :
    and their / nobles with / fetters of / iron;

‡9 To execute on them the / judgement de/creed :
    such honour have all his faithful / servants. / Alle/luia.

Salm 150

Siant sengl

1   Molwch yr Arglwydd. •
        Molwch Dduw / yn ei / gysegr :
    molwch ef yn / ei ffur/fafen / gadarn.

2   Molwch ef am ei weith/redoedd / nerthol :
    molwch ef / am ei / holl — / fawredd.

3   Molwch ef / â sain / utgorn :
    molwch / ef â / nabl a / thelyn.

4   Molwch ef â / thympan • a / dawns :
    molwch / ef • â lli/nynnau • a / phibau.

5   Molwch ef â / sŵn sym/balau :
    molwch / ef • â sym/balau / uchel.

6   Bydded i / bopeth / byw :
    foliannu'r Arglwydd. •
        / Mo—/lwch yr / Arglwydd.

Psalm 150

1　Alleluia.
　　　O praise God / in his / holiness :
　　praise him in the / firmament / of his / power.

2　Praise him for his / mighty / acts :
　　praise him ac/cording • to his / excellent / greatness.

3　Praise him with the / blast of the / trumpet :
　　praise him up/on the / harp and / lyre.

4　Praise him with / timbrel and / dances :
　　praise him up/on the / strings and / pipe.

5　Praise him with / ringing / cymbals :
　　praise him up/on the / clashing / cymbals.

6　Let everything / that has / breath :
　　praise the / Lord.
　　　　/ Alle/luia.

CYDNABYDDIAETHAU

Lluniwyd *Gweddi Ddyddiol 2009 (yn cynnwys Trefn Gwasanaethau Ychwanegol o dan y teitl* Boreol a Hwyrol Weddi *2009)* gan Gomisiwn Ymgynghorol Sefydlog yr Eglwys yng Nghymru ar Litwrgi. Wrth baratoi'r Drefn cyfeiriodd y Comisiwn at ystod eang o ddeunydd ac y mae'n cydnabod y cymorth a'r budd a gafwyd o hynny.

Creadigaethau gwreiddiol y Comisiwn ei hun yw rhannau sylweddol o'r Drefn, a'r Drefn fel casgliad. Gwnaeth yr Eglwys yng Nghymru ei gorau i ddod o hyd i ddeiliaid hawlfraint yr holl weithiau a atgynhyrchwyd yn y Drefn a'u hysbysu a sicrhau eu hawdurdod i'w defnyddio. Fodd bynnag, os anwybyddwyd unrhyw waith a thorri'r hawlfraint trwy ei ddefnyddio heb awdurdod, y mae'r Eglwys yng Nghymru'n ymddiheuro ac fe fydd, ar ôl ei hysbysu o'r amryfusedd, yn cywiro'r gwall pan ailargreffir y Drefn yn y dyfodol.

Gweddi Ddyddiol 2009 (yn cynnwys Trefn Gwasanaethau Ychwanegol y rhoddwyd iddynt y teitl Boreol a Hwyrol Weddi *2009) a awdurdodwyd gan Gorff Llywodraethol yr Eglwys yng Nghymru* ⓗ Hawlfraint Cyhoeddiadau'r Eglwys yng Nghymru a Chorff Cynrychiolwyr yr Eglwys yng Nghymru 2010.

Cedwir pob hawl. Ni chaniateir atgynhyrchu unrhyw ran o'r cyhoeddiad hwn, na'i storio mewn dyfais adennill, na'i drosglwyddo mewn unrhyw ddull na modd, electronig na mecanyddol, na'i lungopïo na'i recordio na dim arall, heb ganiatâd ysgrifenedig ymlaen llaw oddi wrth ddeiliad yr hawlfraint berthnasol, ac eithrio fel y caniateir yn benodol isod.

Y mae rhannau sylweddol o'r deunydd y mae Cyhoeddiadau'r Eglwys yng Nghymru'n berchen ar ei hawlfraint na ellir ei atgynhyrchu o fewn amodau unrhyw drwydded a ganiateir gan yr Asiantaeth Trwyddedu Hawlfraint Cyfyngedig na Chymdeithas Drwyddedu'r Cyhoeddwyr Cyfyngedig.

Testunau allan o *Revised Standard Version of the Bible* hawlfraint 1946, 1952 a 1971, Adran Addysg Gristnogol Cyngor Cenedlaethol Eglwysi Crist yn Unol Daleithiau'r America. Defnyddiwyd trwy ganiatâd. Cedwir pob hawl.

Defnyddiwyd trwy ganiatâd ddyfyniadau o'r *Beibl Cymraeg Newydd* a'r *Beibl Cymraeg Newydd Diwygiedig 2004* ⓗ Cymdeithas (Brydeinig a Thramor) y Beibl. Cedwir pob hawl.

Ymgynghoriad Litwrgaidd yr Iaith Saesneg: paratowyd y cyfieithiadau Saesneg o Weddi'r Arglwydd, Credo'r Apostolion, y Gloria Patri, y Benedictus, y Magnificat a'r Nunc Dimittis gan Ymgynghoriad Litwrgaidd yr Iaith Saesneg ar sail *Praying Together* ⓗ ELLC, 1988 (neu fe'u dyfynnwyd ohono).

Phos Hilaron (addaswyd), *Llyfr Gweddi Gyffredin* America 1979, defnyddiwyd trwy ganiatâd.

Hawlfraint ⓗ Cyngor yr Archesgobion 2005 yw *Common Worship: Services and Prayers for the Church of England*; atgynhyrchir darnau a'r Sallwyr trwy ganiatâd.

ACKNOWLEDGEMENTS

Daily Prayer 2009 (comprising Additional Orders of Service entitled Morning and Evening Prayer 2009*)* was compiled by the Standing Liturgical Advisory Commission of the Church in Wales. The Commission referred to a wide range of material in the preparation of the Order, and acknowledges the assistance and benefit thereby obtained.

Substantial parts of the text of the Order, and the Order as a compilation, are the original creations of the Commission. The Church in Wales has used its best endeavours to ascertain and notify the owners of copyright in all works reproduced in the Order, and to secure their authority to use such works. If, however, any work has been overlooked, and its copyright infringed by unauthorized use, the Church in Wales offers its apology, and following notification of such oversight will rectify the omission in future reprints of the Order.

Daily Prayer 2009 (comprising Additional Orders of Service entitled Morning and Evening Prayer 2009*) authorized by the Governing Body of the Church in Wales* © Copyright Church in Wales Publications and the Representative Body of the Church in Wales 2010.

All rights reserved. No part of this publication may be reproduced, stored in a retrieval system, or transmitted, in any form or by any means, electronic, mechanical, photocopying, recording or otherwise, without prior permission in writing from the relevant copyright holder, except as expressly permitted below.

Substantial parts of copyright material owned by Church in Wales Publications may not be reproduced within the terms of any licence granted by the Copyright Licensing Agency Limited or the Publishers Licensing Society Limited.

Texts from the *Revised Standard Version of the Bible* copyright 1946, 1952 and 1971, Division of Christian Education of the National Council of the Churches of Christ in the United States of America. Used as permitted. All rights reserved.

Quotations from *Y Beibl Cymraeg Newydd* and *Y Beibl Cymraeg Newydd Diwygiedig 2004* © (The British and Foreign) Bible Society, used as permitted. All rights reserved.

The English Language Liturgical Consultation: English translation of The Lord's Prayer, The Apostles' Creed, Gloria Patri, Benedictus, Magnificat and Nunc Dimittis prepared by the English Language Liturgical Consultation, based on (or excerpted from) *Praying Together* © ELLC, 1988.

Phos Hilaron (adapted), 1979 American *Book of Common Prayer*, used as permitted.

Common Worship: Services and Prayers for the Church of England is copyright © The Archbishops' Council, 2005; extracts and the Psalter are reproduced by permission.

Cymerwyd rhai o'r brawddegau allan o'r *Revised English Bible*, ⓗ Gwasg Prifysgol Rhydychen a Gwasg Prifysgol Caergrawnt 1989, trwy ganiatâd.

Y Venite a'r Jubilate: *The Liturgical Psalter* ⓗ 1976, 1977 David L. Frost, John A. Emerton ac Andrew A. Macintosh.

ATGYNHYRCHU

Gellir atgynhyrchu rhan sylweddol o *Gweddi Ddyddiol 2009 (yn cynnwys Trefn Gwasanaethau Ychwanegol y rhoddwyd iddynt y teitl* Boreol a Hwyrol Weddi 2009*)* i'w defnyddio heb dalu dim, ar yr amod na werthir y copïau na chynhyrchu mwy na 500 copi ac y dangosir ar y tudalen blaen enw'r plwyf, yr eglwys gadeiriol neu'r sefydliad, ynghyd â disgrifiad o'r gwasanaeth, ac y cynhwysir y gydnabyddiaeth a ganlyn:

> Hawlfraint ⓗ Gwasg yr Eglwys yng Nghymru yw *Gweddi Ddyddiol 2009 (yn cynnwys Trefn Gwasanaethau Ychwanegol y rhoddwyd iddynt y teitl* Boreol a Hwyrol Weddi 2009*)* y cynhwyswyd deunydd ohono yn y gwasanaeth hwn.

Rhaid i blwyfi sy'n dymuno atgynhyrchu rhan sylweddol o *Gweddi Ddyddiol 2009 (yn cynnwys Trefn Gwasanaethau Ychwanegol y rhoddwyd iddynt y teitl* Boreol a Hwyrol Weddi 2009*)* i'w defnyddio ar achlysuron eraill ofyn am ganiatâd ymlaen llaw oddi wrth y Rheolwr Cyhoeddiadau yn y cyfeiriad isod.

Ym mhob achos, rhaid anfon copi, i'w gadw'n gofnod o bob cyhoeddiad, at y Rheolwr Cyhoeddiadau yn y cyfeiriad isod.

Gwasg yr Eglwys yng Nghymru,
39 Heol y Gadeirlan, Caerdydd CF11 9XF.

Certain of the sentences have been used from the *Revised English Bible*, © Oxford University Press and Cambridge University Press 1989, used with permission.

Venite and Jubilate: *The Liturgical Psalter* © 1976, 1977 David L. Frost, John A. Emerton and Andrew A. Macintosh.

REPRODUCTION

A substantial part of *Daily Prayer 2009 (comprising Additional Orders of Service entitled* Morning and Evening Prayer 2009*)* may be reproduced for use and without payment of a fee provided that copies are not sold, no more than 500 are produced and that the name of the parish, cathedral or institution is shown on the front cover or front page with the description of the service and that the following acknowledgement is included:

> *Daily Prayer 2009 (comprising Additional Orders of Service entitled* Morning and Evening Prayer 2009*)*, material from which is included in this service is copyright © Church in Wales Publications 2009.

Parishes wishing to reproduce a substantial part of *Daily Prayer 2009 (comprising Additional Orders of Service entitled* Morning and Evening Prayer 2009*)* for use on other occasions must request, in advance, permission to do so from the Publications Manager at the address below.

In all cases a copy, to be kept as a record of each of the publications, should be sent to the Publications Manager at the address below.

Church in Wales Publications,
39 Cathedral Road, Cardiff CF11 9XF.